박영사

국제투자법

International Investment **Law**

박덕영 외 13인

머 리 말

연세대학교 일반대학원에서 개설한 국제투자분쟁해결 수업의 학기말보고서를 모아서 같이 토론하고 수정한 후 학생들에게 학술지 게재를 권고하였고, 이에 따라 학술지에 게재했거나, 논문대회에서 입상한 글들을 묶어서 조그마한 책을 낼 계획이었습니다. 그런데 일을 진행하다보니 조금씩 욕심이 생겼습니다. 아직까지 국제투자와 관련된 실체법적 기본원칙이나 투자분쟁해결을 전문가, 일반인 또는 학생들에게 정식으로 소개한 국내 서적이 없기 때문입니다. 미국과 유럽에서 최근 5년간 국제투자법과 관련된 서적들이 많이 발간되어 나오는 상황에서, 한국에서도 국제투자법을 소개하는 서적이 있으면 좋겠다는 생각이 들었습니다. 그동안 학술지에 발표된 학생들의 논문을 바탕으로 하여 몇몇 교수님들이 기존에 발표되었던 글을 포함하고, 나아가 몇 분 교수님들께는 새로운 원고를 받아 이 책을 출판하게 되었습니다.

이 책의 기본목적은 우선 국제투자법을 소개하는 것입니다. 투자자－국가간 분쟁이 날로 증가하는 추세 속에서, 국제투자와 관련된 원칙들은 날로 그 중요성을 더해가고 있습니다. 그리하여 따로 '국제투자법'이라고 불러도 될 정도로 연구범위가 넓어지고 있고 그만큼 검토해야 할 국제중재판정 사례들이 증가하고 있습니다. 이러한 상황에서 앞으로 WTO를 중심으로 하는 각종 국제통상분쟁 사례뿐만 아니라, 국제투자협정과 관련된 투자분쟁 사례에 대한 연구가 중요해지고 있습니다. 이 책이 국제투자법에 대한 좀 더 체계적이고 심도 있는 연구를 위한 첫 걸음이 되길 기원하는 마음입니다. 또한 이 책을 통해 학문 후속세대들이 국제투자법에 좀 더 관심을 갖고 연구하기를 희망합니다.

이 책은 크게 4부분으로 나누어져 있습니다. 우선 제1부는 국제투자법에 대한 기초적인 내용을 담고 있습니다. 제2부는 국제투자협정들이 공통적으로 담고 있는 실체법적 기본 원칙들에 대한 내용을 다루고 있습니다. 제3부는 국제투자규범에서 현실적으로 거론되는 여러 가지 문제에 대한 내용을 다룹니다. 마지막으로 제4부에서는 국제투자중재의 절차적 측면을 소개하고, 최근 중재판정 중 두 가지 사례를 소개하였습니다. 지난해 일본에서도 국제법 전공 교수님들이 분담하여 『국제투자협정 : 중재에 의한 분쟁해결』을 출간한 바 있습니다. 수개월 내로 이 책 또한 동국대 오미영 교수님과 함께 번역하여 국내에 소개할 예정입니다. 본서와 더불어 국내에서 국제투자법 연구에 조그마한 초석이 될 수 있기를 기대합니다.

몇 가지 양해의 말씀을 드리자면, 이 책은 저자 한 사람이 일관되게 저술한 것이 아니라 여러 저자들이 기존에 발표하였거나 새로 저술한 글들을 모아놓은 것이기 때문에 다소 통일성이 떨어지는 감이 없지 않습니다. 출판 과정에서 이러한 점을 최대한 보완하고자 노력하였으나 독자 여러분들의 기대를 충족시키기에는 아직 모자라다는 생각이 듭니다. 그리고 각 장별로 다른 저자들이 집필하다보니 내용이 중복되는 부분도 더러 나타나고 있습니다. 이 점 부디 양해바랍니다. 또한 대부분의 중재판정, 판정문 또는 협정문이 영어로 작성된다는 점을 감안하여, 필요한 경우 영어 원문을 직접 인용하였습니다. 가독성이 떨어질 수 있다는 우려가 있지만, 자료 검색 및 보다 정확한 원문의 의미 전달에 효과적이라는 생각이 들어 그리하였으니 이 점 또한 양해바랍니다. 혹시라도 이 책에 잘못된 부분이 있다면 언제든지 말씀해주시면 감사하겠습니다.

이 책이 나오기까지 많은 도움을 받았습니다. 우선 이 책의 공저자 중의 한 명이자 각종 편집을 도맡아준 강승관 조교, 올해 석사과정에 진학하여 바쁜 가운데에도 최종작업을 도와준 임태섭 군에게 고마운 마음을 전하며, 앞으로 학문적 성공이 있기를 기원합니다. 또한 바쁜 와중에도 선뜻 원고를 주신 고려대학교 법학전문대학원 이재형 교수님, 한양대학교 법학전문대학원 이재민 교수님, 법무부 국제법무과 변필건 검사님, 중국 절강대학교 법과대학 마광 교수님과 부산대학교 법학전문대학원 주진열 교수님, 안양대학교 유희진 교수님께 감사의 마음을 전합니다. 출판과정에서 교정작업을 도와준 이서연 조교를 비롯하여, 필자와 더불어 국제법을 공부하고 있는 연세대학교 일반대학원 제자들 모두에게 학문적 성취가 있기를 기원합니다.

마지막으로 본서의 출판을 도와주신 박영사 조성호 부장님과 꼼꼼하고 정성스럽게 편집을 해주신 문선미 선생께 감사의 말씀을 드립니다.

2012년 새 봄을 기대하며
필자를 대표하여 박 덕 영 씀

집 필 진

박덕영 / 연세대학교 법학전문대학원 교수

변필건 / 법무부 국제법무과 검사

김승민 / 문화관광부 저작권정책과 근무

강승관 / 전국경제인연합회 기업정책팀 근무

이영희 / 산림청 국제협력과 UNCCD 담당

박민아 / 대한상사중재원 진흥전략팀 근무

한지희 / 연세대학교 일반대학원 석사과정

유희진 / 안양대학교 국제관계학과 교수

이재민 / 한양대학교 법학전문대학원 교수

신인규 / 환경부 정책총괄과 근무

마　광 / 중국 절강대학교 법과대학 교수

주진열 / 부산대학교 법학전문대학원 교수

이서연 / 연세대학교 일반대학원 석사과정

이재형 / 고려대학교 법학전문대학원 교수

주요 목차

제4부 투자분쟁해결과 분쟁사례

부 록

참고문헌

찾아보기

차 례

제1부 국제투자법과 한국

제1장 국제투자보호와 ISD

제2장 국제투자협정과 한국

제2부 국제투자법의 주요원칙

제3장 투자와 투자자의 개념

제4장 최혜국대우원칙

제5장 내국민대우원칙

제6장 포괄적 보호조항

제7장 공정·공평한 대우 원칙

제8장 수용과 보상

제3부 국제투자법과 현실문제

제9장 국가안보와 외국인투자규제

제10장 지방자치단체의 국제투자유치와 투자분쟁

제11장 개성공단 투자보호와 분쟁해결

제12장 투자보호와 외교적 보호권

제13장 중국의 투자보호법제 개관

제4부 투자부쟁해결과 분쟁사례

제14장 ICSID 중재절차 개관

제15장 국제투자중재의 관할권

제16장 ICSID 중재판정의 취소이유

제17장 *Metalclad* 사건의 주요내용

제18장 *Saipem* 사건의 주요내용

International Investment Law

제1부

국제투자법과 한국

제1장 국제투자보호와 ISD

Ⅰ. 서 론

전통국제법상 국가는 국제법이 요구하는 최소한의 기준에 해당하는 대우를 외국인에게 부여해야 할 의무가 있었다. 외국인은 이러한 국가의 의무에 의하여 단지 반사적인 혜택을 향유하였을 뿐이다.[1] 물론 현대 국제인권법의 논리에 의하면 중대한 인권침해가 발생한 경우 개인이 직접 충분하고 실효적이며 신속한 권리 구제를 받을 수 있도록 보장하는 추세로 나아가고 있다. 외국인의 대우, 특히 외국인투자자 및 투자의 보호에 있어서 전통국제법의 논리는 아직도 현대국제법의 논리로 살아 있다.[2]

외국인이 체류하고 있는 국가의 국제위법행위로 인하여 피해를 입은 경우, 이에 대한 국제법적 구제 수단으로 외교적 보호권(diplomatic protection)이 있지만,[3] 이는 개인의 권리가 아니라 국가의 재량적 권리이기 때문에, 국가는 외교적 보호권을 발동할 의무는 없다. 또한 외교적 보호권을 발동한다 하더라도 이를 주장하기 위해서는 청구국적의 원칙 및 국내구제수단완료의 원칙과 같은 선결 조건이 해결되어야 하기 때문에, 신속하고 효율적인 구제가 이루어지기 어려웠다. 제2차 세계대전 이후 급격하게 증가하는 외국인 직접투자(FDI)로 인하여 외국인투자자와 투자유치국의 정부간 분쟁이 발생하고 이를 해결하는 데 있어 여러 가지 문제점이 발생하자, 각 국가들은 이를 효과적으로 해결하기 위한 방안을 모색하기 시작하였다. 그러한 노력의 일환으로 탄생한 것이 바로 국가들 간에 투자에 관한 협정을 체결하여 이와 관련된 제반사

1) 김정건, 장신, 이재곤, 박덕영, 『국제법』(서울: 박영사, 2010), 567면 참조.
2) 국제인권법이 '公法'체계로서의 현대국제법을 의미한다면 외국인의 대우문제는 '私法'체계로서의 전통국제법으로 구분하여 양자 간의 본질을 구별하기도 한다. 김대순, 『國際法論』(서울: 삼영사, 2011), 733면.
3) 자세한 내용은 김정건, 장신, 이재곤, 박덕영, 앞의 각주 1, 258면 참조.

항에 대하여 규정하거나, 외국인투자자와 투자유치국 간에 분쟁이 발생할 시 이를 직접 다루고자 중재제도를 마련한 것이다.

국제투자협정 및 투자분쟁이 2000년대 들어 급격하게 증가하면서부터, 이는 더 이상 '외국인의 대우'라는 주제에 한정시켜 다루기에는 그 영역이 너무 커지게 되었고, 국제인권법이나 국제경제법과 같이 국제법의 여러 분과 중의 하나로 새로이 분류되어 연구가 진행되어야 할 필요성이 제기되었다. 그 결과 현재 미국 및 유럽 학계에서는 국제투자협정 및 투자분쟁과 관련한 제반 연구 분야를 국제투자법, 즉 'International Investment Law'라고 하여 국제법과 분리하여 별도로 분류하고 있는 상태이며, 한국에서도 이러한 흐름에 따라 활발한 연구가 진행되고 있다.

본 장에서는 전통국제법상 해외투자보호가 누구에 의하여, 언제, 어떻게 이루어졌는지 간략하게 언급한 후, 투자협정의 배경 및 역사에 대하여 간단히 소개한다. 다음으로 투자협정 및 투자분쟁의 최근 동향에 대하여 살펴보도록 한다.

Ⅱ. 국제법상 해외투자의 보호

전통적으로 '국제법상' 해외투자의 보호는 외교적 보호권을 통하여 이루어져 왔다. 국가가 외교적 보호권을 행사하기 위해서는 어떤 국가가 언제 국제청구를 제기할 수 있는지에 대한 문제가 필수적으로 해결되어야 하는데, 이에 대해서는 다음과 같은 두 가지 원칙이 우선적으로 적용된다.

우선 피해를 입은 외국인의 국적국가가 가해국에 대하여 국제청구를 제기할 수 있는데 이를 청구국적의 원칙(principle of nationality of claims)이라 한다. 이 원칙은 다음과 같은 세 가지 요건으로 구성되어 있다.

첫째, 피해를 입은 것은 개인일지라도 국제법상 주체는 국가이기 때문에 국가에 의하여 청구가 제기되어야 한다. 따라서 국제법상 국가가 유일한 청구인일 수밖에 없다. 그리고 이는 국가의 의무가 아니라 권리일 뿐이다. 비록 초안에 불과하지만 현재까지 외교적 보호권과 관련된 국제관습법을 나타내고 있다고 평가되는 ILC 외교보호초안 제2조도 이러한 전통적인 시각에 따라 국가는 외교적 보호권을 행사할 권리를 가지고 있다고 규정하고 있다. 물론 동 초안 제19조에서는 ① 중대한 침해가 있는 경우에 가급적 외교적 보호권을 행사해야 하고, ② 외교적 보호권을 행사하고자 할 경우 가능한 경우에는 피해자의 견해를 고려해야 하며, ③ 외교적 보호권을 행사하고 난 후 받은 배상금은 합리적인 조건으로 피해자에게 양도할 것을 규정하고 있다. 그러나 이것은 아직까지는 각종 국내법상의 판례 혹은 국내입법을 바탕으로 작성된 입법을 위한 초안에 불과하기 때문에 반드시 지켜야 할 의무는 아니다.

둘째, 해당 청구국가는 반드시 피해를 입은 외국인의 국적국가여야 한다. ILC 외교보호초안 제4조는 외교적 보호권 행사의 목적상의 '국적국가'를 "해당 피해자가 국제법에 부합되지 않는 것이 아닌 방법, 즉 출생, 혈통, 귀화, 국가승계 또는 그 밖의 다른 방법으로 해당 국가의 법에 따라 취득한 국적의 국가"로 정의하고 있다. 여기서 "국제법에 부합되지 않는 것이 아닌(not inconsistent with international law)"이라는 문구를 사용하고 있는데, 이는 국적이 국제법을 위반하여 취득한 것이라는 내용을 입증할 책임이 피해자의 국적에 이의를 제기하는 국가에 있다는 점을 명확하게 하기 위하여 사용된 것이라고 한다는 내용이 ILC 외교보호초안 제4조에 대한 주석에 언급되고 있다. 여기서 특기할 만한 사항은 그동안 몇몇 판례를 통하여 언급되었던 '진정한 관련성(genuine link)'은 나와 있지 않다는 점이다.

셋째, 손해배상 시 산정액 판정에 대한 기준은 해당 피해자가 입은 손해에 근거해야 한다.[4] 이와 더불어 몇몇 중재판정에 의하여 확립된 '청구국적계속의 원칙'도 고려되어야 할 요소로 평가된다. 이는 피해자가 보다 더 강력한 외교적 보호를 받기 위하여 피해가 발생한 뒤 고의로 국적을 변경하는 것을 막는 데 의의가 있다. 물론 국가승계로 인하여 피해자의 의도와 상관없이 불가항력으로 국적이 변경될 때에는 '청구국적계속의 원칙'이 적용되지는 않는다. ILC 외교보호초안 제5조에 의하면, 피해자의 국적은 피해를 입은 당시부터 외교적 보호권의 청구 시까지 계속 유지되어야 한다.

한편 외교적 보호권을 행사하기 위해서는 국내구제수단을 완료해야 하는데, 이를 국내구제수단완료의 원칙(principle of exhaustion of local remedies)이라 한다. 이에 따르면 피해를 입은 외국인이 만약 가해국의 이용가능하고 실효성있는 구제수단을 거치지 않는다면 피해자의 국적국은 외교적 보호권을 주장할 수 없다. 동 원칙은 물론 가해국 정부에 의한 사인 자격의 외국인의 피해가 발생할 경우, 즉 간접침해에 대해서 적용되는 것이며 국가 대 국가 간의 직접침해 발생 시에는 적용되지 않는다. 그리고 간접침해가 발생했다 하더라도 자발적 관련성(voluntary link), 혹은 적절한 관련성(relevant connection)이 없다면 국내구제수단완료의 원칙을 주장할 수 없다.[5]

국내구제수단완료의 원칙이 적용되는 범위는 어떠한가? 몇몇 중재판정에 의하면 국내구제수단은 재판소와 심판소에 대한 부탁뿐만 아니라 국내법상 제소자들이 그러한 재판소와 심판소에서 이용할 수 있는 절차적 편익의 사용을 모두 지칭하는

4) 김대순, 앞의 각주 2, 656면.
5) 위의 책, 677－678면 참조.

것으로 국내법이 제공하는 법적 보호의 전 체계를 의미하기 때문에, 통상적인 재판소를 포함한 다른 기타 행정구제수단 및 가능하다면 헌법재판소 등도 포함될 수 있다고 한다.[6)]

물론 이 원칙에도 예외는 존재한다. 우선 이용가능한 국내구제수단이 없는 경우에 동 원칙은 적용될 수 없다. 이용가능한 수단이 있음에도 불구하고 이를 완료할 필요가 없는 경우가 발생할 수 있는데, 예를 들어 구제수단이 '명백하게 쓸모없거나(obviously futile), 실효성이 없는 경우(manifestly ineffective)'에 이 원칙이 적용되지 않는다고 보았다. ILC 외교보호초안 제15조에서는 이러한 기준을 좀 더 완화하여 "실효적 구제를 제공할 '합리적으로' 이용가능한 국내구제수단이 없거나, 혹은 국내구제수단이 실효적 구제의 '합리적인' 가능성을 제공하지 아니하는 경우(where there are no reasonably available local remedies to provide effective redress, or the local remedies provide no reasonable possibility of such redress)"로 규정하고 있다.

이처럼 국가가 자국민이 입은 피해에 대하여 외교적 보호권을 통해서 국제청구를 하려고 해도, 선결되어야 하는 과제들이 상당히 많다. 이와 같은 문제가 발생할 시 제국주의 시대의 열강들은 복잡한 절차 따위는 무시한 채, 함포외교와 같은 무력시위를 통하여 문제를 해결하려는 시도를 한 적도 있다. 그러나 무력사용금지원칙이 국제관습법으로 인식되면서부터 위와 같은 분쟁이 발생할 시 이를 평화롭게 해결하기 위한 방안이 모색되었고, 그러한 노력의 일환으로 나타난 현상이 바로 투자협정의 체결 및 투자중재에 의한 분쟁해결제도이다.

Ⅲ. 투자협정 체결의 역사

일반적으로 투자협정이란 협정당사국 내의 외국인투자를 증진하고 보호할 목적으로 체결되는 양자 또는 다자간 조약을 일컫는다. 통상적으로 투자협정은 외국인투자를 촉진 또는 보호하기 위하여 투자 및 투자자에 대한 정의, 내국민대우 및 최혜국대우, 공정하고 공평한 대우와 같은 비차별 원칙, 수용 및 이에 대한 보상에 관한 제(諸)원칙, 송금보장 등의 원칙과 투자관련 분쟁이 발생했을 시 이를 해결하기 위한 투자분쟁해결절차를 명시하고 있는 것이 일반적이다.[7)] 최근 이처럼 투자를 규율하는

---

6) 위의 책, 679면.

7) Kenneth J. Vandevelde, *Bilateral Investment Treaties* (Oxford: Oxford University Press, 2010), pp.2－3.

제반 원칙들을 명시한 양자간, 다자간 또는 지역간 투자협정(IIA)과 투자자-국가간 분쟁(ISD)에 관한 분쟁해결제도(ISDS)의 주요내용을 다루는 영역을 국제투자법(International Investment Law)이라 부르고 있다.

투자관련 협정 중 양 국가 간의 투자협정을 일컬어 양자간투자협정(BIT)이라고 하며, 보통 투자만을 규율하는 독립된 투자협정 형식으로 체결되어 왔다. 1959년 독일과 파키스탄 간의 투자협정을 시작으로 유럽 국가들 사이에서 BIT를 체결하려는 움직임이 활발하게 이루어졌다. 최근에는 무역과 투자가 같이 규율되는 경향에 따라 BIT 체결보다는 FTA와 같은 지역무역협정 체결 시에 투자에 관한 장(chapter)을 포함시키는 경우가 증가하고 있는데, 대표적인 예로 우리나라의 경우에는 한-미 FTA, 한-칠레 FTA, 한-싱가포르 FTA 등이 있다.

여러 국가 간에 체결된 투자관련 협정으로는 NAFTA, 한-ASEAN FTA, 에너지헌장조약(ECT) 등을 예로 들 수 있다.[8] NAFTA는 1992년 캐나다, 미국, 멕시코 간에 체결되어 1994년 발효된 자유무역협정이며, 이 협정 중 제11장이 투자보호를 규율한다. 한-ASEAN FTA 중 투자 분야는 2009년 9월에 최종 발효하여 한국과 ASEAN 국가 간의 투자 분야에 대하여 포괄적으로 다루고 있다. 에너지헌장조약은 1994년에 서명되어 1998년에 발효된 협정으로 현재 54개국이 가입되어 있다.

양자 또는 다자간 투자협정은 1990년대 들어 급속도로 증가하고 있다. 투자는 전 세계의 무역 여건과 같은 상황적 요건 및 선진국과 개발도상국 간의 이해관계와 맞물려 발전해 왔기 때문에, 국제법상 투자가 어떻게 진행되어 왔는지를 살펴보기 위해서는 크게 제2차 세계대전 이전인 식민지 시대와 그 이후, 그리고 공산주의가 무너지고 자유화가 전개되는 1990년 이후, 마지막으로 1990년대 말의 포괄적 투자협정 체결 노력 등으로 나누어 보는 것이 바람직하다.

1. 제2차 세계대전 이전

산업혁명 이후 제2차 세계대전 이전까지의 시기에는 우호통상항해조약 및 외교적 보호권이 활발하게 채택 내지 활용되었다. 미국은 18세기부터 양국간 우호통상항해조약(FCN)을 체결하였는데, 이는 주로 무역관계의 수립을 목적으로 하는 것이었다. 예를 들어 미국과 영국 간에 맺은 이른바 Jay Treaty[9]를 대표적인 조약으로 들 수 있겠다.

8) 지난 2011년 7월 1일부터 잠정적용되고 있는 한-EU FTA의 경우, 투자와 관련된 내용은 한-EU FTA가 아니라, 주로 한국과 EU 개별국가 간에 맺은 BIT에 의하여 규율되고 있다.

9) 1794 *Treaty of Amity, Commerce and Navigation between Great Britain and United States*. 1794년 11월 19일에 체결되어 1795년 10월 28일에 발효했다.

1840년에서 1940년까지 국가들은 약 60개 이상의 중재위원회를 열어 외국인에 대한 피해로 인해 발생한 분쟁을 다루었다.[10] 당시의 중재위원회는 피해를 입은 개인의 권리를 구제하는 형태를 띠었으나 사실상 외교적 보호권에 바탕을 두고 있었고, 그래서 오직 국가만이 해당 분쟁의 당사자가 될 수 있었다. 다만, 오늘날과 같이 투자자-국가간 분쟁의 형태를 띤 중재재판이 열린 적이 있었는데 그 중의 하나가 바로 *La Compagnie Universalle du Canal de Suez* 사건[11]이다. 이 사건에서 당사자들이 맺은 계약에는 중재재판으로 분쟁을 해결한다는 조항이 없었음에도 불구하고, 당시 프랑스의 황제였던 나폴레옹 3세의 중재로 분쟁을 해결하기로 동의했다는 것이 특기할 만한 사항이다.

주지하다시피 제2차 세계대전 이전의 투자 관련 사례는 거의 대부분이 외교적 보호권과 관련되어 있다. 특히 당시 제국주의 열강들이 소위 함포외교(gunboat diplomacy)를 앞세워 약소국에 통상을 강요하고, 해당 국가에서 활동하고 있는 자국인들과 그들의 재산에 대한 강력한 보호를 요구하였다. 이러한 열강들의 행동은 라틴 아메리카 국가들의 반발을 불러 일으켰는데, 이와 같은 움직임은 1902년 영국, 독일 그리고 이탈리아 군대가 베네주엘라에 진입하여 국가발행채권과 관련된 문제를 해결하려던 사건 이후에 더욱 커졌다.[12] 결국 이는 라틴 아메리카에서 드라고주의(Drago Doctrine)[13]가 나타나게 된 계기가 되었다.

한편, 투자와 관련된 사항 중 중요한 내용 중의 하나인 최소대우기준(minimum standard of treatment)에 대한 논란이 있었다. 주요 열강 및 자본수출국들은 외국인과 그들의 재산은 국제관습법상 최소대우기준을 누릴 권리가 있다고 주장하였다. 여기서 최소대우기준이란 그들의 말에 의하면 유럽 국가 및 미국을 포함한 '문명화된 국가'들이 받아들이는 기준과 근본적으로 유사해야 한다는 내용이었다. 그러나 이와 반대로 라틴 아메리카 국가들은 이른바 칼보주의(Calvo Doctrine)를 지지하였다. 이는 첫째, 외국인들은 내국민보다 더 나은 대우를 누릴 수 없고, 둘째, 외국인의 권리는 투자유치국의 법령에 의해 규율되며, 셋째, 투자유치국의 법원은 외국인을 포함한 분쟁에 있어 배타적인 관할권을 가진다는 내용이었다.[14] 이들 진영 간의 대립으로 미루어

10) I. Brownlie, *Principles of Public International Law*, 7th ed. (Oxford: Oxford University Press, 2008), p.500.

11) *Egypt v. Suez Canal Company* (Award, 1864).

12) A. Newcombe & L. Paradell, *Law and Practice of Investment Treaties* (Alphen: Kluwer Law International, 2009), p.9.

13) 국가는 국가채무와 관련된 분쟁해결을 위하여 무력을 사용해서는 안 된다는 원칙이다. 자세한 내용은 J. P. Grant & J. C. Barker, *Encyclopaedic Dictionary of International Law* (Oxford: Oxford University Press, 2009), p.167 참조.

봤을 때, 투자보호의 측면에서 본다면 이 시기의 투자보호는 상당히 미흡한 수준이었다.

2. 제2차 세계대전 이후

제2차 세계대전이 끝나고 난 뒤부터 소련연방의 붕괴까지의 시기를 살펴보면, 이 시기에 제2차 세계대전의 승전국들은 대공황의 경기침체와 보호무역주의에 대한 대응책으로 다자간 무역체제를 구축하기 위해 노력하였으며, 특히 투자 분야에서도 이와 같은 체제를 마련하기 위해 노력하였다. ITO 협상 기간 동안 투자에 관한 내용으로 내국민대우, 최혜국대우, 그리고 수용에 대한 정당한(just) 보상에 대한 조항 등이 제시되었는데, 하바나헌장의 최종 초안에는 이에 대한 아주 간략한 언급만이 되어 있을 뿐이었다.[15] 미국 상원의 인준 반대로 ITO의 설립 자체가 무산된 상황에서 세계경제는 관세와 무역에 관한 사항만을 따로 규율한 GATT 체제로 개편되었고, 결국 국제투자법과 무역법은 서로 밀접한 연관관계가 있음에도 불구하고[16] 각각 독립적으로 발전해 나가게 되었다.

1956년 미국과 니카라과 간에 맺은 우호통상항해조약[17]에 투자보장 규정을 둔 것을 계기로 하여, 본격적인 의미의 투자보호에 관한 협정이 체결된 것은 1959년 독일과 파키스탄 간의 BIT가 처음이다. 동 BIT에는 투자에 대한 정의가 매우 광범위하게 정의되어 있고, 투자보장 규정 및 수용에 대한 보상 규정도 명시되어 있다. 또한 동 BIT는 국가 대 국가간 분쟁 발생 시 당사자들이 합의한다면 국제사법재판소(ICJ)

---

14) *Ibid.* p.77 참조.

15) 하바나헌장 제11조 1항 (b)에 투자와 관련된 문구가 아주 간략하게 언급되어 있다.

No Member shall take unreasonable or unjustifiable action within its territory injurious to the rights or interests of nationals of other Members in the enterprise, skills, capital, arts or technology which they have supplied.

또한 하바나헌장 제11조 2항에도 투자의 보호를 암시하는 문구가 명시되어 있다.

The Organization may, in such collaboration with other intergovernmental organizations as may be appropriate: (a) make recommendations for and promote bilateral or multilateral agreements on measures designed: (i) to assure just and equitable treatment for the enterprise, skills, capital, arts and technology brought from on Member country… (이하 생략).

16) 예를 들어 A기업이 B국에 자신의 상품을 수출하고자 할 때 B국의 수입장벽이 상당히 높다면, A기업은 이 장벽을 뛰어넘기 위해 B국에 직접투자를 하여 상품을 판매할 수도 있다. M. Trebilcock & R. Howse, *The Regulation of International Trade* (London: Roultledge, 2005), pp.439-446 참조.

17) *1956 Treaty of Friendship, Commerce and Navigation between Nicaragua and the US.* 이 조약은 여타 초기에 체결된 유럽국가들 간의 BIT보다 더 실체적인 투자보장규정을 담았다고 평가된다. A. Newcombe & L. Paradell, *supra* note 12, p.42.

로 분쟁을 가져간다고 명시하고 있고, 만약 당사국들이 동의하지 않는다면 어느 한 당사국의 요청에 따라 중재재판이 소집된다.[18] 독일과 파키스탄 간의 BIT가 체결된 이후, 스위스－튀니지 BIT(1961), 네덜란드－튀니지 BIT(1963), 기니－이탈리아 BIT(1964), 룩셈부르크－튀니지 BIT(1964) 등 여러 유럽 국가들의 BIT가 연이어 체결되었다.

이 시기에 체결된 BIT의 특징은 전반적으로 체결국 사이에 경제적 비대칭성이 존재한다는 점이다. 다시 말해 BIT의 일방당사국은 선진국, 자본수출국이고 다른 당사국은 주로 개발도상국, 자본수입국이었다. 따라서 자본수출국의 BIT 체결 목적은 궁극적으로 자본수입국 내에 존재하는 자국인 및 자국인의 재산보호에 있었다고 볼 수 있다.[19] 전통적으로, 투자자와 국가 간의 분쟁이 발생했을 시, 이러한 분쟁은 BIT에 의해 규율되기보다는 투자자와 국가 간에 맺은 계약에 포함된 중재조항에 의해 다루어졌다. 특히 천연자원의 개발에 관련된 양허를 둘러싸고 여러 가지 분쟁이 발생했었다. 1968년 이전까지 BIT는 오직 국가 대 국가간 분쟁에 대해서만 규율하였지만, 인도네시아－네덜란드 BIT(1968)에서 최초로 투자자－국가 간의 중재 규정을 도입하였다.

1970년대부터 1980년대 사이의 시기는 BIT 체결이 매우 느리게 진행되었다. 특히 1979년까지 발효된 BIT는 약 100여 개에 불과하였는데,[20] 이는 1970년대 초기에 개발도상국들의 NIEO 선언으로 인해 자본수출국들이 BIT에 큰 매력을 느끼지 못한 탓이기도 하였다. 1980년대에는 여러 개발도상국들이 채무불이행상태에 빠진 경우가 많아 BIT 체결이 활발하지는 못했지만, 1987년까지 약 265개의 BIT가 새로이 체결되었고, 특히 1980년대에 경제개발이 활발하게 일어나 중진국 반열에 들어선 국가들이 나타나면서 아프리카와 아시아에서 집중적으로 BIT가 체결되었다.[21]

3. 1990년 이후

소비에트연방이 무너진 후 BIT의 증가는 가히 폭발적이라고 할 수 있다. 1980년대 후반부터 1990년대를 통틀어 1857개의 BIT가 체결되었던 것이다.[22] 더욱 중요한

18) Article 11(2), Germany－Pakistan (1959).

19) A. Newcombe & L. Paradell, *supra* note 12, p.45. 단 이라크－쿠웨이트 BIT(1964)는 이에 대한 예외로 볼 수 있다.

20) 1970년에서 1974년 사이에 단 39개의 BIT만이 체결되었다. 그리고 1975년에서 1979년 사이에는 60개의 BIT가 체결되었다.

21) 1982년 중국이 처음으로 스웨덴과 BIT를 체결하였으며, 1987년까지 265개의 BIT 중 12개가 개발도상국 간의 BIT이다.

22) UNCTAD Press Release, “Bilateral Investment Treaties Quintupled During the 1990s”, 15 Dec.

점은 1857개의 BIT 중에 절반 가량인 833개의 BIT가 개발도상국 간에 체결되었다는 것이다.[23] 이토록 BIT가 폭발적으로 증가하게 된 원인으로 다음과 같이 두 가지 요인을 들 수 있겠다.

첫째, 시장경제의 승리이다. 공산주의의 붕괴와 더불어 자유화 바람에 힘입어 개발도상국 및 선진국 정부들은 전세계적으로 자국에 투자를 유치하기 위해 전방위적 노력을 기울였다. 특히 한국, 싱가포르, 대만, 홍콩 등 아시아의 신흥산업국들의 발흥으로 이러한 움직임은 더욱 가열되었다. 이들 국가들은 라틴 아메리카의 3배, 남아프리카 국가들의 25배가 넘는 어마어마한 경제발전을 이룩하였다. 게다가 브레튼우즈 체제가 붕괴된 후 당시 세계경제의 패러다임이었던 워싱턴 컨센서스(Washington Consensus)[24]가 외국인에 의한 직접투자를 중요시하고 이를 강화시킬 것을 촉구하였던 점은 각국 정부에게 외국인투자를 긍정적으로 바라볼 수 있도록 결정적 역할을 하였다고 볼 수 있다.[25]

둘째, 다른 대안의 부재를 들 수 있다.[26] 1950년대부터 1980년대까지는 전후 사정이라는 특수성으로 인해 선진국으로부터 손쉽게 낮은 이자로 자금을 빌리거나 무상으로 원조를 받을 수 있었다. 그러나 1980년대의 세계 경제침체로 인해 선진국들의 경제사정이 어려워지면서 이러한 혜택은 줄어들 수밖에 없었다. 특히 당시 경제대국이었던 미국 행정부의 막대한 부채로 인해 달러가 회수되면서 유동성은 급격하게 위축되었다. 이는 개발도상국으로 하여금 경제개발자금을 획득할 수 있는 다른 방안을 찾게 만들었고 외국인에 의한 직접투자가 그 대안으로 떠올랐으며, 이 과정에서 BIT의 증가는 필연적이었다.

4. OECD와 MAI, 그리고 DDA

살펴본 바와 같이 수천여 개의 BIT가 체결되기 이전부터 각기 다른 BIT를 통일하려는 움직임도 같이 존재해 왔다. 각각의 BIT가 전부 유사한 내용을 담고 있으면

2000, TAD/INF/2877.

23) *Ibid.*

24) 워싱턴 컨센서스라는 용어는 경제학자인 John Williamson에 의해 최초로 사용되었다. 자세한 내용은 "What Washington Means by Policy Reform" in J. Williamson, ed., *Latin American Adjustment: How Much Has Happened?*(Washington: Institute for International Economics, 1990) 참조.

25) Kenneth J. Vandevelde, "A Brief History of International Investment Agreements" 12 *UCDJILP* (2005), p.177.

26) *Ibid.*

서도 각기 다른 문구로 표현되어 있어서 이의 해석을 둘러싼 분쟁발생의 가능성이 매우 높았기 때문이다. 다자간 투자협정(Multinational Agreement on Investment: MAI)의 시초는 1948년 하바나헌장에서 찾아볼 수 있다.[27] 하바나헌장에서는 외국인투자자 및 그의 자산을 보호하기 위한, 국가에 따라 다르게 적용되는 조건부 원칙(contingent standards)이 아니라 국가에 상관없이 일괄적으로 적용되는 비조건부 원칙(non-contingent standards), 예를 들어 공정·공평한 대우 원칙과 같은 내용을 담아 체약당사국 모두에게 동등하게 적용되는 기준을 세우고자 하였다.[28] 그러나 주지하다시피 이는 발효되지 못하였다. 이후 GATT 1947에서도 투자에 관련된 내용을 담는 데 실패하였으며, 이후 1959년 Abs-Shawcross 초안과 1963년 OECD의 외국자산보호에 관한 협약초안도 국가들의 동의를 얻지 못하였다. 단지 WTO 협정 체결 당시 무역과 관련된 투자조치, 즉 TRIMS에 대해서 규율하는 데 성공했을 뿐이다.

1990년대 말, OECD가 주도적으로 나서서 다자간 투자협정의 제정을 위하여 노력하였지만, 결국 실패로 돌아가고 말았다. 가장 큰 이유는 바로 NGO들의 극심한 반대였다. NGO들은 OECD의 MAI에 대하여, 이는 외국인투자보호라는 장점보다는 투자유치국의 정당한 주권행사에 기초한 각종 규제활동을 방해한다는 단점이 더 클 수밖에 없다고 강력하게 주장하였다.[29] 결국 각국, 특히 미국과 프랑스의 경우 이러한 NGO의 반대에 부딪혔을 뿐만 아니라 NGO의 활동으로 인한 국내정치적인 MAI 반대 움직임으로 인하여 이를 부담스러워 하는 분위기가 조성되었다. 당시 국내선거를 치러야 하는 입장에서 관련 국가들은 자신들의 MAI에 대한 지지를 철회할 수밖에 없었다. 결국 MAI와 같이 다수의 국가가 참여하는 형태를 부담스러워하는 국가들은 지역별, 분야별로 몇몇 복수국 간에 체결되는 투자협정을 체결하게 되었는데, 그 중 대표적인 것이 NAFTA, ECT 등이다.

한편 제한적이나마 무역관련 투자조치를 규율하는 데 성공한 WTO는 TRIMS를 더욱 발전시켜 투자를 포괄적으로 규율하기 위해 DDA에서 이에 대한 논의를 시도하였다. 그러나 2003년 칸쿤 각료회의에서 격론 끝에 협상참가국들이 각자의 이견(異見)을 조율하는 데 실패하였다. 결국 제5차 칸쿤 각료회의 선언문 13에서 "투자와 관

27) Campbell Mclachlan *et al., International Investment Arbitration* (Oxford: Oxford University Press, 2007), p.218.

28) 물론 당시에는 "Fair and Equitable"이 아니라 "Just and Equitable"이라는 용어가 사용되었으나, 사실 이 두 용어는 같은 의미를 담고 있다. Ioana Tudor, *The Fair and Equitable Treatment Standards in the International Law of Foreign Investment* (Oxford: Oxford University Press, 2008) 참조.

29) J. Salzman, "Decentralized Administrative Law in the Organization for Economic Cooperation and Development", *Law. & Cont. Prob.,* vol.68 (2005), pp.196-200.

련된 협상의 시작을 위한 기초가 없는 상황"이라 하여 더 이상의 투자논의는 진행되지 못하였다.[30] 현재까지 투자를 포괄적이고 통일적으로 규율하고자 하는 다자적 차원의 공식적인 움직임은 없으나, 언제든지 다시 논의될 수 있는 주제임은 분명하다.

Ⅳ. 투자협정 체결의 최근 동향

투자관련 협정들은 세계 각국의 경제개발에 발맞추어 양적·질적으로 크게 성장하였다. 특히 냉전 이후에 폭발적으로 성장하였다. 2009년 한 해 동안 새로 체결된 투자협정이 총 320건에 달할 정도로 많은 협정이 체결되었으며, 2010년 상반기 동안만 해도 46건의 투자협정이 체결되었다. 2010년 현재, 지금까지 체결된 모든 국제투자관련 협정의 수는 5,939건이다.[31] 이를 도표로 나타내면 다음과 같다.[32]

[표 1-1 국제투자협정의 체결 동향]

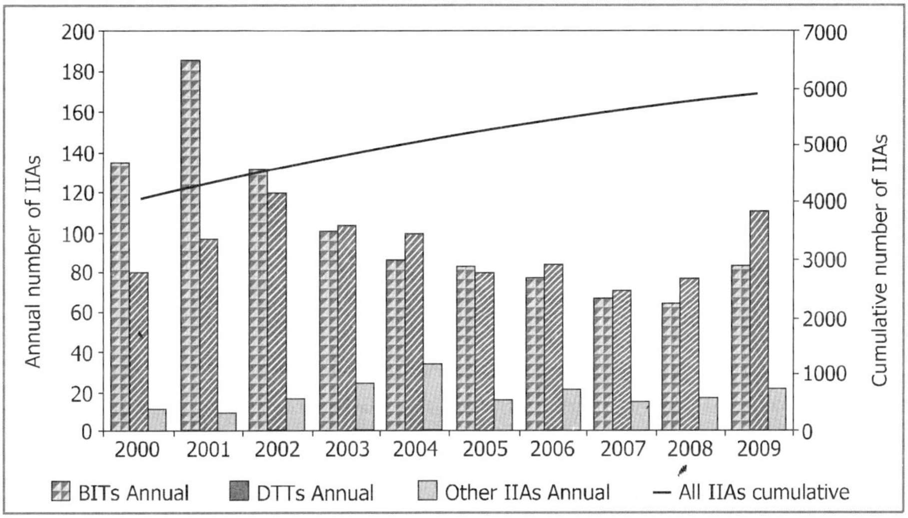

30) "The situation does not provide a basis for the commencement of negotiations in this area." 라고 선언되면서 투자논의는 사실상 무산되고 말았다. 이에 대한 자세한 내용은 http://www.wto.org/english/thewto_e/minist_e/min03_e/draft_decl_e.htm을 참조. 또한 서철원, "역사적 관점에서 본 국제투자법", 숭실대학교 『법학논총』 제20집 (2008.8.) 참조. WTO 투자협정에 대한 일반적인 논의와 관련해서는 이성복·김관호·김인숙, 『WTO 투자협정 논의의 평가 및 향후 과제』 (서울: KIEP, 2003); 장승화, 『양자간 투자협정연구』 (서울: 법무부, 2001); 강병근, 『ICSID 중재제도 연구』 (서울: 법무부, 2006) 참조.

31) UNCTAD, *World Investment Report 2010 Overview* (New York: UNCTAD, 2010), p.21.

32) *Ibid.*

기존의 투자관련 협정들에 비하여 최근에 체결된 투자관련 협정들의 특징 중, 우선적으로 꼽을 수 있는 점은 투자 분야가 FTA와 같은 포괄적 경제협정의 일부분으로 삽입되고 있다는 점이다. 최근 WTO를 통한 무역자유화가 지지부진한 가운데, 여러 국가들이 FTA를 그 대안으로 삼고 있는 상황을 고려한다면 이러한 경향은 매우 자연스러운 일이다.

두 번째 특징은 각 국가들이 그동안 투자관련 협정 및 투자자-국가간 분쟁해결에 대한 장·단점을 분석하고 투자자의 이익과 투자유치국의 이익이 서로 조화되는 방향으로 협정들을 개정하려는 노력을 경주하고 있다는 점이다.[33] 특히 이와 같은 움직임은 ISD 관련 분쟁해결제도의 개선노력에 집중되어 있다. 그동안 ISD의 해결에 있어서 투자유치국의 입장보다는 투자자의 입장이 더 반영된 판정이 많았던 것이 사실이다. 이로 인하여 정부가 환경문제, 의료문제 등에 관하여 공공의 이익을 제고하는 정책을 실행하기가 어려워지는 소위 규제위축(regulatory chill) 효과가 나타나면서 각 국가 내부에서 많은 갈등이 나타나기도 하였다. 몇몇 개발도상국들은 ICSID 중재 및 기타 중재판정이 친(親)투자자적인 성향을 보이자 아예 관련협약을 탈퇴하기도 하는 등 국가 내부뿐만 아니라 국가간 갈등이 표출되기도 하였던 것이다.[34] 이러한 단점들을 극복하기 위하여, 현재 투자협정에 명시된 ISD 분쟁해결을 위한 각종 중재판정규칙들이 개정되거나 개정 논의 중에 있다.

세 번째 특징은 투자와 다른 분야를 연계시켜 포괄하거나 국제투자를 포괄적으로 관리 및 규제하려는 움직임들이 나타나고 있다는 점이다. 예를 들어 농업 분야에서 유엔식량농업기구, UNCTAD, 세계은행을 중심으로 국제투자와 관련된 원칙들을 도출하려는 노력이 이루어지고 있다. 또한 최근 개최된 G20 정상회의에서는 무역과 투자와 관련하여 나타나고 있는 각국의 보호주의를 규제하기 위하여 UNCTAD를 비롯한 여러 국제기구에게 이와 같은 보호주의를 감시하고 보고할 것을 요구하기도 하였다.

이처럼 투자협정 운용에서 나타나는 여러 가지 문제점을 해결하고 개선하기 위하여, 그리고 전세계적으로 직면하고 있는 금융위기의 후폭풍을 최소화하기 위하여 국제적인 노력들이 지속적으로 이루어지고 있다. 또한 기후온난화를 방지하기 위한 노력의 일환으로 제정된 탄소배출권 거래 및 청정개발 메커니즘을 어떻게 규율해야 하는지에 대한 연구가 지속되고 있다.

---

33) *Ibid.,* p.22.

34) 볼리비아와 에콰도르는 최근 천연자원과 관련된 투자분쟁은 중재재판으로 가지 않겠다는 의사를 ICSID 측에 전달하였다. 한편 2006년 캐나다에서도 NAFTA 제11장이 캐나다 헌법에 위반된다고 하여 소송이 제기된 적이 있으나, 기각된 바 있다.

V. 투자자-국가간 분쟁해결

'투자자-국가간 분쟁(ISD)'은 전통국제법에서 존재하지 않았던 새로운 분쟁형태이다. 전통국제법 하에서는 오로지 국가만이 국제법상의 주체였고, 따라서 국제법상 분쟁이란 국가 대 국가간 분쟁을 의미하였다. 그러나 외국인투자가 급증하고 이에 따라 관련 분쟁이 증가하면서 여러 문제점들이 나타났다. 그 중 가장 큰 문제는 외국인투자자가 투자유치국의 조치에 의해 피해를 입는 경우이다. 이때 외국인투자자가 구제받을 수 있는 방법은 투자유치국의 국내법원에 소송을 제기하는 것과, 최후의 수단으로 자신의 국적국가에게 외교적 보호권을 요청하는 수밖에 없었다. 그 어느 쪽도 외국인투자자가 입은 피해를 구제하는 데 효과적일 수 없었다. 구제받는 데 시간이 너무 오래 걸리고, 외교적 보호권도 외국인투자자의 권리가 아니라 국적국가의 권리이기 때문에 반드시 국적국가가 외교적 보호권을 발동한다는 보장도 없었기 때문이다.

이러한 문제점이 해결되지 않는 경우 외국인투자유치는 어려울 수밖에 없었고, 결국 이러한 공감대로 인해 투자자-국가간 분쟁을 위한 새로운 분쟁해결제도가 나타나게 되었다. 오늘날 국제법상 존재하는 여러 분쟁해결수단 중 투자자-국가간 분쟁해결을 위한 방안으로 가장 많이 이용되는 수단은 중재재판이다. 중재재판은 중개나 협의, 조정보다는 중재재판 당사자에게 구속력을 부여할 수 있기 때문에 효과적인 동시에, 사법재판보다 분쟁당사자들의 의사가 좀 더 많이 반영될 수 있다는 유연성이 있기 때문에 투자자-국가간 분쟁해결을 위한 수단으로 각광받고 있다. 따라서 '투자자-국가간 분쟁해결'을 위한 제도는 통상적으로 중재재판을 의미하며, 학계 및 실무에서 '투자자-국가간 분쟁'을 ISD라고 약칭하고, 이를 위한 분쟁해결제도를 ISDS라고 약칭한다. 그러나 ISD나 ISDS를 구분하지 않고 ISD로 통칭하는 경우도 많다.

1. ISD의 특징

ISD의 가장 큰 특징은 신청인이 일반기업 또는 사인이고, 피신청인이 주권국가라는 점이다. 신청인과 피신청인 둘 다 일반기업 또는 사인인 상사중재와는 다르다. 특징적인 점은 '주권국가'의 개념 안에는 중앙정부기관, 정부의 하부기관, 지방정부 등이 모두 포함되기 때문에, 만약 ISD 발생 시 정부의 대응이 늦을 가능성도 있고,

투자자로서는 어느 기관을 상대로 해야 하는지, 어떠한 절차를 밟아야 하는지 혼란스러워 할 가능성도 존재한다.

또한, 외국투자자의 이익과 정부조치와의 충돌은 그 파급력이나 규모가 상대적으로 클 수 있다. 여기서 말하는 외국투자자의 투자는 단순히 자산을 운용하는 자금투자의 성격이 아니라, 경영참가 또는 기술제휴 등을 통하여 국내 경제 산업과 지속적인 관계를 수립할 목적으로 투자를 하는 것이기 때문이다. 만약 외국투자자의 공장이 국내에 설립되어 일정 수준의 고용을 창출하고 있는 도중에 정부조치로 인하여 해당 공장이 폐쇄되고 이로 인한 경제적 손실로 외국투자자가 파산한다면, 그 손해는 외국투자자뿐만 아니라 자국 내 채권단 및 피고용자에게도 돌아가기 때문이다. 따라서 ISD는 단순히 투자자와 국가 간의 경제적인 분쟁에서 그치는 것이 아니라 정치적인 분쟁으로 비화될 가능성이 상당히 높다.

이러한 이유로 오늘날 ISD를 해결하는 수단으로는 전통적인 국내구제수단 또는 외교적 보호권이 아니라, 주요 분쟁해결수단으로 중재재판이 선택되는 추세이다. ISD의 해결을 위하여 일반적으로 ICSID 중재, UNCITRAL 중재, SCC 중재, ICC 중재 등이 선택된다. 국제투자협정(IIA)에서는 ISD가 발생할 경우 우선 자국 내 구제수단을 거친 후 일종의 '냉각기간(cooling-off period)'을 거치고 나서 국제중재를 이용하도록 규정하는 경우도 있고, 바로 국제중재를 이용하여 분쟁을 해결하도록 하는 IIA도 존재한다.[35]

2. ISDS의 특징

ISD를 해결하는 수단으로 국제중재를 이용하는 것이 과연 투자자나 투자유치국에게 이득이 되는지, 이 방식을 이용함으로써 얻을 수 있는 장점과 단점에는 어떤 것들이 있는지 논란이 많다.

우선 ISDS의 가장 큰 장점은 '분쟁의 탈정치화'이다. ISD를 투자유치국의 국내법원에 맡긴다면, 해당 법원은 국내의 각종 이익단체들 및 행정부로부터의 압력 등으로부터 자유로울 수 없을 가능성이 크다. 투자자의 입장에서 볼 때도 투자유치국의 국내법원은 기본적으로 투자유치국의 입장에서 판결을 내릴지도 모른다는 근본적인 불신이 있다. ICSID 중재 및 기타 중재 기관을 통한 분쟁해결은 이와 같은 선입관에서 탈피하여 보다 더 공정하고 합리적인 판단을 내릴 수 있는 위치에 있다. 경제적

35) 이 문제는 국제투자중재의 관할권 문제와 밀접하게 관련되어 있으며, 본서 제15장에서 상세히 다루기로 한다.

으로 규모가 작거나 사실상 국제적으로 불리한 위치에 있는 소위 '약소국'이 분쟁에 휘말릴 경우, 경제적 강대국을 등에 업은 외국인투자자를 상대로 제3자인 중재판정부에게 분쟁을 맡긴다면 오히려 강대국으로부터의 압력에서 벗어날 수 있는 가능성도 있다.

ISDS의 또 하나의 장점으로 들 수 있는 것은 '분쟁해결의 공정성, 투명성 및 전문성 확보'이다. 제3자인 중재판정부에게 분쟁해결을 부탁함으로써 분쟁해결절차에 있어 공정성과 투명성을 확보할 수 있다. 만약에 있을지도 모를 고의적인 재판의 지연이나 절차적 불리함과 같은 일종의 '사법정의실현의 거부(denial of justice)'[36]를 미연에 방지할 수 있기 때문이다. 뿐만 아니라 국내법원과는 달리 중재판정부는 해당 분야의 전문가들로 구성된 중재인들을 선임할 수 있기 때문에, 보다 정확하고 전문적인 판정을 기대할 수 있다.

마지막으로 '저렴한 비용'과 '유연성 확보' 등을 꼽을 수 있겠다. 우선, 비용 측면에서 볼 때 ISDS를 이용한다면 상대적으로 저렴한 비용으로 분쟁을 해결할 수 있다. 특정 분쟁이 발생하였을 때 국내법원을 이용한다면 그 기간이 길어질 뿐만 아니라 어느 정도가 걸릴지 가늠하기조차 쉽지 않다. 그러나 ISDS의 경우 분쟁당사자들의 합의에 따라 기간이 결정될 수 있기 때문에 상대적으로 단기간 내에 분쟁이 해결될 수 있다. 또한 중재절차에 대하여 분쟁당사자 간의 합의가 가능하여 보다 유연성 있고 융통성 있게 절차를 진행할 수 있으며, 합의하에 비공개로 중재를 진행시킬 수 있다는 점도 장점으로 들 수 있다.

한편 많은 이들이 우려하는 가장 큰 단점으로는 소위 '사법주권의 침해'를 들 수 있겠다. 그러나 사실 현재까지 체결된 거의 모든 IIA의 협정당사국은 ISD에 대한 분쟁해결수단으로 국제중재를 인정하고 있는 상황에서, 사법주권의 '침해'라는 표현은 바람직하지 못하다. '침해'는 동의 없이 이루어진 행위로 인하여 피해를 입는 경우를 의미하기 때문이다. 협정 당사국 모두 국제중재를 통한 분쟁해결이 안정적인 외국인투자유치에 도움이 될 뿐만 아니라 앞서 언급한 여러 장점들이 있기 때문에, ISDS를 인정하는 것은 IIA에서 명시한 '특정한 조건'하에서, 당사국의 '동의'를 바탕으로 한 '사법주권의 자제' 혹은 '재판관할권의 자제' 정도의 차원으로 바라보는 것이 바람직하다고 생각된다.

---

36) 현재 국내 학계에서는 'denial of justice'를 보통 '사법거부' 또는 '재판거부'라고 번역을 하고 있다. 그러나 'denial of justice'가 언급되는 국제분쟁사례들을 유심히 보면 단순히 재판의 거부뿐만 아니라, 신청인 측이 해당 국가에서 이용할 수 있는 구제수단에 대한 포괄적인 방해 또는 지연을 포함하는 것으로 생각된다. 따라서 '사법거부' 또는 '재판거부'라고 번역하기보다는 좀 더 포괄적인 '사법정의실현의 거부'라고 번역하는 것이 더 적합하다고 생각된다.

비용에 대해서는 앞서 언급한 바와 반대되는 견해가 강력하게 대두되고 있다. 최근 들어 ISD 해결을 위한 국제중재 건수가 급격하게 증가하고, 중재절차를 진행시키는 비용이 천정부지로 뛰어올라 몇몇 특정 사건에서는 전체 소송가액의 약 60%를 차지하는 경우도 있어 문제가 되고 있다.[37] 더구나 소송규모가 워낙 커서, 피신청인인 국가가 만약 패소할 경우 심각한 국내문제가 발생할 수도 있다.

마지막으로, ISD가 증가하게 되면서 정부의 공공조치, 예를 들어 환경보호조치나 그 밖의 공공의 이익을 구현하기 위한 여러 행위가 심각하게 위축되어 정부의 정당한 행위마저도 제대로 이행할 수 없는 규제위축(regulatory chill)효과가 나타날 가능성도 제기된다. 특히 2000년대 초반 NAFTA 관련 사례에서 이와 같은 현상이 나타나, 협정당사국들은 이에 대한 문제점 및 위험성을 인식하여 현재 이러한 문제점을 개선하기 위한 여러 대안들을 연구하고 있다.

Ⅵ. ISD의 최근 동향

제2차 세계대전 이후 *Anglo-Iranian Oil Co.* Case, *Barcelona Traction* Case, 그리고 *Elettronica Sicula S.p.A. (ELSI)* Case 등 ICJ에 제기된 투자관련 분쟁도 일부 있었으나, BIT에 근거하여 제기된 투자자-국가간 ICSID 중재사건이 1987년에 최초로 제기된 이래, 2010년 말까지 제기된 각종 투자분쟁의 총 건수가 공식적으로 390건에 이르고 있다.[38] 구체적으로 살펴보면, ICSID 중재에 부탁된 사건이 245건으로 가장 많고, UNCITRAL 중재에 부탁된 사건은 109건이며, 그 밖에 일부 사건들이 SCC 중재, ICC 중재 또는 임시 중재에 부탁되었다.

2010년 들어 특이한 점은 2010년에 청구된 투자자-국가간 분쟁 건수가 25건인데, 이는 2001년 이래로 한 해에 청구된 건수 중 가장 낮은 수치이다. 이 25건 중 18건은 ICSID 중재에 청구되었고, 4건은 UNCITRAL 중재, 1건은 SCC 중재이며, 다른 2건의 중재규칙은 현재 알려진 바 없다.[39] 다음은 현재까지 투자자-국가간 분쟁 건수를 도표화한 것이다.[40]

37) UNCTAD, *Investor-State Disputes: Prevention and Alternatives to Arbitration* (New York: UNCTAD, 2010), p.21.

38) UNCTAD, "Latest Developments in Investor-State Dispute Settlement", *IIA Issues Note,* no.1 (March 2011), p.1.

39) 국제투자협정과 ISD 분쟁해결에 관한 구체적인 내용은 http://www.unctad.org/iia에서 찾아볼 수 있다.

40) *supra* note 31, p.2.

[표 1-2 국제투자분쟁의 증가 추이]

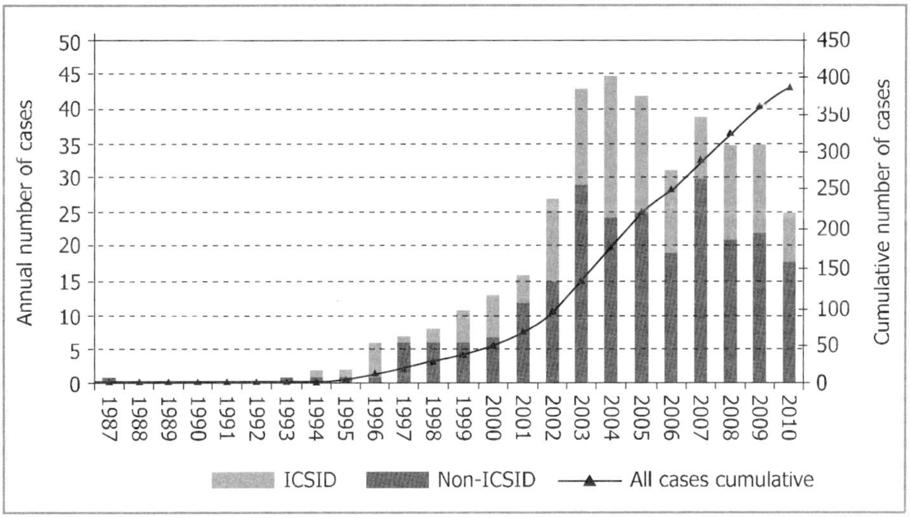

2010년에 청구된 사건을 국가별로 살펴보면, 우선 우루과이와 그레나다가 각각 처음으로 중재 청구가 되었고 이후 볼리비아 3건, 베네주엘라 2건, 카자흐스탄 2건, 페루 2건, 투르크메니스탄 2건, 짐바브웨 2건, 캐나다 1건, 과테말라 1건, 리투아니아 1건, 몽골 1건, 폴란드 1건, 루마니아 1건, 슬로바키아 1건, 탄자니아 1건, 마지막으로 우즈베키스탄 1건이 중재에 청구되었다.

현재까지 총 83개 국가가 투자자-국가간 분쟁의 당사국으로 중재판정에 참여하였다. 이 중 개발도상국이 51개국으로 압도적이고, 선진국은 17개국, 그리고 현재 사회주의 체제에서 자본주의 체제로 경제 체제를 전환하고 있는 국가들 중 15개국이 분쟁당사국이다. 특이한 점은 아르헨티나가 가장 많은 51건의 분쟁당사국이며, 멕시코 19건, 체코 19건, 에콰도르 16건이 뒤따르고 있다.[41] 자세한 내용은 다음과 같다.

[표 1-3 국가별 ICSID 투자분쟁 사건 수]

국 가	사건수	국 가	사건수	국 가	사건수
아르헨티나	51	에스토니아	3	아르메니아	1
멕시코	19	과테말라	3	벨리즈	1
체코	18	키르기즈스탄	3	보스니아 헤르체고비나	1
에콰도르	16	레바논	3	불가리아	1
캐나다	15	리투아니아	3	캄보디아	1
베네주엘라	15	파키스탄	3	프랑스	1

41) *Ibid.*

우크라이나	14	파라과이	3	가봉	1
미국	14	스리랑카	3	그레나다	1
폴란드	11	투르크메니스탄	3	가이아나	1
이집트	10	짐바브웨	3	인도네시아	1
카자흐스탄	10	알바니아	2	이란	1
볼리비아	9	아제르바이잔	2	미얀마	1
인도	9	방글라데쉬	2	니카라과	1
러시아	9	부룬디	2	나이지리아	1
루마니아	8	크로아티아	2	파나마	1
터키	8	도미니카 공화국	2	포르투갈	1
조지아	7	독일	2	사우디 아라비아	1
헝가리	6	가나	2	세네갈	1
슬로바키아	6	라트비아	2	세르비아	1
요르단	5	마케도니아	2	남아프리카 공화국	1
몰도바	5	말레이시아	2	스페인	1
콩고민주공화국	4	모로코	2	태국	1
코스타리카	4	필리핀	2	트리니타드 토바고	1
몽고	4	슬로베니아	2	튀니지	1
페루	4	탄자니아	2	영국	1
알제리	3	아랍에미리트	2	우루과이	1
칠레	3	우즈베키스탄	2	베트남	1
엘살바도르	3	예멘	2	비공개	7
					총 390 건

위의 도표에서도 알 수 있듯이, 한국은 아직까지 투자자-국가간 분쟁의 당사국이 된 적이 없다. 그렇기 때문에 WTO나 다른 국제법 분야에 비하여 상대적으로 연구가 덜 된 측면이 있다. 그런데 한-미 FTA나 한-EU FTA 등 각종 포괄적 경제협정이 체결되는 최근의 경향을 고려할 때, 한국도 머지않아 투자자-국가간 분쟁의 당사국이 될 가능성이 높다고 볼 수 있다. 게다가 투자자-국가간 분쟁의 성격을 살펴보면 주로 그 소송규모가 매우 크거나 투자유치국의 국민생활과 직결된 문제일 가능성이 상당히 크기 때문에, 투자유치국의 입장에서는 이러한 분쟁에 잘 대비하는 것이 필수적이다.

특히 근래 5년간 한국에 유입된 외국인 직접투자액이 급증하는 추세이며, 2011년 외국인 직접투자액이 13,070,168,000 달러에 육박한다는 점,[42] 더구나 각종 FTA가

42) 최근 2011년 지식경제부의 외국인 직접투자 통계에 따르면, 한국에 투자한 외국인 직접투자 규모는 총 13,070,168,000 달러이며, 이중 미주지역 투자자의 투자규모는 2,685,930,000 달러, 아주지역 투자자의 투자규모는 6,892,205,000 달러, 구주지역 투자자의 투자규모는 3,290,074,000

체결되면서 한국이 FTA의 허브가 되는 양상을 보이고 있고, 이에 따라 한국과 FTA를 맺은 국가와의 교역을 위하여 한국에 직접투자를 희망하는 외국기업들이 크게 늘어나고 있는 실정임을 볼 때 투자자-국가간 분쟁에 대해 더 큰 관심을 기울여야 할 것이다.[43)]

Ⅶ. 결론 및 제언

WTO DDA 협상이 지지부진한 가운데, 세계 각국은 FTA를 통하여 무역장벽을 낮추어 가고 있으며, 한국도 이러한 흐름에 대처하기 위하여 여러 가지 노력을 경주하고 있다. 특히 '세계화'가 대세가 된 지금, 외국인 직접투자(FDI)의 증가는 필연적인 결과이며 한국기업들도 이러한 흐름에 발맞추어 외국에 발전소 및 각종 에너지자원 개발과 관련한 시설들을 건설하는 등의 직접투자계획을 진행시키고 있다. 이러한 추세를 고려한다면, 우리나라에서도 무역과 관련된 제반 법적 사항에 대한 연구뿐만 아니라, 해외직접투자와 관련된 법적 문제를 다루는 연구가 심도있게 진행되어야 할 것이다.

이를 위해서는 학제간 연구가 보다 활발하게 이루어져야 하며, 나아가 정부 차원에서 통상 및 투자 분야를 통합적으로 연구하는 국책연구기관의 설립이 필요하다고 생각된다. 지금까지의 FTA나 FDI에 대한 연구를 살펴보면 주로 경제학자들에 의하여, 경제적인 측면에서만 분석한 연구가 압도적으로 많았다. 그럴 수밖에 없는 것이 대외

달러이다. 국가별로는 미국 투자자가 1,974,404,000 달러, 일본 투자자가 2,083,233,000 달러, 네덜란드 투자자가 1,184,887,000 달러 등이다. 따라서 한국에 직접 투자한 규모를 고려하면, 미국, 유럽, 일본의 투자자들이 한국과 ISD가 발생할 가능성이 높은 투자자라고 볼 수 있겠다. http://www.mke.go.kr/info/foreigner/sumTotal.jsp 참조 (2011.2.8. 검색). 산업별로 살펴보았을 때 주로 제조업(6,657,227,000 달러)과 서비스업(6,302,253,000 달러)에 집중되어 있음을 확인할 수 있다. 그런데 특히 서비스업 중에서도 부동산·임대 사업이 큰 비중(2,686,530,000 달러)을 차지하고 있어, 이와 관련된 일련의 정부조치에 상당한 영향을 미칠 가능성이 높고, 관련 분쟁이 발생할 가능성도 높다는 점을 시사한다. 상기 통계에서 국가별 투자규모를 살펴보면 시모이기 매우 높은 비중을 차지하고 있는데, 그 이유는 외국인투자자들의 조세회피 목적으로 투자가 이루어진 것으로 보인다.

43) 최근 논의되고 있는 ISD 제도의 개선방안에 대해서는 다음 논문들을 참조: Jeswald W. Salacuse, "Is There a Better Way—Alternative Methods of Treaty-Based, Investor-State Dispute Resolution", 31 *Fordham Int'l L.J.* 138 (2007); Katia Yannaca-Small, "Improving the System of Investor-State Dispute Settlement : An Overview", *Working Papers on the International Investment, OECD* (2006.11); Patricia Ronald, "Investor-State dispute settlement(ISDS) : the threat to health, environment and other social regulation", *Stakeholders Forum of 8th Trans-Pacific Partnership negotiations* (2011.9); Leon E. Trakman, "Investor State Arbitration or Local courts : Will Australia Set a New Trends?" *Journal of World Trade*, vol.46, no.1 (2012), pp.83-120.

경제정책연구원과 같이 정부 주도의 연구기관도 있긴 하지만, 관련 연구자료를 발간하는 기관들의 대부분이 주로 경제학자들로 구성된 민간주도의 경제연구기관이기 때문이다.

앞으로 통상 및 투자에 보다 효과적이고 선제적으로 대응하여 국익을 창출하기 위해서는 정부 차원에서 경제학·법학·행정학·환경·농업 분야 등 다양한 인력을 고용하여 통상 및 투자를 전문적으로 다루는 국책연구기관을 설립하거나, 기존의 통상 및 투자를 다루는 연구기관에 상기 분야의 전문인력을 추가적으로 고용하여 학제간 연구를 활성화하고, 보다 통합적·거시적으로 문제를 바라볼 수 있는 안목을 키워 나가야 할 것이다.

제2장 국제투자협정과 한국

Ⅰ. 서 론

국제투자의 증가는 자국 투자자를 보호하려는 투자국과 자국의 경제활성화를 위하여 외국인투자를 유치하려는 투자유치국 사이에서 외국인투자자에 대한 내국민대우, 최혜국대우 등 다양한 보호의무를 규정하는 투자협정을 체결하는 결과를 가져왔다. 특히, 투자협정 위반과 관련된 분쟁을 투자유치국 법원이 아닌 국제중재재판에도 제소할 수 있도록 하는 투자자-국가간 중재제도를 둠으로써 그 규범력을 더욱 강화하고 있다.

우리나라의 경우 짧은 기간 동안 세계 10위권의 경제대국으로 성장함에는 외국인투자의 역할이 매우 컸으며 현재도 외국인투자는 우리 경제에 없어서는 안 될 중요한 위치를 차지하고 있고 이에 정부도 외국인투자자에게 안전망을 제공하여 국내투자를 촉진하고 해외에 진출한 우리 기업에 대한 실질적 보호를 위하여 모두 92개의 FTA, BIT 협정을 체결하였다. 특히 2011년에는 한-미 FTA가 국회를 통과하고, EU와의 FTA가 잠정적으로 적용됨에 따라 국제투자 분야에 있어서 광범위한 규율체제가 성립하게 되었다. 우리나라는 1969년 한국-독일 BIT를 시작으로 하여 2011년 5월 기준으로 발효된 양자투자협정(BIT)은 85개[1])로서 세계 10위에 해당한다. 아시아

1) 한국의 2011년 5월 현재 투자협정 체결현황은 다음과 같다.

	발효 체약당사국 (85개국)	비 고
구주지역 (33개국)	독일('67), 영국('86), 프랑스('79), 덴마크('88), 헝가리('89), 폴란드('90), 러시아('91), 오스트리아('91), 이탈리아('92), 우즈베키스탄('92), 리투아니아('93), 터키('94), 스페인('94), 체코('95), 그리스('95), 타지키스탄('95), 핀란드('96), 포르투갈('96), 카자흐스탄('96), 라트비아('97), 우크라이나('97), 스웨덴('97), 벨라	영국('76 발효, '83 및 '86 개정각서) 네덜란드('75 발효, '05 개정) 벨기에·룩셈부르크('76 발효, '06개정)

에서도 중국에 이어 2위에 해당한다.

이렇게 다양하고 많은 FTA와 BIT가 체결되었으나 우리의 최근 FTA에는 한-미 FTA 투자챕터와 한-EU FTA로 대별된다고 볼 수 있고 실제 어떤 차이가 있고 일종의 투자자유화 요소인 설립전 투자문제와 투자자보호문제를 어떻게 다룰 것인가가 핵심 쟁점이라고 볼 수 있다. 이하에서는 한-미 FTA의 근원이 되는 NAFTA 및 미국 모델 BIT 방식과 한-EU FTA의 근원이 되는 GATS 방식을 살펴보고, 우리의 기체결 FTA와 BIT를 중심으로 투자규범 정립과정과 그 형태에 대하여 상술하기로 한다.

Ⅱ. 우리나라 투자협정 규정 방식

1. NAFTA 방식과 한-미 FTA 방식

1) NAFTA와 2004 모델 BIT

NAFTA는 1992년 캐나다, 미국, 멕시코 3국 간에 체결되어 1994. 1. 1. 발효된 자유무역협정으로서 협정 제11장(투자)은 투자보호의 내용을 규정하고 있다. 그동안의 투자분쟁의 경험과 NAFTA 발효 이후의 논의들을 반영하여 미국과 캐나다는 모델 투자협정을 개정하였다. 미국의 2004 모델 BIT가 대표적인 예라고 할 수 있다.[2)]

	루스('97), 네덜란드('05), 슬로바키아('06), 알바니아('06), 크로아티아('06), 불가리아('06), 벨기에·룩셈부르크('06), 아제르바이잔('08), 루마니아('08), 스위스('06), 키르키즈스탄('08)	루마니아('94 발효, '97개정, '08 의정서 발효) 스위스('06 한-EFTA FTA 부속서로 발효)
아시아 지역 (16개국)	스리랑카('80), 방글라데시('88), 말레이시아('89), 태국('89), 파키스탄('90), 몽골('91), 인도네시아('94), 인도('96), 라오스('96), 필리핀('96), 캄보디아('97), 홍콩('97), 일본('03), 브루나이('03), 베트남('04), 중국('07)	베트남('93 발효, '04 개정) 중국 ('92 발효, '07 개정)
중동지역 (9개국)	이집트('97), 카타르('99), 사우디아라비아('03), 이스라엘('03), 오만('04), 아랍에미리트('04), 요르단('04), 이란('06 개정), 레바논('06)	이란('98 서명-'06 발효, '06 개정협정, '06 발효)
아프리카 지역	튀니지('75), 세네갈('85), 남아공('97), 나이지리아('99), 모로코('01), 알제리('01), 모리타니아('06), 리비아('07), 모리셔스('08), 가봉('09)	
미주지역 (17개국)	파라과이('93), 아르헨티나('96), 볼리비아('97), 칠레('99), 니카라과('01), 온두라스('01), 파나마('02), 엘살바도르('02), 멕시코('02), 과테말라('02), 코스타리카('02), 트리니다드토바고('03), 가이아나('06), 자메이카('07), 도미니카('08)	한-미 FTA('07 서명, 투자챕터 포함) 한-칠레 FTA('04, 투자챕터 포함), 한-페루 FTA('11. 서명)

2) 정수봉, 『한-미 FTA 투자 분야연구』(서울: 법무부, 2008), 12-13면 참조. 비교표는 23-24면에

한-미 FTA 투자챕터도 이러한 미국의 2004년 모델 투자협정을 기초문안으로 하여 논의를 진행하되 이에 우리 측 주장 등을 반영하여 수정을 가하는 방식으로 진행되었는데 위 모델 투자협정은 1994년 모델협정을 개정한 것으로서 미국 의회가 2002년 무역촉진권한법(Trade Promotion Act: TPA) 제정 시, NAFTA에서의 투자분쟁 경험 등에 근거하여 투자규범의 실체적·절차적 규정의 개선을 요구한 내용을 반영한 것이다. 위 TPA는 수용 및 공정·공평 대우에 대한 기준 확립, 투자자-국가간 분쟁 메커니즘의 개선, 투명성 조항의 완전한 도입 등을 요구하여 최소대우기준에 대한 해석선언 및 간접수용부속서 등을 삽입하여 범위를 축소하였다. 절차적 개선사항으로는 중재자료와 심리절차를 일반에 공개하는 투명성 규정 도입, 시민단체 등 제3자의 의견제출권 보장, 본안 전 항변에 대한 신속처리 절차규정 신설 등 남소방지를 위한 규정 신설, 최종판정 이전에 판정문 검토 절차를 신설하고 협정발효 후 양국 간에 적용될 상소메커니즘 수립을 고려하는 등 단심제의 단점을 극복하기 위한 노력 등 분쟁해결절차의 투명성을 강화하였다.[3)]

미국은 위 TPA 제정 이후 2004 모델 BIT를 토대로 칠레, 싱가포르, 호주, 모로코, 바레인, 도미니카·중앙 아메리카 5개국,[4)] 한국, 파나마, 콜롬비아, 페루, 오만 등 4개국과의 FTA 협상을 종료하거나 타결하였다. 이와 같이 한-미 FTA 투자챕터가 NAFTA 모델에 기초를 두고 미국 2004 모델 투자협정문을 반영한 이상 미국 2004 BIT 모델문안과 NAFTA, 한-미 FTA를 비교하는 것은 의미 있는 일이다. 우선 NAFTA와 2004년 모델 투자협정을 비교하면 다음과 같다.

[표 2-1 NAFTA와 2004년 모델 투자협정 비교]

항 목	NAFTA	2004년 모델 투자협정
대우의 최소기준	타방당사국의 투자자를 '국제법에 따라' 대우하도록 규정	'외국인에 대한 국제관습법상 최소대우 기준'을 의미하는 것 등으로 명확히 제한(Art.5)
수용 및 보상조항	수용에 대한 보상원칙만을 규정('간접수용'의 정의와 판단법리 등 결여)	수용에 대한 부속서 신설(Annex B) - 간접수용의 정의, 판단법리, 공공복지 목적 정책에 대한 원칙적 예외 등을 규정
투명성	규정 없음	투명성 조항 신설(Art.29) -중재자료, 심리절차 등을 모두 일반에 공개('밀실재판'이라는 비판 불식)

있는 내용을 그대로 인용하기로 한다.

3) NAFTA와 미국 2004 모델 BIT의 차이점은 표로 정리, 앞의 책, 24-25면 참조. 비교표는 그대로 인용하기로 한다.

4) 도미니카, 코스타리카, 엘살바도르, 과테말라, 온두라스, 니카라과 등 6개국과 일괄 체결된 FTA로서 "CAFTA-DR"로 불린다. 이중 우리나라는 칠레, 싱가포르, 페루와 FTA를 체결하였고 콜롬비아와 협상이 진행 중인바, 미국이 그들 국가와 체결한 FTA 투자챕터를 보는 것이 실무가 입장에서는 하나의 모델이 될 것이라 생각한다.

제3자 의견제출권	규정 없음	제3자(amicus curiae) 의견제출권 신설 (Art.28.3) - 시민단체, 이해당사자의 의견 반영
본안전 항변절차	규정 없음	본안 전 항변에 대한 신속처리 규정 신설 (Art.28.4.~6.) - 관할권 없는 사건 등을 조기에 종결토록 하여 남소방지
중재결정 사전검토 절차	규정 없음	최종결정 전, 판정문 초안을 분쟁당사자에게 회람토록 하고 이에 대한 의견제출권 부여 (Art.28.9) - 단심제의 단점 보완 (상소메커니즘의 수립 전까지 임시적 적용)
상소 메커니즘	규정 없음	협정발효 후 3년 내에 양자간 상소메커니즘 수립을 고려토록 하는 부속서 신설(Annex D)

2) 한－미 FTA 방식

한－미 FTA는 이러한 미국 모델 BIT를 반영하면서도 우리의 입장에서 가장 많은 변화를 준 FTA로 평가 받고 있다. 즉, 실체적으로는, 간접수용부속서 문안을 대폭 수정하여 우리 수용법제의 핵심개념인 '특별희생'의 법리 등을 규정하고 공공복지정책 예외사항에 '부동산가격 안정화 정책'을 추가하였으며, 과세조치에 대한 간접수용 가능성을 줄이기 위해 과세조치에 대한 별도의 부속서를 삽입하고, 임시 세이프가드 조항을 도입하였으며, 공공질서 유지를 이유로 한 규제권을 유보한 점 등도 주요한 변화이다. 또한, 절차적으로는 한국어·영어 모두를 공식 중재언어로 규정하고 의장중재인의 제3국인 요건을 명기하였으며, 투명성 규정·제3자 의견제출권·비분쟁당사국 의견제출권 등을 규정하여 미국 모델 문안보다 ISD절차조항을 제한하는 방향으로 수정하였다. 다음은 한－미 FTA와 2004년 모델 투자협정과의 비교를 나타낸 것이다.[5)]

[표 2-2 한－미 FTA와 2004년 모델 투자협정 비교]

항 목 (한-미FTA 조문)	미국 2004년 모델 투자협정	한－미 FTA
수용과 보상 부속서 (11.6)	간접수용의 정의, 판단 법리 등을 규정한 부속서 채택	① 보상대상에서 재산적 이익(property interests)을 제외하여 재산권(property rights)으로만 한정 ② 우리나라 수용법제의 핵심개념인 특별희생(special sacrifice) 법리 추가 ③ 원칙적으로 간접수용을 구성하지 않는 공공복지 목적 조치의 분야에 보건, 안전, 환경 외에 부동산가격 안정화

5) 앞의 각주 2, 25－27면 참조. 비교표는 그대로 인용하기로 한다.

		조치를 추가하고, 이러한 열거는 한정적이 아닌 예시적 열거임을 각주에 명기
과세와 수용 (부속서 11-F)	규정 없음	세금부과는 일반적으로 수용을 구성하지 않는다는 내용 등 부속서 채택
임시세이프가드 (부속서 11-G)	규정 없음	국제수지악화 및 외환위기 등의 심각한 대내외 여건 변화 시 정부가 외국환거래를 통제하는 임시 세이프가드 조치의 발동근거를 부속서에 규정
중재인 선정 (11.19.3)	의장중재인 국적요건 없음	분쟁당사자 간의 합의가 없는 한 의장중재인은 제3국인으로 임명토록 한정
현실적 중재지 (11.20.2)	규정 없음	현실적 중재지 결정에 있어 당사자의 편의성, 증거접근성 등을 고려할 수 있도록 규정 신설
중재언어 (11.20.3)	규정 없음	전체 중재과정에서 한국어와 영어가 모두 공식 중재언어임을 규정
비분쟁당사국 의견제출권 (11.20.4)	비분쟁당사국의 서면·구두 의견제출권 보장	의견제출권을 보장하되, 구두로만 의견을 제출한 비분쟁당사국은 분쟁당사자의 요청 시 동 구두의견을 서면화하여 제출하도록 규정
투명성 규정 비밀보호절차 관련 (11.21.)	정보공개 범위에 관하여 당사국과 중재판정부의 견해가 상이할 경우 해결절차 규정 없음	공개하지 않을 수 있는 비밀정보의 범위에 관하여 당사국과 중재판정부의 견해가 다를 경우의 처리절차 신설 - 양국간 운영하는 공동위원회에서 협의하고 비분쟁 당사국이 명시적으로 반대하지 않는 한 분쟁 당사국의 의견대로 공개범위 결정
공공질서 예외	공공질서 유보 없음	공공질서를 위해 필요한 경우, 외국인투자의 설립·인수에 관하여 내국민대우 및 이행요건부과금지에 반하는 필요 조치를 취할 수 있도록 미래 유보

2. 한국이 체결한 FTA

1) 한-미 FTA와 한-싱가포르 FTA, 한-칠레 FTA, 한-EFTA FTA

한-미 FTA가 2007년 타결되었고, 그 이전에 한-싱가포르 FTA, 한-칠레 FTA가 발효되었다. 한-칠레 FTA 투자챕터(제10장)는 NAFTA 투자챕터(제11장)에 기초하고 있어 중재절차에 관하여 상세한 규정을 두고 있으나, 한-싱가포르 FTA의 투자챕터(제10장), 한-EFTA FTA 부속 투자협정은 다른 FTA와 유사한 실체적 투자보호규범을 규정하고 있으나 투자분쟁해결절차에 관하여는 상세히 규정하지 않고 있다. 실체적인 범위에서 한-미 FTA와의 차이는 수용부속서, 미래 최혜국대우조항, ISD의 대상 범위 확대 등이다.[6)]

절차적인 부분에서는 이용가능한 중재기관을 양당사자가 합의한 기관을 이용하도록 하고, 의장중재인 국적요건, 중재지, 중재언어, 투명성 조항, 중재판정 사전 검

6) 앞의 각주 2, 28-29면 참조. 비교표는 그대로 인용하기로 한다.

토제, 본안 전 항변, 제3자 의견제출권, 상소절차 등에 차이가 있다.[7] 다음은 기존의 FTA와 한 - 미 FTA를 비교한 것이다.

[표 2-3 우리나라 기존 FTA와 한 - 미 FTA 비교]

항 목 (한-미 FTA 조문)	우리나라 기존 FTA	한-미 FTA
최혜국대우 (11.4)	양국이 미래에 타국과 체결할 FTA에 대하여는 최혜국대우 미부여(협의 기회만을 보장) 한-싱가포르 FTA는 MFN조항 없음	양국이 한-미 FTA 발효 이후 체결하는 다른 협정의 혜택도 부여(미래 MFN) ※ 단, 분야에 따라 포괄적·개별적으로 MFN 유보
수용과 보상 (11.6)	직접·간접수용에 대한 보상원칙만을 규정할 뿐 간접수용의 법리를 제한하기 위한 별도 규정 없음	수용(Expropriation)에 대한 별도 부속서(Annex 11-B) 규정 - 간접수용의 정의, 판단법리, 공공복지 목적의 규제에 대한 원칙적 적용배제 등을 규정
보조금, 정부조달	한-싱가포르 FTA NT, SMBD의 예외(MFN 규정이 없음에 기인) 한-칠레 FTA NT, SMBD의 예외	NT, MFN, SMBD의 예외[8]
투자분쟁의 범위 (11.16-11.17)	한-칠레, 한-싱가포르는 협정의무 위반으로 한정 ※ 한-EFTA는 투자협정의무 위반 외에 투자계약, 투자인가 관련 분쟁도 포함되는 것으로 해석됨(우산조항 삽입). 한-싱가포르, 한-EFTA는 설립 전 투자에 대해서도 차별 없이 보호하나 한-칠레 FTA는 ISD는 이미 설립된 ("made and materialized") 투자에 관하여만 제기	협정의무 위반 및 투자계약·투자인가 관련 분쟁 포함 ※ 단, 서명일 현재 양국 모두 '외국인투자당국'의 투자인가 제도가 없음을 확인함으로써 투자인가 관련 분쟁은 사실상 배제. 설립 전 투자에 대해 차별 없이 보호

2) 한 - 인도 CEPA, 한 - ASEAN FTA

(1) 한 - 인도 CEPA

한 - 인도 CEPA는 2010. 1. 1., 한 - ASEAN FTA는 2009. 9. 1. 발효되어 2007년 한 - 미 FTA 투자 분야 협상이 종료된 이후 최초로 한 - 미 FTA의 모델 문안이 상당 부분 반영되었다. 그러나 개발도상국이라는 특징과 ASEAN국가는 다수의 결합체로서 의견의 통일이 어렵다는 현실적인 어려움으로 인하여 한 - 미 FTA 문안을 그대로 관철시키기에는 어려움이 있었다. 또한 캐나다, 페루, 뉴질랜드, 호주와의 협상을 동시에 진행하면서 협상능력과 조문의 이해도가 증진되면서 우리 협상대표들도 새로

7) 절차조항은 기존의 FTA에 비하여 한 - 미 FTA가 절차조항을 강조하고 미국 모델 BIT 규정을 따르다 보니 상세한 규정들이 등장하게 된 것이다.

8) SMBD란 Senior Manager and Board of Director를 의미한다.

운 문안을 제시하기도 하였다. 특히 ISD절차조항은 한-미 FTA 문안이 지나치게 상세히 규정되어 한-인도 CEPA에서는 27개에서 7개로 줄이면서 소위 우산조항, 사전동의조항, 임시적 구제조항, 택일(fork in the road) 방식[9] 등만 규정하는 방식으로 수정 문안을 제시하였다. 이하에서는 한-미 FTA 이후의 우리의 변형된 문안[10]을 기초로 논의를 전개하기로 하되 협상 중이어서 아직 발효가 안 된 한-뉴질랜드, 한-호주, 한-콜롬비아 FTA 협정문을 공개하기는 어렵고, 발효가 된 한-인도 CEPA와 한-ASEAN FTA를 중심으로 큰 차이점에 대하여 간략히 살펴보기로 한다.

먼저 한-인도 CEPA의 경우[11] 투자 부문은 4절 22조의 협정문과 3개의 부속서 및 유보안으로 구성되어 있으며, 투자자유화 및 투자자보호제도를 규정하여 양국은 먼저 투자의 전 과정, 즉 설립 전 투자 및 설립 후 투자에 대하여 상대국 투자자에게 자국 투자자 및 투자보다 불리하지 않은 대우를 제공하는 내국민대우를 부여하고, 연방제를 취하고 있는 인도의 특수성을 고려하여 지역정부 역시 자국 투자자 및 투자에 부여하는 가장 유리한 대우보다 불리하지 않은 대우를 부여하도록 하였다. 또한 이행요건 부과금지 조항, TRIMs plus 요소인 기술의 이전, 독점적 공급의무 관련 항목을 삽입하였다.

그러나 한-싱가포르 FTA는 MFN 조항 없이 미래 협의 기회만을 부여한 점, 한-칠레, 한-EFTA FTA의 경우도 MFN 조항은 있지만, 제3국에 혜택 부여 시 협정 상대국에 협의 기회만을 부여한 점 등을 고려하여 한-인도 CEPA에서도 어느 한쪽 당사국이 다른 제3국과 투자에 관한 새로운 협정을 체결하는 경우 이에 대해 기존 상대국의 요청에 따라 상대국에게 제3국에게 제공되는 대우보다 불리하지 아니한 대우를 고려해야 한다고 규정하여 자동 MFN 조항을 삽입하지는 않았다. 또한 특별희생, 부동산가

9) 한-미 FTA 협상 과정에서 미국은 택일방식을, 한국은 포기(waiver)방식을 주장하였으나, 절차의 중복을 방지하기 위하여 택일방식으로 선회하였다. 물론 포기방식이 투자자보호에는 도움이 되지만 국내절차와 국제중재 간의 불일치 등 소송경제면에서 불합리한 점이 있다는 점과 미국과 같은 일원주의 국가가 아닌 나라에서는 포기방식을 고집할 필요가 없다는 점에 기인한다.

10) 여기서 말하는 '문안'이라는 표현은 각 부처 간에 합의가 된 것은 아니나 초기협정문 교환시 지식경제부 해외투자과와 외교통상부 서비스투자과에서 우리 측 투자협정문 초안을 만들면서 각 부처의 의견을 수렴하게 되는 과정에서 한-미 FTA 이후 많은 변화요소와 중재판정을 반영하여 한-페루, 한-뉴질랜드, 한-호주, 한-콜롬비아 FTA 등에서 초안으로 교환하는 안을 말한다. 물론 나라마다 특이성이 있어 매번 같은 문안을 사용하는 것은 아니나 거의 유사한 문구를 사용하고 있고, 다만 협상과정에서 우리 측 통상주권의 실현과 투자자보호를 위해 많은 변형이 이루어지는 것은 사실이다. 뒤의 조문별 설명에서는 이러한 최근의 다양한 문안을 기초로 논의를 전개하기로 한다. 다만 정부의 공식적 입장으로 보기에는 무리가 있고 반드시 초안대로 관철되는 것도 아니라는 점을 유의하기 바란다.

11) 외교통상부, 한-인도 CEPA 주요내용, 2009.10. 참조, 자세한 내용은 http://www.mofat.go.kr에 게재.

격안정화 정책 등을 수용한 수용부속서를 삽입하였고, 긴급세이프가드조치를 삽입하였다. 또한 실제 문제되는 외교관계가 없는 경우를 혜택의 부인에서 삭제하였다.

그리고 공정하고 공평한 대우(fair and equitable treatment)와 충분한 보호 및 안전(full protection and security)을 상대국 투자자에게 부여하면서 외국인투자자에 부여되는 공정하고 공평한 대우 및 충분한 보호 및 안전은 국제관습법상의 최소기준 이상의 대우를 요구하는 것이 아니며, 기타 추가적인 권리를 부여하는 것이 아니라고 하였다. 한-미 FTA와 같이 "in accordance with customary international law, including fair and equitable treatment and full protection and security"가 아닌 공정·공평 대우와 충분한 보호와 안전만 규정하였다.[12] 또한 충분한 보호와 안전의 의미에 대한 정의조항 삽입은 하지 않았다. 투자자의 정의조항에서는 해당국 기업과 그 지점(its branch)만을 포함하여 제3국 지점의 협정 적용을 위한 소위 "treaty shopping"을 방지하였다.

또 하나의 가장 큰 차이는 보조금·무상교부는 투자협정 적용에서 배제하여 보조금·무상교부에 NT, MFN, SMBD 조항은 적용되지 않을 수 있지만, 이행요건(performance requirement)과는 결부될 가능성이 있으므로 이행요건, 투자자 대 국가 분쟁해결(ISD) 조항은 적용하기로 합의하였다. 마지막으로 ISD와 관련하여 fork in the road 방식을 채택하였고, 협정의무 위반으로 ISD 대상범위를 한정하여 남소로부터 투자유치국을 보호하였다.

또한 투자자유화 약속에서는 소위 Negative 방식의 유보안을 사용하였다. 다만 한-인도 CEPA에서의 투자챕터는 한-미 FTA와 달리 한-미 FTA가 Mode 1, 2, 4를 서비스챕터에서, Mode 4와 비서비스투자(제조업 등)를 투자챕터에서 규율하는 NAFTA 형태를 취하고 있는 반면, 한-인도 CEPA는 Mode 1, 2, 3, 4는 서비스챕터에, 비서비스투자만 투자챕터에서 규정하는 방식을 취하고 있다. 또 서비스챕터는 Positive 방식이나 투자챕터는 Negative 방식으로 차별을 두어 Mode 3인 서비스투자의 경우 PR, SMBD 의무는 적용되지 않으며, 서비스무역 장(章) 및 그 양허안에 따른 NT, MA 의무를 부담하게 된다.

비합치조치와 관련해서는 ① 내국민대우(NT), ② 이행요건(PR), ③ 고위경영자 및 이사회(SMBD) 등에 대해 불합치 되는 조치를 유보로 기재하는 경우, 동 조치는 협정의 의무가 면제됨을 규정하였으나 인도 주(州)정부는 PR과 SMBD 의무에 한하여, 그에 불합치되는 조치의 채택 및 유지가 가능하고 NT는 유보하지 않았다. 또한 보조금

12) 한-인도 CEPA 제10.4조 Minimum Standard of Treatment, "Each party shall accord to an investment of an investor of the other Party in its territory "fair and equitable treatment" and "full protection and security"…."

은 PR과 ISD를 제외하고는 협정문에 적용되지 않으며 정부조달에만 내국민대우, 고위경영자 및 이사회 관련 의무가 적용되지 않는다고 한정하였다.

(2) 한-ASEAN FTA

다음으로 한-ASEAN FTA는 오랜 협상 끝에 타결이 되었고 개별국과의 BIT가 존재하였으므로 통일성을 기하기가 어려운 측면이 있었지만 나름대로 한-미 FTA를 모델로 하여 특수성을 가미하는 방안으로 해결을 하였다.

먼저 투자자의 정의조항에서 제3국 지점을 배제하기 위하여 해당국 기업의 지점으로 한정을 하였다. 미래 MFN 규정도 어느 한쪽 당사국이 다른 제3국과 투자에 관한 새로운 협정을 체결하는 경우, 이에 대해 기존 상대국의 요청에 따라 협의할 기회를 준다고 명시하면서 ASEAN 국가 간의 유리한 대우는 원용하지 못하는 특수성을 인정하였다.

그리고 최소기준대우와 관련해서는 customary international law를 삽입하였으나 공정·공평대우와 완전한 보호와 안전이 국제관습법에 포함되는 개념임을 최소기준대우 조항에서 삽입하지는 않고,[13] 국제관습법이 요구하는 이상의 개념이 아님을 명시하였다. 그러나 대체적으로 국제관습법이라는 개념을 사용하였다는 점에서 무분별한 확대를 방지하는 효과가 있다고 본다.

또한, 이행요건은 TRIMs 규정이 적용된다고 규정하였고, 정부조달과 보조금은 협정문 전체에서 적용을 배제하였다. 또한 특징은 간접수용부속서는 우리 투자자보호를 위해 협정문에 삽입하지 않았고, 우산조항은 ISD절차조항에서 배제하고 ASEAN 국가의 특성상 NT, MFN, MSOT, SMBD, 송금, 수용, 손실보상만이 ISD의 대상이 된다고 한정하였다. 물론 한-ASEAN FTA가 한-미 FTA에 비하면 투자자보호수준이 높다고 단정 짓기는 어려우나 10개국의 집합체라는 점, ASEAN국가의 특수성 등을 고려할 경우 최소기준대우, 동의조항 삽입 등 나름대로 의미 있는 성과라고 평가할 수는 있다. 제23조에서 다른 협정과의 관계에서 기존의 BIT를 유지하여 우리 투자자가 BIT와 FTA 중 동시에 유리한 부뷰을 원용할 수 있다.[14] 또한 한-ASEAN FTA는 제27조에서 Work Programme(작업계획)을 삽입하여 MFN, 간접수용부속서, 과세와 수

13) 한-ASEAN FTA 제5조 General Treatment of Investment에서 "Each party shall accord to covered investment of investors of any other Party fair and equitable treatment and full protection and security"로 규정하고 있다.

14) 필자가 한-ASEAN FTA나 한-인도 CEPA 협상에 직접 관여하지 않은 상황에서 전체적인 협상의 흐름을 이해하기는 어렵다. 다만, 조문 하나 하나 관철이 되었느냐도 중요하지만 다른 조항과의 관계에서 어떤 진척이 있었는지, 우리 투자자보호를 위해 어떤 조문을 대신 삽입하였는지, 또는 협상의 시기 등을 고려하여 전체적인 맥락에서 평가하여야 한다는 생각이 든다.

용에 관한 부속서, ISD, 이행요건, 유보목록 등에 대하여는 발효 후 5년 안에 협의를 하기로 하였으므로 향후 우리 투자자보호를 위해 개정의 여지를 남겨두었다는 점에 의의가 있다. 다음은 한-인도 CEPA와 한-ASEAN FTA, 그리고 한-미 FTA를 비교한 것이다.[15)]

[표 2-4 한-인도 CEPA, 한-ASEAN FTA, 한-미 FTA 비교]

항 목	한-인도 CEPA	한-ASEAN FTA	한-미 FTA
투자자의 정의	제3국 지점 배제조항 삽입(its branch)	제3국 지점 배제조항 삽입	제3국 지점 배제조항 없음
비합치조치	보조금은 이행요건과 ISD를 제외하고는 협정문에 전체 배제, 정부조달에만 NT, SMBD만 배제	정부조달, 보조금은 협정문 전체에서 배제	정부조달, 보조금은 NT, MFN, SMBD, PR만 배제
최혜국대우	미래 MFN시 기존 상대국의 요청에 따라 상대국에게 제3국에게 제공되는 대우보다 불리하지 아니한 대우를 고려	미래 MFN시 협의 기회 부여	미래 자동 MFN
유보안[16)]	Negative 리스트 (다만, Mode 3는 서비스에서 규율하고 positive 리스트)	Negative 리스트 (다만, Mode3는 서비스에서 규율하고 Positive 리스트)	Negative 리스트
이행요건	TRIMs plus로 서비스 삽입	TRIMs 규정	서비스는 배제
다른 협정과의 관계	기존 BIT 유지	기존 BIT 유지, ASEAN 역내 국가 간의 차별적 조치인정	없음
간접수용부속서	있음	없음	있음
ISD 대상범위 및 구성	우산조항 배제	NT, MFN, MSOT, SMBD, 송금, 수용, 손실보상만이 ISD의 대상	우산조항

3) 한-EU FTA와의 차이

위에서 본 바와 같이 한-EU FTA는 집행위원회가 각 27개 EU회원국으로부터 투자자보호에 대한 권한을 위임받지 못하여 투자자보호는 개별국과의 BIT로 해결하고, 투자자유화는 FTA로 체결하는 방식을 채택하였다. 따라서 FTA에는 ISD나 투자자보호관련조항이 존재하지 않는다. 가장 큰 특징은 한-EU FTA는 투자챕터에서

15) 변필건, 『한국의 투자협정해설서』(법무부), 75면. 비교표는 그대로 인용하기로 한다.

16) 한-인도 CEPA와 한-ASEAN FTA는 서비스챕터에서 원칙적으로 Mode 1, 2, 3, 4를 모두 규율하나, Mode 3의 경우 투자자보호와 관련하여서는 별도의 투자챕터를 적용한다고 보인다. 자세한 논의나 구체적 조문은 후술하는 투자챕터 규율방식을 참조.

"Investment"라는 용어를 사용하지 않고 하나의 "Establishment" 장에서 규율한다는 점에 특징이 있다. 또한 제7장의 Section B, 국경간 서비스(Cross Border Supply of Services)에서는 Mode 1, 2를 규율하고, 제7장 Section C 설립(Establishment)에서는 Mode 3와 비서비스투자를, Section D에서 Mode 4를 다룬다는 데에 차이가 있다.[17] 그러나 한-EU FTA는 투자자유화와 관련하여 양허안을 사용하여 Positive 방식을 사용하고 있다. 그 차이점과 대표적인 내용을 살펴보면 다음과 같다.

먼저 한-EU FTA 방식은 WTO나 GATS와 유사하다고 볼 수 있는데 Positive 리스트를 사용하였다는 점에서 한-미 FTA와 가장 큰 차이가 있다. 한-미 FTA는 NAFTA 방식의 모델을 따라 유보안에서 예외로 기재하지 않는 한 원칙적으로 투자자유화를 허용하나, 한-EU FTA는 WTO 서비스 양허안과 같이 원칙적으로 진입을 금지하되 허용되는 분야를 양허표에서 열거하는 Positive 방식을 따르고 있다는 점에 가장 큰 차이가 있다.

다음으로 Investment라는 용어 대신 Establishment(설립)라는 용어를 사용하고 있다는 점에서 차이가 있다. 설립은 경제적 활동을 할 목적으로 (i) 법인을 구성, 인수, 유지하거나, (ii) 지사(branch) 또는 대표사무소(representative office)를 창설, 유지하는 행위로서 서비스업(Mode 3)과 비서비스업(제조업, 광업 등) 분야의 상업적 주재를 포괄하는 개념이다.[18]

마지막으로 가장 큰 차이는 투자자보호를 FTA에서 규율하지 않으므로 이행요건, 최소기준대우, 손실보상, 수용보상, 특별형식 및 정보요건, 대위변제, ISD 규정이 존재하지 않고, MA(market access) 등이 존재한다는 점이다. 물론 투자자보호는 앞에서 보았듯이 개별국과의 BIT로 해결하는 방식으로 이원화되어 있다고 볼 수 있다.

그러나 투자자유화의 진전을 위하여, 투자 법제, 투자환경 및 투자의 흐름에 대한 협정당사국의 검토 의무를 규정하여 협정문 내용 등에 대하여 검토를 하되, 협정의 발효 후 3년 이내 시점부터 정기적으로 이행하도록 하였다. 즉, 향후 투자보호 관련 협상 권한이 EU 집행위원회로 이관될 경우 투자보호 관련 별도의 협상을 개시할 수 있는 근거를 마련하였다.[19]

---

17) 한-EU FTA 구체적 약속 양허표의 "Explanatory Notes"에서도 "The mode of supply "3) the commercial presence" is understood as the supply of a service through an establishment, in accordance with Article 7.9 (a)."라고 명시하고 있다.

18) 한-EU FTA 상세설명자료, 관계부처합동 2009. 10. 외교통상부 홈페이지에 게재, 107-110면 참조.

19) 앞의 책, 108-109면 참조. 한-EU FTA 제7.16.조 Review of The Investment Legal Framework "2. In the context of the review referred to in paragraph1, the Parties shall assess any obstacles to investment that have been encountered and shall undertake negotiations to address such obstacles, with a view to deepening the provisions of this Chapter, including with respect to gen-

또한, MFN과 관련하여 FTA 체결 이후, 제3국과의 경제통합협정에서 더 높은 수준의 개방을 약속한 경우, 그러한 개방 혜택을 FTA 상대국에게 부여하는 미래 MFN을 규정하였다.[20] 다만 EU 신규가입국, EEA(EU-EFTA간 경제통합협정)와 같이 "FTA보다 높은 수준의 경제통합협정(the regional economic integration agreement stipulates a significantly higher level of obligations)"은 최혜국대우의무 적용대상에서 배제하기로 합의하였다.[21]

따라서 한-미 FTA 방식이나 한-EU FTA 방식 중 하나가 절대적으로 옳다고 고집할 수는 없다. 미국식 방식은 NAFTA를 기반으로 투자자유화에 초점을 맞추고 Mode 3의 독자성을 인정하는 모델이라고 할 수 있으나, EU 방식은 어차피 서비스챕터 안에서 Section을 국경간 서비스와 설립으로 나누는 방식으로 WTO에 근거한 방식이다. 유의할 점은 우리가 양대 통상 거대국인 미국과 EU와의 협상이 완료되었다는 점이다. 수출과 교역을 중심으로 하는 우리나라의 특성상 많은 나라와 FTA를 체결하는 현실에 비추어 앞으로 많은 EU 신규가입국이나 EU 모델을 선호하는 나라들의 경우 어떻게 투자자유화를 위한 NAFTA 형태의 모델을 관철시키느냐에 주안점이 있다. 물론 EU 신규가입국을 상대로 미국식 모델을 강요할 경우 EU 가입 이후에 기존의 FTA 모델이 폐지될 것인지 여부가 문제가 될 수 있으나 EU는 집행위원회가 협상 당시 개별 회원국 27개국으로부터 투자자보호에 대한 권한을 위임받지 못하였다는 점에 유의하여야 한다. 나아가 한-EU FTA조차 검토조항을 삽입하여 추후 투자자보호에 대한 논의의 여지를 남겨두었다는 점을 간과하여서는 안 된다고 본다.

이렇게 한-EU FTA 방식은 한-미 FTA와 많은 차이를 보여주고 있고, 실제 미국과 EU가 세계 경제시장의 양대 축이라는 현실에 비추어 WTO, OECD가 EU와 미국 간의 의견대립 등으로 인하여 진척이 더디다는 점에 주목할 필요가 있다. MAI는 미국이 주장하는 NAFTA 모델의 세계적 확산 및 선진국형 주도가 목표였으나 타결에 실패하였고, 그 전후에 미국이 자국 투자자보호와 투자자유화를 위해 양자간 FTA 투자협정을 체결하였다는 점에서 더더욱 깊은 성찰이 필요하다. 한-EU FTA 방식이나 한-미 FTA 방식 중 하나의 모델을 따르더라도 우리 투자자보호를 위한 장치의 마련과 투자유치국의 부당한 책임을 방지할 필요가 있다. 앞으로의 FTA는 단순한 수

---

eral principles of investment protection."

20) 한-EU FTA 제7.14조 이는 EU가 제3국과 한-EU FTA 발효 이후 FTA 체결 시 그 혜택을 우리가 볼 수 있음을 의미한다.

21) 보다 높은 경제통합협정이란 서비스, 자본, 인력의 자유로운 이동이 보장된 역내시장(internal market)이 존재하거나 완전한 설립의 자유와 당사국 간의 국내 입법 통일·조화 등의 내용을 포함한 인접국가와 맺은 경제통합협정을 말한다. 이러한 경우의 대표적인 예로서 EU 신규가입국과의 경제통합협정이나 FTA 등을 들 수 있다.

동적 방어가 아닌 우리 투자자보호가 더욱 절실한 개도국과의 FTA나 신흥 거대경제국들과 체결하여야 한다면 우리가 어떤 전략을 가져야 하는지 고민해야 한다. 그러나 미국식 모델이나 EU식 모델이 반드시 FTA 투자챕터의 전형이라고 할 수는 없고 통상이익을 비교형량하는 선에서 결정해야 할 사안이라고 볼 수 있다. 다음은 한-EU FTA와 한-미 FTA를 비교한 것이다.[22)]

[표 2-5 한-EU FTA와 한-미 FTA 비교]

항 목 (한-미FTA 조문)	한-EU FTA	한-미 FTA
투자	설립(Establishment)으로 규정 경제적 활동을 할 목적으로 (i) 법인을 구성, 인수, 유지하거나, (ii) 지사(branch) 또는 대표사무소(representative office)를 창설, 유지하는 행위로서 서비스업(Mode 3)과 비 서비스업(제조업, 광업 등) 분야의 상업적 주재를 포괄하는 개념	투자(Investment)로 규정(Mode 3와 비서비스투자 포함)하여 별도 챕터로 규율
수용과 보상	없음(투자보호는 개별국과의 BIT로 해결)	있음 (투자자유화와 투자보호 포함)
손실보상	없음	있음
최소기준대우	없음	있음
MFN	FTA 체결 이후, 제3국과의 경제통합 협정에서 더 높은 수준의 개방을 약속한 경우, 그러한 개방 혜택을 FTA 상대국에게 부여하는 미래 MFN을 규정하였다. 다만 EU 신규가입국, EEA(EU-EFTA간 경제통합협정)와 같이 "FTA보다 높은 수준의 경제통합협정"(the regional economic integration agreement stipulates a significantly higher level of obligations)은 최혜국대우의무 적용대상에서 배제	미래 자동 MFN
대위변제	없음	있음 (투자자보호)
이행요건	없음	있음 (투자자보호)
고위경영진과 이사회[23)]	원칙적으로 GATS에는 존재하지 않고 일응 투자자보호 관련규정으로도 볼 수 있으나 국적요건이나 거주요건을 요한 다는 점에서 시장진입단계 즉 자유화와도 관련이 있다. 따라서 한- EU FTA에서는 NT의 각주로 BD를 Key Personnel and Graduate Trainees 에서 각주로 SM을 나누어서 규정	있음
ISD	없음	있음 (투자자보호)
유보 및 양허	Positive 리스트 (양허안)	Negative 리스트 (유보안)

22) 앞의 각주 2, 79면 참조. 비교표는 그대로 인용하기로 한다.

23) 즉, 한-EU FTA, Establishment, 각주 16에서는 "This Article applies to measures governing the composition of boards of directors of an establishment, such as nationality and residency requirements"라고 규정하고 있고, 각주 25에서는 "Unless Otherwise provided in Annex 7-A,

3. GATS와의 비교

앞에서 보았듯이 한-미 FTA는 한-EU FTA와 상당한 차이를 보이고 있다. 먼저 GATS와 FTA에서의 공통점과 차이점을 기술하면 다음과 같다. 우선 MFN(Most-Favored-Nation Treatment; 최혜국대우) 의무와 NT(National Treatment; 내국민대우) 의무가 서비스와 투자챕터에 모두 규정되어 있다.

다음으로 MA(Market Access: 시장접근)의무[24]인데 주로 서비스챕터에 존재하고 NAFTA 모델 투자챕터에는 존재하지 않는다. 다만, 한-EU FTA처럼 비서비스투자와 Mode 3를 "Establishment"라는 이름으로 규율하는 방식의 경우에는 설립의 장에도 등장하게 된다.

이와 반대로 FTA에 새롭게 등장하는 것은 Mode 1, 2, 4의 경우는 서비스공급의 조건으로 국내에 대표사무소나 기업을 설립하거나 거주를 해야 하는 등의 의무를 부과하지 못하는 현지주재(Local Presence)의무 금지조항이고, Mode 3, 즉 투자와 관련하여서는 이행요건 금지, SMBD 등이 있다.

물론 이러한 구별은 Mode 3가 서비스라는 전제하에서 "Establishment"에 규율된다는 전제하에서의 구분이다. 따라서 NAFTA식 모델을 따를 경우 Mode 3와 비서비스투자를 별도의 투자챕터에서 규율하는 이상 투자자보호조항은 GATS에서 찾아볼

[표 2-6 GATS와 한-미 FTA 투자챕터 비교]

구 분	GATS	한-미 FTA 투자챕터
MA	있음	없음
NT	있음	있음
MFN	있음	있음
PR	없음	있음
SMBD	없음	있음
투자자보호 규정 (손실보상, 대위변제, 수용, ISD 등)	없음	있음

neither Party may require that an establishment appoints to senior management position natural persons of any particular nationality or having residency in its territory"라고 규정하고 있다.

24) MA는 i) 서비스공급자의 수 제한(예; 외국 의료인 수에 대한 연간 쿼터, 서비스공급자의 국적요건-zero quota, 정부 또는 민간 독점, ENT에 근거한 음식점 면허), ii) 거래가액 또는 자산 제한(예; 외국계은행 자산이 국내은행 총자산의 x% 이내), iii) 제공행위 수 또는 산출량 제한(예; 외국 필름의 방영시간 제한), iv) 자연인수의 제한(예; 외국근로자는 전체근로자의 x% 이내), v) 법인이나 합작회사의 형태 제한(예; commercial presence는 합명회사에 한함), vi) 외국인지분 제한으로 구분된다.

수 없었던 새로운 조항이다. 이를 표로 나타내면 다음과 같다.[25]

4. 우리나라 투자협정상 서비스, 투자 구분 방식[26]

1) 투자챕터 규율방식

(1) 포지티브(Positive) 방식

이는 투자자유화를 약속한 분야 및 업종만을 자국의 구체적 약속 양허표(Schedule of specific commitments)에 기재하는 투자자유화 방식을 가리킨다. 즉 양허표에 명시적으로 기재한 분야에 한해 시장접근이 허용되고 기재하지 않은 분야는 개방을 하지 않는다는 의미이다. 한-EU FTA 7.13.조 제1항에 의하면 "The sectors liberalized by each Party pursuant to this Section and, by means of reservations, the market access and national treatment limitations applicable to establishments and investors of the other Party in those sectors are set out in the lists of commitments included in Annex 7-A."라고 규정하여 Positive 방식임을 규정하고 있다. 이를 "bottom-up" 방식이라고도 부른다.[27] 실제 한-EU FTA 서비스 분야 구체적 약속 양허표의 "Explanatory Notes"에서도 "Supply of services in sectors or sub-sectors covered by this Agreement and not mentioned in this Schedule is not committed."라고 명시하여 양허표에 기재한 분야만 개방한다는 점을 명시하고 있다.

그러나 주의할 점은 개방의 범위에 대해 Positive 방식을 따르는 FTA 유형이라도 개방 대상 분야에 있어 허용되는 제한조치와 관련하여서는 각 당사국이 양허표에 당해 분야 및 업종별로 기재한 시장접근(MA)에 대한 제한, 내국민대우(NT)에 대한 제한조치는 기재된 제한에 한하여 허용된다는 점에서 Negative 방식과 유사하다.[28]

즉, 한-EU FTA 제7.13.조 제2항에 의하면 "Neither Party may adopt new, or more, discriminatory measures with regard to establishments and investors of the other Party in comparison with treatment accorded pursuant to the specific commitments undertaken in conformity with paragraph 1."이라고 규정하여 양허표에 기재한 사항보다 추가적으로 제한할 수 없다는 점을 명시하고 있다.

---

25) 앞의 각주 15, 81면 참조.

26) 앞의 각주 15, 82-93면 참조. 서비스, 투자 구분 방식은 한국의 투자협정해설서를 그대로 인용하기로 한다.

27) 국제투자분쟁 공무원 교육자료, 64면.

28) 이와 같이 개방 분야에 대해서는 Positive list 방식을 수용하되 개방된 분야에 유지하고자 하는 불합치조치의 기재에 있어서는 Negative list 방식을 따르는 점에서 'GATS식 혼합형 방식'으로 부르기도 한다. 위의 책 64면 각주 119 참조.

또한, "Unbound except as indicated in the Horizontal Commitments section"이라고 기재하는 경우 실제 수평적 양허에서 명시한 것을 제외하고는 미개방한다는 의미이므로 Positive 방식(수평적 양허에 기재한 부분)과 Negative 방식(Unbound)을 혼용한다고 볼 수도 있다.

물론 어떠한 경우에도 현재 비합치조치가 있는 경우, 유보안을 작성하든 양허안을 작성하든 제한조치의 내용이 근본적으로 달라질 수는 없고, 단지 표현방식의 차이라는 점에 유의할 필요가 있다.

실제로 양허안의 'None'은 개방을, 'Unbound'는 미개방을 의미한다면 Positive 방식이라 하여서 단지 개방하는 분야만 기재하는 것이 아니라 미개방의 의미도 표현할 수 있으므로 NAFTA는 Negative 방식이고 한-EU FTA는 Positive 방식이라는 단순한 도식은 성립할 수가 없다. 더욱이 뒤에서 보듯이 투자챕터와 서비스챕터의 유보안과 양허안을 규율하는 방식은 각 FTA마다 차이가 있고 Mode 3를 규율하는 위치도 차이가 있다는 점에서 투자자보호와 자유화를 명백히 구분하여 어떤 방식이 옳다고 단정할 수는 없는 것이다. 다음은 WTO의 Schedule of specific commitments in Service Sector를 나타낸 것이다.[29)]

[표 2-7 WTO의 Schedule of specific commitments in Service Sector]

부 문 (Sector)	시장접근(MA) 제한	내국민대우(NT) 제한	추가적 개방약속 (Additional Commitments)
○○ Services			
1. ○○ services 가. ○○ service (CPC 123)	1) None 2) None 3) Foreign equity less than 49% 4) Unbound except as indicated in the Horizontal Commitments section	1) Unbound 2) Unbound 3) None 4) Unbound except as indicated in the Horizontal Commitments section	

이러한 양허표 작성방식은 개방하는 분야 및 업종을 왼쪽 Y축에 기재하고 X축의 첫 번째 컬럼은 MA 제한, 두 번째 컬럼은 NT 제한, 세 번째 컬럼은 추가적 양허를 기재하고 그 내용안에 일단 양허가 되었으므로 개방을 일부 유보하려면 MA, NT 제한사항을 기재하는 방식이다. 즉 부문(Sector)에 예를 들어 비즈니스 서비스를 규정하고 밑에 Professional services라고 하고 다시 하부 서비스 항목으로 Legal service를 기재한다. CPC(Central Product Classification)는 UN의 산업분류에 따른 번호이다.

29) 실제 구체적인 양허안은 한-EU FTA, 법률서비스 양허안을 참조, 앞의 각주 15, 85면 참조.

컬럼의 MA와 NT 제한 등에 기재하는 방식은 1), 2), 3), 4)는 Mode 1, 2, 3, 4를 의미하고, None은 제한사항이 없다는 의미로서 즉, 개방을 의미한다. 그러나 예를 들어 Foreign equity less than 49%는 Mode 3의 MA 제한조치로서 외국인지분을 49% 미만으로 규제하는 것을 유보한다는 의미이다.

이에 반하여 Unbound는 양허하지 않겠다는 의미로서 미개방을 의미한다.[30] 그리고 "Unbound except as indicated in the Horizontal Commitments section"은 수평적 양허(Horizontal Commitments)[31] 부분에서 양허한 것 이외에는 양허(개방)하지 않겠다는 의미이다.

세 번째 컬럼의 추가적 개방약속(Additional Commitments)은 국내규제 중에서 개방을 약속하고 싶은 것이 있으면 기재하는 항목이다. 국내규제(domestic regulation)란 허가/승인 절차, 면허, 자격요건, 기술표준을 포함해 MA, NT 제한이 아니면서 서비스 교역에 영향을 미치는 모든 국내적 조치들(예; 기업의 장애인 고용의무, 건설공사의 의무하도급 비율, 병원이나 학교의 비영리법인 요건)을 가리킨다.[32]

(2) 네거티브 (Negative) 방식[33]

이는 투자협정에서 자국의 유보리스트(reservation list)에 개방을 금지하거나 개방을 제한하는 분야 및 업종을 기재하도록 하며, 당해 유보리스트에 기재하지 않은 다른 모든 분야 및 업종은 원칙적으로 투자자유화의 대상이 되도록 하는 방식을 가리킨다. 이러한 방식은 "top－down"방식으로 부르기도 한다.[34]

한－EU FTA 방식과의 차이는 유보리스트의 경우 현재유보와 미래유보로 나뉜다는 점이다. 즉 현존하는 비합치조치(non－conforming measures) 여부와 관계가 있으므로, 이와 관련하여 비합치조치의 장을 살펴보아야 한다. 즉, 내국민대우(NT), 최혜국대우(MFN), 이행요건(PR)·고위경영진 및 이사회(SMBD)와 관련하여 각 당사국의 유보리스트에 기재한 비합치조치를 제외하고는 향후 다른 제한조치를 도입할 수 없다는 의미이다. 한－미 FTA 제11.12.조 1항에서는 "1. Articles 11.3(NT), 11.4(MFN), 11.8(PR),

30) 양허하지 않는다는 것은 개방을 약속하지 않는다는 의미일 뿐이므로 실제로는 규제가 있을 수도 있고 없을 수도 있음에 유의하여야 한다.

31) 수평적 양허란 양허표 맨 앞에 모든 서비스 부문에 공통적으로 적용되는 양허내용을 기재한 부분으로 양허표는 크게 먼저 Explanatory Notes가 있고 모든 부문에 적용되는 수평적 양허(Horizontal Commitment)와 특정 서비스 분야에 적용되는 Sector－Specific Commitment가 있다.

32) 양허안 작성방식은 지경부 FTA팀 유보안 양허안 기본개념 설명자료의 설명을 따르기로 한다.

33) 앞에서 본 바와 같이 GATS나 한－EU FTA 방식은 업종에 있어서는 Positive 방식, 양허된 부문 내 제한사항 기재는 Negative 방식이므로 혼합방식임에 비하여, 한－미 FTA는 업종 및 제한사항 모두 Negative 방식을 취함.

34) 이러한 용어 사용에 대한 설명은 국제투자분쟁 공무원 교육자료, 64면.

and 11.9(SMBD) do not apply to: (a) any existing non-conforming measure that is maintained by a Party at (i) the central level of government, as set out by that Party in its Schedule to Annex I, (ii) a regional level of government, as set out by that Party in its Schedule to Annex I, or (iii) a local level of government."라고 규정하여 현재유보와 관련하여 현존하는 비합치조치가 이들 조항에는 적용되지 않으므로 현재유보(Annex I)에 기재되어 있는 경우에만 제한이 가능하다.

그러나 현재유보는 '자유화 후퇴방지 메커니즘(ratchet mechanism)'이 적용되는 점에서 의미가 크다. 즉, 현행 규제를 보다 자유화하는 방향으로 개정할 수는 있으나, 자유화의 정도를 종전보다 제한하는 방향으로 후퇴하는 것은 허용하지 않는 원칙이다.[35)]

Annex II 미래유보의 경우에도 한-미 FTA 제11.12조 2항에서 "Articles 11.3, 11.4, 11.8, and 11.9 do not apply to any measure that a Party adopts or maintains with respect to sectors, sub-sectors, or activities, as set out in its Schedule to Annex II."라고 규정하여 부속서 II에서 향후 규제가 강화될 수 있는 현존 비합치조치 또는 전혀 새로운 제한조치가 채택될 수 있는 분야를 나열하고 있다.

즉, Annex I (현재유보)에서는 현재 존재하는 의무제한조치(existing non-conforming measures)를 기재하여 유보하고, 그 이상의 제한조치는 없을 것임을 약속하는 것이다. 즉 ratchet mechanism이 적용된다.

이와 달리 Annex II (미래유보)에서는 현재 의무제한조치가 있는지 여부와 상관없이 장래 어떠한 제한조치라도 도입할 수 있는 권리를 유보하는 것이다. 즉 미래유보는 현재유보와 달리 'ratchet mechanism'이 적용되지 않는다. 다음은 FTA의 Annex I의 예시이다.[36)]

[표 2-8 FTA의 Annex I의 예시]

분 야	전문직 서비스 - 법률 서비스
관련의무	시장접근(제12.4조), 현지주재(제12.5조)
조 치	변호사법 제4조, 제7조, 제21조, 제34조, 제45조, 제58조의6, 제58조의22 및 제109조 (법률 제8271호, 2007.1.26) 법무사법 제2조, 제3조 및 제14조(법률 제7895호, 2006.3.24) 공증인법 제10조, 제16조 및 제17조(법률 제7428호, 2005.3.31)
유보내용	국경간 서비스무역 대한변호사협회에 등록된 변호사만이 법률 서비스를 공급할 수 있다. (후략)

35) 앞의 각주 2, 189면 참조.
36) 실제 유보안은 한-미 FTA, 법률서비스 유보안을 참조.

이와 관련하여 구체적인 유보안 작성방식은 i) 업종, ii) 유보되는 의무의 종류(ex. NT), iii) 규제의 근거법령, iv) 규제내용(의무위반사항) 등을 Annex에 유보사항으로 기재하는 방식이다.[37] 물론 한-EU FTA나 GATS 양허표처럼 Mode별로 세부적으로 기재하지는 않는다.

분야(Sector)는 유보가 이루어진 분야를 말하고, 관련의무(Obligation Concerned)는 유보가 이루어진 의무(시장접근, 내국민대우, 현지주재, 이행요건, 고위경영자 및 이사회)를 명시하고 조치(Measure)는 유보가 취해진 비합치조치와 관련된 법률, 규제, 규칙, 절차, 결정 또는 그 밖의 형태의 행정행위 또는 형식을 말한다. 유보내용(Description)은 유보가 적용되는 비합치조치의 세부내용을 규정하고, 축소계획은 약속이 있는 경우라면 약속 또는 이 협정 발효일 이후의 자유화를 의미한다.[38] 미래유보에는 조치(Measure) 대신 현행조치 항목(Existing Measure)이 있는데, 이는 투명성만을 목적으로, 유보에 의해 포괄되는 분야, 하위 분야 또는 활동에 적용되는 비합치조치와 관련된 기존 법률, 규정, 규칙, 절차, 결정, 행정조치 또는 그 밖의 형태를 의미한다.

앞에서 보았듯이 어느 방식을 취하든 투자협정에 있어 개방된 분야 등에 대한 시장접근이나 내국민대우에 대한 제한 등의 부과는 모두 Negative 방식이라는 점이다. 즉, 유보리스트 또는 양허표 등에 기재한 제한조치 수준 이상의 추가적인 제한이나 규제를 부과하거나 도입하지 못하게 되는 일종의 '현상유지'(standstill)가 보장된다는 점에서 Negative 방식이나 Positive 방식이나 차이가 없게 된다. 그러나 현재유보에 대한 ratchet mechanism 조항과 달리 standstill(현상유지) 조항은 협정의 발효 시점을 기준으로 유보된 조치보다 더 제한적인 조치의 도입을 금지하는 것일 뿐, 협정 발효 이후 당사국이 자발적으로 도입한 자유화조치의 수준을 사정에 따라 협정 발효 당시의 제한조치 수준으로 복귀시키는 것까지를 제한하는 것은 아니다.

2) 우리나라의 투자챕터 규율 방식

앞에서 보았듯이 GATS의 서비스공급방식 중 Mode 3는 상대국 소비자에게 지속적으로 서비스를 제공하기 위하여 타국 영토 내에 법인 등을 설립하는 것으로서 실질적으로 외국인 직접투자에 해당하는데 Mode 3를 별도로 투자챕터의 형태로 규율

37) 유보안 작성 시 모든 투자와 서비스에 대해 MFN, NT, MA, LP, PR, SMBD 의무를 제한하는 사항이 있는지 여부를 살펴본 후 유보안에 기재해야 하는 단점이 있다. 이러한 단점으로 인해 실제 유보안을 작성하는 방식이 예전의 FTA 유보안을 답습하는 경우가 있는데 새로운 제한이나 지자체의 조치 등에 대하여 다시 한번 검토가 필요하다고 할 수 있다.

38) 유보안 작성방식은 지경부 FTA팀 유보안 양허안 기본개념 설명자료의 설명을 따르기로 한다.

하는지 여부에 대하여 각 FTA마다 차이가 있다.[39] 즉 Mode 3(서비스투자)를 GATS에서와 같이 서비스무역의 일부로서 간주하여 규율할 것인지, 아니면 투자의 일부로서 간주하여 별도의 투자챕터에서 규율할 것인지, 또한 비서비스투자와 어떻게 구분할 것인지 문제된다.

서비스와 별도의 투자챕터를 규율하는 방식에 대하여 별도의 투자챕터 도입형과 통합형으로 구분하는 견해가 있다.[40] 이 견해에 따르면 별도의 투자챕터 도입형은 Mode 3와 비서비스투자를 규율하고, 주로 Negative 방식을 따른다고 전제하고 있다. 그러나 실제 별도의 투자챕터로 규율하는 한-인도 CEPA 방식을 따르더라도 한-인도 방식은 서비스는 Positive 방식으로 투자는 Negative 방식으로 구분하고 Mode 1, 2, 3, 4를 서비스 장에서 규율한다는 점에서 차이가 있다. 즉, 이러한 견해를 따르기 보다는 서비스공급 방식과 비제조업을 구분하는 방식에 따라 이하에서는 설명을 전개하기로 한다.

(1) Mode 3와 비서비스투자를 투자챕터에서 규율, 서비스·투자 모두 Negative 방식

이러한 유형의 FTA에서는 서비스공급방식 중 Mode 3를 서비스챕터에서 규율하지 않고, 이를 별도의 투자챕터(Investment Chapter)에서 규율한다. 즉, Mode 3와 비서비스투자는 투자챕터에서, 그 밖의 Mode 1, 2 및 4에 의한 서비스공급만을 국경간 서비스무역 챕터(Cross-Border Trade in Services Chapter)에서 규율한다.

이러한 투자챕터는 체약국별 유보리스트(Reservation List)를 통해 투자자유화를 약속하는바, Negative 방식을 취하고 있다. 이러한 유형은 NAFTA[41]방식인데, 우리나라가 체결한 한-미 FTA[42]를 비롯하여 한-칠레 FTA, 한-싱가포르 FTA에서도 이러한 유형을 따라 별도의 투자챕터를 두고 있다.

---

39) 어느 회원국 서비스공급자의 다른 회원국 영토 내에서의 상업적 주재(commercial presence)에 의한 서비스공급 형태로 서비스공급 방식의 구분에 대하여는 앞의 논의 참조.

40) 국제투자분쟁 국가공무원 교육자료, 34-36면.

41) NAFTA 제12.13조[국경간 서비스무역]에서는 서비스의 4가지 공급방식 중 모드 1과 2 및 4만을 적용대상으로 하고, 모드 3에 의한 서비스공급 즉, 서비스투자를 포함한 투자 전반에 대해서는 협정 제11장[투자]에서 별도로 규율한다고 규정하고 있다.

42) 한-미 FTA 제12.13조(정의)에서는 "cross-border trade in services or cross-border supply of services means the supply of a service: (중략) but does not include the supply of a service in the territory of a Party by a covered investment"라고 규정하여 별도의 투자챕터를 규율하는 방식이다.

(2) Mode 3와 비서비스는 Establishment에서 규율, 서비스·투자 모두 Positive 방식

이러한 유형의 FTA에서는 상업적 주재에 의한 서비스공급에 해당하는 서비스 분야 투자(Mode 3)와 그 밖의 분야 즉, 제조업 및 농업 등에 대한 투자에 대해서는 당해 서비스무역챕터 안에 추가된 "설립(Establishment)"규정 등을 통해 규율하는데 "서비스무역, 설립과 전자상거래"(Trade in Services, Establishment and Electronic Commerce)라는 별도의 챕터안에서 Section B는 "Cross-Border Supply of Services"를, Section C는 "Establishment", Section D는 "Temporary Presence of Natural Persons for Business"를 규정하고 있다.

즉, Mode 3와 비서비스투자를 Mode 1, 2, 4와 구분하는 방식은 한-미 FTA와 차이가 없다. 그러나 투자든 서비스든 간에 유보안을 통해 Positive 방식을 사용한다는 점에 차이가 있다. 이러한 유형은 EU가 체결한 FTA에서 나타나고, 우리가 체결한 한-EU FTA도 취하고 있는 방식이다.

(3) Mode 1, 2, 3, 4는 서비스에서 규정, 비서비스투자만 Investment로 규율, 서비스는 Positive 방식, 투자는 Negative 방식

이러한 방식은 Mode 1, 2, 3, 4를 모두 서비스챕터로 규율하고 별도의 투자챕터에서 비서비스투자만을 규율하므로 한-EU FTA 방식과도 구분된다. 다만, 투자의 챕터가 별도 챕터인 이상 Negative 방식을, 서비스 Mode 1, 2, 3, 4는 Positive 방식을 취하고 있다. 한-인도 CEPA, 한-EFTA FTA, 한-ASEAN FTA가 대표적인 예라고 할 수 있다. 또한 터키 등 EU 가입을 목표로 하는 국가들이 추구하는 방식이다.

그러나 한-ASEAN FTA 투자챕터 제2조 (f)에 보면 "This Agreement does not apply to; (f) measure adopted or maintained by a Party to the extent that they are covered by the Agreement on Trade in Services under the Framework Agreement."라고 규정하여 서비스챕터에서 다루는 부분은 투자챕터에서 적용을 배제하고 있다. 또한 제3조에서는 "Notwithstanding paragraph 2(f) of this Article, Article 5 (General Treatment of Investment), Article 10 (Transfer), Article 12 (Expropriation and Compensation), Article 13 (Compensation for Losses), Article 14 (Subrogation), and Article 18 (ISD) of this Agreement shall apply, *mutatis mutandis*, to any measure affecting the supply of service by a service supplier of a Party through commercial presence (중략) the Agreement on Trade in Services under the Framework Agreement, only to the extent that they relate to a covered investment."라고 규정하여 투자자보호조항에 한하여

Mode 3는 투자챕터를 적용받는다고 규정하고 있다. 즉, 이러한 규정은 Mode 3는 원칙적으로 서비스챕터의 규율을 받으나 투자자보호와 관련하여서는 그 한도에서 투자챕터의 투자보호조항이 적용된다는 점을 구체적으로 명시하고 있다.

한-인도 CEPA의 서비스챕터의 제6.1조 정의조항에서도 "서비스무역"이라 함은 Mode 1, 2, 3, 4에 의한 서비스공급을 모두 포함한다고 규정하고 있으나, 제6.23조 서비스투자연계 조항에서 "(전략) 제10장(투자)의 다음 조항들은 그러한 서비스 분야가 부속서 6-가 또는 6-나의 각 당사국의 구체적 약속에 관한 양허표에 기재되었는지 여부에 관계없이 오직 투자와 관련된 범위에서 다른 쪽 당사국의 영역 내에서 상업적 주재를 통하여 당사국의 서비스공급자가 제공하는 서비스공급에 영향을 미치는 조치에 필요한 변경을 가하여 적용된다. 1) 대우의 최소기준, 2) 송금, 3) 수용 보상, 4) 손실 및 보상, 5) 대위변제, 6) 특별형식 및 정보요건, 7) 사법 및 행정절차에 대한 접근, 8) ISD (후략)"라고 기재하여 투자챕터의 투자자보호조항이 적용된다는 점을 구체적으로 명시하고 있다.

(4) Mode 1, 2, 3, 4는 서비스 챕터에서, 비서비스투자만 Establishment로 규율, Positive 방식

이러한 방식은 Mode 1, 2, 3, 4를 서비스챕터에서 규율하는 점에서는 한-인도 CEPA 방식과 유사하다. 그러나 비서비스투자는 별도의 투자챕터가 아닌 Establishment에서 규정하고 있으면서 투자자보호관련조항은 배제한다. 그러나 한-인도 CEPA와 달리 Negative 방식이 아닌 Positive 방식을 사용한다. 이러한 유형은 주로 GCC(걸프협력회의)가 FTA를 체결할 때 사용하는 방식이다.

3) 한국이 맺은 FTA의 공통점 및 차이점

투자챕터의 규율방식은 각 FTA마다 차이가 있고 절대적으로 우선시되는 방식은 없다는 점에 유의하여야 한다. 유보안을 사용하든 양허안을 사용하든 결국 차이는 표현방식의 차이에 불과하다. 제한하는 현재 비합치조치나 법령이 달라질 수는 없고 달라져서도 안 된다.

더욱이 서비스와 투자의 구분방식, 즉 Mode 3의 위치에 따라 달라질 수도 있겠지만 Mode 3를 서비스챕터에서 같이 규율하는 한-인도 CEPA나 한-ASEAN FTA도 투자자보호 부분에 한하여서는 Mode 3에 의한 서비스공급도 투자챕터적용을 받는다는 점에서 어떠한 방식을 사용하더라도 Mode 3가 투자라는 특수성을 인정해야 한다고 본다. 지금까지 살펴본 바를 바탕으로 투자챕터를 규율하는 방식을 정리하면 다음과 같다.

[표 2-9 투자챕터를 규율하는 방식]

구 분	Negative 방식	Positive 방식	서비스는 Positive 투자는 Negative
Mode 3와 비서비스투자를 투자챕터 (Investment)	한-미 FTA 한-칠레 FTA 한싱가포르 FTA		
Mode 3와 비서비스투자를 설립 (Establishment)		한-EU FTA	
비서비스투자만 투자챕터 (Investment)			한-인도 CEPA 한-EFTA FTA 한-ASEAN FTA
비서비스투자만 설립 (Establishment)		GCC 방식	

Ⅲ. 우리나라 투자협정과 설립 전 투자[43]

1. 투자협정의 구분

광의의 투자협정은 투자보장협정과 협의의 투자협정으로 구별된다는 견해가 있다.[44] 투자보장협정(Investment Promotion and Protection Agreement: IPPA)이란 투자유치국의 국내법에 따라 허용된 투자에 대한 보호만을 규정하는 것으로서 우리나라가 체결한 거의 모든 투자보장협정 등이 이에 해당한다.[45] 투자보장협정은 투자자유화를 규정하지 않으므로 투자자유화에 관한 유보목록을 두지 않는다. 반면 협의의 투자협정(Bilateral Investment Treaty: BIT)은 통상 투자자유화, 설립 전 단계 투자[46]에 대한 보호를

43) 앞의 각주 15, 11-36면 참조, 설립 전 투자내용은 한국의 투자협정해설서를 그대로 인용하기로 한다.

44) 앞의 각주 2, 1면 참조.

45) 투자보장협정에서 보호받는 투자(investment)의 범위는 '투자유치국의 법령에 따라 적법하게 기 설립된 투자'로 제한되는바, 이를 일반적으로 '설립 후 투자'라고 한다. 이미 투자유치국의 법령에 따라 설립되고 허가된 투자라고 볼 수 있는데, 진입단계의 투자를 보호하는 '설립 전 투자'의 개념과 구별된다. 우리가 일반적으로 체결하는 투자보장협정에서는 설립 후 단계의 투자만 보호하는 것이 추세이다. 예를 들어 "investments" means (중략) in accordance with the applicable laws and regulations of that other Contracting Party at the time of investment"로 규정하는 한중 투자보장협정 제1조가 대표적인 예라고 할 수 있다.

46) 설립 전 단계의 투자(pre-establishment)를 보호한다는 것은 국내 투자자와 외국인투자자와의 진입단계에서의 차별을 인정하지 않는 것으로 외국인투자자만을 차별하는 진입단계의 허용조항을 원칙적으로 불허하며 이러한 진입단계에서의 차별을 하고 싶은 경우에는 유보안에 기

포함하는 것으로서 한일투자협정,[47] FTA 내의 투자챕터 등이 이 범주에 속한다.

즉, 이러한 견해에 의하면 투자의 허용단계를 전후해 설립 전 투자(pre-establishment investment)와 설립 후 투자(post-establishment investment)를 구분하여 투자보장협정은 설립 후 단계 투자에 대하여서만 적용하는 협정인 반면, 설립 전 단계 투자와 설립 후 단계 투자 모두에 대하여 적용하는 협정이 협의의 투자협정이다. 다시 말하면, 외국인투자자의 진입에 대한 특정한 조건을 부과하여 투자를 실행하기 이전 단계부터 외국인투자자에게 특정산업으로의 진출을 허용할 것인지, 허용한다면 어떠한 조건하에서 허용할 것인지 여부에 대하여 투자유치국이 재량권을 가지고 투자의 허용여부를 투자유치국의 국내법[48]에 따라 결정하는 것이 바로 투자보장협정인 반면, 협의의 투자협정은 이와 달리 설립 전 단계의 투자까지 보호하므로 특정산업 진입에 대한 외국인투자자의 제한이나 금지 등 투자유치국의 재량권은 원칙적으로 존재하지 아니하고 다만 예외적으로 자국산업 보호를 위한 특정산업, 분야 등의 유보(내국민과의 차별 등)가 가능하다.[49]

또 하나의 큰 차이점은 투자의 대우 즉, 내국민대우와 관련하여 투자보장협정은 법률적인 차별만을 금지하나, 협의의 투자협정은 법률의 적용과정에서 발생하는 포괄적인 사실상의 차별까지도 금지되는 차이가 있다.[50]

양자를 학술적으로 구분을 한다면 이와 같이 구별할 수 있으나 실무상으로는 혼용하고 있다. 일반적으로 설립 후 투자만 보호하는 BIT를 투자보장협정으로 사용하는 경우가 더 많고, 설립 전 단계의 투자까지 포함하는 투자보장협정이 등장하는 추세이며 투자보장이나 보호라는 용어보다는 투자자유화(설립전 단계의 투자)를 포함하는 협정인지 여부를 기준으로 투자자유화협정, 투자보장협정으로 구분하기도 하고

재해야 하므로 원칙적으로 투자자유화를 목적으로 하는 것이라고 볼 수 있다. 설립 전 단계 투자에 대한 상세한 설명은 뒤에서 항을 달리하여 그 개념과 설립 전 단계 투자비용 문제 등과 함께 논의하기로 한다.

47) 실제 한일투자협정은 투자자유화요소를 포함하고 있다는 점에서 "대한민국 정부와 일본 정부간 투자의 자유화·증진 및 보호에 관한 협정"으로 불린다.

48) 따라서 우리나라가 체결한 투자보장협정은 자국법에 따라 허용된 투자나 실행된 투자 즉 설립 후 단계 투자에 대하여만 보호의 초점을 맞추고 있는 것이다.

49) 따라서, 협정문에 이러한 제한은 협정의 적용을 받지 않는다는 문구를 본문에 삽입하거나 다만 이러한 예외를 인정하는 것은 비합치조치(Non Conforming Measure, NCM)로서 별도의 항목에서 설명 후 유보안에 그 예외를 내국민대우, 최혜국대우, 고위경영진과 이사회, 이행요건부과 금지 등의 예외로서 규정하는 것이다. 즉, 우리나라의 FTA 투자협정문의 비합치조치 항을 보면 유보안에 기재한 미래유보와 현재 비합치조치는 내국민대우 등의 예외임을 명시하는 것이다.

50) 설립 전 단계 투자를 포함하는 한-미 FTA 제1장 정의규정에서도 '조치'(Measure)는 '모든 법·규정·절차·요건 또는 관행을 포함한다(measure includes any law, regulation, procedure, requirement, or practice)'라고 매우 광범위하게 정의하고 있는 점에서도 이러한 사실상의 차별이나 조치가 금지된다고 볼 수 있다.

있으므로 보통 양자를 포괄하여 '투자협정'으로 통칭하는 경우가 많다(이하에서는 양자를 통칭하여 투자협정, BIT로 표기한다).[51] 다만, 우리나라에서는 FTA에 포함된 투자챕터는 투자자유화(Liberalization) 요소를 모두 포함하고 있으나, 개별적으로 체결하는 투자보장협정은 한일투자협정을 제외하고는 보두 두자자유화 요소가 배제되어 있다는 점에 특징이 있다. 즉, BIT는 FTA와는 독립된 투자협정의 형식으로 체결하는 것이 보통이나, 최근에는 FTA 체결 시 투자협정을 그 일부로 포함시키는 현상이 확대되고 있는 추세로서 투자자유화를 포함하는 것이다. NAFTA (제11장), 한-칠레 FTA (제10장), 한-싱가포르 FTA (제10장), 한-미 FTA (제11장), 한-인도 CEPA (제10장),[52] 한-ASEAN FTA,[53] 한-페루 FTA[54] 등이 그 예이다.[55]

2. 설립 전 단계 투자와 설립 후 단계 투자

1) 구별

앞에서 살펴보았듯이 설립 전 단계의 투자를 허용하느냐는 투자자유화 요소로서 최근 FTA의 근간을 이루고 있다. 그러나 그동안 국제투자에 대한 많은 연구가 부족하였고 투자규범 전반에 대한 연구서 등은 출간되었으나 투자자유화 요소에 대한 국내 연구서적은 별로 없었던 것이 현실이다. 따라서 이하에서는 설립 전 단계 투자의 문제와 초기 사업비용문제, 중재판정사례를 살펴보기로 한다.

교역과 달리 투자는 국경 간의 생산수단 이동과 투자유치국에 진출하거나 진출하려는 타국 기업에 대한 주권행사 문제가 발생하므로 투자자유화를 촉진한다 하더

51) 앞의 각주 2, 2면 참조.

52) 2010.1.1. 발효된 것으로 FTA라는 용어 대신 CEPA(Comprehensive Economic Partnership Agreement)라는 용어를 사용하고 있으며 일명 '포괄적 경제동반자 협정'이라고 불린다. 이는 상품교역, 서비스 교역, 투자, 경제협력 등 경제관계 전반을 포괄하는 내용을 강조하기 위하여 채택한 용어로서 FTA(Free Trade Agreement)와 용어상의 차이에 불과할 뿐 동일한 성격을 가진다. 한-인도 CEPA 설명자료, 외교통상부(2010) 참조. 다만, 실질적으로는 시장개방 및 자유화라는 용어에 초점을 맞춘 FTA라는 용어에 익숙하지 않는 나라인 일본, 인도, 중국 등의 경우 CEPA라는 용어를 선호한다.

53) 한-ASEAN FTA는 서비스, 상품, 투자가 별도로 체결되어 상품은 2007. 6. 1. 발효되었고, 서비스는 2009. 5. 1. 발효되었으며, 실제 투자협정은 2009. 9. 1. 발효되어 별도의 협상을 벌였고 발효시기도 각각 다르다.

54) 2010. 8. 30. 타결 선언, 2011년 발효.

55) 이 책에서 실제 조문내용을 공개한 FTA 협정문은 발효 및 협상완료, 서명 등을 기준으로 대외적으로 외교통상부가 공개한 FTA만을 표시한 것으로 실제 한-미 FTA는 현재 발효가 안 되었고, 한-EU FTA는 2011. 7. 1. 잠정적용 상태이며 멕시코, 캐나다, 호주, 뉴질랜드, 터키, 콜롬비아, GCC 등과의 FTA 협상도 현재 진행 중이므로 구체적인 협정문 내용을 공개하지는 않는다. 다만 서비스 투자를 같이 규율하는 방식인 한-EU FTA 등에 대한 논의는 별도 장에서 상세히 다루기로 한다.

라도 언제나 국가의 정책자율권과 충돌을 할 수밖에 없다. 따라서 외국인기업에 대해 무조건적인 시장진입을 허용하지는 않는다. 즉, 통신, 전력, 방송 등 가장 중요한 사회적 생산도구 및 방위산업 등 국가안보에 중요한 사업의 경우에는 선별적으로 투자를 허용하기 마련이다.[56] 따라서 일정한 조건을 가하거나 일정한 산업분야에 대한 진입 등은 국내법의 규율에 맡기게 되는 것이다. 즉, 외국인투자자에 대한 시장진입에 일정한 제한(유보나 양허)을 가하게 되는데 이러한 규정방식은 FTA의 비합치조치장이나 유보안이나 양허안을 살펴보면 더욱 명확해진다.[57]

즉 비합치조치 제1항에서는 "Articles X.3, X.4, X.9, and X.10 do not apply to (a) any existing non-conforming measure that is maintained by a Party(한-미 FTA 투자챕터 제12조 1항)"라고 규정하고, 제2항에서는 "Articles X.3, X.4, X.9, and X.10 do not apply to any measure that a Party adopts or maintains with respect to sectors, sub-sectors, or activities, as set out in its Schedule to Annex II"(한-미 FTA 투자챕터 제12조 2항)이라고 규정하고 있다. 제1항은 현재유보이고 제2항은 미래유보에 대한 내용인바, ① 내국민대우(NT), ② 최혜국대우(MFN), ③ 이행요건(PR), ④ 고위경영자 및 이사회(SMBD) 등에 대해 불합치되는 조치를 유보로 기재하는 경우, 동 조치는 협정의 의무가 면제됨을 규정하는 것으로 일종의 투자 분야의 유보안은 협정 의무의 예외사항을 기재하는 Negative 방식이며, 현재유보(Annex I)와 미래유보(Annex II)로 나누어서 작성하는 것이다. 현재유보는 '자유화 후퇴방지 메커니즘(ratchet mechanism)'이 적용되어 이는 현행 규제를 보다 자유화하는 방향으로 개정할 수는 있으나, 자유화의 정도를 종전보다 제한하는 방향으로 후퇴하는 것은 허용하지 않는 원칙이다. 그러나 미래유보는 현재 협정의무사항 중 위 내국민대우 등과 불합치 되는 조치가 있는지 여부에 관계없이 유보된 범위 내에서 현행 규제의 강화가 가능할 뿐만 아니라, 향후 새로운 조치의 도입이 가능하다.[58]

따라서 Negative 방식에 의한 유보안을 따를 경우 특정한 분야에 대한 내국민대우 및 최혜국대우 위반이 가능하도록 부속서에 규정한 경우 협정의무가 면제된다는 것으로 이러한 산업자체에 대하여 명시적으로 유보안에 기재하지 않는 한 시장진입이 허용된다는 것이다. 즉 사전설립 단계에 있어서 투자유치국의 재량권에 제한을

56) '투자의 허용'이라는 용어도 사용되고 있으나 시장진입, 투자진출, 설립 전 투자 등 다양한 용어로서 설명이 가능하고 투자의 허용이라고 하면 허가요건을 전제로 투자가 가능한 것으로 보이므로 반드시 맞는 용어는 아니나 'admission clause'라는 것이 결국 진입(entry)과 설립(establishment)을 포함하는 개념이므로 혼용하기로 한다.

57) 유보안과 양허표에 대한 자세한 논의 및 양식은 뒤에서 항을 달리하여 논의하기로 한다.

58) 현재유보와 미래유보에 대한 자세한 논의는 앞의 각주 2, 185-190면 참조.

가함과 동시에 투자자유화 요소를 촉진하는 것으로, 이러한 단계의 투자가 바로 설립 전 단계 투자라고 보는 것이다.

정확히 말하면 설립 전 투자는 뒤에서 살펴보는 바와 같이 설립 전 단계의 투자에 투입되는 비용을 말한다고 볼 수도 있으나 이렇게 발생한 비용과 별도로 설립 후의 투자활동이 아닌 설립 단계의 투자 즉 시장진입을 보호 또는 허용 즉, 투자가 허용되는 분야에 대한 약속, 투자자유화 약속이라고 보는 것이 타당하다.[59] 그렇다고 하더라도 무조건적인 시장진입을 허용하는 것이 아니므로 시장진입에 대한 예외사항을 유보안에 별도로 기재하는 것이다.

이러한 의미에서 설립 전 투자는 '투자의 허용'이자 '투자자의 시장진입' 또는 '투자의 자유화'를 모두 포괄하는 개념으로 볼 수 있다. 다만, 이러한 개념 간에 큰 의미 차이는 없고 설립 후의 투자활동과 구별되는 실익면에서의 차이에 불과하다라고 볼 수 있다. 즉 설립 후 투자가 외국인투자자에게 투자를 허용할지 여부를 자국의 국내법에 따라 결정하여 투자의 허용과 관련하여 국내법의 하위법적인 성격을 가지므로 언제든지 외국인투자자에 대한 시장진입의 제한이 가능한 반면,[60] 설립 전 투자는 특정산업에 대한 보호를 위한 시장진입의 장벽을 제거하고 투자협정을 체결한 양국은 특정기업에 대한 경영권인수, 자산인수, 투자실행을 위한 사전단계 등 국경간 투자활동에서 협정 체결당사국 국민과 기업에게 하나의 공동시장을 제공하므로 유보안에 기재한 것을 제외하고는 국내법을 고려하지 않고 투자협정 그 자체로 중요한 의미를 가진다고 볼 수 있다. 투자협정의 유보안에 예외로 기재하지 않은 채로 내국민 또는 타국 투자자와 시장진입에 차별을 한다면 협정상 의무위반으로 ISD의 제소대상이 된다는 점에서 의의가 있는 것이다.

2) 비합치조치

일반적으로 우리의 FTA, BIT 등 이미 체결된 투자협정을 보면 'post-establishment' 만큼은 완전하고 무조건적인(unconditional) NT를 부여하는 것이 기본 원칙인바, 'post-establishment' 단계만 규율하는 일반 BIT의 경우, NT 조항에 별도의 비합치조치 조항이 없다. 왜냐하면 BIT 자체가 'admission clause (admitted in accordance with do-

59) 설립 전 투자의 개념에 대하여 설립 전 투자비용과 혼용하는 견해가 있으나 정확한 의미에서는 틀린 것이다. 그러나 설립 전 투자 비용이 많이 발생하고 쟁점이 된다는 점에서 의미가 있는 분석으로 본다. 다만, 설립 전 단계 투자는 '투자협정이나 (자유)무역협정 체약국인 일방당사국 투자 및 투자자의 다른 당사국 영토에의 진입(entry)'을 의미하고 설립 전 단계 투자비용은 실제 이 단계에서 지출한 비용을 의미한다고 보아 구별하는 견해가 일반적인 견해이다.

60) 물론 시장진입 단계에 있어서 투자의 허용이 국내법에 따라 결정되는 것이지만 이미 시장에 진입한 후에는 투자협정에 의하여 부여된 모든 보호수준을 받을 자격을 가진다.

mestic laws and regulations)'에 의해 진입과 설립이 한차례 허용된 적법한 투자에 한해서 보호대상으로 삼는 것인데, 설립 후 단계에서 다시 비합치조치로 규제하는 것은 외국인투자보호에 바람직하지 않으며, 기본 투자정책과도 어긋나기 때문이다.

'비합치조치'란 투자협정과 국내법령의 비합치를 전제하는 개념으로 일반 BIT는 처음부터 국내 법령에 합치하는 투자에 한해 투자협정 대상으로 삼기 때문에 설립 후 투자에서는 '비합치조치'라는 개념 자체가 성립할 여지가 없다.

위에서 본 바와 같이 FTA의 Annex II(미래유보)에서 NT가 포괄유보된 분야들은 형식적으로는 pre-establishment와 post-establishment 모두에 대한 예외조치를 예정하고 있는 것이 사실이라 설립 전 투자만 유보안을 만드는 것은 바람직하지 않다는 견해가 있다. 그러나 일반적인 의도는 어디까지나 pre-establishment, 즉, 투자의 진입, 설립, 허용 관련 규제권한을 확보하는 것에 있다. 설립 후 단계에 대해서는 규제의 권한을 확보한다는 것이 불필요하기 때문이다.[61] 설립 후 단계에 대하여는 무조건적인 내국민대우를 보장한다는 것이 일반적인 BIT의 흐름이다.[62]

즉, 설립 후 투자의 경우 투자의 진입과 설립에 관한 모든 권한을 투자유치국이 보유하는 것으로 일반적으로 BIT에서 투자는 국내법에 따라 허용된다는 '투자의 허용조항'을 내국민대우와 최혜국대우조항보다 우선하여 규정한다.[63] 그러나 중국 같은 나라의 경우 투자를 허용한 후 내국민대우 부여방식에서 국내법에 따른 비합치조치는 내국민대우에 예외라는 규정을 두고 있다.[64]

그러나 일반적으로 우리가 체결하는 BIT는 협정문 그 자체로 내국민대우를 부여하므로 일단 투자를 허용한 이후에는 외국인투자기업에 대한 차별대우를 법률적

---

61) 이러한 BIT의 특징에 대하여 UNCTAD에서는 "A second category of BITs includes the national treatment standard, but grants non-discriminatory treatment only after the investment has entered the host country. Focused on investment protection rather than on liberalization of investment flows, most BITs under review fall within this group. The typical formulation is to provide national treatment to investments covered by an agreement once it has been admitted into the host country according to the latter's domestic laws and regulations. (중략)"이라고 기술하고 있다. *Bilateral Investment Treaties 1995-2006: Trends In Investment Rule Making,* UNCTAD, 2007, 33-34면 참조.

62) 물론 중국이 체결하는 일부 BIT의 경우 투자를 허용한 후 국내법에 따른 내국민대우를 부여하는 방식으로 우리나라가 취하는 방식인 협정안 그 자체로 내국민대우를 부여하는 방식과 구별된다. 중국이 체결한 BIT의 경우 설립 후 단계 투자만 규율하더라도 내국민대우는 협정문 자체로 무조건적으로 부여하는 것이 아니라 국내법에 따라 내국민대우를 부여하는 것으로 설립 후 투자에 대한 차별이 가능한 것이므로 유보안을 만드는 경우가 있다.

63) 한-중 BIT 제2조 1항에서 투자의 허용조항을 두고 있다.

64) 한-중 BIT 제3조 2항 "제2조 3항 및 제3조 1항은 중화인민공화국 영역 안에서 유지되는 현행의 비합치조치 또는 개정되기 이전의 비합치조치의 비합치 효과를 증가시키지 않는 조건으로 이루어지는 향후 모든 개정에 적용되지 아니한다."

으로 할 수 없는 것이다. 다만, 이러한 방식을 사용하더라도 외국인투자기업에 대한 법률적 차별 제도를 유지할 필요가 있는 경우에는 내국민대우가 적용되지 않는 분야에 대한 예외를 명시하여 유보리스트를 작성할 수 있다. 최근에 자본주의 국가로 이행하는 단계에 있는 국가들이 투자보장협정의 법률상 내국민대우 부여의무를 조금 더 완화하여 적용하기 위하여 사용하는 모델로서 베트남이 사용하는 방식이다.[65] 즉 한국-베트남 BIT의 경우 '협정 제3조 3항에 대한 부속서 대한민국 투자자의 투자 및 수익에 대한 내국민대우 부여의 예외'를 규정하고 있으나 이는 베트남정부에게만 적용되는 것이다.

다만, 우리의 기체결 BIT를 보면, 별도의 비합치조치 없이 NT를 unconditional하게 인정하는바, 설립 후 단계의 투자에 대한 내국민대우는 협정문 자체로 부여받는 것이고, 설령 비합치조치의 개념을 상정한 경우에도 (한-중 BIT, 한-베트남 BIT) 이는 상대국에만 적용되는 것이라고 명시하고 있으므로 우리나라의 경우 'post-establishment' 단계만큼은 NT 비합치조치가 없음을 반증하고 있다.

3) 외국인투자촉진법과의 관계

우리나라의 외국인투자촉진법 제3조 2항에서는 "외국투자가와 외국인투자기업은 법률에 특별한 규정이 있는 경우 외에는 그 영업에 관하여 대한민국 국민 또는 대한민국 법인과 같은 대우를 받는다"라고 내국민대우를 규정하고 있고, 동법 제4조 1항은 "외국인은 법률에 특별한 규정이 있는 경우 외에는 제한을 받지 아니하고 국내에서 외국인투자업무를 수행할 수 있다"라고 무조건적인 내국민대우를 규정하고 있다.

다만, 동법 제4조 4항에서는 "지식경제부장관은 이 법 외의 다른 법령이나 고시 등에서 관계 행정기관의 장이 외국인 또는 외국인투자기업을 대한민국 국민 또는 대한민국 법인에 비하여 불리하게 대우하거나 외국인 또는 외국인투자기업에 추가적인 의무를 부담하게 하는 등 외국인투자를 제한하고 있는 경우에는 그 내용을 대통령령으로 정하는 바에 따라 매년 통합하여 공고하여야 한다. 관계 행정기관의 장이 이를 개정하거나 추가하려면 미리 지식경제부장관과 협의하여야 한다"라고 규정하여 이 조항에 의해 지식경제부는 매년 외국인투자제한사항을 정리한 〈외국인투자통합공고〉를 발표하고 있다. 이러한 공고에는 외국인투자가 금지/제한되는 분야 및 제한 내역이 상세히 나열되어 있는데, 결국 이러한 공고에 의해 외국인투자가 법률상

65) 한-베트남 BIT 제3조 제3항 "제1항 및 제2항의 규정에도 불구하고, 베트남사회주의공화국 정부는 이 협정이 서명될 당시의 베트남법에 규정되고 또한 이 협정의 부속서에 명기된 조치를 내국민대우에 대한 예외로서 유지할 수 있다.(후략)"

제한받는 경우만 아니라면 설립 후 투자는 완전한 내국민대우를 보장할 수 있다는 것이다.

다시 말해 원칙적으로 유보안은 진입, 설립의 차별을 명시하는 것이고, 이는 설립 전 투자의 제한과 관련된 것임에 반해, 설립 후 투자는 원칙적으로 중국이나 베트남 같은 형식을 취하지 않는 한 협정문 자체로 내국민대우가 보장받는 것으로 다만 우리나라의 경우 유보안을 별도로 만들지 않고 무조건적인 내국민대우를 부여받되, 단지 〈외국인투자통합공고〉에서 발표한 제한을 적용받을 뿐이다.

3. 우리의 기체결 FTA에서 설립 전 투자를 나타내는 용어

따라서 FTA에서 설립 전 투자를 나타내는 용어가 어떤 것인지가 중요한바, 먼저 정의조항에서 찾을 수 있다. 즉, 당사국의 투자자에 대한 정의조항에서는 "investor of a Party means a Party or state enterprise thereof, or a national or an enterprise of a Party, that attempts to make, is making, or has made an investment in the territory of the other Party"(한-미 FTA 투자챕터 제28조)라고 규정하여 'attempts to make'라는 조항을 통해 시장에 진입을 위하여 투자를 시도하는 투자자를 포함한다고 본다. 이러한 투자를 시도하는 투자자의 의미에 대하여 논란이 있을 수 있는바, 이를 제한하려는 많은 시도가 있다. 한-ASEAN FTA 투자챕터에서는 attempt to make 대신 seeking to make라고 규정한 후 각주에서 "For greater certainty, the Parties understand that an investor that 'is seeking to make' an investment refers to an investor of any other Party that has taken active steps to initiate a notification or approval process, where applicable, for making an investment"라고 규정하여 설립 전 투자의 범위를 제한하기도 하였다.[66)]

다음으로 투자계약에 대한 정의조항에서 "investment agreement means a written agreement between a national authority of a Party and a covered investment or an investor of the other Party, on which the covered investment or the investor relies in establishing or acquiring a covered investment other than the written agreement itself, that grants rights to the covered investment or investor"라고 규정하여(한-미 FTA 투자챕터 제28조) ISD 제소범위와 관련하여 투자계약위반이 ISD의 대상이 된다는 점에서

66) 한-ASEAN FTA에서 설립 전 투자를 제한하는 방식은 has taken active steps를 취하여야 하므로 한-ASEAN 간의 투자관계를 고려시 우리 투자자에게는 불리할 수 있는 측면이 있으나, 양 당사국간 설립을 위한 절차 등의 실질적 차이와 설립 전 투자에 대한 개념을 명확히 하고자 하는 시도로 볼 수도 있다.

설립 전 투자의 개념인 설립 또는 인수(establishing or acquiring)의 개념을 도입하였다.

사실 이러한 정의 조항보다 더 중요한 조항은 NT(내국민대우)와 MFN(최혜국대우) 조항이다. 즉 내국민대우와 관련하여서 설립, 인수, 확장 등에 대하여도 내국민대우 등을 보장하는 방식이다. 즉, "Each Party shall accord to investors of the other Party treatment no less favorable than that it accords, in like circumstances, to its own investors with respect to the establishment, acquisition, expansion, management, conduct, operation, and sale or other disposition of investments in its territory"(한-미 FTA 투자챕터 제3조)라고 규정하고 있는바, 이러한 내국민대우나 최혜국대우는 위에서 본 바와 같이 시장진입, 즉 외국기업이 설립하고 인수하고 합병하는 데에 있어서 차별을 하지 않는다는 점에 기인하였다고 볼 수 있다.

이러한 설립, 인수, 확장과 설립 전 투자와의 관계에 대하여 "투자유치국 내에 법인을 세우는 설립(establishment)과 투자유치국 기업의 주식을 취득함으로써 이뤄지는 인수(acquisition)가 대표적인 설립 전 단계의 투자 활동에 해당된다. 투자의 확대(expansion)는 상황에 따라 설립 전 단계 투자에 해당될 수도 있을 것이다. 이와 관련하여 투자의 허가(admission)를 받지 않은 단계에서 이루어지는 제반 투자 활동, 즉 '허가 전 투자'(pre-admission investment) 역시 설립 전 단계로서 이해하여야 한다"라고 보는 견해가 있다. 이에 대하여 투자의 설립 후 단계(post-establishment)라 함은 투자의 운영이나 처분을 가리킨다. 보다 구체적으로 투자의 관리, 수행, 운영, 유지, 향유(enjoyment), 청산, 매각 또는 기타 처분(disposition) 등의 투자 활동이 이러한 설립 후 단계의 투자 활동을 의미하는바, 다만, 확장이나 운영 등을 통하여도 설립 전 단계 투자를 포괄할 수도 있으므로 이분법적 사고방식에 의하여 구분하는 것은 바람직하지 않을 수 있다. 또한, 설립 전 단계의 투자의 개념 자체가 포괄적이고 모호하여 투자자의 보호받는 권리가 자칫 지나치게 확대될 수 있다는 지적이 있고 이와 같이 설립 전 단계의 투자 활동 중에는 설립 후 단계 투자와 구분이 어려운 영역이 존재한다.[67]

이와 관련하여 중국이 체결하는 BIT는 설립 후 투자를 명백히 하기 위하여 내국민대우 등에 있어서 "1. Each Contracting Party shall in its territory accord to investors of the other Contracting Party and to their investments treatment no less favourable than the treatment it accords in like circumstances to its own investors and their investments (hereinafter referred to as national treatment.) with respect to the expansion, oper-

67) 다만, 적어도 당해 투자사업의 사전조사(due diligence)나 투자허가를 받기 이전에 수행된 설계 시행, 사업 타당성 조사 비용, 변호사 비용, 컨설팅 비용, 사업계획서 작성 비용 등과 같이 명백한 설립 전 단계의 투자 활동은 존재한다. 이런 의미에서 설립, 인수, 확장은 설립 전 투자, 그 이후의 활동은 설립 후 투자단계로 보는 견해는 정확한 개념은 아니라고 보인다.

ation, management, maintenance, use, enjoyment, and sale or other disposal of investments (hereinafter referred to as investment and business activities)"라고 규정하여(한중 개정 투자협정 제3조 1항) 설립 후 투자에 대하여만 NT가 적용됨을 명백히 하였다. 실제 중국이 체결하는 모든 FTA나 BIT는 설립 후 투자를 전제로 하고 있으므로 실제 뉴질랜드-중국 FTA의 투자챕터 제138조의 내국민대우 조항도 "Each Party shall accord to investments and activities associated with such investments, with respect to management, conduct, operation, maintenance, use, enjoyment or disposal, by the investors of the other Party treatment no less favourable than that accorded, in like circumstances, to the investments and associated activities by its own investors"이라고 규정하고 있다.

실제 이러한 내국민대우가 설립 전 투자와 설립 후 투자에 대한 보장을 구별하는 기준이 된다는 측면에서 'Pre-NT'와 'Post-NT'로 구별하여 부르기도 한다.[68] 호주-태국 FTA에서는 Article 904에서 "Pre-establishment National Treatment"라는 제목으로 "In the sectors inscribed in Annex 8, and subject to any conditions and qualifications set out therein, each Party shall accord to investors of the other Party treatment no less favourable than it accords, in like circumstances, to its own investors, with respect to the establishment and acquisition of investments in its territory."라고 규정하여 Pre-NT와 Post-NT를 나누어서 규정하기도 한다.[69] 즉, 투자협정에서 내국민대우(NT)를 투자의 설립 전 단계에까지 부여한다고 규정하는 경우, 각 당사국은 다른 당사국의 투자자에게 내국인 투자자에게 부여하는 대우보다 불리하지 아니한 조건(NT)으로 자국 영토 내에서 투자의 설립을 허용해야 하는 것이다. 이는 투자의 실행행위 이전의 모든 단계에서 협정당사국 기업의 투자활동에 대해 부여하는 제반 권리를 타방당사국 투자자에 대해서도 내국민의 투자자와 동일하게 보호해 주어야 함을 의미한다. 이와 관련하여 FTA는 투자자유화를 포함하는 것으로 투자챕터는 설립 전 투자를 반드시 포함하는 것이라고 보는 견해가 있을 수 있으나, 뉴질랜드-중국 FTA에서 보듯이 반드시 정확한 구분은 아니다.

그러나 이러한 설립 전 단계의 투자 즉, 시장의 진입자체를 무제한 보장할 수

68) 물론 내국민대우만 설립 전 투자를 구별하는 기준이 되는 것은 아니고 최혜국대우, 이행요건 부과금지, ISD절차조항에 관계된다는 점은 앞에서 기술하였다. 즉, 투자의 실행행위 이전의 모든 단계에서 협정 당사국 기업의 투자활동에 대해 부여하는 제반권리를 제3국의 투자자와 동일하게 보호해 주어야 하고 또한 설립 전 단계의 투자에 대해 이행요건 부과금지를 규정하는 경우 협정 체결국은 투자의 설립 조건으로서 그러한 일정한 이행요건을 부과하지 못한다.

69) 규정방식에 대하여는 설립, 인수, 확장, 운영, 매각, 처분 등을 같이 규정하거나 'Pre-NT'와 'Post-NT'를 나누어서 규정하는 방식이 있으나, 각 나라의 특징을 반영한 것으로 큰 차이는 없다.

없고 앞에서 보았듯이 외국인투자를 허용하기 어려운 국가정책상 보호해야 할 분야가 있으므로 예외 없이 설립 전 단계의 대우를 부여하는 경우는 없고 실제 다른 체약국의 투자 및 투자자의 자유로운 진입을 의미하는 설립 전 단계 대우가 부여되지 아니하는 분야(sectors)나 조치(measures)를 유보안에 기재하는 것이 일반적이다.[70)]

물론 설립 전 투자를 인정한다 하더라도 설립 전 단계 투자자에 대한 차별을 이유로 ISD 제기가 가능한지 여부가 문제되는바, ISD의 예외를 인정하여 설립 후 투자에 대하여만 ISD를 인정하는 협정을 체결하는 것은 투자자보호 측면에서 바람직하지는 않지만 양 당사국 간에 결정하기 나름이다. 다시 말해 FTA 투자챕터라고 하여 반드시 설립 전 투자까지 ISD 보호대상이 되는 것은 아니다. 예를 들어 호주-칠레 FTA의 ISD 조항에서는 '설립 후 투자'에 대하여만 ISD를 인정하고 있다.[71)] 이러한 방식을 볼 때 설립 전 단계의 투자를 보호한다고 하더라도 반드시 설립 전 투자단계에서의 차별을 이유로 ISD절차조항을 사용할 수 있다는 의미는 아니라고 할 수 있다.

이러한 구분은 일반적으로 BIT가 투자자유화 요소를 포함하지 않는다고 하는 경우 FTA에서 설립 전 투자를 나타내는 용어를 찾은 것에 불과하다. 즉 일반 BIT에 투자자유화까지 규율하는 것이 일반적 BIT 형태는 아니나, 투자 분야의 경우 BIT를 통해 FTA에 준하는 효과 달성을 위해 비록 소수이지만 일부 국가는 BIT에서 투자자유화 사안까지 꾸준히 다루고 있어, 이것이 국제법상으로 크게 무리가 있는 형식은 아니다.

4. 설립 전 투자와 ISD

설립 전 투자와 관련하여 투자자유화 요소를 포함하는 경우라도 설립 전 투자가 투자로서 보호를 받으려면 외국인투자자의 실행행위 이전의 모든 단계에서 협정 체결 당사국 기업의 경제활동에 대한 권리를 내국민과 동일하게 보호해야 하고, 보호를 구체화하기 위하여는 위반 시 ISD 제소대상이 되어야 실익이 있는 것이다.

최근에 우리가 체결한 FTA나 한일투자협정의 경우 설립 전 투자에 대한 ISD 제

70) 국제투자분쟁 공무원 교육자료, 50면 참조.

71) 호주-칠레 FTA 투자챕터 제3조 내국민대우조항에서는 설립 전 투자를 포함하고 있으나 제14조에서 "Section B applies where there is a dispute between a Party and an investor of the other Party relating to a covered investment made in the territory of a Party in accordance with its laws, regulations and investment policies."라고 규정하여 설립 후 투자에 대하여만 ISD 조항이 적용됨을 명시하였다.

소가 가능한 것은 사실이나, 한-EU FTA 방식의 경우 설립 전 투자와 설립 후 투자를 구분하여 설립 전 투자는 투자자유화로서 FTA 투자챕터에서 규정하는 대신 투자자보호는 개별 BIT에서 보장하므로 사후투자에 대한 내국민대우, 최혜국대우, 수용조항 등 위반시 BIT를 근거로 ISD의 대상이 되나, 설립 전 투자 단계에 대한 내국민대우 위반이라도 투자자보호와 관련이 있는 ISD는 원용할 수 없도록 되어 있다.[72] 앞에서 보았듯이 호주-칠레 FTA의 ISD 조항에서는 설립 후 투자에 대하여만 ISD를 인정하는 방식도 있다.

한-EU FTA와 같은 특별한 사정[73]이 존재하지 않고 달리 합의하지 않는 한, 설립 전 투자단계에서 차별이 있는 경우 ISD의 대상이 될 수 있는지가 문제되는바, EU 회원국도 아닌 개별국과의 FTA 투자챕터를 체결하는 경우 NAFTA 방식을 고수한다면 설립 전 투자를 투자로서 인정하므로 문제가 없으나 투자자유화와 투자자보호에 대한 접근을 이분법적으로 구분하여 달리 본다면 ISD의 대상적격과 관련하여 문제가 생길 수 있다. 먼저 한-EU FTA와의 차이이다. 한-EU FTA 방식[74]은 EU 집행위원회가 투자자보호를 독자적으로 다룰 권한이 없었으므로 개별국과 BIT로 투자자보호를 다루기로 합의를 한 경우이고, 개별국이 EU 가입국이 아닌 경우가 문제가 된다. 따라서 개별국이 EU 가입 목표를 이유로 투자자보호조항과 ISD 원용 가능성을 배제하자고 주장하는 경우 투자자보호를 포함할 것인지는 국가의 자율권한에 불과하므로 EU와의 합치성 주장은 논리에 맞지 않는다.

우리나라 투자자의 경우 개별국의 EU 가입여부가 불확실한 상황에서 안정적인 지위에 있지 못하게 된다.[75] 더욱이 한-EU FTA방식은 review 조항(검토조항)을 통하

---

72) 실제 한-EU FTA의 경우는 EU 집행위원회가 EU법에 의하여 투자자보호에 대한 집행권한을 위임받지 못하였으므로 투자자유화는 FTA로, 투자자보호는 개별 BIT로 나누어서 규정한 결과로서 한-EU FTA의 경우 EU 집행위원회가 투자자보호에 대한 권한을 위임받았다면 설립 전 투자에 대한 ISD도 인정되는 방향으로 협상을 추진하였을 것이다. 즉, THE TREATY ON THE FUNCTIONING OF THE EUROPEAN UNION, Article 218 (ex Article 300 TEC)에서 "1. Without prejudice to the specific provisions laid down in Article 207, agreements between the Union and third countries or international organizations shall be negotiated and concluded in accordance with the following procedure.(후략)" 등 EU 집행위원회가 EU 회원국으로부터 권한을 위임받은 경우와 그 절차 등을 규정하고 있는바, 투자자보호는 이에 해당하지 않으므로 협상을 할 수 없다는 논리이다. 그러나 차후 검토조항을 통해 투자자보호를 위한 논의를 진행하기로 한-EU FTA에서는 별도조항을 규정하였다.

73) 한-EU FTA 방식은 뒤에서 보듯이 Mode 1, 2는 Trade in Service에서, Mode 3와 비서비스는 Establishment에 포함하고, 투자자보호(사후투자)는 개별 BIT에서 규율하는 방식이다.

74) 한-EU FTA 제7.14조 MFN 조항에서 각주 18은 "The obligation contained in this paragraph does not extend to the investment protection provisions not covered by this Chapter, including provisions relating to investor-state dispute settlement procedures."

75) 이와 관련하여 유의할 것은 리스본조약 발효로 인해 EU 집행위원회가 투자자보호에 대한 권한을 이관해 가는 경우에는 한-EU 간의 검토조항을 통해 투자자보호를 논의해야 하는 것이

여 투자자유화의 진전을 위하여, 투자 법제, 투자환경 및 투자의 흐름에 대한 협정당사국의 검토 의무를 규정하여 협정문 내용에 대한 검토도 이루어져야 하며, 검토 의무는 협정의 발효 후 3년 이내 시점부터 정기적으로 이행하도록 하였다. 즉, 수용, 보상, ISD 등 투자자보호 조치에 관한 향후 협상 가능성을 열어놓음으로써, EU 집행위원회의 제한된 협상권한으로 인해 투자보호 내용이 빠진 한-EU FTA의 한계를 보완하고, 투자보호 관련 협상권한이 EU 집행위원회로 이관될 경우, 투자보호 관련 별도의 협상을 개시하여 그 협상 결과가 추후 FTA 설립 분야에 편입될 수 있는 근거를 마련하였다.[76]

Ⅳ. 결 론

2011년 11월 한-미 FTA가 국회를 통과하였고, 세계 경제시장의 양대 축인 EU와 체결한 FTA도 2011년 7월 1일부터 잠정적용되고 있다. 이러한 미국, EU와의 FTA뿐만 아니라 현재 우리나라는 호주, 뉴질랜드, 캐나다, 멕시코, 콜롬비아, 터키, GCC 등과 FTA 협상을 진행 중이다. 그 이전에 체결한 한-칠레 FTA, 한-싱가포르 FTA, 한-EFTA FTA까지 포함하면 그 발전 속도는 세계에서도 주목할 만한 숫자이고, 실제 진행되고 있는 투자보장협정을 포함하면 그 수는 세계 10위 수준에 해당한다.

우리나라의 협상 횟수와 상대국이 늘어남에 따라 우리나라 투자협정 중 기본모델이 되고 있는 한-미 FTA의 미래 MFN 문제로 한-미 FTA 발효 이후 체결되는 제3국과의 FTA에서도 어느 정도 정합성의 유지가 필요한 것도 사실이다. 더욱이, 한-EU FTA라는 새로운 형태의 FTA가 체결되고 NAFTA 모델을 따르지 않는 개별국과의 협상에서는 협상의 체계를 놓고 상호 입장 관철을 위해 노력하는 경우까지 생기고 있다. 물론 한-EU FTA뿐만 아니라 미국과 이미 FTA를 체결한 페루, 콜롬비아, 호주의 경우도 NAFTA 모델을 취하고는 있으나 자국의 입장과 특수성을 반영하다 보니 다양한 형태의 협정문이 등장할 수밖에 없다.

그러나 유의할 것은 기존 모델을 다른 협상에 그대로 관철하는 것이 능사는 아

다. 실제 리스본조약 제207조는 "with regard to foreign direct investment"라고 규정하여 직접투자가 투자자보호와 ISD까지 포함하는지 문제가 될 수 있다. 이와 관련하여 EU 집행위원회는 2010. 7. 7.자 "Towards a comprehensive European international investment policy"를 통해 "Future EU Agreements including investment protection should include investor-state dispute settlement"라고 규정하고 있으나 아직 그 권한을 행사하고 있지는 않고 있다.

76) 한-EU FTA 제7.16.조 Review of The Investment Legal Framework 참조.

니다. 최근의 FTA는 미국과 EU와의 FTA가 끝난 이후라서 실제 우리 투자자의 해외 진출 시 이를 보호해야 할 필요성이 상대적으로 많아진 것도 사실이다. 따라서 각자의 특성에 맞게 우리가 투자자인지 투자유치국인지를 구별하여 정합성과 통상주권을 조화하는 방향으로 협상에 임해야 한다고 생각한다.

International Investment Law

제2부

국제투자법의 주요원칙

제3장 투자와 투자자의 개념

Ⅰ. 서 론

외국인투자자와 투자유치국 간의 투자분쟁을 투자유치국의 국내법원을 통해서 해결하는 것은 외국인투자자의 입장에서는 그다지 효과적이거나 만족할 만한 방법이 되지 않는 경우가 많았다.[1] 따라서 이에 대한 대안으로 국제적인 구제절차를 통한 외국인투자의 보호를 간구해 보기도 했지만 '국가 대 국가' 중심의 전통적인 국제법 체제하에서는 국제법상 권리의무의 주체에 해당하지 않는 외국인투자자가 이용할 수 있는 구제방법은 상당히 제한되어 있었다.[2] 이 같은 상황에서 공정한 투자분쟁해결을 통한 투자자의 불안감소와 이를 통한 국제투자의 촉진을 위하여[3] '일방국가와 타방국가 국민 간의 투자분쟁해결에 관한 협약'(이하 '워싱턴협약' 또는 'ICSID협약')[4]이

※ 본고는 『국제경제법연구』 제8권 제2호(2010.11)에 실린 글을 전재한 것이다.

1) 특정한 국가를 투자계약의 당사자로 하여 대규모의 자본을 투입한 외국인투자자의 입장에서는 해당 분쟁의 당사자인 투자유치국의 법원이 자국의 국내법 및 국제사법을 적용하여 내린 판결의 공정성에 대해 의심을 제기하지 않을 수가 없었다. World Bank, *World Development Report 2005: A Better Investment Climate for Everyone* (New York: World Bank, 2004), pp.178－179. http://siteresources.worldbank.org/INTWDR2005/Resources/complete_report.pdf (2010.5.10. 검색).

2) 외교적 보호권의 행사를 통한 외국인투자자의 구제를 생각해 볼 수도 있지만, 외교적 보호권의 행사 여부 역시 투자자 국적국가의 재량사항이므로 엄밀하게 말하면 투자자가 직접 선택할 수 있는 구제방법이라고 할 수 없다. 나아가 투자자의 국적국가가 외교적 보호권을 행사하고자 하는 경우에도 청구국적의 원칙(principle of nationality of claims), 국내구제수단완료의 원칙(principle of exhaustion of local remedies)에 따른 일정한 요건을 충족해야만 한다. 김대순, 『국제법론』(서울: 삼영사, 2011), 648－679면 참조.

3) Report of the Executive Directors on the Convention on the Settlement of Investment Disputes between States and Nationals of Other States, *ICSID Doc. 2* (18 March 1965)(이하, Report of Executive Directors), paras 9.12.

4) *Convention on the Settlement of Investment Disputes between States and Nationals of Other States*, 18 Mar. 1965 (1965) 4 ILM 524. 워싱턴협약은 1965년 3월 18일 미국의 워싱턴에서 채택

세계은행(IBRD)의 주도하에서 체결되었으며, 곧이어 동 협약 제1조에 따라서 '국제투자분쟁해결센터(International Center for the Settlement of Investment Dispute, 이하 'ICSID')'가 설립되었다. 이후 ICSID는 그 설립의 모체가 된 워싱턴협약에 근거하여 외국인투자자와 투자유치국 간에 발생하는 투자분쟁을 중재와 조정을 통하여 해결할 수 있도록 필요한 시설과 수단을 제공하고 있으며,[5] 계속되는 활동을 통하여 국제투자의 발전과 활성화에 앞장서고 있다.

그렇지만 주의해야 하는 것은 외국인투자자와 투자유치국 사이에 발생한 분쟁일지라도 ICSID 중재와 조정을 통해서 해결되기 위해서는 ICSID협약 제25조 제1항에 따른 관할권의 인정이 선행되어야 한다는 점이다. 상술하면 투자분쟁이 ICSID 중재에서 다루어지기 위해서는 첫 번째로 투자와 관련한 것일 것, 두 번째로 분쟁당사자가 협약에 가입한 국가와 협약에 가입한 다른 국가의 투자자일 것, 세 번째로 법적인 분쟁일 것, 네 번째로 양 당사자가 ICSID에서 분쟁을 해결하기로 서면으로 합의했을 것 등과 같은 네 가지의 요건을 충족해야 한다.[6]

이 글은 위와 같은 네 가지 요건 가운데서 첫 번째와 두 번째 요건의 핵심이 되는 '투자' 및 '투자자' 개념을 명확히 하는 데 목적을 두고 있다. ICSID 중재에서 투자 및 투자자 개념의 중요성은 먼저 관할사건과 관련하여 가장 많이 다투어지는 사안이

되어 1966년 10월 18일에 발효되었다. 우리나라는 1966년 4월 18일에 동 협약에 서명하였으며, 1967년 2월 21일 비준서를 기탁하고 동년 3월 23일에 발효하였다. 2011년 5월 기준으로 157개국이 서명하였으며, 그 중에서 총 147개국이 비준한 상황이다. 이에 대한 자세한 내용은 〈http://icsid.worldbank.org/ICSID/FrontServlet?requestType=ICSIDDocRH&actionVal=Contracting-States&ReqFrom=Main〉 참조(2011. 11. 12. 검색).

5) 상술하면 워싱턴협약은 Article 6(1)(a)－(c)의 규정에 따라 워싱턴협약의 내용을 실질적으로 집행하기 위한 절차적 규정으로 ICSID Regulations and Rules (이하 "절차규정")를 제정하였으며, 국제투자분쟁의 해결을 위한 주된 수단으로 중재와 조정을 제공하고 있다. 이러한 ICSID의 중재와 조정은 '중재와 조정을 개시하는 절차에 관한 규정(Rules of Procedure for the Institution of Conciliation and Arbitration Proceedings Initiation Rules)', '조정절차 규정(Rules of Procedure for Conciliation Proceedings)', '중재절차 규정(Rules of Procedure for Arbitration Proceedings)'에 따라서 진행된다. 김용의, "최근 5년간 ICSID 중재판정사례를 중심으로 한 국제투자분쟁의 중요쟁점에 관한 연구", 『동아법학』 제43호 (2009. 2), 479면.

6) ICSID는 제25조 제1항의 관할의 대상이 되지 않는 것 중에서 '투자분쟁 가운데 분쟁당사국가 또는 분쟁당사자의 소속국가 가운데 어느 한 쪽이 체약국이 아니어서 관할의 대상이 되지 않는 경우'와 '투자분쟁이 아니어서 관할의 대상이 되지 않지만 분쟁당사국가 또는 분쟁당사자 소속국가 가운데 어느 한 쪽이 체약국인 경우'에 대해서는 1978년에 제정된 'Rules Governing the Additional Facility for the Administration of Proceedings by the Secretariat of the International Centre for Settlement of Investment Disputes (Additional Facility Rules)'를 통하여 분쟁을 해결할 수 있도록 기회를 부여하고 있다. 하지만 Additional Facility Rules를 통한 분쟁해결의 경우는 집행과 승인의 보장 등과 같은 ICSID 중재판정만의 특정한 혜택을 누릴 수 없어 결국에는 ICC나 UNCITRAL 중재규칙에 따른 중재절차와 크게 다르지 않게 된다. 산업자원부, 『투자자－국가간 투자분쟁사례로 본 정부정책 시사점』 (2007. 1), 48－50면 참조.

"분쟁의 대상이 된 투자가 과연 협약이나 BIT에서 규정하는 '투자'에 해당하는가" 또는 "ICSID에 분쟁해결을 청구하는 당사자가 과연 협약에 가입한 다른 국가의 '투자자'로서의 지위를 가지고 있는가"와 관계된 문제라는 점에서 드러난다.[7)]

관할권 다툼에서 '투자(물적 관할)' 및 '투자자(인적 관할)'에 관한 다툼이 중심이 되는 것은 ICSID 중재가 기본적으로 투자자의 투자에 관련된 분쟁에 대해 투자협정의 위반 여부를 검토하기 위한 것이기 때문이다.[8)] 다른 한편으로는 관할권 인정을 위한 네 가지 요건 가운데서 '법적인 분쟁'인지의 여부는 그리 결정적인 사안이 되지 않는 경우가 대부분이다. 그리고 '중재에 대한 합의'와 관련해서는, 최근 국가들이 체결하고 있는 투자협정의 관행과 ICSID 중재판정사례를 살펴볼 때 투자협정의 체약국들이 ICSID 중재조항을 포함하는 투자협정 또는 국내 투자법을 통하여 'ICSID를 통한 분쟁해결에 동의'한다는 청약을 구성하고 이에 대해서는 투자자가 중재절차에 회부함으로써 승낙이 이루어 진 것으로 본다는 원칙이 확립된 것으로 볼 수 있다는 점에서,[9)] 결국에는 중재판정부의 관할을 다툼에 있어서는 투자 및 투자자에 대해서 다투는 것이 주요할 수밖에 없다. 관할권 다툼 외에도 '투자' 및 '투자자' 개념은 투자협정과 투자계약에서 투자자에게 부여하고 있는 실체적인 권리와 의무의 범위 및 대상의 확정, 나아가 투자협정이 부여하고 있는 내국민대우원칙 및 최혜국대우원칙의 수혜자격 등을 판단하는 데 있어서도 중요한 기준이 되고 있다.[10)]

요컨대 '투자' 및 '투자자' 개념은 관할사건에서부터 본안사건에 이르기까지 ICSID를 통한 국가-투자자 간의 투자분쟁사건의 해결에 있어 중심적인 역할을 차지하고 있으며, 이를 정확하게 이해하는 것은 세부적인 ICSID 분쟁해결제도연구를 위한 선결적인 과정이라고 할 수 있다. 따라서 이하에서는 ICSID협약과 주요 국제투자조약의 관련규정 및 ICSID 중재판정사례의 분석을 통하여 ICSID 중재에서 사용되는 투자 및 투자자 개념의 정의와 범위 및 판단기준에 대해서 전반적으로 살펴보고, 이에 더하여 투자 및 투자자의 개념과 관련하여 문제가 되고 있는 최근의 이슈와 경향을 분석하도록 한다.

---

7) 김용의, 앞의 각주 5, 487면.

8) 서철원, "자국법인과 국가 간의 투자분쟁에 ICSID 중재를 이용하기 위한 요건", 『국제법학회논총』 제54권 제1호 (통권 제113호) (2009. 4), 80면.

9) Rudolf Dolzer and Christoph Schreuer, *Principles of International Investment Law* (New York: Oxford University Press, 2008), p.42; Christopher F. Dugan *et al., Investor-State Arbitration* (New York: Oxford University Press, 2008), pp.220-222.

10) 산업자원부, 앞의 각주 6, 31면.

II. ICSID 중재에서의 투자

1. 투자의 개념

1) 경제학적 용어인 '투자'의 차용과 법적 정의의 필요성

현대의 국제투자체제(International Investment Regime)는 우호통상항해조약(FCN)이나 전후(戰後) 복구를 위한 조약, 인권조약 등과 같은 전통적인 조약에서 사용되었던 '재산', '권리', '이익' 등의 법적인 용어 대신 '투자'라고 하는 경제학적인 용어를 사용하고 있다. 후술하는 바와 같이 일련의 투자조약들이 투자를 자산(assets)의 묶음으로 규정하는 경향이 있기는 하지만 여전히 이 '투자'라는 용어에 대한 확정된 정의가 부재하는 것이 현실이다. 이와 관련하여 주로 경제학적인 논의의 장에서는 '자금의 이전(transfer of funds)', '장기적인 계획(long term project)', '정기적인 소득의 목적(purpose of regular income)', '최소한의 인적관리와 경영(personal management)', '손실위험의 존재(business risk)' 등이 투자의 요소로 이해되고 있다.[11]

이 같은 경제학적 용어인 '투자'의 사용은 일면 지속적으로 변하고 있는 경제구조와 투자환경에 대응하는 융통성 있고 개방된 적용범위를 가질 수 있다는 장점이 있는 것으로 볼 수도 있다. 하지만 다른 한편으로는 개별적인 사안에서 투자협정 또는 투자챕터를 포함하고 있는 FTA를 원용할 수 있는 '투자' 및 '투자자'의 범위를 어떻게 해석하여 적용할 것인지의 문제가 발생하고 있으며, 또한 분쟁이 발생할 경우 과연 당해 분쟁사건이 ICSID의 물적 관할범위 및 당사자적격을 만족시키고 있는지 여부를 확정하기가 어렵다는 문제점도 있다.[12] 그러므로 결국에는 투자라는 경제적인 용어가 또다시 법적인 개념으로 이해되어야 할 필요가 있으며, 대부분의 국가들은 자신들이 체결한 협정 본문에 조약의 적용대상 및 혜택을 받게 될 투자 및 투자자의 정의를 포함시키는 방법을 사용하고 있다.[13]

---

11) 이러한 요소를 모두 갖추고 있는 투자는 직접투자라고 하여 그 중의 일부가 누락된 '포트폴리오투자(인적관리의 요소가 없음)'나 '상품 및 서비스 판매를 위한 거래(관리 및 지속적인 소득의 흐름이 없음),' '단기금융거래' 등과 구분하는 것이 일반적이다. Rudolf Dolzer *et al., supra* note 9, p.60.

12) *Ibid.*

13) 현재 체결되고 있는 투자관련 조약들은 그 명칭과 구조, 내용에 있어서 서로 간에 상당한 유사성을 보이고 있다. 예를 들어 일반적으로 'Treaty between [one contracting party] and [the other contracting party] concerning the encouragement and reciprocal protection of investment'와 같은 명칭아래 협정의 전문에서 조약체결의 목적을 기술하는 것을 시작으로 협정의 본문에서는 조약의 적용대상 및 혜택을 받게 될 투자 및 투자자 등에 대한 정의, 투자보호에 관한 실체

2) ICSID 중재판정부의 판단기준

전통적으로 확립된 법적인 투자개념이 부재하고 있는 현실에서 투자협정에 포함되어 있는 개개의 투자 정의규정은 각각의 협상과정에서 제약당사국 사이에 오고간 내용을 반영한 그 나름대로의 독자적인 범위와 내용을 가지게 된다. 따라서 양 당사자들 간에 투자 정의에 대한 공통된 합의를 도출할 수 없는 경우에는 이러한 투자의 내용과 범위를 밝혀내는 업무가 중재판정부로 넘겨지고 있으며, 이는 ICSID협약 제25조에 따라 '투자에서 직접 발생한 법적 분쟁'에 대해서만 심리를 할 수 있는 중재판정부의 관할권과 관련해서도 상당한 중요성을 갖는다. 하지만 ICSID협약이 '투자'라는 용어를 사용하고 있으며 관할권에 대한 이의가 주로 '투자'의 존재 여부에 집중하여 제기되고 있음에도 불구하고 동 협약은 '투자'의 의미에 대한 정의를 제공하고 있지 않다. 때문에 이와 관련하여서는 'ICSID 제25조의 투자개념을 해석할 때에 ICSID 중재관할권에 동의를 하고 있는 해당 BIT나 국내법상의 투자개념을 적용해야 하는 것인지' 여부가 문제가 되었다.[14)]

이에 대한 중재판정부의 그동안의 입장은 무엇이 투자를 구성하는지에 대해서는 당사자들이 재량으로 합의를 할 수 있으므로 개별 당사국간 투자협정에서 정한 '투자'의 범위를 대체로 존중하지만, 중재판정부가 이러한 당사자들의 합의에 구속되는 것은 아니며[15)] 나아가 당사자들의 재량 역시 무제한으로 허용되는 것은 아니고 어느 정도 객관적인 기준(objective criteria)에 따라 투자의 존재 여부를 판단해야 한다는 것으로 정리할 수 있다.[16)] 중재판정부가 제시하고 있는 투자의 기준으로는 '투자자의 실질적인 기여(contribution or substantial commitment of investor)', '사업 또는 계약의 일정한 지속성(certain duration of the project)', '투자운영에서 위험의 존재(existence of operational risk)', '투자유치국의 발전에 대한 공헌(contribution to the host state's development)' 등의 네 가지[17)]가 대표적인 것들로 꼽히고 있다.[18)] 이러한 네 가지 기준은 *Fedax*

적인 권리와 의무 규정, 분쟁해결방법을 포함한 절차적 규성, 소약의 발효와 종료 등에 대한 규정을 포함하고 있다. Andrew Newcombe and Lluís Paradell, *Law and Practice of Investment Treaties: Standards of Treatment* (Alphen: Kluwer Law International, 2009), p.65.

14) Rudolf Dolzer *et al., supra* note 9, p.61.

15) *Salini v. Morocco*, Decision on Jurisdiction, 23 July 2001, 42 ILM 609 (2003), para.52.

16) UNCTAD, *Investor-State Dispute Settlement and Impact on Investment Rulemaking*, 2007, p.22 available at 〈http://www.unctad.org/Templates/webflyer.asp?docid=9438&intItemID=-2068&lang=1&mode=downloads〉 (2010.10.8. 검색); 산업자원부, 앞의 각주 6, 24면.

17) Christoph Schreuer, *The ICSID Convetion: A Commentary* (Cambridge: Cambridge University Press, 2001), p.140.

18) ICSID협약상 투자 요건의 불충족을 이유로 관할권이 다투어진 최초의 사건으로 유명한

N.V. v. Republic of Venezuela 사건[19]의 법리를 구성하는 데 사용된 것으로서, 투자의 개념을 확정하기 위해서 BIT 혹은 그 밖의 ICSID 중재관할권을 수락하고 있는 것들과 함께 반드시 고려되어야 할 것으로 여겨지고 있다.[20] 이러한 요건은 2001년 *Salini v. Morocco* 사건[21]에서 명확하게 재확인된 이후 이른바 'Salini Test'라는 명칭으로 계속해서 인용되고 있으며, ICSID협약 제25조 제1항의 '투자'에 해당하지 않음을 이유로 청구가 기각된 최초의 사례로는 *Joy Mining Machinary v. Egypt* 사건[22]이 있다.[23]

3) '투자' 개념에 대한 2단계 테스트

ICSID협약 제25와 관련한 중재판정부의 자율적인 태도는 국제투자규범에 근거한 사건인 경우에 문제가 되고 있는 투자가 ICSID협약의 투자개념은 물론 당해 분쟁에 적용되는 투자조약의 투자개념 모두에 해당해야 한다는 '투자' 개념에 대한 이중적인 검토(double keyhole approach)의 관행으로 이어지고 있다.[24]

예를 들어 *CSOB v. Slovakia* 사건[25]에서 중재판정부는 본안을 다룰 권한이 있는지를 확정하기 위해서는 먼저 분쟁이 ICSID협약상의 투자개념에 해당하는 투자에서 발생했는지 여부를 검토하고, 이에 해당한다면 다음으로 분쟁이 ICSID 관할권을 수여하는 조약의 투자 정의와 관련되어 있는지 여부를 검토해야 한다고 밝혔다.[26] *Malaysian Historical Alvors v. Malaysia* 사건[27]에서는 투자계약이 ICSID협약 제25조의 투자기준에 합당하지 않으면 비록 문제가 된 계약이 BIT상의 투자개념에 해당한다는 사실만으로는 ICSID 중재판정부의 관할권 요건을 충족할 수 없다고 하였

Fedax N.V. v. Republic of Venezuela 사건의 판정부는 상술한 네 가지 요건 외에도 당해 사업으로부터 얻게 되는 '수익의 일정함(regularity of profit and return)'을 ICSID 중재판정부의 투자의 기준으로 더하고 있다. *Fedax N.V. v. Republic of Venezuela*, Decision on Objections to Jurisdiction, 11 July 1997 (ICSID Case no. ARB/96/3), 37 ILM 1378 (1998); 5 ICSID Rep.186 (2002); 24a Y.B. Com Arb. 24 (1999), para.43.

19) *Ibid.*

20) *Autopista v. Venezuela*, Decision on Jurisdiction, 27 September 2001, 16 ICISD Review-FILJ 469 (2001), paras.94-101.

21) *Salini v. Morocco*, Decision on Jurisdiction, 23 July 2001, 42 ILM 609 (2003), para.52.

22) *Joy Mining Machinary v. Egypt, Award on Jurisdiction*, 6 Aug 2004 (ICSID Case no. ARB/03/11).

23) 정수봉, 『한미 FTA투자 분야 연구』 (서울: 법무부, 2008), 327-329면.

24) Christopher F. Dugan *et al., supra* note 9, pp.280-295.

25) *CSOB v. Republic Slovakia,* Decision on Jurisdiction, 24 May 1999, 14 ICSID Rev-FILJ 251 (1999).

26) *CSOB v. Republic Slovakia* Case, *supra* note 25, para.68.

27) *Malaysian Historical Alvors SDN, BHD v. Malaysia*, Award on Jurisdiction, 17 May 2007 (ICSID Case no. ARB/05/10).

다.[28] 결국 중재판정부는 이 사건에 대하여 협약 제25조 기준에 따른 투자가 발생하지 않았으므로 해당 BIT 규정에 따른 투자에 해당하는 여부를 검토할 필요도 없다는 결론[29]을 내렸다.[30]

ICSID 중재판정부의 이러한 2단계 테스트에 대해 양 분쟁당사자가 ICSID에서 분쟁을 해결하기로 동의한 경우에는 '투자' 개념에 대한 '이중적인 검토'의 구분이 모호해진다는 비판을 제기할 수도 있다. 이는 투자자와 투자유치국이 ICSID에서 분쟁을 해결하기로 동의했다는 정황 그 자체가 본 사건이 투자에 관련된 분쟁이라는 것을 강력하게 암시하고 있다는 것을 근거로 하는데, 물론 이러한 추정 역시 반증에 의해서 뒤집힐 수 있다.[31]

2. 투자의 범위

투자의 구체적인 내용과 범위는 개별국가의 국내법에 의할 경우에는 통상적으로 '외국인투자법'의 투자에 대한 정의규정을 통해서, 그리고 국제규범에 의할 경우에는 '외국인투자의 보호와 증진을 위한 양자간 투자를 위한 조약(BIT)' 또는 '자유무역협정(FTA)'과 같은 경제통합협정의 투자에 대한 정의규정을 통해서 확인할 수 있다.

1) 국제조약상 투자의 정의

국제투자협정의 투자에 대한 정의규정의 첫 번째 유형으로는 투자의 범위를 '체약당사국 영토 내의 모든 투자(every investment in the territory)'와 같이 아주 광범위하게 정의하고 예시적인 목록(illustrative list)을 함께 제시하는 방식이다. 미국-온두라스 BIT(1995)의 경우가 그 대표적인 예인데, 동 협정 제1조(정의)는 투자를 '모든 종류의 투자(every kind of investment)'로 규정하면서 '자회사 설립, 회사채 등의 지분참여, 계약

28) *Malaysian Historical Salvors SDN, BHD v. Malaysia* Case, *supra* note 27, para.55.

29) *Ibid.*, para.148.

30) 그러나 이러한 결정은 후에 취소위원회(annulment committee)에 의해서 취소가 되었다. 위원회는 본 사안의 계약은 자산(asset)의 한 종류이며, 특정한 업무의 이행과 이에 대한 반대급부로써의 금전청구를 주된 내용으로 하는 경제적인 가치(financial value)를 지니고 있고, 지적재산권, 해양구조사업에 대한 사업양허(business concession) 등과 같은 내용을 포함하고 있어 해당 BIT는 물론 ICSID 협정에 의할 때에도 투자에 해당함에 대해서는 의심의 여지가 없다고 하면서 단독 중재인이 어떠한 근거로 ISCID협약 제25조의 규정을 들어 투자가 존재하지 않는다고 했는지에 대하여 강력한 비판과 의문을 제시하였다. *Malaysian Historical Salvors SDN BHD v. Malaysia*, Decision on the Application for Annulment 16 April 2009 (ICSID Case no. ARB/05/10), paras.60-62.

31) *CSOB v. Republic Slovakia* Case, *supra* note 25, para.66; *Fedax v. Venezuela*, Jurisdiction, 11 July 1997, 37 ILM (1998) 1378, para.21 참조.

적 권리, 유무형의 자산, 지적재산권, 국내법에 따라서 부여되는 면허 및 허가' 등을 예시적 목록으로 적시하고 있다.[32)]

두 번째 유형으로는 투자의 범위를 '모든 종류의 자산(every kind of asset)'으로 광범위하게 정의하고 예시적 목록을 함께 제시하는 방식이 있다. 이러한 BIT의 대표적인 예로는 영국-소련 BIT(현재는 영국-러시아 BIT)를 들 수 있다.[33)] 이 밖에도 에콰도르-영국 BIT, 요르단-레바논 BIT 등이 이러한 유형에 속하며 최근 경제통합협정(Economic Integration Agreement)의 일부로 채택되고 있는 국제투자규범의 투자 정의의 경우도 두 번째 유형에 속하는 경우가 많다. 한-미 FTA를 비롯하여 그 이후에 우리나라가 체결한 바 있는 한-인도 CEPA, 한-아세안 FTA의 투자에 관한 정의규정 역시 투자를 "투자자가 직접적 또는 간접적으로 소유하거나 통제하는 모든 자산(every asset)으로서, 자본 또는 그 밖의 자원의 약속, 이득 또는 이윤에 대한 기대, 또는 위험의 감수와 같은 특징을 포함하여, 투자의 특징을 가진 것"으로 정의하면서 "기업, 주식 등의 지분참여, 채권, 지적재산권, 완성품인도 등의 계약상 권리, 국내법에 따라 부여된 면허 또는 인·허가" 등과 같은 예시적인 목록을 덧붙이고 있다.[34)]

세 번째 유형은 무엇이 투자를 의미하는 것인지에 대해서 한정적·열거적인 목록(exhaustive list) 또는 제한된 목록(closed list)을 제시하는 방식이다. 이러한 유형의 대표적인 예로는 NAFTA 제1139조(정의)의 투자규정을 들 수 있는데, 동 조항은 투자에 대한 서술적인 정의를 시도하지 않고 곧바로 한정적인 투자목록을 나열하면서 동시에 협정상 투자로 포함되지 않는 투자가 무엇인지를 소극적 정의(negative definition)를 통해서 명시하고 있는 것이 특징이다. 이에 따라 NAFTA의 경우는 기존의 많은 투자협정에서 제외시켜왔던 '포트폴리오투자(equity security)'[35)]까지도 투자의 범위에 포함시키고 있으나, 소극적 정의규정에 의해 '국영기업의 채무증권과 국영기업에 대한 대출' 및 '전형적인 상업적 계약에서 발생한 대금청구 및 신용연장'의 경우는 협정상의 투자의 범위에서 제외시키고 있다.[36)] 이러한 투자 정의 방식은 후행하는 캐나다-

---

32) U.S. Senate. Committee on Foreign Relations, *Investment treaty with Honduras: message from the President of the United States transmitting Treaty between the Government of the United States of America and the Government of the Republic of Honduras Concerning the Encouragement and Reciprocal Protection of Investment, with annex and protocol, signed at Denver on July 1, 1995* (Washington: U.S. GOVERNMENT PRINTING OFFICE, 2000), pp.VI-VII, 2-3. http://www.state.gov/documents/organization/43563.pdf (2010.10.9. 검색) 참조.

33) Andrew Newcombe *et al., supra* note 13, p.66.

34) 한-미 FTA, 제11.28조; 한-인도 CEPA, 제10.1조; 한-아세안 FTA, 제1조 참조.

35) NAFTA, 제1139(b)조 참조.

36) *Ibid.,* 1139(c),(c) and (h) 참조.

칠레 FTA에서도 살펴볼 수 있다.[37)]

상술한 세 가지 유형 중에서 근래에 체결되고 있는 BIT의 대다수가 두 번째 유형에 속하고 있는 것으로 보이며, 이러한 조약에 따른 투자보호는 외국인 직접투자는 물론 주식소유 등을 통한 간접투자와 투사유치국의 간섭으로 경제적 가치에서 감소될 수 있는 투자자의 위험부담행위, 유형(동산 및 부동산) 및 무형의 자산(지식재산권 등)과 포트폴리오투자, 사업상의 양허 등도 포함할 수 있게 된다.[38)] 특히 광범위한 정의에 예시적 목록을 제시하는 방식의 정의는 조약의 체결당시에는 존재하지 않았던 새로운 유형의 투자를 포함할 수 있는 개방성을 가지고 있다는 점이 장점으로 작용할 수 있다.[39)] 반면에 이러한 정의 방식은 예시적인 목록과 정확히 맞아 떨어지지 않는 투자활동이 문제가 되는 경우에 대해서는 확실한 가이드라인을 제시하고 있지 않는 것이 단점으로 작용하게 된다.[40)] 따라서 조약의 당사자들이 어느 정도로 자유롭게 동 조약의 적용을 받는 투자를 결정할 수 있는지를 확인하는 작업이 필요하며 이를 위해서는 당해 조약의 투자에 관한 정의규정에 대한 주의 깊은 해석이 요구된다.[41)]

이와 관련하여 한-미 FTA,[42)] 미국-싱가포르 FTA,[43)] 미국-우루과이 BIT[44)]와 같이 협정상의 '투자'로 인정받기 위한 투자의 특징을 투자에 대한 정의의 일부로 추가하는 관행도 증가하고 있다. 이는 현대의 다변화하는 투자행위를 협정상의 투자로 포용할 수 있는 유연성을 잃지 않으면서도 개별적인 사안에서 중재판정부가 투자의 범위를 확정함에 있어서 유용하게 사용할 수 있는 가이드라인을 제시해 줄 수 있다는 점에서 긍정적으로 평가할 수 있다.

37) 캐나다-칠레 FTA, 제G-40조 참조.

38) 산업자원부, 앞의 각주 6, 23면; 박노형·이재형·강병근, 『투자자-국가간 분쟁 사례로 본 국제중재판정부의 관할권 연구』(서울: 대한상사중재원, 2009), 9면.

39) J. Steven Jarreau, "Anatomy of a BIT: the Untied States-Honduras Bilateral Investment Treaty", 35(3) *U Miami Inter-Amerm LR,* 429 (Summer, 2004).

40) Christopher F. Dugan *et al., supra* note 9, p.250.

41) Peter Muchlinski, Federico Ortino and Christoph Schreuer (eds.), *The Oxford Handbook of International Investment Law* (Oxford: Oxford University Press, 2008), p.58.

42) 한-미 FTA의 제11장 제28조의 투자 정의규정은 "두사자가 직접적 또는 간접적으로 소유 또는 통제하는 자산"일 것과 "자본 또는 그 밖의 자원의 약속, 이득 또는 이윤에 대한 기대, 또는 위험의 감수 등"과 같은 특징을 가지는 것을 협정상의 투자로 인정하도록 하고 있으며, 이후의 한-인도 CEPA, 한-아세안 FTA 역시 이러한 규정을 포함하고 있다.

43) US-Singapore FTA(2003)의 경우는 "자본의 기여(commitment of capital), 이득 또는 이윤의 기대 또는 위험의 감수 등"을 투자의 특징으로 예시하면서, 이와 같은 투자의 특징이 결여된 것은 "그 형태를 불문하고 투자로서 인정하지 않는다"는 것을 명시적으로 규정하고 있다. 미국-싱가포르 FTA, 제15.1.13조 주석 15-1조.

44) 미국-우루과이 BIT의 경우는 한-미 FTA와 유사하게 "투자자가 직접적 또는 간접적으로 소유 또는 통제하는 자산"으로서 "자본의 기여 등"과 같은 특징을 가지는 것을 투자로 규정하고 있다. 미국-우루과이 BIT, 제1조.

2) 국내법상 투자의 정의

대부분의 국가들이 '외국인투자법'과 같은 국내법을 제정하여 '투자'의 정의를 규정하고 있는데 그 방식은 다양하다. 먼저 칠레[45]와 인도네시아[46]의 외국인투자법의 경우는 국제투자규범의 세 번째 유형의 경우와 마찬가지로 자국에서 투자로 인정받을 수 있을 만한 투자를 한정적 목록(exclusive list)을 통하여 제시하고 있다. 우리나라의 경우도 '외국인투자촉진법' 제2조 1항 4호에 따라서 '외국인의 내국법인이나 기업의 주식 또는 지분을 취득', '외국인투자기업의 해외 모기업 및 그 모기업과 법이 정하는 일정한 자본 출자 관계가 있는 기업이 당해 외국인투자기업에 대부하는 5년 이상의 장기차관' 및 '법이 정하는 과학기술 분야의 비영리법인에 대한 출연' 등과 같은 사항만을 외국인투자로 정의하고 있다.

다른 국가들의 투자법은 포괄적인 투자의 정의와 함께 예시적 목록(illustrative list)을 덧붙이는 방식을 채택하기도 한다. 예를 들어, 알바니아의 외국인투자법 제1조 3항은 외국인투자를 "외국인투자자가 직접 또는 간접적으로 소유한 알바니아 공화국 영토 내의 모든 종류의 투자"라고 하면서 a) 동산 및 부동산, 유·무형의 재산 및 기타 재산권, b) 회사 및 동 회사의 주식, 기타 형태의 참여권, c) 대출, 금전채권 또는 경제적 가치를 지닌 이행청구권, d) 지식재산권, 상표권, 서비스상표, 노하우, e) 계약 또는 법률에 의해 부여된 제반 권리, 법률상 부여된 허가 및 인가"를 포함하고 있는 것으로 규정하고 있다.[47] 아르메니아의 외국인투자법 역시 외국인투자를 "모든 형태의 재산(any type of property)"으로 규정하고 이에 대하여 일정한 예시적 목록을 더하고 있다.[48]

일부 국가에서는 종종 투자로서 인정되기 위한 다른 혜택 또는 요건을 규정하기도 한다. 예를 들어 나미비아의 1992년 외국인투자법은 'Section 5'에서 정하는 요건을 충족하는 투자에 대해서는 투자지위인증서(Certificate of Status of Investment)를 신청할 수 있도록 하여 이를 획득한 투자자에게는 지불(payment), 판매(sale), 송금(transfer of profit) 등에서 외국통화의 이용·수용에 대한 보상 등과 같은 혜택을 부여하고 있

---

45) Chile: FOREIGN INVESTMENT STATUTE DECREE LAW 600, Art. 1. available at http://www.-cochilco.cl/english/normativa/descarga/DecreeLa_n600.pdf (2010.10.4. 검색).

46) Indonesia: LAW NUMBER 1 OF 1967 ON FOREIGN INVESTMENT, Art. 2. available at http://-tcsindonesia.com/files/regulation4/LAW%20NUMBER%201%20OF%201967.pdf (2010.10.4. 검색).

47) Albania: LAW ON FOREIGN INVESTMENT, Art.1.3. available at http://pbosnia.kentlaw.edu/re-sources/legal/albania/forinv.htm (2010.10.4. 검색).

48) Armenia: The Law of the Republic of Armenia on Foreign Investments, Art. 1. available at http://www.ada.am/laws/Law_on_Foreign_Investments.pdf (2010.10.4. 검색).

다.[49] 이와 비슷한 또 다른 예로는 중국의 투자관련규정들을 들 수 있다. 중국은 '국가발전및개혁위원회'와 '상무부'의 지도아래 '외국투자산업지도목록(이하, '지도목록')'[50]과 '중서부지역외국인투자우대지도목록[51](이하, '중서부목목')'을 만들어 투자업종을 장려-제한-금지의 세 종류로 나누고 있으며 장려대상인 투자업종에 투자를 하는 경우에도 관할 당국의 허가를 얻어야 하는 등의 요건을 규정하고 있다.[52] 우리나라의 '외국인투자촉진법'의 경우는 투자금액이 일정액 이상이 되어야만 투자로서 인정을 받을 수 있도록 하는 독특한 요건을 규정하고 있다. 구체적으로는 '기업의 주식 또는 지분의 취득을 통한 투자'의 경우는 투자금액이 1억원 이상, '과학기술 분야 비영리법인에 대한 출연을 통한 투자'의 경우는 출연금액이 5천만원 이상일 것을 요구하고 있다.[53]

3. 투자와 관련된 주요 이슈와 경향

1) 국제조약의 투자 정의와 투자유치국 국내법과의 관계

투자를 정의하고 있는 조약이 국내법이나 유치국의 법에 의해서 수여되는 권리를 언급하는 경우가 있다. 국내법에 의해서 수여되는 계약적 권리나 영업허락과 같은 기타의 권리를 투자로 인정하고 있는 경우가 그 예이다. 이러한 경우에는 문제가 되는 활동이 투자에 해당하는지 여부를 확정하기 위해서는 그에 관련된 국내법을 인용할 수밖에 없을 것이며 이는 ICSID 중재재판의 경우에 있어서도 마찬가지라고 할 것이다.

그러나 위와 같이 국내법의 관련조항을 살펴볼 필요가 있다고 하여도 결국 투자인지 아닌지에 대한 최종적인 판단은 여전히 국제중재판정부에 있다는 것이 ICISD 중재판정부의 그동안의 입장이다.[54] 투자유치국들은 '투자유치국의 법에 따라서'라

49) 나미비아의 외국인투자법의 영문 자료는 http://www.mti.gov.na/publications/investment_act.pdf (2010.10.3. 검색) 참조.

50) 중국정부가 외국인투자유치에 대해 정부차원에서 업종별로 정한 지도지침이며, 1995년 6월 처음 공포한 이후 4차례에 길쳐 수정되었다. 최초 공표 당시에는 외국인투자 업종을 장려-허가-제한-금지 등 4종류로 구분했으나, 2004년 판부터는 장려-제한-금지 등 3종류로 나누고 있으며, 현재 적용되고 있는 것은 2007년 12월 1일에 발효한 제4차 수정안이다. Tao Liang, "Foreign Investment Catalogues and Investment Environment in China", China Law Update (2009), avaliable at http://lawrwx.fyfz.cn/art/461312.htm (2010.1.22. 검색).

51) 중서부목록은 중국의 중서부지역의 투자를 진흥하기 위하여 2000년에 공표된 것으로서 지도목록을 보완하는 기능을 하고 있다. 2004년에 한 차례 개정되었으며 현재의 목록은 두 번째 개정된 것으로 2009년 1월 1일에 발효하였다. *Ibid.*

52) *Ibid.*

53) 외국인투자촉진법 시행령 제2조 2항 및 7항 참조.

54) Rudolf Dolzer *et al., supra* note 9, p.65, note 113 참조.

는 문구를 근거로 하여 투자에 대한 정의 및 조약상 보호의 범위에 관한 문제들이 투자유치국의 국내법에 따라 해결되어야 한다고 주장했으나, 중재판정부는 유치국의 법과 규정은 '투자의 정의'가 아니라 위법한 투자가 조약에 의해서 보호되는 것을 막기 위한 것에 불과하다고 밝히고 있다.[55)]

2) Salini Test 요건의 충족 여부 판단

주지하는 바와 같이 ICSID협약은 무엇이 투자인지에 대해서 아무런 정의와 지침을 제시하지 않고 있다. 하지만, *Fedax v. Venezuela* 사건 이후부터는 일명 'Salini Test'라는 명칭 아래 다음과 같은 네 가지 요건이 ICSID가 요구하는 투자의 기준으로 자리를 잡아 가고 있으며, 각 요건의 충족 여부에 대한 판단 경향은 아래와 같다.

먼저 '일정한 기간'에 대해서는 ICSID 협상을 논의하는 과정에서 적어도 5년 정도는 되어야 일정한 기간을 충족하는 것이라는 제안이 있었다.[56)] 하지만 최근에는 기간이 과도하게 엄격해서는 안 된다는 것이 일반적인 경향이며 최소 2년 이상이면 충분하다고 보는 판정사례도 있었다.[57)] '위험성' 요건에 대해서는 초기의 투자가 최종수익으로 회복되어야 할 상황으로 충분하다고 보고 있으며, '투자자의 공헌'은 상당한 금융자원 투입, 노하우 전수, 장비 또는 사람의 배치가 있으면 충족된다고 본다. 마지막으로 '유치국의 발전'과 관련해서는 투자가 유치국의 법에 따라서 적법하게 행해지고 있으면 충족된다고 보고 있다.

요컨대 상술한 4가지 기준은 투자개념을 정의하는 요건으로 일반적으로 인정되고 있다. 그러나 각 사안에서 4가지 기준이 어떠한 정도로 충족되어야 하는가에 대해서는 명확한 기준이 없어 실질적으로 유사한 사건 간에 서로 다른 결정이 나오거나, 취소위원회(annulment committee)를 통해서 중재판정부의 결정이 번복되기도 하는 문제점이 드러나기도 하였다. 예를 들어 *Malaysian Historic Alvors v. Malaysia* 사건에서 중재판정부는 해양구조계약이 경제발전과는 무관하다고 하여 투자로서 인정하지 않았으나 취소위원회에서는 이를 뒤집는 결정이 내려졌으며, 반대로 *Mitchell v. Congo* 사건의 중재판정부는 미국로펌이 제공한 법률서비스를 투자로 인정하였지만 취소위원회는 미국로펌이 국가발전에 기여한 바에 대한 설명이 부족함을 이유로 취소결정을 내렸다.[58)] 결론적으로 결국 무엇이 투자를 구성하는지에 대해서는 개별적

55) *Salini Costruttori v. Morocco,* Decision on Jurisdiction, 23 July 2003, 42 ILM 609 (2003).
56) History of the ICISD Convention, vol.I, p.116 (Rudolf Dolzer *et al., supra* note 9, p.68 재인용).
57) *Jan de Nul/Dredging International v. Egypt,* Decision on Jurisdiction, 16 June 2006, paras 93-96.
58) *Mitchell v. Congo,* Decision on Annulment, 1 November 2006, paras 25-33, 39; *Malaysian*

인 투자협정에서 당사자들이 재량으로 합의하여 정한 '투자'의 범위를 존중하는 바탕 위에서 융통성을 가지고 상황에 따라서 네 가지 요건을 총체적으로 고려해야 할 것으로 생각된다.[59)]

3) 설립 전 투자의 지위

설립 전 투자는 외국인투자자가 투자유치국에 재화, 자본 등을 투입하여 본격적인 투자사업을 시작하기 전에 계약의 협상, 입찰준비, 토지매입 또는 사업의 인가 및 허가 등의 과정에서 지출한 비용을 의미한다. 예를 들어 투자자가 투자유치국과 양허계약의 체결을 위한 협상과정에 있다고 할 때 투자자는 위에 설명한 것과 같이 투자를 시작하기 전 단계에서부터 그 준비를 위하여 상당한 비용을 지출하게 되는 경우가 많은데 이 경우 만약 협상이 결렬되고 계약 체결 전에 분쟁이 발생하게 되면, 이미 지출한 투자와 관련된 비용을 과연 ICSID협약상의 투자로 인정할 수 있는가가 문제가 되는 것이다.

실제로 설립 전 투자의 투자성에 대한 문제가 제기된 사례로는 *Mihaly v. Sri Lanka* 사건[60)]이 있는데, 본 사건에서 청구인과 스리랑카 정부는 전력발전소의 건설 프로젝트에 관하여 협상을 시작하였다. 협상의 초기에는 스리랑카 정부가 청구인에게 해당 사업에 관하여 계약에 독점적인 지위를 부여하겠다는 공문을 여러 차례 발송하였는데, 이 중의 한 공문에는 이러한 공문에 기재된 조건이 양 당사자에게 구속력을 가지지 아니하며 추후에 별도의 계약체결을 통하여 변경 또는 조정될 수 있다는 내용을 명시하고 있었다. 그 후 얼마 동안은 계약에 대한 별다른 성과가 없이 시간이 지나다가 스리랑카 정부가 협상을 종결하였으며, 이에 대하여 청구인이 미국-스리랑카 BIT의 위반을 근거로 위 프로젝트의 준비과정에서 지출된 비용을 보상할 것을 요구하였다. 이에 피청구국은 이러한 비용은 협상의 본 계약이나 BIT 및 ICSID 협약에 의할 때에도 투자에 해당하지 않으므로 본 사안에 대한 중재판정부의 관할권 없음을 항변하였다. 이에 대하여 중재판정부는 피청구국이 발송한 서한에 계약상의 의무를 명시하고 있는 규정이 없으며, 정부가 언급한 독점적 지위도 확정적인 계약의 내용으로 구체화 된 것이 아니라고 밝혔다. 또한 이러한 정황에 비추어 볼 때, 청

Historical Salvors SDN BHD v. Malaysia, Decision on the Application for Annulment 16 April 2009 (ICSID Case no. ARB/05/10).

59) Christopher F. Dugan *et al., supra* note 9, pp.265-266; ICSID에서 투자의 개념을 확정함에 있어서 객관주의의 근거인 Salini 기준만을 엄격하게 적용하는 것을 비판하고 투자계약의 당사자들의 의사를 최대한 존중하는 방식의 해석이 필요함을 주장하는 글로 서철원, "ICSID협약상 투자의 의미", 『국제법학회논총』 제55권 제2호 (통권 제117호) (2010. 6.) 참조.

60) *Mihaly v. Sri Lanka*, 15 March 2002, 17 ICSID Review-FILJ 142 (2002).

구인이 지출한 비용은 피청구국의 입장에서는 투자로 인한 비용으로 볼 수 없으며, 다만 실제로 계약이 정식 체결된 경우라면 투자의 일부로 볼 수는 있을 것이라고 판시하였다. 결국 중재판정부는 투자가 존재하지 않으므로 관할권이 없다는 결정을 내렸다.

위에서 보듯이 대부분의 중재판정부는 계약의 체결 등을 위해서 지출한 경비 등은 상거래에서 일반적으로 감수해야 하는 위험으로 보아 이에 대한 배상을 인정하지 않는 것으로 보고 있다. 특히 위 사건의 중재판정부는 이에서 더 나아가 "설사 투자유치국이 선의에 따라서 협상에 임해야 하는 의무를 지고 있다고 하여도 그러한 것이 설립 전 비용을 투자의 개념으로 전환시켜주는 것은 아니다"라는 부수적 의견(obiter dictum)을 덧붙이고 있다.[61] 이러한 설명에도 불구하고 이후의 중재사례를 살펴보면 아직까지는 설립 전 투자의 투자적격을 판단하는데 있어서 통일된 기준이 확립되어 있지는 않은 것으로 보이며, 다소 개별적인 사건의 구체적인 진행상황에 따라서 다르게 판단하고 있는 상황이라고 말할 수 있다.[62]

Ⅲ. ICSID 중재에서의 투자자

1. 투자자의 개념

1) 외국의 사적인 투자자

국제투자법은 외국의 사적인 투자자(foreign private investor)의 활동을 보호하고 증진하기 위한 것이라고 할 수 있다.[63] 따라서 국제투자법의 보호대상이기 위해서는, 첫 번째로, 투자자가 사적인 주체(private actor)여야 한다. 이러한 사적 주체에는 자연인과 법인 모두가 포함되는데, 실제로 국제투자의 장에서 활발한 활동을 영위하고 있는 주체는 주로 기업의 형태를 갖춘 법인이다. 물론 경우에 따라서 정부가 통제하고 있는 기업[64] 혹은 비영리기구[65]도 이러한 사적인 주체에 포함될 수 있다.

---

61) *Ibid.*, para.51.

62) 청구인이 특정한 상황에서 투자를 준비하는 과정에서 지출한 비용이 유효한 투자인지에 대한 독자적인 혹은 국제적인 성격의 판단기준이 존재한다고는 받아들일 수 없다는 취지의 중재판정부의 입장은 *Ibid.*, para.61; *Generation Ukraine v. Ukraine*, Award, 16 September 2003, 10 ICSID Reports 240, para.18.9; *PSEG v. Turkey*, Decision on Jurisdiction, 4 June 2004, 11 ICSID Reports 434, paras.67-105 참조.

63) Rudolf Dolzer *et al., supra* note 9, p.46.

64) 정부로서의 권한보다는 오로지 상업적인 활동에 바탕을 두고 있는 경우에는 국제투자법의

두 번째로, 투자자는 외국인투자자여야 한다. 이때 외국인의 투자인지 여부를 결정하는 것은 투자자의 국적이며,[66] 투자의 근원, 즉 자금의 출처가 기준이 되는 것은 아니다.[67]

2) 투자자 개념에서 국적의 중요성

투자자의 국적은 투자자가 특정한 조약에서 제공하고 있는 실체법적인 혜택을 향유할 자격이 있는지를 판단함에 있어서 중요한 기준이 된다. 따라서 투자자가 투자에 관한 양자협정 혹은 다자협정을 원용하기 위해서는 먼저 그러한 협정이 요구하고 있는 국적요건을 만족시키고 있음을 증명해야 한다.

다음으로 투자자의 국적은 절차법적인 측면에서도 ICSID 중재의 관할권과 관련해서 중요한 역할을 하고 있다. 동 협약 제25조 2항은 ICISD 중재를 신청하기 위한 전제조건으로서 "중재청구인인 당사자가 투자유치국이 아닌 다른 체약국의 국적을 보유"하고 있을 것을 요구하고 있으며, "당사자가 투자유치국의 국적을 가지고 있는 경우에는 관할권이 배제된다"고 규정하고 있다. 이는 투자유치국의 국적을 가지고 있는 투자자의 경우는 굳이 ICSID와 같은 국제적인 구제절차를 사용할 필요 없이 자신의 국적국인 투자유치국의 국내법원의 소송절차를 통하여 분쟁을 해결할 수 있기 때문이다.[68] 그러나 제25조 2항 (b)는 투자유치국에 현지법인을 설립하여 투자활동을 하는 경우에는 비록 법인이 투자유치국의 국적을 가지게 될지라도 '당해 법인을 외국인이 통제하고 있기 때문에 이것을 외국국적으로 간주하기로 당사자들이 합의하는 경우'에는 그렇게 합의된 국적으로 인정할 수 있는 규정을 두고 있다.[69]

3) 국적의 확정과 전통국제법의 역할

국제투자규범이 제공하는 보호를 향유하기 위한 가장 핵심적인 요건은 투자자

보호를 받는 사적인 주체로 포함시킬 수도 있을 것이다. *CSOB v. Slovakia,* Decision on jurisdiction, 24 May 1995, 5 ICISD Reports, 335, paras.16-27.

65) 예를 들어 아르헨티나-독일 BIT는 '금선상의 이득을 얻기 위한 것인지를 불문하고'라는 규정을 가지고 있어 비영리기구를 투자자의 정의에 포함시키고 있다. 비영리기구에 대한 자세한 논의는 N. Gallus and L. E. Peterson, "International Investment Treaty Protection of NGO's", *22 Arbitration International 527*(2006) 참조.

66) A Sinclair, "The Substance of Nationality Requirements in Investment Treaty Arbitration", *20 ICSID Review-FILJ 357*(2005); R Wisner and R Gallus, "Nationality Requirement in Investor-State Arbitration" *5 JWIT 927*(2004) 참조.

67) Zachary Douglas, *The International Law of Investment Claims*(NY: Cambridge University Press, 2009), pp.314-315; Rudolf Dolzer *et al., supra* note 9, p.46, note 5의 ICSID 사례 참조.

68) 산업자원부, 앞의 각주 6, 32면.

69) Zachary Douglas, *supra* note 67, pp.319-320. 참조.

가 투자유치국이 아닌 다른 체약당사국의 국적요건을 만족하고 있어야 한다는 것이다. 이와 관련해서는 중재판정부가 과연 어떠한 방법으로 투자자의 국적을 검토해야 하는지가 항상 명확한 것은 아니며, 상당수의 투자조약들이 투자자의 국적을 확정하는 데 유용한 준거법에 대한 지침을 제공하고는 있지만 ICSID협약을 비롯하여 준거법에 대한 지침을 제공하지 않고 있는 투자조약 역시 존재하고 있다는 점이 어려움으로 작용하고 있다.[70)]

그런데 이렇게 준거법에 대한 지침이 부재하는 경우에는 국적국의 외교적 보호권의 발동과 관련해 이미 국적에 관한 문제들에 대하여 상당한 양의 사례와 원칙을 축적하고 있는 전통국제공법의 원칙들이 도움이 될 수 있다. 예를 들어 국제공법에 따르면 국가는 자국의 국내법에 따라서 개인에게 국적을 부여하기 위한 법규범을 창설하고 이를 적용할 수 있는 권리[71)]가 있지만, 외교적 보호권을 행사할 수 있는지 여부는 국제법에 의해 결정되는 것이며, 따라서 국적에 대한 독립적인 심사권한은 국제재판부가 보유하게 된다. 이러한 논리는 국제투자중재에서도 동일하게 적용될 수 있는데, 실제로 중재판정부 역시 투자자의 국적을 확정하는 문제에서 일반적으로 투자유치국의 관련된 국내법을 살펴보기는 하지만 해당 국가의 국적에 관한 국내법 관행과 법해석에 전적으로 의존하지는 않고 있다. 그 밖에도 국적을 주장하는 자와 국적국 간의 '진정한 관련성(genuine link)'이 존재해야 한다는 원칙[72)] 및 국적보유의 시점과 관련하여 국적을 주장하는 그 당시의 국적보유 여부가 중요한 것이지 현재의 시점까지 국적보유가 지속되어야 하는 것은 아님을 밝히고 있는 '외교적 보호에 관한 ILC 초안'(2006) 등도 국제투자중재에 적용될 수 있다.

이와 관련해서는 과연 기존에 축적된 전통적인 국제공법상의 사례와 원칙들이 투자분쟁에 대한 국제중재에 여과 없이 바로 적용될 수 있는 것인가에 대한 의문이

70) 예를 들어 한-미 FTA는 자연인 투자자의 경우 '국민(national)' 개념을 전제로 하고 있으며 제1조 4항에서 각 당사국별로 '국민'에 대한 정의규정을 두어서 대한민국에 대해서는 국적법에 따른 대한민국의 국민을, 미국에 대해서는 이민 및 국적법에 정의된 미합중국의 국민으로 각각 정의하고 있다. 반면에 오스트리아-크로아티아 BIT(1997)의 경우는 투자자를 "다른 체약국 영토에 투자한 체약국의 국민"이라고만 규정하고 있을 뿐, 투자자의 국적을 확정하기 위한 준거법에 관한 지침을 제공하지는 않고 있다. Christopher F. Dugan *et al., supra* note 9, p.297 참조.

71) 국적법의 충돌에 관한 협약(Convention on Certain Questions Relating to the Conflict of National Law) 제1조는 각국이 각자의 국내법에 따라 자국민을 결정할 수 있으며, 이러한 국내법은 국적에 관한 국제협약, 국제관습 및 일반적으로 승인된 법원칙에 반하지 않는 한 다른 국가에 의해 승인되어야 함을 규정하고 있는데, 이는 국제관습법을 반영한 규정이라고 이해되고 있다. Ian Brownlie, *Principle of Public International law* (Oxford: Oxford University Press, 6th ed., 2003), p.375 참조.

72) *Nottebohm* Case (Liechtenstein v. Guatemala), ICJ Reports (1955); *Barcelona Traction* Case, Light and Power Company, Limited Case (Belgium v. Spain), ICJ Reports (1970); *Diallo* Case (Guinea v. DR Congo), Jugement of ICJ, 24 May 2007, para.61 참조.

제기될 수 있다.[73] 하지만 국제투자조약에서 특별하게 따로 정하고 있는 규정이 없는 경우에는 이미 확립되어 있는 전통적인 국제공법의 법원칙과 사례를 참고하는 것이 최선책이라고 생각된다.[74]

2. 투자자의 국적

1) 자연인의 국적

자연인 투자자의 국적을 결정하는 기준은 일차적으로는 투자자가 주장하는 국적국의 국적과 관련된 법률이다. 하지만 상술한 바와 같이 중재판정부의 심사가 해당 국가의 국내법 해석과 적용에 전적으로 좌우되는 것은 아니며, 국내법에 따라 해당기관이 국적에 관한 증명서를 발급하는 경우에도 이것이 강력한 추정력을 제공할 수는 있지만 완전히 결정적인 것은 아니라고 하겠다.

이와 관련해서는 *Soufraki v. UAE* 사건[75]을 예로 들 수 있는데, 동 사건의 청구인은 이탈리아-아랍에미리트 BIT를 원용하기 위하여 자신이 이탈리아 국적을 가지고 있음을 증명하는 이탈리아 행정관청의 증명서를 제출했다. 그러나 중재판정부의 확인결과 청구인은 그 전에 캐나다 국적을 취득하여 이탈리아 국적을 자동으로 상실한 것이 밝혀졌으며, 결국 캐나다 국적인 청구인은 이탈리아-아랍에미리트 BIT에 의한 보호를 받을 수 없다고 판시하였다. 중재판정부는 이 사건에서 국적에 관한 사항은 원칙적으로 각국의 관할권에 속하지만, 개인이 국제중재나 국제사법절차에서 국적에 관한 사항을 제기하는 경우에는 그 문제에 대해서 다룰 수 있는 권한이 있다고 밝혔다.[76]

그 밖에 자연인 투자자가 이중국적을 보유하고 있는 경우도 있다. 이와 관련해서는 투자자가 보유하고 있는 이중국적이 투자유치국이 아닌 다른 당사국의 국적과 제3국의 국적인 경우에는 해당 BIT를 원용하여 중재재판을 하는 데에 문제가 없다고 결정한 사례가 있다.[77] 하지만 투자자가 투자유치국과 다른 당사국의 국적 모두를

---

73) Moshe Hirsch, *The Arbitration mechanism of the International Centre for the Settlement of Investment Disputes* (Dordrecht: Boston: M. Nijhoff, 1993), pp.76-77.

74) Rudolf Dolzer *et al., supra* note 9, p.47.

75) *Soufraki v. UAE*, Award, 7 July 2004, 12 ICSID Reports 158.

76) *Ibid.*, para.55.

77) *Olguin v. Paraguay* 사건에서 청구인은 파라과이-페루 BIT를 원용하고자 하였는데, 이에 대하여 피청구국은 청구인이 BIT 당사국인 페루와 제3국인 미국의 국적을 모두 가지고 있는 이중국적자임을 주장하여 관할권에 이의를 제기하였다. 이에 대하여 중재판정부는 페루와 미국의 두 가지 국적 모두가 유효하므로 페루의 국적을 가지고 있다는 사실에 의해서 본 사건의 관할권 인정하였다. *Olguin v. Paraguay*, Award, 26 July 2001, 61 ICSID Reports 164, paras.60-62.

보유하고 있는 경우에는 ICISD협약 제25조 2항 (a)에 의해서 인적 관할대상에 해당하지 않는다고 한 판례도 있다.[78] 이는 특정한 BIT가 양 당사국의 국적 모두를 보유한 이중국적자도 투자자로 허용하여 ICISD협약과 BIT의 규정 간에 충돌이 발생하게 되는 경우[79] 및 분쟁의 양 당사자가 이중국적 투자자에 대해서 합의하는 경우에도 이중국적 개인투자자를 ICSID 관할에서 배제하고 있는 협약 제25조 2항 (a)의 내용은 수정되거나 대체되지 않는다.[80]

2) 법인의 국적

자연인 투자자와 같이 법인 투자자의 경우도 어떠한 국적을 가지고 있는지와 그러한 국적과 당사국 간의 관련성이 중요한 문제가 된다. 그런데 자연인과는 달리, 기업과 같은 단체는 국적의 전제조건으로서 법인격(legal personality)을 보유해야 하는 것이 일반적이다. 따라서 통상적으로는 법인격이 없는 법인이나 단체의 경우는 국제투자법이 제공하는 법적인 보호의 대상이 되지 않는다.[81] 그러나 법인격이 없는 단체에 대해서도 법적인 보호를 제공하도록 특별하게 규정하고 있는 BIT도 존재하고 있다.[82]

법인 투자자의 경우에는 법인이 특정한 국가의 '국적을 가지고 있는지' 혹은 조약에서 정의하고 있는 '투자자인지'를 결정할 때에 문제가 되는 각국의 법체계와 개별적인 투자관련 조약에 따라서 다양한 기준과 정의가 사용되고 있다. 경우에 따라서는, 동일한 조약에서 각 당사자국에게 서로 다른 기준을 적용하도록 규정하기도 하여서 자연인 투자자의 국적을 확정하는 것보다 상당히 복잡한 문제가 많이 제기되고 있다.

---

78) *Champion Trading v. Egypt* 사건에서 청구인 3인은 모두 미국과 이집트의 국적을 보유하고 있는 이중국적 투자자였다. 이 사건의 중재판정부는 ICJ판결의 국적국 간의 진정한 관련성에 근거하여 이집트의 국적이 유효하지 않다는 청구인들의 주장을 인정하지 않으면서, ICSID협약에 의하면 투자유치국의 국적을 보유하고 있는 투자자에 대해서는 ICSID 중재판정부의 관할권이 미치지 않는 것이 명확한 규칙이라고 밝히고 있다. *Champion Trading v. Egypt,* Decision on Jurisdiction, 21 Ooctober 2003, 19 ICSID Review－FILJ 275 (2004), section 3.4.1.

79) 산업자원부, 앞의 각주 6, 32－33면.

80) *Soufraki v. UAE,* Preliminary Objection, *supra* note 75, at 163/37; Zachary Douglas, *supra* note 67, p.322.

81) *Impregilo v. Pakistan*, Decision on Jurisdiction, 22 April 2005, 12 ICSID Reports 245, paras.131－139.

82) Argentina－German BIT의 '국적'에 관한 정의규정은 "any legal person and *any commercial or association with or without legal personality*" 라고 규정하여 법인격이 없는 경우에도 법적인 보호를 향유할 수 있도록 하고 있다.

3. 투자자의 범위: 주요경향과 사례

법인 투자자의 국적을 확인하는 기준으로 가장 일반적으로 사용되는 기준은 법인설립(incorporation)장소 또는 주된 영업소재시(main seat of the business)이다.[83] 많은 조약들이 이러한 두 가지 기준 가운데서 하나 또는 그 이상의 기준을 따르고 있지만, 어디에 강약을 두고 있는지, 그리고 그 외에 '외국인의 통제'와 같은 다른 요건들을 덧붙이고 있는지에 따라서 아래와 같이 조금씩 다른 모습을 보이고 있다.

1) 법인설립지 기준을 강조하는 경우

법인설립지 기준을 강조하는 투자관련 국제조약의 대표적인 예로는 에너지헌장조약(ECT),[84] 폴란드-영국 BIT,[85] 미국 모델 BIT[86] 등을 들 수 있다. 이처럼 관련 조약에서 오로지 설립지만이 기준인 경우, 중재판정부는 기업내부를 통제하고 있는 진정한 소유주의 국적에 대한 판단을 거절하고 있다.

예를 들어 *Tokios Tokelės v. Ukraine* 사건에서[87] 청구인은 리투아니아 법에 의해서 설립된 기업으로서 그 회사 지분의 99%는 우크라이나 국적의 투자자가 소유하고 있었다. 그런데 리투아니아-우크라이나 BIT는, 리투아니아와 관련해서는 '투자자'를 "리투아니아 영토에서 그 법에 의해서 설립된 모든 형태의 법인(any entity established in the territory of the Republic of Lithuania in conformity with its law and regulations)"을 포함하는 것으로 규정하고 있었다. 이에 대하여 피청구국은 청구인 법인을 실제로 소유하고 통제하는 것은 우크라이나 국민이므로 해당 법인은 리투아니아 법인으로서의 진정성이 없다고 항변하였다. 이에 대하여 중재판정부는 해당 BIT에 의하면 청구인은 리투아니아의 투자자이며 동시에 ICSID협약 제25조에 의한 다른 체약국의 국민이라고 결정하였다.[88]

---

83) *Autopista v. Venezuela*, Decision on Jurisdiction, 27 September 2001, 6 ICSID Reports 419, para 107; *SOABI v. Senagal*, Decision on Jurisdiction, 1 Agust 1984, 2 ICSID Reports 175, para.29.

84) "a company or other organization organized in accordance with the law in that Contracting Party", Art. 1(7)(a)(ii) of ECT.

85) "any corporations, firms, organizations incorporated or constituted under the law in force in that Contracting Party" in the definition of corporate investor of Poland-UK BIT, Rudolf Dolzer *et al., supra* note 9, p.49.

86) 미국의 모델 BIT에서는 'enterprise of a Party'를 "an enterprise constituted or organized under the law of a party"로 정의하고 있다.

87) *Tokios Tokelės v. Ukraine*, Decision on Jurisdiction, 29 April 2004, 11 ICSID Reports 313.

88) *Ibid.*, paras.21-71.

이와 비슷한 *Saluka v. Czech Republic* 사건[89]에서도 청구인은 네덜란드법에 의해서 설립된 법인이었는데, 이에 대하여 피청구국은 해당 법인은 일본인 소유주가 지배하고 있으므로 BIT의 당사국과는 실제적인 관계가 없는 껍데기 회사(shell company)에 불과하다고 주장하며 국적요건에 대하여 이의를 제기하였다. 이에 대하여 중재판정부는 피청구국의 주장에 대한 동감을 표현하면서도 해당 BIT의 규정에 따르면 청구법인은 네덜란드 국적의 법인이라고 결정하면서[90] 중재판정부가 양 당사국이 동의한 것 이외의 다른 추가적인 요건을 첨가할 수 없다는 것을 밝혔다.[91]

2) 법인의 주된 영업소재지 기준을 강조하는 경우

법인의 국적을 확정하는 기준으로 법인의 주된 영업소재지를 강조하고 있는 것으로는 아르헨티나-독일 BIT를 예로 들 수 있다. 해당 BIT는 '기업(company)'을 "당사국의 영토에 주된 영업소재지를 두고 있는 법인(a legal person having a seat in the territory of one of the Contracting Parties)"으로 규정하고 있다.[92]

3) 법인설립지와 주된 영업소재지 기준을 혼용하는 경우

벨기에-체코 BIT, 파키스탄-스웨덴 BIT와 ASEAN Agreement[93]를 비롯한 다수의 투자조약들은 상술한 법인설립지 기준과 주된 영업소재지 기준을 함께 규정하기도 한다. 이와 관련된 *Yaung Chi Oo v. Myanmar* 사건[94]에서 중재판정부는 청구인이 싱가폴에서 설립된 법인이었음에도 추가적으로 해당 청구법인이 싱가폴에서 실질적으로 사업을 관리·경영하고 있었는지 여부를 검토했다.[95]

4) 그 외의 기준을 사용하고 있는 경우

대부분의 BIT가 일반적으로 사용하고 있는 위와 같은 기준들 외에 독특한 기준을 포함하고 있는 협정들도 있다. 이러한 협정들은 투자자와 투자자의 국적국으로 주장되는 국가 사이에 '경제적인 실질적 연관성(bond of economic substance requirement)'

---

89) *Saluka v. Czech Republic*, Partial Award, 17 March 2006.

90) *Ibid.*, para.240.

91) *Ibid.*, para.241; 그 밖에 *AES Corp. v. Argentina*, Decision on Jurisdiction, 26 April 2005, 12 ICSID Reports 312, at paras.75-80 참조.

92) Rudolf Dolzer *et al.*, *supra* note 9, p.50.

93) Art. 1(2) of ASEAN Agreement for the Promotion and Protection of Investment, 15 December 1987, 27 ILM 612(1987).

94) *Yaung Chi Oo v. Myanmar*, Award, 31 March 2003, 8 ICSID Reports 463.

95) *Ibid.*, paras.46-52.

이 있는지를 확인하기 위하여 '우세한 이익(preponderant interest)'[96] 요건을 제시하거나, 해당 국가에서의 '진정한 경제활동(genuine economic activity)'을 영위하고 있는지를 확인하기 위하여 '투자자의 우세한 이익'과 '주된 영업소재지 기준'을 혼용하여 요구하기도 한다(리투아니아-스웨덴 BIT). 이에서 더 나아가 상술한 기준 모두를 규정하고 있는 조약도 있는데, 그 대표적인 예로는 이란-스위스 BIT[97]와 MIGA 협약[98]을 들 수 있다.

법인의 국적과 관련하여 여러 가지 기준이 혼용되어 있는 BIT를 다룬 사례로는 *Champion Trading v. Egypt* 사건[99]을 예로 들 수 있는데, 이 사건의 청구법인은 미국에서 설립된 법인으로서 이집트와 미국의 이중국적을 가지고 있는 5명이 공동으로 소유하고 있었다. 동 사건의 이집트-미국 BIT는 기업의 요건으로 체약당사국의 법규에 따라서 법인이 설립 또는 조직되었거나 법인의 의사결정이 실질적인 이익을 가지고 있는 당사국 국민에 의해서 이루어지고 있을 것 등과 같이 상당히 다양한 국적규정을 가지고 있었다.[100] 이에 대하여 중재판정부는 BIT에서 이중국적 주주에 의한 통제를 제외하고 있지 않다는 것을 이유로 이 사건에 대한 관할권을 인정하는 결정을 내렸다.

4. 투자자 개념과 관련된 주요 문제

1) 외국인 통제와 현지법인의 외국인 대우

유치국이 국내에 설립된 회사를 통한 투자를 요구하는 경우, 통상적으로 이러한 회사는 외국인투자자 요건을 충족시키지 못하여 ICSID협약상의 보호를 향유할 수 없게 된다.[101] 따라서 이러한 문제를 해결하기 위해서 ICSID협약 제25조 2항 (b)는 투

96) 우세한 이익요건은 기업 내부에서 어떠한 국적의 이익이 우세한지를 살펴봄으로써 법인의 국적을 확인하는 방법으로 볼리비아-스위스 BIT에서 채택하고 있다. Rudolf Dolzer *et al., supra* note 9, p.51.

97) 이란-스위스 BIT는 당사국의 법에 따라서 설립되어 그 영토에 사업소를 두고 실질적으로 경제활동을 하고 있을 것을 법인투자자의 요건으로 하고 있다. 만약에 이러한 요건을 갖추지 못한 법인의 경우에도 해당 법인을 다른 당사국의 자연인이나 법인이 효과적인 통제를 하고 있는 경우는 BIT상의 투자자 지위를 부여하고 있다. *Ibid.*

98) Art. 13(a)(ii)-(iii) of MIGA Convention.

99) *Champion Trading v. Egypt,* Decision on Jurisdiction, 21 October 2003, 19 ICSID Review FILJ 275(2004).

100) Art.1(b) of Egypt-US BIT, Rudolf Dolzer *et al., supra* note 9, p.52.

101) 이는 ICSID 중재가 ICSID협약의 체약국인 투자유치국과 다른 체약국 국민인 투자자 사이의 분쟁해결을 위한 중재기관이라는 점에서 당연하다. 하지만 ICSID가 아닌 다른 중재기관이나 특별중재(ad-hoc arbitration)를 이용하는 경우에는 회사의 국적과 관계없이 중재합의만 존재하면 중재절차를 진행할 수 있게 된다. 서철원, "국내법인의 ICSID 중재청구권과 회사의 권리침해를 이유로 한 주주의 국제투자 중재청구권", 『국제법학회논총』 제55권 제3호 (통권

자유치국에서 설립되었으나 다른 국가의 국민이 통제하는 법인의 경우는 합의에 의해서 외국인으로 대우받을 수 있도록 하는 규정을 두고 있다.[102)]

외국인의 통제를 근거로 한 현지법인의 외국인 대우를 위한 요건은 두 가지가 있다. 첫 번째로는 현지법인의 외국인 대우에 관한 '투자자와 투자유치국 사이의 합의'가 있어야 한다. 합의의 방식은 투자에 대해 투자유치국과 투자자가 체결한 계약서에 명시하는 방법[103)]과 조약을 통하여 합의하는 방식이 있을 수 있다. 그런데 대부분의 국제투자중재사건이 양 분쟁당사자의 중재에 대한 실질적인 합의보다는 투자조약에 포함된 중재조항에 기반을 두고 개시되는 경우가 많으므로,[104)] 이렇게 조약에 의해서 관할권 동의를 하는 경우에는 '현지에 설립된 회사에 대한 외국인 대우'에 대해 양당사자가 실제로 합의할 수 있는 기회가 적어지게 된다. 따라서 대개는 ICSID협약의 취지에 따라 투자조약 내에 '현지에서 설립되었지만 외국인이 통제하는 경우는 외국인으로 대우한다'는 일반적인 내용을 포함시키기도 한다.[105)]

현지법인의 외국인 대우를 위한 두 번째 요건은 '실질적인 외국인 통제(actual foreign control)'이다. *Vacuum Salt v. Ghana* 사건[106)]에서 청구인은 가나에서 설립된 법인이었으며 투자계약은 ICSID 중재에 대한 조항을 포함하고 있었다. 하지만 중재판정부는 ICSID 제25조 2항 (b)에 따라 청구인을 외국인으로 대우한다는 합의는 인정되지만 그것만으로는 요건이 충족되는 것이 아니며 별개의 요건인 외국인 통제에 대한 검토가 필요하다고 밝히고,[107)] 검토 결과 외국인 통제가 없음을 이유로 관할권이 없

제118호) (2010. 9), 66-67면 참조.

102) "'National of another Contracting State' means: … any juridical person which had the nationality of the Contracting State party to the dispute on that date and which, because of foreign control, the parties have agreed should be treated as a national of another Contracting State for the purpose of this Convention." ICSID Convetion Art.25(2)(b).

103) 판정부는 계약서에 ICSID 중재조항을 포함한 것이 '현지법인의 외국인대우 합의'를 함축한다고 판정하기도 하였음.

104) 이 경우에는 국제투자조약에 포함된 중재조항을 투자유치국의 중재관할권 동의에 대한 요청(the offer of consent to jurisdiction)으로 보고, 후에 투자자가 ICSID에 분쟁을 제기하는 것을 승낙(acceptance)으로 간주하여 비로소 관할권에 대한 합의(consent agreement)가 이루어진 것으로 이해한다.

105) 이 경우에는 외국인 통제를 이유로 국내법인을 외국법인으로 취급하겠다는 '묵시적'인 합의가 있는 것으로 볼 수 있다. 외국법인의 국내법인 취급에 대한 합의방식은 '서면' 또는 '구두' 방식에 상관없이 '명시적(explicit)'이어야 한다는 것이 일반적인 견해였으나 최근에는 '묵시적(implicit)'인 합의도 인정하는 방향으로 합의 방식의 범위가 점차로 확대되고 있다. 이에 대한 자세한 설명은 Mary L. Moreland, "Foreign Control and Agreement under ICSID Article 25(2)(B) - Standards for Claims Brought by Locally Organized Subsidiaries against Host States", *9 Currents - Int'l Trade L.J. 18* (2000); 서철원, 앞의 각주 101, pp.76-77 참조.

106) *Vacuum Salt v. Ghana*, Award, 16 February 1994, 4 ICSID Reports 329.

107) *Ibid.*, para.36.

다고 결정하였다.[108] 그런데 ICSID협약은 '통제'의 의미에 대해서 아무런 정의를 하고 있지 않기 때문에 실제에 있어서 법인에 대한 외국인의 통제 여부를 밝혀내는 것은 쉬운 일이 아니라고 하겠다.[109] 이와 관련해서 ICDIS 중재판정부는 자본주(capital stock) 또는 소유권지분의 소유, 자본 혹은 보통주 참여, 의결권 행사 등을 외국인의 통제를 확인하는 요소들로 인용하고 있다.[110]

2) 국적계획과 조약쇼핑

투자자는 현존하고 있는 투자조약 내에서 자신이 보유하고 있는 투자가 최대한으로 보호될 수 있도록 방안을 간구하고 있다. 이를 위해 법인의 설립과 관련하여 가장 우호적인 투자조약을 체결하고 있는 투자유치국에 형식적인 기업을 설립해 투자의 도관(conduit)으로 사용하거나, 투자분쟁이 발생한 경우 전략적으로 기업구조를 변경하여 가장 유리한 BIT상의 보호를 얻는 방법을 사용하기도 한다. 이러한 국적계획이나 조약쇼핑은 투자의 안정과 최대의 이윤을 추구하는 기업의 생리를 따져볼 때에는 비도적적이거나 불법적인 것은 아니라고 하겠다.

Soufraki v. UAE 사건에서 중재판정부는 청구인이 적절한 시기에 이탈리아 국적을 보유하고 있지 않았으므로 이탈리아 - 아랍에미리트 BIT를 원용할 수 없다고 결정하면서도, Mr. Soufraki가 자신의 개인적인 권한으로 체결한 계약이 아니라 이탈리아에 설립된 법인의 지위를 이용하였더라면 불리한 결과를 피할 수 있었을 것이라고 밝힌 바 있다.[111] *Aguas del Tunari v. Bolivia* 사건에서 피청구국은 BIT상의 보호를 얻기 위해 전략적으로 기업구조를 변경하는 것은 사기 혹은 기업형태의 남용이라고 주장하였는데, 이에 대하여 중재판정부는 법적인 혜택(세금, BIT를 포함하여 관할권에 관한 법 등)을 제공받기 위하여 국적을 해당 지역으로 위치하는 관행을 비합법적인 것이라고 할 수 없다고 명시적으로 밝히기도 하였다.[112]

이처럼 BIT상에서 유리한 국적규정의 혜택을 누리기 위해 국적을 취득하는 기업들의 계획, 소위 조약쇼핑은 일반적인 것으로 보이며 국재중재에서도 이러한 기업

108) *Ibid.*, paras.35 - 55.

109) ICSID협약의 협상과정에서 '통제(control)'의 의미를 정의하려는 시도가 있기는 했었지만 결국에는 포기되었고, 대다수의 투자조약 역시 '통제'의 지표가 될 만한 것들에 대해서 아무런 단초를 제공하지 못하고 있다. 나아가 국제법 역시 개인 또는 법인과 그 자산(assets)의 관계를 규율하는 문제에 대해 일반적으로 적용할 수 있는 기준을 제시하지 못하고 있어 그 어려움을 더하고 있다. Zachary Douglas, *supra* note 67, p.299. 참조.

110) *Ibid.*, paras.43 - 53; *Aguas del Tunari v. Bolivia,* Decision on Jurisdiction, 21 October 2005, paras.225 - 248, 264 - 323 참조.

111) *Soufraki v. UAE,* Award, 7 July 2004, 12 ICSID Report 158, para.83.

112) *Aguas del Tunari v. Bolivia*, Decision on Jurisdiction, 21 October 2005, paras.160 - 180.

들의 관행을 인정해 주고 있는 것으로 보인다. 그러나 *Banro v. Congo* 사건[113]과 같이 기업의 소유권 이전이 ICSID의 체약국이 아닌 캐나다로부터 ICSID 체약국인 미국계 기업으로 이전된 것이 문제가 된 사건에는 기존의 결정과 반대되는 결정도 있었다. 중재판정부는 소유권의 이전 시기가 분쟁이 발생하고 중재절차가 개시되기 불과 며칠 전에 일어난 것으로서 이는 ICSID 관할권을 취득하기 위한 목적이 명백한 것이라고 보아 본 사건에 대한 관할권을 인정하지 않았다.

3) 혜택의 부인 조항

BIT의 국적규정이 유리한 곳에 명목상의 법인을 설치하거나 투자관련 분쟁이 발생한 경우 좀 더 유리한 분쟁해결방식이 적용될 수 있는 국가로 국적을 이전시키는 국적계획 또는 조약쇼핑은 투자유치국의 입장에서는 그리 환영할 만한 관행이 아니다. 따라서 일부에서는 이러한 국적계획에 대한 대응으로 투자조약에 '혜택부인조항(denial of benefits clause)'을 삽입하고 있다.[114]

혜택부인조항은 본래 외교적 보호(diplomatic protection)를 부인하기 위한 것이었으나 점차 외국인투자보호에 관한 조약에 도입되어 조약상의 의무를 부담하지 않는 제3국 국민의 무임승차를 제한하는 수단으로 사용되기 시작했다.[115] 최근에는 투자조약상의 보호와 혜택에 대한 상호성(reciprocity) 또는 비대칭성(asymmetry)을 유지하고 소위 껍데기 회사(mail company)에 대한 투자조약상의 보호를 제외하기 위한 목적으로 투자조약에 삽입되고 있다.[116]

일반적으로 혜택부인조항에 의하면 투자유치국은 투자조약을 원용하고자 하는 법인이 그가 주장하는 국적국과 경제적인 연관성(economic connection)이 없는 경우에는 투자조약이 제공하는 혜택을 거부할 수 있는 권리를 유보하게 된다. 혜택부인조항을 포함하고 있는 투자조약의 대부분이 '국적국 국민의 의한 통제' 또는 '체약국 내에서의 실제적인 영업행위(substantial business activities in the Contracting Party)' 등을 '경제적 연관성'을 구성하는 요소로서 규정하고 있는데,[117] 그 대표적인 예가 미국 모델

113) *Banro v. Congo,* Award 1 September 2000, excerpts in 17 ICISD Review－FILJ 380 (2002).

114) 이 밖에도 투자자의 국적에 대한 규정에서 법인과 해당 국적국 간의 '실질적인 경제적 연관성(bond of economic substance)'을 요구하는 방식으로 투자자의 요건을 까다롭게 하여 국적계획을 차단하는 방식을 사용하기도 하는데, Rudolf Dolzer *et al., supra* note 9, pp.51－55 참조.

115) Herman Walker Jr., "Provisions on Companies in United States Commercial Treaties", *50(2) Am. J. Int'l L. 373,* 388 (Apr. 1956).

116) Loukas A. Mistelis, Crina Michaela Baltag, "Denial of Benefits and Article 17 of the Energy Charter Treaty", *113 Penn St. L. Rev. 1301,* 1302 (2008－2009).

117) Rudolf Dolzer *et al., supra* note 9, p.55; Loukas A. Mistelis *et al., supra* note 116,

BIT[118]와 에너지헌장조약[119]이다.[120]

혜택부인조항과 관련해서는 동 조항이 청구인 회사에 대한 인적 관할권(jurisdiction ratione personae)에 대한 항변인 것인지 아니면 본안에 대한 것인지가 문제가 될 수 있다. 이와 관련하여 *Generation Ukraine v. Ukraine* 사건[121]에서 중재판정부는 피청구인인 투자유치국이 원용하고 있는 거부권은 청구인이 극복해야 할 관할권의 문제가 아니라, 피청구인에 의해서 주장될 수 있는 청구의 수리가능성(admissibility of claim)에 대한 잠재적인 거름장치로서 작용하는 것이며, 나아가 제3자에 의한 통제에 대한 입증책임 역시 거부권을 원용하는 피청구인에게 있다고 밝힌 바 있다.[122] *Palma v. Bulgaria* 사건[123]의 중재판정부 역시 ECT 제17조의 혜택부인조항은 투자자에 대해 실체적인 혜택을 제공하고 있는 제3장을 지칭하여 이러한 혜택이 적용되지 않도록 허용하고 있는 것이므로 제5장 제26조에 따른 절차적인 구제수단을 사용함에는 아무런 영향이 없다고 판시[124]하여 거부권의 행사가 본안에 대한 문제임을 밝히고 있다. 결국 혜택부인조항은 특정한 상황에서 투자유치국이 실체적인 보호를 철회할 수 있도록 허용해 준다는 점에서, 관할권에 대한 문제라기보다는 청구의 수리가능성(admissibility of claim) 또는 본안에 대한 문제로 이해할 수 있을 것이다.[125]

혜택부인조항과 관련하여 두 번째로 문제가 되는 것은 혜택부인조항이 규정하고 있는 상황이 발생하면 그 즉시 자동적으로 투자유치국이 해당 투자자에 대하여 거부권을 행사하게 되는 것인지, 아니면 동 조항의 적용을 위한 특정한 요건이 존재하는지 여부이다. 이와 관련한 *Palma v. Bulgaria* 사건[126]의 중재판정부는 거부권의 행사는 투자자 또는 투자자의 고문이 합리적으로 고지를 받을 수 있는 공식적인 방식으로 행사되어야 하며, 나아가 거부권의 효력은 소급효를 갖지 않으므로 거부권의 행사는 투자자의 투자가 이루어지기 전에 이루어져야 한다고 결정하였다.[127] 이에

---

pp.1305 - 1309 참조.

118) 미국 모델 BIT(2004), 제17조.

119) 에너지헌장조약, 제17조.

120) 그 밖의 혜택부인조항이 포함된 다른 투자조약의 예로는 NAFTA, 제1113조; 아르헨티나-미국 BIT, 제1조 (2); 오스트리아-요르단 BIT, 제10조 참조.

121) *Generation Ukraine v. Ukraine*, Award, 16 September 2003, 44 ILM 404 (2005).

122) 동 사건에서는 결국 피청구인이 제3자에 의한 통제를 입증하는데 실패하였다. *Ibid.*, paras.15.1 - 15.9 참조.

123) *Palma v. Bulgaria*, Decision on Jurisdiction, 8 February 2005, 44 ILM 721 (2005).

124) *Ibid.*, paras.143 - 145 참조.

125) Zachary Douglas, *supra* note 67, pp.468 - 469; Loukas A. Mistelis *et al.*, *supra* note 116, p.1316.

126) *Palma v. Bulgaria*, Decision on Jurisdiction, 8 February 2005, 44 ILM 721 (2005).

127) *Ibid.*, paras.152 - 162 참조.

대해서는 이미 투자조약상의 혜택부인조항으로써 공개적이고 명시적으로 투자자에게 공지가 되어 있음에도 불구하고 또 다른 특단의 조치가 필요한 것이냐는 반론을 제기할 수도 있다.[128] 하지만 위 사건의 중재판정부가 밝힌 바와 같이 혜택을 거부할 수 있는 권리를 유보하고 있는 것과 실제로 그 권리를 행사하는 것은 구별될 수 있으며,[129] 투자자의 입장에서는 거부권을 단지 보유하고 있는지 아니면 적극적으로 거부권을 행사하고 있는지 여부가 실제로 해당 국가에 투자를 설립할 것인지를 선택하게 하는 데 중요한 변수가 될 수 있을 것이다.

또한 투자의 설립단계에서 이러한 정황은 정당한 법적인 기대로서 보호되어야 할 필요도 있을 것이므로 거부권의 행사가 소급효를 갖지 않도록 한 것도 일리가 있다고 생각된다. 중재판정부가 제시하고 있는 거부권의 행사방법도 '특정한 투자자 또는 투자자 집단과의 서신교환을 통한 고지' 외에도 '투자유치국의 국내입법 또는 투자법 및 기타 다른 법령의 규정을 통한 일반적인 고지' 등과 같이 현실적으로 실현가능하면서 투자유치국에 크게 부담이 되지 않는 것들이다.[130]

Ⅳ. 결 론

투자와 투자자 개념은 외국인 사적 투자자의 보호를 위한 국제투자법에서 다음의 두 가지 측면에서 중요한 위치를 차지하고 있다. 첫 번째로는 외국인투자와 투자자에게 실질적인 혜택과 보호를 제공하고 있는 투자조약을 과연 어떠한 투자와 투자자에게까지 적용할 수 있는가와 관련한 실체법적인 투자보호조약의 범위 확정의 문제이다. 두 번째로는 외국인투자자와 투자유치국 간에 분쟁이 발생했을 경우에 그러한 분쟁을 해결하기 위해서 사용되는 국재중재에서 중재판정부가 해당 사안에 대한 관할권이 있는가와 관련한 문제이다. 이 글은 투자 및 투자자의 개념에 대해서 주로 두 번째 측면과 관련하여 ICISID협약과 국제투자조약 및 ICSID 중재판정부의 사례를 중심으로 살펴보았다.

요약하면 국가-투자자 간의 투자분쟁해결을 위한 절차적, 기구적 역할을 제공하고 있는 ICSID협약은 무엇이 투자·투자자인지에 대하여 실체적인 정의규정을 제공하지 않고 있다. 이에 대하여 중재판정부는 여러 가지 사건을 통하여 그 나름의

128) *Ibid.,* para.157.
129) *Ibid.,* para.155.
130) *Ibid.,* para.157.

독자적인 기준을 가지고 투자 및 투자자의 존부를 확정해 오고 있다. 한편에서는 이렇게 투자 및 투자자에 대한 실질적인 정의가 없는 것이 추상적인 법적 기술방식으로는 일일이 규정할 수 없는 다양한 형태의 투자에서 발생하는 분쟁을 국제중재라는 틀 속으로 포섭할 수 있다는 점에서는 국제부사를 보호하기에 더 적합히다는 긍정적인 평가를 내리기도 한다. 하지만 이에 대하여는 개별적인 중재판정에서 사용되는 일관적, 구체적인 기준이 부재하기 때문에, 때에 따라서는 같은 기준이 유사 또는 동일한 사건에서 사용되었음에도 불구하고 중재판정부에 따라서 상반되는 결정이 내려지기도 하는 등의 합치성의 문제도 발생한다는 부정적인 평가를 내릴 수도 있다.

마지막으로 ICISID 중재판정은 그 결정 간의 독자성이 있고, 일회적이며, 한 번 내려진 중재판정은 양 당사자에게 법적인 구속력 갖는 분쟁해결방식이라는 특징을 가지고 있다. 나아가 오로지 ICSID를 통한 분쟁해결만을 투자분쟁해결의 수단으로 적시하고 있는 투자협정도 존재할 수 있으며, 상대적으로 외국인투자자에게 불리한 방향으로 작용할 수 있는 국내법원을 통한 분쟁해결방법 외에는 현재까지 양 당사자가 공평하게 분쟁을 해결 할 수 있는 국가-투자자 간의 분쟁해결방식으로는 ICSID가 제일 유망한 제도라고 하겠다. 그러므로 이러한 점 등을 고려해 볼 때 중재판정부의 투자 및 투자자 개념에 대한 해석은 앞으로도 좀 더 ICSID의 관할권을 넓히는 방향으로 이루어져야 할 것이며 또한 이것이 그동안 ICSID의 중재판정부가 걸어온 입장이라고 하겠다.

제4장 최혜국대우원칙

Ⅰ. 서 론

최혜국대우원칙에 대한 일반적인 정의는 확립되지 않았지만, 통상 한 국가가 타 국가에게 부여하는 특혜 및 혜택을 제3국에게도 제공하는 경우를 일컫는다. 그리고 이러한 원칙을 약속하는 규정을 최혜국대우조항이라고 한다.[1] 내국민대우원칙이 외국의 투자자 및 투자와 본국의 투자자 및 투자 간의 공평한 경쟁기회를 제공함을 보장한다면, 동 원칙은 외국의 투자자 및 투자들 간의 경쟁기회를 공평하게 제공함을 보장한다.[2]

최혜국대우원칙이 국제법상 관습법인지에 대해서는 논란이 있다. 몇몇 학자들은 국제법상 주권평등의 원칙에 기반한 국제관습법적 지위에 있다고 주장하나,[3] 사실상 이 주장을 뒷받침할 만한 법적 확신(*opinio juris*) 또는 국가 관행이 존재한다고 보기 힘들다.[4] 비록 현재 2,000여개가 넘는 투자협정이 체결되고 그 속에 최혜국대

※ 본고는 2010년 한국장학재단의 국가연구장학금(인문사회계)의 지원을 받아 연구되었으며 (2010-0340), 강승관, "최혜국대우조항의 절차법적 사항으로의 적용: ICSID 판정을 중심으로", 『2009년 1학기 연세학술논집』 제49집, pp.1-43과 강승관, "국제투자규범상 최혜국대우원칙의 확대적용 문제에 관한 고찰-*Siemens v. Argentina* 사건과 *Wintershall v. Argentina* 사건의 비교·분석 및 한국에의 시사점-", 『국제법평론』 통권 제31호, pp.241-269의 내용을 통합하여 수정 가필·보완한 것이다.

1) R. Jennings & A. Watts, *Oppenheim's International Law*, 9th ed. (Essex: Longman, 1992), vol.1, p.1327.

2) United Nations Conference on Trade and Development (UNCTAD), *Most-Favoured-Nation Treatment*, UNCTAD/ITE/IIT/10(vol.Ⅲ), (New York: UNCTAD, 1999), p.8.

3) 이러한 주장에 대해서는 J. Hazard, "Commercial Discrimination and International Law", *American Journal of International Law*, vol.52, pp.495-503; G. Schwarzenberger, "Equality and Discrimination in International Economic Law (I)", *Yearbook of World Affiars*, vol.25, pp.164-165 참조.

4) A. Newcombe & L. Paradell, *Law and Practice of Investment Treaties* (Alphen: Kluwer Law

우원칙조항이 거의 대부분 포함되어 있지만, 대다수의 최혜국대우원칙조항이 제각기 다른 문구로 작성되어 있을 뿐만 아니라 최혜국대우원칙이 국제관습법이라는 법적 확신이 있다는 증거가 거의 발견되고 있지 않기 때문이다. 따라서 현재로서는 최혜국대우원칙이 각국이 체결하는 투자관련 협정, 즉 조약상의 의무일 뿐이지, 국제관습법이라고 보기는 힘들다.

본 장에서는 최혜국대우원칙의 역사 및 배경에 대해 살펴본 후 외국 및 한국이 체결한 양자간투자협정에서 최혜국대우원칙조항이 어떤 방식으로 명시되어 있는지 분석해본다. 이후 최혜국대우원칙의 적용 문제, 특히 최근 투자관련 중재판정에서 가장 큰 문제 중의 하나로 많은 논란이 되고 있는 최혜국대우원칙조항의 절차적 사안에 대한 적용범위에 대해서 알아본다. 또한 한국이 체결한 BIT에서 어떠한 방식으로 전개될 수 있는지 살펴보도록 하겠다.

Ⅱ. 최혜국대우원칙의 정의 및 적용

1. 최혜국대우원칙의 역사적 배경

최혜국대우원칙은 여러 세기 동안에 걸쳐 핵심적인 무역정책 중의 하나로 자리잡았다.[5] 이 원칙의 탄생은 11세기 유럽까지 거슬러 올라간다. 당시 해외 시장의 착취를 목적으로 무역을 했던 중세 유럽의 도시 상인들은 각자가 공략하는 시장 내에서 독점적인 지위를 확보하기 위해 총력을 기울였다. 이러한 시도가 성공을 거두지 못했을 경우에는 최혜국대우원칙이 대안이 될 수 있었다. 즉, 다른 도시 상인들보다 우월한 지위를 확보하지 못할지라도, '적어도 경쟁상대와 같은 기회'를 보장받기를 원했던 것이다.[6] 특히 당시는 이탈리아, 프랑스, 스페인 간의 경쟁이 치열했던 시기였기 때문에 이와 같은 경쟁이 매우 치열하였다.

12세기에 들어와서는 당시 가장 번성하였던 이탈리아의 도시국가인 베니스가 제노바 상인과 피사 상인들에게 동등한 특권과 면제를 부여하였다. 또한 프랑스령

International, 2009), p.194.

5) Jarrod Wong, "The Application of Most-Favored-Nation Clauses to Dispute Resolution Provisions in Bilateral Investment Treaties", *Asian Journal of WTO and International Health Law and Policy*, 2008, vol.3, p.174.

6) Endre Ustor, "First Report on the Most-Favored Nation Clause", *Yearbook of International Law Commission 1969* (New York: 1970), vol.2, p.159.

예루살렘 왕국에서도 자신과 거래하는 도시들에게 동등한 특권과 면제를 부여하였다.[7] 그러나 당시에는 경제적인 부분이기보다는 정치적인 성격이 강하였다. 다시 말해서 오늘날과 같이 관세양허 및 그와 관련된 기타 조치와 같은 '경제적인 목적'이 아니라 자국 내에서 활동하는 외국 상인에 대한 개인적인 편의를 제공한다는 '정치적인 의도'가 다분하였다. 15세기 말에 와서는 조약에 명시된 특정 국가에게만 이러한 정치적인 혜택을 부여하지 않고 기타 모든 다른 국가에게 혜택을 부여할 수 있음을 명시한 조약이 나타나는데, 1486년의 English－Britanny 조약과 1490년의 Anglo－Danish 조약이 바로 그것이다.[8]

정치적인 목적의 최혜국대우원칙을 넘어, 오늘날과 같은 최혜국대우원칙이 모습을 드러난 시기는 17세기로, 1692년 영국과 포르투갈 간의 조약에는 오늘날의 최혜국대우원칙과 유사한 조항이 발견된다.[9] 하지만 이 조약은 조약당사국이 서로 동등한 권리를 누리는 것이 아니라 어느 일방당사국이 타방당사국에게 일방적으로 모든 특권 및 면제를 부여해야 하는 불평등한 조약이었다. 이러한 조약은 식민지 제국 시대의 전형적인 산물로 강대국이 약소국의 권리를 침탈하기 위한 수단으로 사용되었다. 즉, 식민지 제국 시대에서는 어느 한 강대국이 약소국과 새로운 혜택과 관련된 조약을 맺었다면, 이러한 혜택은 즉시 다른 강대국에게도 적용이 되면서 순식간에 약소국의 권리가 침탈당했던 것이다. 대표적인 예로 1774년 러시아와 오토만의 조약을 들 수 있다.[10] 또한 19세기 말과 20세기 초반에 걸친 유럽 강대국의 중국 침탈 과정에서 중국이 맺은 난징조약 및 베이징조약, 그리고 한국의 경우 운요호 사건 이후 1876년 일본과 맺은 강화도조약에서도 이러한 불평등하고 일방적인 최혜국대우 요구를 쉽게 발견할 수 있다.[11]

한편, 최혜국대우원칙을 명시하는 조항이 포함된 조약이 점점 늘어가면서 최혜국대우원칙의 유형도 두 갈래로 나뉘었다. 즉 조건적 최혜국대우원칙과 무조건적 최혜국대우원칙이 그것이다. 조건적 최혜국대우원칙은 A국이 B국이 제공하는 일정한 보상을 조건으로 경제적인 혜택을 제공할 때, C국도 B국과 같은 일정한 보상을 제공해야 A국으로부터 경제적인 혜택을 제공받을 수 있다는 의미이다.[12] 그러나 최혜국

---

7) *Ibid.*

8) *Ibid.*

9) 조항의 내용은 다음과 같다.
"Subjects of Great Britain shall enjoy all the immunities accorded to the subjects of any nation whatsoever in league with the Portugals." *Ibid.*, p.160.

10) *Ibid.*, p.161.

11) 김용구, 『세계외교사』(서울: 서울대학교출판부, 2006), 432－442면 참조.

12) Jarrod Wong, *supra* note 5, p.175.

대우원칙의 전반적인 기조는 국가 간에 무조건적 최혜국대우원칙을 부여하는 것으로 바뀌어갔다. 1860년 영국과 프랑스 간에 맺은 Cobden – Chevalier 조약[13]이 대표적인 무조건적 최혜국대우원칙을 표명한 협정이다. 이 조약은 영국과 프랑스 간의 관세를 상당 수준 감축시켰고, 수입금지조치를 폐지시켰으며 이는 이후에 체결되는 상사조약들이 무조건적 최혜국대우원칙을 표명하게 만드는 시발점이 된다.[14]

반면 미국의 경우, 당시 자유무역을 실시하고 있던 영국과 프랑스와 달리 조건적 최혜국대우원칙의 기조를 유지하고 있었다. 예를 들어 1898년 John Sherman 국무장관은 조건적 최혜국대우원칙의 정의를 언급하며 미국의 최혜국대우원칙을 설명하기도 하였다.[15] 그러나 미국은 제1차 세계대전 이후에 이 같은 기조를 바꾸었다. 무역량이 늘어나면서 조건적 최혜국대우원칙으로는 국제 시장에 효과적으로 침투할 수 없었기 때문이다. 1929년 대공황 이후로 세계무역이 급격하게 쇠퇴하면서 잠시나마 최혜국대우원칙은 그 실질적 의의가 약화되었지만, 제2차 세계대전 이후 관세와 무역에 관한 일반협정(General Agreement on Tariffs and Trade, 이하 GATT) 제 I 조[16]에서 무조건적인(unconditional) 최혜국대우조항이 삽입되면서 다시금 최혜국대우원칙은 활기를 되찾게 되었다. 이후 1948년 *International Code of Fair Treatment for Foreign Investment* 에서도 최혜국대우원칙조항이 명시된 바 있으며,[17] 1959년 *Abs – Shawcross*

---

13) 동 조약에는 다음과 같이 명시되어 있다.
"Each of the two High Contracting Powers engages to confer on the other any favour, privilege, or reduction in the tariff of duties of importation on the articles mentioned in the present Treaty, which the said Power may concede to any third Power. They further engage not to enforce one against the other any prohibition of importation or exportation which shall not at the same time be applicable to all other nations."

14) 이성덕, "최혜국대우 – 역사적 발전과정과 그 개념 –", 『서울국제법연구』 제11권 1호(2004), 86면.

15) "The allowance of the same privileges … to a nation which makes no compensation, that have been conceded to another nation for compensation, instead of maintaining destroys that equality … which 'the most – favored – nation clause' was intended to secure. It concedes for nothing to one friendly nation what the other gets only for a price." Letter from Secretary of state John Sherman to William I. Buchanan (Jan. 11, 1898), in Moore's Digest of International Law, 1906, vol.V, p.278, quoted in Stanley K. Hornbeck, "The Most – Favored – Nation Clause", *American Journal of International Law*, 1909, vol.3, p.408.

16) 수입 또는 수출에 대하여 또는 수입 또는 수출과 관련하여 부과되거나 수입 또는 수출에 대한 지급의 국제적 이전에 대하여 부과되는 관세 및 모든 종류의 과징금에 관하여, 동 관세 및 과징금의 부과방법에 관하여, 수입 또는 수출과 관련된 모든 규칙 및 절차에 관하여, 그리고 제III조 제2항 및 제4항에 언급된 모든 사항에 관하여 체약당사자가 타국을 원산지로 하거나 행선지로 하는 상품에 대하여 부여하는 제반 편의, 호의, 특권 또는 면제는 다른 모든 체약당사자의 영토를 원산지로 하거나 행선지로 하는 동종상품에 대하여 즉시(immediately) 그리고 무조건적으로(unconditionally) 부여되어야 한다. (필자 강조)

17) Article 4, ICC *International Code of Fair Treatment for Foreign Investment*.

초안과 1967년 *Organization for Economic Cooperation and Development* (OECD) 초안에서도 최혜국대우원칙을 찾아볼 수 있다.

2. 판례, 학설 및 조약상 최혜국대우원칙의 정의 및 효력

앞서 언급하였듯이, 국제투자협정상 명시된 최혜국대우원칙은 외국인투자자 및 투자 간의 차별을 금지한다. *Rights of Nationals of the United States of America in Morocco* 사건에서 국제사법재판소(ICJ)는 최혜국대우원칙조항의 목적을 "관련된 모든 국가들 간의 차별없이 근본적으로 동등한 기회를 항시 유지하는" 것이라고 판시한 바 있다.[18)]

또한 Georg Schwarzenberger는 최혜국대우원칙조항의 효력에 대해, 이 원칙은 차별을 최소화하는 기능을 발휘할 뿐만 아니라 조약 체결 시의 착오와 상황의 변화에 대비한 일종의 보험기능(insurance policy)을 수행한다고 하였다.[19)] 즉, 만약 최혜국대우를 제공하는 국가가 차후에 제3국에게 더 나은 대우를 부여한다면, 그 대우가 최혜국대우원칙조항에 적용되는 한 자동적으로 제3국에게 부여한 대우를 동등하게 받을 수 있게 되는 것이다. 부가적으로 최혜국대우원칙은 상대적으로 약소한 협상력을 가진 국가가 그보다 강력한 협상력을 가진 국가가 얻을 수 있는 권리 및 대우를 자동적으로 받을 수 있게 해주는 기능을 가진다. 이 과정에서 약소국은 상대국과의 협상에서 최선을 다해 협상하지 않고 상대국과 강대국 간의 협상 결과만을 기다리게 되는 일종의 "free rider" 문제가 발생하기도 한다.[20)]

최혜국대우원칙에 관하여, UN국제법위원회(ILC)는 1967년부터 연구를 시작하였고 1978년 이에 대한 정의를 내리고자 시도한 바 있다. 1978년 제30차 회기 때 작성된 '최혜국대우조항에 관한 규정초안(Draft Article on Most-Favored-Nation Clauses)' 제5조[21)]는 일반적인 최혜국대우의 정의에 대해 다음과 같이 규정하고 있다.

> Article 5
> Most-Favored Nation treatment is treatment accorded by the granting state to the beneficiary State, or to persons or things in a determined relationship with that State, not

18) *Case Concerning Rights of Nationals of the United States of America in Morocco* (France v. US) (1952) ICJ Rep. 176, p.192.

19) G. Schwarzenberger, "The Most-Favoured Nation Standard in British State Practice", *British Yearbook of International Law*, vol.22(1945), pp.99-100.

20) United Nations Conference on Trade and Development (UNCTAD), *supra* note 2, pp.9-10.

21) ILC Report, Draft Articles on Most-Favored-Nations Clauses, 1978. Article 5.

less favourable than treatment extended by the granting State to a third State or to persons or things in the same relationship with that third State. (밑줄은 필자 강조)

본 조항을 통해 알 수 있는 것은 기존에 알려진 최혜국대우원칙과 크게 다르지 않다. 먼저, 최혜국대우원칙은 수혜국의 사람(persons)과 사물(things)과 제3국의 사람(persons)과 사물(things)을 차별하지 않는다는 것을 의미한다. 이를 투자관련 협정의 입장에서 본다면, 본 조항에서의 사람(persons)은 투자자(investors), 사물(things)은 투자(investment)를 의미한다고 할 수 있겠다. 또한 본 조항에서 '같은 관계(same relationship)'는 통상적인 투자협정의 최혜국대우원칙조항에서 '같은 상황(like circumstances)'을 의미한다.[22] 그리고 수여국(granting state)은 수혜국과 제3국 간에 불리하지 아니한(no less favourable) 대우를 해야 한다.

이 세 가지 요소를 고려해 볼 때, 최혜국대우원칙이 제대로 준수되었는지를 살펴보기 위해서는 다음과 같은 검토 과정이 필요하다. 먼저, 해당 분쟁의 투자 또는 투자자가 '같은 상황'에 놓여있는지를 검토해야 한다. 다음, 해당 분쟁의 투자 또는 투자자에 대해 부여한 대우가 불리한 대우였는지를 살펴보아야 한다. 어떤 조치가 불리한 대우인지에 대해서는 각 중재판정부마다 의견이 크게 다르지 않다. 문제는 바로 어떤 것이 '같은 상황'인지를 판단하는 것이다. 이 문제에 대해서는 각 중재판정부마다 조금씩 결론이 다르기 때문에 신중한 접근을 요한다.

또한 불리하지 아니한 '대우(treatment)'란 어떤 의미를 가지고 있는지에 대해서도 살펴보아야 한다. 다수의 국제투자협정들은 '대우'에 대해 정의를 내리고 있지 않기 때문에 재판정의 재량에 의해 정의되는 것이 보통이다. *Siemens v. Argentina* 사건에서 중재판정부는 '대우'가 통상적으로 하나의 실체 또는 개인에 대한 행동(behaviour)이라고 판정내린 바 있다.[23] '대우'와 관련하여, 'conduct'와의 구별이 문제된 사례가 있었다. *Canfor Corporation v. United States* 사건[24]에서 제소 측은 'conduct'의 경우는 정부관료가 행한 것이고, 'treatment'는 그 정부관료가 특정 투자자 또는 제소 측에게 직접 'conduct'를 하는 방식(manner)이라고 주장하였으나 재판정은 이를 받아들이지 않았다. 이에 대한 국제법상 명확한 정의는 없지만, 생각건대 'conduct'는 일종

22) 대부분의 투자관련 협정에서 같은 상황(like circumstances)이라는 문구를 사용하지만, 쓰지 않고 생략하는 협정도 있다. 그 예로 95면 이하 참조.

23) *Siemens A.G. v. Argentine Republic*, ICSID Case no. ARB/02/8, Decision on Jurisdiction of August 3, 2004 (이하 *Siemens v. Argentina*), para.85. ICJ나 WTO의 패널 및 항소기구가 문언 분석을 할 때 종종 이용하는 Oxford English Dictionary에서는 대우를 "conduct, behaviour; action or behaviour towards a person"이라고 정의하고 있다.

24) *Canfor Corporation v. United States and Terminal Forest Products Ltd. v. United States* (Consolidated Proceedings) (Decision on Preliminary Question, 6 June, 2006), para.150.

의 작위 또는 부작위를 의미하고 'treatment'는 해당 투자 또는 투자자에게 'conduct'로 인해 발생한 결과 내지는 효과를 의미한다고 볼 수 있겠다.

3. 최혜국대우원칙의 적용 및 예외

최혜국대우원칙의 통상적인 정의에서 알 수 있듯이, 타방당사국의 투자 또는 투자자는 제3국의 투자 또는 투자자와 비교하여 '같은 상황에서', '불리하지 아니한 대우'를 받아야 한다. 최혜국대우원칙은 내국민대우원칙과 함께 비차별원칙 중의 하나로, 그 적용방법이 상당히 유사하다. 이는 GATT/WTO에서도 그러한데, *Indonesia-Autos* 사건에서 패널은 "제III조에 의해 판단된 동종상품의 논의는 제 I 조에서 동종상품 판단방법과 동일하다"고 판정내린 바 있다.[25]

그러나 내국민대우원칙의 적용방법과는 차이점이 있다. 보통 대다수의 투자유치국은 자국 투자 및 투자자와 외국투자 및 투자자를 차별 또는 구별을 많이 하는 편이고, 외국투자 및 투자자 간에 차별을 하는 경우는 흔치 않다.[26] 보통 최혜국대우원칙이 문제가 되는 경우는 투자유치국과 상대국이 맺은 기본 BIT보다 투자유치국과 제3국이 맺은 다른 BIT에서 제3국이 더 유리한 대우를 받고 있는지의 여부이다. 또한 투자유치국 내에서 유치국이 실시한 국내조치에 있어 외국투자 및 투자자 간의 차별이 발생하는 경우도 있다.

최혜국대우원칙을 위반했는지 여부를 분석하기 위해서 가장 먼저 필요한 요소는 '비교대상'이다. 비교대상이 확정되면 그 비교 대상과 타국의 투자 및 투자자가 받은 대우와 비교를 하여 불리하지 아니한 대우를 받았는지 여부를 검토한다. 투자협정에 따라 다르지만 보통 'like circumstances' 또는 'similar situations'도 검토하게 된다. GATT/WTO와 달리, 투자협정 상 'like circumstances' 또는 'similar situations'를 어떻게 검토해야 하는지에 대해 명확한 규정도 일관된 판정사례도 존재하지 않는다. 통상적으로 중재판정부는 같은 경제 분야(sector) 내에 존재하는 두 투자 또는 투자자가 같은 상황에 처해 있는지 여부를 검토해 왔다. 여기서 '분야(sector)'를 넓게 정의하는지 좁게 정의하는지에 따라 같은 상황에 처해있는지의 여부도 다르게 판단될 수도 있다. 단, 비록 두 비교대상이 설사 같은 분야에 있다 하더라도 투자유치국이 그들을 다르게 대우하는데 있어 합법적이고 비차별적인 이유가 있었다면 같은 상황에 있다고 보지 않는다.[27]

25) Panel Report in *Indonesia-Autos.*, paras.14,141.

26) A. Newcombe & L. Paradell, *supra* note 4, p.225.

27) K. J. Vandevelde, *U.S. International Investment Agreements* (Oxford: OUP, 2009), p.326.

한편, 대다수의 많은 최혜국대우원칙조항이 부속서로, 조항으로, 주석의 형태로 명시적으로 예외를 언급하고 있다. 한국이 맺은 대다수의 BIT도 최혜국대우의 예외가 언급되어 있다. 여러 가지의 예외가 있지만, 그 중 가장 많이 언급되는 예외내용 중의 하나는 최혜국대우가 국제조세협정상의 권리와 의무에 영향을 주지 않는다는 것이다. 그리고 자유무역지대, 관세협정, 경제동맹 또는 이와 유사한 국제경제협정에 참여함으로써 얻게 되는 각종 권리와 의무에 영향을 주지 않는다는 것이다.

Ⅲ. 최혜국대우원칙조항을 포함한 투자협정

1. 외국의 협정

비록 대부분의 국제투자협정에 최혜국대우원칙조항이 삽입되어 있다고 하여도, 그 모습은 제각기 다르다. 어떤 협정에서는 최혜국대우원칙만 단독으로 명시되기도 하고, 다른 협정에서는 최혜국대우원칙과 내국민대우원칙이 합쳐져 규정되어 있는 조항도 있으며, 내국민대우원칙과 최혜국대우원칙을 비차별원칙으로 묶어서 포괄적으로 명시한 협정도 있다. 또한 최혜국대우원칙의 적용에 있어 투자자와 투자를 같이 규율하는 협정이 있는 반면에, 투자자와 투자를 따로 분리하여 규정 여부를 명시한 협정도 있다. 이렇게 투자협정이 제각기 다른 이유는 국가들이 투자에 관해 전반적인 사항을 규율하는 소위 다자간 투자협정(Multilateral Agreement on Investment: MAI)의 체결에 실패했기 때문이기도 하다.[28)]

대다수의 투자협정은 내국민대우원칙과 최혜국대우원칙을 한 조항에 같이 담고 있다. 대표적인 예로 칠레－이집트 간의 투자협정(1999) 제4조 2항을 들 수 있다.[29)]

> **Article 4(2)**
> Each Contracting Party shall accord investments of the investors of other Contracting Party in its territory a treatment which is no less favourable than that accorded to investments made by its own investors or by investors of any third country, whichever is more favourable.

28) 김대순, 『국제법론』(서울: 삼영사, 2011), 748면. OECD는 1995년 9월부터 BIT를 확대발전시킨 MAI의 체결을 추진하여 왔으나, 각 국가들의 반대에 부딪혀 1998년 12월에 이르러 더 이상 교섭을 진행하지 않을 것임을 천명하였다. 또한 김정건, 장신, 이재곤, 박덕영, 『국제법』(서울: 박영사, 2010), 844－846면 참조.

29) A. Newcombe & L. Paradell, *supra* note 4, p.201.

본 조항에서는 국내 투자자(own investors)와 투자, 제3국 투자자(investors of any third country)와 투자를 같이 규정하고 이들 간에 대해서 불리하지 아니한 대우를 할 것을 명시하고 있다.

한편, 북미사유무역협정(NAFTA) 제11장에서는 내국민대우원칙조항을 제1102조, 최혜국대우원칙조항을 제1103조로 구분해놓고, 조항 내에서 투자와 투자자도 구분해 놓고 있다.

Article 1103: Most-Favored-Nation Treatment

1. Each Party shall accord to investors of another Party treatment no less favorable than that it accords, in like circumstances, to investors of any other Party or of a non-Party with respect to the establishment, acquisition, expansion, management, conduct operation, and sale or other disposition of investments.
2. Each Party shall accord to investments of investors of another Party treatment no less favorable than that it accords, in like circumstances, to investments of investors of any other Party or of a non-Party with respect to the establishment, acquisition, expansion, management, conduct, operation, and sale or other disposition of investments.

German-Argentine BIT 제3조의 최혜국대우원칙에서도 마찬가지로 투자와 투자자를 구분하여 명시하고 있다.

Article 3

(1) None of the Contracting Parties shall accord in its territory to the investments of nationals or companies of the other Contracting Party or to investments in which they hold shares, a less favorable treatment than the treatment granted to the investments of its own nationals or companies or to the investments of nationals or companies of third States.

(2) None of the Contracting Parties shall accord in its territory to nationals or companies of the other Contracting Party a less favorable treatment of activities related to investments than granted to its own nationals and companies or to the nationals and companies of third States.

2. 한국의 협정

한국이 맺은 투자관련 협정에 나타난 최혜국대우원칙조항들을 살펴보면 대체로 다음과 같다. 첫째, 대표적인 최혜국대우원칙조항으로 평가되는 GATT 제 I 조와는 달리, 한국이 체결한 BIT는 원칙 중심이 아니라 투자 및 투자자 중심으로 기술되어 있는 경우가 많다. 즉 내국민대우원칙과 최혜국대우원칙이 독립적으로 조항의 제목으로 명시되어 있지 않은 것이 아니라 투자에 있어서 내국민대우 및 최혜국대우원칙을 준수하거나 또는 투자자에 있어서 내국민대우 및 최혜국대우원칙을 준수할 것을 규율하고 있다.[30] 또한 최혜국대우가 적용되는 조건 및 상황을 비교적 상세하게 열거하는 GATT 제 I 조와는 달리, 구체적인 조건 등을 언급하지 아니한 채, 포괄적으로 불리하지 아니한 대우를 부여해야 한다고 규율되어 있다.

둘째, 한국이 체결한 투자보장협정에서는 내국민대우원칙과 최혜국대우원칙을 서술하면서 '공정·공평한 대우원칙'을 같이 병기하고 있는 BIT도 상당수 존재한다.[31] 공정·공평한 대우원칙이 내국민대우원칙 및 최혜국대우원칙과 어떠한 관계가 있는지에 대해서는 아직까지 명확한 정의가 확립된 바 없으며 두 원칙 사이에 일정한 관계가 존재하지만, 각 원칙은 서로 구분되고 분리된 개념으로 파악되어야 할 것이다.[32]

셋째, 이에 대한 예외로 조세 또는 과세와 관련된 국제협정이나, 현재 참가하고 있거나 또는 향후에 참가할 수 있는 자유무역지대, 관세동맹, 공동시장 또는 이와 유사한 경제동맹을 들고 있다. 즉 조세와 관련된 국제협정이나 지역협정과 같은 다자조약에서의 특혜 및 혜택을 투자보장협정의 타방당사자에게 확대적용하지는 않는다는 의미이다. 예를 들어 한국과 인도 간의 '포괄적 동반자협정(CEPA)' 이전에 체결되었던 한국과 인도 간의 투자의 증진 및 보호에 관한 협정[33] 제3조는 다음과 같다.

> Article 3
> National Treatment and Most-Favoured-Nation Treatment
> 1. Each Contracting Party shall in its territory accord to investments made by investors of the other Contracting Party fair and equitable treatment which shall not be less favourable than that accorded either to investments of its own investors or to investments of investors of any third State, whichever is more favourable to the investor concerned.
> 2. Each Contracting Party shall in its territory accord to investments of investors of the

30) 대표적인 예로 한국-베트남 BIT 제2조를 들 수 있다.
31) 대표적인 예로 한국-폴란드 BIT 제2조를 들 수 있다.
32) 공정·공평한 대우원칙과 최혜국대우원칙과의 관계에 대해서는 Ioana Tudor, *The Fair and Equitable Treatment Standard in International Law of Foreign Investment*, (Oxford: OUP, 2008), pp.189-193 참조.
33) *Agreement between the Government of the Republic of Korea and the Government of the Republic of India on the Promotion and Protection of Investments* (Signed on February 26, 2006 and entered into force on May 7, 1996). 그러나 2010.1.1일 부로 한국과 인도 사이에는 대한민국과 인도공화국 간의 포괄적경제동반자협정(Comprehensive Economic Partnership Agreement between the Republic of Korea and the Republic of India: CEPA)이 적용되어, 상기 투자협정은 CEPA로 대체된다. 본 CEPA 협정에서 투자는 제10장에서 다루어지는데, 한 가지 특이한 점은 '내국민대우원칙, 공정하고 공평한 대우 및 충분한 보호 및 안전'은 각각 제10.3조, 10.4조에서 다루지만 최혜국대우원칙에 대한 언급은 협정상 명시적으로 규정되어 있지 않다는 것이다. 다만 제10.9조 1항에서 "유보의 검토"라는 제목 하에 "이 협정이 발효한 이후 어느 한 쪽 당사국이 비당사국과 투자에 관한 어떠한 협정을 체결한다면, 그 당사국은 다른 쪽 당사국이 전술한 협정상 제공되는 것보다 불리하지 아니한 대우를 이 협정에 편입할 것을 요청하는 경우 이를 고려하여야 한다"라고 하여 사실상 최혜국대우를 인정하고 있다.

other Contracting Party, as regards their management, maintenance, use, enjoyment or disposal of their investment, fair and equitable treatment which shall not be less favourable than that accorded either to investments of its own investors or to investments of investors of any third State, whichever is more favourable to the investor concerned.
3. In addition, each Contracting Party shall accord to investors of the other Contracting Party treatment which shall not be less favourable than that accorded to investors of any third State.
4. The provisions of paragraph 1, 2 and 3 of this Article shall not be construed so as to oblige one Contracting Party to extend to investors of the other Contracting Party the benefit of any treatment, preference or privilege resulting from any international agreement or any domestic legislation relating wholly or mainly to taxation.

본 조항에서 제3항을 제외한 나머지 항목은 위에서 언급했듯이 한국이 맺은 대부분의 투자보장협정에서 볼 수 있는 내용이다. 그런데 위의 제3조 3항은 동 조항에서 언급한 것 이외의 문제에 대해서도 타방 체약당사자에게 불리하지 아니한 대우를 부여해야 한다는 내용인데, 최혜국대우원칙조항의 적용범위가 실체적인 사항을 넘어서 절차적인 사항에까지 확대될 수 있음을 암시하며, 실제로 한국이 맺은 투자보장협정 중 이와 유사하게 해석될 수 있는 협정이 몇몇 존재한다. 이는 *Maffezini v. Spain* 사건[34] 이래로 지속적으로 논란이 되고 있는 최혜국대우원칙조항의 적용범위 확대문제에 있어서 한국이 결코 자유롭지 못하다는 것을 의미한다.

한편, 특이하게도 한국과 프랑스, 영국, 벨기에-룩셈부르크 경제동맹, 덴마크 등과 맺은 투자보장협정에는 명시적인 최혜국대우원칙조항이 나타나 있지 않고, 단지 '투자의 보호'라는 제목 하에 최혜국대우원칙이 설명되어 있기도 하다. 그리고 미주지역과 맺은 투자보장협정에는 거의 예외없이 지역무역협정에 대한 예외를 명시적으로 언급해 놓은 것이 대다수이다. 이는 미주지역의 경제공동체인 MERCOSUR를 염두에 두고 협정이 체결되었음을 의미한다.

3. 소결

한국이 맺은 BIT 중 상기 언급한 상황이 발생할 가능성이 높은 협정을 꼽으라면 한국-중국 간의 BIT[35]와 한국-일본 간의 BIT[36]를 예로 들 수 있을 것이다. 만약

34) *Emilio Augustin Maffezini v. Kingdom of Spain*, ICSID Case no. ARB/97/7, Decision on Jurisdiction of January 25, 2000 (이하 *Maffezini v. Spain*).

35) *Agreement on the Encouragement and Reciprocal Protection of Investments between the Government of the Republic of Korea and the Government of the People's Republic of China.*

36) *Agreement between the Government of the Republic of Korea and the Government of Japan for the Liberalisation, Promotion and Protection of Investment.*

중국 국적의 투자자와 한국과의 투자분쟁이 생겼을 경우를 가정해 보도록 하자. 한국 - 중국 BIT 제4조는 "일방 국가의 투자자가 타방 국가의 영역 안에서 자신들의 권리 행사와 방어를 위하여 법원·행정심판소 또는 행정기관을 이용함에 있어 부여되는 대우는 타방 국가의 투자자 또는 제3국의 투자자에게 부여되는 대우보다 불리하여서는 아니 된다"[37]라고 명시하고 있다. 동 협정 제9조 3항[38]에서는 "… 국내행정검토절차는 서류준비에 소요되는 시간을 포함하여 검토를 위한 신청이 처음 제출된 날부터 4개월을 초과할 수 없다. 4개월 후에도 절차가 완료되지 않은 경우 절차는 완료된 것으로 간주되며, 투자자는 국제중재에 분쟁을 회부할 수 있다"고 나와 있다.

반면 한국 - 일본 BIT 제15조 3항[39]은 "투자자가 서면으로 협의나 협상을 요청한 날부터 3월 이내에 투자분쟁이 해결되지 아니하고 … 당해 투자자는 구속력 있는 중재에 의한 분쟁해결을 위하여 다음에 따라 동 분쟁을 제기할 수 있다"라고 규정한다. 중국 투자자의 입장에서 볼 때, 보다 신속한 분쟁해결을 위해서라면 한국 - 중국 BIT보다는 한국 - 일본 BIT상의 분쟁해결절차를 최혜국대우원칙조항을 내세우며 원용할 수 있다고 주장할 수 있다. 그러나 한국의 입장에서는 당연히 가능한 한 한국 - 일본 BIT가 아니라 한국 - 중국 BIT의 분쟁해결절차를 고수하고자 할 것이다. 이때, 중재판정부의 판정에 따라서 한국이 원치 않는 방향으로 판정이 내려질 가능성이 있다.[40]

한국도 현재 이와 같은 가능성을 충분히 인지하고 이에 대처하고 있다. 특히

---

37) 원문은 다음과 같다.
"Treatment accorded to investors of either State within the territory of the other State with respect to access to the courts of justice and administrative tribunals and authorities both in pursuit and in defence of their rights shall not be less favourable than that accorded to investors of the latter States or to investors of any third State."

38) 해당하는 부분의 원문은 다음과 같다.
"…The domestic administrative review procedures shall not exceed four months from the date an application for the review is first filed including the time required for documentation. If the procedures are not completed by the end of the four months, it shall be considered that the procedures are complete and the investor may proceed to an international arbitration…."

39) 해당하는 부분의 원문은 다음과 같다.
"If the investment dispute cannot be settled within three months from the date on which the investor requested the consultation or negotiation in writing and if the investor concerned has not submitted the investment dispute for resolution under paragraph 2(a) of this Article or judicial administrative settlement, the investor concerned may submit the investment dispute for settlement by binding arbitration…."

40) 이와 반대의 경우도 충분히 발생가능하다. 즉 한국 국적의 투자자와 중국 간에 투자분쟁이 발생하는 경우에는 한국 투자자의 입장에서 봤을 때는 오히려 최혜국대우원칙조항의 확대적용이 더 유리할 수 있다. 그렇다면 한국의 입장에서는 오히려 최혜국대우원칙조항의 확대적용을 더 장려해야 한다고도 볼 수 있을까? 그러나 거시적으로 봤을 때 일방적으로 투자자의 입장만 옹호하려는 시도는, 투자유치국의 외국인 직접투자에 대한 태도를 소극적으로 변화시켜 국제투자를 오히려 감소시킬 수도 있다는 측면에서 보았을 때 바람직한 시도로 보기는 힘들다.

한－미 FTA협상 시에 *Maffezini v. Spain* 사건에서 언급된 최혜국대우원칙이 분쟁해결절차로의 적용이 부당하다는데 양국이 인식을 같이 하였다. 그래서 양국은 최혜국대우조항이 분쟁해결절차에 대하여는 적용되지 않으며 오로지 협정문 본문에 기재된 대로 "투자의 설립·인수·확장·경영·영업·운영과 매각 또는 그 밖의 처분에 대하여"만 적용되는 것으로 합의하고 협상기록에 남겨놓았다.[41] 또한 최근 2009년 9월 11일 체결된 한국－콜롬비아 BIT에서도 이러한 내용이 언급되어 있다. 동 협정 제3조 6항에서는, 본 협정에서 언급된 유사한 상황에서 부여된 최혜국대우는 투자분쟁해결을 위한 절차사항을 포함하지 않는다고 하여 명시적으로 최혜국대우원칙조항의 확대적용을 배제하고 있다.[42]

그러나 위에서 살펴본 바와 같이 한국이 기존에 체결한 BIT에는 아직까지 이러한 제한이 포함되어 있지 않는 것들이 존재한다. 이와 같은 혼란을 피하기 위해서는 기존에 맺었던 BIT에 대한 전반적인 검토 및 개정이 필요하며, 특히 본 문제가 발생할 가능성이 가장 높은 BIT, 즉 선진국 내지 자본수출국들(capital exporting states)과의 BIT부터 먼저 검토를 해야 할 필요가 있다. 이하에서는 최혜국대우원칙조항의 적용범위 확대 문제에 대한 여러 중재판정부의 판정사례를 살펴보도록 하겠다.

Ⅳ. 최혜국대우원칙조항의 적용범위 문제

앞서 살펴보았듯이, 최혜국대우원칙은 BIT가 규정하고 있는 기본적이고도 핵심적인 원칙 가운데 하나이다. 동 원칙을 통해 투자의 보호수준은 극대화될 수 있으며, 또한 이 원칙은 보다 더 많은 투자를 가능하게 함으로써 자국뿐만 아니라 타국의 경제를 활성화하는 효과를 발생시킨다. 또한 최혜국대우원칙은 향후 외국인투자 또는 투자자에게 더 나은 혜택이 부여될 수 있다는 잠재적인 가능성을 제시하고 있다. 최혜국대우원칙조항의 실체적 사항에 대한 적용범위에 대해서는 논란의 여지가 없다. 그런데 특히 분쟁해결절차 상의 문제에 대해서도 최혜국대우원칙이 적용될 것인지

41) 정수봉, 『한미FTA 투자 분야 연구』(서울: 법무부, 2008), 62면.

42) *Agreement between the Government of the Republic of Korea and the Government of the Republic of Colombia for the Promotion and Protection of Investment*. 제3조 6항의 원문은 다음과 같다.

6. The most favourable treatment to be granted in like circumstances referred to in this Agreement does not encompass mechanisms for the settlement of investment disputes, such as those contained in Article IX and X of this Agreement, which are provided for in treaties or international investment agreements.

의 여부는 아직까지 일반적인 법리가 형성되지 않아서 논란이 되고 있다. 다시 말해 A국과 B국의 투자자 甲 간에 투자관련분쟁이 발생했다고 가정한다면, 甲이 A국과 B국 간의 BIT에서 규정하는 분쟁해결절차 대신에, 상대적으로 투자자에게 더 유리한 대우를 하고 있는 A국과 C국 간의 BIT상의 분쟁해결절차를 최혜국대우원칙을 원용하여 주장할 수 있는지 여부이다.

이 문제에 대해서 ICSID 중재 및 기타 중재판정부는 일관된 입장을 취하지 못하고 있다. 어떤 사건에서는 위 문제를 긍정적으로, 또 다른 사건에서는 부정적으로 판정을 내린 것이다. 예를 들어 최혜국대우원칙을 포괄적으로 적용한 사건 중 대표적인 것으로, *Maffezini v. Spain* 사건과 *Siemens v. Argentina* 사건,[43] *Aguas v. Argentina* 사건,[44] 스톡홀름 중재판정부의 *RosInvestCo UK Ltd. v. The Russian Federation* 사건[45] 그리고 UNCITRAL 중재판정으로 *National Grid v. Argentina* 사건[46]을 꼽을 수 있다.[47] 특히, *Aguas v. Argentina* 사건은 결론에 이르게 된 논거가 상당히 명확하여 본 문제에 대한 주도적 판례(leading case)가 될 가능성이 적지 않다는 평가가 있다.[48] 반면, 최혜국대우원칙의 절차사항에 대한 적용에 의문을 제기하거나 부정적인 태도를 보인 대표적인 사건으로 *Salini v. Jordan* 사건[49]과 *Plama v. Bulgaria* 사건,[50] 그리고 최근에 *Siemens v. Argentina* 사건과 반대의 판정을 내린 *Wintershall v. Argentina* 사건[51]이 있다.[52]

---

43) *supra* note 23.

44) *Suez, Sociedad General de Aguas de Barcelona SA and Vivendi Universal SA v. Argentine Republic*, ICSID Case no. ARB/03/19, Decision on Jurisdiction on May 16, 2006 (이하 *Aguas v. Argentina*).

45) *RosinvestCo UK Ltd. v. The Russian Federation*, SCC Case no. ARB. V079/2005, Award on Jurisdiction, October 2007 (이하 *RosinvestCo UK Ltd. v. The Russian Federation*).

46) *In re National Grid v. Argentina,* UNCITRAL Arbitration Decision on Jurisdiction on June 20, 2006 (이하 *National Grid v. Argentina*).

47) *Camuzzi Int'l S.A. v. Argentine Republic*, ICSID Case no. ARB/03/7, Decision on Jurisdiction of June 10, 2005 (in Spanish) (이하 *Camuzzi v. Argentina*); *Gas Natural SDG, S.A. v. Argentine Republic*, ICSID Case no. ARB/03/10, Decision on Jurisdiction of June 17, 2005 (이하 *Gas Natural v. Argentina*)도 이와 같은 범주에 속한다.

48) 서철원, "최혜국대우조항과 투자분쟁해결절차와의 관계: 포괄적 이해를 위한 제안", 『國際法學會論叢』 제53권 제2호(2007), 124면.

49) *Salini Construttori S.pA. v. The Hashemite Kingdom of Jordan,* ICSID Case no. ARB/02/13, Decision on Jurisdiction of November 15, 2004 (이하 *Salini v. Jordan*).

50) *Plama Consortium Ltd. v. Republic of Bulgaria*, ICSID Case no. ARB/03/24, Decision on Jurisdiction of February 8, 2005 (이하 *Plama v. Bulgaria*).

51) *Wintershall Aktiengesellschaft v. Argentine Republic,* ICSID Case no. ARB/04/14, Award (Dec. 8, 2008).

52) *Telenor Mobile Communications AS v. Republic of Hungary*, ICSID Case no. ARB/ 04/15, Award dated September 13, 2006 (이하 *Telenor v. Hungary*) 사건도 같은 맥락에 속한다.

이 문제는 각 투자협정마다 전부 조금씩 다른 문구로 최혜국대우조항을 규정하고 있기 때문에 해석은 다양할 수밖에 없다[53]는 전제 하에서 살펴보아야 한다. 이러한 전제 하에서 본 문제를 살펴본다면 몇 가지로 나누어볼 수 있다. 먼저 최혜국대우원칙조항이 투자자-유치국 간의 중재재판을 투자자 측이 신청할 때의 요건에 대해서 적용될 수 있는지의 여부이다. 예를 들어 A국과 B국 간의 BIT에서는 투자자-유치국 간의 중재재판으로 가기 위해서는 18개월의 조정기간을 거쳐야만 하지만, B국과 C국 간의 BIT에서는 단지 6개월의 기간만이 요구된다고 할 때, A국의 투자자는 B국과 C국의 BIT에서의 요건을 최혜국대우원칙을 원용하여 주장할 수 있는지의 여부인 것이다. 둘째, 최혜국대우원칙조항을 원용하여 중재판정부의 관할권을 확대할 수 있는지의 여부이다. 여러 경우들이 존재하는데 그 중에서 예를 들자면, A국과 B국 간의 BIT에서 존재하지 않으나 B국과 C국 간의 BIT에서 중재재판으로 갈 수 있는 근거조항이 있을 때, 이를 최혜국대우원칙조항을 원용하여 중재재판으로 갈 수 있는지의 문제이다. 또한 중재판정부의 물적 관할에 대해서도 최혜국대우원칙조항을 원용하여 확대적용할 수 있는지에 대한 문제도 있다. 이와 관련된 사례들 중 대표적인 몇몇 사례와 비교적 최근의 사건을 중심으로 살펴보도록 한다.

1. 투자자-국가간 중재의 수리가능성 요건

1) *Maffezini v. Spain* 사건

가장 대표적인 사례이자, 최혜국대우원칙조항의 절차사항에 대한 적용문제를 최초로 촉발시킨 것이 바로 *Maffezini v. Spain* 사건이다. 아르헨티나 출신의 기업인인 Maffezini는 1989년 스페인의 Galicia 주에 스페인 공기업인 SODIGA와 함께 화학제품 생산기업인 EAMSA를 설립하였다.[54] 하지만 회사의 자금난으로 인해 1992년에 화학공장과 EAMSA의 기타 계획이 중단되었다. 그런데, Maffezini의 주장에 따르면 SODIGA는 기업의 설립에 대한 비용을 Maffezini에게 제대로 알려주지 않아서 막대한 손해를 보았고, EAMSA의 SODIGA 측 대표의 지시로 3천만 페세타가 불법적으로 인출되었다고 하며, 이는 아르헨티나와 스페인 간의 BIT를 위반하는 조치라고 하였다. ICSID는 본 사건에 대해서 Maffezini의 불법 송금 문제를 제외하고 그 밖의 모든

53) Scott Vesel, "Clearing a Path through a Tangled Jurisprudence: Most-Favored-Nation Clauses and Dispute settlement Provisions in Bilateral Investment Treaties", *The Yale Journal of International Law*, 2007, vol.32, p.126.

54) Maffezini가 70%의 지분으로, SODIGA는 30%의 지분으로 사업에 참여하였다.

문제에 대해 기각 판정을 내렸다.[55]

본 사건에서 Maffezini는 아르헨티나-스페인 BIT 제10조에 의거, ICSID 중재판정부에 중재를 청구하였다. 그런데 아르헨티나-스페인 BIT 제10조는 분쟁이 발생할 시에는, 국내법원에 제소 후 18개월의 냉각기간 후에 중재를 청구할 수 있다고 명시되어 있었다. Maffezini는 이 요건을 만족시키지 않고 최혜국대우원칙조항[56]을 원용하여 칠레-스페인 BIT에서 규정하고 있는 더 유리한 요건을 이용하고자 했다. 왜냐하면 동 BIT에서는 냉각기간이 6개월에 불과하였기 때문이다. 결국 이 문제는 ICSID 중재의 선결적 항변에서 다루어지게 되었다.

스페인은 다음과 같은 논거로 Maffezini의 주장을 반박하였다. 첫째, 스페인과 제3국 간의 조약, 즉 스페인과 칠레와의 조약은 소위 '*res inter alios acta*', 다시 말해 체약국과 체약국의 국민에게만 한정되는 조약이기 때문에 아르헨티나 국적인인 Maffezini에게는 원용될 수 없다. 둘째, 동종 문언의 원칙(*ejusdem generis* principle)에 의거, 최혜국대우원칙은 기본조약이 부여한 것들로부터 다른 문제에까지 확대적용할 수 없다. 셋째, 아르헨티나-스페인 BIT 제4조 2항의 'matters'는 실체법적인 투자보호 문제에 국한되기 때문에 사법적인 문제에 적용될 수는 없다고 주장하였다.[57]

ICSID 중재판정부는 처음에 최혜국대우조항의 수혜자 권리를 관할하는 기본조약이 무엇인지 결정하는 것이 필요하다고 하면서 이와 관련된 ICJ의 판례들을 제시한 후, 판정부는 아르헨티나와 스페인 간의 BIT가 기본조약이라고 명시하였다. 그 후 최혜국대우원칙이 적용되는 대상이 기본조약에 의해 확립되었다면, 그리고 해당 조치들이 제3자 조약에서 보다 우호적으로 다루어졌다면, 최혜국대우원칙에 의해 제3자 조약 하의 조치는 아르헨티나와 스페인 간의 조약 하에서 혜택을 받는 대상까지 확대될 수 있다고 설명하였다.[58]

또한, 제3자 조약에 포함되어 있는 분쟁해결에 관한 조항이 기본조약에 대해서도 고려될 수 있는지, 그리고 최혜국대우원칙에 의해 이러한 문제가 주 대상으로 간

55) *Maffezini v. Spain, supra* note 34, Introductory Note, p.1.

56) 아르헨티나-스페인 간의 BIT 제4조 2항은 최혜국대우원칙에 대해 서술하고 있는데, 다음과 같다.

"In **all matters** subject to this Agreement, this treatment shall be no less favorable than extended by each party to the investments made in its territory by investors of a third country." (필자 강조)

57) *Maffezini v. Spain, supra* note 34, para.41. 또한 스페인은 최혜국대우원칙의 목적은 차별을 제거하기 위함에 있기 때문에, 제소 측은 먼저 스페인 법원으로의 사건 제출이 ICSID에 제출하는 것보다 왜 차별적인지를 보여야 한다고 주장하였다. *Ibid.*, para.42.

58) *Ibid.*, para.45.

주될 수 있는지에 대해서 판정부는 동종 문언의 원칙[59]이 적용된다고 하였다.[60] 그리고 이 원칙을 광의로 해석할 수 있다는 결론을 내렸다.[61] 그 이후에 판정부는 오늘날 분쟁해결수단은 투자자의 보호와 긴밀한 관계가 있고, 국제중재판정부나 기타 분쟁해결수단은 해당 조약이 부여한 권리보호에 있어 필수적인 수단이기 때문에, 만약 제3자 조약이 본 조약보다 더 투자자의 권리를 신장시키고 보호한다면 그 규정은 최혜국대우원칙에 의해 확대될 수 있으며, 이는 동종 문언의 원칙에 합치한다고 판정을 내렸다.[62]

판정부는 자신의 판정에 제한을 두었다. 첫째, 제3자 조약은 본 조약의 대상과 관련이 있어야만 하고 그것은 무역의 진흥과 외국인투자자의 보호에 관련한 것이어야 한다는 것이다.[63] 둘째, 'public policy considerations'를 제시하여 최혜국대우원칙이 분쟁해결절차상의 맥락에서 원용되는 것에 대한 예외를 언급하였다. 그 예로 국내구제수단완료의 원칙(exhaustion of local remedies)[64]과 소위 '택일방식(fork in the road)'[65]조항을 들었다.[66] 또, 여기에 덧붙여 두 가지의 예외를 추가로 제시했다. 첫째, 만약 어떤 BIT가 ICSID와 같은 특정한 분쟁해결수단을 제시했다면, 이와 다른 형태의 분쟁해결수단을 원용하기 위한 최혜국대우원칙은 적용될 수 없다는 것이고, 둘째, 당사국이 만약 정확한 절차법이 포함된 고도로 발달된 중재제도에 합의한다면 최혜국대우원칙조항이 이에 우선할 수 없다는 것이다.[67] 이러한 기준들을 적용하여 판정부는 스페인이 맺은 약 25개의 BIT를 분석했다. 이로 인해 스페인의 의도는 우호적인

59) A. Newcombe & L. Paradell, *supra* note 4, p.112 참조.

60) *Maffezini v. Spain*, *supra* note 34, para.46.

61) *Ibid.*, paras.49-50.

62) *Ibid.*, para.56.

63) *Ibid.*, para.56.

64) 국내구제수단완료의 원칙이란 손해를 입은 개인의 국적국가가 그 개인에 대한 외교적 보호권을 행사하기 이전에 일단 당사국이 제공하는 사법적 해결 수단을 거쳐야 한다는 원칙이다. 이는 국가주권의 존중에서 비롯된 원칙이며 국제관습법적 지위에 해당한다. 하지만 이 원칙은 절대적인 것이 아니며, 당사국 간의 합의에 의해 배제시킬 수 있다. 자세한 내용은 김대순, 위의 각주 28, 668-679면 참조; 김성건, 상신, 이새콘, 박덕영, 위의 각주 28, 260 264면 참조. 또한 John P. Grant and J. Craig Barker, *Parry and Grant Encyclopaedic Dictionary of International Law* (New York: OUP, 2004), p.293 참조.

65) 일부 BIT는 투자자가 국내법원에 청구를 제기하는 경우 그로 인하여 중재를 제기할 권리가 소멸되며 반대로 중재를 제기하는 경우 그로 인하여 국내법원에 청구를 제기할 권리가 소멸된다는 내용의 규정을 두고 있는데 이를 'fork in the road' 규정이라고 한다. 자세한 내용으로는 박노형 외 2인, 『투자자-국가간 투자분쟁 사례로 본 정부정책적 시사점』(서울: 산업자원부, 2007), 152면 참조.

66) *Maffezini v. Spain*, *supra* note 34, para.62.

67) *Ibid.*, para.64. 판정부는 "highly institutionalized system of arbitration"의 예로 NAFTA를 제시하였다.

분쟁해결을 위한 6개월의 노력 이후 중재재판에 해당 분쟁을 넘길 수 있는 것을 허락하는 것으로 파악되었다.[68] 그리하여 판정부는 스페인과 아르헨티나 간의 BIT에서 규정하고 있는 국내법원에 먼저 소를 제기할 것으로 하는 요건에 대해 'a fundamental question of public policy'에 속하지 않는 것으로 판단하였고, 따라서 ICSID 중재판정부가 본 사건에 대해 관할권을 갖는다고 판결을 내렸다.[69]

최혜국대우원칙을 인정하여 제3국과 맺은 BIT를 원용해 관할권을 인정한 본 사건은 이후 논쟁의 중심에 서 있게 된다. 본 판정을 통해 투자자들에 대한 보호가 더욱 활발하게 이루어질 것이라는 기대도 있으나, 판정 자체에 대해 몇 가지 의문점이 드는 것은 피할 수 없다. 먼저 본 판정부가 처음으로 제시한 'public policy considerations'라는 개념이 상당히 불분명하다는 점이다. 이 개념이 도출되기 위한 근거 규정에 대해 판정부는 명확하게 밝히지 않았다. 게다가 무엇이 'public policy considerations'를 구성하는지에 대해서도 일부만 예시로 들었을 뿐이다. 그리고 판정부가 제시하지 않은 다른 예외사유가 존재하는지 또는 존재하지 않는지도 명확하지 않다. 본 사건에 대해서 학자들의 견해는 크게 갈리는데, 본 판정에서 청구인 측을 대변하였던 Emmanuel Gaillard는 최혜국대우원칙을 더욱 포괄적으로 적용하자는 주장을 밝히기도 하였다.[70]

2) *Siemens v. Argentina* 사건

본 사건의 법리는 *Maffezini v. Spain* 사건의 연장선상에 놓여 있다. 1996년에 Siemens는 아르헨티나의 신원확인 및 이민관리 시스템 구축에 입찰 신청하여 1998년에 해당 시스템 사업자로 선정되었다. 하지만 1999년에 아르헨티나에 새로운 정부가 들어서면서 문제가 생겼고, 이 계약은 새로 들어선 아르헨티나 정부에 의해 일방적으로 종료되었다. 아르헨티나 정부의 이와 같은 조치에 반발한 Siemens는 1991년 독일과 아르헨티나 간의 BIT에 근거하여 6개월의 협상을 벌였다. 그러나 이 협상이 실패로 끝나자 2002년에 ICSID 중재를 청구하였다.[71]

본 사건에서 Siemens는 Maffezini가 원용했던 것과 마찬가지로 독일과 아르헨티

---

68) *Ibid.*, para.58.

69) *Ibid.*, para.64.

70) "The justification of such limitations is, however, lacking. In addition, it would be an ineffective exercise of treaty interpretation if one were to construct an MFN clause and subsequently narrow the scope of that clause on the basis of perceived limitations that have not been expressly stipulated by the parties." Emmanuel Gaillard, "International Arbitration Law: Establishing Jurisdiction through a Most-Favored-Nation Clause", *NYLJ*, June 2, 2005, p.2.

71) *Siemens v. Argentina, supra* note 23, paras.23-27.

나 간의 BIT 제3조[72]와 제4조[73]의 MFN 원칙을 언급하며 제10조[74]에 언급된 분쟁해

72) Article 3(1):

None of the Contracting Parties shall accord in its territory to the investments of nationals or companies of the other Contracting Party or to investments in which they hold shares, a less favorable treatment than the treatment granted to the investments of its own nationals or companies or to the investments of nationals or companies of third States.

Article 3(2):

None of the Contracting Parties shall accord in its territory to nationals or companies of the other Contracting Party a less favorable treatment of activities related to investments than granted to its own nationals and companies or to the nationals and companies of third States. ICSID 중재판정부 측에서 번역한 것이다. *Siemens v. Argentina, op. cit.,* para.82, para.87.

73) (1) The investments of nationals or companies of each Contracting Party shall enjoy full protection and legal security in the territory of the other Contracting Party.

(2) [This paragraph deals with expropriation and compensation and is not necessary to reproduce for the present discussion].

(3) The nationals or companies of one of the Contracting Parties that suffer losses in their investments because of war or other armed conflict, revolution, national state of emergency or insurrection in the territory of the other Contracting Party, shall not be treated by such party less favorably than its own nationals or companies as to restitution, compensation, indemnities or other. These payments will be freely transferable.

(4) The nationals or companies of each Contracting Party shall enjoy in the territory of the other Contracting Party the treatment of the most favored nation in all matters covered in this Article. *Ibid.*

74) Article 10(1):

Any dispute arising between either of the Contracting Parties and the national or company of the other Contracting Party in connection with the investments under the terms of this Agreement shall, if possible, be amicably settled by the parties to the dispute.

Article 10(2):

If any dispute in the terms of paragraph 1 above could not be settled within the term of six months, counted as from the date on which any of the Parties had brought it forth, at the request of any of the parties, it shall be submitted to the courts of competent jurisdiction of the Contracting Party in whose territory the investment was made.

Article 10(3):

The dispute may be submitted to an international arbitral tribunal in any of the following events:

(a) At the request of any of the parties in dispute, if no decision on the merits of the case had been reached following eighteen months from the date when the judicial proceeding provided for in paragraph 2 of this Article was initiated, or if the decision had been reached and the dispute between the parties still continued.

(b) When both parties in dispute had so agreed.

Article 10(4):

In the cases provided for in the preceding paragraph, disputes between the parties in the terms of this Article, shall be submitted by mutual agreement if the parties to the dispute had not otherwise agreed, either to an arbitral proceeding under the terms of the "Convention on the Settlement of Investment Disputes between States and Nationals of other States, done at Washington, March 18, 1965 or to an arbitral tribunal ad hoc established in accordance with the Arbitration Rules of the United Nations Commission on International Trade Law (UNCITRAL).

If no agreement were reached following a three-month term from the date that any of the

결절차처럼 아르헨티나 국내법원으로 가려고 하지 않았다. Siemens는 제3조에 의해서 아르헨티나와 칠레 간의 BIT의 분쟁해결절차를 본 사건에도 적용시킬 수 있다고 하면서 Maffezini와 같은 주장을 하였다. 즉, 아르헨티나-칠레 BIT처럼 아르헨티나 법원에 그들의 분쟁을 가져가지 않아도 된다는 것이다.

반면 아르헨티나는 MFN 원칙 조항의 범위에 관련된 여러 가지 주장을 제시했다. 첫째, 각각의 MFN 조항은 그 자체의 맥락에서 고려되어야 하고, 국제조약의 특정 조항이 동질의 다른 조약의 MFN 조항의 적용 하에 있는지 없는지를 선험적으로 결정하는 것은 불가능하다고 주장하였다.[75] 이는 선험적으로(*in proprio*) 결정될 것이 아니라 당사국이 각각의 사건에서 합의한 바에 의존해야 한다고 역설하였다.[76] 둘째, *Maffezini v. Spain* 사건과 구별짓기 위해, 아르헨티나는 아르헨티나와 스페인 간의 BIT와 아르헨티나와 독일 간의 BIT는 다르며, 후자에 나타난 MFN 조항의 범위가 전자보다 훨씬 좁다고 주장했다. 셋째, 소위 '*res inter alios acta*' 원칙과 동종 문언의 원칙(*ejusdem generis* principle)에 의해 아르헨티나와 칠레 간의 BIT는 독일 국적의 투자자들에게 권리를 부여하지 않는다고 하였다. 게다가, 아르헨티나는, *Maffezini v. Spain* 사건은 *Ambatielos* 사건과 *Anglo-Iranian Oil Company* 사건에서의 ICJ 판결을 잘못 해석하는 우를 범했으며, 동종 문언의 원칙을 충분하게 분석하는 데 실패했다고 주장하였다.[77] 따라서 *Maffezini v. Spain* 사건은 예외적인 사실을 오히려 원칙으로 바꿈으로서 분석의 순서를 뒤집었다고 주장하였다.[78] 마지막으로 아르헨티나는, ICSID 중재판정부는 체약당사국의 의도가 어디에서 기원하는지, MFN 조항의 확대적용이 가능한지 여부가 합리적으로 추론될 수 있는지 여부를 결정해야 하는데,

---

Parties had applied for the initiation of arbitration proceedings, the dispute shall be submitted to an arbitration proceeding in the terms of the "Convention on the Settlement of Investment Disputes between States and Nationals of other States, of March 18, 1965, provided that both Contracting Parties be part of such Convention. Otherwise the dispute will be submitted to the arbitral tribunal ad hoc mentioned above.

Article 10(5):

The arbitral tribunal shall render its decision on the basis of this Treaty and other valid agreements if any, in between the Contracting Parties; the national laws of the Contracting Party in whose territory the investment was made, including the rules of international private law; and the general principles of international law.

Article 10(6):

The arbitral award shall be binding and each Party shall comply with it in accordance with its law.

75) *Siemens v. Argentina, supra* note 23, para.33.

76) *Ibid.*, para.34.

77) *Ibid.*, paras.53-54.

78) *Ibid.*, para.55.

그러한 의도는 추론될 수 없다고 주장하였다.[79)]

판정부는 이러한 아르헨티나의 주장을 기각하였다. 먼저 조약법에 관한 비엔나 협약에 의거하여 BIT를 해석해야 한다고 전제한 후, BIT의 목적과 의도는 투자를 보호하고 증진하는 것이라고 보고, 문제의 BIT도 마찬가지라고 하였다.[80)] 그런 다음에 판정부는 문제가 되는 아르헨티나와 독일 간의 BIT 제3조를 분석하였는데, MFN 조항은 투자의 대우에 대한 보호, 그리고 투자에 관련된 활동의 보호에까지 확대되는 것으로 분석하였다. 결국 판정부는 조약의 맥락과 어구, 그리고 당사자의 의도[81)]에 기초하여 분석해 보았을 때, MFN 조항은 보다 넓게 해석될 수 있다고 결론을 내렸다.[82)]

비록 *Maffezini v. Spain* 사건에서 문제가 되었던 아르헨티나-스페인 BIT에서의 'all matters'와 같이 MFN 조항이 광범위하게 정의되지 않았음에도 불구하고, 중재판정부는 투자증진 및 투자자의 보호라는 BIT 상의 목적과 의도만으로 MFN 조항의 확대적용을 이끌어 냈다. 이는 조약의 문언을 너무 확대적용하지 않았나 하는 의문을 들게 한다. 왜냐하면, *Maffezini v. Spain* 사건에서는 분명히 'all matters'에 대한 해석, 즉 문언에 대한 해석이 존재했지만, 본 사건에서 판정부는 'investment'를 해석함에 있어 'investment'가 갖는 사전적 의미에 천착하기 보다는 해당 BIT의 목적을 고려하여 포괄적으로 해석했다고 볼 수 있다. 따라서 본 사건의 판정부는 문언적 해석이

79) *Ibid.*, para.52.

80) The Tribunal considers that the Treaty has to be interpreted neither liberally nor restrictively, as neither of these adverbs is part of Article 31(1) of the Vienna Convention. **The Tribunal shall be guided by the purpose of the Treaty as expressed in its title and preamble.** It is a treaty "to protect" and "to promote" investments. The preamble provides that the parties have agreed to the provisions of the Treaty for the purpose of creating favorable conditions for the investments of nationals or companies of one of the two States in the territory of the other State. Both parties recognize that the promotion and protection of these investments by a treaty may stimulate private economic initiative and increase the well-being of the peoples of both countries. The intention of the parties is clear. It is to create favorable conditions for investments and to stimulate private initiative. *Ibid.*, para.81. (필자 강조)

81) *Ibid.*, para.105. 판정부는 아르헨티나-칠레의 BIT, 아르헨티나-스페인의 BIT, 아르헨티나-미국의 BIT를 비교하였다. 칠레와의 BIT는 1991년 8월 2일에 서명되었고, 스페인과의 BIT는 1991년 10월에 발효되었으며, 미국과의 BIT는 11월에 발효되었다. 하지만 이 세 개의 BIT 중에서 중재에 우선하여 먼저 국내 사법절차를 실시해야 한다는 조항은 미국과의 BIT에서는 없었다. 판정부는 이러한 사실을 바탕으로 국내구제수단완료의 원칙이 경제적 또는 외교적으로 '민감한(sensitive)' 이슈라고 판단하지 않았다. 만약 민감한 주제였다면, 아르헨티나는 동 년에 이루어진 세 개의 BIT에서 일관되게 국내구제수단완료를 주장했을 것이라는 이야기이다. 혹자는 이러한 판정부의 판단을 기초로 하여 본 사건이 MFN 원칙이 적용될 수 없는 예외를 한 가지 덧붙였다고 주장하기도 한다. Dana H. Freyer and David Herlihy, "Most-Favored-Nation Treatment and Dispute Settlement in Investment Arbitration: Just How "Favored" is "Most-Favored"?", *ICSID Rev.-F.I.L.J.*, 2005, vol.20, no.1, p.72.

82) *Ibid.*, para.86.

아니라 목적적 해석만 앞세웠다고 볼 수 있고, 이러한 해석방법은 문언, 문맥, 목적적 해석을 포괄적으로 고려해서 조약 문구의 통상적 의미를 파악해야 한다는 비엔나 협약 제31조의 내용과도 맞지 않는다.

3) 소결

현재까지의 ICSID 중재판정의 방향을 고려해볼 때, 이와 같은 중재재판 신청 요건에 관한 한 투자자의 입장을 더 고려한 판정이 나올 것이라 예상된다. 한국의 경우, 투자자와의 신속한 분쟁해결을 우선으로 여긴다면 위와 같은 가상 사건에 대해서 별다른 이의가 없겠지만, 만약 그렇지 않다면 이 문제를 해결하기 위한 가장 좋은 방법은 투자협정조문을 개정하는 길일 것이다.

2. 최혜국대우원칙조항을 이용한 재판관할권 확대

최혜국대우원칙조항을 이용하여 중재판정부의 재판관할권을 확대할 수 있을까? 이에 대한 중재판정부들의 해석은 대체로 부정적이지만, 모든 판정이 이를 금하고 있는 것은 아니다. 여러 판정들이 있지만 그 중에서도 대표적인 사례로, *Plama v. Bulgaria* 사건에서는 명시적으로 *Maffezini v. Spain* 사건에서의 중재판정부 판정을 비판하며 최혜국대우원칙조항의 확대적용을 금하였다. 반면 최근에 *RosInvestCo UK Ltd. v. The Russian Federation* 사건에서 중재판정부는 최혜국대우원칙조항의 적용범위는 투자자의 실체적인 권리뿐만 아니라 다른 BIT의 더 유리한 분쟁해결조건을 포함하는 것으로 해석하여 덴마크 - 러시아 BIT의 제8조를 근거로 중재판정부의 관할권을 인정하였다.

1) *Plama v. Bulgaria* 사건

본 사건에서는 명시적으로 *Maffezini v. Spain, Siemens v. Argentina* 사건에서 사용된 접근방법을 거부한다. 키프로스 국적의 회사인 Plama Consortium은 불가리아에서 Nova Plama라는 기업을 공동출자를 통해 설립했는데, 이 기업은 불가리아에서 정유공장을 보유하고 있었다. 그런데 청구인 측은 불가리아 정부 및 기타 정부기관들이 고의적으로 기업의 투자를 어렵게 만들고, 적절한 행정행위의 채택을 고의적으로 지연시키거나 거부해서 공장가동에 있어 실질적인 피해를 입었다고 주장하였다.[83]

Plama 측은 ICSID 중재의 재판관할권에 대한 주장을 다음과 같은 두 가지 근거

83) *Plama v. Bulgaria, supra* note 50, Introductory Note, p.259.

에 의해 제기하였다. 첫째는 1994년 Energy Charter Treaty(ECT) 제5조, 둘째는 1987년 불가리아－키프로스 BIT이다. 문제는 Plama 측이 제시한 두 번째 주장인데, 불가리아－키프로스 BIT 제4조[84]에 의하면 불가리아는 보상의 양에 관련하여 국내재판소를 이용하거나 또는 임시 UNCITRAL 중재재판에 국한하여 동의했기 때문이다. 그럼에도 불구하고 Plama는 불가리아－키프로스 BIT 제3조[85]를 근거로 ICSID가 재판관할권을 행사해 달라고 요청하였다.

Plama 측은 *Maffezini v. Spain* 사건을 원용하여 MFN 조항의 범위는 모든 "treatment"에 해당하며 여기에는 분쟁해결절차도 포함된다고 주장하였다. 그리고 이 MFN 조항에 의하여 불가리아－핀란드 BIT에서 제공하는 ICSID 중재절차를 본 사건에서도 사용 가능하다고 주장하였다.[86]

불가리아는 선결적 항변에서 ICSID의 재판관할권을 부인하였다. 불가리아에 의하면, 자신은 ECT 제26조[87]에 근거하여 ICSID에 분쟁을 제기하는 것에 동의하지 않

---

84) Article 4

4.1 The legality of the expropriation shall be checked at the request of the concerned investor through the regular administrative and legal procedure of the contracting party that had taken the expropriation steps. In cases of dispute with regard to the amount of the compensation, which disputes were not settled in an administrative order, the concerned investor and the legal representatives of the other Contracting Party shall hold consultations for fixing this value. **If within 3 months after the beginning of the consultations no agreement is reached, the amount of the compensation at the request of the concerned investor shall be checked either in a legal procedure of the Contracting Party which had taken the measure on expropriation or by an international "Ad hoc" Arbitration Court.** (필자 강조)

85) Each Contracting Party shall apply to the investments in its territory by investors of the other Contracting Party a treatment which is not less favorable than that accorded to investments by investors of third states.

86) *Plama v. Bulgaria, supra* note 50, para.79.

87) Article 26 — Settlement of Disputes Between An Investor and a Contracting Party

(1) Disputes between a Contracting Party and an Investor of another Contracting Party relating to an Investment of the latter in the Area of the former, which concern an alleged breach of an obligation of the former under Part III shall, if possible, be settled amicably.

(2) If such disputes cannot be settled according to the provisions of prargraph (1) within a period of three months from the date on which either party to the dispute requested amicable settlement, the Investor party to the dispute may choose to submit it for resolution:

(a) to the courts or administrative tribunals of the Contracting Party party to the dispute;

(b) in accordance with any applicable, previously agreed dispute settlement procedure; or

(c) in accordance with the following paragraphs of this Article.

(3)(a) Subject only to subparagraphs (b) and (c), each Contracting Party hereby gives its unconditional consent to the submission of a dispute to international arbitration or conciliation in accordance with the provisions of this Article. [⋯]

(4) In the event that an Investor chooses to submit the dispute for resolution under subparagraph (2)(c), the Investor shall further provide its consent in writing for the dispute to be submitted to:

았다고 하였다. 그리고 ECT 제26조는 ECT의 Part III에 해당하는 의무를 위반했을 때 관련되는 조항인데, 청구인 측은 이 Part III에 근거한 주장을 하지 않았다는 것이다.[88] 불가리아-키프로스 BIT의 MFN 조항에 관하여, 불가리아는 본 사건에서 관할권을 인정하는 데 원용될 수 없다고 하였다. 왜냐하면 첫째, 본 사건에서 MFN 조항은 분쟁해결절차를 포함하지 않기 때문이다. 둘째, MFN 조항은 다른 BIT에서 ICSID 중재재판에 대한 동의를 부여한 행위를 본 BIT에서의 동의로 전환시킬 수 없기 때문이다. 셋째, BIT의 객체와 목적, 문맥 및 통상적 의미와 일치하게 해설할 때, MFN 조항은 불가리아 측이 ICSID의 재판관할권에 동의하였다는 사실을 보여주지 못하기 때문이다.[89]

판정부는 이에 대해 BIT 제3조에 나와 있는 MFN 조항은 불가리아 측이 분쟁 발생시 ICSID의 관할권을 인정한다는 것에 동의를 부여한다는 식으로 해석될 수 없다고 하였다. 앞서 말했던 것처럼 본 사건에서 중재판정부는 "an agreement of the parties to arbitration"은 중재의 가장 기본적인 전제라고 언급하며, 이는 국내법과 국제법상으로 확립된 원칙이며, 이 합의는 명확하고 애매하지 않아야 한다고 설명하였다. 이를 바탕으로 불가리아-키프로스 BIT의 문구를 기초로 분석해 본 결과, MFN 조항은 이러한 기준을 충족시키지 못한다고 하였다.[90]

본 사건에서 중재판정부의 논리를 다시 파악해보면 첫째, 중재는 계약(contract)의 문제이다. 둘째, 불가리아-키프로스 BIT에서 불가리아가 중재에 대해 제한된 동의를 한 것은 키프로스와 불가리아가 이미 합의한 내용이다. 셋째, 양자 또는 다자 조약에서 구체적인 분쟁해결규정이 있다면, 국가는 명시적으로 규정하지 않는 한 MFN 원칙을 원용하여 다른 조약의 분쟁해결규정을 도입하여 해결할 수 없다는 것이다. 흥미로운 점은 *Maffezini v. Spain* 사건과 본 사건은 논리적 구조가 비슷하다는 것이다. 즉 전자는 MFN 조항의 적용범위가 명시적으로 정해지지 않은 상태를 분쟁해결절차상으로의 확대적용의 기회로 삼은 반면에, 본 사건은 반대로 MFN 조항의 적용범위가 정해지지 않았기 때문에 섣불리 확대적용할 수 없다고 하였다.[91] 그리고 동

(a) (i) The International Center for Settlement of Investment Disputes, established pursuant to the Convention on the Settlement of Investment Disputes between States and Nationals of other States opened for signature at Washington, 18 March 1965 (hereinafter referred to as the "ICSID Convention"), if the Contracting Party party to the dispute are both parties to the ICSID Convention; […]

88) *Plama v. Bulgaria*, *supra* note 50, p.260.

89) *Plama v. Bulgaria, supra* note 50, para.66. 그러나 이후 중재판정부는 ECT 제26조에 의한 ICSID 중재의 재판관할권을 인정하여, ICSID 중재판정부는 본안심사에 들어가게 된다.

90) *Ibid.*, para.223.

91) "[O]ne cannot reason a contrario that the dispute settlement provisions must be deemed to be

판정부는 *Maffezini v. Spain* 사건 중재판정부가 제시한 여러 가지 예외 대신, MFN 조항이 포함된 기본조약이 의심의 여지가 없을 정도로 MFN 조항의 확대적용을 명시하지 않는 한 전체 또는 부분적으로라도 MFN 조항이 분쟁해결절차에 적용되어서는 안 된다고 하였다.[92] 또한 *Siemens v. Argentina* 사건과 *Maffezini v. Spain* 사건에 대해 이 사건들은 매우 위험하다고 비판하였다.[93][94]

2) *RosInvestCo UK Ltd. v. The Russian Federation* 사건

영국계 회사인 RosInvestCo는 2004년 두 달에 걸쳐 러시아 주식시장에서 러시아의 에너지기업인 Yukos의 주식 7백만 주를 매입하였다. Yukos에서 가장 자산규모가 큰 자기업은 Yuganskneftgaz(YNG)인데, 이 기업은 Yukos가 생산하는 석유의 60%에 해당하는 물량을 생산하며 러시아 전체 석유생산량의 10%를 차지한다. 2004년 10월에 YNG의 시장가치는 약 미화 220억불로 평가되었다.

2004년 12월, 러시아 정부는 YNG를 비정상적인 방법으로 수용하였다. 처음에 YNG에 대한 공개입찰이 단 10분간 진행되었으며, 당시 시장에서 그다지 유명하지 않은 금융그룹이 이를 인수한 후 러시아 국영석유기업이 이 금융그룹을 비공개 가격에 매입함으로서 결과적으로 YNG를 수용하게 된 것이다. 이러한 과정에서 YNG 매각대금은 Yukos 및 Yukos의 주주들에게 지급되지 않았으며, RosInvestCo는 이러한 수용 과정이 BIT에서 허용하는 수준의 수용을 넘어섰다고 판단한 끝에 러시아 연방과 우호적인 분쟁해결을 시도하였다. 그러나 이에 대해 러시아 연방이 아무런 반응을 보이지 않자 영국-러시아 BIT 제8조에 의거, 스톡홀름 중재기관(Arbitration Institute

---

incorporated." *Ibid.*, para.203.

92) *Ibid.*, para.223.

93) 이후 *Telenor v. Hungary* 사건에서도 중재판정부는 *Plama v. Bulgaria* 중재판정부의 논리를 지지했다. "In the absence of language or context to suggest the contrary, the ordinary meaning of 'investments shall be accorded treatment no less favourable than that accorded to investments made by investors of any third State' is that the investor's **substantive rights** in respect of the investments are to be treated no less favourably than under a BIT between the host State and a third State, and there is no warrant for construing the above phrase as importing **procedural rights** as well. It is one thing to stipulate that the investor is to have the benefit of MFN investment treatment but quite another to use an MFN clause in a BIT to bypass a limitation in the very same BIT when the parties have not chosen language in the MFN clause showing an intention to do this, as has been done in some BITs." *Telenor v. Hungary*, *supra* note 52, para.92. (필자 강조)

94) The *Siemens* decision illustrates the danger caused by the manner in which the *Maffezini* decision has approached the question: the principle is retained in the form of a 'string citation' of principle and the exceptions are relegated to a brief examination, prone to falling soon into oblivion. *Ibid.*, para.226.

of the Stockholm Chamber of Commerce: SCC)에 중재를 제기하였다.

청구인 측은 1차적으로는 영국-러시아 BIT에 의해서, 또한 영국-러시아 BIT 제3조의 최혜국대우원칙조항에 의해 원용되는 덴마크-러시아 BIT 제8조에 의거하여 중재판정부가 재판관할권을 갖는다고 주장하였다.[95] 청구인 측은 영국-러시아 BIT 제7조에 명시되어 있는 최혜국대우원칙에 대한 예외 중에 분쟁해결에 관한 사항이 없기 때문에, 소위 '*expressio unius est exclusio alterius* principle'[96]을 적용하여 제7조에서 명시하고 있는 예외사항이 아니면 제3조가 적용된다고 해석할 수 있다는 것이다.[97]

한편 러시아 측은 영국-러시아 BIT 제8조는 수용의 존재 여부, 그리고 만약 수용이 있었다 할지라도 그 합법성 여부에 대한 판단 권한은 중재판정부가 가질 수 없다고 주장하였다.[98] 중재판정부는 수용보상에 관한 분쟁을 중재로 회부하기로 합의하였을 때 또는 러시아 국내법원 및 입법부의 행위에 의해 수용의 존재가 결정되는 경우에만 재판관할권을 갖는다는 것이다. 러시아는 YNG의 매각이 적법한 권한 행사였고, 또한 수용행위 자체가 없기 때문에 중재판정부는 관할권이 없다고 하였다. 또한 영국-러시아 BIT 제3조를 근거로 하여 덴마크-러시아 BIT 제8조를 적용하여 중재판정부가 관할권을 갖는다는 것도 반대하였다. 러시아는 동종 문언의 원칙을 원용하면서, 영국-러시아 BIT 제3조는 실체법적인 사항을 다루기 때문에 재판관할권의 확대와 같은 절차법적 사항에 원용될 수 없다고 주장하였다.[99]

중재판정부는 영국-러시아 BIT 제8조를 면밀하게 분석한 결과, 동 조항에 있어서는 재판정이 수용의 발생 여부 및 그 합법성을 판단하는 관할권을 가질 수 없다고 하였다. 문제는 영국-러시아 BIT 제3조에 의해 덴마크-러시아 BIT 제8조가 원용될 수 있는지의 여부였다. 재판정은 영국-러시아 BIT 제3조 2항을 면밀하게 분석하였다. 동 조항 중 "투자 관리(management), 유지(maintenance), 사용(use), 향유(enjoyment) 또는 처분(disposal)"이라는 문구에서, 수용행위는 투자자가 투자를 사용(use)하고 향유(enjoyment)하는 권리를 간섭하는 것이고, 이 경우 투자자가 유치국의 국내법원에서만 다툴 것이 아니라 보다 명백한 사항을 선택할 수 있도록 하였기 때문에, 중재제기는 투자자보호와 밀접한 연관성을 갖는다고 판정하였다.[100] 이러한 관점에서 중재판정

95) *Ibid.*, para.89.

96) 규정에서 명시하지 않은 사항에 대해서는 해당 규정이 적용되지 않는 것으로 추정한다는 의미이다.

97) *Ibid.*, para.99.

98) *RosInvestCo UK Ltd v. the Russian Confederation, supra* note 45, para.76.

99) *Ibid.*, paras.78-79.

100) *Ibid.*, para.130.

부는 영국-러시아 BIT가 부여하는 관할권 범위를 뛰어넘어 러시아가 행한 조치의 유효성 및 합법성을 판단할 수 있는 관할권을 갖는다고 결론내렸다.

Salini v. Jordan 사건이나 *Plama v. Bulgaria* 사건 이후, 최혜국대우원칙조항을 재판관할권 확내적용에 원용할 수 있는지에 대해서, 사례와 학설은 대체로 부정적인 입장을 견지하였다. 그러나 본 사건에 대한 중재판정부의 판단으로 인해 다시 어느 방향으로 전개될지에 대해 예측하기가 힘들어졌다.

3. 최혜국대우원칙과 국내구제수단완료의 원칙

최근 최혜국대우원칙조항을 원용하여 국내구제수단을 거치지 않고 바로 중재판정부에 중재를 청구하는 행위를 거부하고 중재판정부의 재판관할권을 부정하는 판정이 나와서 흥미롭다. *Wintershall v. Argentina* 사건이 바로 그것인데, 본 사건은 또한 기존의 *Siemens v. Argentina* 사건에서 문제가 되었던 독일-아르헨티나 BIT 조항을 반대로 해석하여 눈길을 끈다.

Wintershall Aktiengesellschaft(이하 Wintershall)는 독일에서 가장 큰 원유 및 가스 생산기업으로 BASF의 자회사이다. Wintershall은 아르헨티나에 Wintershall Energia S.A.(이하 WIAR)을 설립하여 영업 중이었다. 그러나 아르헨티나가 취한 몇몇 조치가 회사 영업에 부정적인 영향[101]을 주었다고 하여 ICSID에 제소한 것이다. Wintershall 측은 아르헨티나-독일 BIT 제10조 2항, 즉 분쟁발생 시 먼저 아르헨티나 법원에 분쟁을 제기해야 한다는 규정에도 불구하고 ICSID 중재판정부에 바로 중재를 제기하였다. 아르헨티나-독일 BIT에 규정된 최혜국대우원칙조항을 원용하여, Wintershall은 아르헨티나-미국 BIT에 규정된 바와 같이 보다 유리한 분쟁해결절차로 보이는 절차를 이용할 권리가 있다는 것이다. 이는 *Siemens v. Argentina* 사건에서 Siemens가 주장했던 바와 거의 흡사하다. 다른 점이 있다면 Siemens는 아르헨티나-칠레 BIT를 이용하길 희망했으나, Wintershall은 아르헨티나-미국 BIT를 이용하길 희망했다는 점뿐이다.

그러나 *Siemens v. Argentina* 사건과는 달리 *Wintershall v. Argentina* 사건의 ICSID 중재판정부는 완전히 다른 견해를 취했다. 당시에 ICSID 중재판정부는 BIT의 설립목적과 의도를 매우 중시하여 이를 바탕으로 매우 포괄적으로 판단하였지만, 본

101) Wintershall이 제기한 문제를 요약하면 다음과 같다. 첫째, WIAR가 Wintershall에게 배당금을 송금하는 행위를 방해했다. 둘째, WAIR의 법적 계약적 권리들을 침해했다. 셋째, 아르헨티나-독일간 BIT에서 부여한, 직·간접수용 방지와 같은 투자자에 대한 보호를 하지 않았다.

사건에서의 중재판정부는 먼저 아르헨티나-독일 BIT 제10조 조항의 문구를 면밀하게 분석하였다. 먼저 판정부는 아르헨티나-독일 BIT 제10조의 문구는 청구인 측이 먼저 아르헨티나 국내법원에 분쟁을 제기하고, 18개월의 냉각기간을 거친 다음에야 ICSID 중재판정부에 중재를 제기할 수 있다는 조건을 명확하게 밝히고 있다고 언급하였다.[102] 즉 ICSID에 중재할 수는 있으나, 그렇게 하려면 먼저 제10조 2항에서 밝히고 있는 조건을 먼저 충족시킨 다음에야 가능하다고 하였다.[103] 또한 아르헨티나-독일 BIT의 전문(preamble)이 ICSID에 아무런 제한 없이 중재를 제기하는 행위를 가능케 하는지에 대해서도 반대하였다. 청구인 측은 아르헨티나-독일 BIT의 전문(preamble)에서 투자를 보호하고 증진하는 것이 본 조약의 목적이라고 명확하게 밝혔기 때문에, ICSID에 바로 소를 제기하는 것이 허용된다고 주장하였다.

그러나 판정부는 물론 투자를 보호하고 증진하는 것이 BIT의 목적이지만, 그렇다고 해서 제10조가 배제되는 것은 아니라고 하였다. 그 근거로 전문(preamble)의 'on the basis of an agreement'라는 문구를 제시하며, 만약 ICSID에 아무런 제한 없이 곧바로 중재를 제기하는 행위가 허락된다면 제10조 2항의 취지가 손상될 것이라고 하여 반대하였다.[104] 요컨대 *Siemens v. Argentina* 사건에서의 ICSID 판정과는 완전히 다른 논리를 펼친 것이다.

다음으로 청구인 측은 제10조 2항에 명시되어 있는 분쟁해결절차는 제3조의 최혜국대우원칙조항에 의해 회피될 수 있다고 주장하였다. 그러나 재판소는 다음과 같은 이유로 청구인 측의 주장을 반대하였다. 첫째, 제3조 최혜국대우원칙조항에 의한 제10조의 분쟁해결절차 회피는, 단순히 아르헨티나-독일 BIT 제10조를 아르헨티나-미국 BIT 제7조로 단순히 바꿔서(in lieu of) 적용한다는 개념이 아니라 'issues of jurisdiction or consent to arbitration'을 포함하는 행위라고 명시하였다. 따라서 투자유치국의 '동

---

102) *Wintershall v. Argentina*, *supra* note 51, para.115.

103) 이에 대해 중재인인 Torres Bernardez와 청구인 측 변호인인 Christoph Schreuer 간의 구두변론 내용은 상당히 흥미롭다. 그 내용은 다음과 같다.

Bernardez : [···] 내 질문은 다음과 같습니다. 변호인이 그것을 "절차적"인 것으로 부르든지 아니면 다른 형용사로 부르든지 상관없습니다. 변호인은 제10조를 "obligation"이라고 봅니까? 그 조항이 "obligation"을 구성한다고 봅니까 아닙니까? [···]

Schreuer : 물론, 'obligation'을 포함합니다.

Bernardez : 감사합니다.

Schreuer : 제 의견은, 그 조항은 'obligation'을 포함한다는 것입니다. 그러나, 이 특정 의무는 제3조에 명시되어 있는 MFN 조항에 의해 배제될 수 있다는 것입니다. *Ibid.*, para.119.

이상의 변론 내용에서 볼 수 있듯이, 본 중재판정부의 중재인은 제10조에 명시되어 있는 내용을 매우 강력한 'obligation'으로 보고 이를 굉장히 중점적으로 고려하여 판단하고 있음을 알 수 있다.

104) *Ibid.*, paras.154-155.

의'가 중요한 ICSID 체계에서 이러한 행위는 특정 절차에 대한 투자유치국의 '동의'를 해치는 것이기 때문에 받아들이기 힘들다고 설명하였다.[105)]

둘째, 판정부는 아르헨티나-독일 BIT를 살펴보면 그 어디에서도 본 조약의 모든 조항에 적용되는 일반적인 최혜국대우원칙조항이 없는 것이 확실하다고 하였다. 물론 제3조에 최혜국대우원칙조항이 포함되어 있기는 하지만, 이 조항이 'all relations'나 'all matters in the treaty'까지 해당되지는 않는다고 판정내렸다. 그래서 제3자가 제10조의 분쟁해결절차에 적용될 수 있는지에 대해서 부정적으로 보았다. 이는 제3조의 'treatment'가 투자의 'protection'을 포함하고 있지 않다는 의미 때문이 아니라, 제10조 2항에 담겨 있는 투자유치국의 의도 때문이라는 것이다. 판정부는 제10조 2항을 아르헨티나가 ICSID 중재를 위한 '제안'에 속하는 부분이라고 하면서, 이러한 '제안'은 투자자에게도 마찬가지로 받아들여져야 한다고 판정하였다. 또한 동종문언의 원칙도 언급하며 최혜국대우원칙조항은 체약당사국의 합리적인 해석에 의해 다루어져야 한다고 하였다.[106)] 그러나 최혜국대우원칙조항에서의 'treatment'의 적용범위에 대해서 판정부는 몇몇 중재사례와 텍스트를 소개하면서 정확한 정의를 내리지 않았다.

셋째, 판정부는 청구인 측이 이용하려는 아르헨티나-미국 BIT의 분쟁해결절차는 아르헨티나-독일 BIT의 분쟁해결절차와 다른 체제(a different system of arbitration)라고 하였다. 전자의 분쟁해결절차에서는 ICSID는 분쟁해결절차 중의 하나인 반면,[107)] 후자의 분쟁해결절차에서는 ICSID 중재가 궁극적이고 유일한(ultimate and only) 분쟁해결수단이라는 것이다. 따라서 판정부는 이러한 '서로 다른 분쟁해결 규정'은 MFN 조항이 분쟁해결절차에 적용되어 아르헨티나-독일 BIT의 절차를 포기하고 아르헨티나-미국 BIT의 분쟁해결절차조항을 택하는 행위를 부정하기에 충분하다고 결론지었다.[108)]

---

105) *Ibid.*, para.160.

106) [I]t is part and parcel of Argentina's integrated "offer" for ICSID arbitration; this "offer" must be accepted by the investor on the same terms. Besides, it is well-settled, in this branch of the law, that a most-favoured-nation clause can only attract matters belonging to the same category of subject as that to which the clause itself relates-the issue being determined in accordance with the intention of the Contracting Parties, deduced from a reasonable, interpretation of the Treaty. *Ibid.*, para.162.

107) 아르헨티나-미국 BIT에서는 ICSID나 UNCITRAL 중 하나를 택하도록 되어 있다. *Ibid.*, para.174.

108) *Ibid.*, para.190.

V. 결론 및 향후 과제

최혜국대우원칙조항의 확대적용 문제는 앞으로도 계속 논란거리로 남아 있을 것으로 보인다. 만약, 문제가 되는 BIT에서 최혜국대우원칙조항의 적용범위를 명확하게 밝히는 규정이 없다면, 최혜국대우원칙조항 및 기타 문제의 조항을 어떻게 해석해야 하는가의 문제가 매우 중요해진다. *Amco Asia Corporation v. Indonesia* 사건에서 중재판정부는 "먼저 다른 협정들과 같이 중재와 관련된 조항은 제한적으로도, 넓게도, 자유롭게도 추론되어서는 안 되며 양 당사국의 의도를 존중하는 방식으로 추론되어야 하는데, 이러한 해석방법은 바로 모든 국내법 및 국제법에서 통용되는 '*pacta sunt servanda*' 원칙을 적용하는 것"이라고 밝혔다. 또한 "법의 일반원칙 중의 하나인 신의성실의 원칙으로 해석되어야 한다"고 하였는데, 즉 "양 당사국이 합리적이고 합법적으로 구현될 수 있는 것으로 생각되는 그들의 합의 결과를 충분히 고려해야 한다는" 의미라고 언급하였다.[109] 그러나 이는 너무나 추상적이어서 중재판정부가 어떻게 구성되느냐에 따라 판정의 결과가 달라질 수 있을 가능성이 농후하다.

따라서 이러한 논란을 피할 수 있는 방법으로는 투자협정에서 자국의 입장을 명확하게 밝히는 것이다. 예를 들어, 중미자유무역협정(CAFTA)의 경우 협정 초안에 주석을 달아 *Maffezini v. Spain* 사건을 직접 언급하며 최혜국대우원칙조항의 확대적용을 제한하기도 하였다. 그리고 최종 협정에서는 명시적으로 최혜국대우원칙은 "establishment, acquisition, expansion, management, conduct, operation, and sale or other disposition of investment"에 한해서 적용된다고 밝혔다. 동 협정 당사국들은 이 원칙이 국제분쟁해결에 적용되지 않는다는 것을 의도한 것이다.[110] 아르헨티나와 파나마의 경우, 양국 간에 맺은 1996년 BIT의 최혜국대우원칙조항은 분쟁해결조항에 확대적용되지 않는다는 외교서한을 교환한 적도 있다.[111] 이와 같이 최혜국대우원칙조항의 확대적용 여부에 대한 혼란을 방지하는 가장 좋은 방법은 협정 당사국 간의 명시적인 합의다. 이러한 측면에서 봤을 때 현재 한국은 적어도 한-미 FTA 체결 과정이나 최근에 체결한 한국-콜롬비아 BIT를 보면 이 문제에 대해 비교적 잘 대처하

---

109) *Amco Asia Corporation v. Indonesia* ICSID Case no. ARB/81/1 (Decision on Jurisdiction 25 Sep. 1983), para.14.

110) Guido Santiago Tawil, "Most Favoured Nation Clauses and Jurisdictional Clauses in International Investment Treaty Arbitration", in C. Binder, U. Kriebaum *et al.,* (eds), *International Investment Law for the 21st Century: Essays in Honour of Christoph Schreuer,* (Oxford: OUP, 2009), p.30.

111) *National Grid v. Argentina, supra* note 46, para.85.

고 있다고 볼 수 있다. 그러나 앞서 언급한 바와 같이 기존에 한국이 체결하였던 BIT, 특히 앞서 분석한 사건들과 같은 분쟁이 발생할 가능성이 높은 BIT에 대하여 이러한 문제가 발생하지 않도록 재검토가 필요하다고 하겠다.

거시적으로 봤을 때, 보다 원활한 투자분쟁해결을 위한 과제 중의 하나는 바로 전 세계적으로 통용될 수 있는 'Model BIT'를 작성하는 것이다. 물품거래와 같은 사적인 거래 및 계약과는 달리, 투자는 무역과도 연계되고 각국의 정치적 이익 내지 당사국 간에만 적용될 수 있는 특별한 사정이 존재할 수 있기 때문에 쉽게 달성하기 힘들겠지만 최소한의, 그러나 통일된 핵심적이고 기본적인 원칙을 규율한 BIT가 존재한다면 들쑥날쑥한 중재판정부의 판정사례가 상대적으로 감소하고 투자분쟁 결과에 대한 예측가능성이 높아질 것이다.

통일되고 일관된 'Model BIT'를 작성하기 위해서는 막연하게 규정되어 왔던 국제투자법상의 각종 원칙들이 명확하게 확립되어야 할 것이다. 예를 들어 공정·공평한 대우원칙의 경우 최혜국대우원칙 내지 내국민대우원칙과 어떠한 차이점과 공통점이 있는지에 대해 아직 규명되지 않은 상태이다. 또한 국제투자법상 가장 논란이 되는 문제 중의 하나인 수용, 특히 간접수용에 관한 명확한 정의 확립도 향후 발생할 많은 분쟁의 평화로운 해결을 위한 필수과제라고 생각된다.

제5장 내국민대우원칙

Ⅰ. 서 론

투자협정상 내국민대우원칙은 협정마다 그 정의가 조금씩 다르나 일반적으로 투자유치국이 국내 투자자 혹은 투자(local investors or investments)에 비해 외국인투자자 혹은 투자(foreign investors and investments)에 대해 불리하지 않은 대우(no less favorable treatment)를 부여해야 한다는 규정이다. 일반적으로 외국인투자자가 투자를 할 때 우려하는 것 중 하나는 투자유치국으로부터 유치국의 자국민투자자에 비해 혹은 제3국의 투자자에 비해 차별적인 대우를 받을 수 있다는 점이다. 대부분의 투자협정에서는 이러한 우려를 반영하여 외국인투자자가 차별적인 대우를 받지 않도록 하기 위해 내국민대우와 최혜국대우 규정을 두고 있다. 최혜국대우원칙이 다른 제3국 투자자 간의 차별, 이른바 '횡적 차별(horizontal discrimination)'을 금지한다면, 내국민대우원칙은 내국인 투자자와 외국인투자자의 차별, 즉 '종적 차별(vertical discrimination)'의 금지를 내용으로 하고 있다.

투자협정상 내국민대우는 협정마다 그 내용과 범위가 상이하고, 국제무역에 관한 규범인 GATT/WTO 협정[1]에 비해 일관된 법리가 상대적으로 덜 축적되어 있다.

※ 본고는 연세대학교『법학연구』제20권 제1호 (2010. 4.)에 실린 논문을 수정·보완한 내용이다.

1) WTO협정은 WTO라는 국제기구를 창설하는 WTO설립협정과 국제무역에 관한 실체적 다자규범을 규율하는 부속서들로 구성되어 있다. WTO협정의 부속서 1A에는 '상품무역에 관한 다자간협정 (Multilateral Agreements on Trade in Goods)'을, 부속서 1B에는 '서비스무역에 관한 일반협정 (General Agreement on Trade in Services: GATS)'을, 부속서 1C에는 '지적재산권무역에 관한 협정(Agreement on Trade－Related Aspects of Intellectual Property Rights: TRIPS)'을 규정하고 있다. 부속서 2에는 '분쟁해결에 관한 규칙과 절차에 관한 양해 (Understanding on Rules and Procedures Governing the Settlement of Disputes: DSU)'를, 부속서 3에는 '무역정책검토기능(Trade Policy Review Mechanism: TPRM)'을 규정하고 있다. GATT 1947과 GATT 1994는 법적으로는 구별되나(WTO설립협정 제Ⅱ조 2항 참조) GATT 1994의 가장 중요한 구성요소가 GATT

이에 따라 관련 분쟁이 투자유치국의 국내법원 혹은 관할 국제중재재판[2]에 제기되는 경우 일관된 적용과 판단이 이루어지고 있지 않은 실정이다. 이에 GATT/WTO 협정상 내국민대우의 법리를 투자협정에서 차용할 수 있는지 여부에 대한 논의가 제기되어 왔다.

이러한 문제의식 하에 본 장에서는 다음과 같은 부분을 다루고자 한다. 우선 내국민대우원칙의 역사적 배경과 의의를 살펴본다. 둘째, 내국민대우에 관한 구체적인 규정과 판례를 통해 법리가 상대적으로 많이 축적되어 있는 GATT/WTO 협정상 내국민대우원칙을 살펴보고, 그 위반 여부를 결정하는 기준에 대해 고찰한다. 셋째, 투자협정과 판례를 통해 내국민대우의무 위반 판정을 위한 기준이 무엇인지 살펴본다. 여기서 투자협정은 NAFTA의 투자에 관한 장과 한미자유무역협정(이하 한-미 FTA)의 투자에 관한 장을 중심으로 살펴볼 것이다. 현재 2600개 이상의 투자협정이 존재하고,[3] 투자협정별로 조문상 세세한 차이가 존재하지만 대부분 자본수출국이 제시하는 모델협정을 참고하여 작성되므로 중요조문은 유사하기 때문이다.[4] 마지막으로 GATT/WTO 협정상의 내국민대우원칙에 관한 법리를 투자협정에서 차용할 수 있을지 여부에 대해 검토하도록 한다.

1947의 규정이라는 점에서 적어도 내용면에서 크게 다르지 않다고 할 수 있다. GATT 1994는 GATT 1947의 규정, GATT 1947체제에서 채택된 각종 법적 문서, UR협상에서 채택된 GATT의 관세양허 등 여섯 건의 양해 및 GATT 1994에 대한 마라케쉬의정서로 구성된다. 이에 아래에서는 GATT 1947과 GATT 1994를 특별히 구별할 필요가 없는 경우 GATT로 부르기로 한다.

2) 투자협정과 관련하여 분쟁이 제기되는 경우 투자자가 입은 손해를 구제하는 방법은 투자유치국의 국내법을 통한 구제방법, 투자자 국적국에 의한 외교적 보호 및 국제중재에 의한 구제방법이 있다. 투자유치국의 국내법을 통한 구제방법은 투자유치국의 일방적 법률 개폐가 가능하다는 점에서 외국인투자자들이 공정한 재판을 받을 수 있을 것이라는 완전한 확신을 가지기에는 어려움이 있다고 할 수 있다. 투자자의 국적국이 외교적 보호를 행사하여 투자유치국에 의한 손해를 구제하는 전통적 방식도 있다. 그러나 이 경우 '청구국적의 원칙(권리침해 당시부터 외교적 보호가 행해질 때까지 피해자가 본국의 국적을 보유해야 한다는 원칙)'과 '국내구제수단완료의 원칙'이 충족되어야 한다. 외교적 보호에 의한 구제방법은 국가와 개인 간의 분쟁이 국가 간의 정치적 분쟁으로 확대될 수 있으며 시간과 비용이 과도하게 소요될 수 있다는 문제점이 있다. 이상의 두 구제방법은 효율적인 투자분쟁해결방법이 될 수 없다는 비판이 많이 제기되어 왔다. 이에 오늘날 대부분의 양자투자협정(Bilateral Investment Treaty: 이하 BIT)에서는 분쟁발생 시 국제중재기관에 의한 중재로 해결할 것을 규정하고 있다. 현재 가장 널리 이용되고 있는 투자분쟁해결기관은 상설중재기관인 ICSID(International Center for Settlement of Investment Disputes)이다. 이 밖에 ICC(International Chamber of Commerce)의 국제중재법원(International Court of Arbitration), 런던국제중재법원(LCIA), 스톡홀름상업회의소중재협회(Arbitration Institute of the Stockholm Chamber of Commerce) 등이 있다. 한편, BIT에서 특정 중재기관을 정하지 않고 UNCITRAL 중재규칙에 따른 중재만을 규정하는 경우도 있는데, 이 경우 당사자는 합의나 일방의 선택으로 임의의 중재기관을 정하여 중재절차를 개시할 수 있다.

3) 최신 자료는 http://www.unctad.org/iia 참조.

4) M. Sornarajah, *The International Law on Foreign Investment* (2nd ed.) (Cambridge Univ. Press, 2004), pp.217-218.

Ⅱ. 내국민대우원칙의 역사적 배경과 의의

1. 역사적 배경

내국민대우는 국제통상에 있어 오랫동안 주요 원칙의 하나였다. 내국민대우를 규정한 최초의 조약은 12세기 및 13세기의 한자동맹조약(Hanseatic League treaties)이다.[5] 그러나 이 조약은 경제적인 성격보다는 정치적 색채가 뚜렷한 조약이었다. 17－18세기에 이르러서야 내국민대우를 규정한 포괄적인 통상조약이 등장하였다. 19세기 후반에는 통상 이외의 분야에 관한 조약에서도 내국민대우가 주요원칙으로 규정되기 시작하였고, 대표적인 예가 산업재산권 보호에 관한 파리협약(Paris Convention for the Protection of Industrial Property)이다.[6] 2차 대전 이후 내국민대우는 GATT[7] 제Ⅲ조에 규정되어 회원국에게 '동종상품'인 수입품을 국내상품에 비해 덜 유리한 조치를 취하지 않을 의무(no less favorable treatment)를 회원국에 부여했다.[8]

역사적으로 내국민대우라는 용어는 외국인의 권리보호 측면에서 두 가지 상반된 의미에서 원용된 적이 있다. 즉, 하나는 외국인의 권리를 제한하는 방식으로, 또 다른 하나는 외국인의 권리를 확대하는 방식으로 이용된 것이다.[9] 전자의 대표적인 예가 외국인과 그 재산의 대우에 관한 칼보독트린(Calvo doctrine)[10]이다. 이는 국제최

5) P. Varloren van Themaat, *The Changing Structure of International Economic Law* (The Hague: Martinus Nijhoff, 1981), pp.19－21.

6) 1883 파리협약(the 1883 Paris Convention for the Protection of Industrial Property)은 산업재산의 보호에 관한 협약으로 제2조에서 내국민대우를 규정하고 있다. 동 조항은 회원국의 국민은 외국의 법정지국에서 그 국가가 자국민(nationals)에게 부여한 동일한 보호(same protection)를 제공해야 한다고 규정하고 있다. 이와 관련한 내용은 Kunz－Hallstein & Hans Peter, "United States Proposal for a GATT Agreement on Intellectual Property and the Paris Convention for the Protection of Industrial Property", *Vanderbilt Journal of Transnational Law*, vol.22, 1989, pp.273－277 참조.

7) 관세 및 무역에 관한 일반 협정(General Agreement on Tariffs and Trade; 이하 GATT).

8) A. Newcombe & L. Paradell, *Law and Practice of Investment Treaties* (Alphen: Kluwer Law International, 2009), pp.152－153.

9) United Nations Conference on Trade and Development (UNCTAD), *Most－Favoured－Nation Treatment*, UNCTAD/ITE/IIT/11(vol.Ⅳ) (New York: UNCTAD, 1999), p.7.

10) Carlos Calvo는 1896년 한 논문에서 "한 국가에 정착하는 외국인이 내국인과 동일한 보호를 받을 권리를 가지고 있는 것은 분명하지만, 그러나 그들은 그보다 더 확대된 보호를 주장해서는 안 된다."고 주장하였는데 이를 칼보독트린이라 한다. 칼보독트린은 칼보조항(Calvo Clause)과 같은 학자에 의해 고안되어 외견상 비슷한 이론으로 보이나 본질적인 차이가 있으므로 구분을 요한다. 칼보조항은 외교보호라는 제도 자체를 삭제해 버리는 것을 목표로 하고 있다는 점에서 단지 외교적 보호권의 남용에 대처하기 위해 고안된 칼보독트린과는 구분되어야 한다. 김대순, 『국제법론』 제13판 (서울: 삼영사, 2009), 687면.

소기준(international minimum standard)이 강대국의 약소국들에 대한 간섭의 수단으로 원용되는 경향이 있어, 이에 대항하기 위한 수단으로서 주로 중남미국가들이 내국민대우기준으로 채택한 것이다.[11] 칼보독트린에 의하면 외국인은 내국인보다 더 나은 대우를 요구할 수 없으므로,[12] 내국인이 향유하고 있는 대우가 국제최소기준에 못 미치는 경우 외국인은 국제최소기준의 대우를 요구할 수 없다는 것이다.

반면, 내국민대우가 방문국 영역 내에서 외국인의 권리를 확대하는 측면에서 국제최소기준에 기초하여 내국민대우 위반이 검토된 사례도 있다.[13] 이는 19세기 제국주의 기간 동안 발전하여 선진국이 오랫동안 지지해온 것으로 중재판례에서 광범위한 지지를 받았다.[14] 동 기준에 따르면 국제관습법상 내국인이 향유하는 대우가 국제최소기준에 미치지 못하는 경우 외국인은 내국인보다 더 유리한 대우(more favorable treatment)를 부여받을 권리가 있다.

2. 투자협정상 내국민대우의 의의

투자협정상 내국민대우의 주요 목표는 투자유치국이 국내 투자자 및 투자와 타당사국의 투자자 및 투자를 국적에 근거하여 차별(nationality-based discrimination)하는 것을 금지하는 것이다.[15] 이러한 차별금지는 외국인투자자에게 경제적 측면에서 형평한 경쟁기회(equality of competitive opportunities)를 보장하는 한편, 법적 측면에서는 법 앞에서의 평등, 법의 집행에 있어서의 평등, 그리고 법의 보호에 있어서의 평등을 보장하는 것을 목표로 한다.[16]

---

11) 칼보독트린은 방문국의 국내법하에서 자국민과 외국인에 대한 동등한 대우(equal treatment)를 부여하기 위한 기준이지만 사실상 국제최소대우기준의 적용을 거부하는 수단으로 기능하였다. A. Newcombe & L. Paradell, *supra* note 8, p.153.

12) *Ibid.*

13) United Nations Conference on Trade and Development (UNCTAD), *supra* note 9, p.7.

14) 멕시코의 한 광산에서 미국인 감독인이 살해된 사건인 *Neer* Case (US v. Mexico) (US-Mexico General Claims Commission, 1926)에서 사건발생이후 멕시코당국의 행위의 적절성 판단에 있어 '국제기준'이 적용되었고, 상부 실레지아 사건(Case concerning *Certain German Interests in Polish Upper Silesia* Case, Series A, No 6, 1925)에서 PCIJ(Permanent Court of International Justice)는 "외국인 대우에 관해 공통된(common), 혹은 일반적으로 승인된(generally accepted) 국제법이 존재하므로 국내법(municipal law)이 존재하더라도 관련 국제법을 적용할 수 있다"라고 판시하였다. 국제최소기준에 대한 구체적인 내용은 Malcolm N. Shaw, *International Law* (Cambridge: Cambridge University Press, 2008), pp.824-827 참조.

15) A. Newcombe & L. Paradell, *supra* note 8, p.150.

16) *Ibid.*, p.151.

이처럼 내국민대우는 투자유치국 내에서 내·외국인투자자/투자 간에 경쟁의 왜곡을 제거하는 데 의의가 있다. 하지만 투자유치국 입장에서는 자본과 기술 등의 측면을 고려할 때 아직 외국기업과 동등한 수준에서 경쟁할 수 있는 여건을 갖추지 못한 신생기업과 같은 유지산업을 보호하기 위하여 혹은 환경보호나 공익을 위하여 국내 투자자/투자를 외국인투자자/투자에 비해 유리하게 대우할 필요성도 존재하는 것이 사실이다.[17] 이에 실제 투자협정에서는 내국민대우의 많은 예외규정을 두고 있다.

투자협정에서 내국민대우원칙의 법적 지위가 관습법상 원칙인가에 대해 논란이 존재하나 조약상 원칙이라는 것이 통설이다.[18] 대부분의 투자협정이 내국민대우를 규정하고 있다는 점에 근거하여 국제관습법상 규칙임을 주장하는 의견도 있다. 그러나 그 범위와 구체적인 내용이 투자협정마다 다르게 규정되어 있고 많은 예외규정을 포함하고 있으며, 국제법상 관습법이 되려면 국가관행과 법적 확신(*opinio juris*)이 필요한 점을 감안하면 투자협정상 내국민대우가 관습법적 규칙으로 의도된 것인지에 관한 국가들의 법적 확신이 존재한다고 보기 어렵다.[19]

투자협정상 내국민대우는 많은 부분 국제통상규범, 특히 GATT/WTO에서 그 기원을 찾을 수 있다. 그러나 투자협정과 무역규범은 그 용어, 대상, 적용 측면에서 많은 차이를 보인다. 한편, 투자협정상 내국민대우의 용어·범위와 적용면에서 투자협정 간에 차이를 보이고, 관할법원의 판정도 상충되는 부분이 많아 일관된 법리가 축적되고 있지 못한 실정이다. 따라서 상대적으로 보다 일관된 법리가 축적되어 있는 GATT/WTO 내국민대우의 법리를 분석하고 투자협정의 내국민대우원칙 규정과 관련 판례를 살펴봄으로써 GATT/WTO의 내국민대우 법리를 일정 부분 투자협정과 비교분석, 혹은 투자협정에의 차용가능성을 타진해보는 것은 의의가 있을 것으로 생각된다.

---

17) United Nations Conference on Trade and Development (UNCTAD), *supra* note 9, p.3.

18) R. Jennings & A. Watts, *Oppenheim's International Law,* 9th ed, (Essex: Longman, 1992), vol.1, p.933, A. Newcombe & L. Paradell, *supra* note 8, p.149에서 재인용.

19) A. Newcombe & L. Paradell, *supra* note 8, p.149.

Ⅲ. 내국민대우원칙 : GATT 제Ⅲ조를 중심으로

1. 의의

WTO협정에서 내국민대우의무는 상품무역에 있어서는 GATT 제Ⅲ조, 서비스 무역에 있어서는 GATS 제XVII조, 그리고 무역관련 지적재산권에 관해서는 TRIPS협정 제3조에서 규율하고 있다.[20] WTO협정상의 내국민대우원칙의 목적은 국내조치가 수입상품의 수입국시장에의 접근, 특히 관세양허의 효과를 무력화하지 않도록 하는 데에 있다. 이를 통해 수입국시장에서의 동등하고 공정한 경쟁조건에 대한 기대를 보호하고 공정무역의 예측가능성을 제고하는 기능을 한다.

GATT/WTO협정상의 내국민대우와 투자협정상 내국민대우는 우선 그 적용대상 측면에서 차이가 있다. 즉, GATT상 내국민대우는 동종상품(like products)인 국산품과 수입품 간에,[21] GATS상 내국민대우는 국내외 동종서비스(like services) 간에 그리고 국내외 동종 서비스공급자들(like service suppliers) 간에,[22] TRIPS상 내국민대우는 지적재산권 보호에 관하여 자국민과 타회원국 국민 간에 차별대우를 금지[23]하는 것을 내용으로 한다. WTO규범에서도 투자조치에 관한 협정(TRIMs)을 두고 있으나, 이는 어디까지나 '상품무역에 관련된' 투자조치만을 규율대상으로 한다.[24] 반면, 투자협정에서는 협정마다 그 용어(wording)에 차이가 있으나 일반적으로 외국인투자자/투자와 국내 투자자/투자 간의 차별금지가 주된 내용이 된다. 이하에서는 상품에 관

---

20) GATT 제Ⅲ조상의 상품무역에 관한 내국민대우와 달리, GATS 제XVII조상의 내국민대우는 회원국의 일반적 의무(general obligations)가 아니라 구체적 약속(specific commitments)의 형태로 규정되어 있다. 즉, GATS 제XVII상의 내국민대우는 회원국이 자국의 양허표에 기재된 분야(positive approach)에 있어서 양허표에 명시된 조건 및 제한(negative approach)으로 타 회원국의 서비스 및 서비스공급자에게 자국의 동종서비스와 자국의 동종서비스와 서비스공급자에게(like services and service suppliers) 부여하는 대우보다 '불리하지 않은 대우(treatment no less favorable)'를 부여할 의무를 부담한다. TRIPS 제3조는 파리협약(1967), 베른협약(1971), 로마협약 또는 집적회로에 관한 지적재산권 조약이 각각 이미 규정하고 있는 예외의 조건에 따라, 지적재산권 보호에 관하여 자기나라 국민보다 불리한 대우를 다른 회원국의 국민(nationals)에게 부여해서는 안 된다는 의무를 규정하고 있다. 보다 자세한 규정은 GATS 제XVII조 및 TRIPS 제3조 참조.

21) 상품에 관한 내국민대우의 구체적인 규정은 General Agreement on Tariffs and Trade (이하 GATT) 제Ⅲ조 참조.

22) 서비스에 관한 내국민대우의 구체적인 규정은 General Agreement on Trade in Services (이하 GATS) 제XVII조 참조.

23) 지적재산권 보호에 관한 내국민대우의 구체적인 규정은 ANNEX 1C Trade-Related Aspects of Intellectual Property Rights (이하 TRIPS) 제3조 참조.

24) 무역관련 투자조치에 관한 협정(Agreement on Trade-Related Investment Measures, 이하 TRIMs) 제1조 참조. 동협정 제2조에서 내국민대우를 규정하고 있다.

한 무역규범인 GATT 제III조상의 내국민대우의 위반판정 법리를 중심으로 살펴보도록 한다.

2. GATT 제Ⅲ조의 구조 및 해석

GATT 제III조는 내국 과세 및 규정에 관한 내국민대우(National Treatment on internal taxation and regulation)를 규정하고 있다. 동 규정은 10개의 항으로 이루어져 있는데, 내국민대우원칙의 핵심을 규정하고 있는 제1항, 제2항 및 제4항을 중점적으로 살펴보도록 한다. 제1항에서는 내국민대우의무의 기본원칙을 담고 있으며, 제2항은 재정적 조치(fiscal measure), 제4항은 비재정적 조치(non-fiscal measure)에 관한 내국민대우의무를 규율하고 있다. 조약법에 관한 비엔나협약(VCLT) 제31조[25] 및 제32조에 규정된 조약해석에 관한 국제관습법적 규칙에 따라 GATT 제III조를 해석하도록 한다.[26]

1) GATT 제Ⅲ조 1항 : 기본원칙

GATT 제III조 1항은 "WTO회원국이 내국세 및 국내규정이 국내생산을 보호하도록(so as to afford domestic protection) 적용되어서는 안 됨(should not)을 인정한다(recognize)"고 규정하여 내국민대우의 기본원칙을 밝히고 있다. 동 규정은 법적 의무를 나타내는 'shall'이라는 용어 대신에 'should'를 사용하고 있으며 '인정한다(recognize)'와 같은 어구를 채용하고 있고, 또한 제III조 2항에서 '제1항에 명시된 원칙(principle)'이라고 지칭하고 있다. 이 같은 조약의 문맥 및 용어에 따른 해석에 의할 때 동 조항은 그 자체로 법적 구속력이 있는 조항이 아니라, 내국민대우의 기본원칙을 선언함으로써 나머지 제III조의 조항들에 관한 해석의 지침이 되는 조항으로 해석할 수 있을 것이다. *US-Gasoline* 사건에서 패널은 제III조 1항이 독립적인 법적 구속력을 담고 있는 조항이 아니라, 일반원칙(general principles)을 담고 있는 규정이라고 판정한 바 있다.[27]

25) 1969 조약법에 관한 비엔나협약(Vienna Convention on the Law of the Treaties: 이하 VCLT) 제31조 1항은 "조약은 조약의 대상과 목적으로 보아(in the light of its object and purpose) 그 조약의 문맥상 용어에 부여되는 통상적 의미(ordinary meaning to be given to the terms of the treaty)에 따라 성실하게(in good faith) 해석되어야 한다"라고 규정하고 있다. 조약해석의 국제관습법적 규칙을 담고 있는 구체적 규정은 동 협약 제31조 및 제32조 참조.

26) 제2부속서 분쟁해결 규칙 및 절차에 관한 양해(ANNEX 2 Understanding on Rules and Procedures Governing the Settlement of Disputes: 이하 DSU) 제3조 2항에서 1969년 비엔나협약 제31조 및 제32조에 규정된 국제관습법적 조약해석 규칙에 따라 WTO 대상협정을 해석해야 함을 명확히 하고 있다.

27) *United States-Standards for Reformulated and Conventional Gasoline*, Panel Report,

2) GATT 제Ⅲ조 4항 : 비재정적 조치 (non-fiscal measure)

수입품과 국내상품 간에 부여된 상이한 조치가 '비재정적 조치'인 경우 GATT 제Ⅲ조 4항이 적용된다. 동 조항은 "WTO회원국의 상품이 다른 회원국에 수입될 경우 수입국 내의 동종상품(like product)에 부여된 대우보다 불리하지 않은 대우(no less favorable treatment)를 부여받아야 한다"고 규정하고 있다. 이러한 의무가 적용되는 조치의 범위는 국내 판매, 판매를 위한 제공, 구매, 운송, 유통 또는 사용에 영향을 주는(affecting) 모든 법률, 규정 및 요건(all laws, regulations and requirements)이다. 거의 모든 거래 단계에서 이러한 거래단계에 '영향을 미치는' 모든 비재정적 조치를 규율하므로 적용범위가 방대하다.

Korea-Beef 사건에서 상소기구는 GATT 제Ⅲ조 4항의 위반이 성립하려면 세 가지 요건이 누적적으로 충족되어야 한다고 결정한 바 있다. 우선 (a) 문제의 수입품과 국산품이 '동종상품(like product)'관계여야 하며, (b) 문제의 조치가 제Ⅲ조 4항에 언급된 거래단계에 영향을 미치는(affecting) 모든 법률, 규정 및 요건에 해당해야 하며 (c) 수입품이 동종국산품에 비해 불리한 대우(less favorable treatment)를 부여받았어야 한다는 것이다.[28)]

GATT 제Ⅲ조 4항의 적용범위인 회원국의 조치, 즉 상이한 법률, 규정, 요건이 의무적이어야 하는지의 문제가 제기될 수 있다. 이에 대해 *Canada-Autos* 사건에서 패널은 제Ⅲ조 4항의 규율범위에 해당하는 법률, 규정, 요건은 강제적(mandatory)인 경우뿐만 아니라, 기업이 혜택(advantage)을 향유하기 위하여 자발적으로(voluntary) 채택한 경우도 포함된다고 밝힌 바 있다.[29)]

GATT 제Ⅲ조는 수입품에 대해 국내동종상품보다 불리한 대우를 금지하고 있는데, 여기서 '불리한 대우(less favorable treatment)'란 무엇인지의 문제가 제기될 수 있다. 이에 관해 *Japan-Film* 사건에서 패널은 문제의 조치가 상품의 판매나 구매조건을 직접 규제하는 것뿐만 아니라 국내시장에서 국내상품과 수입상품 간의 '경쟁조건'을 불리하게 변화시키는 경우도 수입품에 대해 동종 국내상품에 비해 불리한 대우를 부여한 것으로 해석된다는 것이다.[30)] 즉 법적 차별(*de jure* discrimination)뿐만 아니라 법

WT/DS2/R (1996) para.6.17.

28) *Korea-Measures Affecting Imports of Fresh, Chilled and Frozen Beef,* WT/DS161/AB/R, para.133.

29) *Canada-Certain Measures Affecting the Automative Industry*, WT/DS139/R, WT/DS142/R, para.10.73.

30) *Japan-Measures Affecting Consumer Photographic Film and Paper,* WT/DS44/R(1998), para.10.379.

적으로 국내상품과 수입품을 차별하지 않더라도 조치의 효과가 양자의 경쟁조건을 불리하게 변화시키는 사실상 차별(*de facto* discrimination)도 금지됨을 알 수 있다.

3) GATT 제Ⅲ조 2항 : 재정적 조치 (fiscal－measure)

GATT 제Ⅲ조 4항이 비재정적 조치를 규율하고 있는 반면, 내국세나 내국과징금과 같은 재정적 조치는 제Ⅲ조 2항에서 규율된다. 한편 동 조항은 수입품과 국산품의 경쟁관계가 '동종상품(like product)'인지 혹은 '직접 경쟁 또는 대체상품(directly competitive or substitutable product: 이하 DCSP)'인지에 따라 적용되는 법적 의무를 다르게 규정하고 있다. 즉 제2항 1문은 수입품과 국산품이 '동종상품'인 경우를, 제2항 2문은 수입품과 국산품이 'DCSP'인 경우를 구분하고 있다.

(1) 제Ⅲ조 2항 1문 위반 판정 : 동종상품인 경우

제2항 1문에 따르면, "WTO회원국의 상품이 타 회원국 영역에 수입될 경우, 국내 동종상품(like product)에 직간접적으로 적용된 내국세나 기타 내국과징금을 초과하여(in excess of) 부과되어서는 안 된다"라고 규정하고 있다. *Japan－Alcoholic Beverages II* 사건에서 상소기구는 제Ⅲ조 2항 1문의 위반을 판정하기 위해 2단계 판단(two－tired test)이 필요하다고 분명히 밝힌 바 있다.[31] 즉 제2항 1문의 위반을 구성하기 위해서는 (a) 문제된 국산품과 수입품이 '동종상품(like products)'관계에 있고 (b) 수입품에 대한 내국세가 국산품에 적용된 내국세보다 미소한 차이일지라도 '초과되어(in excess of)' 부과되어야 한다.

(2) 제Ⅲ조 2항 2문 위반 판정 : 직접경쟁대체상품(DCSP)인 경우

GATT 제Ⅲ조 2항 2문은 "제1항에 명시된 원칙에 반하는 방식으로 수입품 혹은 국산품에 과세되어선 안 된다"라고 선언하고 있다. 제Ⅲ조 2항의 주해[32]를 고려해 볼 때 제2항 2문의 위반을 구성하려면 (a) 문제의 국산품과 수입품이 직접경쟁대체관계(DCSP)에 있어야 하고 (b) 양자 간에 유사하게 과세되지 않은 경우(not similarly taxed) (c) 그리고 문제의 조치가 제1항에 명시된 원칙에 반하는 방식, 즉 '국내산업을 보호하도록(so as to afford domestic protection)' 부과되어야 한다.

---

31) *Japan－Taxes on Alcoholic Beverages II,* WT/DS8/AB/R, WT/DS10/AB/R, WT/DS76/AB/R(1996), pp.18－19.

32) GATT 제Ⅲ조 2항의 주해는 다음과 같다. Ad Article Ⅲ ph 2 : A tax conforming to the requirements of the first sentence of paragraph 2 would be considered to be inconsistent with the provisions of the second sentence only in cases where competition was involved between, on the one hand, the taxed product and, on the other hand, a directly competitive or substitutable product which was not similarly taxed. (필자 강조)

앞에서 살펴보았듯이 제III조 1항은 그 자체로 법적 구속력이 있는 조항이라기보다는 내국민대우의 기본원칙을 규정한 조항이다. 그러나 제III조 2항 2문 위반을 판정할 때 제III조 1항은 비로소 독립된 판정요건으로 작용한다. 이와 관련하여 *Japan－Alcoholic Beverages II* 사건에서 상소기구는 문제의 조치가 '국내산업을 보호하도록' 부과되었는지 여부에 있어 조치의 '목적'이 아니라 '양태'가 중요하며, 조치의 "design, architecture 및 revealing structure"를 통해 객관적으로 판단해야 한다고 결정한 바 있다.[33)]

이상의 내용을 정리하면, GATT 제III조 2항 1문의 경우 동종상품인 국산품에 비해 수입품에 대해 '초과하여(in excess of)' 과세하지 말 것을 요구하는 반면, 2문은 DCSP관계에 있는 국산품에 비해 수입품에 '유사하게 과세(similarly taxed)할 것'을 요구하고 있다. 이에 재정적 조치에 있어 국산품과 수입품의 경쟁관계가 동종상품인 경우에는 직접경쟁대체관계(DCSP)인 경우보다 보다 엄격한 기준이 요구되는 것으로 해석된다. '최소허용기준(*de minimis* level)'에 따라 미소한 과세의 차이는 일응 '유사하게 과세'한 것으로 판단될 여지가 있으나, 동종상품관계에 있는 수입품과 국산품 간에는 미세한 조세 차이도 허용하지 않기 때문이다. 이와 관련하여 *Japan－Alcoholic Beverage II* 사건에서 상소기구는 GATT 제III조 2항 1문은 어떠한 조세율의 차이도 허용하지 않는 반면, 2문은 '*de minimis* level'을 넘지 않는 조세율의 미소한 차이는 허용된다고 밝힌 바 있다.[34)]

3. 동종상품 및 직접경쟁대체상품의 판정

수입품과 국산품 간의 경쟁관계가 동종상품인지 DCSP인지의 판정은 GATT 제III조 위반판정에 있어 가장 핵심적인 사안이다. 제III조는 수입품과 국산품 간의 같은 것을 다르게 대우하는 '차별(discrimination)'을 금지하는 것이지, 다른 것을 다르게 대우하는 '차등(differentiation)'을 금지하는 것이 아니기 때문이다. 문제된 국내상품과 수입품이 동종상품이나 DCSP가 아니라면 양자에 대한 서로 다른 대우, 즉 '차등 대우'는 정당한 조치로서, GATT 제III조 위반을 논할 실익이 없다. 이처럼 동종상품이 GATT 제III조 위반판정에 있어 핵심 사안임에도 불구하고, GATT에는 동종상품의 정의가 존재하지 않는다. 이에 전통적으로 패널과 상소기구는 어떠한 기준과 방법으로 동종상품 또는 직접경쟁대체상품을 판정하였는지 살펴볼 필요가 있다.

33) *Japan－Taxes on Alcoholic Beverages II, supra* note 31, p.29.

34) *Ibid.*, p.26.

1) BTA Approach와 조치목적설 (Aim and Effect Approach)

'BTA Approach' 혹은 상품성질설이란 1970년 국경세조정에 관한 보고서(Report of the Working on Border Tax Adjustment)에서 국경세조정 직업빈이 제시하여 GATT/WTO 패널이 전통적으로 취해 온 방법을 의미한다. 동 BTA 보고서는 제품의 물리적 특성이나 성질(products properties, nature and quality), 제품의 최종 소비자용도(end-use) 및 소비자의 기호나 습관(consumers tastes and habits) 등을 종합적으로 고려하여 사안별로(case-by-case basis) '동종상품' 여부를 판정해야 함을 제시하고 있다.[35] 이 같은 판정기준은 '한국 주세분쟁',[36] '미국 가솔린 분쟁'[37]등 일련의 GATT/WTO 패널에서 견지되어 왔다.

한편, 조치목적설 기준은 1990년대 초반에 *US-Malt Beverages* 사건(1992)[38]과 *US-Taxes on Automobiles* 사건(1994)[39]에서 GATT패널이 동종상품 판정에 있어 이용한 방법이다. 동 기준에 따르면 문제된 조치의 목적(aim)과 효과(effect)가 '국내산업 보호'를 위한 것인지가 동종상품의 중요한 판단기준이 된다. 이는 WTO 회원국의 정당한 국권행사영역을 증진시킬 수 있고, 제XX조에 한정적으로 열거된 일반적 예외사유의 협소성을 보완할 수 있다는 장점이 있다. 그러나 *Japan-Beverages II* 사건에서 WTO 패널은 GATT 제Ⅲ조 2항 1문에서는 'so as to afford domestic protection'

35) *Report of Working Party on Border Tax Adjustment*, BISD 18S/97, para.18. 해당 원문은 다음과 같다. "… the interpretation of the term("like") should be examined on a case-by-case basis. This would allow a fairs assessment in each case of the different elements that constitute a "similar" product. (밑줄은 필자 강조)

36) 동 사건에서 WTO패널 및 상소기구는 문제된 소주와 수입주류의 경쟁관계를 판단함에 있어 '소주와 수입주류 간의 물리적 특성의 차이, 소비용도, 관세분류, 시장여건' 외에도 '양자의 잠재적 경쟁성'을 고려하였다. 구체적인 내용은 *Korea-Taxes on Alcoholic Beverages*, WT/DS75/AB/R & WT/DS84/AB/R(1999), paras.4.186-4.194 참조.

37) 동 사건에서 WTO패널 및 상소기구는 미국의 재래식 가솔린(conventional gasoline)과 개질가솔린(reformulated gasoline)의 동종성에 대해 심사하면서 제품의 물리적 특성, 최종용도, 관세분류, 대체가능성에 의존하였다. 구체적 내용은 *United States-Standards for Reformulated and Conventional Gasoline*, WT/DS2/9, WT/DS2/R(1996) 참조.

38) 서철원, "투자보장협정에서의 내국민대우 분석-GATT에서의 내국민대우와 비교하여", 『國際法學會論叢』 제53권 제3호 (2008), 74면. 동 사건에서 패널은 '품종이 다른 포도주를 차별'하는 것은 국내생산보호목적으로 취해진 조치이므로 동종상품 간의 차별인 반면, '알코올농도에 따른 맥주의 차별'은 '소비자의 건강보호'라는 정당한 목적이 있으므로, 즉 국내생산보호 목적하에 취해진 조치가 아니므로 동종상품 간의 차별이 아니라고 하였다. 구체적 내용은 *Panel Report of United States-Measures affecting Alcoholic and Malt Beverages*, DS23/R-39S/206 (June 19, 1992), paras.5.74-5.75.

39) *Ibid.* 동 사건에서 가격이 다른 자동차를 차별한 것은 '능력에 따른 세금부담'이라는 정당한 목적이 있으므로 가격대가 다른 자동차는 동종상품이 아니라고 결정되었다. 구체적인 내용은 *United States-Taxes on Petroleum and Certain Imported Substances*, DS31/R(1994), para.5.10.

이라는 문구가 없다는 점에 근거하여 동종상품 여부를 판정하는 데 있어 조치의 목적과 효과를 고려하는 것이 적절하지 않다고 하였다.[40] 또한 조치목적설은 제III조에서 상품의 경쟁관계를 판단할 때 조치의 의도나 목적을 고려함으로써 일반적 예외인 제XX조[41]를 사문화할 위험성이 발생하는 문제점이 있다.[42] 또한, 입증책임(burden of proof)의 귀속문제에 있어, 조치목적의 정당성에 대한 입증책임이 제소국 측에 이전되는 문제점이 발생한다.[43]

EC-Asbestos 사건에서 상소기구는 문제된 EC의 석면과 그 대체재인 수입품의 경쟁관계가 동종상품인지 판단하는 데 있어 '건강에 미치는 효과에 대한 소비자의 기호(consumers' taste)'를 고려해야 한다고 하여 기존의 판례와 차별되는 태도를 보였다. 이러한 상소기구의 태도를 동종상품 판정에 있어 시장접근법(market-based approach)으로 보는 학설도 있다.[44]

2) 제III조 2항상 동종상품, DCSP와 제III조 4항상 동종상품의 관계

GATT 제III조 2항과 4항에서 '동종상품'이라는 동일한 용어를 사용하고 있고, 제III조 2항 주해에서 DCSP라는 용어가 사용되고 있으나 그 정의가 규정되어 있지 않

40) *Japan-Taxes on Alcoholic Beverages II,* WT/DS8/R (11 July 1996), para.6.16.

41) GATT 제XX조는 회원국이 동 조항에 열거된 예외에 속하고 제XX조의 전문(chapeau)상 조건을 충족하는 경우 GATT상 일반적 의무에서 면제되는 것을 허용하고 있다. 제III조상의 내국민대우 위반이 일응 성립하는 경우 제XX조를 통해 정당화하기 위해서, 회원국은 제XX조 (a)호 내지 (j)호에 속하고 전문(chapeau)에 규정된 것처럼 문제의 조치가 '동일한 조건하에 있는 국가간에 자의적(arbitrary)이거나 불공평한(unjustifiable) 차별의 수단 또는 국제무역에 대한 위장된 제한조치(disguised restriction on international trade)로 사용되지 않았음을 입증해야 한다. GATT/WTO 패널과 상소기구는 제XX조를 예외적인 상황하에 매우 '엄격하게' 적용되어야 한다는 태도를 견지해 왔다. 제XX조가 원용된 다수의 판례에서 문제된 조치가 제XX조의 (a) 내지 (j)호를 충족하지 못하는 것으로 판정되어 왔으나, 1996년 미국의 개질 및 재래식 휘발유 표준 사건에서 상소기구는 문제된 미국의 조치가 제XX조 (g)호에 속하지 않는다는 패널의 결론을 배척하였다. 이후 *EC-Asbestos* 사건에서는 패널과 상소기구 모두 석면 및 석면함유 제품의 사용을 금지한 프랑스의 조치가 제XX조 (b)호 및 전문(chapeau)요건을 모두 충족하여 문제의 조치가 정당화된다고 인정하여 큰 주목을 받은 바 있다. *U.S.-Gasoline* 사건의 자세한 사항은 *Report of the Appellate Body, U.S.-Standards for Reformulated and Conventional Gasoline,* AB-1996-1, WT/DS2/9(1996) 참조. *EC-Asbestos* 사건과 관련하여 자세한 내용은 *EC-Measures affecting Asbestos and Asbestos-containing Products,* WT/DS135/AB/R 참조.

42) 한국국제경제법학회, 『국제경제법』(서울: 박영사, 2006), 141-146면 참조.

43) *Ibid.*

44) 동 이론에 따르면 '동종상품' 또는 '직접경쟁대체상품'인지 여부를 판정하는 데 있어 해당 상품의 물리적 특성이나 해당 조치의 목적보다 '해당 시장에서의 상품의 최종소비자들이 문제된 국산품과 수입품을 동종상품 또는 직접경쟁대체상품으로 보느냐', 즉 시장여건(market condition)이 결정적인 요인이다. 구체적인 내용은 한국국제경제법학회, 『국제경제법』(서울: 박영사, 2006), 146-151면 및 Won-Mog Choi, *Like Products in International Trade Law-Towards a Consistent GATT/WTO Jurisprudence* (Oxford University Press, 2003) 참조.

다. 이에 제III조 2항 1문상의 동종상품과 제4항의 동종상품이 같은 것인지, 또한 제III조 2항 2문의 DCSP와의 관계는 어떠한지가 문제가 된다.

우선 제III조 2항 1문상의 동종상품과 제2문의 DCSP의 관계에 관해 *Japan-Alcoholic Beverage II* 사건에서 상소기구는 세III조 2항 1문상의 동종상품이 제2문의 적용대상인 DCSP보다 좁게 해석되어야 한다고 하였다. 아울러 이러한 입장은 *Canada-Periodicals* 사건의 상소기구에 의해 재확인된 바 있다.[45] 다음으로 GATT 제III조 2항과 4항상 동일한 용어로 규정되어 있는 '동종상품'의 관계에 대해, *EC-Asbestos* 사건에서 상소기구는 제4항상의 동종상품은 "제2항 1문상의 동종상품보다는 넓게(broader than the first sentence of Article III:2)", "제2항 2문상의 DCSP보다는 같거나 좁게(not broader than the second sentence of Article III:2)" 해석되어야 한다고 강조하였다.[46]

4. 소결

GATT 제III조상의 내국민대우 위반 판정 법리를 정리해 보면 다음과 같다. 회원국의 국내조치가 내국세나 과징금과 같은 재정적 조치인 경우 제III조 2항이 적용된다. 이 경우 내국세나 과징금이 국내 동종상품에 비해 '초과하여' 부과된 경우 제III조 2항 1문 위반이 성립한다. 국내상품과 수입품의 경쟁관계가 DCSP인 경우 수입품에 대해 국내상품과 유사하게 과세되지 않은 경우(not similarly taxed), 그리고 문제의 조치가 국내산업을 보호하도록(so as to afford domestic protection) 부과되는 경우 제III조 2항 2문 위반을 구성하게 된다.

만약 문제된 조치가 법률, 규정, 요건과 같은 비재정적 조치인 경우 제III조 4항이 적용된다. 이 경우 수입품과 국내상품이 동종상품이고, '불리한 대우'가 존재하는 경우 동 조의 위반을 구성하게 된다. 여기서 불리한 대우라 함은 법률상(*de jure*) 및 사실상(*de facto*) 차별도 포함하는 개념임을 판례를 통해 이미 살펴본 바 있다.

GATT 제III조 위반의 판정에 있어 핵심요소인 동종상품의 판단방법은 GATT/WTO 패널 및 상소기구 보고서를 살펴볼 때, 상품성질설과 조치목적설이 있으나, 어떤 것도 절대적 기준으로 결정된 바는 없는 것으로 보인다. 그러나 GATT협정상 의무의 일반적 예외에 관한 제XX조가 존재하고 있음을 감안할 때, 동종상품의 판정에 있어 '조치목적설' 기준은 제XX조를 무력화할 수 있다는 점에서 특별한 주의를 요한다는

45) *Japan-Taxes on Alcoholic Beverages II*, *supra* note 27, pp.18-19, *Canada-Certain Measures Concerning Periodicals*, WT/DS31/AB/R(1997), pp.20-21.

46) *European-Communities-Measures Affecting Asbestos and Asbestos-Containing Products*, WT/DS135/AB/R(2001), paras.98-99.

패널과 상소기구의 결정은 주목할 필요가 있을 것이다. GATT상 동종상품의 판정에 있어 전통적으로 '사안별 원칙(case-by-case analysis)'에 따라 다수의 분쟁사례에서 상품성질설이 지지되었지만, *EC-Asbestos* 사건처럼 '소비자의 건강에 대한 기호'와 같은 새로운 요소가 반영될 수 있는 가능성을 열어두고 있는 것으로 해석된다.

Ⅳ. 투자협정에서의 내국민대우원칙

1. 개관

대부분의 투자협정에서 내국민대우규정을 두고 있지만,[47] 투자협정별로 다음과 같은 측면에서 차이를 보이고 있다. 우선 (a) 최혜국대우원칙과 함께 동일한 조항에서 규정하고 있는지, (b) 투자가 설립된 이후(post-establishment)뿐만 아니라 투자가 설립되기 이전(pre-establishment) 단계에도 적용되는지, (c) 투자자 및 투자에 모두 적용되는지, (d) 적용대상인 행위의 유형(certain types of activities)을 명시하고 있는지, (e) 'like situations', 'similar situations' 혹은 'like circumstances'와 비교기준을 명시적으로 규정하고 있는지의 측면에서 그러하다.[48]

이에 따라 일반적으로 투자협정상 내국민대우를 적용함에 있어 제기되는 주요 문제는 다음과 같다. 첫째, 범위(scope)의 문제이다. 즉 내국민대우가 '투자설립 이후 단계'뿐만 아니라 '투자설립 이전 단계'에도 적용이 되는가에 관한 것이다. 둘째, 내국민대우기준의 실체적 내용에 관한 문제이다. 이와 관련하여 투자유치국의 조치가 투자협정상 내국민대우를 위반하였는지 여부를 판정함에 있어 다음과 같은 세 가지 문제가 제기 된다. 우선 (a) 비교대상을 확정하는 문제이다. 즉 외국인투자자/투자와 국내 투자자/투자를 비교할 때의 기준, 즉 '동일상황(like/similar situations 혹은 like circumstances)'에 있는가의 판단에 관한 것이다. (b) '대우의 상이성을 비교'하는 문제이다. 외국인투자자 및 투자가 내국인에 비해 불리한 대우(less favorable treatment)를 받았는지의 문제이다. (c) 이 경우, 차별적 의도(discriminatory intent)가 내국민대우 위반여부를 판정하는 독립된 요건인지도 검토할 문제이다. (d) 투자협정상 내국민대우 위반을

47) 일부 투자협정은 내국민대우를 규정하고 있지 않는 경우도 있다. 투자보호와 증진에 관한 ASEAN협정(ASEAN Agreement for the Protection of Investments)과 중국이 체결했던 초기 양자투자협정(BITs)이 그러하다. 구체적인 내용은 United Nations Conference on Trade and Development (UNCTAD), *supra* note 9, pp.14-16 참조.

48) A. Newcombe & L. Paradell, *supra* note 8, p.156.

정당화할 수 있는 예외의 존재 여부도 검토해야 한다. 투자협정상 내국민대우규정은 NAFTA와 한－미 FTA의 투자보호에 관한 장을 중심으로 살펴보고 내국민대우 관련 판정사례를 통해 이상의 주요 논점에 대해 살펴보도록 한다.

2. 적용범위 (scope and coverage)

투자협정의 적용대상은 일반적으로 투자자와 투자이다. 한미 FTA는 제11.1조[49]에서 투자챕터의 적용범위를 당사국이 채택하거나 유지하고 있는 조치로서, 타방당사국의 투자자(investors of the other Party)와 보호대상인 투자(covered investments)에 관련된(relating to) 것으로 규정하고 있다. 여기서 '관련된'의 의미가 무엇인지가 문제될 수 있다. 이에 관해 *Methanex* 사건의 중재법원은 '투자에 관련된 조치'란 투자자/투자와 '법적으로 중요한 관련성(legally significant connection)'이 있을 것이 요구된다고 해석하였다.[50]

일반적으로 투자협정상 내국민대우는 투자유치국 국내법에 따라 투자가 이루어지고 난 이후(post－establishment)에 적용된다.[51] 그러나 최근의 국제투자협정들은 내국민대우의 적용범위를 투자가 이루어지기 이전(pre－establishment)의 단계로 확대하고 있다.[52] NAFTA와 한－미 FTA 협정도 내국민대우를 post－establishment 단계뿐만 아니라 pre－establishment 단계에도 확대적용하고 있다. NAFTA 제1102조의 경우 내국민대우를 투자의 설립(establishment), 취득(acquisition), 확장(expansion), 경영(management), 관리(conduct), 운영(operation), 그리고 매매(sale) 기타 처분(other disposition)에 관해 적용

49) 한－미 FTA Article 11.1 Scope and Coverage

1. This Chapter applies to measures adopted or maintained by a Party <u>relating to</u>:

(a) <u>investors of the other Party</u>;

(b) <u>covered investments</u>; and … (밑줄은 필자 강조)

50) *Metanex Corp v. U.S., Final Award on Jurisdiction and Merits* (3 Aug. 2005), para.22, Part IV－Chapter E. 동 사건에서 중재법원은 문제된 투자유치국인 미국의 조치와 투자자인 Methanex사 및 투자(investments) 간에 법적으로 중요한 관련성이 없다(no legally significant connection)고 판정하였다. 이에 미국의 조치는 NAFTA 제1101조(1)상의 '투자자(investors)나 그 투자(investments)에 관련된(related to) 조치'가 아니라고 판정하였다.

51) 이를 설립 이후(post－establishment or post－entry national treatment) 내국민대우라고 한다. Rudolf Dolzer and Christopher Schreuer, *Principles of International Investment Law* (Oxford University Press, 2008), p.179.

52) 투자의 설립 이전(pre－establishment) 단계에까지 내국민대우의무를 적용함으로써 '투자 진입에 있어서의 정당하지 않은 제한(unjustified entry restrictions)'과 같이 투자유치국이 내국민투자자에 비해 외국인투자자를 불리하게 대우하는 이른바 '투자보호주의(investment protectionism)'에 대한 방패막이의 역할을 할 수 있다. 이는 특히 경제성장에 따라 해외투자를 증대시키고 있는 신흥개도국에게 의미가 있을 것이다. UNCTAD, *World Investment Report 2009* (UNCTAD/WIR/2009), p.35.

하고 있다. 또한 한-미 FTA 제11.3조도 이와 동일한 문구로 내국민대우의 적용범위를 규정하고 있다.[53)]

3. 투자협정상 내국민대우 위반 검토 요건

1) 위반 판정 법리의 개관 (Sequence of Analysis)

투자협정별로 그 용어에 있어 차이가 있으나, 투자유치국의 내국민대우 위반 판정의 법리는 다음과 같이 요약할 수 있다. 우선 투자유치국의 국내 투자자/투자와 외국인투자자/투자 간에 상이한 대우(differentiated treatment)가 존재해야 한다. 둘째, 국내 투자자/투자와 외국인투자자/투자가 동일상황(like/similar situations or like circumstances)에 있어야 한다. 셋째, 동일상황에 있는 내국인 투자자/투자에 비해 외국인투자자/투자에 대해 불리한 대우(less favorable treatment)가 부여되고 있어야 한다. 넷째, 일반적으로 투자협정에는 내국민대우의 예외를 규정하고 있는 경우가 있으므로, 유치국의 문제된 조치가 내국민대우 위반에 해당할 경우, 이를 정당화할 수 있는 예외에 해당하는지를 검토해야 한다.

2) 비교의 기초 : 동일상황 (like/similar situations or like circumstances)

(1) NAFTA와 한 - 미 FTA 협정문 분석

투자유치국이 투자협정상 내국민대우를 위반하였는지 여부를 판단할 때, 우선 비교대상이 확정되어야 한다. 즉, 중재사례에서 신청인은 외국인투자자일 것이므로, 이와 비교대상이 되는 내국인 또는 내국인 투자를 결정하는 것은 사실관계(factual situation)를 확정하는 문제로 내국민대우 위반의 판단에 있어 핵심쟁점 중 하나이다. 이와 관련하여 투자협정들은 외국인투자자의 비교대상을 'same circumstances',[54)] 'like

---

53) 관련규정은 다음과 같다.

NAFTA Article 1102 : National Treatment

1. Each Party shall accord to investors of another Party treatment no less favorable than that it accord, in like circumstances, to its own investors with respect to the establishment, acquisition, expansion, management, conduct, operation, and sale or other disposition of investments. (밑줄은 필자 강조)

한 - 미 FTA Article 11.3 : National Treatment

1. Each Party shall accord to investors of the other Party treatment no less favorable than that it accords, in like circumstances, to its own investors with respect to the establishment, acquisition, expansion, management, conduct, operation, and sale or other disposition of investments in its territory. (밑줄은 필자 강조)

54) 영국이 체결한 초기 BIT의 내국민대우 조항에서는 'the same sector'로 규정되어 있다. Belize-UK (1982) Art. 3(1)이 대표적인 예이다. A. Newcombe & L. Paradell, *supra* note 8, p.160.

situation',[55] 'similar situation',[56] 혹은 'like circumstances'의 국내 투자자/투자로 규정하고 있어 그 용어가 다양하게 나타나고 있음을 알 수 있다. 이 경우 'same, like, similar' 간에 그리고 'situation과 circumstances' 간에 의미의 차이가 없는지 의문이 제기된다. 용어의 사전적 의미[57]에 기초하여 문언적 해석을 할 경우, 'situation'이 'circumstances'보다 구체적인 상황을 의미하는 것으로 해석할 여지가 있어 'circumstances'가 보다 더 넓은 범위를 의미하는 것으로 이해될 수 있을 것이다.[58]

NAFTA 제1102조 1항[59]에서는 외국인투자자에게 'like circumstances'에 있는 내국인 투자자에 비해 불리한 대우를 부여하지 않을 의무를 규정하고 있다. 한－미 FTA의 경우 제11.3조에서[60] 이와 동일한 문구를 사용하고 있다. 그렇다면 '동일상황(like circumstances)'이란 동일사업 혹은 동일산업(same businesses or economic sector)을 의미하는 것인지 혹은 동일사업은 아니지만 동일산업계에 속하는 것으로 충분한지, 동일산업계에 속하지 않으면서도 '동일상황'에 있는 것으로 간주될 수 있을지의 문제가 제기 될 수 있다. NAFTA 및 한－미 FTA협정을 비롯하여 투자협정상 'like/similar situation, 혹은 like circumstances'의 정의에 대한 규정이 존재하지 않는다. 이에 중재판정부의 관련 판정사례를 살펴보는 것이 이에 대한 해석에 도움을 줄 것으로 생각된다.

---

55) Senegal－US BIT(1983) Art. II(2)가 그 예이다. *Ibid.*

56) Ethiopia－Turkey(2000) Art. 3(1)이 그 예이다. *Ibid.*

57) Oxford 영영 사전을 찾아보면, 'situation'이란 "position of affairs; combination of circumstances"로 정의하고 있으며, 'circumstances'란 "condition or state of affairs surrounding and affecting an agent"라고 정의되어 있다.

58) 미국의 경우 초기에 1994 US Model Treaty 제II조에서는 내국민대우 규정과 관련하여 'like situations'라는 용어를 사용하다가 이후 2004 US Model Treaty와 NAFTA규정 등에서는 'like circumstances'라는 용어로 변경하였다. 중재법원에서는 내국민대우분쟁관련 사건에서 'like circumstances/situations'와 관련하여 다양한 해석이 가능함을 명시적으로 언급하였으므로, circumstances와 situations 간에 크게 의미의 차이가 있다고 보기는 어려울 것이나, 적어도 미국에 있어서는 양자 간의 미묘한 의미차이를 염두에 둔 것으로 해석할 여지가 있을 것이다.

59) NAFTA Article 1102(1)

Each Party shall accord to investors of another Party treatment no less favorable than that it accord, in like circumstances, to its own investors with respect to the establishment, acquisition, expansion, management, conduct, operation, and sale or other disposition of investments. (밑줄은 필자 강조)

60) 한－미 FTA Article 11.3: National Treatment

1. Each Party shall accord to investors of the other Party treatment no less favorable than that it accords, in like circumstances, to its own investors with respect to the establishment, acquisition, expansion, management, conduct, operation, and sale or other disposition of investment in its territory.

2. Each Party shall accord to covered investments treatment no less favorable than that it accords, in like circumstances, to investments in its territory with respect to the establishment, acquisition, expansion, management, conduct, operation, and sale or other disposition of investment in its territory. (밑줄은 필자 강조)

(2) 중재판례 분석

① *S.D. Myers* 사건 : 'same business or economic sector'

1993년 OECD의 외국인지배기업에 대한 내국민대우선언은 NAFTA 제1102조와 유사한 규정에서 'like circumstances'라는 표현과 관련하여 외국투자자/투자에 대한 차별이 국적에 기초한 차별인지 여부를 결정하기 위해서는 동일산업(same sector) 분야에 있는 국내기업과 비교해야 한다고 하였다.[61]

S.D. Myers 사건[62]의 경우 청구인인 S.D. Myers Inc.(이하 SDM사)는 미국기업으로서 캐나다에서 PCB 폐기물을 미국으로 수출하는 사업을 하고 있었다. NAFTA 중재법원은 SDM사와 동일사업(same business)을 하고 있는 Chem－Security 와 Cintex사와 같은 캐나다 국내 PCB 폐기물처리업계는 높은 경쟁관계에 있어 'like circumstances'에 있다며 캐나다 정부가 SDM사와 캐나다 비교대상인 국내기업에 부여한 대우를 비교해야 한다고 판정하였다.[63]

중재판정부는 'like circumstances'가 다양하게 해석될 여지가 있으며, WTO의 패널과 상소기구가 'like'라는 용어의 해석에 있어 '사안별 원칙(case－by－case analysis)'과 함께 'like'라는 용어가 등장하는 '협정문(legal text)' 자체에 면밀한 주의를 기울일 필요성을 강조한 사실을 언급하였다.[64] 아울러 GATT 협정상, 동종상품 간에 차별이 존재함이 '일응(prima facie)' 입증된다고 하여 그 자체로 사건이 종결되는 것이 아니라, GATT 제XX조 일반적 예외에 의해 차별대우가 정당화될 수 있는지 검토하는 단계가 존재함을 강조하였다.[65]

동 중재판정부는 'like circumstances'를 판단할 때 국내외 투자자가 '동일산업계(same "sector")'에 있는지에 대한 검증이 수반된다고 하였다. 그러면서도 NAFTA 제1102

---

61) "As regards the expression, "like situations" the comparison between foreign－controlled and domestic enterprises is only valid if it is made between firms operating in the same sectors", OECD Declaration on National Treatment for Foreign－Controlled Enterprises(1993, OECD, Paris), at 22. (밑줄은 필자 강조)

62) *S.D. Myers, Inc v. Canada*, UNCITRAL, Frist Partial Award (Nov. 13, 2000) 동 사건의 내용을 간단히 살펴보면 신청인 SDM사는 미국 오하이오 주에 소재한 폐기물처리업체로 캐나다에 자회사를 설립하는 방식으로 투자를 하였다. 이 자회사를 통해 캐나다 내에서 발생한 폴리염화페닐(PCB)을 미국으로 들여와 처리하였는데, 이는 미국 환경보호국(ECP)의 사전승인이 있어야만 가능한 것이었다. 어렵게 미 환경보호국의 미국으로의 수출허가를 받았으나, 캐나다 정부가 잠정조치를 발동하여 PCB의 미국수출을 금지하였다. 이에 SDM사는 캐나다 정부의 동 조치는 동일사업(same business)을 하는 캐나다 사업자들에 비해 SDM사에 불리한대우를 부여하여 NAFTA 1102조상 내국민대우 위반을 구성한다고 주장하였다.

63) *Ibid.*, at para.251.

64) *Ibid.*, at para.243－4.

65) *Ibid.*, at para.246.

조의 'like circumstances'를 해석함에 있어 '환경에 대한 고려(environmental concern)'와 '무역왜곡 방지의 필요성(need to avoid trade distortion)'이라는 "NAFTA협정의 전체 법적 맥락(overall legal context)으로부터 도출되는 일반적인 원칙(general principles)을 고려해야 한다"고 하였다.[66] 또한 공익(public interest)을 보호하기 위해 국내 투자자와 외국투자자를 상이하게 대우한 정부정책을 정당화할 수 있는 상황도 고려해야 한다고 평가하였다.[67]

이를 통해 볼 때 동 사건의 중재판정부는 동일상황(like circumstances)을 '동일사업 혹은 산업(same business or sector)'으로 비교적 좁게 해석하면서도 아울러 NAFTA협정의 전반적 법적 맥락과 '공익보호'와 같은 정당한 정부정책의 목적을 함께 고려한 것으로 평가할 수 있을 것이다.

② *Pope & Talbot v. Canada* 사건

Pope & Talbot v. Canada 사건[68]에서 중재판정부는 내국민대우 위반과 관련한 분쟁을 해결하기 위하여 'like circumstances'의 의미를 정의하는 것이 필수임을 언급하였다.[69] 아울러 'like circumstances'의 의미를 해석하는 데 있어 NAFTA협정의 전반적인 법적 맥락을 고려해야 한다는 *SD Myers* 사건의 중재판정부 입장을 지지하면서, 우선 NAFTA협정의 법적 맥락(legal context)을 먼저 고려한 후, 다음으로 분쟁사안의 사실관계를 검토해야 한다고 하였다.[70] 법적 맥락 차원에서 '무역과 투자의 자유화(trade and investment liberalization)'라는 NAFTA협정의 목적을 고려할 때, 첫 번째 분석단계에서 비교대상은 외국인투자자/투자와 '동일한 사업 또는 경제적 영역(the same businesses or economic sector)'에서 운영되는 내국인 투자자/투자라고 하였다.[71] 중재판정부의 이러한 접근방법은 그동안 내국민대우원칙과 관련한 GATT/WTO 패널과 상소기구의 보고서에서 나타난 법리와 1993 OECD 외국인 지배기업에 대한 내국민대우선

---

66) *Ibid.*, at para.250.

67) *Ibid.*

68) *Pope & Talbot, Inc v. Canada*, UNCITRAL, Award (Apr. 10, 2001), paras.75-76 (NAFTA) 동 사건에서 청구인 Pop & Talbot사는 미국 국적의 목재회사로서 캐나다에 3개의 제재소를 운영하여 미국으로 목재를 수출해 왔다. 목재재원이 부족한 미국은 1996년 캐나다와 '목재수출에 관한 협정(SLA)'을 5년 기한으로 체결하였다. 이 협정에서 정한 쿼터만큼 미국에 관세 없이 수출할 수 있었는데, 2001년 3월에 협정이 만료되어 그 후 미국은 협정 갱신을 요청하였으나 캐나다 정부가 거절하였다. 이로 인해 미국으로 수출되는 목재에 관세가 붙게 되었고, 청구인의 목재는 미국에서 가격경쟁력을 잃게 되었다. 결국 청구인은 목재의 미국 수출사업을 할 수 없게 되어, 이미 많은 투자를 했던 캐나다의 자산 가치가 크게 하락하였다. 이에 청구인은 SLA의 갱신을 거부한 캐나다 정부를 상대로 위법한 간접수용을 했고 최소대우기준과 내국민대우의무를 위반했다며 중재신청을 하였다. 중재판정부는 공정하고 공평한 대우 위반만 인정하였다.

69) *Ibid.*, at para.75.

70) *Ibid.*, at para.76.

71) *Ibid.*, at para.78

언과 같은 국제협정을 반영한 것이었다.[72]

동 사건에서 미국과 캐나다 간의 목재수출에 관한 협정(Softwood Lumber Act: 이하 "SLA") 이행을 위해 캐나다가 수출제한체제(export control regime)를 실시함에 따라 수출세 지급의무를 부담하고 있던 청구인은 '수출제한이 적용되지 않는 캐나다 생산자'가 'like circumstances'에 있는 국내 투자자라고 주장하였다. 그러나 중재판정부는 수출통제가 적용되는 주에서 목재생산을 하는 500개 이상의 캐나다 회사가 'like circumstances'에 있는 비교대상이라고 하면서 청구인의 주장을 인정하지 않았다. 중재판정부는 "내외국인투자자/투자 간에 상이한 대우가 존재하는 것이 확인된다면, 이들이 like circumstances에 있는지가 핵심쟁점이 된다.[73] … '상이한 대우(different treatment)'의 존재는 상이한 대우를 부여한 정부정책의 정당한 근거가 있지 않는 한 NAFTA 제1102조 2항 위반을 구성하는 것으로 추정된다"[74]고 하였다.

이를 통해 볼 때, *Pope & Talbot* 사건의 중재판정부는 *S.D. Myers* 사건과 같이 '동일한 상황'의 판단에 있어 '동일한 산업 혹은 부문'이라는 비교적 좁은 기준을 적용하면서 NAFTA협정문의 법적 맥락과 함께 정부정책의 정당한 목적을 고려하고 있는 것으로 해석된다.

③ *Feldman v. Mexico* 사건[75] : 동일상황의 판정단계에서 정책목적의 고려

동 사건의 중재판정부도 '동일상황(like circumstances)'의 판단에 있어 *S.D. Myers* 사건의 태도를 따르고 있다. 동 사건에서 청구인인 Feldman은 미국인으로 미국에서 담배를 수입하여 멕시코에 재수출(resell)하는 CEMSA라는 멕시코 회사를 소유하고 있었다. Feldman은 멕시코 정부로부터 일정기간 세금환급(rebate)을 받았으나 이후 IEPS 법이 개정되어 담배 재수출자(reseller)에게는 세금환급이 거절된 반면, 멕시코 국내경쟁회사들(담배 생산자 및 수출자)은 세금환급을 계속 받고 있었다. 중재판정부는 NAFTA

---

72) A. Newcombe & L. Paradell, *supra* note 8, p.166. OECD 1993 내국민대우 해석선언의 해당 원문은 다음과 같다. "As regards the expression 'in like situations', the comparison between foreign-controlled enterprises established in a Member country and domestic enterprises in that Member country s valid only if it is made between firms operating in the same sector." (밑줄은 필자 강조)

73) *Pope & Talbot, supra* note 67, para.79. 해당 원문은 "… once a difference in treatment between a domestic and foreign-owned investment is discerned, the question becomes, are they in like circumstances? It is answering that question that *the* issue of discrimination may arise." (필자 강조)

74) *Ibid.*, para.78. 해당 원문은 "… Differences in treatment will presumptively violate Article 1102(2), unless they have a reasonable nexus to rational government policy that do not distinguish, on their fact or de facto, between foreign-owned and domestic companies, and do not otherwise unduly undermine the investment liberalizing objectives of NAFTA." (밑줄은 필자 강조)

75) *Marvin Roy Feldman v. Mexico,* ICSID Case no. ARB(AF)/99/1, Final Award (Dec. 16, 2002) (NAFTA).

제1102조상 내국민대우 위반여부를 검토하기 위해서는 "(i) '동일상황(like circumstances)'에 있는 내국인 및 외국인투자자를 비교대상을 선정하고, (ii) 외국인투자자에게 법적(de jure) 혹은 사실상(de facto) 차별적 대우가 존재하는지 여부를 검토하고, (iii) 그러한 상이한 대우(differential treatment)가 외국인투자자의 국적(nationality)에 근거하여 이루어졌음이 입증되어야 한다"고 하였다.[76]

한편, 동 사건의 중재판정부도 *Pope & Talbot* 사건의 'like circumstances'의 판정에 있어 중재판정 법리에 동의하였다. 중재판정부는 우선 외국인투자자인 청구인과 like circumstances에 있는 국내 비교대상자는 '담배구입과 판매라는 동일사업(same businesses)을 하는 멕시코 국내기업들'이 해당된다고 하였다.[77] 아울러 내외국인투자자 간에 상이한 대우가 존재하는 경우 NAFTA 제1102조 위반을 구성하는 것으로 추정되지만, 조세수입통제(better control over tax revenue), 밀수방지(discourage smuggling), 지재권보호(protect intellectual property rights)"를 위해 담배생산자(producers)와 재판매업자(resellers)를 다르게 대우하는 것은 정당화될 수 있다고 판정하였다.[78]

④ *Methanex v. U.S.* 사건 : 모든 측면에서 동일한 (identical)

보다 최근의 중재사건 중 'like circumstances'가 핵심쟁점이 되었던 사건 중 하나가 *Methanex v. U.S.* [79]사건이었다. 동 사건에서 Methanex사는 캐나다 회사로 가솔린 첨가제인 MTBE의 주요성분인 메탄올을 생산하고 있었으나, 캘리포니아 주의 MTBE의 사용금지 조치가 MTBE의 대체재인 에탄올을 생산하는 미국 내 생산자를 보호하기 위한 것으로 내국민대우의무 위반이라 주장하였다. 또한 Methanex사는 GATT/WTO 법리를 인용하여 메탄올과 에탄올은 경쟁관계에 있는 '동종상품(like product)'이므로 미국 에탄올산업은 자신과 '동일상황(like circumstances)'에 있다고 주장하였다. 아울러 이러한 동종상품을 생산하는 국내외 투자자가 동일산업(same business)에서 경쟁하는 경우 'like circumstances'에 있는 것으로 보아야 한다고 주장하였다.[80] 메탄

76) *Ibid.*, para.166.
77) *Ibid.*, para.172.
78) *Ibid.*, paras.170 – 172.
79) *Methanex v. United States of America,* UNCITRAL/NAFTA, Final Award, (Aug. 3, 2005), para.26, Part II – Chapter D. 동 사건에서 청구인인 Methanex사는 캐나다회사로서 세계 최대 메탄올 생산회사였다. 이 메탄올은 자동차 연료첨가제인 MTBE의 주성분이기도 하다. 그러나 캘리포니아 주를 비롯한 미국 17개주에서는 MTBE가 수질오염을 유발하여 인체에 유해하다는 판단에 따라 각 주에선 MTBE의 판매를 금지시키는 행정명령을 내리게 되었다. 이에 청구인은 동 조치로 막대한 손실을 입었고 문제의 조치는 Archer – Daniels Midland(ADM)사와 같은 국내 에탄올 생산업자를 보호하기 위하여 취한 조치로서 NAFTA상 최소기준대우와 내국민대우를 위반하고 위법한 간접수용이라며 중재청구를 하였다.
80) *Ibid.*, para.5, Part IV – Chapter B.

올과 에탄올이 최종용도가 비슷하고 대체재로 이용된다는 점에서 동종상품이라고 주장하면서 캘리포니아 주의 MTBE금지 조치로 정유사들이 에탄올만 구입하게 된 것은 내국민대우 위반이라는 것이다.[81)]

이에 대해 미국은 메탄올과 에탄올은 화학적으로 다르며, 최종용도 및 관세분류가 다르다는 점에서 동종상품이 아니라고 주장하였으며,[82)] NAFTA 협정문에서 'like product'가 아니라 'like circumstances'가 규정되었고, GATT와 NAFTA의 목적과 객체가 다르다는 점에서 GATT 법리를 그대로 NAFTA에 적용할 수 없다고 주장하였다.[83)] 이에 Methanex사와 동일상황에 있는 비교 대상은 미국의 에탄올 산업이 아닌 '메탄올 산업'이라고 주장하였다.

중재판정부는 "동일한(identical) 비교대상자가 있으면 비교적 덜 동일한(less like) 비교대상자를 선택하여 적용해선 안 되며, 동일한(identical) 비교대상자가 없는 경우에는 비교적 덜 동일한(less like) 비교대상자를 찾아서 사안에 적용해야 한다"고 하였다.[84)] 이와 관련하여 *Pope & Talbot* 사건의 결정을 인용하면서 동 사건의 중재판정부도 "덜 동일한 상황(less like circumstances)"에 있는 비교대상자가 아니라 가장 동일한 상황(the most like circumstances)에 있는 비교대상자를 선정하였다고 언급하였다.[85)]

이러한 기준을 적용하여 중재판정부는 Methanex사와 비교할 대상을 선정하는데 있어 동일한(identical) 기업이 존재하므로, "덜 동일한(less like)" 비교대상자인 미국 내의 에탄올 생산업체는 제외하고 '메탄올' 생산업체를 'like circumstances'에 있는 것으로 판정하였다. 이러한 중재판정부의 태도는 'like circumstances'에 있는 비교대상을 판단함에 있어 '모든 측면에서 동일한(identical)' 기업을 기준으로 함으로써 앞서 언급한 판정사례보다 더욱 좁은 기준을 이용한 것으로 평가할 수 있을 것이다.

⑤ *Occidental & Production Co. v. Ecuador* 사건: 전혀 다른 산업 분야임에도 동일상황에 있다고 판정된 사례

이상 살펴본 판정들의 중재판정부는 대체적으로 동일산업 혹은 분야(same economic business or sector)를 기준으로 삼고 있는 것으로 평가할 수 있다. 그러나 같은 산업 분야가 아니라 '전혀 다른 산업 분야'임에도 불구하고 'like circumstances'에 있는 것으로 판정된 사례로 *Occidental* 사건을 살펴볼 필요가 있다.

동 사건은 에콰도르가 국내에서 생산된 꽃, 해산물, 광물 등 다른 수출품에 대해

81) *Ibid.*, para.23.
82) *Ibid.*, para.24.
83) *Ibid.*, para.25.
84) *Ibid.*, para.17.
85) *Ibid.*, para.19.

서는 내국세를 환급해주면서, Occidental사가 국내에서 채굴하여 수출하는 석유에 대해서는 내국세를 환급해주지 않는 것이 문제가 된 사건이다. Occidental사는 언급된 제품의 수출업자들과 '동일산업(the same economic sector)'에 있지 않지만 '동일상황(like situation)'에 있다면서 에콰도르의 차별대우는 에콰도르와 미국 간의 투자협정상 내국민대우 위반이라고 주장하였다.[86] 이에 대해 피청구국인 에콰도르는 '동일상황'이란 '동일산업계'를 의미하며 청구인과 '동일산업계에 있는 국내석유수출기업'도 내국세 환급을 받지 못했으므로 국적차별이 아니라고 주장하였다.[87]

그러나 중재판정부는 에콰도르가 내국민대우를 위반했다고 판정했다. 우선 내국민대우의 목적은 국내생산자에 비해 외국인투자자를 보호하는 것이며, 'like circumstance'는 반드시 동일한 분야(same sector)의 회사와의 비교만을 요구하는 것이 아니며, 일응 다른 산업 분야의 국내업체와 비교도 가능하다고 하였다.[88] 이에 근거하여 동 사안에서 석유수출산업만이 아니라 석유수출업자에게는 거절된 내국세환급을 향유하는 꽃 수출업자, 해산물 수출업자도 모두 비교대상이라고 판정하여 동일상황(like situations)을 매우 넓게 해석하였다.[89]

(3) 소결

투자협정상 내국민대우 위반을 판정하는 데 있어 'like circumstances'의 판정은 핵심적인 요소임에도 불구하고 명확하고 일관된 정의와 법리가 형성되어 있지 못하여 사안마다 중재판정부의 태도가 일관되지 못하고 있는 것으로 평가할 수 있다.

대체로 'like circumstances'를 해석함에 있어 '동일산업(same business or economic sector)' 기준이 사용되지만, 여전히 일관된 법리가 형성되어 있지 못하고 사안마다 차이를 보이고 있다. *S.D. Myers* 사건, *Pope & Talbot* 사건 및 *Feldman* 사건의 경우 'like circumstances' 분석에 있어 '동일산업' 기준에 의거하여 좁게 해석하였고, 이와 함께 협정문의 전체맥락과 정부의 정당한 정책목적을 고려하였다. 아울러 *Methanex* 사건과 같이 '완전히 같은 물품을 생산하는 동일한(identical) 기업'을 비교대상으로 삼아 'like circumstance'를 매우 좁게 해석한 경우도 존재한 반면, *Occidental* 사건에서와 같이 '전혀 다른 산업계'에 있는 기업임에도 불구하고 'like circumstances'에 있는 비교대상으로 판단하여 매우 넓게 해석한 사례도 있다.

NAFTA 다수의 중재판례에서 나타나는 '동일사업 혹은 동일산업 분야'가 비교적

---

86) *Occidental Exploration and Production Company(OPEC) v. Ecuador*, LCIA Case no.UN3467, Final Award (July 7, 2004), para.168.

87) *Ibid.*, para.171.

88) *Ibid.*, para.173.

89) *Ibid.*

자주 이용되는 기준임에도 불구하고 *Occidental* 사건처럼 전혀 다른 산업에 있어도 '동일상황'에 있는 비교대상자로 인정된 사례가 있음을 볼 때, 여전히 명확하고 일관된 기준이 존재하지 않아 법적 안정성, 예측가능성을 저해할 여지가 있는 것으로 평가된다.

3) less favorable treatment: discrimination의 존재

내국민대우 위반을 판단하는 데 있어 'like circumstances'에 있는 비교대상이 확정되었다면, 다음 단계는 국내 투자자/투자에 비해 외국인투자자/투자에 대해 불리한 대우(less favorable treatment)가 존재하는지 여부에 대한 판정이 이루어져야 한다. 이 단계에서 두 가지 쟁점이 제기될 수 있다. 첫째, 법률상 차별 이외에 사실상 차별도 금지되는지, 둘째, 외국인투자자가 투자유치국 조치가 부당한 차별에 해당한다고 주장할 때, 차별의도를 입증할 필요가 있는가, 즉 '차별 의도(discriminatory intent)'가 내국민대우의 독립적인 위반 요건인지이다.

(1) 법률상/사실상 차별: *de jure* & *de facto* discrimination

GATT 제Ⅲ조상의 내국민대우의무는 외국상품에 대한 법률상(*de jure*) 차별뿐만 아니라 사실상(*de facto*) 차별도 금지하고 있다. 투자협정상 내국민대우의무도 GATT 상 내국민대우처럼 사실상 차별 또한 금지되는지의 쟁점이 제기될 수 있다.

S.D. Myers 사건에서 중재판정부는 투자협정상 내국민대우를 위반한 조치가 존재하는지 평가함에 있어 그 조치의 '실질적 효과(practical effect)'가 내국인에게 더 유리한 이익(benefit)을 제공하는지 여부와 외국인투자자(non-nationals)에 비해 내국인투자자(nationals)를 '외견상(on its face)' 더 유리하게 대우(favor)하고 있는지를 검토해야 한다[90]는 관점을 취하여 법률상(*de jure*) 및 사실상(*de facto*) 차별도 금지된다는 견해를 표명하였다. 사실상 차별(*de facto* discrimination)이 쟁점이 된 대표적 사건은 *Feldman* 사건이다. 동 사건의 쟁점은 멕시코의 법이 내국세 환급을 승인하고 있는지 여부가 아니라 내국세 환급이 국내 담배 수출업자(CEMSA)에게 '사실상(*de facto*)' 차별적으로 부여되었는지 여부였다.[91] 동 사건의 중재판정부는 "NAFTA 제1102조의 내국민대우의무가 오직 법률상(*de jure*) 차별에만 적용된다면 동 조항의 외국인투자자보호효과가 크게 제한될 수밖에 없다"고 하였다.[92] 따라서 투자협정상 내국민대우 위반과 관련한 분석의 범위는 GATT/WTO 법리와 마찬가지로 법적, 행정적 차별과 같은 법률상

90) *S.D. Myers, supra* note 61, paras.252-253.

91) *Feldman, supra* note 74, para.169.

92) *Ibid.*, para.183.

부분으로 한정되지 않고, 표면적으로 차별적이지 않지만 외국인투자자나 투자에 대해 차별적인 영향을 미치는 사실상 차별대우가 포함된다. 이러한 태도는 이후 NAFTA 중재사례 및 ICSID 중재사례[93]에서도 일관되게 유지되어 오고 있다.

(2) 차별적 의도(discriminatory intent)의 검토 필요성

투자유치국의 외국인투자자/투자에 대한 차별적 조치에 있어 '차별적 의도(discriminatory intent)'가 내국민대우 위반을 판정하기 위한 독립된 요건인지가 문제가 된다. 다수의 중재판정부는 독립된 요건으로 보고 있지 않지만, 일부 판정사례는 내국민대우 위반을 검토하는 데 있어 입증요건으로 보고 있다.

우선 '차별적 의도'를 내국민대우 위반의 독립된 요건이 아니라고 판정한 사례로서 *S.D. Myers* 사건, *Siemens v. Argentina* 사건이 있다. *S.D. Myers* 사건에서 중재판정부는 외국인투자자가 투자유치국의 '차별적 조치'의 존재를 입증하는 것으로 충분하며, '차별적 의도(intent)'를 별도로 입증할 필요가 없다고 판정했다. 즉 차별적 의도가 내국민대우 위반 판정을 위한 독립적인 요건이 아니며, 차별조치의 존재 판단에 있어 조치의 '의도'보다는 '실제 영향(practical impact)'에 대해 주목하였다.[94] 이러한 태도는 이후 중재사례에서도 인정되고 있다. *Siemens v. Argentina* 사건에서 ICSID 중재법원은 보다 분명한 태도 하에 '의도'가 차별의 존재를 판단하는 데 결정적이거나 핵심적 요건이 아니며, '영향(impact)'이 결정적 요소임을 밝혔다.[95]

이와 달리 '차별적 의도'가 내국민대우 위반 판정에 있어 독립된 요건으로 판정한 것으로 해석되는 사례도 존재한다. ICSID 중재사례인 *Genin v. Estonia* 사건[96]과 NAFTA 중재사례 *Methanex v. US* 사건이 그것이다. 명백히 '의도'가 차별의 존재를 판정하기 위한 독립된 요건이라고 밝히지는 않았지만 중재판정부의 태도가 '차별적 의도'를 별도의 입증요건으로 판정한 것으로 보이기 때문이다. *Methanex* 사건의 중재판정부는 "Methanex는 캘리포니아 주정부의 조치가 외국인투자자를 차별함으로써

---

93) *ADF Group Inc v. United States*, ICSID Case no. ARB(AF)/00/1 (NAFTA) (Jan. 9, 2003) 참조.

94) *S.D. Myers, supra* note 61, para.254. 원문은 다음과 같다 "Intent is important, but protectionist intent is not necessarily decisive on its own. The existence of an intent to favour nationals over non-nationals would not give rise to a breach of Article 1102 of the NAFTA if the measure in question were to produce no adverse effect on the non-national complaint. The word 'treatment' suggests that practical impact is required to produce a breach of Article 1102, not merely a motive or intent that is in violation of Chapter 11." (밑줄은 필자 강조)

95) *Siemens A.G v. Argentina*, ICSID Case no. ARB/02/8 (Germany-Argentina BIT) (Aug. 3, 2004), para.321. 원문은 다음과 같다 "intent is not decisive or essential for a finding of discrimination, and that the impact of the measure on the investment would be the determining factor to ascertain whether it had resulted in non-discriminatory treatment." (밑줄은 필자 강조)

96) *Genin v. Estonia*, Award, 25 June 2001, 17 *ICSID Review-FILJ*(2002), para.369.

국내 투자자에게 유리한 대우를 제공하기 위한(intended to favor) 조치임을 입증해야 한다"고 하여, '의도'가 내국민대우 위반 판정에 있어 독립적 요건으로 해석될 여지를 남겼다.[97)]

'차별적 의도'라는 주관적 요소를 입증하는 것이 쉽지 않고, 입증한다고 해도 결정적 증거가 아니며 여전히 외국인투자자는 'like circumstances'와 '불리한 대우'를 입증할 의무가 있다[98)]는 점에서 내국민대우 위반을 결정하기 위한 독립적 입증 요건으로 간주하지 않는 것이 적절한 것으로 생각된다. 이에 다수의 중재판정이 상이한 대우(treatment)에 있어 '차별적 의도'보다는 '객관적인 영향이나 결과'를 중시하는 태도는 적절한 것으로 평가할 수 있을 것이다.

4) 내국민대우 위반의 정당화요건 검토 : 유치국의 정책목적 평가

투자유치국 정책의 정당한 목적 평가는 내국민대우 위반을 판정함에 있어, 제1단계인 내외국인투자자/투자가 '동일상황(like circumstances)'에 있는지 여부를 검토할 때[99)]와 제3단계에서 내국민대우 위반이 성립하는 경우 정당화 될 수 있는지[100)] 판정하는 단계에서 중요성을 가진다.[101)]

1단계에서 비교대상인 내외국인투자자/투자가 동일사업이나 동일산업계에 있는 경우에도 투자유치국의 상이한 조치가 '정당한 근거'가 있다고 판정되면 '동일상황'에 있지 않은 것으로 간주되어 그러한 조치는 '다른 것을 다르게' 대우하는 조치로 합법적인 조치가 된다. 이러한 접근법을 취한 판정사례가 *Pope & Talbot* 사건이다.[102)] 아울러 '동일상황'과 '불리한 대우'의 요건을 모두 충족하여 일응 내국민대우 위반이 성립하는 경우에도, 이를 정당화할 수 있는 투자유치국 정책의 정당한 목적이 있는 경우 문제의 조치는 정당화될 수 있다. 이러한 접근법에 따른다면 환경적으로 민감한 지역에 위치한 외국인회사와 그렇지 않은 지역에 위치한 국내회사가 동일

---

97) Methanex, *supra* note 78, para 12. 원문은 다음과 같다. "In order to sustain its claim under Article 1102(3), Methanex must demonstrate, cumulatively, that California intended to favor domestic investors by discriminating against foreign investors and that Methanex and the domestic investors supposedly being favored by California are in like circumstances …." (밑줄은 필자 강조)

98) A. Newcombe & L. Paradell, *supra* note 8, pp.175 – 176.

99) 외국인투자자가 내국인투자자에 비해 불리한 대우를 받았다고 주장하는 경우, 비교대상인 내국인 투자자와 'like circumstances'에 있다는 사실을 '일응(*prima facie*)' 입증할 책임(burden of proof)은 외국인투자자에게 있다.

100) 이 경우 상이한 대우를 정당화하는 '보호주의적인 의도가 없는(non – protectionist)' 정부정책의 목적을 입증하는 책임은 투자유치국에게 있다.

101) A. Newcombe & L. Paradell, *supra* note 8, p.176.

102) 서철원, 앞의 각주 38, 85면.

한 사업영역(same economic sector)에 있다 해도, 양자에 상이한 온실가스배출 기준이 적용되는 경우 그러한 정부정책이 국내회사를 보호하려는 의도가 없으며 '환경보호'라는 정당한 목적이 있다고 인정된다면 '동일상황'에 있지 않은 것으로 판정될 가능성이 있다. 하지만 환경보호와 관련이 없는 조세가 외국인회사에 더 높게 적용되는 경우, 언급한 국내회사와 외국인회사는 '동일상황'에 있다고 인정되어 투자협정상 내국민대우 위반을 구성할 수 있을 것이다.

한편, '동일상황'을 판정하는 단계에서 정부정책의 정당한 목적을 심사하는 것은 GATT 제III조상 동종상품의 판정방법인 '조치목적설(aim-and-effect approach)'을 연상시킨다. 앞서 언급한 바 있듯이, GATT/WTO의 패널과 상소기구는 조치목적설이 일반적 예외인 제XX조를 형해화할 수 있다는 점 등을 이유로 특별한 주의를 기울여야 함을 강조하고 다수 판례에서 조치목적설보다는 'BTA Approach'에 따라 '사안별 원칙'에 의거하여 '동종상품'을 판단해 왔다. 이를 감안할 때, 패널과 상소기구는 수입품과 국내상품 간의 'likeness'를 판단하는 단계에서 문제된 정부조치의 정당한 목적을 고려하기보다는 주로 제XX조의 일반적 예외에서 검토하는 법리를 따른 것으로 해석된다.

그러나 투자협정에는 GATT 제XX조와 같은 일반적 예외 조항이 없다는 점에서 '동일상황'의 판정 단계에서 투자유치국의 정책의 합리적 목적을 고려하는 것이 필요하다는 주장이 설득력을 가질 수 있다고 생각된다. *S.D. Myers* 사건, *Pope & Talbot* 사건 및 *Feldman* 사건의 중재판정부도 '동일상황'의 판정에 있어 정부정책의 목적을 고려하는 것이 매우 중요하다고 결정한 것은 이미 언급한 바 있다. *Pope & Talbot* 사건의 중재판정부는 그러한 정부정책과 문제의 조치가 "합리적인 관련성(reasonable nexus)"을 가져야 하며 정부의 정책이 내외국인 기업을 사실상(*de facto*)으로도 구별하지 않으며, NAFTA협정의 투자자유화라는 목적을 "부당하게 저해(unduly undermine)"하지 않아야 한다는 점을 분명히 하였다.[103]

그러나 기존의 내국민대우 위반 관련 투자협정 분쟁사례를 검토해볼 때, 관련 분쟁사례는 정부정책의 정당한 목적과 문제된 조치의 합리적 관련성(rational connection)을 충족하기 위한 명확하고 일관된 기준을 제공하지 못하고 있다. 이에 따라 ① 투자유치국은 정부정책의 정당한 목적을 위해 외국인투자자에게 '불리한 대우(less favorable treatment)'를 최소화(minimize)하는 조치를 취해야 하는 것인가? ② 불리한 대우를 최소화할 수 있는 다른 대안적 조치(alternative measures)가 있는 경우 그러한 조치는 정부정책의 정당한 목적과 '합리적 관련성'이 없다고 인정될 것인가? ③ 문제된 투자

103) *Pope & Talbot*, *supra* note 68, para.79.

유치국의 조치와 정부정책의 정당한 목적 간의 '합리적 관련성(rational nexus)'은 '필요성(necessary)'이나 '비례성(proportionality)'요건을 충족해야 하는 것을 의미하는 것인지, 아니면 그 외의 요건을 의미하는 것인가? 와 같은 의문이 제기될 수 있다. 현재로서는 이러한 문제가 쟁점이 된 투자협정 분쟁사례는 찾아보기 어려워 명확한 답을 구하기 어렵다고 할 수 있다.

Ⅴ. 결 론

'내국민대우의 위반'과 관련하여 투자협정은 GATT/WTO 규범에 비해 상대적으로 일관된 법리와 기준이 축적되어 있지 못한 것으로 평가할 수 있다. GATT협정과 투자협정에는 각각 'like product'와 'like circumstances'라는 상이한 용어로 규정하고 있음에도 불구하고 다수의 투자협정 분쟁사례에서 분쟁당사자가 GATT/WTO의 '동종상품' 법리를 종종 인용하는 것은, 투자협정상 내국민대우의무의 '동일상황'에 대한 명확하고 일관된 법리가 확립되어 있지 않다는 것을 반증하는 것이라 하겠다. 투자협정상 내국민대우 위반 분쟁사례에서 GATT/WTO의 내국민대우에 관한 법리를 청구인 혹은 피청구국이 자신의 주장을 정당화하기 위해 인용한 대표적 사례로서 *Methanex* 사건 등을 들 수 있다.[104] 이처럼 GATT 법리를 투자협정상 내국민대우조항에 적용하려는 주장은 국내외 투자(investments)가 'like circumstances'에 있는지 여부를 결정하는 데 있어 GATT의 법리가 적절하게 인용될 수 있다는 측면과 '실질적으로 동등한 대우(effective equality of treatment)'의 제공이라는 GATT협정의 목적이 투자협정상 내국민대우에도 적용된다는 측면에서 제기되었다.[105]

그러나 *Methanex* 사건의 중재판정부와 *Occidental* 사건의 중재판정부를 비롯한 다수 중재판정부는 GATT규범과 투자협정의 '문언(text), 내용(context), 객체(object)와 목적(purpose)'이 다르다는 점을 들어 GATT/WTO 규범의 내국민대우의 법리를 투자협정에 그대로 적용하는 데에는 무리가 있다는 견해를 분명히 피력한 바 있다.[106] 구

104) A. Newcombe & L. Paradell, *supra* note 8, p.171. Methanex사에서 동 청구회사는 GATT/WTO의 'like product' 법리를 인용하며 자신이 생산하는 '메탄올'과 '에탄올'이 동종상품이라고 주장하였다. 이에 기반하여 메탄올을 생산하는 자사와 메탄올과 동종상품관계에 있는 에탄올을 생산하는 미국기업이 시장에서 '경쟁관계'에 있으므로 'like circumstances'에 있다고 주장하였다. 보다 자세한 내용은 *Methanex v. United States of America*, *supra* note 78, paras.23－29. Part Ⅳ－Chapter B.

105) A. Newcombe & L. Paradell, *supra* note 8, p.171.

106) *Methanex* 사건의 중재판정부는 NAFTA협정문의 기초자들이 GATT/WTO 법리에 능통해 있

체적으로 다음과 같은 측면에서 GATT/WTO 규범과 투자협정은 구별될 수 있을 것이다. 우선 GATT/WTO 규범과 투자협정은 적용대상 측면에서 차이가 있다. GATT상 내국민대우는 '상품'에 적용되지만, 투자협정은 '투자자와 투자'에 적용된다. 둘째, GATT/WTO 규범상 분쟁해결절차에서 제소는 오직 '국가'만이 할 수 있는 반면, 투자중재는 투자자가 직접 투자유치국을 상대로 중재신청을 할 수 있다.[107] WTO 분쟁상 구제조치의 제1목표는 위반된 조치의 철회인 반면, 투자중재에서의 구제수단은 위법행위로 인한 투자자의 손해를 전보하는 것이다. 또한 GATT/WTO협정상 내국민대우와 투자협정상 내국민대우에 사용된 용어(wording)가 상이하다는 점이 그것이다.

다수의 중재판정부가 GATT의 법리가 투자협정에 그대로 적용될 수 없다는 점을 분명히 하였지만, 그렇다고 하여 GATT의 법리가 투자협정을 해석하는 데 있어 아무런 의의(意義)도 가지지 못하는 것은 아니라고 생각된다. 투자협정상 내국민대우 의무 위반에 관한 분쟁이 제기되는 경우, 내외국인투자자가 '동종상품(like product)'을 생산한다고 하여 곧바로 'like circumstances'에 있다고 판정되지 않겠지만, 내외국인 투자자/투자가 'like circumstances'에 있는지 판단함에 있어 비교대상인 내외국인투자자가 '동종상품'을 생산하는지 여부가 고려해야 할 요소 중 하나가 될 가능성을 배제할 수 없기 때문이다. 투자협정상 내국민대우 위반관련 분쟁에서 외국투자자가 생산한 상품(goods)이 내국투자자가 생산한 제품과 '동종상품(like product)'인지 여부가 'like circumstances' 판정단계에서 중요한 사안에서는 중재판정부가 GATT의 법리를 적용하는 것이 유용할 수 있을 것으로 생각된다.

예를 들어, 투자유치국 정부가 A기계를 생산하는 국내기업에게는 세금환급을 제공하면서 B기계를 생산하는 외국기업에게는 세금환급을 제공하지 않는 경우를 가정해보자. 이 경우 외국기업은 투자유치국 정부의 조치가 외국인투자(investment)를 내국인 투자(investment)에 비해 부당하게 차별하고 있다며 내국민대우 위반을 주장할 수 있을 것이다. 중재판정부는 내외국인투자에 있어 상이한 대우의 존재 여부를 판정한

으며, NAFTA협성문에서 "like goods", "any like, directly competitive or substitutable goods, as the case may be"와 "like circumstances"가 별도의 조항에서 규정되고 있다는 점을 주목해야 한다고 하였다. NAFTA 제11장에서 "like goods"가 아니라 "like circumstances"가 규정되어 있다는 점에서 양자를 명시적으로 구분하는 것이 조약기초자들의 의도였으므로 NAFTA 제1102조상 내국민대우위반을 검토할 때는 'like product'가 아니라 비교대상인 내외국인투자자가 'like circumstances'에 있는지 여부를 검토해야 한다고 하였다. 이에 GATT상 내국민대우 법리를 NAFTA상 내국민대우 규정에 그대로 "적용될 수 없다(should not be transported)"고 하였다. 보다 자세한 내용은 *Methanex v. U.S., supra* note 78, paras.29–37. Part Ⅳ–Chapter B 참조.

107) NAFTA와 한–미 FTA도 투자의 장에서 투자자의 직접중재를 인정하고 있다. 서철원, 앞의 각주 38, 77면.

후 문제의 내외국인투자(investment)가 'like circumstances'에 있는가를 판정하는 일이 핵심쟁점일 것인데, 여기서 문제의 두 회사가 생산하는 A기계와 B기계가 '동종상품' 인지 여부가 'like circumstances' 판정에 있어 중요할 수 있다. 이 경우 투자중재판정부가 GATT/WTO의 '동종상품' 법리를 적용하여 외국인기업과 국내기업이 생산하는 제품이 '동종상품'인지 판단하는 일은 'like circumstances' 판정에 유용할 것으로 생각된다.[108)]

이상에서 GATT/WTO상 내국민대우와 투자협정상의 내국민대우의 법리를 분석해 보았다. 내국민대우의 위반을 판정함에 있어 핵심요건인 'like circumstances'에 관해 투자중재판정부의 명확하고 일관된 법리가 축적되어 있지 않으며, 이에 투자분쟁의 청구인 및 피청구인은 자신의 주장을 정당화하기 위해 GATT/WTO의 법리를 인용하는 사례가 있었다. 투자협정 기초자들의 의도, 투자협정의 목적과 객체, 문언이 GATT/WTO의 그것과 다르다는 점에서 GATT/WTO의 'like product' 법리를 투자협정상 'like circumstances'에 그대로 적용할 수는 없을 것이다. 그러나 그동안의 투자분쟁사례에서 중재판정부는 'like circumstances'가 다양하게 해석될 여지가 있으며 자주 언급된 '동일 경제 혹은 사업 영역(same economic or business sector)'조차 절대적 기준은 아니며 사안별로 고려해야 할 요소가 달라질 수 있다고 하였다. 이를 감안할 때 'like circumstances'판정에 있어 내국인투자자와 외국인투자자가 생산하는 상품이 '동종상품'인지 여부가 중요한 요소가 될 수 있는 경우 GATT/WTO의 법리가 중재판정부에게 유용한 법적 지침(legal guidance)의 역할을 해 줄 가능성 또한 배제할 수 없을 것이다. 이에 GATT/WTO의 법리가 일괄적으로 투자협정에 그대로 적용될 수 없겠지만 적어도 내국민대우 위반과 관련하여 GATT/WTO의 'like product'관련 법리는 투자협정상 내국민대우 위반의 'like circumstances' 판정에 대해 해석의 지침 역할을 할 수 있을 것으로 생각된다.

---

108) 물론 두 상품이 '동종상품(like product)'으로 판정된다고 하여 곧바로 이를 생산하는 외국인기업과 국내기업이 'like circumstances'에 있는 것으로 판정되지는 않을 것이다. 중재판정부가 '동종상품'이라는 요소는 'like circumstances' 판정 시 고려해야 할 여러 요소 중 하나라고 결정할 수 있으며, 투자유치국의 문제된 조치(예를 든 사안에서는 A기계를 생산하는 외국인 기업과 B기계를 생산하는 국내기업에 대해 조세환급을 상이하게 한 것)가 정부정책의 정당한 목적(예를 들어, 환경보호를 위해 환경친화적인 A기계를 생산하는 국내기업에게는 조세환급을 제공하고 덜 환경친화적인 B기계를 생산하는 외국기업에게는 조세환급을 제공하지 않는 것)과 합리적 관련성이 있고 보호주의적인 의도가 없는 경우 문제의 비교대상인 외국인투자와 내국인 투자는 'like circumstances'에 있지 않은 것으로 판정될 가능성이 있기 때문이다.

제6장 포괄적 보호조항

Ⅰ. 서 론

최근 외국인투자는 경제발전을 위한 발판이자 국가경쟁력을 나타내는 지표로써 점차 그 중요성이 부각되고 있다. 이에 따라 지난 수년간 BIT 또는 FTA의 일부로서의 투자협정체결이 크게 늘고 있으며 투자관련 국제중재의 수 또한 해마다 급격히 증가하면서 국제투자법의 면모가 크게 변화하였다.[1] 특히 사인(私人) 또는 기업이 투자유치국의 행위로 인해 침해된 권리에 대하여 본국이 자국의 국민을 보호하기 위해 국가 자신의 권리로써 행사하는 외교보호(diplomatic protection)[2]와 달리 권리침해를 당한 사인(私人) 또는 기업이 가해국인 투자유치국을 상대로 직접, 자신의 고유한 권리로써 ICSID에 제소할 수 있는 투자자-국가간 분쟁해결제도는 국제투자분쟁의 인

※ 본고는 제1회 국제투자중재 논문 공모대회에서 최우수상을 수상한 논문을 전재한 것이다.

1) Dolzer와 Schreurer 교수는 외국인투자를 규율하는 원칙이 국제경제법의 틀 내에서 발전하였기 때문에 이 원칙이 별도의 범주로 존재하는지 여부에 대해 말하는 것이 적절한지에 대해서는 의문이 있다고 한다. 그러나 현재 법률가들이 국제투자법을 전문화된 분야로 내세우고 있으며 대학에서 별도의 강의가 진행되고 있는 것이 자명하므로 국제투자법이 하나의 새로운 범주로 분류될 가능성이 있다고 보고 있다. Rudolf Dolzer, Christoph Schreuer, *Principles of International Investment Law* (New York: Oxford University Press, 2007), p.2.; 2010.6.30일 현재 ICSID협약과 ICSID Additional Facility Rules 하에서 총 319건의 사건이 등록되었다. 투자자-국가간 투자분쟁과 관련된 그 밖의 통계에 대해서는 *ICSID Caseload Statistics* 참조.

2) 전통국제법 하에서는 사인을 국제법의 주체로 보지 않았기 때문에 외국의 행위로 인해 개인이 피해를 입는 경우 가해국을 상대로 직접 소를 제기할 수 없었다. 따라서 피해자의 구제는 피해자의 국적국에 의한 외교보호를 통해서만 가능했는데, 외교보호는 가해국의 국제위법행위(internationally wrongful acts), 국내구제완료의 원칙(exhaustion of local remedies), 청구국적계속의 원칙(continuancy of nationality)이라는 세 가지 요건이 충족되어야만 행사할 수 있었으며 그 행사도 국가의 재량사항(discretion)이었기 때문에 외국의 행위로 인해 피해를 입은 사인을 보호하기에 충분하지 않았다. 이러한 측면에서 적어도 투자자의 보호에 있어서는 투자자가 투자유치국을 상대로 직접 국제중재를 청구할 수 있는 대안이 요구되었다. 자세한 내용은 김대순, 『국제법론』 제14판(서울 : 삼영사, 2008), 623-656면 참조.

적 관할(*ratione personae*)의 범위를 확대함으로써 국제투자법의 획기적인 발전을 가져왔다.

이와 더불어 국제투자협정이 아닌 투자자와 국가간 양허계약(concession agreement)에 의해 발생한 분쟁에 대해서도 국제중재를 제기할 수 있게 함으로써 국제투자분쟁의 물적 관할(*ratione materiae*)을 확대하려는 시도 또한 이어졌다. 본질적으로 BIT 등의 국제투자협정은 국가간 협정이기 때문에 기본적으로 사인 간의 투자계약위반은 국제투자협정의 보호대상이 아니다. 그러나 일방이 사인 또는 법인이고 타방은 국가인 투자계약의 위반의 경우에도 '포괄적 보호조항(umbrella clause)'을 통해 국제투자협정의 보호대상에 포함시키려 하는 논의가 *SGS v. Pakistan* 사건[3)]과 *SGS v. Philippines* 사건[4)]에서 각각 상반된 해석론을 제시함으로써 시작되었다.

포괄적 보호조항이 일방 투자자와 타방 국가 사이에 체결된 양허계약에 적용되는지 여부가 중요한 이유는 BIT 등의 국제투자협정에 의해 구성된 국제중재재판부가 조약상의 위반이 아닌 계약상의 위반에 대해서도 관할권을 갖게 될 경우 사소한 계약위반에 의한 분쟁까지도 국제중재로 이어짐으로써 사건이 범람할 수 있고, 법정의 편의적 선택(forum shopping)과 병행절차의 문제 등이 나타날 수 있기 때문이다. 게다가 그 기능과 범위, 그리고 효과에 대한 어떠한 일반적인 합의가 없고 중재판정부는 물론 학계의 의견이 일치하지 않아 각각의 판례에서 상반된 입장을 보임으로써 이론적으로, 그리고 실무적으로 중요한 논점이 되고 있다.

한국은 다수의 BIT에 포괄적 보호조항을 삽입하고 있으나 동 조항에 대한 기준이 정립되어 있지 않아 향후 BIT의 체결에 있어, 그리고 장래 발생할 수 있는 분쟁에 있어 문제될 소지가 있음에도 이에 대한 논의가 충분히 이뤄지지 않고 있다. 따라서 본 장에서는 포괄적 보호조항의 연원과 관행에 대해 살펴보고, 각국이 체결하고 있는 BIT, 그리고 학설·판례를 통해 동 조항의 기능과 범위·효과·한계 등의 주요쟁점에 대해 분석함으로써 한국이 체결한 BIT 상의 포괄적 보호조항과 관련하여 제기되는 문제점과 그러한 문제점의 해결방안을 강구하고자 한다.

3) *SGS Société Générale de Surveillance S.A. v. Islamic Republic of Pakistan* (Jurisdiction) ICSID Case no. ARB/01/13 (August 6. 2003).

4) *SGS Société Générale de Surveillance S.A. v. Philippines* (Jurisdiction) ICSID Case no. ARB/02/6 (January 29. 2004).

Ⅱ. Umbrella Clause의 기원과 각국의 조약관행

1. Umbrella Clause의 정의와 기원

포괄적 보호조항은 일반적으로 조약의 각 당사국들로 하여금 타방당사국의 투자자에 대해 부담하는 모든 투자의무(investment obligation)를 준수할 것을 요구한다.[5)] 동 조항은 'Mirror or Parallel Effect Clause', '*Pacta Sunt Servanda*', 또는 'Sanctity of Contract Clause' 등의 다양한 명칭으로 불리며, 다수의 BIT에서 규정하고 있는 조약조항(treaty provision)으로 ICSID의 설립과 BIT의 체결로 급증한 외국인투자에 비해 국제법상 확립된 외국인투자자보호기준의 부재로 그 보호수준이 미비한 문제를 해결하려는 노력의 일환이었다.

학계에서는 포괄적 보호조항에 대한 논의의 기원을 1954년 *Anglo-Iranian Oil Company*(*AIOC*) 사건[6)]의 'Umbrella Treaty'에서 찾고 있다.[7)] 1950년대 당시의 일반국제법 하에서는 계약상의 의무위반이 그 자체로써 국제의무위반이 될 수 있는지 여부가 확실치 않았다. 게다가 분쟁발생시 투자자는 중립성을 기대하기 힘든 투자유치국의 국내법원에서 언제라도 투자유치국에 의한 일방적인 법 개정이 가능한 그 국가의 국내법에 의존해야 했기 때문에 법적으로 불리한 위치에 있었다. 이러한 문제가 수면 위로 부상한 계기가 된 사건이 바로 *AIOC* 사건이었다. 본 사건에서 Elihu

---

5) 원문은 다음과 같다. "… the umbrella clause is a treaty provision found in many BITs that requires each Contracting State to observe all investment obligations it has assumed with respect to investors from the other Contracting State.", Jarrod Wong, "Umbrella Clauses in Bilateral Investment Treaties: of Breaches of Contract, Treaty Violations, and the Divide Between Developing and Developed Countries in Foreign Investment Disputes", *George Mason Law Review*, vol.14, no. 1 (2006), p.142.

6) 사건의 개요는 다음과 같다. 1951년 이란정부는 석유국유화법(Iranian Oil Nationalization Law)을 제정하여 모든 석유생산시설의 국유화 조치를 단행하였고 영국정부가 대주주로 있던 AIOC의 장기 석유양허계약은 이란정부에 의해 일방적으로 파기되었다. AIOC는 이러한 이란정부의 행위를 문제 삼아 ICJ에 제소하였으나 이란이 관할권합의를 거부하여 각하되었다. 이 사건의 주요쟁점은 국가와 외국인 간에 체결된 국가계약(state contract)도 조약인지 여부였다. 영국정부는 "이란정부와 Anglo-Iranian Oil 회사 사이에 체결된 1933년의 양허계약은 그 교섭과정에서 영국정부가 담당한 역할을 고려할 때 '이중적 성격(double character)'을 갖는다"고 주장하였다. 즉, 이란정부와 동 회사 간의 양허계약으로서의 성격과 영국과 이란정부 사이의 조약으로서의 성격을 갖는다고 주장한 것이다. 그러나 ICJ는 "영국은 동 계약의 당사자가 아니고, 영국정부와 이란정부 사이에는 계약의 당사자관계가 존재하지 않는다"고 하면서 이란의 주장을 배척하였다. *Anglo Iranian Oil Conmpany Ltd* (UK v. Iran) ICJ Rep. 93(1952).

7) Andrew Newcombe, Lluis Paradel, *Law and Practice of Investment Treaties* (Kluwer Law International, 2009), pp.440-441.

Lauterpacht가 AIOC에 제안한 'Umbrella Treaty'는 이란과 AIOC 사이에 체결된 모든 계약이 이 조약을 통해 이란과 영국 사이에 체결된 조약으로 포섭 또는 회부되도록 하여 투자자의 권리보호의 범위를 확대시키고자 한 것으로 Umbrella Clause의 시초라 할 수 있다.

이후 포괄적 보호조항은 1959년 Abs－Shawcross 초안에서 좀 더 구체적인 형태를 갖춤으로써 현대의 BIT에서 규정하고 있는 포괄적 보호조항에 근접해졌고,[8)] 이는 OECD의 1967년 OECD 초안[9)]을 포함한 특정 초안들에 영향을 미쳤다.

2. 각국이 체결한 BIT상 Umbrella Clause의 제정관행

1959년 체결된 최초의 근대적 투자조약인 독일－파키스탄 BIT에 포괄적 보호조항이 삽입됨으로써 동 조항에 대한 논의는 Abs－Shawcross 초안과 1967년 OECD 초안에서 BIT로 이어졌다. 독일－파키스탄 BIT의 포괄적 보호조항은 1991년 제정된 독일 모델 BIT 제8조 2항의 포괄적 보호조항의 기초가 되었으며, 다음과 같이 규정하고 있다.

> "Each Contracting Party shall observe any other obligation it has assumed with regard to investments in its territory by nationals or companies of the other Contracting Party."[10)]

미국도 1983년 OECD 초안을 바탕으로 한 미국 모델 BIT에 포괄적 보호조항을 삽입하였고, 이후 1984년과 1987년 두 차례의 개정안에서도 1983년 미국 모델 BIT와 유사한 문구의 포괄적 보호조항을 규정하고 있다.

---

8) Abs Draft International Convention on Foreign Investment Article 2:
"Each Party shall at all times ensure the observance of any undertakings which it may have given in relation to investments made by nationals of any other Party.", *supra* note 5, p.145, 각주 49) 재인용. (밑줄은 필자강조)

9) Draft Convention on the Protection of Foreign Property and Resolution of the Council of the OECD on the Draft Convention Article 2:
"Each Party shall at all times ensure the observance of undertakings given by it in relation to property of nationals of any other Party.", OECD Publication, no. 23081 (October 12, 1967). (밑줄은 필자 강조)

10) 1959년 독일정부는 포괄적 보호조항의 효력에 대해 독일의회에 다음과 같이 통지한 바 있다. "The violation of such an obligation [of an investment agreement] accordingly will also amount to a violation of the international legal obligation contained in the present Treaty.", 1991 German Model Treaty on the Encouragement and Reciprocal Protection of Investment, Sept, 1991; *supra* note 1, p.154.

"Each Party shall observe any obligation it may have entered into with regard to investors or nationals or companies of the other Party."[11)]

이와 같이 각국이 체결하고 있는 BIT상의 포괄적 보호조항은 그 표현과 구성이 다양하고 의미와 목적 또한 상이하지만 최근의 사례들에서 중재판정부가 다룬 포괄적 보호조항은 크게 다음의 다섯 가지 유형으로 구분할 수 있다. 물론 이 다섯 가지의 유형이 현존하는 BIT상의 포괄적 보호조항을 모두 포함하는 것은 아니다. 그러나 중재판정부가 최근 사례에서 다룬 거의 모든 형태의 포괄적 보호조항이 포함되어 있음은 분명하다.[12)]

(ⅰ) "Each Party shall observe any obligation it may have entered into with regard to investments."
(ⅱ) "Each Contracting Party shall observe any obligation it may have entered with regard to investments of investors of the other Contractual Party."
(ⅲ) "Each Contracting Party shall observe any obligation it has assumed with regard to specific investments in its territory by investors of the other Contracting Party."
(ⅳ) "Either Contracting Party shall constantly guarantee the observance of commitments it has entered into with respect to the investments of the investors of the other Contracting Party."
(ⅴ) "Each Contracting Party shall create and maintain in its territory a legal framework apt to guarantee to investors the continuity of legal treatment, including the compliance, in good faith, of all undertakings assumed with regard to each specific investor."

다수의 BIT에서 포괄적 보호조항을 규정하고 있기는 하나 동 조항이 내국민대우원칙이나 공정하고 공평한 대우원칙과 같이 BIT에 일반적으로 포함되는 조항인지에 대해서는 이견(異見)이 있다. 에너지헌장조약과 아세안투자조약(ASEAN Agreement for the Promotion and Protection of Investments: ASEAN Investment Treaty), 그리고 독일, 네덜란드, 스위스, 영국 등의 선진국들이 체결한 BIT에서의 포괄적 보호조항은 NT 또는 FET 조항과 함께 BIT에 일반적으로 포함되는 규정이다. 반면에 대다수의 개도국과 프랑스, 호주, 일본, 스페인을 비롯한 일부 선진국들은 BIT에 동 조항을 삽입하지 않고 있으며, NAFTA와 캐나다 BITs, 그리고 1994년 이후의 미국 모델 BIT에서 동 조항을

11) 그러나 미국은 1994년 이후에는 미국 모델 BIT에 포괄적 보호조항을 삽입하지 않고 있다. 1983 U.S. Model BIT Article II (4), Jan 21, 1983; 1984 U.S. Model BIT Article II (2), Feb 24, 1984; 1987 U.S. Model BIT Article II (2), Sept, 1987 ("Each Party shall observe any obligation it may have entered into with regard to investments.").

12) 각 유형에 해당하는 BIT의 종류는 Craig S. Miles, "Where's My Umbrella? An 'Ordinary Meaning' Approach to Answering Three Key Questions That Have Emerged from the 'Umbrella Clause' Dabate", in TJ Grierson Weiler(ed.), *Investment Treaty Arbitration and International Law* (New York: JurisNet, 2008), pp.7-8, 각주 17)-21)에 상세히 기술하고 있다.

포함하지 않고 있다. 따라서 다수의 BIT에 포함되어 있다는 것만으로 단순히 포괄적 보호조항을 BIT에 일반적으로 포함되는 조항이라 단정하기는 어렵다.[13)]

Ⅲ. Umbrella Clause의 주요쟁점

포괄적 보호조항의 기원과 유형의 분석을 통해 동 조항은 투자자와 국가간 체결한 투자계약까지 조약의 적용범위에 포함시켜 단순한 계약상의 의무위반으로 인한 분쟁이라 하더라도 조약에 기반하여 국제중재를 제기할 수 있게 함으로써 외국인투자자에 대한 보다 포괄적인 보호를 목적으로 하며 비교적 정형화된 표현으로 이루어져 있음을 알 수 있다. 이러한 이유로 포괄적 보호조항의 해석과 관련하여 분쟁이 발생할 여지가 없어 최근까지 거의 사문화된 조항으로 여겨졌지만,[14)] *SGS v. Pakistan* 사건과 *SGS v. Philippines* 사건을 비롯한 일련의 사건들을 통해 포괄적 보호조항의 기능과 범위 및 효과에 대한 해석이 주요쟁점으로 부각되기 시작하였다. 그러므로 포괄적 보호조항과 관련된 주요 사례들을 비교분석하여 동 조항의 다양한 표현과 기능, 범위, 효과 그리고 한계를 살펴봄으로써 이후의 논의에 대한 이해의 초석을 제공하고자 한다.

1. Umbrella Clause의 다양한 표현과 해석[15)]

1) 표현의 다양성

각국이 체결하고 있는 BIT상 포괄적 보호조항은 짧고 간단한 전형적인 표준조항(standard provision)의 형태를 띠고 있다. 그러나 조약마다 달리 규정하고 있어 이러한 표현상의 차이는 동 조항의 범위와 효과에 중대한 차이를 가져올 수 있다. 예를 들어 일부 BIT상의 포괄적 보호조항은 '투자자(investor)'에 대한 의무를 규정하는 반면 일부는 '투자(investment)'에 대한 의무를 규정하고 있고, 또한 의무의 성격에 대해서도 일부에서는 '약속(commitment)'으로 규정하는 한편 일부에서는 '의무(obligation)'라고 표현하기도 한다.

이에 착안하여 일부 중재판정부에서는 각 조항의 표현상 차이와 그러한 표현의

---

13) *supra* note 5, pp.148–149; *supra* note 7, pp.443–444.

14) 조희문, "국제투자조약상 포괄적 보호조항(Umbrella Clause)의 해석에 관한 연구", 『중재연구』 제19권 제2호 (2009. 8), 102면.

15) 본 장 Ⅱ–2. '각국이 체결한 BIT상 Umbrella Clause의 제정관행' 참조.

차이가 의미하는 바를 중요하게 여겨 각각의 사건에서 관련 문구의 해석의 중요성을 강조한 바 있다. 그러나 일부 중재판정부는 비록 표현은 다를지라도 BIT가 추구하는 객체와 목적을 위한 포괄적 보호조항의 역할은 상이하지 않으므로 개개의 표현에 연연하는 것은 불필요하다고 본다. 후자의 견해에 따르면 각 조약의 당사자들이 포괄적 보호조항의 범위와 효과에 대해 합의한 구체적인 내용이 있다 하더라도 이를 무시하고 특정 해석론을 일괄적으로 적용하게 되는데, 이는 BIT의 목적에 합치하지 않는 것이다. 따라서 개별 사건에서 관련된 BIT상의 포괄적 보호조항의 표현에 따라 범위와 효과를 달리 해석하는 전자의 의견이 BIT의 객체 및 목적에 보다 합치하는 것으로 보인다.

포괄적 보호조항의 다양한 표현은 특히 다음의 네 가지에서 그 범위와 효과에 영향을 미친다.

> "Each Contracting Party shall ① [observe, respect, guarantee, ensure...] any ② [obligation, engagement, commitment...] it may have ③ [entered into, have, assumed...] with regard to ④ [investments 또는 investors] of nationals or companies of the other Contracting Party."[16](괄호 및 번호는 필자 삽입)

먼저, 의무의 '준수'와 관련하여 일부 BIT는 'observe' 또는 'respect'와 같이 엄격한 의무의 준수를 요구하는 단어를 사용하는 한편, 일부 BIT는 'guarantee' 또는 'ensure'라는 단어를 사용하여 전자보다는 덜 엄격하거나 덜 엄밀한 수준의 의무준수를 규정하고 있다.[17] 이 외에도 'shall'과 'ensure' 사이에 특정한 조건을 삽입하여 의무의 범위를 좁히려 한 시도도 있었다.[18]

두 번째로, 부과된 '의무'의 성격과 관련하여 대다수의 BIT는 'obligations'를 사용하지만 일부 BIT에서는 'obligations'보다는 덜 엄격한 의미를 가진 'engagements'나 'commitments'를 사용하기도 한다. 그러나 '의무'는 대부분의 경우 표현에서 의미하는 엄격함의 정도보다는 외국인투자자에 대하여 법적 구속력을 갖는 국가행위인지 여부가 더 중요하다.[19] '의무'의 범위나 형태에 대해서는 BIT에 따라 다르게 규정하고 있다. 예를 들어, 의무의 형식은 구두가 아닌 서면으로 작성되어야 할 것을 요구

---

16) 현대 포괄적 보호조항의 전형적인 형태라고 할 수 있는 영국 모델 BIT 이다.

17) 후자의 경우 실제 국가들이 조약의 작성 시 의도한 바와 다를 수 있으므로 해석 시 당사국들의 의도 또한 고려해야 한다.

18) Australia – Poland BIT Article 10.
"A Contracting Party shall, subject to its law, do all in its power to ensure that a written undertaking given by a competent authority to a national of the other Contracting Party with regard to an investment is respected." (밑줄은 필자 강조)

19) *supra* note 7, p.446.

한다든가,[20] 'treatment of investment'라는 표현을 사용하여 의무 중에서도 투자의 대우와 관련된 의무에 한정하기도 한다.

세 번째로, 의무의 '부담'과 관련하여 일부 BIT는 'assumed'나 'have'를 사용하기도 하지만 대다수의 BIT에서 사용하고 있는 표현은 'entered into'이다. 일반적으로 'entered into'는 당사국들 상호 간의 합의가 있음을 의미하는 것이기 때문에 계약상의 약속(contractual commitments)을 포함하지만 일방적인 약속(unilateral commitments)은 포함하지 않는다는 것을 의미한다. 그러나 일부 중재재판부는 'entered into'는 일반적인 표현이므로 충분히 비계약적 의무(non-contractual undertakings)도 포함될 수 있다고 판정한 바 있다.[21]

마지막으로 의무의 '대상'은 일반적으로 'investment'이거나 'investments of investors'인데, 일부 BIT에서는 'investors'에 대해 부담하는 의무를 규정하고 있기도 하다. 후자의 경우 외국인투자자에 대해 간접적으로 부담하는 의무의 범위가 좁게 해석될 여지가 있는데, 그 대표적인 예가 현지법인과 같은 경우이다. 만약 투자유치국이 투자자의 현지법인을 '투자자'가 아닌 '투자'라는 이유로 포괄적 보호조항이 적용되지 않는다고 주장한다면 동 조항에 의한 의무의 범위가 좁아진다.

[표 6-1 포괄적 보호조항 표현의 다양성]

유 형	표 현			
의무의 준수	observe	respect	guarantee	ensure
의무의 성격	any obligation	any other obligation	engagement	committment
	계약상의 의무로 제한되는 것이 아니라 당사자간 계약으로부터 발생하는 모든 의무를 의미함			계약상의 약속으로 제한되는 것이 아니라 국내법 또는 행정 및 기타의 일방적인 조치도 포함함
의무의 부담	entered into		assumed	have
의무의 대상	investment		investor	

20) F.A. Mann, "British Treaties for the Promotion and Protection of Investments" (1981) *British Yearbook of International Law*, vol. 52, p.246.

21) *supra* note 7, p.448.

2) Umbrella Clause의 해석문제

포괄적 보호조항의 해석에 대한 중재판례에 의하면 기본적으로 조항의 일반적 의미(plain or ordinary meaning)에 비중을 누고 섭근하는 방법과 국제법과 국내법의 관계, 또는 계약소송과 조약소송의 관계를 고려하는 구조적인 문제(systematic issues)에 초점을 맞추어 접근하는 방법이 있다.[22)]

첫 번째 접근방식은 투자유치국이 외국인투자자에 대해 부담하는 어떠한 약속의 위반도 포괄적 보호조항의 위반이 된다고 보는 포괄적인 접근방식을 취하고 있으며, 국제관습법상 조약의 해석에 있어 일반적 기준이 되는 조약법에 관한 비엔나협약(VCLT) 제31조 1항[23)]을 해석시 고려해야 되는 기준으로 원용하고 있다. VCLT 제31조 1항에 의하면 조항의 해석 시 세 가지 요소를 고려해야 하는데, 이는 *Noble Ventures, Inc. v. Romania* 사건의 판결문에 잘 나타나 있다.

> "...first, to interpret Art. II(2)(c)...reference has to be made to Arts. 31 et seq. of the Vienna Convention on the Law of Treaties which reflect the customary international law concerning treaty interpretation. Accordingly, treaties have to be interpreted in good faith in accordance with the ① ordinary meaning to be given to the terms of the treaty in their context and ② in the light of the object and purpose of the treaty, while recourse may be had to supplementary means of interpretation, including the preparatory work and the circumstances of its conclusion only in order to confirm the meaning resulting from the application of the aforementioned methods of interpretation. Reference should also be made to the ③ principle of effectiveness (*effect utile*), which, too plays an important role in interpreting treaties."[24)] (밑줄과 숫자는 필자 삽입)

조약의 해석에 있어 우선적으로 고려해야 할 것은 조항의 일반적인 의미이다. 포괄적 보호조항의 일반적인 의미에 대해 *Eureko B.V. v. Poland* 사건의 중재판정부는 다음과 같이 분석한 바 있다.

> "The plain meaning – the "ordinary meaning" – of a provision prescribing that a State "shall observe any obligations it may have entered into" with regard to certain foreign investments is not obscure. "Any" obligations is capacious; it means not only obliga-

22) Stephan W. Schill, "Enabling Private Ordering: Function, Scope and Effect of Umbrella Clauses in International Investment Treaties", *Minnesota Journal of International Law*, vol.18, no.1 (2009), p.13.

23) Vienna Convention on the Law of Treaties Article 31 (1)
"A treaty shall be interpreted in good faith in accordance with the ordinary meaning to be given to the terms of the treaty in their context and in the light of its object and purpose."

24) *Noble Ventures, Inc. v. Romania*, (Award) ICSID Case no. ARB/01/11 (October 12, 2005), para.50.

tions of a certain type, but "any" – that is to say, all obligations entered into with regard to investments of investors of the other Contracting Party."[25)]

다음으로 고려해야 하는 것은 조약의 객체와 목적이다. 즉, 포괄적 보호조항을 통해 조약이 달성하고자 하는 목적은 투자자에게 보다 높은 수준의 보호를 제공하는 것이므로, 이것은 포괄적 보호조항의 범위를 넓게 보는 접근방식을 뒷받침한다.

"The object and purpose of the BIT supports an effective interpretation of Article X(2). The BIT is a treaty for the promotion and reciprocal protection of investments. According to the preamble it is intended "to create and maintain favourable conditions for investments by investors of the Contracting Party in the territory of the other." It is legitimate to resolve uncertainties in its interpretation so as to favour the protection of covered investments."[26)]

마지막으로, 조약의 해석은 해당 조항이 작동하도록, 즉 실효적으로 해석되어야 한다.

"Article X(2) was adopted within the framework of the BIT, and has to be construed as intended to be effective within that framework."[27)]

한편 *SGS v. Pakistan* 사건의 중재판정부는 위의 세 가지의 요소 외에도 포괄적 보호조항이 BIT상 어디에 위치해 있는지(placement)도 고려해야 한다고 판단한 바 있다. 즉, 포괄적 보호조항의 위치를 조약의 당사국들이 동 조항에 어느 정도의 범위와 효과를 부여하려고 했는지를 나타내는 척도로 본 것이다.

포괄적 보호조항의 위치는 개별 BIT에 따라 다양하지만 대개 세 종류로 구분할 수 있다. 가장 대표적인 형태는 실체적 조항들과 함께 규정하고 있는 경우로 대부분의 BIT가 이에 속한다.[28)] 그리고 스위스 모델 BIT와 같이 포괄적 보호조항을 실체적 조항들과 구분하여 '기타의 약속(other commitments)' 부분에서 별개로 규정하기도 하는데, 이 경우 실체적 조항과 포괄적 보호조항 사이에 분쟁해결조항과 대위변제조항이 위치하거나[29)] 분쟁해결조항이 포괄적 보호조항 뒤에 위치한다.[30)] 조약에서 포괄적

---

25) *Eureko B.V. v. Poland* (ad hoc UNCITRAL), Partial Award (Aug 19, 2005).

26) *supra* note 4, para.116; *supra* note 25, paras.255–257.

27) *supra* note 4, para.115; *supra* note 25, paras.248–249.

28) 네덜란드 모델 BIT 제3조가 대표적이며, 이외에도 영국, 스웨덴, 일본, 미국, 뉴질랜드 등의 국가들이 체결한 BIT에서도 확인할 수 있다. Katia Yannaca–Small, "Interpretation of the Umbrella Clause in Investment Agreements", in OECD (ed.), *International Investment Law: Understanding Concepts and Tracking Innovation* (Paris: 2008), pp.109–110.

29) 스위스가 일방당사국인 BIT의 대부분은 포괄적 보호조항이 실체적 조항과 분쟁해결조항 사이에 위치하는 두 번째 유형에 속하지만 스위스–쿠웨이트 BIT는 예외적으로 제3조에서 포괄적 보

보호조항의 위치를 해석 시 고려해야 할 요건 중 하나로 본다면, 첫 번째 유형과 같이 포괄적 보호조항이 조약의 앞쪽에 위치하고 있는 경우 조약의 당사자들이 동 조항에 실체적 의무를 부여하려 했다는 의도를 나타낸다. 반대로 포괄적 보호조항이 두 번째 또는 세 번째 유형과 같이 조약의 말미에 위치하고 있는 경우에는 조약의 당사자들이 동 조항에 실체적 의무를 부여할 것을 의도하지 않았음을 의미한다. 이러한 논리로 *SGS v. Pakistan* 사건의 중재판정부는 다음과 같이 판정하였다.

> "...Switzerland and Pakistan intended Article 11(Observance of Commitments) to embody a substantive "first order" standard obligation, they would logically have placed Article 11 among the substantive "first order" obligations set out in Article 3 to 7. The separation of Article 11 from those obligations by the subrogation article and the two dispute settlement provision(Article 9 and 10), indicates to our mind that Article 11 was *not* meant to project a substantive obligation like those set out in Article 3 to 7...."[31] (밑줄은 필자 강조)

반면에 *SGS v. Philippines* 사건의 중재판정부는 조약에서 포괄적 보호조항의 위치가 특별히 의미하는 바가 있을지도 모르지만 이는 해석 시 필요한 결정적인 요소라 할 수 없다고 판단하였다.

> "This factor is entitled to some weight... But the Tribunal does not regard the location of the provision as decisive, having regard to the other considerations recited above. In particular, it is difficult to accept that the same language in other Philippines BIT is legally operative, but that it is legally inoperative in the Swiss-Philippines BIT merely because of its location."[32] (밑줄은 필자 강조)

두 별개의 사건에서 각각의 중재판정부는 조약에서 포괄적 보호조항의 위치가 해석에 어느 정도의 중요성을 갖는지에 대해 서로 상반된 판결을 내놓음으로써 혼란을 초래하였으나 적어도 이것이 결정적인 요소인지 여부에 대해서는 의견을 같이하고 있음을 알 수 있다. 즉, *SGS v. Pakistan* 사건의 중재판정부는 조약의 당사자들이 동 조항에 실체적인 의무를 부여하려 한 의도가 있었는지를 파악함에 있어 포괄적 보호조항의 위치가 중요하게 고려되어야 할 요소라고 판단하였으나, 관련 판정문의 각주[33]에서 조항의 위치 그 자체만으로 당사자들의 의도가 그러했음을 증명하는 결

호조항을 규정하고 있다. 그리스, 핀란드, 멕시코가 체결하고 있는 BIT도 두 번째 유형에 속한다.

30) 세 번째 유형은 독일 모델 BIT에서 확인할 수 있다.

31) *supra* note 3, para.170.

32) *supra* note 4, para.124.

33) *SGS v. Pakistan* 사건에서 중재판정부는 다음과 같이 언급하였다. "we do not, of course, here suggest that the particular location by itself of a provision within the Treaty affords anything like conclusive indication of the specific intent of the Contracting Parties. We are saying

정적인 증거가 되는 것을 의미하지는 않았다고 밝힘으로써 *SGS v. Philippines* 사건의 중재판정부와 같은 결론을 내렸다. 이를 통해 포괄적 보호조항을 해석할 때 조항의 위치가 갖는 중요성에 대해서는 양 중재판정부의 의견에 차이가 있지만 이것이 결정적 요소는 아니라는 점에서 견해를 같이하는 것으로 생각된다.

포괄적 보호조항의 해석에 대한 두 번째 접근방식은 조약해석의 중요성을 부정하지는 않으나, 그보다는 국내법과 국제법 사이의 관계에 대한 구조적인 측면을 강조함으로써 보다 제한적인 접근방식을 취하고 있다. 조항의 일반적인 의미, 투자조약의 목적, 그리고 실효적인 해석을 우선적으로 고려하는 대신 국내법에 의해 규율되는 '계약'과 국제법에 의해 규율되는 '국제조약' 간에는 개념적이고 근본적인 차이가 있다는 전제에서 출발한다. 이러한 구분에 근거하여 제한적인 접근방식은 포괄적인 접근방식에 따라 포괄적 보호조항을 해석할 경우 투자자가 국제법의 주체가 아님에도 불구하고 계약상의 위반문제를 조약상의 위반문제로 변형시키기 때문에 *El Paso v. Argentina* 사건의 중재판정부가 지적한 바 있듯이 국내법체제와 국제법체제의 구분을 파괴한다고 강조한다.

> "...an umbrella clause cannot transform any contract claim into a treaty claim as this would necessarily imply that any commitments of the State in respect to investment, even the most minor ones, would be transformed into treaty claims. These far-reaching consequences of a broad interpretation of the so-called umbrella clauses, quite destructive of the distinction between national legal orders and the international legal order, have been well understood and clearly explained by the first Tribunal which dealt with the issue of the so-called "umbrella clause" in the *SGS v. Pakistan* case and which insisted on the theoretical problems faced."[34] (밑줄은 필자 강조)

2. Umbrella Clause의 기능

일반적으로 포괄적 보호조항은 투자자-국가간 체결한 계약의 위반을 투자자의 본국과 투자유치국간 체결한 조약(BIT)의 위반으로 상승시키는 기능을 하는 것으로 이해된다.[35] 투자조약에서 체약당사국들에게 투자유치국이 다른 체약당사국의 국민

that the interpretation urged by the Claimant raises questions as to the coherence of the structuring of the BIT.", *supra* note 3, 각주 176).

34) *EL Paso Energy International Company v. Argentine Republic* (Jurisdiction) ICSID Case no. ARB/03/15 (Apr 27, 2006), para.82.

35) 아래 3. 'Umbrella Clause의 범위'에서 다시 언급하다시피, 포괄적 보호조항은 외국인투자자에게 한 약속을 준수하도록 요구하는 BIT 체약당사국 간의 의무이기 때문에, 일방당사자가 외국인투자자인 경우라 하더라도 사적 당사자 간의 계약에는 적용되지 않는다. 다시 말해, BIT의 포괄적 보호조항에서 규정하고 있는 의무는 국가가 부담하는 의무이기 때문에 사인과 사인 간

과의 관계에서 부담한 의무를 준수하도록 요구하는 별도의 의무를 창설하기 때문이다. 이 외에도 투자유치국이 투자자에게 한 약속을 국내법원에서 집행하게 하는 기제로 작용하고, 투자자-국가 간의 계약에 대해 국제관습법이 제공하는 제한된 보호를 극복하는 기능을 한다. 또한 투자자-국가간 계약과 BIT에서 규정된 투자자보호의 불충분성을 보완하는 기능도 한다. 결국 큰 틀에서 보면 포괄적 보호조항은 투자유치국이 약속한 내용을 준수하게 하는 이행기제(enforcement mechanism) 역할을 한다고 할 수 있다. 따라서 BIT에 포괄적 보호조항이 규정되어 있다면, 외국인투자의 유인에 크게 기여할 것이다. 아래에서는 투자유치국이 투자자에 대해 완전하게 신뢰할 만한 약속을 하는 것을 제한하게 하는 상황에 대해 설명함으로써 위 기능들에 대해 상술하겠다.

1) 투자유치국이 한 약속을 국내법원에서 집행하게 하는 기제로 작용

투자유치국이 자국의 법원에 국가가 외국인투자자에게 한 약속을 이행하도록 강제하기는 쉽지 않을 것이다. 또한 개도국과 같이 외국인투자자에 대한 반감이 형성되어 있거나 독립적이고 효율적인 사법부가 존재하지 않는 상황에서는 투자유치국의 법원이 자국이 투자자에게 한 약속을 집행할 효율적이고 효과적인 기관으로 작용하는 것을 기대하기는 어렵다.

이러한 경우, 투자자는 자신의 본국이나 기타 제3국의 법원에 청구를 제기할 방법을 모색하게 되는데 실질적으로 이 청구가 받아들여질 가능성은 제한된다. 앞서 설명한 바와 같이 본국의 외교적 보호권 행사는 재량사항이고, 국제법의 근간을 이루는 주권평등(sovereign equality)에서 기인하는 국가면제(immunity from jurisdiction) 때문에 유치국 외 국가의 법원에서는 외국이 자국 법원의 피고가 되어 사법적 심사와 통제의 대상이 되는 것을 꺼리기 때문이다.[36] 또한 유치국 외 국가의 법원은 자국과 유치국과의 관계를 고려하여 사법자제(judicial restraint)를 행사하기도 한다. 따라서 제3국의 법원에서도 유치국의 약속을 집행하기 위한 판결을 얻어내기는 현실적으로 어렵다.

에 체결된 계약에는 포괄적 보호조항이 적용되지 않는다는 것이 공통된 견해이다.

36) 일국의 재판소가 외국 또는 외국재산에 대해 관할권을 행사하지 못하게 함으로써 국가들을 서로의 집행관할권으로부터 보호하기 위해 고안된 국가면제이론은 대체로 19세기 이후 일부 주요국가들, 특히 영국과 미국의 국내판례를 중심으로 하여 국제관습법의 형식으로 발전되어 왔다. 국가면제에 대한 내용은 김대순, 앞의 책, 623-656면 참조.

2) 투자자－국가간 계약에 국제관습법이 제공하는 제한된 보호를 극복

(1) 외교적 보호의 한계 극복

전통국제법하에서는 국가만을 국제법의 주체로 보았다. 따라서 국제법상의 의무는 외국인투자자와 관련하여 직접적으로 존재할 수 없었고, 외국인투자자는 투자유치국의 국내법을 통해서 피해구제를 주장할 수 있었다. 즉, 투자유치국의 약속위반은 유치국 국내법에 따라 판단되는 것이지, 국제법적 차원에서 외국인투자자가 유치국의 약속위반에 대해 직접 추구할 수 있는 방법은 존재하지 않았다. 다만, 국제관습법상의 외교보호(Diplomatic protection)를 통해 투자자는 본국에 자신이 입은 피해에 대해 투자유치국을 상대로 청구를 제기해 줄 것을 요청할 수 있었다.[37)]

그러나 외교적 보호는 그 행사 여부가 국가의 재량(discretion)[38)]이기 때문에 투자자의 본국의 여러 가지 정책적 고려에 의해 이를 행사하지 않을 수 있고, 본국이 투자자의 청구를 받아들여 국제적 차원에서 절차를 진행하는 경우에도 투자자를 대신해서가 아닌 본국의 권리를 행사한 것이기 때문에 본국이 피해에 대한 보상을 받을 자격이 있는 것이지 투자자는 보상액을 지불받을 근거가 없다.[39)] 또한 외교적 보호 행사 후 투자자와 투자유치국간 사후관계의 안정성을 담보할 수 없어 피해를 입은 투자자에 있어 만족할 만한 해결수단이 될 수 없는 한계를 드러냈다.

(2) 유치국이 한 약속의 실체적 안정화

투자자의 본국이 외교보호를 행사하는 경우에도 국제관습법에서는 투자자－국

---

37) 이와 같이 국가만이 국제청구를 제기할 수 있다는 시각은 1924년 초 *Mavrommatis Palestine Concessions* 사건에 대한 상설국제사법재판소(Permanent Court of Justice: PCIJ)의 판결에서도 확인된다. 판결문에서 재판소는 다음과 같이 설시하고 있다. "The question, therefore, whether the present dispute originates in an injury to a private interest, which in point of fact is the case in many international disputes, in irrelevant from this standpoint. Once a State has taken up a case on a case on behalf of one of its subjects before an international tribunal, in the eyes of the latter, the State is sole claimant." *Mavrommatis Palestine Concessions* (1924), PCIJ Series A, no.2, p.12.

38) *Barcelona Traction* 사건에서 국제사법재판소(International Court of Justice: ICJ)는 판결을 통해 외교보호의 재량적 성질(discretionary nature)을 확인하고 있다. "The State must be viewed as the sole judge to decide whether its protection will be granted, to that extent it is granted, and when it will cease. It retains in this respect a discretionary power the exercise of which may be determined by considerations of a political or other nature, unrelated to the particular case." Barcelona Traction Co.ICJ Reports (1970), para.44.; 또한 2006년 국제법위원회(International Law Commission: ILC)가 기초한 『외교보호초안』(Draft Articles on Diplomatic Protection)에 관한 주석서(Commentary)에서도 이와 같은 입장을 취하고 있다.

39) Edwin M. Borchard, *The Diplomatic Protection of Citizens Abroad* (New York: The Banks Law Publishing Co., 1919), p.19.

가간 계약의 위반에 대해 제한된 범위의 구제만을 제공하였다. 국제법과 국내법 간의 구분 때문에, 투자자-국가간 계약에 따른 의무를 투자유치국이 위반하였을 경우, 이것은 직접적으로 국제법 위반에 해당하지 않았다. 투자자는 국제법의 주체가 아니며, 투자자의 본국은 계약의 당사자가 아니기 때문이다. 또한 유치국의 국내법이 계약의 준거법이 되는데, 투자유치국은 이를 변경할 권한이 있는 것으로 생각되어 국내법에 따른 계약위반이 발생하지 않으면, 투자자는 그와 반대되는 주장을 국제법에서 주장할 수 없었다.

국내법과 국제법, 계약청구(contract claim)와 조약청구(treaty claim) 간의 구분에도 불구하고, 국제관습법은 투자자-국가간 계약에 일부 제한적인 보호를 부여하였다. 국제법적 의무가 투자유치국과 투자자에 비대칭적으로 부여되기 때문에, 국제관습법에서는 투자자-국가간 계약은 그 자체로 국제법 위반을 구성하지는 않지만, 계약위반이 투자자의 본국에 대한 의무위반에 해당하는 경우 국제법의 위반을 구성하는 것으로 보았다. 예를 들어, 투자유치국이 투자자와 체결한 계약을 자의적인 방식으로 간섭한다거나 수용하는 경우에는 투자자 본국에 대한 위법행위가 있는 것으로, 이는 국제법 위반에 해당할 수 있다고 보았다. 반대로, 유치국에 의한 투자자-국가간 계약의 단순한 상업적 위반은 그러한 위반이 국가 간의 국제관계에 영향을 주지 않고 계약적 관계에만 관련된 것이기 때문에 국제법 위반을 초래하기에는 불충분하다고 여겨졌다.

투자자-국가간 계약의 위반에 대해 앞서 설명한 국제관습법의 입장은 Schwebel 판사의 1987년 논문에서 잘 설명되어 있다. 그는 "외국인과의 계약의 단순한 위반은 국제법 위반이 아니지만, 그러한 계약에 반하는 '비상업적(non-commercial)' 행위는 국제법 위반이 될 수도 있다. 즉, 일상적인 상업적 관계에서 국가에 의한 계약위반은 국제법 위반이 아니나, 외국인과의 계약을 무효로 하거나 위반하기 위해 국가의 주권을 사용하여 당사자들 간의 기대에 반하는 것은 국제법의 위반이다"라고 언급하였다.[40]

국제관습법의 다소 유연한 입장에도 불구하고 이것 역시 외교보호처럼 완전한 구제를 제공하기에는 불충분하였는데, 투자유치국의 상업적 행위(commercial conduct)로부터 발생하는 기회주의적인 행동에 근거한 계약위반에 대해서는 보호를 제공하지 못했기 때문이다.[41]

40) Stephan M. Schwebel, "On Whether the Breach by a State of a Contract with an Alien Is a Breach of International Law" in *International Law at the Time of Its Codification: Essays In Honour of Robert Ago* (1987), pp.408-409.

41) 기회주의적인 행위는 계약의 준거법에 반하여 투자유치국이 계약상의 의무를 불이행하거나

그러나 BIT에서 포괄적 보호조항이 규정됨으로써 투자유치국이 주권자 또는 상행위의 주체로서 행위하는 것과 관계없이 일반적으로 투자유치국이 한 약속을 준수하게 하는 이행기제로 작용할 수 있다.

3) 투자자 - 국가간 계약에서 규정된 투자보호의 불충분성

일반적으로 대규모의 투자계약은 항상 중재조항, 계약을 제3국의 법의 대상이 되게 하는 준거법조항, 투자자 - 국가간 계약을 규율하는 법의 사후 변경을 차단하는 안정화조항 또는 계약의 준거법으로써 국제법을 선택한 국제화조항 등을 포함한다. 중재조항은 국내재판을 통해 분쟁을 해결하는 것을 방지하고, 준거법조항, 안정화조항, 국제화조항 등은 투자유치국의 일방적인 준거법 변경이 계약의 평등관계에 영향을 미칠 수 있는 부정적인 영향들로부터 투자자 - 국가간 계약을 보호할 해결책을 일부 제공한다.

그럼에도 불구하고, 순수한 계약상의 약속은 상설적인 기구적 구조와 비교하여 중대한 결점을 가지고 있다. 무엇보다, 계약에서는 상설적인 분쟁해결과 이행기제가 없기 때문에 투자자는 계약을 체결할 때 위 조항들을 규정하기 위해 지속적으로 협상을 할 것이고 이것은 전체 투자 협력을 비효율적으로 만들 것이다. 거대한 다국적 기업의 경우 투자유치국과 계약 체결 시 갑(甲)의 입장에 서서 자신에게 유리하게 위 조항들을 삽입할 가능성이 높지만, 소규모 투자자는 시장력이나 협상력에서 다국적 기업과는 전혀 반대의 상황에 처해 있기 때문에 대규모 투자자에 비해서 구조적으로 불이익을 받게 된다. 이러한 이유로 소규모 외국인투자자는 투자를 할 가능성이 더 작아진다. 소규모 투자자가 투자를 하는 경우에도 이윤추구를 목적으로 하는 투자자는 계약조건이 자신에게 불리하게 작용할 수 있는 가능성을 고려하여 상품과 서비스를 더 높은 가격으로 제시할 것은 자명하다. 이것은 결국 투자자뿐만 아니라 투자유치국에게도 투자비용이 더 높아지게 하는 결과를 초래한다.

4) BIT상에서 투자자 - 국가간 계약의 제한된 보호를 보완하는 기능

BIT에서 투자자가 투자유치국을 상대로 직접 청구를 제기하고 유치국의 약속을 이행하게 함으로써 투자유치국은 투자자에게 더 신뢰할 만한 약속을 할 수 있고 따라서 외국인투자를 유치하기 위한 비용과 시간을 줄일 수 있으며 투자자와 국가 간의 협력을 더 효과적으로 증진시킬 수 있다.

고의로 계약문안을 불분명하게 규정하여 공백을 남기는 등의 형태로 나타날 수 있다. *supra* note 22, pp.35 - 36.

그러나 현대의 투자조약에서도 국가는 투자자-국가간 계약에서 신뢰할 만한 약속을 할 능력이 제한된다. 투자조약에서는 공정하고 공평한 대우(Fair and Equitable Treatment: FET) 및 수용(expropriation)으로부터의 보호와 같이 여러 가지 구체적인 투자자의 권리 및 투자유치국의 사전중재동의를 포함하고 있으나, 포괄적 보호조항이 없는 경우, 계약에서 한 약속의 보호는 여전히 제한된다. 중재판정부의 사례들을 살펴보면, 특히 FET와 수용은 투자유치국의 상업적 행위(commercial activity)가 아닌 주권적 행위(sovereign act)에 의해 위반되었을 때 위반으로 판단하고 있다. 따라서 투자조약중재에서도 계약청구(contract claim)와 조약청구(treaty claim)가 구분되고, 이에 따라 투자조약이라 하더라도 포괄적 보호조항을 포함하지 않는 투자조약에서 투자유치국은 완전하게 신뢰할 만한 약속을 할 수 없게 된다.

또한 포괄적 보호조항은 BIT의 다른 실체적 규정이 포섭하지 않는 위험에 관련된 산업에 투자하는 투자자를 보호하는 기능을 한다. 다른 일반적인 투자와는 달리 에너지산업과 같이 복잡한 산업에 투자하는 투자자는 자신과 투자유치국 관계의 안정성, 투자에 영향을 미치는 법적·규제적 틀, 그리고 이 두 가지 요소들이 국가가 추구하는 더 넓은 정책목적에 부합하도록 하겠다는 유치국 정부의 보장을 중요시한다.[42] 이러한 보장과 약속은 투자자에게 안정성을 제공한다.[43] 즉 BIT에서의 포괄적 보호조항을 통해 투자자는 자신의 계약관계 및 이로부터 발생하는 여러 법률적 관계의 안정성을 얻을 수 있다. 특히 사회기반시설의 구축과 같이 대규모 프로젝트 계약에서 안정성과 예측가능성의 제공은 투자자뿐만 아니라 투자유치국의 발전에도 도

42) 포괄적 보호조항의 근본개념은 국가와 외국인투자자간 체결한 계약은 차후에 투자유치국이 계약당사자 간의 계약관계에 영향을 미칠 수 있는 국내법을 제정하거나 개정, 폐지할 수 있는 권한으로부터 특별한 보호를 받을 필요가 있다는 국제관습법상의 개념과 연결된다. TW Wälde, "The Umbrella (or Sanctity of Contract/*Pacta sunt Servanda*) Clause in Investment Arbitration: A Comment on Original Intentions and Recent Cases", *Transnational Dispute Management,* vol.1, no.4, 2004, p.1.; 이러한 보호의 일환으로 양허계약에서는 투자자의 요청으로 안정화조항(stabilization clause)이, BIT에서는 포괄적 보호조항(Umbrella Clause)이 삽입되었다. 안정화조항의 정확한 법적 의미와 효력에 대하여, 계약에 적용되는 법의 어떠한 변경도 안정화조항의 위반이라는 견해와 투자유치국의 주권을 존중하여 법의 변경은 허용되나 그러한 변경은 안정화조항에 의해 보호를 받는 외국인투자자에 보상할 의무가 수반된다는 견해가 제시되었다. 2008년 안정화조항과 인권에 대해 IFC와 United Special Representative to the Secretary General on Business and Human Rights가 수행한 연구에서는 안정화조항을 freezing clause, economic equilibrium clause, hybrid clause로 분류하고 있다. John G. Ruggie, *Stabilization Clauses and Human Rights* (UN, 2008.3.11).

43) 안정성은 공정하고 공평한 대우와 관련하여 많이 제기되고 있다. 국제투자법에서의 FET에 관한 연구로는 Marcela Klein Bronfman, "Fair and Equitable Treatment: An Evolving Standard" in A von Bogdandy and R. Wolfrum (eds.), *Max Planck Yearbook of United Nations Law* (Netherlands: Koninklijke Brill N.V., 2006), pp.609-680.; Katia Yannaca-Small, "Fair and Equitable Treatment Standard in International Investment Law" (Paris: OECD, 2004).

움이 된다.[44)]

3. Umbrella Clause의 범위

포괄적 보호조항은 조항의 문구에 따라 약속한 의무의 범위가 결정되고 －계약청구(contract claims)를 조약청구(treaty claim)로 다룰 수 있는지와 관련하여－ ICSID 판정부의 물적 관할(*rationae materiae*)이 달라지기 때문에 의무의 범위를 해석하는 것은 중요한 일이다. 계약위반이 조약위반이 될 수도 있게 만드는 포괄적 보호조항은 어떤 종류의 의무에 적용이 되는가? 이러한 면에서 조약의 문구는 일관적이지 못하다. 'Ⅲ－1. Umbrella Clause의 다양한 표현과 해석'에서 제시한 바와 같이, BIT에 따라 'commitment', 'any obligation', 'any other obligation' 및 'entered into', 'assumed' 등으로 규정된다. 이렇듯 조약마다 상이하게 규정되어 있기 때문에 포괄적 보호조항이 적용되는 범위에 관한 중재판정부의 판례 또한 일관되지 않은 것은 당연한 논리적 귀결이라 할 수 있다. 중재판정부의 판례를 살펴보면, 계약위반은 조약위반에 해당하지 않는다는 협의의 해석과 계약위반을 조약위반으로 보아 중재판정부의 관할권을 인정하는 광의의 해석이 대립하고 있다. 아래에서는 포괄적 보호조항에 대해 중재판정부가 어떤 해석을 제시하고 있고, 해석에 따라 중재판정부의 관할이 어떻게 달라지는지에 대해 살펴보도록 하겠다.

1) Umbrella Clause가 적용되는 약속의 범위

(1) 투자자－국가간 계약상의 약속

포괄적 보호조항은 투자유치국이 외국인투자자 및 그의 투자에 대해 한 계약상의 약속에 적용된다. 동 조항의 기원과 초기의 조약관행을 살펴보면 포괄적 보호조항이 일차적으로는 계약상의 의무와 관련하여 작동하도록 의도되었음을 알 수 있다.

44) *supra* note 12, pp.6－7.

[표 6-2 SGS 판정의 비교]

	SGS v. Pakistan	*SGS v. Philippines*
핵심쟁점	포괄적 보호조항에 의하여 판정부가 계약에 관한 청구에 대해 관할권을 가지는지 여부	
BIT의 관련규정	스위스-파키스탄 BIT 제11조 "Either Contracting Party shall constantly guarantee the observance of the commitments it has entered into with respect to the investments of the investors of the other Contracting Party." (밑줄은 필자 강조)	스위스-필리핀 BIT 제10조 2항 "Each Contracting Party shall observe any obligation it has assumed with regard to specific investments in its territory by investors of the other Contracting Party." (밑줄은 필자 강조)
판 정	판정부는 계약위반 청구에 대한 관할권이 없다.	판정부는 계약위반 청구에 대한 관할권이 있다.
논리전개방식	청구인이 주장하는 해석방법을 반박하면서 논리를 전개	*SGS v. Pakistan* 판정부의 판정을 비판하면서 논리를 전개
해석의 고려요소	VCLT에 따른 해석방법 + 포괄적 보호조항의 위치	
해 석	**조약문 자체의 해석**	
	'commitments'는 계약상의 약속으로 제한되는 것이 아니라 국내법 또는 행정 또는 기타의 일방적인 조치에 구현될 수도 있음을 의미한다.	'any obligations'는 계약상의 의무로 제한되는 것이 아니라 당사자간 계약으로부터 발생하는 모든 의무를 의미한다. 그러나 "구체적인 투자에 대해 부담하는 의무"로 제한된다. 이것은 체약당사국의 모든 국내법적 또는 행정적 조치나 기타 일방적인 조치를 국제적 차원으로 상승시키는 것과는 거리가 멀다.
	제11조의 범위는 무제한적으로 확대되는 것으로 보이나, 제11조 자체는 국가와 체결한 계약과 관련하여 투자자에 의한 계약위반 주장이 자동적으로 국제조약법위반의 차원으로 상승되는 것을 언급하는 것을 의도하는 것은 아니다.	'the commitments it has entered into with respect to the investment'는 'any obligation it has assumed with regard to specific investment in its territory'보다 덜 명확하고 절대적이다.
	일반국제법 하에서, 국가가 다른 국가의 투자자와 체결한 계약을 위반하는 것은 그 자체로 국제법의 위반이 아니라는 점과 BIT 제11조의 위반은 그 범위가 너무 넓고 자동적이며 무제한적이고 체약당사국에게 과도한 부담을 지우는 법적 결과를 초래한다는 점을 고려할 때, 청구인은 계약위반이 조약위반으로 된다는 것이 BIT 제11조에 포괄적 보호조항을 편입한 당사자의 의도였다는 것을 증명할 명확하고 확실한 증거를 제시하여야 한다.	*SGS v. Pakistan* 판정부에 의해 인용된 *Vivendi* 사건의 취소위원회는 국가가 다른 국가의 투자자와 체결한 계약위반이 그 자체로 국제법위반이 아니라고 확인하였다. 그러나 *Vivendi* 사건에서 고려한 Franco-Argentina BIT에는 스위스-파키스탄 BIT 제11조와 동등한 규정이 없었기 때문에 취소위원회는 국가가 구체적인 국내적 약속을 준수하도록 요구하는 조약에서의 조항이 국제법에서 효력이 있는지 여부를 고려할 필요가 없었다.

청구인이 제시하는 해석의 결과를 자세히 설명	
① 제11조는 다른 체약당사국의 투자자에게 한 일방적인 약속을 포함하여 국가의 약속을 규정한 다른 국내법 문서뿐만 아니라 수많은 국가계약을 그 언급에 의해 편입하는 것과 같다. 그러한 계약과 문서의 위반은 BIT 위반으로 처리될 것이다. ② 청구인의 해석은 BIT 제3조-제7조를 실질적으로 불필요하게 만드는 경향이 있다. 계약이나 국내법 또는 규정의 단순한 위반 그 자체가 체약당사국의 조약 위반에 해당하고 국제적 책임을 지우기 충분하다면 그러한 실체적인 조약의 기준 위반을 입증할 필요가 없을 것이다. ③ 투자자는 국가계약에서 협상된 분쟁해결조항을 자유롭게 무효화할 수 있을 것이다.	*SGS v. Pakistan* 판정부는 광범위한 해석의 결과에 대해, 특히 특정한 계약에서 협상된 분쟁해결조항을 무효로 하는 것에 대해 우려를 표명하였다. 본 판정부도 그러한 우려에 대해 동의하기는 하지만, 그것이 제10조 2항을 넓게 해석해서 발생하는 문제라는 점에 대해서는 동의하지 않는다.
위 치	
제11조의 문맥은 조약의 나머지 구조와 내용을 포함한다. 제11조는 체약당사국들에 의해 약속된 실체적 의무와 함께 위치하지 않는다는 것에 주목한다. 제11조를 실체적 의무와 분리한 것은 이것을 실체적 의무로 계획하기로 의도하지 않았다는 것을 보여준다.	*SGS v. Pakistan* 판정부는 포괄적 보호조항이 BIT 말미에 위치한다는 점에서 판정의 이유를 찾으면서 이러한 요소가 중요한데, 일반적으로 포괄적 보호조항이 조약문에서 앞부분에 위치하는 경우에 중요하다고 하였다. 그러나 위에서 언급한 다른 고려요소들 때문에 판정부는 조항의 위치를 결정적인 것으로 생각하지 않는다. 특히, 다른 필리핀 BIT에서의 동일한 문구가 법적으로 효력이 있으나, 단순히 그 위치 때문에 스위스-필리핀 BIT에서는 법적으로 효력이 없다는 것을 받아들이기는 어렵다.

따라서 투자유치국이 투자자-국가간 계약에서 규정된 의무를 준수하지 않은 경우에 포괄적 보호조항이 적용된다는 것에 대해서는 이견(異見)이 없는 것으로 보인다.[45] 예를 들어, *SGS v. Philippines* 사건 판정부는 포괄적 보호조항이 "투자유치국

45) 포괄적 보호조항에 대해 대부분의 BIT는 국가가 부담하는 의무와 관련된다고 규정하고 사인 간의 의무는 언급하지 않는다. 그러나 체코-싱가포르 BIT(1995) 제15조 2항은 국가는 사인 간에 체결한 투자와 관련한 계약을 간섭(interfere)하지 않는다는 것을 규정함으로써 동 조항의 범위를 대부분의 BIT가 규정하는 것과는 다르게 규정한다. 원문은 다음과 같다. "Each Contracting Party shall observe commitments, additional to those specified in this Agreement in has entered into with respect to investments of th investors of the other Contracting Party. Each

에 의해 체결한 계약 하에서 발생하는 약속이나 의무를 포함한다"고 판정하였다.[46)]

그러나 포괄적 보호조항이 투자자-국가간 계약에서의 모든 의무에 적용되는 것은 아니다. 포괄적 보호조항이 적용되기 위해서는 투자자-국가간 계약이 관련 BIT에서 규정된 '투자(investment)'의 개념에 해당해야 한다. 중재판정부도 포괄적 보호조항이 투자와 관련된 투자자-국가간 계약에만 적용된다는 것을 인정하고 있다. 예를 들어 *Joy Mining Machinery Ltd. v. Egypt* 사건[47)]에서 청구인은 longwall 설비의 인도 및 설치에 관해 이집트 국가기관인 IMC와 계약을 체결하고 있었는데, IMC가 계약을 위반하였고 이는 영국-이집트 BIT의 포괄적 보호조항을 위반한 것이라고 주장하였다. 이에 대해 IMC는 청구인이 계약을 만족스럽게 이행하지 않았다고 주장하면서 의무이행을 보장하기 위해 청구인이 제공한 은행보증(guarantee)의 해제(release)를 거절하였다. 이에 대해 판정부는 은행보증(guarantee)과 원인계약(underlying contract) 모두 ICSID협약상의 투자로 인정되지 않는다고 하면서 ICSID의 물적 관할(*rationae materiae*)을 거부하였다.[48)] 이러한 맥락에서 판정부는 계약위반 주장에 대한 ICSID 판정부의 관할권 성립의 근거로 청구인이 포괄적 보호조항을 원용한 것에 대해서도 언급하였다. 판정부는 조약의 보호를 유발하기 위한 정도로 계약상의 권리위반이 있는 경우에 포괄적 보호조항이 적용된다고 판정하였다.[49)] 즉, 판정부는 포괄적 보호조항

Contracting Party shall not interfere with any commitments, additional to those specified in this Agreement, entered into by nationals or companies with the nationals or companies of th other Contracting Party as regards their investments." *supra* note 28, p.110. (밑줄은 필자 강조)

46) "To summarize, for present purposes Article X(2) includes commitments or obligations arising under contracts entered into by the host State. The basic obligation on the State in this case is the obligation to pay what is due under the contract, which is an obligation assumed with regard to the specific investment (the performance of services under the CISS Agreement). But this obligation does not mean that the determination of how much money the Philippines is obliged to pay becomes a treaty matter. The extent of the obligation is still governed by the contract, and it can only be determined by reference to the terms of the contract." *supra* note 4, para.127. (밑줄은 필자 강조)

47) 이 사건의 배경과 당사자의 주장을 중심으로 투자의 정의, 포괄적 보호조항, 계약상의 분쟁해결기관과 투자조약상의 분쟁해결기관간 관계에 대한 분석은 서철원, "Joy Mining ICSID 투자중재 사건의 분석", 『국제경제법연구』 제7권 제2호 (2009. 11), 1-26면.

48) 판정부는 문제의 은행보증이 투자로 고려되어야 하는지 여부에 대해 판단해야 한다고 하면서, ICSID협약은 투자를 정의하고 있지 않은데 이것은 계약, 국내입법 또는 BIT를 통해 당사자들이 투자에 대해 동의하도록 의도적으로 남겨둔 것이라고 언급하였다. 영국-이집트 BIT 제1조에서는 질권, 금전청구, 모든 종류의 자산과 기타 문제를 포함하여 다양한 활동을 투자로 정의하고 있는데, 청구인이 주장하는 은행보증은 단순히 우발/불확정 채무(contingent liability)이기 때문에 투자로 볼 수 없다고 판정하였다. *Joy Mining Machinery Limited v. Arab Republic of Egypt*, ICSID Case no. ARB/03/11, Award on Jurisdiction, 6 August 2004, paras.41, 61.

49) "In this context, it could be held that an umbrella clause inserted in the treaty, an not very prominently, could have the effect of transforming all contract disputes into investment disputes under the Treaty, unless of course there would be a clear violations of Treaty rights and obliga-

이 모든 계약청구를 조약청구로 전환시켜 투자 판정부에게 관할권을 부여한다는 주장을 거절하고, 동 조항이 투자와 관련되지 않은 계약위반에 대해 조약을 근거로 발생한 중재판정부에 그 위반을 주장할 수 없다고 확인한 것이라 할 수 있다.

이러한 중재판정사례들을 볼 때 순수하게 상업적 성격, 거래의 성격을 지닌 계약은 BIT에서 규정하는 투자에 해당하지 않을 것이고[50] 개별 BIT에서 보호되는 투자의 범주에 속하는 투자자-국가간 계약상의 약속만이 포괄적 보호조항의 범위에 포함될 수 있다.

(2) 투자유치국의 일방적 약속

BIT를 체결하는 목적 중 하나는 외국인투자 및 투자자를 법률적으로 보호해주고 이들에게 안정성을 제공하기 위함이다. 그런데 이것은 투자자-국가간 계약을 통해서 뿐만 아니라 유치국의 일방적인 입법을 통해서도 일어난다. 예를 들면 많은 법체제에서는 권한있는 행정기관이 법에 근거하여 일방적으로 문제의 개별행위를 허가하는 면허(license)를 부여하는 행정행위를 한다. 이와 유사하게 투자유치국은 국내법을 통해 직접적으로 투자자에게 구체적인 약속을 할 수 있다.

따라서 이러한 일방적인 약속을 위반하였을 경우, 투자유치국에게 책임이 발생하는지 여부, 즉 엄격한 의미로 볼 때 포괄적 보호조항이 투자자-국가간 계약에서 한 약속에만 적용이 되는지 여부의 문제가 제기되는데, 계약상의 약속뿐 아니라 행정적인 행위와 국내법에 포함된 약속도 포괄적 보호조항의 범위에 속한다.[51] 다시 말해, 투자자가 투자유치국의 행정적·입법적 약속을 신뢰하고 투자를 하고, 투자유

---

tions or a violations of contract rights of such a magnitude as to trigger the Treaty protection, which is not the case." *Ibid.*, para.81. (밑줄은 필자 강조)

50) *CMS v. Argentina* 사건에서, 판정부는 미국-아르헨티나 BIT 제2조 제2항 c호에 포함된 포괄적 보호조항은 주권자로 행위하는 국가간 체결한 계약으로 제한된다고 판정하였다. "purely commercial aspects of a contract might not be protected by the treaty in some situations, but the protection is likely to be available when there is significant interference by governments or public agencies with the rights of the investor." *CMS Gas Transmission Company v. The Argentine Republic,* Case no. ARB/01/8, Award, 12 May 2005, para.299; *Impregilo v. Pakistan* 사건 판정부도 주권을 행사한 조치를 강조한다. "only measures taken by Pakistan in the exercise of its sovereign power (puissance publique), and not decisions taken in the implementation or performance of the Contracts, may be considered as measures having effect equivalent to expropriation." *Impregilo, S.p.A and Rizzani De Eccher S.p.A. v. United Arab Emirates*, ICSID Case no. ARB/01/1.

51) 예를 들어 *SGS v. Pakistan* 사건에서 판정부는 체약당사국이 지속적으로 보장해야 하는 약속의 준수는 계약상의 약속으로 제한되는 것이 아니라 이러한 약속은 체약당사국의 국내법이나 행정 또는 기타의 일방적 조치에서 구현될 수도 있음을 언급하고 있다. *supra* note 3, para.166. 다만, 오스트리아-칠레 BIT(1997) 제2조는 포괄적 보호조항이 적용되는 의무의 형태를 계약상의 의무로 한정하고 있다.

치국 또한 투자를 유인하고자 그러한 약속을 한 것이라면, 이것은 계약상의 약속과 마찬가지로 포괄적 보호조항이 적용되는 약속으로 인정된다. 이러한 경우, 포괄적 보호조항의 표현이 결정적인 요소로 작용한다. 포괄적 보호조항은 계약적인 의무나 약속으로 제한되지 않고 보통 투자유치국이 외국인투자자에게 한 '약속(commitments)'이나 '의무(obligations)'의 준수에 적용되는 것으로 넓게 표현된다.[52]

중재판정부도 포괄적 보호조항이 적용되는 약속의 형태에 대하여 폭넓은 해석을 내놓고 있다. 판정사례는 약속이 구체적(specific)이고 투자와 관련된 성격을 지닌 한,[53] 법적 기반과는 독립적으로 모든 약속은 포괄적 보호조항이 적용될 수 있다고 강조한다. *SGS v. Philippines* 사건에서 판정부는 포괄적 보호조항이 적용되는 약속(commitment)은 "법적 의무를 부담해야 하고, 일반적인 성격의 법적 의무의 적용 문제로서가 아니라 구체적인 투자에 대해 부담하는 법적 의무이어야 한다"고 언급하였다. *CMS v. Argentina* 사건 취소위원회 또한 포괄적 보호조항이 적용되는 약속은 투자에 관한 구체적인 의무에 해당되어야 하고, 투자유치국의 법에 의해 부여된 일반적 요건에 적용되지는 않는다고 지적하였다.[54]

BIT에서도 구체적인 약속을 규정한 경우가 있다. 오스트리아 모델 BIT 제9조는 "각 체약당사국은 다른 체약당사국의 투자자에 의한 구체적인 투자에 대해 부담할 수 있는 모든 의무를 준수해야 한다"고 규정하여[55] 포괄적 보호조항이 적용되는 약속이 되기 위해서는 구체적인 투자일 것을 요하고 있다.

52) *SGS v. Pakistan* 사건에서 판정부는 스위스-파키스탄 BIT 제11조에 규정된 포괄적 보호조항의 해석에 대해 제11조는 '그 언급에 의해 다른 체약당사국의 투자자에게 한 일방적인 약속을 포함하여 국가의 약속을 규정한 기타의 국내법 문서뿐만 아니라 수많은 국가계약을 편입(incorporate)하는 것에 해당할 것'이라고 하면서 청구인이 제시한 주장을 거절하였다. *Ibid.*, para.168.

53) ICSID 협정상의 투자에 해당하는지 여부를 판단할 때 일정한 기간(certain duration), 정기적인 이윤과 수익(regularity of profit and return), 위험성(element of risk), 투자유치국 발전에 대한 기여(contribution to the host State's development)가 고려되는데, 이것을 소위 'Salini Test'라고 한다.

54) "In speaking of "any obligations it may have entered into with regard to investment", it seems clear that Article II(2)(c) is concerned with consensual obligations arising independently of the BIT itself (*i.e.* under the law of the host State or possibly under international). Further they must be specific obligations concerning the investment. They do not cover general requirements imposed by the law of the host State." *CMS Gas Transmission Company v. Argentine Republic*, ICSID Case no. ARB/01/8, Decision on Annulment, 25 September 2007, para.95. (밑줄은 필자 강조)

55) 원문은 다음과 같다. "Each Contracting Party shall observe an obligation it may have entered into with regard to specific investments by investors of the other Contracting Party." (밑줄은 필자 강조)

(3) BIT에서 약속의 범위

일부 BIT에서는 포괄적 보호조항이 적용되는 의무의 형태를 명확하게 확인함으로써 적용범위에 대해 훨씬 더 구체적이고 상세하게 규정하고 있다. 호주-칠레 BIT(1996) 제11조, 호주-중국 BIT(1988) 제11조, 호주-파푸아 뉴기니 BIT(1990) 제11조, 호주-폴란드 BIT(1991) 제10조는 포괄적 보호조항이 적용되는 의무는 '서면의무(written obligations)'라고 언급하고 있다. 이와 유사한 맥락에서, 오스트리아-칠레 BIT(1997) 제2조는 '계약상의 의무(contractual obligations)'로 한정하고 있다.

이와는 반대로 일부 BIT는 포괄적 보호조항을 일반적이고 추상적으로 규정하여 약속의 범위가 광범위하게 해석될 여지가 있는 문구를 사용하고 있다. 멕시코-스위스 BIT 제10조는 "각 당사국은 다른 당사국의 투자자가 자국에 한 투자에 대해 부담하는 기타 모든 의무를 준수해야 한다"라고 규정하고, 미국-아르헨티나 BIT 제2조 2항 c호는 "각 당사국은 투자에 대해 부담할 수 있는 모든 의무를 준수해야 한다"라고 규정한다.[56)]

2) 중재판정부의 해석

서론에서 언급한 바와 같이, 2003년과 2004년에 상반된 판정이 내려진 두 개의 *SGS* 사건(*SGS v. Pakistan, SGS v. Philippines*)을 계기로 포괄적 보호조항의 목적, 의미, 범위에 대한 논의가 촉발되었다.[57)] 아래에서는 이 두 사건을 기준으로 포괄적 보호조항의 의미를 좁게 해석한 판정과 넓게 해석한 판정에 대해 살펴본다.

(1) 협의의 해석

① *SGS v. Pakistan* 사건 (2003년 판정)

SGS v. Pakistan 사건[58)]에서 문제가 된 스위스-파키스탄 BIT 제11조는 다음과

---

56) *supra* note 28, p.112.
〈Mexico-Switzerland BIT Article 10〉
"Each Party shall observe any other obligations it has assumed with regard to investments in its territory by investors of the other Party."
〈U.S.-Argentina BIT〉
"Each Party shall observe any other obligations it may have entered into with regard to investments."

57) *SGS v. Pakistan* 판정부는 자신이 포괄적 보호조항의 법적 효력에 대해 검토하는 첫 번째 국제중재판정부라고 언급한 바 있다. "It appears that this is the first international arbitral tribunal that has had to examine the legal effect of a clause such as Article 11 of the BIT. We have not been directed to the award of any ICSID or other tribunal in this regard, and so it appear we have here a case of first impression." *supra* note 3, para.164.

58) 사건의 개요는 다음과 같다. 스위스 회사인 SGS는 특정한 국가에서 파키스탄으로 수출되는 상품에 대해 선적전 검사 서비스를 제공하기 위한 투자계약을 파키스탄과 체결하였다. 이 계약

같이 규정하고 있다.

> "Either Contracting Party shall constantly guarantee the observance of the commitments it has entered into with respect to the investments of the investors of the other Contracting Party."

판정부는 BIT 제11조의 텍스트 자체는 국가와 체결한 계약과 관련하여 투자자가 주장하는 계약위반이 자동적으로 국제조약 위반의 차원으로 '상승(elevate)'되는 것을 의도하는 것이 아니라고 하면서 포괄적 보호조항이 계약위반을 조약위반으로 상승시킨다는 청구인의 주장을 거절했다.[59] 판정부는 또한 일반국제법에 따르면 계약위반 자체가 조약위반에 해당하는 것은 아니라는 점,[60] 계약위반이 조약위반이 된다는 것을 인정하게 되면 그 범위가 너무 넓어지게 되고 이것은 투자유치국에게 과도한 부담을 지우게 된다는 점을 고려하면, 당사자들이 계약위반을 조약위반으로 보려고 한 명백한 증거가 입증되어야 청구인의 주장을 받아들일 수 있지만, 본 사건에서는 이것이 입증되지 않았다고 하면서 포괄적 보호조항이 광의로 해석되는 것을 경계하였다.[61]

에서는 파키스탄 법원을 법정지로 선택한 규정이 포함되어 있었다. 이후 파키스탄은 일방적으로 계약을 종료하고 SGS에게 계약이 종료되었음을 통보했다. 파키스탄과 SGS 모두 계약위반을 이유로 스위스와 파키스탄에서 따로 소송을 제기하였다. SGS는 파키스탄이 계약을 위반했고 스위스-파키스탄 BIT 역시 위반했다고 주장하며 ICSID 중재를 요청하였다. *Ibid.*, Introductory Note 참조.

59) The text itself of Article 11 does not purport to state that breaches of contract alleged by an investor in relation to a contract it has concluded with a State (widely considered to be a matter of municipal rather than international law) are automatically "elevated" to the level of breaches of international treaty law. *supra* note 3, para.166.

60) *Noble Ventures* 판정부도 포괄적 보호조항의 문제를 다루면서 이 점을 다시 언급한다. "The Tribunal recalls the well established rule of general international law that in normal circumstances *per se* a breach of a contract by the State does not give rise to direct international responsibility on the part of the State." *supra* note 24, para.53.

61) 판정부는 계약청구를 제외한 나머지 조약청구에 대해서는 관할권이 있다고 판정하면서 계약청구를 받아들이지 않는 몇 가지 근거를 제시하였다. 첫째, 포괄적 우산조항이 규정됨으로써 투자계약위반이 조약위반으로 상승된다는 견해에 따르면 투자유치국의 법에 따라 발생하는 비계약적인 의무위반 역시 조약위반으로 전환시키고 따라서 사건이 범람할 것이며, 둘째, 계약위반이 조약위반으로 전환되는 것을 인정하게 되면 투자계약의 사소한 위반까지도 국제중재로 가져갈 수 있게 되어 사실상 BIT에 포함되어 있는 투자자보호를 위한 규정이 무의미하게 되고, 셋째, 스위스-파키스탄 BIT 제2조부터 제7조까지는 실체적 의무가 규정되어 있고 제8조(대위변제의 원칙)부터는 실체적 의무가 규정되어 있지 않은데, 포괄적 보호조항을 제11조에서 규정한 것은 BIT의 실체적 의무가 계약에도 적용되는 것을 배제하고자 한 의도가 담겨져 있는 것이다. *supra* note 3, para.166-169.

② *Joy Mining* 사건 (2004년 판정)

Joy Mining Machinery Limited v. The Arabic Republic of Egypt 판정부는 *SGS v. Pakistan* 판정이 내려진 다음해인 2004년에 상기 판정부와 유사한 판정을 내린다. 여기에서 문제된 영국-이집트 BIT는 다음과 같이 규정하고 있다.

"Either Contracting Party shall observe any obligation it may have entered into with regard to the investments of nationals or companies of the other Contracting Party."

판정부는 문제의 분쟁은 계약에서 규정한 메커니즘을 통해 해결되어야 하는 상업적, 계약적 분쟁이라고 하면서, "계약위반이 명백한 조약상의 권리와 의무 위반 또는 조약위반을 유발할 정도의 명백한 계약위반이 아니라면, 조약에서 규정된 포괄적 보호조항은 모든 계약분쟁을 조약하에서의 투자분쟁으로 전환시키는 효과를 가진다고 판단될 수 없다"고 판정하였다.[62]

③ *Salini* 사건 (2004년 판정)

Salini Construttori S.P.A. and Italstrade S.P.A. v. The Hashemite Kingdom of Jordan 사건에서,[63] 청구인은 판정부에게 투자자-국가 간에 체결한 계약에서 발생하는 의무를 준수하기 위한 약속을 포함한 BIT 규정 제2조 4항을 인정해줄 것을 요구하였다. 이는 다음과 같이 규정되어 있었다.

"Each Contracting Party shall create and maintain in its territory a legal framework apt to guarantee to investors the continuity of legal treatment, including the compliance, in good faith, of all undertakings assumed with regard to each specific investor."

판정부는 SGS 사건들과 비교하면서 "제2조 4항에 따라, 본 사건의 각 체약당사국은 필리핀처럼 다른 체약당사국 투자자의 구체적 투자(specific investments)에 대해 이미 부담하는(it had previously assumed) 모든 '의무(obligations)'를 '준수(observe)'하기로 약속하지 않았다. 또한 파키스탄처럼 다른 체약당사국 투자자의 투자(investments)에 대해

62) *supra* note 48, para.81.

63) *Salini Costruttori S.p.A. and Italstrade S.p.A. v. Kingdom of Morocco,* ICSID Case no. ARB/02/13, Decision on Jurisdiction, 29 November 2004, para.126. 사건의 개요는 다음과 같다. 이탈리아 회사인 Salini Construtorri S.p.A와 Italstrade S.p.A.(Salini and Italstrade)는 1994년에 모로코 정부가 출자한 사적실체인 Société Nationale des Autoroutes du Maroc(ADM)과 고속도로 건설을 위한 정부조달협정(CCAP)을 체결했다. 1999년에 Salini와 Italstrade는 ADM과 모로코 장관에게 지연과 기술적인 의구심에 관한 청구 각서를 보냈다. ADM은 그들의 청구를 거절하였고 모로코 장관은 회신을 보내지 않았다. 2000년 5월, Salini와 Italstrade는 이탈리아-모로코 BIT에 규정된 ICSID 중재조항에 따라 중재를 부탁하였다.

한(it had entered into) 약속의 준수(observance of commitments)를 보장하지도 않았다. 각 체약당사국은 각 특정한 투자자에 대해 부담한 모든 약속의 준수를 보장하기 위한 법적 틀(legal framework)을 창설하고 유지하기로만 약속하였다"고 하면서 요르단의 유일한 의무는 "약속의 이행을 보장하기 위한 법적 틀을 창설하고 유지하는 것"이라고 언급하며 청구인의 주장을 거절하였다.[64]

④ *CMS* 사건 (2005년 판정)

CMS Gas Transmission Company v. Argentine Republic 사건에서 판정부는 포괄적 보호조항이 일부 계약상 의무에는 적용되지만 모든 계약상 의무에 적용되는 것은 아니라고 판정하였다.[65] 이 사건에서 판정부는 미국-아르헨티나 BIT 제2조 2항 c호의 효력을 검토하였다.

판정부는 특히 *SGS* 사건과 *Joy Mining* 사건을 언급하면서, 포괄적 보호조항을 '상업적 분쟁'과 '조약기준의 위반에서 발생하는 분쟁과 개별적인 소송이유'로 구분했다.[66] 판정부에 의하면, 포괄적 보호조항은 후자의 경우에만 적용되는 것이고 이는 특히 "정부나 공공기관에 의한 투자자 권리의 중대한 간섭과 관련된 상황을 포함할 가능성이 높다."고 언급하였다.[67]

⑤ *El Paso* 사건 (2006년 판정)과 *Pan American* 사건 (2006년 판정)

El Paso Energy International Company v. The Argentine Republic 사건과 *Pan American Energy LLC and BP Argentina Exploration Company v. Argentine Republic* 사건 판정부는 *SGS v. Pakistan* 판정부보다 법리를 좀 더 정교화시켰다. '상인으로서의 국가(State as merchant)'와 '주권자로서의 국가(State as a sovereign)'라는 개념을 도입하여 투자중재는 국가가 '주권자'로서 관련된 분쟁만을 다룬다고 판정하였다.[68] *El Paso* 판정부는 포괄적 보호조항을 넓게 해석하게 되면 "국내법질서와 국제법질서간 구분을 무너뜨리는 매우 광범위한 결과를 가져올 것"이고, ICSID 판정부가 포괄적 보호조항을 통해 투자자들에게 기대하지 않았던 구제책을 제공한다면, 투자자들이 무분별하게 중재를 청구할 것이며, 투자자가 올바르게 청구를 제기했는지 여부는 결국 ICSID 판정부의 해석에 달려있다고 하면서 포괄적 보호조항이 넓게 해석되는 것에 대한 우려를 표명하였다.[69]

64) *Ibid.*, para.126.
65) *supra* note 50, paras.299-301.
66) *Ibid.*, para.300.
67) *Ibid.*, para.299.
68) *supra* note 1, pp.158-159.
69) *supra* note 34, para.82.

(2) 광의의 해석

① *SGS v. Philippines* 사건 (2004년 판정)

SGS가 파키스탄을 상대로 청구를 제기한 1년 후에 SGS는 필리핀을 상대로도 청구를 제기하였다. 이 사건 판정부는 *SGS v. Pakistan* 판정부의 포괄적 보호조항에 대한 해석과 방법을 검토하고 비록 조항의 문안이 동일하지는 않은 것을 인정하였으나, *SGS v. Pakistan* 판정부의 해석은 설득력이 없으며 매우 제한적이라고 비판하였다.[70)]

판정부는 *SGS v. Pakistan* 판정부보다는 포괄적 보호조항의 범위에 대해 더 넓은 해석을 했으나, 계약에서 다른 판정부에 배타적인 관할권을 규정한 경우 그 판정부가 일차적인 관할권을 가진다고 하였다. 판정부는 청구인이 국내법원에서 판결을 얻고 그러한 판결이 만족스럽지 못할 경우 자신에게 다시 청구를 가져올 때까지 절차를 중지하겠다는 결정을 내렸다.[71)]

② *Noble Ventures* 사건 (2005년 판정)

Noble Ventures, Inc v. Romania 판정부는 계약상의 의무가 미국-루마니아 BIT에 포함된 포괄적 보호조항에 의해 국제적인 의무에도 해당하는지 여부를 분석했다. 판정부는 BIT 제2조 2항 c호는 "BIT 자체의 다른 규정들에서 명기된 규정들을 넘어서는 의무를 창설하고자 의도한 것"이라고 판정하였다.[72)]

③ *Eureko* 사건 (2005년 판정)

Eureko B. V. v. Poland 사건에 대한 부분판정에서, 판정부는 네덜란드-폴란드 BIT 제3조 5항에 포함된 포괄적 보호조항의 문제를 자세하게 검토하였다. BIT 제3조 5항은 다음과 같이 규정되어 있다.

> "Each Contracting Party shall observe any obligations it may have entered into with regard to investments of investors of the other Contracting Party."

판정부는 VCLT 제31조에서 명시된 바와 같이 일상적인 의미에 따라 이 규정을 분석하면서,[73)] Eureko와 폴란드 정부가 체결한 계약에서의 약속은 판정부 관할권의

---

70) *supra* note 5, paras.119-120.

71) *Ibid.*, paras.136-155, 170-176.

72) *supra* note 24, para.51.

73) "The plain meaning - the 'ordinary' meaning - of a provision prescribing that a State 'shall observe any obligations it may have entered into' with regard to certain foreign investments is not obscure. The phrase 'shall observe' is imperative and categorical. 'any' obligations is capacious; it means not only obligations of a certain type, but 'any' - that is to say, all obligations entered

대상이라고 판정하였다.

④ *LG&E* 사건 (2006년 판정)

LG&E v. Argentina 판정부 또한 미국-아르헨티나 BIT에 포함된 포괄적 보호조항을 검토하도록 요구되었다. 판정부는 포괄적 보호조항이 "계약으로부터 발생하는 의무를 포함하여 투자유치국이 외국인투자자에게 한 약속을 충족시키기 위한 요건을 창설하는 조항이고 따라서 그러한 의무는 BIT 하에서 추가적인 보호를 받는다"고 설명하였다.[74]

4. Umbrella Clause의 효과

포괄적 보호조항의 효과(effect)는 앞서 살펴본 기능, 범위와 함께 국제중재판정부에서 논의된 주요쟁점 중 하나로, 포괄적 보호조항이 투자유치국의 국내법과 국제법의 상호작용에 미치는 영향에 관한 것이다. 특히 포괄적 보호조항으로 인해 투자자-국가간 계약을 규율하는 적용법이 바뀌는지 여부, 그리고 투자자-국가간 계약에 법정지선택조항(forum selection clause)이 존재하는 경우 이 조항을 따르지 않고 포괄적 보호조항을 원용하여 투자자의 국적국과 투자유치국 사이에 체결된 BIT에 근거한 국제중재를 제기하는 것이 가능한지 여부가 주로 논의되고 있다.

1) Umbrella Clause와 준거법

*SGS v. Pakistan*의 중재판정부는 본 사건에서 문제된 투자자-국가간 계약에 준거법(applicable law)과 관련하여, 포괄적 보호조항을 문자 그대로의 의미로 해석하면 국제법만이 유일하게 투자자-국가간 계약의 준거법이 되기 때문에 '계약이 즉각적으로 조약으로 변질'되는, 즉 계약의 완전한 국제화가 이루어질 것이라고 판결한 바 있다.

> "... The modes by which a Contracting Party may "constantly guarantee the observance of" its contractual or statutory or administrative municipal law commitments with respect to investments are not necessarily exhausted by the <u>instant transubstantiation of contract claims into BIT claims</u> posited by the Claimant."[75] (밑줄은 필자 강조)

---

into with regard to investments of investors of the other Contracting Party." *supra* note 25, para.246.

74) *LG&E Energy Corp., LG&E Capital Co., LG&E International Inc. v. the Argentine Republic*, ICSID Case no. ARB/02/1, Decision on Liability, 3 October 2006, para.169.

75) *supra* note 3, para.172.

반면에 *SGS v. Philippines*의 중재판정부는 동일한 문제에 대하여 SGS v. Pakistan 중재판정부의 판정을 비판하며 포괄적 보호조항은 계약상의 의무에 준거법을 교체 또는 대체하지 않는다고 판정하였다.

> "does not convert non-binding domestic balancing blandishments into binding international obligations. It does not convert questions of contract law into questions of treaty law. In particular it does not change the proper law of the CISS Agreement from the law of the Philippines to international law. Article X(2) addresses not the scope of the commitments entered into with regard to specific investments but the performance of these obligations, once they are ascertained."[76] (밑줄은 필자 강조)

또한 *CMS v. Argentina* 사건의 취소위원회도 *SGS v. Philippines* 사건의 중재판정부와 의견을 같이하며, 포괄적 보호조항으로 인해 계약상의 의무가 여타의 다른 법상의 의무로 바뀌는 것은 아니라고 판단한 바 있다.

> "...the effect of the umbrella clause is not to transform the obligation which is relied on into something else; the content of the obligation is unaffected, as is its proper law."[77]

이러한 일련의 사건들에서 일부 중재판정부는 투자자와 투자유치국의 관계를 규율하는 준거법[78]이 포괄적 보호조항으로 인하여 투자유치국의 국내법에서 국제법으로 바뀔 수 있는지에 대해 다른 중재판정부와 의견을 달리하고 있음을 알 수 있다. 그러나 포괄적 보호조항의 문자 그대로의 의미만이 아닌 그 기원과 목적, 그리고 진정한 역할을 고려했을 때 *SGS v. Philippines*와 CMS 취소위원회의 판단이 보다 논리적이라고 생각되며, 그에 대한 논거는 다음과 같다.

첫째, *SGS v. Pakistan*의 법리에 따라 계약상의 의무위반이 포괄적 보호조항에 의해 조약상의 의무위반으로 '변형'되는 것으로 본다면, 국제중재를 제기할 때 조약을 준거법으로 '선택'하는 것이 마치 포괄적 보호조항을 법선택조항(choice of law clause)과 같은 역할을 하는 것으로 보이게 한다. 그러나 포괄적 보호조항과 법선택조항은 근본적으로 그 성격을 달리한다.[79] 즉, 포괄적 보호조항은 투자조약상 실체적인 의무를 구성하는 것이고, 법선택조항은 투자자와 국가 사이에 분쟁이 발생했을 때 준거법을 결정하는 것이다. 따라서 포괄적 보호조항이 투자자와 국가 간에 발생

---

76) *supra* note 4, para.126.

77) *supra* note 54, para.95(c).

78) 투자계약에 준거법으로는 투자자의 국내법, 투자유치국의 국내법 또는 제3국의 법이 있다. 하지만 대개의 경우 투자유치국의 국내에서 계약의 이행이 이루어지므로 투자유치국의 국내법을 선택한다.

79) *supra* note 22, p.60.

한 분쟁에 대하여 적용되기 위해서는 법선택조항의 도움이 있어야 한다.

둘째, 포괄적 보호조항은 국가와 국가에 의해 체결된 BIT상의 의무로써 국제법에 의해 규율되고, 투자자와 국가의 관계를 규율하는 것은 투자계약 당시 당사자들이 선택한 준거법이다. 따라서 포괄적 보호조항이 문제된다고 해서 계약상의 실체적 의무의 내용이 조약상의 실체적 의무로 바뀌는 것은 아니며, 포괄적 보호조항은 단순히 투자유치국이 외국인투자자에 대하여 부담하는 약속을 위반한 것에 대하여 투자유치국에게 그 위반에 대한 국제적 책임을 지우는 역할을 할 뿐이다.[80)]

셋째, 법의 충돌(conflicts of laws)문제와 관련하여, 투자유치국이 투자자에게 약속을 했는지, 그리고 그 약속이 위반되었는지 여부는 포괄적 보호조항의 위반 여부를 검토하기 전에 확인되어야 하는 선결적 문제(preliminary question)이다.[81)] 이때 약속의 내용과 위반여부는 투자자와 국가의 관계를 규율하는 법에 따라 결정되어야 하는 것이지 BIT상의 포괄적 보호조항에 따라 결정되어야 하는 것은 아니다.

이와 같은 이유로 포괄적 보호조항을 통해 계약상 의무에 적용가능한 법이 바뀔 수 있다는 *SGS v. Pakistan* 중재판정부의 주장은 포괄적 보호조항의 진정한 목적과 역할을 파악하지 못한 것이기 때문에 *SGS v. Philippines* 중재판정부의 판정이 동 조항의 목적과 취지에 보다 더 부합한다고 할 수 있다.

2) Umbrella Clause와 계약상의 법정지선택조항

포괄적 보호조항이 투자자와 국가의 관계를 규율하는 법과 국제법 사이의 상호작용에 미치는 영향과 관련하여 제기되는 또 하나의 논의는 투자자-국가간 계약에 법정지선택조항이 있는데도 투자자가 포괄적 보호조항의 위반을 이유로 국제투자조약중재를 제기할 수 있는지 여부이다.[82)] 단순히 생각해 보면 두 가지 해결방법이 있는데, 첫 번째는 당사자들의 합의를 중시하여 계약상 규정하고 있는 법정지선택조항에 따라 분쟁을 해결하고 조약에 따른 국제중재를 배제하는 방법이고, 두 번째는 실체적인 의무와 그 이행 및 분쟁해결은 별개임을 강조하여 계약상의 분쟁을 포괄적 보호조항을 원용하여 조약상의 분쟁해결에 따르는 방법이다.

그러나 계약상의 법정지선택조항과 조약기반의 중재제기의 충돌문제에 대해 다른 각 사건의 중재판정부의 판정들은 위와 다른 해결방법을 제시하였다. 즉, 일부 중재판정부에서는 포괄적 보호조항의 위반과 관련하여 계약상의 법정지선택조항이 조

80) 이러한 관계에 대해 *SGS v. Philippines*와 CMS 취소위원회에 잘 나타나 있다.
81) *supra* note 22, p.62.
82) *supra* note 22, p.63.

약에 근거한 분쟁해결보다 우선한다고 보았고, 일부 중재판정부에서는 조약의 위반이 문제된 경우 계약상의 법정지선택조항보다 조약기반의 중재 관할권이 우선한다고 보았다.[83] *SGS v. Pakistan, SGS Philippines* 등의 중재판정부는 전자에 속한다.

> "For that investor could always defeat the State's invocation of the contractually specified forum, and render any mutually agreed procedure of dispute settlement, other than BIT-specified ICSID arbitration, a dead-letter, at the investor's choice. The investor would remain free to go to arbitration either under the contract or under the BIT. But the State party to the contract would be effectively precluded from proceeding to the arbitral forum specified in the contract unless the investor was minded to agree."[84] (밑줄은 필자 강조)

*SGS v. Philippines*의 반대의견, *Eureko v. Poland, Noble Ventures v. Romania* 등의 중재판정부는 후자에 속하는데, 이것이 다수의 견해이다.[85]

> "... the tribunal accepted, despite the existence of a forum selection clause, jurisdiction over the alleged breach of the terms of a privatization agreement for a State-owned steel mill that was concluded between the foreign investor and a State instrumentality."[86] (밑줄은 필자 강조)

포괄적 보호조항의 위반을 이유로 투자유치국이 약속을 이행하지 않아 국가책임이 발생했다고 주장하는 경우 계약상의 법정지선택조항은 BIT를 기반으로 제기한 국제중재보다 우선할 수 없다는 다수견해를 뒷받침하는 근거는 다음과 같다.

첫째, 포괄적 보호조항의 위반은 국가간 의무의 위반이므로 그 소송사유는 국제법에 근거한 것이지 투자자-국가간 계약에 의한 것이 아니다. 둘째, 계약소송과 조약소송은 소송물과 소송사유가 다르다.[87] 계약소송은 투자유치국이 외국인투자자에 대해 부담하는 계약상의 의무위반에 대한 법적 책임(liability)인 반면, 조약소송은 투자유치국이 외국인투자자의 국적국에 대해 부담하는 조약상의 의무위반에 대한 국제법적 책임(international responsibility)이다. 셋째, 국내법원에서 심리가 이루어질 경우 국내법원의 판사들은 국제중재판정부의 중재인들에 비해 상대적으로 국제법에 대한 지식이 부족하여 관련 문제에 대한 판단이 쉽지 않으므로 분쟁을 해결하는 데 어려움이 있을 수 있다. 마지막으로, 계약소송이라 할지라도 조약소송과 함께 국제중재

83) *Ibid.*
84) *supra* note 3, para.168.
85) *supra* note 22, p.64.
86) *supra* note 22, p.65 ; *supra* note 24, para.2.
87) *supra* note 22, p.66.

에서 한 번에 다룬다면 비용이 절약되고 분쟁의 해결도 효율적으로 할 수 있다는 장점도 조약상의 법정지선택조항보다 조약기반 중재제기를 우선적으로 고려하는 이유가 될 수 있다.

이런 점들을 고려하면 다수의 중재판정부가 따르는 입장, 즉 투자자-국가간 계약에 법정지선택조항이 규정되어 있다 하더라도 포괄적 보호조항의 위반을 이유로 투자자가 BIT를 적용하여 국제중재를 제기하는 것이 우선한다고 보는 것이 반대의 견보다 설득력이 있다. 다만 주의해야 할 것은 ICSID를 비롯한 투자와 관련된 국제중재판정부에서는 선례구속의 원칙(stare decisis)이 적용되지 않기 때문에 다수의 견해라고는 하지만 이것이 절차가 진행 중인 혹은 앞으로 구성될 여타의 중재판정부에서도 원용될지는 미지수다.

5. Umbrella Clause의 한계

포괄적 보호조항은 투자자-국가간 계약상 의무 위반으로 인한 분쟁에 대해서도 투자유치국에 조약상의 의무를 부담케 하여 국제중재에서 심리할 수 있도록 함으로써 투자자에게는 보다 높은 수준의 보호를 제공하고 판결의 중립성을 확보하는데 일조하였다. 그러나 성격이 전혀 다른 계약소송과 조약소송의 사이를 연결하는 가교와 같은 역할을 하는 포괄적 보호조항의 특수성 때문에 국내법과의 관계에 있어 그 범위가 제한적으로 해석되거나 계약상의 안정화조항과의 구분이 명확하지 않은 문제가 있다. 그 외에도 병행절차와 관련된 문제와 포괄적 보호조항의 규정이 없음에도 불구하고 계약소송을 인정한 사례 등의 문제가 있다.

1) Umbrella Clause와 국내법

원칙적으로 포괄적 보호조항 하에서 준수해야 하는 의무의 존재, 성격, 그리고 범위에 적용되는 법은 투자유치국의 국내법이거나 투자자-국가간 계약에 적용 가능한 법이다. 이 중에서 선택된 적용 가능한 법은 포괄적 보호조항을 원용하기 위해 의무가 유효한지, 존재하는지, 또는 문제된 상황에 적용이 가능한지 등에 대하여 규율하며,[88] 특히 의무의 범위를 해석함에 있어서 불가항력(*force majeure*), 사정변경의 원칙(*rebus sic stantibus*), 투자자의 계약상 의무 불이행(non-compliance by the investor), 공권력(police power) 등의 여러 국내법원칙들이나 여타의 국가의 특권에 비중을 두어야 한다.

88) *supra* note 7, p.476.

문제는 이러한 선언과 법원칙들이 포괄적 보호조항이 부여하는 의무에 영향을 미쳐 결국 잠재적으로 그 의무를 제한하게 될 수 있다는 것이다.[89] 즉, 의무가 전혀 존속할 수 없는 경우, 의무가 상황에 적절하지 않거나 적용될 수 없는 경우와 같은 특정 상황에서 별개의 범위를 갖거나 또는 범위가 더 제한될 수 있다. 포괄적 보호조항이 적용될 수 없거나 특정 상황에서 제한적으로 적용될 경우에도 투자자는 국가의 행위가 수용 또는 FET와 같은 BIT 상의 다른 조항들 위반인지 여부를 국제중재를 제기하여 판정을 요구할 수 있다. 왜냐하면 포괄적 보호조항과 달리 이러한 규정들은 국내법 또는 계약의 위반과 직접적인 관련성이 없고 국내법 기준과 별개이기 때문이다.

2) Umbrella Clause와 안정화조항

안정화조항(stabilization clause)과 포괄적 보호조항은 투자자의 권리를 보호하기 위한 조항으로써 투자자와 국가간 계약적 관계를 안정화시킨다는 측면에서 서로 유사해 보인다. 그래서 포괄적 보호조항과 관련하여 안정화조항이 포괄적 보호조항의 외국인 투자자에 대하여 적용될 수 있는 동일한 법적 체제(legal framework) 안에 속하는 것인지, 혹은 전혀 다른 법적 체제 하에 존재하는 별개의 문제인지가 논란이 되어왔다.

안정화조항은 투자자와 투자유치국은 투자계약의 체결 당시에 존재하는 법만이 적용 가능하고 그 이후의 법의 개정과 같은 후속 변화들은 투자자에게 적용되지 않도록 보장할 것을 규정하고 있다. 이는 투자계약의 체결 당시에 적용되던 법규의 개정은 투자유치국의 일방적인 결정으로 이루어지기 때문에 이 같은 법규의 후속 변화들로 외국인투자자가 손해를 입기도 하는 문제를 해결하기 위한 계약상의 실체적 조항이다.[90]

따라서 안정화조항은 국가가 주권행사의 주체로써 계약상 합의한 추가적인 보호조치로 조약상의 보호조치인 포괄적 보호조항과 다른 별개의 것이다.[91] 그리고 포괄적 보호조항을 안정화조항과 같은 법적 체제 안에 있는 것으로 보아 안정화조항이 투자자에 대하여 적용 가능한 법을 동결하고 투자유치국이 일방적으로 국내법을 변경하는 것을 막는 역할을 수행한다는 것은 잘못된 표현이다. 앞서 'Umbrella Clause의 효과'에서 서술했듯이 포괄적 보호조항은 적용 가능한 법을 교체하는 것이 아니고 특히 국내법상의 의무를 국제화(internationalization)시켜서 본래 국내법 차원의 문제

89) *Ibid.*

90) *supra* note 22, p.98.

91) Campbell Mclachlan QC *et al.*, *International Investment Arbitration: Substantive Principles* (New York: Oxford University Press, 2007), p.116.

를 국제법 차원으로 옮기는 기능을 한다는 표현은 포괄적 보호조항의 역할과 기능을 제대로 이해하지 못한 것이다. 이러한 이유로 만약 투자유치국이 의무를 변경하거나 이를 제대로 수행하지 않더라도 그것이 공권력이나 '*ius variandi*'의 적용 또는 규범적 권력의 적절한 이용 또는 적용으로 인한 것이라면 이는 포괄적 보호조항의 위반이 되지 않는다.

3) Umbrella Clause와 병행절차의 문제

병행절차(parallel proceeding) 문제는 waiver[92]와 fork in the road[93] 등으로 해결할 수 있으며 소송사유가 다른 조약소송과 계약소송이 병행절차 문제를 초래할 수도 없다. 그러나 BIT에 포괄적 보호조항이 포함되어 있다면 이러한 조약소송과 계약소송의 명확한 구분이 흐려지고 병행절차 문제가 발생할 수 있다.

일례로 *SGS v. Pakistan* 사건에서 중재판정부는 투자자가 계약소송과 조약소송 둘 다 제기할 수 있고 이것은 투자자의 선택에 달린 것이라 판단한 바 있다.

> "For that investor could always defeat the State's invocation of the contractually specified forum, and render <u>any mutually agreed procedure of dispute settlement, other than BIT-specified ICSID arbitration, a dead-letter, at the investor's choice. The investor would remain free to go to arbitration either under the contract or under the BIT</u>. But the State party to the contract would be effectively precluded from proceeding to the arbitral forum specified in the contract unless the investor was minded to agree."[94] (밑줄은 필자 강조)

마찬가지로 *SGS v. Philippines*의 중재판정부도 이와 유사하게 판단하면서, 필리핀 국내법원에서 이미 제기되어 시작된 소송의 판결이 나올 때까지 조약에 기반한 중재절차를 중지(stay)하기로 결정하였다.

> "The second consideration derives from the character of an investment protection agreement as a framework treaty, intended by the States Parties to support and supplement, not to override or replace, the actually negotiated investment arrangements made between the investor and the host State."[95]

---

92) Waiver는 관할권을 제한함으로써 병행절차 문제를 해결하는 방식 중 하나로 투자자가 분쟁사안을 국제중재를 통해 해결하고자 하면 모든 다른 소송들, 특히 국내법원에서 진행되는 소송을 포기해야 한다. 자세한 사항은 *Ibid.*, pp.107-109.

93) Fork in the road도 waiver와 같이 관할권을 제한함으로써 병행절차 문제를 해결하는 방식으로 일단 분쟁 당사자들이 본인이 선택할 수 있는 분쟁해결절차 중 하나를 선택하여 소송을 시작하면 다른 분쟁해결절차에 의존할 수 없다. 자세한 사항은 *Ibid.*, pp.103-107.

94) *supra* note 3, para.168.

95) *supra* note 4, para.141.

포괄적 보호조항은 국제법이 충분히 보호하지 못했던 외국인투자자에게 높은 수준의 보호를 제공함으로써 일종의 투자자에 대한 방어벽 기능을 하고 있다. 그러나 다른 한편으로는 포괄적 보호조항의 도입으로 발생하는 병행절차 문제가 한계로 드러나고 있다.

4) Umbrella Clause가 없는데도 계약소송이 국제중재로 간 경우

일부 중재판정부는 관련 당사국 사이에 체결된 BIT에서 포괄적 보호조항을 규정하고 있지 않은데도 불구하고 계약상의 약속 위반과 관련된 분쟁에 대해서 관할권을 인정함으로써 포괄적 보호조항을 BIT상에 별도로 규정할 필요가 있는지에 대한 의문을 제기하였다. 이와 관련된 사례로는 *Bayindir v. Pakistan* 사건과 *L.E.S.I. v. Algeria* 사건이 있다.

Bayindir v. Pakistan 사건의 중재판정부는 관할권 판정에서 터키-파키스탄 BIT에 포괄적 보호조항이 없는데도 불구하고 계약상의 위반문제를 국제중재판정부에서 다룰 수 있다고 판정하였다. 관련 판정문은 다음과 같다.

> "In the Tribunal's view its jurisdiction under the BIT allows it-if this should prove necessary-to resolve any underlying contract issue as a preliminary question. Exactly like the arbitral tribunal sitting in Pakistan, this Tribunal should proceed with the merits of the case. This is an inevitable consequence of the principle of the distinct nature of treaty and contract claims. The Tribunal is aware that this system implies an intrinsic risk of contradictory decisions or double recovery."[96] (밑줄은 필자 강조)

Consorzio Groupement L.E.S.I. - DIPENTA v. Algeria 사건의 중재판정부의 판정도 *Bayindir* 사건과 동일선상에 있다. 판정부는 또한 투자자가 계약상 권리의 침해뿐만 아니라 조약에 의해 보호되는 권리도 침해되었음을 증명해야 한다고 판정하였다.[97]

> "Some treaties contain what is known as an "umbrella clause" that in effect transforms the State's breaches of contract into violations of that provision of the treaty, thereby granting jurisdiction to the Arbitral Tribunal established pursuant to the treaty to consider such violations. Such a provision is specifically absent from the treaty between Algeria and Italy, and this confirms a contrario the Tribunal's interpretation."[98] (밑줄은 필자 강조)

---

96) *Bayindir Insaat Turizm Ticaret ve Sanayi A.S. v. Islamic Republic of Pakistan*, ICSID Case no. ARB/03/29 (Nov 14, 2005), para.270; *supra* note 1, p.160, 각주 264) 참조.

97) 그러나 본 사건에서 판정부는 문제된 의무에 대해 그 성격이 계약적인지 혹은 조약적인지 여부에 대해 판단하지 않고 넘어갔다. 자세한 내용은 *Consorzio Groupement L.E.S.I. - DIPENTA v. People's Democratic Republic of Algeria* (Award), ICSID Case no. ARB/03/08 (Jan. 10, 2005), para.25(ii), (iii), (iv) 참조.

98) *Ibid.*, para.25(ii).

포괄적 보호조항은 BIT에서 규정하고 있는 여타의 규정들, 즉 FET나 MFN과 같이 실체적 조항이다. 따라서 명시적인 조약상 규정이 없음에도 단지 분쟁해결을 위해 '필요'하기 때문에 조항이 규정되어 있는 것처럼 전제하고 해석한 것은 명목상 그럴듯해 보이지만 오히려 신뢰보호의 원칙 등의 나른 규범과 충돌하여 그 실효성 자체가 문제될 여지가 있다. 물론 중재판정부가 투자자의 권리를 보호하기 위해 의도적으로 관할권의 범위를 확장시키려 했던 의도는 좋았으나 사실상 법리에 의해 판단했다고 볼 수 없는 좋지 않은 선례이다.

6. 소결

조약마다 상이하게 표현하고 있어 해석에 대한 일반적인 합의가 없는 포괄적 보호조항은 유치국의 상업적 행위에 따른 약속 위반에 대해 투자자를 보호하고 투자유치국의 약속을 이행가능하게 하는 기제를 제공함으로써 국제관습법상 투자자보호의 미흡한 점을 보완하는 기능을 한다. 그 범위와 관련해서는 두 개의 *SGS* 사건에서 중요하게 다뤄졌으며 이후 포괄적 보호조항과 관련된 일련의 사건들을 통해 판정부들은 다양한 견해를 발전시켜 왔다.

일반적으로 판정부들의 판결은 협의의 해석론과 광의의 해석론으로 나뉘었는데, 다수의 경우 협의의 해석론을 제시한 *SGS v. Pakistan* 보다는 포괄적 보호조항을 더 포괄적으로 해석하는 *SGS v. Philippines* 판정부의 입장을 따르고 있다. 다음으로 포괄적 보호조항의 효과는 주로 포괄적 보호조항이 투자유치국의 국내법과 국제법의 상호작용에 미치는 영향을 다루고 있으며, 특히 적용가능한 법과 법정지선택조항과 관련해서 문제가 된다. 이에 대하여 판정부들은 판결을 통해 상반된 견해를 보이고 있으나 투자자-국가간 계약에 법정지선택조항이 규정되어 있다 하더라도 투자자가 포괄적 보호조항의 위반을 이유로 BIT를 적용하여 국제중재를 제기하는 것이 우선한다고 보는 것이 보다 설득력 있다. 이처럼 성격이 전혀 다른 계약소송과 조약소송의 사이를 연결하는 가교와 같은 역할을 하는 포괄적 보호조항은 그 특수성 때문에 국내법과의 관계에 있어 그 범위가 제한적으로 해석되거나 계약상의 안정화조항과의 구분이 명확하지 않은 문제가 있으며, 그 외에도 병행절차, 포괄적 보호조항 규정이 없음에도 불구하고 계약소송을 인정한 사례 등의 한계점이 노출되고 있다.

이하에서는 앞에서 살펴본 포괄적 보호조항의 해석, 기능, 범위 효과 및 한계를 바탕으로 한국이 체결한 BIT에서 동 조항을 어떻게 규정하고 있으며, 관련 문제점에는 어떤 것들이 있는지, 그리고 선진국과 개도국의 중간적 입장에 위치한 한국에 갖는 시사점과 그에 대한 제언을 하고자 한다.

Ⅳ. 시사점과 제언

1. 한국이 체결한 BIT상 Umbrella Clause

한국은 현재까지 총 91개 이상의 BIT를 체결하였으며, 그중 25% 정도가 포괄적 보호조항을 규정하고 있다.[99] 포괄적 보호조항은 짧고 전형적인 표현으로 되어있어 최근까지 해석이 문제될 여지가 없다고 여겨 학계는 물론 중재판정부도 중요하게 다루지 않았다. 그러나 *SGS v. Pakistan*과 *SGS v. Philippines* 사건에서 포괄적 보호조항에 대해 서로 상반된 판정을 내놓으면서 포괄적 보호조항의 해석방식에 대한 논란이 촉발되었다. OECD 국가들 중에서도 상위에 속할 정도로 다수의 BIT를 체결하고 있는 한국의 입장에서 포괄적 보호조항의 해석에 대한 문제는 큰 의미를 가질 수밖에 없다. 그러므로 한국이 체결하고 있는 각각의 BIT에서 포괄적 보호조항을 어떻게 규정하고 있는지, 그리고 이를 통해 어떤 문제가 도출될 수 있는지를 'Ⅲ-1(1). 표현의 다양성'에서 다루었던 네 가지 유형에 따라 살펴보도록 하겠다.

아래의 표를 통해 한국은 대부분의 BIT에서 전형적인 표현을 사용하여 포괄적 보호조항을 규정하고 있으며, 다음의 몇 가지 점을 제외하고는 큰 차이가 없음을 알 수 있다.

첫째, 한국-홍콩 BIT를 비롯한 대부분의 BIT와 달리 한국-모리셔스 BIT는 의무의 '준수'를 'shall honour'라는 표현을 사용하였다. 'honour'는 'observe'에 비해 덜 엄격하거나 덜 엄밀한 수준의 의무준수를 의미한다. 따라서 분쟁이 발생했을 시 'honour'라는 표현을 사용한 것을 당사자들이 의무의 준수를 엄격하게 요구하는 것을 의도한 것이 아니라고 하며 회피할 있는 여지를 제공할 수 있다.

> **〈Article 11 Application of other Rules and Special Commitments〉**
> (3) Either Contracting Party shall observe any other obligation it may have entered into with regard to investments in its area by investors of the other Contracting Party.[100]

---

99) "Korea ranks 6th among G20 nations in number of investment deals", http://www.bilaterals.org/spip.php?article17596 (Jun 18, 2006). 한편 2003년 UNCTAD의 조사에 의하면 조사대상인 236건의 BIT 중 94건(약 40%)에서 포괄적 보호조항을 규정하고 있다.

100) 한국-홍콩 BIT (1997.6.30).

[표 6-3 포괄적 보호조항 표현의 유형에 따른 구분표[101]]

유 형	일반적 표현	예외적 표현
Title	Application of other Rules	Application of other Rules and Special Commitments
	우측 BIT를 제외한 나머지 BIT	한국-자메이카 BIT, 한국-베트남 BIT, 한국-홍콩 BIT
의무의 "준수"	shall observe	shall honour
	우측 BIT를 제외한 나머지 BIT	한국-모리셔스 BIT
부과된 "의무"	any other obligation	any obligation
	우측 BIT를 제외한 나머지 BIT	한국-모리셔스 BIT
의무의 "부담"	entered into	assumed
	우측 BIT를 제외한 나머지 BIT	한국-포르투갈 BIT
의무의 "대상"	investment	
	예외 없음	
기 타	"... provided that dispute resolution under Article 8 of this Agreement shall only be applicable in the absence of a normal, local, judicial remedy being available." 추가적으로 삽입.	
	한-인도 BIT	

〈Article 10 Application of Other Rules〉
3. Either Contracting Party shall honour any obligation it may have entered into with regard to investments in its territory by investors of the other Contracting Party.[102]

둘째, 대부분의 BIT는 의무의 '부담'에 해당하는 표현을 'entered into'를 사용하고 있으나 한국-포르투갈 BIT는 'assumed'를 사용하고 있다. 일반적으로 'entered into'는 당사국들 상호 간의 합의가 있음을 의미하는 것이기 때문에 계약상의 약속(contractual commitments)은 포함하지만 일방적인 약속(unilateral commitments)은 포함하지 않는다는 것을 의미한다. 그러나 일부 중재재판부는 'entered into'는 일반적인 표현이므로 충분히 비계약적 의무(non-contractual undertakings)도 아우를 수 있다고 판결한 바 있다.[103]

〈Article 18 Application of Other Rules and Special Commitments〉
(3) Each Contracting Party shall observe any other obligations it may have entered into with regard to investments in its territory by investors of the other Contracting Party.[104]

101) 이 표는 한국이 체결한 주요 BIT상 포괄적 보호조항을 첫째, 타이틀의 차이, 둘째, 의무의 '준수', 셋째, 부과된 '의무', 넷째, 의무의 '부담', 다섯째, 의무의 '대상', 여섯째, 기타 예외적인 표현으로 구분하여 작성하였다.
102) 한국-모리셔스 BIT (2007.6.18).
103) *supra* note 7, p.448.
104) 한국-베트남 BIT (2003.7.31).

〈Article 10 Application of other Rules〉
2. Contracting Party shall observe, in addition to this Agreement, any other obligation it has assumed with regard to investments in its territory made by investors of the other Contracting Party.[105] (밑줄은 필자 강조)

셋째, 한국이 체결한 BIT상 포괄적 보호조항의 표현과 관련하여 특이한 점은 한국-인도 BIT에서 규정하고 있는 포괄적 보호조항이다. 조항의 앞부분은 여타의 포괄적 보호조항과 다를 바 없지만, 뒷부분에서 '이 협정 제8조의 분쟁해결조항은 가능한 규범적·지역적·사법적 해결책이 부재한 경우에 한하여 적용되는 것을 조건으로' 하고 있다. 따라서 규범적·지역적·사법적 구제가 가능한 경우 BIT상의 분쟁해결조항을 원용할 수 없어 가능한 국내구제수단을 통해 권리의 회복을 시도한 이후 포괄적 보호조항을 원용하여 국제중재로 갈 수 있음을 규정하고 있다.

〈Article 11 Application of other Rules〉
2. Either Contracting Party shall observe any other obligation it may have entered into with regard to investments in its territory by investors of the other Contracting Party, provided that dispute resolution under Article 8 of this Agreement shall only be applicable in the absence of a normal, local, judicial remedy being available.[106] (밑줄은 필자 강조)

2. 중간적 입장에 있는 한국

최근 유럽금융위기의 진원지인 그리스는 부채를 줄이기 위한 궁여지책으로 관광지로 유명한 미코노스 섬을 매각 또는 장기임대하겠다고 발표했다.[107] 경제개발과 인프라 건설을 위해 외국인투자가 절실하다고 역설함을 강조하는 것은 비단 그리스뿐만이 아니다. 한국도 김대중 정부가 1997년의 금융위기를 극복하기 위한 일환으로 외국인투자유치를 본격적으로 확대하였고, 경제자유구역[108]을 지정하는 등 외국인

105) 한국-포르투갈 BIT (1995.5.3).
106) 한국-인도공화국 BIT (1996.2.26).
107) "미코노스섬 팝니다. … 그리스 부채상환 위해 매각", 서울신문, 2010.6.26., 18면.
108) 경제자유구역은 외국인투자기업의 경영환경과 외국인의 생활여건을 개선함으로써 외국인투자를 촉진하고 나아가 국가경쟁력의 강화와 지역 간의 균형발전을 도모함을 목적으로 지정되었다. 현재 우리나라의 경제자유구역은 인천경제자유구역, 부산진해경제자유구역, 광양만권경제자유구역, 황해경제자유구역, 새만금군산경제자유구역, 대구경북경제자유구역이 있다. 경제자유구역의지정 및 운영에 관한 특별법 제28조 1항에 의하면, 외국인투자기업의 어려움을 지원하기 위하여 행정기구에 옴부즈만을 두도록 규정하고 있고, 제2항에서는 상사중재지부를 설치하도록 하고 있다. 현재 국내 유일의 상설중재기관인 대한상사중재원이 경제자유구역 내에 지부를 설치, 운영하고 있다. 2004년부터 인천경제자유구역에 연락사무소를 설치, 운영하고 있으며, 부산, 진해, 광양만권 경제자유구역은 대한상사중재원 부산지역본부에서 수시 출장하여 업무협의를 하고 있다.

직접투자를 활성화하기 위한 각종 정책들을 꾸준히 마련해 오고 있다.[109] 이와 동시에 지속적인 경제성장으로 어느 정도 자본력이 형성된 이후부터는 해외에 투자하는 사례도 증가하고 있다.

과거에는 외국인투자자본이 대부분 선진국에서 개도국으로 유입되었기 때문에, 선진국은 투자자의 보호를 위한 해석을 요구한 반면, 개도국은 외국인투자자에게 권리를 부여하고 유치국에게 의무를 부여하는 BIT의 규정에 대해 제한적으로 해석할 것을 요구하였다. 이러한 입장이 반영된 예 중 하나가 포괄적 보호조항이다.

앞서 언급한 바와 같이 한국은 외국인투자를 활발하게 유치하면서도 동시에 해외에 투자를 많이 하고 있다.[110] 이렇듯 한국은 투자 분야에 있어서 중간적인 위치에 있기 때문에 포괄적 보호조항의 해석에 대해서 선진국과 개도국이 취하는 입장을 동시에 고려해야 할 필요가 있다.

3. 해결을 위한 제언

1) Model BIT 제정의 필요성

한국은 2009년 5월말을 기준으로 총 106개의 국제투자협정을 체결하였다. 이것은 G20국 중 6번째로 높은 순위이다. 총 국제투자협정 체결건수는 미국과 같으나, 미국이 47개를 BIT의 형태로 체결한 반면, 한국은 91개를 BIT의 형태로 체결했다는 점에서 차이가 있다.[111] 그런데 이처럼 활발하게 BIT를 체결하고 있음에도 불구하고

경제자유구역	위치	면적	비전	지정일	구역청 개청일
인천 경제자유구역	인천광역시	209.38㎢	환발해권 물류클러스터 추진	2003.8.6	2003.10.15
부산진해 경제자유구역	부산광역시, 경상남도	104㎢	항만중심의 물류거점화 추진	2003.10.27	2004.3.30
광양만권 경제자유구역	전라남도, 경상남도	86㎢	부산항과의 양항체제 육성	2003.10.27	2004.3.24
황해 경제자유구역	충청남도, 경기도	55.1㎢	당진항 중심의 환황해권 국제협력거점	2008.4.25	2008.7.22
새만금군산 경제자유구역	전라북도	67.0㎢	동아시아 미래형 신산업과 관광 레저 허브	2008.4.25	2008.8.28

109) 외국인 직접투자 활성화를 위한 각종 정책 및 통계에 대해서는 지식경제부 홈페이지 참조. http://www.mke.go.kr/

110) 정부는 투자심리 회복과 세계경제회복 전망 등에 따라 금년도 해외직접투자가 지난해(304.2억불)보다 증가할 것으로 전망하고 있다. 기획재정부 보도자료, "'10년도 1/4분기 해외직접투자 동향", 2010.5.6.

111) 이 수치는 OECD와 UNCTAD가 공동연구한 "Third Report on G20 Investment Measures"에서 확인할 수 있다. http://www.oecd.org/dataoecd/31/23/45455199.pdf

BIT 협상에 있어 기준이 될 만한 모델 BIT가 부재하다. 미국, 영국, 독일, 스위스 등과 같은 국가들은 투자협정 협상에 있어 상대국에게 제시할 모델 BIT를 가지고 있고, 실제로 BIT를 운용하면서 드러난 문제점을 연구하여 기존 모델 BIT에 이러한 수정사항을 담은 새로운 모델 BIT를 만들고 있다.[112)]

한국은 투자협정체결에 있어 OECD 국가들 중에서도 상위에 속할 만큼 많은 BIT를 체결하였고, 이러한 추세는 앞으로도 계속될 것으로 예상된다. 이제는 우리도 그동안의 BIT 체결관행과 중재판정부의 해석을 반영하여 향후 협상에서 일관된 입장을 견지하고 분쟁발생을 최소화할 수 있는 문안을 담은 모델 BIT를 마련할 때가 되었다고 생각한다.

2) 해석노트

포괄적 보호조항은 이미 서술한 바와 같이 일반적인 해석론이 없어서 각 사건의 중재판정부가 특정한 상황에 따라 광의의 해석 또는 협의의 해석방식을 택해 판정하고 있다. 그러므로 만약 포괄적 보호조항과 관련된 분쟁이 발생할 경우 첨예한 갈등이 예상된다. 이러한 문제를 해결하기 위해서는 앞으로 체결되는 BIT에 포괄적 보호조항의 적용범위를 명시적으로 제한하여 분쟁의 여지를 줄여나가는 방향으로 나아가야 할 것이다. 일례로 미국은 2004년 US Model BIT에서 조약보호를 받는 투자분쟁의 범위와 절차를 제한적으로 명시한 바 있다.[113)]

이를 위해 BIT 체결을 위한 협상 시 문안작성에 세심한 주의를 기울이고, 더 나아가서는 NAFTA의 자유무역위원회(Free Trade Commission: FTC)[114)]와 같이 해석상의 분쟁이 발생했을 때 그에 대한 해석노트를 마련하여 차후 발생할 수 있는 분쟁의 여지를 최소화하거나 분쟁이 실제로 발생하더라도 우리에게 유리한 방향으로 판정이 내려질 수 있도록 할 필요가 있다.[115)]

---

112) 외교통상부 보도자료, "한 - 콜롬비아 통상장관회담 개최 결과", 2010.7.7.

113) 조희문, 앞의 논문, 117면.

114) NAFTA 제2001조 제1항
"Commission shall (a) supervise the implementation of the Agreement; (b) oversee its further elaboration; [and] (c) resolve disputes that may arise regarding its implementation and application."

115) 비단 포괄적 보호조항의 범위뿐만 아니라 MFN 조항이 분쟁해결절차에도 적용되는지에 대해서 의견이 나뉘는데, 해석노트를 만들 때 이런 문제들에 대해서도 추가적인 논의가 진행되어야 할 것이다. MFN 조항의 적용범위 해석에 관한 분쟁을 방지하기 위해, 2005년 영국 모델 BIT는 제3조 3항에서 MFN의 적용범위를 명시적으로 언급하고 있다.

V. 결 론

1990년대 이후 BIT 체결이 급증함에 따라 투자분쟁도 증가하면서 실체적, 절차적 권리의 내용과 범위, 효과에 대한 논의를 비롯하여 다양한 쟁점이 제기되고 있다. 그 중에서도 2004년에 *SGS v. Pakistan* 사건과 *SGS v. Philippines* 사건을 통해 촉발된 포괄적 보호조항에 대한 논의는 국제투자법의 한 축을 구성하는 것으로써 그 중요성이 점차 증가하고 있다. 특히 포괄적 보호조항의 범위와 효과에 대한 다양한 해석론에 대한 논의, 포괄적 보호조항에서 규정하고 있는 '약속'의 범위에 대한 논의, 포괄적 보호조항이 투자유치국의 국내법과 국제법의 상호작용에 미치는 영향 및 포괄적 보호조항의 한계가 주요 쟁점사안이다.

포괄적 보호조항의 이러한 논의는 특히 총 106개의 국제투자협정 중 약 25% 정도가 포괄적 보호조항을 포함하고 있는 한국에 갖는 함의가 한층 더하다. 또한 과거에는 외국인투자자본의 유입을 바탕으로 경제성장을 이끌어 왔으나 1990년대 이후 외국인투자를 활발하게 유치하면서도 동시에 상당한 규모의 자본을 해외에 투자하고 있는 '중간적 입장'에 있는 한국은 포괄적 보호조항을 제한적으로 해석함으로써 부담을 줄이려는 개도국의 입장과 투자자의 권리를 최대한 보장할 수 있도록 동 조항의 범위를 넓히려는 선진국의 입장을 동시에 고려해야 할 필요가 있다.

이러한 견지에서 본 장은 다음과 같은 두 가지 방안을 제시하고자 한다.

첫째, 한국도 미국, 독일, 스위스, 영국 등과 같이 그동안의 BIT 체결관행과 중재판정부의 해석을 반영하여 '한국 모델 BIT'를 마련할 때가 되었다. 이는 향후 협상에서 일관된 입장을 유지하고 분쟁발생을 최소화하기 위함이다. 둘째, 포괄적 보호조항은 이미 서술한 바와 같이 일반적인 해석론이 없어 각 사건의 중재판정부가 특정한 상황에 따라 광의의 해석 또는 협의의 해석방식을 택해 판정하고 있다. 그러므로 이러한 문제를 해결하기 위해서는 앞으로 체결되는 BIT에 포괄적 보호조항의 적용범위를 명시적으로 제한하여 분쟁의 여지를 줄여나가는 방향으로 나아가야 할 것이다. 따라서 BIT체결을 위한 협상 시 문안작성에 세심한 주의를 기울이고, 더 나아가서는 NAFTA의 자유무역위원회와 같이 해석상의 분쟁이 발생했을 때 그에 대한 해석노트를 마련하여 차후 발생할 수 있는 분쟁의 여지를 최소화해 나갈 필요가 있다.

제7장 공정·공평한 대우 원칙

Ⅰ. 서 론

공정·공평한 대우 원칙(FET)이란 외국인투자 및 투자자에게 공정하고 공평하게 대우해야 한다는 의미이다. 매우 중요한 원칙임에도 불구하고, 전 세계적으로 체결된 IIA를 살펴보면, FET의 실시원칙만 나와 있을 뿐, 구체적 정의와 판단기준은 확립되어 있지 않다. 즉, FET의 'fair'의 의미와 'equitable'의 의미가 무엇인지, 이 둘을 연결한 'fair and equitable'은 어떠한 의미인지, FET를 적용할 때 이 두 개념을 동시에 적용해야 하는지 아니면 분리하여 그 기준을 달리하여 적용해야 하는지 여부들과 같은 기초적인 의문점부터 시작하여, 구체적으로 동 원칙을 적용하는 데 있어 세부적인 기준은 어떤 것인지 등에 대한 국제법상 확립된 개념이 존재하지 않는다.[1)]

2000년 이후 FET 위반 여부가 국제투자분쟁에서 중요한 위치를 차지하게 되면서,[2)] 이에 대한 연구가 본격적으로 진행되었다.[3)] 그러나 FET를 연구한 논문 및 단행

※ 본고는 연세대학교 일반대학원 법학과 석사논문인 "국제투자협정상 공정·공평한 대우 원칙에 관한 연구"를 요약 및 정리한 것이다.

1) "The concept of fair and equitable treatment is not precisely defined. It offers a general point of departure in formulating an argument that the foreign investor has not been well treated by reason of discriminatory or other unfair measures being taken against measures. It is, therefore, a concept that depends on the interpretation of specific facts of its content." Peter T. Muchlinski, *Multinational Enterprises & Law* (Oxford: The Oxford International Law Library, 2007), p.635. 이러한 점은 UNCTAD, *Investor-State Dispute Settlement and Impact on Investment Rulemaking* (UNCTAD: UNCTAD, 2007), p.41에서도 찾아볼 수 있다.

2) 지금까지 중재판정사례에서 투자자보호를 위해 그 위반을 인정한 기준으로서 청구인 측이 가장 많이 제기한 쟁점이 FET이다. 박노형 외 5명, 『투자자-국가간 투자분쟁 사례로 본 정부 정책적 시사점』(서울: 산업자원부, 2007), 123면; U. Kriebaum, "Regulatory Takings: Balancing the Interests of the Investor and the State", *The Journal of World Investment & Trade*, vol.8 (2007), p.718; Rudolf Dolzer, "Fair and Equitable Treatment: A Key Standard in Investment Treaties", *International Lawyer*, vol.39 no.1 (2005), p.87.; 김용의, "최근 5년간 ICSID 중재판정사

본은 상대적으로 그 수가 적다. 따라서 본 장에서는 현재까지도 명확하게 확립되지 않은 FET의 개념 정의를 무리하게 모색해보는 시도보다는, FET의 연혁 및 1990년대 말부터 본격적으로 나타난 유럽 및 미국의 논의 내용을 자세하게 소개하는 데 주된 목적이 있다. 특히 2000년대에 들어서면서부터 FET를 다룬 중재판정이 늘어남에 따라, 당시의 중재판정 및 최근 판정의 법리를 소개하고 이에 대한 학계의 논평을 분석할 것이다. 그리고 이러한 과정에서 도출되는 FET의 정확한 의미 및 판단기준을 조심스럽게 모색해보기로 한다.[4)]

례를 중심으로 한 국제투자분쟁의 중요쟁점에 관한 연구", 『동아법학』, 제43호(2009), 477-508면 참조.

3) FET를 다룬 국제기구의 주요 보고서로는 UNCTC, *Bilateral Investment Treaties* (New York: UNCTC, 1988); UNCTC, *Key Concepts in International Investment Arrangements and Their Relevance to Negotiations on International Transactions in Services* (UNCTC Current Studies no.13, Series A), UN Doc.ST/CTC.SER.A/13 (1990); UNCTAD, *Bilateral Investment Treaties in the Mid-1990s* (New York: UNCTAD, 1998), UNCTAD/ITE/7; UNCTAD, *Fair and Equitable Treatment* (New York: United Nations, 1999); OECD, *Fair and Equitable Treatment Standard in International Investment Law* (Paris: OECD, 2004) 참조.

4) 이에 대한 내용으로는 Herman Walker Jr., "Modern Treaties of Friendship, Commerce and Navigation", *Minnesota Law Review*, vol.42 (1957-1958), pp.805-824; A.A. Fatouros, *Government Guarantees to Foreign Investors* (New York: Columbia University Press, 1962); M. Sornarajah, "State Responsibility and Bilateral Investment Treaties", *Journal of World Trade Law*, vol.20 (1986), pp.79-98; Kenneth J. Vandevelde, "The Bilateral Treaty Program of the United States", *Cornell International Law Journal*, vol.21 (1988), pp.201-276; F.A. Mann, "British Treaties for the Promotion and Protection of Investments", in *Further Studies in International Law* (Oxford: Oxford University Press, 1990), pp.234-251; Jeswald W. Salacuse, "BIT by BIT: The Growth of Bilateral Investment Treaties and Their Impact on Foreign Investment in Developing Countries", *International Lawyer*, vol.24 (1990), pp.655-675; Rudolf Dolzer & Margrete Stevens, *Bilateral Investment Treaties* (Alphen: Martinus Nijhoff Publishers, 1995); Prosper Weil, "The State, the Foreign Investor and International Law: The No Longer Stormy Relationship of a Menage A Trois", *Foreign Investment Law Journal*, vol.15 no.2 (2000), pp.401-416; Stephen Vasciannie, "The Fair and Equitable Treatment Standard in International Investment Law and Practice", *British Journal of International Law* (2000), pp.99-164; Charles H. Brower II, "Fair and Equitable Treatment under NAFTA's Investment Charter", *American Journal of International Law*, vol.96 proceedings, pp.9-22; Christoph Schreuer, "Fair and Equitable Treatment in Arbitral Practice", *The Journal of World Investment & Trade*, vol.6 no.3 (2005), pp.357-386; OECD, *International Investment Law: A Changing Landscape* (Paris: OECD, 2005), pp.73-125; Rudolf Dolzer & Vaughan Lowe, "Proceedings of the Annual Meeting: Fair and Equitable Treatment in International Law", *American Journal of International Law*, vol.100 no.2 (2006), pp.69-74; Marcela Klein Bronfman, "Fair and Equitable Treatment: An Evoling Standard", *Max Planck Yearbook of United Nations Law*, vol.10 (2006), pp.609-680; R. H. Kreindler, "Fair and Equitable Treatment-A Comparative International Law Approach-", *Transnational Dispute Management*, vol.3 issue 3 (2006), pp.1-14; Theodore Kill, "Don't Cross the Streams: Past and Present Overstatement of Customary International Law in Connection with Conventional Fair and Equitable Treatment Obligations", *Michigan Law Review*, vol.106 (2007-2008), pp.853-880; Mahnaz Malik, *Fair and Equitable Treatment* (Manitoba: International Institute for Sustainable Development, 2009); Benedict Kingsbury & Stephan Schill, "Investor-State Arbitration as Gover-

Ⅱ. FET의 기원 및 발전과정

FET는 이미 제2차 세계대전 직후부터 여러 국제협정 및 조약에서 모습을 드러내기 시작하였다.[5] 특히 전후 세계 경제 질서를 바로잡으려는 시도 중의 하나인 국제무역기구(ITO)를 설립하기 위한 노력에서 FET가 처음으로 등장하였다.[6] 이는 이후 채택되는 다자간, 지역간 투자협정에 기본적인 영향을 주었고, 뿐만 아니라 비정부기관이 채택한 FET와도 상당 부분 연관성이 있다. 따라서 FET의 시작은 하바나헌장부터 살펴보아야 한다는 견해가 일반적이다.

1. 주요 다자간 · 지역간 투자협정에서의 FET

1) 하바나헌장 (Havana Charter)

1946년 2월, UN의 경제사회이사회(Economic and Social Council)는 무역증진, 전후(戰後) 사회복구 및 경제발전을 목적으로 하는 ITO를 창설하기 위한 회의를 개최한 후, 1948년 쿠바의 하바나에서 ITO 설립을 위한 하바나헌장을 채택하였다.[7]

하바나헌장은 주로 무역에 관련된 주제를 다루었으나, 국제투자에 대한 내용도 다루었는데 그 이유는 개발도상국들의 경제 개발을 위해서는 외국의 자본이 매우 중요한 역할을 할 것이라는 기대감 때문이었다.[8] 그리하여 동 헌장에 외국투자자와 투자유치국 간의 관계에 대한 조항이 명시되었는데, 그 중 헌장 제11조 2항에서 다음과 같이 FET가 최초로 규정되었다.

---

nance: Fair and Equitable Treatment, Proportionality and the Emerging Global Administrative Law", *New York University Public Law and Legal Theory Working Papers* (2009); Jurgen Bering *et al., General Public International Law and International Investment Law - A Research Sketch on Selected Issues* - (Wittenburg: Transnational Economic Law Research Center, 2009) 참조.

5) UNCTAD(1999), *supra* note 3, p.7.

6) BIT 상에서의 FET는 각각 그 모습과 형태가 서로 비슷하며, 또한 다자간, 지역간 투자협정에서 나타난 FET의 모습 또는 비정부기관이 채택한 FET와도 유사한 형태를 띠고 있기 때문에 다자간, 지역간 투자협정 상 나타난 FET의 형태 또는 비정부기관이 채택한 FET만 살펴보아도 충분할 것으로 보인다. 따라서 본 장에서는 다자간, 지역간 투자협정에서 나타난 FET와 비정부기관이 채택한 FET만 다루기로 한다.

7) 그러나 미국 의회가 동 헌장이 발효하면 자신의 통상권한이 침해될 것을 우려하여 하바나헌장의 채택을 반대하는 바람에 ITO의 창설은 결국 무산되고 말았다. 고준성 외 16명, 『국제경제법』(서울: 박영사, 2006), 19면. 하바나헌장에 대한 전반적인 내용은 Clair Wilcox, *A Charter for World Trade* (New York: The Macmillan Company, 1949); Douglas A. Irwin *et al., The Genesis of the GATT* (Cambridge: Cambridge University Press, 2009) 참조.

8) The Havana Charter, article 1.

2. The Organization may, in such collaboration with other inter-governmental organizations as may be appropriate:

(a) make recommendations for and promote bilateral or multilateral agreements on measures designed.

(i) to assure just and equitable treatment for the enterprise, skills, capital, arts and technology brought from one Member country to another;

…

물론 'Fair and Equitable'이 아니라 'Just and Equitable'이라는 표현이 쓰였기 때문에 오늘날의 FET와 문언적 측면에서 차이는 있다. 또한 하바나헌장에서의 'Just and Equitable'은 외국인투자에 대한 대우라기보다는 좀 더 넓은 분야에 대한 대우를 언급했다는 점에서, 그리고 헌장 당사국에 대해 'Just and Equitable'한 대우를 타국에게 부여해야 할 법적 의무를 강제하지 않은 일종의 프로그램적인 의무라는 점[9]에서 차이가 있다. 이러한 차이점들에도 불구하고 오늘날의 FET가 추구하는 목적이 최초로 나타났다는 점에서, FET의 선례로 인정되고 있다.

하바나헌장에는 이와 같은 내용 외에 수용이나 통화 제한과 같은 외국인투자에 직접적으로 연관되는 사항이 규정되어 있었으나, 이는 개발도상국들의 입장에 치중하여 작성된 것이기 때문에 자본수출국들의 반발에 부딪혔다. 이는 하바나헌장이 실패한 이유 중의 하나로 볼 수 있다.[10] 비록 하바나헌장의 비준 및 채택은 실패로 끝났지만, 하바나헌장에 담긴 내용은 그대로 전해져, 하바나헌장과 동시대에 논의된 조약 또는 그 이후의 각종 경제 협정 및 헌장에 영향을 주었다.

2) 보고타헌장 (Economic Agreement of Bogota)

하바나헌장과 동시대의 협약으로, 1948년 콜롬비아의 보고타에서 미주대륙 21개국이 모여 미주대륙 각국 간의 안전보장기구인 미주기구(OAS)를 설립하기 위하여 채택한 헌장이 바로 보고타헌장이다. 동 헌장 제22조에서도 FET에 관한 내용을 찾아볼 수 있다.

22. Foreign capital shall receive equitable treatment. The States therefore agree not to take unjustified, unreasonable or discriminatory measures that would impair the legally

9) Stephen Vasciannie, *supra* note 4, p.108.

10) 이에 대해서는 Margaret S. Gordon, "Problems of the ITO, The Character and the Significance of the General Commitments That Nations Will Make under the ITO Charter", *American Economic Review*, vol.39, issue 3 (1949), p.241; Hubert Henderson, "A Criticism of the Havana Charter", *American Economic Review*, vol.39, issue 3 (1949), p.605; M. A. Heilperin, "Notes on the Havana Trade Charter", *Canadian Banker* (1948.5), p.4 참조.

> acquired rights or interests of nationals of other countries in the enterprises, capital, skills, arts or technology they have supplied.

보고타헌장 제22조는 하바나헌장 제11조 2항보다 훨씬 강도가 높다. 문언상 'fair'라는 단어는 빠졌으나 법적 의무를 나타내는 "shall"이라는 단어가 쓰였다는 점에서 프로그램적인 의무라고 보기 힘들기 때문이다. 또한 새로운 기준들이 부가되었다. 정당하지 않고 비합리적이며 혹은 차별적인 조치를 취하는 것을 금지함으로써 공평한 대우의 기준이 무엇인지에 대한 기준들을 제시하였던 것이다.

그러나 동 헌장 역시 비준에 실패하였다. 역시나 마찬가지로 미국 기업가들의 반발이 매우 심했기 때문이었다. 그들은 보고타헌장을 너무 애매하고 위험하다고 판단하여 보고타헌장의 비준을 반대하였다.[11] 미국을 제외한 중남미 국가 또한 보고타헌장을 반대하였다. 미국의 기업가들과는 달리, 보고타헌장이 친(親)투자자 입장에서만 기술되었다는 이유였다. 그리하여 중남미 국가들 중 보고타헌장을 비준한 국가들은 코스타리카, 온두라스, 그리고 파나마 3개국에 불과하였다. 비록 채택에는 실패하였지만, FET의 판단기준을 제시하였다는 점에서 하바나헌장과 같이 FET의 선례로 기능하였다고 보인다.

3) Abs-Shawcross 초안과 1960년대 OECD 초안

1959년 당시 도이체방크 회장이었던 Hermann Abs와 영국 변호사 출신인 Shawcross 경이 제안한 일명 "Draft Convention on Investments Abroad(Abs-Shawcross Draft)"에서도 FET가 제 I 조에 명시되어 있다.[12]

> I. Each Parties shall at all times ensure fair and equitable treatment to the property of nationals of the other parties. Such property shall be accorded the most constant protection and security within the territories on the other parties, and the management, use, and employment thereof shall not in any way be impaired by unreasonable or discriminatory measures.

---

11) S. J. Rubin, *Private Foreign Investment-Legal and Economic Realities* (Baltimore: Johns Hopkins University Press, 1956), p.82.

12) 원문은 http://www.unctad.org/sections/dite/iia/docs/Compendium//en/137%20volume%205.pdf 에서 찾아볼 수 있다. 또한 Hermann Abs & Lord Shawcross, "The Proposed Convention to Protect Private Foreign Investment: A Round Table", *Emory Law Journal*, vol.9 (1960), pp.115-124에서도 찾아볼 수 있다. 이에 대한 자세한 논평은 Georg Schwarzenberger, "The Abs-Shawcross Draft Convention on Investments Abroad: A Critical Commentary", *Emory Law Journal*, vol.9 (1960), pp.147-171 참조. 당시 외국인투자에 관한 일반적인 내용은 Michael Brandon, "Recent Measures to Improve the International Investment Climate", *Emory Law Journal*, vol.9 (1960), pp.125-132.

문언상 형태를 분석해 보면, 하바나헌장이나 보고타헌장보다 좀 더 진일보한 측면을 발견할 수 있다. 우선 "at all times"가 삽입됨으로서 FET의 항구적인 효과를 꾀했다는 점을 볼 수 있고 "the most"라는 표현을 씀으로서 항구적인 보호와 안전을 강조했다고도 보인다.[13] 그리고 하바나헌장에서는 'fair' 대신 "just"가, 보고타헌장에서는 'fair'가 빠지고 "equitable"만 삽입되었지만, Abs – Shawcross 초안에서는 비로소 완전한 형태의 FET가 도출되었다. 또한 하바나헌장 또는 보고타헌장과 비교해 볼 때 "unjustified"는 동 초안에서 명시되지 않았다는 점이 특징적이다. 생각건대, 동 요소를 고려하지 않기 위해 초안작성자가 일부러 삭제한 것은 아니라고 보인다.

한편, 동 초안은 이름 그대로 '초안'일 뿐, 국가 또는 국제기구가 정식으로 채택을 위하여 회람한 것은 아니었다. 그러나 외국 국적의 투자자에 대한 절대적인 보호를 외친 Abs – Shawcross 초안은 자본수출국에게 널리 인정받았고,[14] 이후 1963년과 1967년, OECD에서 제안한 투자보호초안 제 I 조 (a)항에 큰 영향을 주었다.

> I(a). Each Parties shall at all times ensure fair and equitable treatment to the property of nationals of the other parties. It shall accord within its territory the most constant protection and security to such property and shall not in any way impair the management, maintenance, use, enjoyment or disposal thereof by unreasonable or discriminatory measures. The fact that certain nationals of any State are accorded treatment more favourable than that provided for in this Convention shall not be regarded as discriminatory against nationals of a Party by reason only of the fact that such treatment is not accorded to the latter.

OECD 초안 제 I 조 (a)항은 Abs – Shawcross 초안과 크게 차이가 없다. 그러나 다음과 같은 두 가지 측면에서 Abs – Shawcross 초안보다 진일보하였음을 볼 수 있

13) 그러나 이러한 표현들이 자본수출국에게 필요 이상의 엄격한 준수 의무를 부여하지는 않은 것으로 보인다. 한편 Georg Schwarzenberger는 Abs – Shawcross 초안 제 I 조는 국제관습법상의 IMS와 공정한 대우가 결합된 형태로 보인다고 분석하면서, 본 초안이 실행된다면 그 수혜자(아마도 외국투자자)에게 3가지의 이득이 있다고 논평하였다. 첫째, 외국투자자는 국제관습법상의 IMS에 입각한 보호를 받게 되고, 둘째, 이른 바 *jus aequum*, 즉 형평법과 일치하는 대우를 받을 자격이 부여되었으며, 셋째, 실질적으로 MFN과 NT도 보장받게 되었다고 하였다. 이에 대해서는 Georg Schwarzenberger, *Ibid.*, pp.152 – 153. *jus aequum*에 대해서는 Aaron X. Fellmeth & Maurice Horwitz, *Guide to Latin in International Law* (Oxford: Oxford University Press, 2009), pp.150 – 151. 그러나 과연 Abs – Shawcross 초안 제 I 조가 국제관습법상의 IMS를 포함하는지, MFN이나 NT등의 원칙들을 포함할 정도로 광범위하게 해석될 수 있을지, 그리고 형평법과 일치하는 대우가 무엇인지에 대해서 명확하게 설명하고 있지 않다.

14) 물론 최초의 BIT라고 불리는 독일 – 파키스탄 BIT에서는 FET를 찾아볼 수 없지만, 바로 직후인 1960년대 초에 FET를 포함한 BIT가 많이 체결되었다. 이에 대해서는 Mohamed I. Khalil, "Treatment of Foreign Investment in Bilateral Investment Treaties", *Foreign Investment Law Journal*, vol.8 (1992), p.355.

다. 첫째, 앞서 Abs-Shawcross 초안에 대해 Georg Schwarzenberger가 지적하였던 점을 보완하기 위하여,[15] 동 조항 세 번째 문장에서는 MFN원칙과의 구별을 확실하게 하였다. 둘째, MFN원칙과의 구별 뿐만 아니라 NT와의 구별도 명확하게 하였다는 점이다. 따라서 OECD 초안은 FET의 강화 및 타 원칙들과의 구별을 꾀하였다고 볼 수 있다. 그러나 국제관습법상의 IMS와의 구별은 명확하게 하지 않았다.

4) MIGA와 DUNCCTC, MAI

다국간투자보증기구 설립협약(Convention Establishing the Multilateral Investment Guarantee Agency)에 의해 창설된 다국간투자보증기구(MIGA)는 외국투자자의 투자를 증대하기 위하여 설립되었다. 이를 위하여, 투자기회에 대한 연구를 수행하여 그 결과를 홍보하거나, 개발도상국에서 국제회의를 조직하기도 한다. 그러나 주된 목적은 對개도국 투자가 '비상업적 위험'에 처하면 일종의 보험을 제공하는 것이어서,[16] MIGA는 투자 그 자체를 다루는 것은 아니다. 그러나 MIGA 설립협약 제12조(e)(iv)에서 "… the investment conditions in the host country, including the availability of fair and equitable treatment and legal protection for the investment"라고 하여 FET를 찾아볼 수 있다.

한편, MIGA 설립협약보다 더욱 더 직접적으로 FET를 서술한 초안으로는 "Draft United Nations Code of Conduct on Transnational Corporations (DUNCCTC)"를 들 수 있다. 동 초안 제48조에서 FET에 대한 내용을 찾아볼 수 있다.

> 48. Transnational corporations should receive [fair and] equitable and [non-criminatory] treatment [under] [in accordance with] the laws, regulations and administrative practices of the countries in which they operate [as well as intergovernmental obligations to which the Governments of these countries have freely subscribed] [consistent with their international obligations consistent with international law].[17]

동 초안 또한 참가국들 간의 의견이 엇갈리는 바람에 채택되지는 못했다. 또한 참가국들의 합의가 기존의 초안들보다 진보한 내용이 없었다. 다만 놀라운 점은 당시 개발도상국들을 대표하던 'Group of 77'이 별다른 거부감없이 동 초안을 받아들

15) Georg Schwarzenberger, *supra* note 12, pp.152-153.

16) 김대순, 『國際法論』(서울: 삼영사, 2011), 762면. MIGA에 대한 자세한 내용은 http://en.wikipedia.org/wiki/Multilateral_Investment_Guarantee_Agency 참조.

17) "[…]"의 내용은 잠정초안 당시에 논의되었던 내용이며, 최종초안에 포함되지는 못한 내용이다. 동 초안의 내용은 UNCTAD, *International Investment Instruments: A Compendium* (Geneva: UNCTAD, 1996), vol.I, p.4.

였다는 것이다.[18]

이처럼 투자에 관한 다자협약에 대한 논의는 제2차 세계대전 이후 지속적으로 이어져 왔고, 이는 1995년 OECD에 의한 MAI 제정작업으로 이어졌다. MAI에서는 FET에 대한 내용이 보다 더 자주 나온다. 우선 전문에서 "… fair, transparent and predictable investment regimes complement and benefit the world trading system …"이라고 하였고, Section IV의 제1.1조에서 '일반적 대우'라는 명칭 하에 다음과 같이 FET를 서술하고 있다.

> 1.1. Each Contracting Party shall accord to investments in its territory of investors of another Contracting Party fair and equitable and full constant protection and security. In no case shall a Contracting Party accord treatment less favourable than that required by international law.[19]

이전 OECD 초안들과 비교해 본다면, MAI에서는 MFN과 NT에 대한 내용을 구별하여 다른 부분에 명시하였다는 점이다. 또한 FET를 '일반적 대우'라는 제목 하에 서술하였다는 것인데, 이는 FET를 외국투자보호를 위한 기초적이고 기본적인 원칙으로 간주하였다고 볼 수도 있다.[20]

5) NAFTA와 에너지헌장조약 (Energy Charter Treaty)

지금까지 살펴본 다자간 협약들 중, MIGA 설립을 위한 협약을 제외하고는 실제로 발효된 협정은 없다. 그러나 이러한 노력들이 축적되어 결국 NAFTA 제1105조에서 FET가 나타나게 되었다.

> 1. Each Party shall accord to investments of investors of another Party treatment in accordance with international law, including fair and equitable treatment and full protection and security.
> 2. Without prejudice to paragraph 1 and notwithstanding Article 1108(7)(b), each Party shall accord to investors of another Party, and to investments of investors of another Party, nondiscriminatory treatment with respect to measures it adopts or maintains relating to losses suffered by investments in its territory owing to armed conflict or civil strife.
> 3. Paragraph 2 does not apply to existing measures relating to subsidies or grants that would be inconsistent with Article 1102 but for Article 1108(7)(b).

---

18) Patrick L. Robinson, "The June 1985 Reconvened Special Session on the Code", *The CTC Reporter*, no.20 (Autumn 1985), pp.11-14.

19) UNCTAD, *supra* note 17, vol.IV, p.148.

20) MAI에 대한 분석 및 향후 MAI와 같은 다자간 투자협약의 중요성에 대하여 Rafael Leal-Arcas, *International Trade and Investment Law* (Edward Elgar, 2010), pp.248-254 참조.

동 조항은 NAFTA 관련 ISD에서 가장 자주 인용된 것으로서, NAFTA 제11장 투자 분야에서 ISD의 시작이자 끝으로 언급되기도 하는데, 2000년대 초반에 FET와 관련되어 문제가 된 사건들이 대부분이었기 때문이었다.[21] 특히, 앞에서 살펴본 다른 다자간협약 초안들과 달리, IMS를 강력하게 암시하는 문구로 인하여 FET가 IMS에 포함되는 듯한 함의를 줌과 동시에 FET와 "full protection and security"를 어떻게 해석해야 하는지에 대한 문제를 던졌다. 상당히 여러 가지 의미로 해석될 수 있는 조항이기 때문에, 중재판정부들은 동 조항의 해석을 일관성 있게 하지 못하였다. 특히 NAFTA는 한-미 FTA의 투자 분야를 다룬 제11장의 해석 및 적용에 매우 중요한 영향을 주기 때문에, 이에 관한 판정사례 분석은 상당히 중요하다고 볼 수 있다.

한편, 1994년 채택된 에너지헌장조약에서도 FET를 찾아볼 수 있다. 에너지헌장조약 제10조 1항에서는 다음과 같이 FET를 나타내고 있다.

> (1) Each Contracting Party shall, in accordance with the provisions of this Treaty, encourage and create stable, equitable, favourable and transparent conditions for Investors of other Contracting Parties to make Investments in its Area. Such conditions shall include a commitment to accord at all times to Investments of Investors of other Contracting Parties fair and equitable treatment.

에너지헌장조약은 상당 부분 자본수출국의 입장을 반영한 것으로서 FET의 판단기준을 매우 상세하게, 즉 안정적이고(stable) 공평하며(equitable) 우호적이고(favourable) 투명하게(transparent) 이루어져야 한다고 규정해 놓고 있다는 점이 특징이다. 한편 NAFTA와는 달리 "at all times"라는 문구를 삽입함으로서 지난 OECD 초안들을 계승한 흔적이 보인다. 비록 에너지헌장조약이 투자에 관한 전반적인 협정이 아니라 특정한 한 분야에 관한 조약이긴 하나, 에너지헌장조약의 체약당사국이 주로 자본수출국이라는 점을 감안한다면 그들의 의중이 반영된 조약이라는 점에서 상당히 중요하다고 볼 수 있다.

---

21) Charles H. Brower II, *supra* note 4, p.9. 그런데 FET가 최초로 언급된 중재판정은 NAFTA 관련 사례가 아니라 BIT 사건인 *American Manufacturing & Trading, Inc v. Democratic Republic of Congo* (*AMT* Case), ICSID, ARB/93/1, 1997.2.21.이다. 한편 NAFTA 관련 사례 중 최초로 FET가 쟁점으로 나왔던 사건은 *Robert Azinian v. United Mexican States* (*Azinian* Case), ICSID, ARB(AF)/97/2이다. J. C. Thomas, "Reflections on Article 1105 of NAFTA: History, State Practice and the Influence of Commentators", *Foreign Investment Law Journal*, vol.17 no.1 (2001), p.21.

2. 비정부기구의 FET 채택

FET를 정부간 협정에서만 찾아볼 수 있는 것은 아니다. 민간 분야에서도 FET는 중요하게 생각되었고 따라서 몇몇 민간 협정에서도 찾아볼 수 있다. 그 중의 하나는 세계상공회의소(International Chamber of Commerce: ICC)가 1949년 채택한 "International Code of Fair Treatment for Foreign Investment"이다.[22] 본 규약의 제목이 나타내듯이 동 규약은 외국투자에 대한 공정한 대우에 관한 규칙을 담고 있으며, 주요내용으로는 NT를 포함한 비차별원칙, 공정한 재판을 받을 권리 등을 담고 있다. 이후 1972년에 제시된 "Guidelines for International Investment"의 제5장 3조에서는 투자유치국 정부가 FET에 입각하여 외국 자산을 대우할 것을 존중해야 한다고 명확하게 제시하였다.[23]

또한 1992년 세계은행이 제시한 "1992 Guidelines on Treatment of Foreign Direct Investment"는 비록 구속력이 없지만 비정부기관이 제시한 FET와 연관성이 있다는 측면에서 의의가 있다. 본 지침에서 세계은행은 "Each State will extend to investments established in its territory by nationals of any other State fair and equitable treatment according to the standards recommended in the Guidelines"[24]라고 하여 FET의 중요성을 강조하였다.

마지막으로 1995년 태평양 연안의 국제투자에 관한 헌장(The Pacific Basin Charter on International Investments)에서도 FET를 찾아볼 수 있다.[25] 동 헌장에서는 외국투자에 영향을 주는 국내적 입법 조치는 모든 유형의 투자자들에게 있어 공정하고 공평하게 이루어져야 하며 투자에 관한 정부정책 역시 공정한 기초 위에 적용되어야 한다고 하여 FET를 언급하고 있다. 동 헌장의 이사회는 약 22개의 자본수출국 및 자본수입국들의 기업들로 이루어져 있다.

3. 소결

앞에서 다루지 않은 BIT를 포함하여 다자간, 지역간 투자협정에서의 FET와 비정부기관에서 다룬 FET를 아울러 분석해 보면, 우선 대체로 그 문언적 형태가 비슷하

22) UNCTAD, *supra* note 17, vol.III, pp.273 – 278.

23) *Ibid.*, pp.279 – 291.

24) World Bank, "Legal Framework for the Treatment of Foreign Investment", *International Legal Material*, vol.31 (1992), pp.1366 – 1384, Article III(2).

25) UNCTAD, *supra* note 17, pp.375 – 379.

지만 각각 약간의 차이를 가지고 있어서, 이를 한마디로 표현하자면 "서로 비슷하지만 다른" 형태라고 할 수 있다.

또한 FET는 어느 특정 국가의 필요에 의해서 생겨났거나 어느 특정 시기에 일시적으로 필요해서 임시적인 원칙으로 나타난 것이 아니라, 제2차 세계대전 이후 국가경제발전 및 세계무역의 발전과 이를 위해 필요한 외국인투자 진흥을 위해 없어서는 안 될 근본 원칙이라고 보인다.[26] FET가 명시된 주요 다자간, 지역간 투자협정 및 각종 지침 등을 연도별로 정리해 보면 다음과 같다.[27]

[표 7-1 FET가 규정된 주요 투자협정]

협약명	발효(또는 제안)년도
Havana Charter	1948
Economic Agreement of Bogota	1948
International Code of Fair Treatment for Foreign Investments	1949
The Abs-Shawcross Draft Convention on Investments Abroad	1959
Code of Liberalization of Capital Movements	1961
OECD Draft Convention on the Protection of Foreign Property	1967
Guidelines for International Investment	1972
United National General Assembly Resolution 3281(XXIX): Charter of Economic Rights and Duties of States	1974
Declaration on International Investment and Multinational Enterprises	1976
The Set of Multilaterally Agreed Equitable Principles and Rules for the Control of Restrictive Business Practices	1980
Agreement for Investment of Arab Capital Signed in the Framework of the League of Arab States	1981
CARICOM and Cuba	1982
United Nations Code of Conduct on Transnational Corporations	1983
The Draft International Code of Conduct on the Transfer of Technology	1985
ASEAN Agreement on Promotion and Protection of Investment	1987
Convention Establishing the MIGA	1988
Fourth APC-EEC Convention (Lome Convention)	1990
Guidelines on the Treatment of Foreign Direct Investment	1992

26) 물론 FET를 비판하는 견해는 동 원칙이 일방적으로 투자유치국에게만 일정한 의무를 지우는 불평등한 측면이 있다고 한다. 그러나 투자유치국이 가지고 있는 영토주권 및 그 안에서 자국의 의사대로 결정할 수 있는 권한과 외국투자자의 권한을 비교해 보면 후자가 본질적으로 불리할 수밖에 없기 때문에 FET는 외국투자자의 보호를 위해 반드시 필요한 수단이라고 보는 견해가 더 많다. 외국투자자가 배타적으로 의존할 수밖에 없는 일종의 '신성한 선물'인 셈이다. Ioana Tudor, *The Fair and Equitable Treatment Standard in the International Law of Foreign Investment* (Oxford: Oxford University Press, 2008), pp.3-4.

27) *Ibid.*, pp.37-38, 46.

Treaty of Cologne for Reciprocal Promotion and Protection of Investments in MERCOSUR	1994
APEC Non-Binding Investment Principles	1994
Treaty Establishing the Common Market for Eastern and Southern Africa (COMESA)	1994
NAFTA Chapter 11	1994
Energy Charter Treaty	1997
Multilateral Agreement on Investment (MAI)	1998
Treaty on Investment and Trade of Services among the Republics of Costa Rica, El Salvador, Guatemala, Honduras and Nicaragua	2000

Ⅲ. FET의 정의 및 기타 원칙들과의 관계

현재 FET를 바라보는 시각은 크게 두 가지로 나눌 수 있다. 하나는 FET를 부여한다는 것은 국제관습법의 일부인 국제최소기준대우(IMS)를 부여한다는 의미를 나타낸다는 것이다. 다른 하나는 IMS와는 특정 측면에서 조금은 다른 의미를 나타낸다는 것이다.

이와 같은 견해 차이를 바탕으로 하여, FET와 대한 논란은 다음과 같이 다섯 가지로 구분할 수 있다. 첫째, 'fair and equitable'의 의미가 무엇인지, 'fair'와 'equitable'을 구분해서 해석해야 하는지 아니면 같이 통합하여 해석해야 하는지에 대한 문제이다. 이와 관련하여 나올 수 있는 의문점으로서 FET는 '형평과 선(*ex aequo et bono*)'을 의미하는지, 만약 다르다면 어떻게 다른지에 대한 문제이다.

또한 FET는 국제관습법에 속하는지, 만약 FET가 국제관습법이라면, IMS와는 어떠한 관계인지, 다시 말하면 IMS와 별개인 하나의 독립된 원칙인지 아니면 IMS의 일부분인지에 대한 문제이다. 이와 더불어 FET와 국제투자법상 다른 원칙들, 즉 MFN, NT, 혹은 수용과의 관계는 어떠한지, 다시 말하면 FET는 독립된 하나의 원칙으로서 다른 원칙들과 구분해서 판단되어야 하는지, 아니면 FET는 근본원칙으로서 작용하기 때문에 청구인이 제기하지 않아도 중재판정부가 항상 판단해야 하는 원칙인지에 대한 문제이다.

마지막으로, FET의 위반 여부를 판단하기 위한 판단기준은 어떠한 것들이 있는지에 대한 문제이다. IIA에 FET의 위반 여부를 판단하기 위한 기준이 명시적으로 제시되지 않은 상태에서 중재판정부가 조약의 해석을 통하여 이를 도출하거나 또는 기존의 다른 중재판정부가 제시하였던 판단기준을 적용하는 것이 어떠한지에 대한 문제이다. 본격적으로 분석하기에 앞서 일단 FET의 성격에 대해서 살펴볼 필요가 있다. Walker에 의하면 외국투자자를 대우하는 기준을 두 가지로 나눌 수가 있는데, 그 중 하나는 NT나 MFN과 같은 대우의 비교대상이 존재하는 조건부 원칙(contingent standard) 혹은 상대적 원칙(relative standard)이고 다른 하나는 대우에 대한 비교대상이 존재하지 않는 비조건부 원칙(non-contingent standard) 혹은 절대적 원칙(absolute standard)이다.[28] FET는 이 중에서 비교대상이 존재하지 않는 비조건부 원칙 혹은 절대적 원칙에 속한다. 이는 FET를 판단할 경우 내국인 또는 타국 및 타국 국적의 투자자들에 대한 대우 및 각종 조치와 비교하여 평가하는 것이 아니라, 투자유치국이 단독으로, 공정하고 공평하게, 일련의 보호조치를 정하였는지를 판단한다는 의미이다.

1. FET의 문언적 의미

1) 'fair', 'fairness', 그리고 'reasonableness'

우선, 'fair and equitable'의 문언적 의미를 파악하는 것이 필요하다. 통상적으로 주로 쓰이는 법률용어 사전인 Black Law's Dictionary에서 'fair'는 "impartial, just, equitable, disinterested, free of bias or prejudice", 즉 "공정하고 정당하며, 공평하고, 객관적이며 편견으로부터 자유로운"을 의미한다.[29] 그리고 'equitable'의 의미는 "just, consistent with principles of justice and right, existing in equity, available or sustainable by an action in equity, or under the rules and principles of equity",[30] 즉 "정당하며, 정의로움에 일치하고, 형평의 원칙 하에서 행동하는"을 의미한다.[31] 문언적으로 보면, 두 단어의 의미는 사실상 거의 유사하여, 하나의 단일한 의미로 볼 수 있다. 또한 캠브리지 사전에서는 'fair'의 명사형인 'fairness'를 "fairness is the quality of treating people equally or in a way that is right or reasonable", 즉 "공정함

28) Herman Walker Jr., *supra* note 4, p.811; R. Doak Bishop, James Crawford & W. Michael Reisman, *Foreign Investment Disputes* (Alphen: Kluwer Law International, 2004); 이 밖에도 Lori F. Damrosch, Louis Henkin *et al.*, *International law* (MN: West, 2009), pp.1058-1128. Damrosch 등은 FET를 국제투자법 상에서의 IMS를 나타내는 개념으로 소개하고 있다

29) Bryan A. Garner, *Black's Law Dictionary*, 3rd. pocket edition (MN: West, 2006), p.278.

30) *Ibid.*, p.246.

31) 국제투자법 내에서의 FET와는 약간 그 맥락을 달리 하여, 국제법상 'fairness'에 대하여 논의가 있었다. Thomas Franck는 'fairness'의 잦은 출현이 국제법 체계 내에서도 민주화된 통치체계가 도입되는 방향으로 이끄는 것이 아니냐는 주장을 하기도 하였다. Thomas Franck, *Fairness in International Law and Institutions* (Oxford: Oxford University Press, 1995). 그러나 이에 대하여, 'fairness'의 출현은 분권화된 국제법 체계에서 민주적으로 통합된 통치체계가 확립되는 것이 아니라 국제기구 내에서의 민주적 체계의 확립을 의미한다는 반론도 있다. Holly Cullen, "The Role of History in Thomas's Fairness in International Law and Institutions", *European Journal of International Law*, vol.13 no.4 (2002), pp.927-940.

은 사람들을 평등하게 혹은 올바르고 합리적인 방식으로 대우하는 본질적인 특징을 뜻한다"고 명시되어 있다.[32] 위에서 살펴본 바를 종합하여 볼 때 'fairness'는 그 의미 안에 '합리성(reasonableness)'과 '형평(equity)'을 내포하고 있음을 알 수 있다. 물론 미국이 예전에 그리스, 이스라엘, 그리고 니카라과 등과 체결하였던 우호통상항해조약들에서 'fair and equitable'이라는 용어가 쓰이지 않고 단지 'equitable'이라는 용어만 쓰였던 전례가 있었던 점을 고려한다면 이는 상당히 과감한 해석일지도 모른다.

그러나 제2차 세계대전 이후 미국의 BIT를 연구하였던 Kenneth J. Vandevelde가 이전에 미국이 사용하였던 'equitable treatment'나 최근에 사용하고 있는 'fair and equitable treatment'나 서로 동등한 개념이라고 밝힌 것을 보면,[33] 'fairness'를 보다 포괄적인 개념으로 놓고 그 안에서 'equitable'을 판단하는 것은 무리가 없어 보인다. 이에 더하여 자연법 학자들조차 'fairness'에 대한 고정된 정의는 없다고 하면서, 대신 이는 해당 사회 및 체계의 정치적 · 사회적 · 문화적 · 철학적 기반 및 제반 환경에 의거하여 판단되어야 한다고 한다.[34] 즉 사회가 변화 또는 발전함에 따라 'fairness'가 내포하고 있는 실체적 의미 및 정의도 변화 또는 발전할 수 있다는 의미이다.

요컨대 'fairness'는 크게 두 가지 특징을 가지고 있는 것으로 볼 수 있다. 첫째, 위에서 언급한 '합리성(reasonableness)'과 '형평(equity)'이라는 특징을 내포한다. 둘째, 'fairness'는 사회가 발전하면서 그 정의 또한 바뀔 수 있는 일종의 진화적인 성격 내지는 사안별 분석(case-by case)이 필요한 특징을 가진다. 이 중 두 번째 특징에 대해서는 각종 국제기구 보고서 및 문서, 관련 중재사례나 관련 전문가들이 동의하고 있기 때문에,[35] 첫 번째 특징만 살펴봐도 무방할 것이다.

앞서 제시한 바 있는, 'fairness'가 가지고 있는 특징 중의 하나인 합리성도 그 의미가 광범위하고 애매하다는 점은 마찬가지다. 그러나 상대적으로 판단기준이 잘 구축되어 있다. Federico Ortino에 의하면 합리성은 '적합성(suitability)', '필요성(necessity)', '비례성(proportionality)', '투명성(transparency)' 등을 특징으로 하고 있으며, 이를 판단하

---

32) Cambridge, *Cambridge International Dictionary of English* (Cambridge: Cambridge University Press, 2001).

33) Kenneth J. Vandevelde, *supra* note 4, p.221; UNCTAD(1999), *supra* note 3, pp.14-15. 한편 "equitable and reasonable treatment"와 "fair and equitable treatment"는 동의어라고 간주한 적도 있다. *Parkerings-Compagnient AS v. Lithuania*, ICSID Case no. ARB/03/13, Award (2007), para.198.

34) Ioana Tudor, *supra* note 26, p.126.

35) *supra* note 3, 4 참조. 특히 *Waste Management* 사건에서 중재판정부는 "the Standard is to some extent a flexible one which must be adapted to the circumstances of each case."라고 언급한 바 있다. *Waste Management, Inc. v. United Mexican States*, ICSID Case no. ARB(AF)/00/3, para.99.

기 위하여 세 가지 평가기준을 제시한다.[36] 첫째로는 수단 또는 목적의 적합성 여부를 판단하고, 둘째로 비용의 효율성 또는 필요성 여부를 판단하며, 마지막으로 비례성 여부를 판단한다는 것이다. 물론 이 평가기준은 국제경제법 분야 내에서 제시된, 아직까지 실현되지 않은 하나의 초기제안에 불과하지만, 국제투자법상 'fairness'에 대한 적절한 정의가 확립되지 않은 상태에서 시사하는 바가 크다고 할 수 있다. 이 평가기준을 국제투자법상 'fairness'에 변형 · 대입시켜 판단해 보면 다음과 같다. 요컨대 진화적이거나 사안별 분석이 필요하다는 전제 하에, 공정 · 공평한 대우가 무엇인지 정의내리거나 판단할 때는 우선 문제가 되는 조치 및 대우가 해당되는 투자자 및 투자에 적합한지를 판단하고, 그 다음 투자자 및 투자에 필요한 조치였는지를 살펴보며, 마지막으로 해당 조치 및 대우가 비례성의 원칙에 부합하는지를 평가한다는 것이다. 덧붙여 투명성 정도에 관한 문제도 같이 고려한다면 'fairness'에 대한 전반적인 윤곽이 그려질 것으로 보인다.

그렇다면 앞에서 'fairness'가 가지고 있는 두 가지 특징 중의 하나인 '형평(equity)'은 어떻게 보아야 할 것인가가 문제다. 일반적으로 'fair and equitable'에서의 'equitable'은 '공평한'으로 해석되지만, 'equity'라고 쓸 때는 '형평'이라고 해석되는 것이 일반적이다. 그렇다면 이때의 '형평(equity)'이 국제사법재판소(International Court of Justice: ICJ)규정 제38조 2항에 명시된 '형평과 선(*ex aequo et bono*)', ICSID협약 제42조 3항에 명시된 '형평과 선(*ex aequo et bono*)'과 같은 의미인지가 문제된다.

2) 'equitable'과 형평과 선(*ex aequo et bono*)의 구분

우선 ICJ 규정 제38조 2항에 명시된 '형평과 선(*ex aequo et bono*)'과 ICSID협약 제42조 3항에 명시된 그것은 조항의 구조상 같은 의미라고 보인다.[37] 그렇다면 FET의 "equitable"과 '형평과 선(*ex aequo et bono*)'은 같은 의미일까? 그렇지 않은 것으로 보인다. '형평과 선(*ex aequo et bono*)'은 중재판정부가 판정을 함에 있어 스스로 정의롭다고 생각하는 판단기준 또는 가치관을 의미하고,[38] 그렇기 때문에 이는 기본적으로 확정되지 않은 법개념(indeterminate legal concept)에 불과하다.[39]

따라서 '형평과 선(*ex aequo et bono*)'은 특정 개념을 지칭하는 개념적 의미로 파악

36) Federico Ortino, "From 'Non-Discrimination' to 'Reasonableness': a Paradigm Shift in International Economic Law?", *Jean Monnet Working Paper* 01/05 (2005), p.33.

37) 주지하다시피 여기서의 형평은 영미법계 국가의 국내법에서 일단의 판례법을 형성하고 있는 '형평(equity)'은 아니다. 자세한 내용은 김대순, 앞의 각주 16, 85면.

38) 위의 책, 86면.

39) Alexander Orakhelashvili, *The Interpretation of Acts and Rules in Public International Law* (Oxford: Oxford University Press, 2008), p.228.

하기보다는 재판이 재판불능(*non liquet*)의 사태로 빠지지 않기 위한 최후의 수단을 가리키는 것으로 보아야 한다.[40] *Saluka* 사건에서의 중재판정부도 'equitable'과 '형평과 선(*ex aequo et bono*)'을 같은 의미로 보지 않았다.[41] 또한 *ADF Group* 사건에서의 중재판정부도 FET를 적용한다는 것은 중재판정부의 특이한(idiosyncratic) 기준을 적용함을 허용한다는 의미가 아니라, 반드시 국가관행과 중재재판 및 국제사법재판 관행, 또는 국제관습법 및 기타 국제법의 연원에 의하여 규율되어야 함을 의미한다고 하여 선을 분명히 그은 바 있다.[42]

그렇다면 'equitable'을 어떤 의미로 파악해야 할까? 기본적으로 "equitable"이라는 단어의 어원은 라틴어로서, '*aequus*', 즉 '평평한', '공평한 구분'이라는 단어에서 파생되었다.[43] 이를 투자자의 맥락에서 바라본다면, 'equitable'하다는 의미는 투자자가 투자를 하였을 때 그로부터 상응하는 이익이나 기대가치가 공평하게 배분이 된다는 의미로 파악할 수 있다. 만약 어떠한 조치가 'equitable'하다면, 이러한 조치로 인하여 투자자는 자신이 투자함으로 인하여 그로부터 실현가능하고 기대가능한 이익을 얻을 수 있다는 점을 의미하며, 생각건대 이로부터 이른바 '정당한 기대(legitimate expectation)'를 할 수 있다는 뜻을 이끌어낼 수 있을 것으로 보이며,[44] 앞서 언급한 재판불능(*non liquet*) 방지 수단으로서의 '형평과 선(*ex aequo et bono*)'과는 분명히 구분지어야 할 것이다.

3) 소결

요컨대 'fair and equitable'을 해석함에 있어 중요한 점은 'fair'와 'equitable' 두 가지 개념이 매우 유사하여 통합하여 바라보아도 무방하며, 좀 더 구체적으로 살펴본다면 'fair'가 'equitable'을 포괄하는 보다 넓은 의미로 해석될 수 있다는 것이다. 그리고 좀 더 나아가 'fair'는 '합리성(reasonableness)'과 '형평(equity)'을 내포하고 있으며, 이때 합리성을 판단할 경우에는 '적합성(suitability)', '필요성(necessity)', '비례성(proportionality)', '투명성(transparency)' 등을 기준으로 바라보아야 하고, 형평을 따질 때에는 '정당한 기

40) 이와 비슷한 논지로 Christoph Schreuer, "Decisions *Ex Aequo Et Bono* ubder the ICSID Convention", *Foreign International Law Journal*, vol.11 (1996), p.37.

41) "This does not imply, however, that such standards as laid down in Article 3 of the [T]reaty would invite the Tribunal to decide the dispute in a way that resembles a decision *ex aequo et bono*." *Saluka Investments BV v. Czech Republic PCA*, UNCITRAL, Partial Award, 17 March 2006, para.284.

42) *ADF Group, Inc, v. Unites States of America*, ICSID Case no. ARB(AF)/00/1, Award, para.184.

43) http://ko.wiktionary.org/wiki/aequus.

44) 이와 유사한 논지로 Ioana Tudor, *supra* note 26, pp.128-129.

대(legitimate expectation)'를 고려하여 살펴보아야 한다는 점이다. 생각건대 이러한 기준들이 모여 'fair and equitable'을 구성하고 있다고 봐도 무난하리라 보인다. 이러한 문언적 해석방법은 국제법의 일반적인 해석원칙에도 부합한다.[45] 조약해석에 관한 원칙을 성문화했다는 평가를 받는 조약법에 관한 비엔나협약 제31조에서는 "조약은 조약문의 문맥 및 조약의 대상과 목적으로 보아 그 조약의 용어에 부여되는 통상적 의미에 따라 성실하게 해석되어야 한다"고 명시되어 있기 때문이다.[46]

몇몇 중재사례도 이러한 해석원칙에 입각하여 FET를 판단한 바 있다. *TecMed* 사건에서 중재판정부는 FET를 해석함에 있어서 통상적 의미에 따라 그 문언을 고려하고 신의성실의 원칙(good faith principle)에 입각하여 독립적으로 해석해야 한다고 언급한 바 있다.[47] *MTD* 사건의 중재판정부도 이와 유사한 접근방식을 택한 바 있다. 본 사건에서 중재판정부는 *TecMed* 사건의 중재판정부와 마찬가지로 조항의 통상적인 의미를 주목하였고 해당 BIT의 전문에 표현되어 있는 목적과 객체를 고려하여 판단한다는 접근방식을 취하였다.[48] 이를 바탕으로 해당 BIT 상에 명시되어 있는 'fair and equitable'을 '정당하고(just)', '공명정대하며(even-handed)', '불편부당하고(unbiased)', '적법한(legitimate)' 것으로 해석하기도 하였다.[49]

물론 이러한 해석방식이 100% 완벽할 수는 없다. 우선 앞서 언급한 바와 같이 'fair'와 'equitable'의 용어 그 자체가 주관적이고 확정되지 않은 막연한 법개념이고, 이를 구성하고 있는 구성 개념 또한 정확성을 결여하고 있다는 점이다.[50] 구체적으로 말해서 분쟁이 발생했을 때 투자유치국의 입장에서 봤을 때는 문제의 조치가 공정하고 공평하다고 생각할 수 있으나 외국투자자의 입장에서 봤을 때 불공평하거나 불공정한 대우라고 여길 수 있다. 특히 서로 다른 문화권에 속해 있는 경우에 이러한 일은 더욱 더 발생할 가능성이 커지게 된다.[51] 게다가 이러한 문언적 해석방법으로는 중재판정부의 재량이 커질 수 있는 여지가 많아지게 되고, FET의 판단기준이

45) UNCTAD(1999), *supra* note 3, p.10; Stephen Vasciannie, *supra* note 4, p.109.

46) 원문은 "A treaty shall be interpreted in good faith in accordance with the ordinary meaning to be given to the terms of the treaty in their context and in the light of its object and purpose." 박덕영, 『국제법 기본조약집』(서울: 박영사, 2011), 92면.

47) *Tecnicas Medioambientales Tecmed S.A. v. The United Mexican States*, Award, ICSID Case no. ARB(AF)/00/2, paras.155-156.

48) *MTD Equity Sdn. Bhd. and MTD Chile S.A. v. Republic of Chile*, ICSID Case no. ARB/01/7, Award, para.112.

49) *Ibid.*, para.113.

50) 이 점 때문에 Ian Brownlie도 일정한 상황에서의 '공정과 공평'은 다른 상황에 적용하기에는 부적절할 수 있다는 우려를 한 바 있다. Ian Brownlie, "Legal Status of Natural Resources in International Law(some aspects)", *Recueil des cours*, vol.162, issue I, pp.287-288.

51) Herman Walker Jr., *supra* note 4, p.812.

FET가 가지고 있는 본질적 특징으로 인하여 형이상학적으로 판단될 수밖에 없다는 문제점이 있다고 주장하는 견해가 있다.[52]

그러나 이와 같은 단점을 오히려 장점으로 파악하는 견해도 있다. Vasciannie나 Schreuer의 경우 FET의 추상성은 오히려 제3자가 분쟁을 판단함에 있어 약간이나마 운신의 폭을 부여함으로써 사안별 분석을 가능하게 만들고, 청구인이나 피청구국도 마찬가지로 이를 원한다는 것이다.[53] Weil도 적법절차의 원칙(due process of law) 역시 해석의 어려움에도 불구하고 굉장히 많이 이용되는 원칙인 것처럼 FET도 그와 마찬가지라고 언급한 바 있다.[54] 따라서 FET를 문언적으로 해석하는 데 있어서 겪을 수 있는 여러 문제점들은 충분히 극복가능한 것으로 보이며, 오히려 이러한 문제점들이 실제 중재판정에 있어서 장점으로 작용할 수도 있을 것으로 보인다.

2. FET와 IMS의 관계

FET가 국제관습법에 속하는지, 만약 FET가 국제관습법이라면 IMS와는 어떠한 관계인지, 좀 더 구체적으로 말하자면 IMS가 FET를 포괄하는 보다 넓은 원칙인지 아니면 FET와 IMS는 별개의 독립된 원칙인지에 대한 논쟁은 여전히 확실하게 결론이 나지 않은 상태이다. 최근의 동향을 보면 FET와 IMS를 구별하여 보는 움직임이 조금 더 활발해 보이나, 국가들, 특히 NAFTA 당사국의 경우에는 이와 약간 다른 입장을 취하려는 모습도 있다. 먼저 IMS에 대하여 간략히 살펴본 후, FET가 국제관습법인지 여부를 판단하고 나서 IMS와 FET의 관계에 대하여 분석해보도록 한다.

1) 국제최소기준대우(IMS)

외국인은 방문국의 국내법을 존중해야 할 일반적인 의무가 있듯이, 국가도 만약 외국인의 입국을 허가하였다면 그 외국인을 '국제법이 요구하는 일정기준'에 따라 대우해야 할 국제관습법상의 의무를 진다.[55] 여기서 '국제법이 요구하는 일정기준'

---

52) A.A. Fatouros, *supra* note 4, p.215.

53) Stephen Vasciannie, *supra* note 4, p.100; Christoph Schreuer, *supra* note 4, p.365.

54) Prosper Weil, *supra* note 4, p.415.

55) 김대순, 앞의 각주 16, 734면; 김인숙, "국제투자규범상 최소기준대우에 관한 연구", 『서울국제법연구』 제16권 제2호, pp.75-101면; Rudolf Bernhardt, *Encyclopedia of Public International Law* (Oxford: Elsevier, 1997), pp.408-410 참조. IMS의 역사는 19세기 초까지 거슬러 올라간다. 초기에는 외국인의 수용 문제에 대하여 강대국들과 라틴 아메리카 국가들 간의 입장 대립으로 시작하였다. 그런데 제2차 세계대전 이후 인권에 대한 관심이 높아지면서 IMS는 개인의 인권문제에 대해서도 적용되어야 한다는 움직임이 시작되었고, 이러한 것이 반영되면서 여러 국제사례들을 통하여 개인은 국적이나 국내법에 관계없이 최소한의 인권을 보장받아야 한다는 규

이 무엇인지에 대하여 의견이 갈리는데, 하나는 내외국민평등주의에 입각한 내국민대우기준이고 다른 하나는 바로 IMS이다. 내국민대우기준은 말 그대로 방문국에 입국하는 외국인에게 내국민과 동일한 대우를 약속하는 것이다. 한편 IMS는 국제관습법의 하나로서, 국가는 그 자신의 국내법 또는 관행과 상관없이 외국인과 외국인의 자산을 '국제최소기준'에 의하여 다루어야 한다는 원칙이다.[56] 내국민대우기준이 IMS와 일치한다면 내국민대우기준과 IMS가 서로 대립할 부분이 없겠지만, 탄생 배경이 서로 다른 만큼[57] 여러 전문가들은 이 두 기준을 서로 대립하는 것으로 본다.[58]

2) IMS의 판정사례

IMS 판정사례의 대부분은 주로 국가기관에 의한 외국인 혹은 그들의 자산에 대한 물리적, 신체적 피해와 관련된다. 주요 판정사례는 주로 *Neer* 사건,[59] *Roberts* 사건,[60] 그리고 *ELSI* 사건[61] 등이 꼽힌다.

(1) *Neer* 사건

Neer 사건은 외국인의 대우에 대한 국제최소기준을 수립한 선도적인 판례로 자주 인용된다. 물론, 이는 외국인의 투자에 관한 사건이 아니라 미국시민의 살인사건에 대한 사건이다. 청구인 측에서는 멕시코 정부가 피해자를 보호해야 할 적절한 노력을 기울이지 않았으며, 따라서 이와 같은 결과로 발생한 불미스러운 일에 대하여 가족에게 배상해야 한다고 주장하였다. 그러나 중재재판을 맡은 일반청구위원회는 멕시코 당국의 보호가 실패하였다고 하더라도 그 실패 자체가 국제법을 위반한 것으로 볼 수 없다고 하면서 다음과 같이 언급하였다.

> "… that the propriety of governmental acts should be put into the test of international standards, and that the treatment of an alien, in order to constitute an international de-

---

범적인 의미로 발전되었다.

56) Andreas Roth, *The Minimum Standard of International Law Applied to Aliens* (Leiden: AW Sijthoff's Uitgeversmaatschappij NV, 1949), p.127.

57) 많은 약소국들이 외국인을 대할 때 내국민대우기준을 근거로 했다면, 강대국들은 이를 무시하고 국제최소기준을 내세워 약소국들에 대한 간섭의 수단으로 사용하였던 적이 있었다는 것을 부정할 수는 없다.

58) Ian Brownlie, *Principles of International Law* (Oxford: Oxford University Press, 2003), p.502.

59) *USA(LF Neer) v. United Mexican States*, Mexican – United States General Claims Commission, Award (1926), in *American Journal of International Law*, vol.21 (1927).

60) *USA(Harry Roberts) v. United Mexican States*, Mexican – United States General Claims Commission, Award (1926).

61) *Elettronica Sicula S.p.A. (ELSI), United States of America v. Italy*, ICJ Rep.(1989).

linquency should amount to an outrage, to bad faith, to wilful neglect of duty, or to an insufficiency of governmental action so far short of international standards that every reasonable and impartial man would readily recognize its insufficiency. Whether the insufficiency proceeds from the deficient execution of a reasonable law or from the fact that the laws of the country do not empower the authorities to measure up to international standards is immaterial."[62]

본 사건에서 일반청구위원회가 내세운 기준으로는, 해당 행위가 '잔학무도'하고 '부정직'하며 '의무를 고의적으로 무시'했을 뿐만 아니라 '합리적이고 공정한 사람이라면 누구나 쉽게 정부행위가 불충분함을 알았을 것'에 해당해야 IMS를 위반했다고 인정한다는 것이다. 이렇게 엄청나게 엄격하고 높은 기준을 고려하여, 일반청구위원회는 멕시코 정부의 행위가 국제법을 위반하지 않았다고 판정을 내렸다.

(2) *Roberts* 사건

본 사건도 *Neer* 사건과 더불어 IMS의 적용 사례로 빈번하게 인용되는 사건이다. 본 사건에서 청구인 측은 멕시코에서 폭행죄로 수감되었는데, 아주 폭이 좁은 감방에 30명의 다른 죄수들과 함께 비위생적인 환경에서 제대로 밥도 먹지 못한 채 19개월 동안이나 갇혀 있어야 했다. 이에 대하여 일반청구위원회는 "내국민대우기준이 국제법상 정부행위의 적법성을 판단하는 궁극의 기준이 아니라는" 점을 분명히 밝히면서, "문명사회의 통상적인 기준"과 일치하는지를 보아야 한다고 명시하였다.[63]

(3) *ELSI* 사건

본 사건은 미국 투자자가 출자한 이탈리아 회사 소유의 공장을 팔레르모 시장이 일시적으로 징발한 것과 관련된 분쟁이다. 다른 사건들과는 달리 투자 및 투자자에 대해 직접적으로 다루었다는 점에서 특징적이나, FET를 직접적으로 다룬 사건은 아니고 자의적이고 차별적인 조치에 관련된 사건이다. 재판소는 "arbitrariness is not so much something opposed to a rule of law, as something opposed to the rule of law … It is wilful disregard of due process of law, an act which shocks, or at least surprises a sense of judicial propriety"[64]라고 하며 자의적이고 차별적인 조치에 대한 기준을 제시하였다. 그러나 본 사건에서 다수의 재판관은 ELSI에 대한 조치는 자의적이거나 차별적인 측면이 없었다고 결론지었다.

---

62) Ian Brownlie, *supra* note 58, p.556.

63) "… national treatment is not the ultimate test of the propriety of the acts of the authorities in the lights of international law. That test is, broadly speaking, whether aliens are treated in accordance with ordinary standards of civilization.", *supra* note 59, p.80.

64) *supra* note 61, para.76.

(4) 소결

위 사건들을 자세하게 살펴보면, *ELSI* 사건을 제외하고는 전부 '외국인의 대우'와 관련된 일이지 '외국인투자 혹은 투자자'와 관련된 사건이라고 보기 힘들다. 그리고 *ELSI* 사건의 경우에도 ISD의 문제가 아니라 외교적 보호권 행사의 일환으로 이루어진 ICJ의 판례이다.[65] 따라서 이 사건들이 FET에 대하여 직접적인 지침 내지 선례로 작용한다고 보기가 어려울 수도 있다.[66] 한편, 적어도 *ELSI* 사건의 경우에는 FET를 직접적으로 언급하지 않았어도 실제 원칙을 적용함에 있어 일반적인 지침을 제공하였다고 보는 견해도 있다.[67] 어느 견해가 옳은지에 대하여 일방적으로 결론지을 수는 없겠지만, 적어도 *ELSI* 사건의 경우에는 자의적이고 차별적인 조치는 IMS에 위반된다는 사실은 확실하며, 이를 바탕으로 본다면 '외국인의 대우'라는 큰 틀에서 살펴봤을 때 자의성과 차별성은 FET의 판단기준 중의 하나로 고려될 수도 있는 것으로 보인다.

3) FET는 국제관습법인가?

어떠한 관행이 국제관습법인지 아닌지를 검토하기 위해서는 두 가지 요건이 필요하다. 첫째, 국가들의 일반관행이 존재하는지 여부이며, 둘째, 국가들이 이 일반관행을 법적 구속력이 있는 것으로 수락한다는 이른바 법적 확신(*opnio juris*)이 있는지 여부이다. 이 두 가지의 요건을 검토하여 FET가 국제관습법인지 아닌지를 판단해볼 수 있을 것이다.

(1) FET의 일반관행

일반관행은 법적 확신만 얻으면 구속력 있는 국제관습법이 되기 때문에, 일반관행의 존재 여부는 국제관습법의 존재 여부에 상당한 영향을 미친다. 일반적으로 어떠한 행위가 일반관행으로 인정받기 위해서는 첫째, 관행이 지속되어야 하며 둘째, 관행이 획일적이고 일관되게 이루어져야 하며, 셋째, 관행이 일반적으로 이루어져야 하고, 마지막으로 조약·외교서한 및 각종 국내 혹은 국제 회의에서 제시된 의견 또는 공식 보고서 등 관행을 증명해줄 수 있는 증거가 제시되어야 한다고 알려져 있다.[68]

65) 물론 Schwebel 재판관의 반대의견에서 FET에 대한 언급이 나오긴 하였으나, 본 판결문에서 FET에 대한 언급은 없었다. *Ibid.*, p.100

66) Ioana Tudor, *supra* note 26, p.65.

67) Stephen Vasciannie, *supra* note 4, p.135.

68) 김대순, 앞의 각주 16, 46-54면.

① 관행의 지속성과 일반성, 그리고 증거

관행은 일정기간 지속됨을 요구하지만, 어느 정도 지속되어야 요건을 충족시키는지에 대해서는 정해진 사항이 없다. *North Continental Shelf* 사건에서 ICJ는 해당 행위가 광범위하면서도 사실상 획일적이고, 그 행위에 특별히 영향받는 국가들이 참여했다면 짧은 시간 내에도 새로운 관습이 형성될 수 있다고 판결하였듯이,[69] 관행의 지속성의 정도는 일괄적으로 결정할 수는 없다. 물론 그 행위가 오래 지속될수록 일반관행으로 굳어질 가능성이 큰 것은 자명하다. 앞서 살펴보았듯이, FET는 1948년부터 현재까지 약 70여 년에 걸쳐 국제기구의 공식 보고서 및 초안, 지역적 경제협정 또는 다자간 경제협정, 양자간 경제협정 등에서 지속적으로, 오랫동안 암묵적으로 혹은 명시적으로 존재하여 당사국들의 행위를 규율하여 왔다. 이러한 점을 고려하여 볼 때, FET는 70여 년간 지속되어 왔을 정도로 그 역사가 오래되었고, 지역적으로도 다자적으로도 많은 국가들이 FET를 채택하는 데 거부감이 없었으며, 한편 FET를 명시적으로 언급한 수많은 국제조약 및 협정, 보고서 등은 FET가 국가관행이라는 증거로 충분하다고 볼 수 있다.

② 관행의 획일성과 일관성

어떠한 행위가 국가관행으로 인정받기 위해서는 국가에 따라, 사건에 따라 다른 형태로 나타나는 모순된 모습을 보여서는 안 된다. 그러나 이러한 요건이 매우 엄격하게 지켜지는 것은 아니다. *Nicaragua* 사건에서 ICJ는 특정 관행이 완벽하게 획일적이거나 일관됨을 요구하는 것이 아니라, '일반적으로' 일치해야 하고 특정 관행과 일치하지 않은 행위는 그 관행의 위반으로 간주되며 새로운 규칙을 인정한 것으로 취급되지 않았다는 것으로도 충분하다고 판정한 바 있다.[70]

굳이 *Nicaragua* 사건을 언급하지 않더라도, FET의 경우에는 상당히 획일적이고 일관되게 적용되어 왔다고 볼 수 있다. 물론 FET를 바라보는 시각에 있어서 그것이 국제관습법상 IMS와 독립된 원칙인지 아닌지에 대하여 서로 다르게 바라보는 국가들이 있지만, 이는 FET를 적용하는 데 있어서 해석의 문제이지 원칙의 존재 여부를 문제삼는 것은 아니었다. 또한 'fair and equitable'과 'equitable'을 구분지어야 하는지에 대한 문제도 FET 그 자체를 문제삼는 것은 아니었다. 따라서 FET의 경우 본 요건도 충족시키는 것으로 판단된다.

---

69) Federal Republic of Germany/Denmark: Federal Republic of Germany/The Netherlands, ICJ Reports (1969), p.3.

70) *Case Concerning the Military and Paramilitary Activities in and against Nicaragua* (*Nicaragua v. United States of America*), ICJ Reports (1986), para.186.

(2) 법적 확신

관행 그 자체만으로는 관습을 형성하지 못한다. 만약 국가가 그 관행을 언제든지 무시할 수 있다는 자유가 있다고 느낀다면, 그 관행은 국제관습법이 될 수 없고 단순한 관례나 국제예양 정도에 불과할 것이다. 어떻게 보면 관습법규 형성에 가장 중요한 역할을 하는 법적 확신을 규명하기 위해서는 그 심리적이고 주관적인 요건을 어떻게 입증할 것인가를 먼저 밝혀야 한다.

Tudor의 경우, 공정함과 공평함을 의미하는 '정의'라는 개념 자체가 법적 확신을 포함하고 있으며, 따라서 FET를 실천하는 국가관행은 법적 확신의 확인 및 수락을 의미한다고 이해할 수 있다고 주장한다. 국가관행과 법적 확신을 뚜렷하게 구분하기도 어려우며, *Gulf of Maine* 사건[71]이나 *Nicaragua* 사건[72]에서도 복잡성을 인정했다는 것이다.[73]

그러나 정의라는 개념이 보편타당하다고 해서 이를 인정하는 국가관행이 곧 법적 확신을 의미한다고 쉽게 이해할 수 있을지는 의문이다. 설사 위 주장이 맞다 하더라도 FET가 곧 정의를 실현해야 한다는 의미가 아니기 때문이다. *Gulf of Maine* 사건과 *Nicaragua* 사건에서는 국가관행과 법적 확신의 구분에 있어서의 복잡성과 불확실성을 언급하였을 뿐, 국가관행이 있다면 그것을 법적 확신으로 이해할 수도 있다는 의미는 아니다. 물론 *North Continental Shelf* 사건에서 ICJ는 일반관행을 그것이 일응(*prima facie*) 관습법규로 인식되는 증거로 볼 수 있다고 하였지만, 이어서 관행 그 자체로서 뒤집힐 수도 있고,[74] 사건의 당사자에 의하여 뒤집힐 수도 있다고 하였다.[75] 결국 일반관행이 법적 확신을 동반한다고 확실하게 말할 수는 없다는 것이다. 결론적으로 말해서 아직까지 FET에 대하여 국가들이 이를 법적으로 확신한다는 구체적인 증거가 확보되지는 않은 상태이다.

(3) 소결

요컨대 FET는 구속력 있는 국제 문서 및 협약 또는 구속력 없는 각종 문서에 지속적으로 명시되고 각종 중재판정에서 가장 뜨거운 쟁점 중의 하나로 급부상하였으나, 아직까지 이것은 해당 IIA에 한하여 적용되는 조약상 규정일 뿐이지, 한번 성립하면 제3자에게도 구속력을 가지는 국제관습법의 지위로 볼 수는 없다. 그러나 FET

71) *Gulf of Maine* Case (Canada v. United States), ICJ Reports (1984), para.111.

72) *supra* note 70, para.206.

73) Ioana Tudor, *supra* note 26, pp.80 - 82.

74) *Asylum* Case, Columbia/Peru, ICJ Reports (1950), p.277.

75) *supra* note 69, p.11.

의 내용과 출현 빈도를 고려해볼 때, 빠른 시일 내에 국제관습법으로 인정될 가능성을 배제할 수는 없을 것이다.

4) IMS와 FET

적어도 앞서 살펴본 바에 의하면, IMS는 국제관습법으로서 외국인의 대우에 대한 원칙이며, FET는 아직 국제관습법까지는 아니더라도 다수의 IIA에서 외국인투자자 및 투자에 관한 구속력 있는 규정으로 작용한다고 구분할 수 있다. 그러나 현실적으로 이러한 작업이 쉽지만은 않다. 1990년대 초만 하더라도 IMS와 FET를 사실상 거의 같은 것으로 보는 의견도 많았었는데, 이는 *AAPL v. Sri Lanka* 사건[76]의 중재인이었던 Assante의 부수적 의견에서 찾아볼 수 있다. 그는 스리랑카-영국 BIT 제2조 2항[77]을 분석하는 과정에서 'fair and equitable'과 'full protection and security'를 같은 수준으로 파악하면서, 만약 같은 수준이 아니라면 동 조항은 자기 모순에 빠진다며 FET는 IMS와 일치한다고 주장하였다.[78]

한편 FET가 IMS보다 훨씬 더 넓은 범위를 다룬다고 주장하는 견해도 있었다. Mann은 IMS와 FET를 같은 수준의 개념으로 다루는 것은 초점도 틀리고 잘못된 주장이라고 하면서, FET가 훨씬 더 넓은 범위의 보호를 구현하며, 더욱 더 객관적인 기준이라고 주장하였다.[79]

FET와 IMS와의 관계에 대한 여러 가지 주장들이 있지만, 한 가지 확실한 것은 두 원칙 간의 관계에 대하여 일치된 견해가 없이 여전히 불확실하고 혼란스럽다는 점이다. 만약 전통적인 자본수출국들의 견해에 따라서 FET가 IMS와 사실상 같은 원칙이라고 한다면, IMS와 관련된 모든 사례들이 FET를 판단하는 데 있어서 선례가 될 것이고, IMS의 판단기준이 FET에도 그대로 적용될 것이다. 그런데 IMS 자체가 예전

76) *Asian Agricultural Products LTD. (AAPL) v. Sri Lanka*, ICSID Case/ARB/87/3.

77) "Investments of nationals or companies of either Contracting Party shall at all times be accorded fair and equitable treatment and shall full protection and security in the territory of the other Contracting Party."

78) 이러한 견해는 1967년 OECD 초안 제작 당시 위원회가 덧붙인 설명에서도 찾아볼 수 있다. "The phrase 'fair and equitable treatment', customary in relevant bilateral agreements, indicates the standard set by international law for the treatment due by each state with regard to the property of foreign nationals. The standard requires that … protection afforded under the Convention shall be that generally accorded by the Party concerned to its own nationals, but, being set by international law, the standard may be exacting where rules of national law or national administrative practices fall short of the requirements of international law. The standard required conforms in effect to the 'minimum standard', which forms part of customary international law.", *International Legal Materials*, vol.7 (1968), p.120.

79) F.A. Mann, *supra* note 4, p.238.

부터 개발도상국과 선진국 사이에서 상당 기간 동안 논란을 불러일으켰던 것임을 감안한다면, IMS의 판단기준을 FET 판단에 여과 없이 적용시키는 것은 문제를 발생시킬 수도 있다.

다른 한편으로는, FET가 IMS와 같은 지위에 있다는 주장 또한 그 근거가 미약하다. 우선 FET를 국제관습법으로 보기는 어렵다. 앞서 살펴보았듯이 아직까지 이에 대한 법적 확신이 제대로 입증되지 않았기 때문이다. 그리고 여러 IIA를 살펴보아도 명시적으로 FET가 IMS와 동등한 지위에 있다는 점을 밝힌 협정도 없다.

결국 FET와 IMS와의 관계에 있어서 또 하나 확실한 점이 발견된다. 이 두 원칙은 결코 동일하지 않다는 것이다. 만약 동일하다면 협정 당사국들이 IMS 대신 굳이 FET를 명시적으로 삽입할 필요가 없었을 것이다. Vasciannie도 마찬가지로 두 원칙이 동일할 수 없다고 보는데, FET와 IMS가 그 개념상 상당 부분 많은 내용을 공유할 수 있고, FET를 판단함에 있어 IMS를 판단할 때 사용되었던 기준을 참고할 수도 있겠지만, FET를 규정하고 있는 조항의 존재가 곧 자동적으로 외국인투자자들에게 IMS를 부여한다는 의미로 해석되어서는 안 된다고 본다.[80] 요컨대 Vasciannie의 설명이 두 개념 간의 관계를 불완전하게나마 잘 설명하고 있다고 생각된다.

추가적으로 한 가지 확실히 하고 넘어가야 할 점이 있다면, 그것은 바로 IIA에 규정되어 있는 FET와 IMS 조항 그 자체이다. 가장 우선적으로 해당 IIA가 FET와 IMS와의 관계를 어떻게 규정하고 있는지를 분석해야 한다는 것이다. FET에 대한 통일적인 규정이 존재하지 않는 상황에서, 준거규정인 IIA에 명시되어 있는 FET와 IMS와의 관계를 분석하지 않고 일률적으로 특정 기준을 적용한다면 그것은 조약의 해석에 관한 일반원칙을 위반하는 행위이기 때문이다.

3. FET와 기타 원칙들과의 관계

이론적으로 볼 때, FET와 다른 원칙들과의 관계는 크게 두 가지로 나눌 수 있다. 첫째, 다른 원칙들을 수정 및 보완함과 동시에 이들을 포괄하는 대원칙이라는 견해와 둘째, 다른 원칙들과 함께 독립적이고 자율적으로 존재하는 같은 수준의 원칙이

80) Stephen Vasciannie, *supra* note 4, p.144. Graham Mayeda는 IMS와 FET가 상당부분 겹친다고 하면서, IMS나 FET 둘 다 절차적인 공정함, 즉 투명성, 자의성, 상당한 주의의무 등을 넘어서까지 확대적용되는 것은 아니라고 하였다. 왜냐하면 중재판정부가 '공정함'이라는 개념의 실체적인 부분까지 판정하기에는 많은 한계점들이 있기 때문이라고 한다. Graham Mayeda, "Playing Fair: The Meaning of Fair and Equitable Treatment in Bilateral Investment Treaties", *Journal of World Trade*, vol.41, issue 2 (2007), pp.273-291.

라는 주장이다. 첫째와 같은 주장이 나오는 이유는 앞서 살펴보았듯이 FET가 비조건부 원칙 혹은 절대적 원칙이라는 특징이 있을 뿐만 아니라 FET가 의미하는 바가 워낙 광범위하고 포괄적이기 때문이다. 따지고 보면 내국민 혹은 투자에 부여하는 대우와 외국인 혹은 외국인투자에 부여하는 대우가 차별적이라면 그것은 공정하지 않거나 공평하지 않은 대우라고 볼 수 있다. 또한 외국인 혹은 외국인투자에 부여하는 대우와 제3의 외국인 혹은 그의 투자에 부여하는 대우가 차별적이라면 그것 역시 마찬가지로 공정하지 않거나 공평하지 않은 대우라고 볼 수도 있다. 그러나 차별적 대우가 없었다고 해서 그것이 FET를 위반하지 않았다고 할 수도 없다. 차별적이냐 비차별적이냐의 구분을 떠나서 해당 조치가 불공정하거나 불공평하다면 그것을 FET의 위반으로도 볼 수 있다는 것이다.[81] 그러나 이와 같은 견해는 현재까지 소수 의견에 불과하다.[82] 어쨌든 FET의 상기 특징은 이렇게 국제투자규범상 여러 다른 원칙들과의 관계를 명확하게 하지 못하는 경향이 있다. 따라서 이는 매우 신중하고 조심스럽게 검토되어야 한다.

1) FET와 완전한 보호와 안전

'완전한 보호 및 안전(full protection and security)'은 주로 외국인투자에 대한 물리적인 폭력과 관련되어 적용된다. 주로 IMS 혹은 FET와 같이 연계되어 적용이 되나, 독자적으로 적용된 사례도 있다. 대표적인 사례로는 *Sambaggio* 사건[83]이 있는데, IMS의 대표적인 사건으로 꼽히는 *Neer* 사건보다 이전에 일어났다. 동 사건에서 이탈리아는 '완전한 보호 및 안전'은 결과의 의무, 즉 완전한 보호 및 안전보장이 결과적으로 이루어졌어야 하며, 이러한 기준이 보장되지 않는 순간 동 조항을 위반하는 것이라 주장하였다. 베네주엘라 측에서는 보호 및 안전 보장을 제공할 의무가 있을 뿐, 그 결과까지 보장하는 것으로 해석되어선 안 된다고 주장하였다. 본 사건을 맡은 중재위원회 측은 베네주엘라 측의 입장을 받아들여서, 그러한 의무를 보장하는 것은 불가능하며, 결과의 의무까지 보장한다는 그러한 국가의 엄격한 책임을 묻는 것은 국제법상 존재하지 않는다고 판정내렸다. 또한 *ELSI* 사건에서도 '완전한 보호 및 안

81) FET가 여러 원칙들을 포괄하는(overriding) 대원칙이라고 명시한 몇몇 사례들이 있다. 그 중 하나가 1996년 영국의 Model BIT 제2조 2항이다. 이에 대하여 Mann은 "it may well be that other provisions of the Agreements affording substantive protection are no more than examples or specific instances of this overriding duty."라고 주장하기도 하였다. 1992년 Worldbank Guideline의 제III조 2항 또한 이러한 주장을 뒷받침하는 예이다. 이 밖에 벨기에-룩셈부르크와 튀니지 간의 BIT 제1조에서도 이러한 주장이 반영되어 있다.

82) UNCTAD(1999), *supra* note 3, p.37.

83) *Sambaggio* Case, Mixed Italo-Venezuelan Commission (1903).

전'은 어떠한 상황에서도 외국인의 신체 또는 자산이 지켜져야 한다는 보장을 의미하는 것은 아니라고 하였다.[84] 이 두 사례를 종합하여 살펴보면 국제법은 결코 투자유치국이 외국인에게 '완전한 보호 및 안전'을 보장해야 함을 요구하는 것이 아니라, 상당한 주의(due diligence) 의무가 있다는 점을 요구하는 것이라고 파악할 수 있다. '완전한 보호 및 안전'과 관련된 비교적 최근의 사례인 *Lauder* 사건에서도 중재판정부는 위와 같은 입장을 견지하였다.[85]

그렇다면 FET와 '완전한 보호 및 안전'은 어떤 면에서 차이가 있을까? *Siemens* 사건[86]의 중재판정부는 FET와 '완전한 보호 및 안전'을 하나의 개념으로 파악하였다. 중재판정부는 두 원칙이 각각 서로 구별되는 원칙으로 보이지만 결국은 단일한 원칙이라고 하면서, '완전한 보호 및 안전'이 물리적인 보호를 넘어서 법적인 보호까지 포함한다고 하였다.[87]

그러나 위와 같은 판정에도 불구하고 일반적으로 두 원칙은 구분되는 것으로 보인다. 즉 FET는 투자의 환경과 관련된 전반적인 측면에서 공정하고 공평한 대우를 할 것에 대한 적절한 주의 의무를 요구하는 데 비해, '완전한 보호 및 안전'은 앞서 언급한 바와 같이 주로 물리적인 보호를 함에 있어서 상당한 주의 의무를 요구하는 것으로 보는 것이 일반적이다. 또한 조약 체결 과정에 있어서 FET만 명기하지 않고 'full protection and security'를 같이 명기하는 이유는 조약당사국들이 두 개념을 서로 다르다고 봤기 때문이라고도 볼 수 있기 때문에 두 개념을 단일하게 볼 수는 없을 것으로 보인다. 요컨대 서로 독립적인 원칙이나 많은 부분을 공유하거나 또는 각 원칙을 보충·보완해주는 역할을 한다고 보는 것이 유력한 것으로 보인다.[88]

2) FET와 비차별조치 (Non-Discrimination)

앞서 언급한 바와 같이 FET와 MFN 혹은 NT와 같은 비차별원칙과의 가장 큰 차이점은 전자는 비조건부 원칙이고 후자는 조건부 원칙이라는 것이다. 원칙 그 자체에 의하여 판단되는 비조건부 원칙과는 달리, 조건부 원칙은 겉으로 나타난 법 혹은

84) *supra* note 61, para.108.

85) *Ronald S. Lauder v. Czech Republic* (*Lauder* Case), UNCITRAL Award (2001), para.307.

86) *Siemens v. Argentina Republic*, ICSID Case ARB/02/8, Award (2007).

87) *Ibid.*, para.303. 본 판정은 *Vivendi II* 사건의 중재판정부가 내린 판정에서 한 걸음 더 나아간 것으로 보인다. *Vivendi II* 사건에서 중재판정부는 '완전한 보호 및 안전 보장'은 투자자 혹은 그의 자산에 대한 물리적인 안전 보장 그 이상에 적용될 수도 있을 것으로 보이는데, 그 이유는 일견 위반되는 것으로 보이는 조치들이 물리적으로 손해를 입히는 바 없이도 발생할 수 있기 때문이라고 판정하였다. *Compania de Aguas del Aconquija SA and Vivendi Universal SA v. Argentina Republic*, ICSID Case ARB/97/3, Award (2007), para.7.4.17.

88) Ioana Tudor, *supra* note 26, p.185.

사실의 상태에 의하여 그 내용이 결정된다는 것을 특징으로 한다.[89] MFN이나 NT와 같은 조건부 원칙은 외국인투자자에게 적용되는 기준에 대해 투자유치국이 어느 정도의 통제를 할 수 있게끔 한다. 즉, 외국인투자자에게 적용되는 각종 MFN 혹은 NT의 조치가 국제법이 아닌 투자유치국의 국내법에 의하여 이루어진다는 의미이다. 외국인투자자의 입장에서 보면, MFN 혹은 NT와 같은 조건부 원칙들은 어떤 외국인투자자와의 차별을 금지하게끔 하거나 내국인 투자자와의 차별을 못하게 막는다는 차원에서 매우 효과적인 원칙이다.

그러나 한편으로는 내심 미심쩍은 부분이 있을 수 있다. 투자유치국이 MFN 혹은 NT의 조치를 성실하게 이행한다 하더라도, 이 조치들은 상대적으로 적용된다는 특징을 갖고 있기 때문에 외국인투자자의 입장에서 봤을 때 불공정하거나 불공평한 대우일 수도 있기 때문이다. 가령 투자유치국이 전혀 예상치 못한 상황에서 기존에 실시하던 조치보다 훨씬 더 불리한 조치를 내국인 투자자나 동등한 조건 하 제3의 외국인투자자에게 동시에 적용한다면, MFN이나 NT의 위반을 문제삼을 수는 없다. 그러나 협정에 공정하고 공평하게 대우해야 할 의무를 명시하였다면, 이러한 변경을 문제삼을 수 있다. 바로 여기에서 비조건부 원칙으로서의 FET가 유용하게 사용될 수 있다. FET가 외국인투자자에게 일종의 최후 안전판으로서의 작용을 할 수 있다는 것이다. 바로 이러한 점에서 FET와 비차별원칙과의 차이점이 발견된다.

FET와 비차별원칙은 이처럼 뚜렷하게 구분될 수 있고 서로 독립적인 원칙들이지만, 특히 FET와 MFN, 이 두 가지 원칙이 일정한 연관관계를 맺을 수 있다. 첫째, 신청인이 FET가 요구하는 일정기준을 MFN에 의거하여 주장할 때이다. 둘째, 신청인의 국적국과 피신청인 사이에 체결된 IIA가 FET를 포함하지 않고 있는 상태에서, 피신청인이 다른 제3국과 맺은 IIA에 FET를 포함하고 있는 점을 발견한 후 이를 MFN을 통하여 끌어들이려고 할 때이다.

첫 번째의 경우, 예를 들어 1992년 말레이시아-칠레 BIT에서와 같이 "타방 체약당사국 내의 영토에서 일방 체약국의 투자자에 의한 투자는 공정하고 공평한 대우를 받아야 하고, 이는 제3국의 투자자에 의한 투자에 부여된 대우보다 불리하지 않아야 한다"는 식으로 표현된다. 동 조항은 *MTD* 사건에서 문제가 되었었는데, 본 사건에서 중재판정부는 위와 같은 MFN과 FET가 결합되어 있는 조항의 해석을 통하여 신청인의 손을 들어주었다.[90] 중재판정부는 FET 조항으로부터 혜택을 받고 있는 투자자는 투자유치국이 체결한 다른 IIA에 명시되어 있는 FET가 더 낫다면 바로 그 혜

89) A.A. Fatouros, *supra* note 4, pp.136-137.

90) *supra* note 48, para.103.

택을 요구할 수 있다는 것이다. 즉 두 개의 다른 투자협정에서 두 개의 다른 FET 조항 중 가장 좋은 혜택을 요구할 수 있다는 것이다.[91] 그러나 이에 반하여 *Telenor* 사건[92]은 *MTD* 사건의 중재판정부의 판정과 달랐다. MFN 조항은 대우, 즉 실체적인 사항과 관련된 문제를 다루기 때문에 이와 같은 절차적인 사항에 적용될 수 없다는 판정을 내린 것이다.[93] MFN 조항의 절차적 사항에 대한 적용 문제는 현재까지 뚜렷한 결론이 나지 않은 상태이다.[94]

두 번째, 비록 투자자의 국적국과 투자유치국 사이의 IIA에서는 FET에 관한 규정이 없지만 MFN을 통하여 다른 투자협정에 명시되어 있는 FET의 혜택을 누릴 수 있는 경우이다. 물론 투자유치국과 제3국 사이의 IIA에 FET에 관한 규정이 명시되어 있음을 전제로 한다. *Pope & Talbot* 사건에서 이와 관련된 쟁점이 있었다. 중재판정부는 NAFTA 제1103조에 명시되어 있는 MFN 조항을 통하여 다른 BIT에서 FET와 관련된 더 우호적인 조치가 발견될 경우 이를 적용할 수 있다고 판정내린 바 있다.[95] 또한 *Bayindir* 사건에서 문제가 되었던 터키-파키스탄 BIT에서는 FET에 관한 명시적인 조항이 없고 다만 전문에 표현되어 있을 뿐이었다. 청구인 측은 비록 동 BIT에 FET에 관한 명시적인 조항이 없을 지라도 MFN을 통하여 FET를 적용할 수 있다고 주장하였고, 중재판정부는 이를 받아들였다.[96]

---

91) *Ibid.*, para.104.

92) *Telenor Mobile Communications AS v. Republic of Hungary*, ICSID Case no. ARB/04/15, Award (2006).

93) 이에 대한 자세한 내용은 서철원, "최혜국대우조항과 투자분쟁해결절차와의 관계: 포괄적 이해를 위한 제안", 『國際法學會論叢』 제53권 제2호(2008), 109-140면; 김경배, "FTA 투자규정에 있어서 최혜국대우조항의 적용범위에 관한 중재판정 사례연구", 『중재연구』제20권 제1호(2010), 109-131면; 박선욱, "양자간 투자협정상 최혜국대우규정의 절차법적 적용에 관한 연구", 한국법학회『법학연구』 제39집 (2010), 335-358면; 강승관, "국제투자규범상 최혜국대우원칙의 확대적용 문제에 관한 고찰-*Siemens v. Argentina* 사건과 *Wintershall v. Argentina* 사건의 비교·분석 및 한국에의 시사점-", 『국제법평론』 제31호(2010-I), 241-267면; 고준성, "양자투자협정상 외국인투자 대우의 일반기준에 관한 연구", 『國際法學會論叢』 제46권 제4호(2001), 77-107면 참조.

94) 한편 *L.E.S.I. S.p.A. et ASTALDI S.p.A. v. Algeria*, ICSID Case no. ARB/05/3, Award (2006)에서의 중재판정부는 MFN조항을 원용한 FET 적용을 인정한 바 있다. 본 사건에서 FET 주장과 관련하여 알제리-이탈리아 BIT에서는 FET에 대한 조항이 없었다. 신청인 측은 MFN 조항을 통하여 알제리-벨기에 BIT의 FET 적용을 주장하였다. 중재판정부는 이를 인정하여 본 사건에서 FET에 대한 검토를 실시하였다.

95) "… there is the basic unlikehood that the Parties to NAFTA would have intended to curb the scope of Article 1105 *vis a vis* on another when they (at least Canada and the United States) had granted broader rights to other countries that cannot be considered to share the close relationship with the NAFTA parties that those Parties share with one another." *Pope & Talbot Inc. v. Government of Canada*, UNCITRAL Award on Damages (2002), para.9-11.

96) "Neither in its Reply nor at the jurisdictional hearing, did Pakistan dispute Bayindir's assertion that the investment treaties which Pakistan has concluded with France, the Netherlands, China,

결론적으로 FET와 MFN은 다른 어느 원칙들보다도 매우 밀접한 관계에 있다. 특히 상기 두 번째 경우로 언급한 바와 같이 MFN 조항을 통하여 FET가 널리 퍼지고 일반화될 수 있다는 점에서, MFN이 갖는 파급 효과는 매우 크다고 할 수 있다.[97)]

3) 소결

FET는 일반적인 IIA에 명시되어 있는 NT, MFN, 수용 등 여러 기본 원칙들 중의 하나이다. FET의 의미가 매우 포괄적이고 광범위하기 때문에 자칫 NT나 MFN을 적용할 때 FET가 그 바탕에 있다고 생각할 수는 있다. 그러나 FET는 판단 시 다른 비교 대상을 요구하지 않는다는 점에서, 그리고 각각의 원칙들이 갖는 기본적인 특징을 고려할 때, FET와 다른 원칙들은 서로 구분해서 생각해야 한다.

Ⅳ. FET 적용 사례

1999년 이전에는 FET에 대한 중재판정사례가 거의 없었기 때문에 이에 대한 연구가 활발하게 이루어질 수 없었지만, 2000년대에는 여러 중재판정사례들에서 FET가 주요쟁점으로 다루어졌다. 2007년 8월까지 최종판정이 난 사례들을 살펴보았을 때 중재판정부가 FET에 대한 본안판단을 한 경우는 총 35건이다.[98)] 이 중 FET의 위반이 인정된 사례는 21건,[99)] 위반이 인정되지 않은 사례는 14건으로,[100)] FET의 위반으로 인정된 사례가 절반이 넘는다는 것을 알 수 있다.[101)]

---

the United Kingdom, Australia, and Switzerland contains an explicit fair and equitable treatment clause. Under these circumstances and for the purposes of assessing jurisdiction, the Tribunal considers, *prima facie*, that Pakistan is bound to treat investments of Turkish nationals 'fairly and equitably'." *Bayindir Insaat Turizm Ticaret Ve Sanayi A.S. v. Islamic Republic of Pakistan*, ICSID Case no. ARB/03/29, Award (2009), paras.231 – 232.

97) Stephen Vasciannie, *supra* note 4, p.149; UNCTAD(1999), *supra* note 3, pp.60 – 61.

98) Ioana Tudor, *supra* note 26, p.154. Tudor의 저서에서는 34건으로 소개되어 있으나, 당시에 *Bayindir* 사건의 최종 판정이 나오지 않은 상황이었다. 따라서 이를 포함하여 중재재판부가 FET를 본안에서 다룬 경우는 현재까지 *Bayindir* 사건을 포함한 총 35건이다.

99) 35건 중 FET의 위반이 인정된 사건으로는 *AMT* 사건, *Bogdanov* 사건, *CME* 사건, *CMS* 사건, *CSOB* 사건, *Eureko* 사건, *LG&E* 사건, *Maffezini* 사건, *Metalclad* 사건, *Middle East Cement* 사건, *MTD* 사건, *OEPC* 사건, *Petrobart* 사건, *Pope&Talbot* 사건, *PSEG Global Inc.* 사건, *Saluka* 사건, *S.D. Myers* 사건, *Siemens* 사건, *Tecmed* 사건, *Vivendi II* 사건, *Wena Hotels* 사건이다.

100) 35건 중 FET의 위반이 인정되지 않은 사건은 *ADF* 사건, *Azinian* 사건, *Bayindir* 사건, *GAMI* 사건, *Genin* 사건, *Lauder* 사건, *Loewen* 사건, *Methanex* 사건, *Mondev* 사건, *Noble* 사건, *Olguin* 사건, *RFCC* 사건, *Thunderbird* 사건, *Waste Management II* 사건이다.

101) *Ibid.*, p.281.

이들 사례를 크게 NAFTA 제1105조와 관련된 사례들과 기타 BIT 관련 사례들로 나누어 볼 수 있다. 엄밀히 말하자면 NAFTA 사례의 경우, FET를 언급한 문구가 제1105조의 'minimum standard'라는 제목 하에 삽입되어 있기 때문에 사실상 IMS의 검토에 기깝다고도 볼 수 있지만, 중재판정부의 판정이나 다수의 논문에서 이를 특별히 구분하여 검토하는 것으로 보이지 않는다. 이하에서는 FET가 쟁점이 된 여러 사례들 중 비교적 많이 언급되는 사례들을 중심으로 하여, FET가 언급된 최초의 판정부터 시작하여 최근의 판정까지 살펴보도록 한다.[102]

1. BIT 관련 사례

1) *AMT v. Zaire* 사건

FET는 최초로 *AMT v. Zaire* 사건[103]에서 사건의 주요쟁점으로 다루어졌다.[104] 미국 국적의 "미국 제조 무역회사(AMT)"는 당시 자이레에 설립된 SINZA라는 회사에 94%의 지분을 보유하고 있었다. SINZA는 자이레에서 자동차판매 및 건전지 판매산업을 운영하고 있었으며 각종 소비재수입사업도 병행하고 있었다. 1991년, 일군(一群)의 자이레 군대가 SINZA 측의 자동차판매 및 건전지판매산업 관련 시설을 파괴하였고, SINZA 측이 보유한 대부분의 물품들을 약탈해가는 사건이 발생하였다. 게다가 당시 파괴되었던 복합상가의 경우 1992년에 재개장하였으나 1993년에 다시 파괴되었으며 그 이후로 영구적으로 폐장할 수밖에 없었다.

본 사건에서는 이 두 건의 파괴행위가 주요쟁점이 되었다. AMT 측은 1989년에 발효된 미국-자이레 BIT에 근거하여 ICSID 중재를 청구하였으며, 본 중재에서 AMT 측은 자이레가 AMT 측의 투자자산에 대하여 보호 및 안전 보장을 제공할 일반적 의무를 이행하는 데 실패하였다고 주장하였다. 또한 자이레가 전쟁 또는 이와 비슷한 상황으로 인해 발생하는 손실에 대하여 보상할 것을 명시한 BIT 특별규정에 의거하

102) 중재판정부의 판정문과 관련하여, http://ita.law.uvic.ca/alphabetical_list_content.htm은 중재기구에 상관없이 최근의 모든 판정문을 알파벳 순으로 정리하여 제공하고 있어서 조사하는 데 있어 많은 시간을 단축시켜 준다.

103) *supra* note 21 참조.

104) 물론 앞서 언급하였던 *AAPL v. Sri Lanka* 사건이나 *ELSI* 사건, 그리고 *Oil Platform* (*Iran v. United States*) 사건 등에서도 FET가 언급되긴 하였다. 그러나 *AAPL v. Sri Lanka* 사건에서는 FET가 본안판단이 아닌 부수적 의견에서 거론되었고, *ELSI* 사건은 엄밀하게 이야기하면 FET에 대한 내용이 아니라 FET의 판단기준이라고 거론되는 자의성과 관련된 내용이며, *Oil Platform* (*Iran v. United States*) 사건에서는 본안에서 다루어진 것이 아니라 ICJ의 선결적 항변에서 다루어졌다. 따라서 이러한 점에서 볼 때 사실상 FET가 본안심사에서 처음으로 다루어졌던 사건은 *AMT v. Zaire* 사건이다. Rudolf Dolzer, *supra* note 2, p.94; OECD(2004), *supra* note 3, p.14; Ioana Tudor, *supra* note 26, p.3.

여 보상해야 할 의무가 있다고 주장하였다. 반면 자이레는 AMT 측의 첫 번째 주장에 대하여 대응하지는 않았으나 AMT측의 보상 문제에 대하여 집중적으로 반론하였다. 즉, 1990년대 초에 발생한 군인들의 약탈로 인해 피해를 본 사람들도 보상을 받지 않았기 때문에, AMT 측에게 보상을 해야 할 의무가 없다고 주장하였다.

동 사건에서 중재판정부는 미국-자이레 BIT에 규정된 FET와 완전한 보호 및 안전 보장의무를 위반하였다고 판정내렸다. 특히 자이레가 "국제법에 의해 요구되는 최소대우기준을 존중하는 데 명백하게 실패하였다"[105]고 결론을 내렸다.[106]

2) *Genin v. Estonia* 사건

Genin v. Estonia 사건[107]은 미국 국적자인 Alex Genin과 그의 소유인 두 회사가 공동으로 에스토니아 정부를 상대로 1994년 미국-에스토니아 BIT에 의거하여 ICSID에 중재를 청구한 사건이다. 이들은 일명 혁신은행(innovation bank)을 설립하여 기업도산 재정지원기관인 사회적 은행(social bank)을 대신한 에스토니아 중앙은행과 영업계약을 맺었다. 그러나 에스토니아 중앙은행이 혁신은행의 궁극적인 소유주가 누군지에 대한 정보를 제공하지 않았다는 이유 등으로 혁신은행 설립인가를 취소하였다. Genin 등은 이에 반발하여 1999년 ICSID 중재를 청구하게 된 것이다.

본 사건에서 중재판정부는 청구인 측이 제기한 FET 관련 쟁점에 대하여 면밀하게 검토한 후 기각하였다. 중재판정부는 "국제법 하에서 본 요건은 일반적으로 '투자유치국의 국내법과 분리되어, 하나의 기본적이고 일반적인 기준을 제공하는 것'으로 이해된다"고 하면서 "이러한 기준의 정확한 내용이 무엇인지는 확실하지 않지만, 본 중재판정부는 이 기준을 '국내법과 분리되는 국제최소기준, 즉 최소대우기준 원칙'을 요구하는 것으로 판단한다"고 하였다.[108]

3) *Maffezini v. Spain* 사건

본 사건[109]에서 아르헨티나 출신의 기업인인 Maffezini는 1989년 스페인의

105) *supra* note 21, para.6.10 참조.

106) "…These treatments of protection and security of investment required by the provisions of the BIT of which AMT is beneficiary must be in conformity with its applicable laws and must not be any less than those recognized by international law. For the tribunal, this last requirement is fundamental for the determination of the responsibility of the host state. It is thus an objective obligation which must not be inferior to the minimum standard of vigilance and of care required by international law." *supra* note 21, para.6.06.

107) *Alex Genin, Eastern Credit Limited, Inc., and A.S. Baltoil v. The Republic of Estonia*, ICSID Case no.ARB/99/2, Award (2001).

108) *Ibid.*, para.367.

Galicia 주에 스페인 공기업인 SODIGA와 함께 화학제품 생산기업인 EAMSA를 설립하였다.[110] 하지만 회사의 자금난으로 인해 1992년에 화학공장과 EAMSA의 기타 계획이 중단되었다. 그런데, Maffezini의 주장에 따르면 SODIGA는 기업의 설립에 대한 비용을 Maffezini에게 제대로 일러주지 않아서 막대한 손해를 보았고, EAMSA의 SODIGA 측 대표의 지시로 3천만 페세타가 불법적으로 인출되었다고 하며, 이는 아르헨티나와 스페인 간의 BIT를 위반하는 조치라고 하였다. ICSID는 본 사건에 대해서 Maffezini의 불법 송금 문제를 제외하고 그 밖의 모든 문제에 대해 기각 판정을 내렸다.

본 사건에서 중재판정부는 FET에 대하여 간략하게 지적하고 넘어 갔다. 구체적으로 말하자면 불법 송금 문제와 관련하여 중재판정부는 "대출거래가 행해지는 방식에 있어서 투명성의 부족은 문제의 BIT 조항인 제4조 1항과 일치하게 투자자에게 공정하고 공평한 대우를 보장한다는 스페인 측의 약속과 합치되지 않는다"라며 Maffezini의 손을 들어 주었다. 동 사건에서 다른 쟁점들은 전부 기각되었으나, FET는 유일하게 청구인 측의 입장이 반영된 쟁점이라 그 의의는 상당히 중요하다고 하겠다.

4) *Lauder* 사건과 *CME v. Czech Republic* 사건

이 두 사건은 사실상 동일한 사실에 대하여 중재판정부 사이에 다른 결론이 내려져서 주목을 받았다. *Lauder* 사건[111]의 경우 미국-체코슬로바키아 BIT가 적용되었고, *CME v. Czech Republic* 사건[112]의 경우 네덜란드-체코슬로바키아 BIT가 적용되었다.[113]

본 사건은 방송인가권 부여와 관련된 것이다. 체코방송위원회가 체코 회사인 중부유럽텔레비전(CET 21)에 방송인가권을 부여한 이후, 이와 관련된 새로운 회사인 CNTS를 설립하기로 하였고, 이 과정에서 CET 21과 중부유럽개발회사(CEDC), 그리고 체코 저축은행에 의하여 투자협정이 체결되었다. 이 중 CEDC는 독일 회사였지만 실질적인 소유주는 미국인인 Ronald Lauder였다. 투자협정에 의거하여, CET 21은

109) *Emilio Augustin Maffezini v. Kingdom of Spain*, ICSID Case no.ARB/97/7, Award (2000).

110) 당시 회사 설립 과정에서 Maffezini가 70%의 지분으로, SODIGA는 30%의 지분으로 사업에 참여하였다.

111) *supra* note 85.

112) *CME Czech Republic B.V. (The Netherlands) v. Czech Republic*, UNCITRAL Partial Award (2001).

113) 본 사건에 대한 분석은 Mariel Dimsey, *The Resolution of International Investment Disputes: Challenges and Solutions* (Utrecht: Eleven International Publishing, 2008), pp.93-96 참조.

CNTS의 지분을 대가로 CEDC에게 방송인가권을 넘기려고 하였다. 그러나 체코방송위원회는 CEDC는 CNTS의 지분만 보유할 수 있다고 하면서 방송인가권을 CEDC에게 넘기는 것을 허락하지 않았다.

한편 1994년, 마찬가지로 Ronald Lauder가 소유주인 네덜란드 회사 CME Media는 CEDC가 가지고 있던 CNTS의 주식을 획득하였고, 1997년 CME MEDIA는 체코 내의 자회사인 CME Czech Republic B.V.에게 이 지분을 넘겼다. 그리고 CET 21과 CNTS는 프로그램과 관련된 서비스 계약을 체결하였는데, 1999년 CET 21은 체코방송위원회의 결정에 의하여 강제로 본 서비스 협정을 중지할 수밖에 없었다. 결국 이와 관련하여 런던에서 열린 *Lauder* 사건에서는 Ronald Lauder가 중재판정에서 졌으나, 스톡홀름에서 열린 *CME v. Czech Republic* 사건에서는 체코가 보상해야 할 의무가 있다며 Lauder의 손을 들어주었다.[114)]

Lauder 사건에서 중재판정부는 미국-체코슬로바키아 BIT 제2조 2항 (a)에 명시되어 있는 FET를 해석하는 과정에서 국제관습법상 조약의 일반적 해석원칙을 성문화시킨 비엔나 조약법협약 제31조 및 제32조에 의하여 판단해야 한다고 언급하였다. 또한 이를 바탕으로 FET는 사실적인 요소에 종속될 뿐만 아니라 그것에 의존할 수밖에 없다고 하면서, FET는 “전통적 원칙인 상당한 주의(due diligence) 의무와 연관되어 있고 국제관습법상 일부인 최소대우기준원칙을 제공한다”는 UNCTAD의 논평을 수용하여 판단하였다.[115)]

Lauder 사건에서 FET를 이전처럼 IMS와 동일하거나 IMS의 일부분으로 본 반면, *CME v. Czech Republic* 사건의 경우에는 FET를 조금 넓게 보았다. 중재판정부는 물론 *Lauder* 사건에서처럼 사실적인 요소에 의존한다고 하였지만, FET는 신의성실원칙이라는 관습적인 국제요건을 넘어서는(beyond) 의무를 부과한다고 하면서 국제투자조약에 있어 구체적인 조항이라고 판단하였다.[116)]

5) *TecMed* 사건

TecMed v. Mexico 사건[117)]은 쓰레기매립지 및 처리시설과 관련된 사건이다. 1996년 TecMed는 입찰 절차를 통하여 멕시코 소노라(Sonora) 등지에 위험폐기물처리시설 및 매립지를 건립하고 Cytrar라는 회사를 설립하고 운영하였다. 그런데 1997년

114) 2003년 최종 판정에서도 결국 체코는 CME에게 270만 미국 달러 및 10%의 이자를 보상하도록 하였다.

115) *supra* note 85, para.292.

116) *supra* note 112, paras.155-157.

117) *supra* note 48.

산업폐기물과 관련한 토지오염 문제가 크나큰 사회적 이슈로 등장하게 되었다. 지역 시민단체들은 매립지의 이전을 요구하게 되었고, Cytrar는 정부와 함께 매립장 이전을 협의하게 되었다. 그런데 이 과정에서 Cytrar는 매립허가 갱신신청을 하였으나, 1998년 멕시코 당국은 쓰레기매립지 처리에 대한 인가갱신을 거부하게 되었고, 이에 TecMed는 멕시코-스페인 BIT 상의 분쟁해결절차조항에 의거하여 ICSID 중재를 청구하게 되었다.

문제가 된 멕시코-스페인 BIT의 FET 조항은 제4조 1항[118]이다. 동 중재판정부는 FET를 국제법상 인정된 *bona fide* 원칙의 일부분을 형성하고 있다고 언급하면서[119] 뒤에서 살펴볼 *Mondev* 사건,[120] *S.D. Myers* 사건[121] 등을 인용하여 *Neer* 사건에서의 판단기준을 사실상 배척하였다. 특히 *Mondev* 사건에서 중재판정부가 "현대적인 관점에서 볼 때, 불공정한 것 또는 불공평한 것이 '충격적인 것' 혹은 '터무니없는 것'과 같은 필요는 없다. 특히 한 국가가 신의성실하지 않게 행동하였다고 해서 그것이 외국투자자를 불공정하거나 불공평하게 대우했다고 판단할 수도 없다"[122]는 판정문을 인용함으로써 당시 NAFTA를 준거법으로 하는 여러 중재판정들과 견해를 같이 하였다. 또한 여기서 한 걸음 더 나아가, FET를 통하여 외국투자자들은 투자유치국이 일관된 방법으로, 모호함에서 자유롭게 외국투자자와의 관계에서 종합적으로 투명하게 행동하여 행정 관행 또는 지침과 관련 정책뿐만 아니라 외국투자자들을 규율하는 모든 규칙 및 법제도를 사전에 알게 되어 이에 맞춰 그들의 투자를 계획할 수 있다는 점을 기대할 수 있다고 언급하였다.[123]

한편 FET를 해석하는 방법에 있어서 비엔나 조약법협약 제31조와 제32조에 의거하여 해석되어야 하며, 중재판정부가 'fair and equitable'이라는 용어의 통상적 의미를 어떻게 해석해야 하는지가 중요하다고 하였으며, 이를 둘러싼 국가들의 관행 또는 기존의 중재판정 및 국제사법재판을 언급하지는 않았다. 즉 사안별로, 일반적인 국제법의 해석원칙을 준수하여 중재판정부가 자율적으로 해석해야 한다고 언급

118) "Each Contracting Party will guarantee in its territory fair and equitable treatment, according to International Law, for investments made by investors of the other Contracting Party."

119) 특히 재판부는 Ian Brownlie, *Principles of Public International Law* (Oxford: Oxford University Press, 1989)를 인용하면서, FET는 적법절차의 원칙(due process), 경제적 권리(economic rights), 그리고 신의성실(good faith) 및 정의(natural justice) 의무라고 언급한다.

120) *Mondev International Ltd. v. United States of America*, ICSID Case no.ARB(AF)/99/2, Award (2002).

121) *S.D. Myers, Inc. v. Government of Canada*, UNCITRAL Partial Award (2000).

122) *supra* note 120, paras.153, 116.

123) *Ibid.*, para.154.

하였다.[124)]

6) *OEPC v. Ecuador* 사건

1999년, *OEPC v. Ecuador* 사건[125)]의 신청인인 Occidental Exploration and Production Company(OEPC)는 에콰도르 국영석유기업인 Petroecuador와 계약을 맺었다. 당시 OEPC는 Petroecuador와 맺은 계약 하의 각종 탐사 및 생산활동에 필요한 각종 기기 구입에 따른 부가세에 대하여 에콰도르 세무당국인 Servicio de Rentas Internas(SRI)에게 정기적으로 상환 요청을 하였다. 2001년, SRI는 부가세 상환은 이미 Petroecuador와의 계약 내에 포함되어 있었다고 보고 부가세 상환을 거부하였다. 이에 OEPC는 에콰도르 법원에 SRI의 행위는 에콰도르 국내법을 위반하는 것이라며 소를 제기하였다. 이와 동시에 OEPC는 SRI의 이러한 조치는 미국-에콰도르 BIT에 위반되는 것이라 하여 UNCITRAL 중재를 청구하였다.[126)]

중재판정부는 비록 FET의 정의가 조약 내에 없다 하더라도, 해당 BIT의 전문(preamble)에 "FET는 경제적 자원 이용을 최대한 효율적으로 하고 투자를 위한 안정된 체계를 유지하는 데 있어 가치 있는 원칙"이라고 언급한 점을 주목해야 한다고 하였다.[127)] 이를 위해서 안정성이 FET의 핵심요소라고 명시하였다. 이후 앞서 살펴본 *TecMed* 사건을 언급하며 중재판정부의 논지를 강화하였다.

본 사건에서 흥미로운 점은 중재판정부가 미국-에콰도르 BIT 제2조 3항 (a)의 FET를 두 가지로 구분하였다는 점이다. 제2조 3항은 다음과 같다.

> "Investments shall at all times be accorded fair and equitable treatment, shall enjoy full protection and security and shall in no case be accorded treatment less favourable than that required by international law."

중재판정부는 본 조항 중 "… shall in no case be accorded treatment less favourable than that required by international law"에 대하여 이는 최소 FET 수준과 국제법상 요구되는 대우와 일치해야 한다는 것을 뜻한다고 언급하였다.[128)] 그리고 이는 조약상 의무인 FET가 국제관습법에 의하여 규율되는 수준보다 더 요구수준이 높은 것

---

124) *Ibid.*, para.156.

125) *Occidental Exploration and Production Company v. Republic of Ecuador*, UNCITRAL Case(LCIA) no. UN3467, Award (2004).

126) 자세한 내용은 http://www.asil.org/search.cfm?displayPage=715#j1 참조(2010.1.24. 검색).

127) *supra* note 125, para.183.

128) *Ibid.*, para.188.

인지 아닌지에 대한 문제를 야기한다고 하였다.[129] 이렇게 문제를 제시한 후에 중재판정부는 본 사건에서는 조약상 기준과 국제관습법상 기준이 다르지 않다고 결론내렸다.[130] 무슨 기준에 의하여 같은지, 왜 같은지에 대한 이유는 밝히지 않은 채 이 사건에 한해서만 두 기준은 같은 수준이라고 하였다.

7) 소결

BIT 판정사례를 종합해보면, 최초에는 FET가 IMS를 의미하는 것이라는 판정이 많았으나 시간이 흐를수록 FET의 독립성, 즉 IMS가 요구하는 그 무엇을 넘는 새로운 기준을 찾아가려는 경향이 보인다. 그러나 이어서 살펴보는 NAFTA 사례와 기타 BIT 판정사례가 전혀 동떨어진 것은 아니다. 기타 BIT 판정사례의 중재판정부나 NAFTA 사례에서의 중재판정부가 각자의 판정문에 나타난 견해를 서로 참고 또는 인용을 하면서 자신의 견해를 밝히기 때문이다.

2. NAFTA 제1105조 관련 사례

1) NAFTA 제1105조

(1) 개요

NAFTA 제1105조, 그 중에서도 특히 제1105조 1항은 단 26개 단어로 구성되어 있지만, NAFTA 제11장에서 가장 논란이 되는 조항 중의 하나였다.[131] 본 조항에서 언급된 FET가 일반 국제관습법에서 독립된 하나의 기준으로서, 투자자들이 투자유치국에게 공정함과 공평함을 요구할 수 있는 권리를 창출한다는 주장도 있었고, 이와 유사한 주장으로 당사국의 행한 일련의 조치가 상기의 기준을 위반했을 시에는 보상을 요구할 수 있는 기회를 제공할 수 있다는 주장도 있었다.[132]

---

129) *Ibid.*, para.189.

130) *Ibid.*, para.190.

131) Meg Kinnear, Andrea Bjorklund, and John F. G. Hannaford, *Investment Disputes under NAFTA : An Annotated Guide to NAFTA Chapter 11* (Alphen: Kluwer Law International, 2006) 참조. 한편 NAFTA에 대한 기본적인 내용은 양동석, "NAFTA의 투자에 관한 조항과 한·중·일의 투자협정 비교연구", 『한국기업법학회』 제23권 제2호(2009), 267-292면 참조.

132) 이에 대하여 보다 자세한 내용은 Daniel M. Price, "Chapter Eleven—Private Party vs. Government, Investor-State Dispute Settlement: Frankenstein or Safety Valve", *Canada-United States Law Journal*, vol.26 (2000), pp.107-114; Todd Weiler, "Current Legal Trends in the Americas: NAFTA Chapter 11 Jurisprudence: Coming Along Nicely", *Southwestern Journal Law & Trade in the Americas*, vol.9 (2002), pp.245-275 참조.

(2) 기본적인 해석

이렇게 굉장히 여러 가지로 해석될 수 있는, 그리고 해석되어 왔던 NAFTA 제1105조의 기본적인 특징은 다음과 같다. 첫째, 제1105조 2항 및 3항에서, 그리고 제1102조 내지 제1103조에서 투자와 투자자를 동시에 언급하고 있는 것과 달리 제1105조 1항에서는 보호대상이 투자다. 이는 NAFTA 당사국간 교환한 초안들에서부터 발견되어 왔던 것인데,[133] 과연 제1105조 1항의 보호대상이 투자에 한정된다고 해서 이것이 그 의미대로 엄격하게 해석되어야 하는지는 의문이다. 둘째, 다른 비교매개체가 존재해야 하는 MFN, NT 등과는 달리 IMS는 그 특성상 비교대상이 존재하지 않는다. 오로지 해당 조치가 국제법과 일치하는지에 초점을 맞추게 되어 있다. 주지하다시피 IMS의 기본 의도는 문제의 투자유치국 내의 일반적 투자환경의 질이 현저하게 낮을 경우, 이를 최소 수준의 기준에 의거하여 보호하기 위함이기 때문이다. 셋째, 동 조항에서 문제가 되는 부분 중의 하나가 바로 'international law'의 개념이 무엇인지이다. 이 개념 안에 'fair and equitable treatment'와 'full protection and security'가 포함되는지 아니면 독립적인 내용을 담고 있는지가 문제가 되었다.

그러나 협약당사국들은 "including"이라는 용어를 사용하여 표현하였을 뿐, 이들 간의 관계를 확실하게 구분을 짓지 않았다. 바로 여기서 문제점이 발생하게 되었다. 국제법에 요구되는 최소기준이 무엇인지, 어떤 국제법이 적용되어야 하는지, 그리고 어떠한 구체적 판단기준이 적용되어야 하는지는 명시되지 않은 채 체결되었기 때문에, 해석상 혼란의 여지를 남기게 되었던 것이다.

결국 동 조항에서 언급된 FET의 문제에 대해 일련의 NAFTA 중재사례들이 FET의 독립성을 인정하고 이를 확대시키는 판정을 내림에 따라, 2001년 7월 31일 NAFTA 자유무역위원회는 NAFTA 제1105조에 대한 다음과 같은 해석지침을 내렸다.[134]

> 1. Article 1105(1) prescribes the customary international law minimum standard of treatment of aliens as the minimum standard of treatment to be afforded to investments of investors of another Party.
> 2. The concepts of 'fair and equitable' treatment and 'full protection and security' do not require treatment in addition to or beyond that which is required by the customary international law minimum standard of treatment of aliens.
> 3. A determination that there has been a breach of another provision of the NAFTA, or

133) *supra* note 131, 1105 - 17.

134) Note of Interpretation of Certain Chapter 11 Provisions, adopted by the NAFTA Free Trade Commission (2001.7.31.).

of a separate international agreement, does not establish that there has been a breach of Article 1105(1).

즉 NAFTA 제1105조는 국제관습법 상의 최소기준대우를 뜻하는 것이며, 'fair and equitable treatment' 와 'full protection and security'는 국제관습법 상 최소기준대우원칙이 요구하는 것 이상을 의미하는 것이 아니라는 해석원칙을 내놓았다. 본 해석지침이 내려진 이후 NAFTA 중재사건들은 이를 존중하여 지침이 내려진 이전과 약간 다른 판정을 내리게 되었다. 따라서 FET에 관한 NAFTA 중재사례는 2001년 7월 31일 NAFTA 자유무역위원회가 해석지침을 내리기 전과 후로 나누어서 살펴볼 수 있다.

2) NAFTA 자유무역위원회 해석지침 이전의 중재사례

(1) *Azinian v. Mexico* 사건

NAFTA 제1105조가 최초로 언급되었던 사건은 *Azinian v. Mexico* 사건이다.[135] 다만 FET가 본 사건의 핵심 쟁점은 아니었고 부분적으로 청구인 측이 피청구인 측의 수용 행위에 대한 보상을 받을 수 있는 권리로 제1105조를 원용한 것이었다.[136] 그러나 중재판정부는 이를 굉장히 약한(feeble) 주장이라고 판단하면서, 본 사건에서는 기본적으로 핵심 조항인 제1110조를 중점적으로 보아야 한다고 언급하였다. 그리고 나서 중재판정부는 "의심의 여지없이 본 사건에서는 제1110조의 위반이 없다면 역시 마찬가지로 제1105조의 위반도 없다"고 판정하였다.[137]

(2) *Metalclad* 사건

본격적으로 제1105조가 중재판정에서 다루어진 사건은 바로 *Metalclad* 사건[138]이다. 본 사건은 Metalclad가 멕시코 중앙정부로부터 폐기물처리사업에 대한 승인을 받고 COTERIN이라는 자회사를 인수하여 사업을 시작하게 된 것이 발단이었다. 그러나 San Luis Potosi(SLP)에 위치한 Guadalcazar 지방정부는 COTERIN에게 건설허가를 내주지 않았고 오히려 해당 부지를 생태보전지구로 지정하면서 기존의 건설 중이던 시설에 대한 철거를 명하였다. 이에 대해 신청인 측은 지방정부가 권한을 행사함에 있어 문제가 있다고 하며 NAFTA 제1105조에 위반된다고 주장하였다. 이는 이후

135) *supra* note 21.
136) *Ibid.*, paras.62－67.
137) *Ibid.*, para.92.
138) *Metalclad Corp. v. Mexico*, ICSID Case no.ARB(AF)/97/1, Award (2000). 보다 자세한 내용은 본서 제17장 참조.

S.D. Myers 사건, *Pope & Talbot* 사건과 더불어 FET를 넓게 해석하여 많은 논란을 불러일으켰다.

중재판정부는 제1105조를 해석함에 있어서 NAFTA의 전문(preamble), 제102조 1항 및 제18장을 포함한 여러 규정들을 참조하면서, 투명성 보장은 FET의 일부를 구성한다고 하였다.[139] 결국 중재판정부는 멕시코가 Metalclad의 사업계획 및 투자에 대하여 투명하고 예측가능한 체계를 보장하는 데 실패하였다고 판정내리며[140] FET를 위반하였다고 판정내렸다.

이후 멕시코 정부는 중재지였던 브리티시 콜롬비아에서 중재판정의 취소를 구하였다. 당시 브리티시 콜롬비아 대법원은 *Metalclad* 사건의 중재판정부가 자신에게 주어진 권한을 넘어 판정내렸다고 하였다. 특히 투명성이 FET의 일부를 구성한다는 점에 대해, 중재판정부가 언급한 투명성의 근거는 제1802조이기 때문에, 서로 장이 다른 제1105조와 연관짓기에는 무리가 있다고 비판하였다. 설사 그렇다 하더라도 그 논거가 무엇인지에 대해서 중재판정부는 명확하게 밝히지 못했다고 하였다. 또한 투명성을 언급함에 있어서 제102조를 언급한 이유도 명확하게 밝히지 않았다면서, 그런 의미에서 중재판정부가 내린 판결은 무효라고 하였다.[141]

(3) *S.D. Myers* 사건

본 사건도 폐기물처리와 관련된 문제이다. 미국의 폐기물처리기업인 S.D. Myers는 1990년대 미국 내 폐기물시장이 하향 곡선을 그리자 캐나다로의 진출을 모색하였다. 그 와중에 캐나다의 PCB처리에 관심을 가지게 되었다. PCB는 복합화합물로서 전자장비에 주로 쓰이는 물질인데, 자연적으로 분해되는 데 시간이 너무 오래 걸려 환경오염을 일으키는 주요 원인이 될 수 있기 때문에 인공적으로 처리를 해주어야만 했다. 1993년 캐나다에 자회사를 설립하고 PCB처리사업에 뛰어들었는데, 그 과정에서 여러 이해 관계자들에게 전방위적으로 로비 활동을 벌이는 등 사업의 지속적인 운영에 대하여 여러 노력을 하였다. 그러나 여러 격론 끝에 1997년 PCB폐기물에 대

139) "The Tribunal understands this to include the idea that all relevant legal requirements for the purpose of initiating, completing and successfully operating investments made, or intended to be made, under the Agreement should be capable of being readily known to all affected investors of another Party. There should be no room for doubt or uncertainty on such matters. Once the authorities of the central government of any Party ··· become aware of any scope for misunderstanding or confusion in this connection, it is their duty to ensure that the correct position is promptly determined and clearly stated so that investors can proceed with all appropriate expedition in the confident belief that they are acting in accordance with all relevant laws." *Ibid.*, para.76.

140) *Ibid.*, para.99.

141) *United Mexican States v. Metalclad Corp.*, 2001 BCSC 664, para.72.

하여 수출금지조치가 최종적으로 내려졌고, 이에 대하여 S.D. Myers는 1999년 UNCITRAL 중재를 청구하였다.

우선 중재판정부는 NAFTA 제1105조 1항은 종합적인 개념을 표현하고 있다고 하였다. 즉 동 조항의 문구들을 전체적으로 살펴보아야 한다는 것이나. 특히 'fair and equitable'과 'full protection and security'의 경우 따로 떼어내어 해석될 수 없다고 하였다.[142] 이러한 입장을 바탕으로 중재판정부는 FET를 판단함에 있어 앞서 언급한 적이 있는 Mann의 견해를 소개하며 NT와 FET를 연관지어 판정하였다.[143] 즉 중재판정부는 캐나다의 조치가 NT를 위반하였다고 결론지으면서 이는 본질적으로 NAFTA 제1105조를 위반하였다고 판정하였던 것이다.[144]

(4) *Pope & Talbot* 사건

Pope & Talbot는 캐나다 자회사를 거느리고 있는 미국 회사로, 캐나다에서 연목재를 생산하여 대부분을 미국으로 수출하는 회사다. 문제는 5개년 연목재협정(Soft Lumber Agreement: SLA)의 이행과 관련된 캐나다 측의 행동에 의하여 발생하였다. SLA에서는 미국으로 연목재를 자유롭게 수출하는 데 일정 한계를 두었고 수출하는 업자는 캐나다에게 일정량을 초과하는 연목재 수출에 대해서 세금을 내야 한다는 규정을 두었다. 결국 이와 같은 규정으로 인하여 여러 반발이 발생하게 되었고, Pope & Talbot는 캐나다의 이와 같은 SLA 체제가 NAFTA 제11장을 위반하는 행위라고 주장하며 중재를 청구하였다.

본 사건과 관련하여 중재판정부는 여러 판정을 내리게 되었는데 그 중 2002년 5월 31일 손해에 대한 판정에서 중재판정부는 FET를 독립적인 것으로 해석하였다. 특히 이러한 이유로 3가지를 들었는데, 첫 번째로는 NAFTA 당사국이 맺은 여러 BIT에서 "… at all times be accorded fair and equitable treatment … and shall in no case be accorded treatment less than that required by international law"라고 명시하였다는 점을 들었다. 따라서 NAFTA의 당사국 국적의 투자자들은 NAFTA 제1103조의 MFN조항에 의거하여 이와 동일한 FET를 누릴 권리가 있다고 하였다.[145] 두 번째로는 NAFTA의 당사국들은 타 당사국 국적의 투자자들을 다른 국가들보다 불리한 대우를 부여할 거라는 의도를 갖지는 않는 것처럼 보이며, 마지막으로 제1102조는 NAFTA

---

142) *supra* note 121, para.262.

143) *Ibid.*, para.265.

144) 물론 Mann의 견해를 일방적으로만 긍정한 것은 아니다. 중재판정부는 다른 학자들의 Mann에 대한 견해에 대하여 인정을 하였다. 그러나 다수의 중재인들은 본 사건과 같은 사정을 고려하여 볼 때 본질적으로 제1105조를 위반한 것과 같다고 판정하였다. *Ibid.*, para.268.

145) *supra* note 95, para.9.

각각의 당사국들에게 타 당사국의 투자자들에게 불리하지 아니한 대우를 부여하여야 한다고 규정한다는 점을 들었다.[146)]

그러나 중재판정이 진행되는 과정에서 앞서 언급한 NAFTA 자유무역위원회의 해석원칙이 도출되자 중재판정부는 위원회가 내린 해석원칙이 본 사건에 적용될 수 있는지 고민하였다. 우선 NAFTA 제1131조에 의하여 위원회의 해석원칙이 구속력을 갖는다는 사실을 인정한 후, 판정 도중에 발생한 이러한 해석원칙이 과연 본 판정에서도 구속력을 갖는지 여부에 대하여 신중하게 검토하였다. 청구인과 피청구국 사이에 엇갈린 주장 속에서, 중재판정부는 위원회의 해석원칙이 동 사건에서도 구속력을 갖는다고 하였다.[147)]

이러한 입장에서 중재판정부는 '공정성'은 국제관습법에 첨가되는(additive) 개념이라기보다는 포함되는(subsumed) 개념이라고 판단한 후,[148)] "위원회가 내린 해석원칙과 중재판정부가 내린 제1105조의 해석이 결론을 놓고 보면 양립불가능하지는 않다"[149)]는 판단을 하였다. 이후 *Neer* 사건에서의 IMS 개념을 주장한 캐나다의 주장을 배척하고 투자자는 제1105조의 위반으로도 손해배상을 받을 권리가 있다고 판정하였다. 결국 이러한 판단 하에 캐나다의 SLA는 제1105조 상의 FET를 위반하였다고 판정하였다.[150)]

3) NAFTA 자유무역위원회 해석지침 이후의 중재사례

(1) *Mondev* 사건

본 사건[151)]은 시가지 개발계획과 관련된 것이다. 청구인 Mondev는 당시 보스턴 시가지 개발사업에 관여하고 있었는데, 1단계 공사 이후 보스턴시 측이 갑작스레 계획을 변경하는 바람에 사업을 추진할 수가 없었다. 이에 청구인 측은 보스턴시를 상대로 메사추세츠 법원에 소를 제기하여 승소하였지만, 주 대법원에서 주권면제 등을 이유로 하여 보스턴시 측의 손을 들어주었다. 이에 불복하여 청구인 측은 ICSID 중재를 청구하면서 메사추세츠 대법원의 판결은 사법정의실현의 거부로 보아야 하며, FET 위반이라고 주장하였다.

중재판정부는 2001년 NAFTA 자유무역위원회의 해석원칙을 존중하였다. 그 과

146) *Ibid.*
147) *Ibid.*, para.51.
148) *Ibid.*, para.54.
149) *Ibid.*, para.56.
150) *Ibid.*, para.69.
151) *supra* note 21.

정에서 IMS의 예전 기준, 즉 *Neer* 사건에서의 판단기준에 대하여 회의적인 반응을 보였다. 우선 *Neer* 사건은 외국인투자의 대우와 관련된 것이 아니라 외국인의 신체적 안전보장과 관련된 것이며, 나아가 당시 사건의 구체적인 쟁점은 몇몇 무장한 인원들에 의하여 살해된 미국인에 대하여 멕시코 당국이 제대로 조사하지 않았다는 점에 대한 것이었다고 밝혔다.[152] 두 번째로, *Neer* 사건과 당시의 몇몇 중재판정들이 이루어졌던 시기보다 국제법상 개인의 실체적 또는 절차적 권리에 있어 많은 진전이 이루어졌다고 하였다. 따라서 현재 'fair and equitable'이나 'full protection and security'와 같은 문구를 1920년 당시의 관점에 한정하여 해석한다는 것은 납득하기 어렵다고 하였다.[153] 마지막으로, 현재 2,000여 개의 양자간 또는 지역간 협정에서 일관되게 FET가 나타나고 있다는 점을 주목하면서 이러한 관행들이 1927년 *Neer* 사건에서의 의미와 동일하게 해석된다면 이는 매우 놀라운 일일 것이라고 언급하였다.[154]

이를 바탕으로, 본 사건의 중재판정부는 2001년 NAFTA 자유무역위원회의 해석을 존중하고 IMS의 진화적인 성격을 언급하였다. 그러나 NAFTA 제1105조가 NAFTA 중재판정부에게 무엇이 공정하고 공평한지에 대하여 판단할 때 무제한적인 재량을 준 것은 아니라고 말하였다. 즉 재판소는 국가관행과 중재판정부의 이전 선례에 의하여 확립된 최소기준에 구속되며, 확립된 법의 연원에 대한 참고 없이 FET의 정의에 대한 독특한(idiosyncratic) 접근은 하지 말아야 한다고 하였다.[155] 생각건대 2000년 이후 FET에 대한 확대해석 경향과 2001년 NAFTA 자유무역위원회의 해석원칙을 서로 반영하는 과정에서 조금 모호한 판정을 내린 경향이 있다고 보인다.

(2) *ADF Group* 사건

본 사건[156]은 워싱턴 D.C.에서 20km 남쪽에 있는 북부 버지니아에 있는 Springfield 나들목 공사와 관련된 것이다. Springfield 나들목은 사고가 많이 일어나는 곳으로, 1960년대에 지어질 당시보다 교통량이 월등하게 증가하여 도로구조에 대한 개선이 요구되었다. 청구인은 캐나다 회사로서 미국에 자회사를 두고 있는데, 본 건설공사에 하도급자로 참여하게 되었다. 그런데 공사를 시작하면서 미국산 철강을 사용하라는 이행요건[157]을 부여받았고, 이에 불복하여 중재를 청구하게 되었다.

---

152) *Ibid.*, para.115.

153) *Ibid.*, para.116.

154) *Ibid.*, para.117.

155) *Ibid.*, para.123.

156) *supra* note 42.

157) "All materials supplied by ADF International Inc. to be in accordance with the Plans, Specifications, Contract Documents and Supplemental Specifications. Subcontractor specifically acknowledges Section 102c of the Special Provisions regarding the Use of Domestic

본 사건에서 중재판정부는 FET의 진화적 성격을 인정하면서,[158] 앞서 언급한 *Mondev* 사건에서의 판정문을 인용하고 있다. 그리고 *Mondev* 사건에서와 같이 NAFTA 제1105조에 명시된 'fair and equitable'이나 'full protection and security'는 국가관행, 국제사법재판 또는 중재재판의 판례 혹은 국제일반관습법의 연원에 의하여 규율되어야 한다고 하였다.[159]

(3) *Waste Management* 사건

본 사건[160]도 쓰레기처리와 관련된 문제이다. 미국 Waste Management 회사는 멕시코에 Acaverde라는 자회사를 보유하고 있었는데, 이 자회사를 이용하여 멕시코 Guerrero 주의 Acapulco de Juarez 정부에게 쓰레기처리사업에 대한 허가권을 부여받았다. 그러던 중에 시에서 용역대금을 지불하는 것을 계속 미룰 뿐만 아니라 대금지급에 대하여 보증을 섰던 은행까지지도 대금지급을 지연하자 ICSID 중재를 청구하였다. 청구인 측은 Acapulco de Juarez 정부가 자의적인 방식으로 외국인투자자를 대우하였을 뿐만 아니라 적법절차를 준수하지 않았으며 FET를 위반하였다고 주장하였다.

우선 NAFTA 제1105조는 더 이상 *Neer* 사건에서 도출되었던 판단기준에 의하여 검토되지 않는다는 점을 *ADF Group* 사건과 *Mondev* 사건의 판정을 인용하여 분명하게 밝혔다.[161] 그리고 나서 NAFTA 제1105조와 관련된 이전의 사건들을 종합하여 검토해보건대, 공정하고 공평한 대우의 최소기준대우는 만약 국가에 의한 행위가 자의적이고 전체적으로 불공정하고 부정의하거나 기이하여 차별적일 때, 그리고 특정 집단 또는 인종에 대한 편견을 표출하거나 사법적 정의라는 관점에서 절차가 명백하게 잘못되거나 행정적 절차를 밟는 과정에서 투명성이 완전히 없을 때, 적법절차원

Material." *Ibid.*, para.47.

158) "Put in slightly different terms, what customary international law projects is not a static photograph of the minimum standard of treatment of aliens as it stood in 1927 when the Award in the *Neer* case was rendered. For both customary international law and the minimum standard of treatment of aliens it incorporates, are constantly in a process of development." *Ibid.*, para.179.

159) "We understand *Mondev* to be saying—and we would respectfully agree with it—that any general requirement to accord 'fair and equitable treatment' and 'full protection and security' must be disciplined by being based upon State practice and judicial or arbitral case law or other sources of customary or general international law." *Ibid.*, para.184. 여기서 한 가지 특징적인 것은 중재판정부는 조약을 "fair and equitable"이나 "full protection and security"을 판단할 때 고려되어야 할 대상이 아니라고 한 점이다. *ADF Group* 사건과 *Mondev* 사건에 대한 논평으로는 Rudolf Dolzer, *supra* note 2, pp.98-99 참조.

160) *supra* note 35.

161) *Ibid.*, para.93.

칙이 제대로 지켜지지 않는 경우에 의하여 침해될 수 있다고 밝혔다.[162] 사실상 당시에 고려되던 FET의 판단기준을 종합적으로 밝혔다고 볼 수 있다.

(4) *GAMI* 사건

본 사건[163]에서 신청인 GAMI는 미국회사로, 멕시코 설탕회사인 Grupo Azucarero Mexico SA de CV(GAM)의 주식 14.18%를 보유하고 있었고 다른 지배주주인 Juan Gallardo Thurlow는 64.2%의 지분을 보유하고 있었다. 2001년에 멕시코 내 설탕산업이 불황에 빠지자, 설탕산업 활성화 정책을 위한 법령을 공포하게 되었고 이로 인하여 22개의 설탕제조공장이 수용되었다. 그런데 그 수용대상에 GAMI 측이 소유한 5개의 설탕제조공장[164]이 포함되었다. 신청인 측은 멕시코 정부가 설탕공장을 자의적이고 차별적으로 수용하면서 NAFTA 제1105조를 위반하였다고 주장하였다.

앞서 언급했던 NAFTA 사례의 판정과 크게 다른 점은 없다. 다른 판정들과 마찬가지로 *Neer* 사건에서의 판단기준과 현재의 판단기준과는 차이점이 있다고 하면서 *Waste Management* 사건과 *ADF Group* 사건 등을 언급하면서, 특히 *Waste Management* 사건으로부터 네 가지의 함의를 도출하면서 이를 본 사건과 연관지어 판정을 하였다.[165]

4) 소결

NAFTA 제1105조와 관련된 사례들을 종합하여 보면 한 가지는 확실해졌다. 적어도 NAFTA 제1105조의 해석과 관련하여 본 조항에서 나타난 대우의 최소기준은 바로

162) "Taken together, the *S.D. Myers*, *Mondev*, *ADF* and *Loewen* cases suggest that the minimum standard of treatment of fair and equitable treatment is infringed by conduct attributable to the State and harmful to the claimant if the conduct is arbitrary, grossly unfair, unjust or idiosyncratic, is discriminatory and exposes the claimant to sectional or racial prejudice, or involves a lack of due process leading to an outcome which offends judicial propriety—as might be the case with a manifest failure of natural justice in judicial proceedings or a complete lack of transparency and candour in an administrative process." *Ibid.*, para.98.

163) *GAMI Investments, Inc. v. United Mexican States*, UNCITRAL Award (2004).

164) Tala, Lazaro Cardenas, San Pedro, San Francisco, Benito Juarez, 총 5개이다. *Ibid.*, para.12.

165) "Four implications of *Waste Management II* are salient even at the level of generality reflected in the passages quoted above. (1) The failure to fulfil the objectives of administrative regulations without more does not necessarily rise to a breach of international law. (2) A failure to satisfy requirements of national law does not necessarily violate international law. (3) Proof of a good faith effort by the Government to achieve the objectives of its laws and regulations may counter-balance instances of disregard of legal or regulatory requirements. (4) The record as a whole-not isolated events-determines whether there has been a breach of international law. It is in this light that GAMI's allegations with respect to Article 1105 fall to be examined." *Ibid.*, para.97.

IMS를 의미한다는 사실이다. 이는 'fair and equitable'이라는 문구를 독립적으로 주관적으로 해석하지 않고 보다 객관적인 기준으로 보다 좁게 접근하겠다는 의도로 파악될 수 있다. IMS의 위반 여부를 판단함에 있어서 판단기준은 앞서 살펴본 판정들로부터 유추할 수 있는데, 즉 "전면적으로 자의적이고(wholly arbitrary)",[166] "극단적으로 불공평하고(grossly unfair)",[167] "특이하거나 비정상적인(idiosyncratic or aberrant)",[168] "명백히 부적절하고 믿을 수 없는(clearly improper and discreditable)",[169] "노골적이고 정당하지 않은 지불의무 부인(outright and unjustified repudiation)"[170]일 때 IMS를 위반하였다고 판단할 수 있겠다.[171] 이는 *Neer* 사건에서의 기준만큼 엄격할 필요는 없지만, 상당부분 투자유치국에게 보다 유리한 해석기준이라고 생각된다.

3. FET의 판단기준

이상과 같이 각각의 중재판정에서 결정한 FET의 판단기준에 대해서는 여전히 논란이 많다. 통일된 협정문구가 존재하지 않는 이상, 사안별로 사건에 맞게 FET의 의미를 분석해야 하며, FET를 규정한 각각의 다른 문구를 바탕으로 그 의미를 도출해내야 하기 때문에 판단기준이 명확하고 일관적으로 정해질 수는 없다. 앞서 언급한 사례들을 바탕으로 FET의 판단기준을 분석해 보면 ① 주의 및 물리적 보호(vigilance and protections), ② 절차적 정당성(due process and procedural fairness), ③ 투명성(transparency), ④ 정당한 기대(legitimate expectations), ⑤ 강제와 협박(coercion and harassment), ⑥ 신의성실(good faith), ⑦ 자의성과 차별성(arbitrary and discriminatory), ⑧ 예측가능성(predictability)과 같은 여덟 가지 항목이 중재판정시 언급되었던 것으로 드러났다. 이를 도표화하면 다음과 같다.[172]

166) *supra* note 35, para.115.
167) *supra* note 42, para.189.
168) *Ibid.*, para.188.
169) *supra* note 21, para.127.
170) *supra* note 35, para.174; *supra* note 163, para.104.
171) *supra* note 131, 1105 - 43.
172) Ioana Tudor, *supra* note 26, pp.279 - 280을 바탕으로 하되, 최근의 판정을 반영하여 작성하였다.

[표 7-2 FET 판단기준 적용 사례]

기 준 / 사 건	주의 및 물리적 보호	절차적 정당성	투명성	정당한 기대	강제와 협박	신의 성실	자의성 차별성	예측 가능성
ADF 사건		●				●		
AMT 사건	●							
Azinian 사건		●						
Bayindir 사건	●		●				●	
Bogdanov 사건				●			●	
Biwater 사건		●	●	●			●	
CME 사건			●	●			●	
CMS 사건	●		●				●	
CSOB 사건						●		
Eureko 사건				●	●		●	
GAMI 사건			●				●	
Genin 사건		●			●		●	
Impregilo 사건							●	
Lauder 사건	●						●	
LG&E 사건				●		●	●	
Loewen 사건		●				●	●	
Maffezini 사건			●	●				
Metalclad 사건		●	●	●				
Methanex 사건		●					●	
Middle East Cement 사건		●				●		
Mondev 사건		●				●		
MTD 사건	●		●				●	
Noble 사건	●			●			●	
OEPC 사건		●	●			●	●	●
Olguin 사건								●
Petrobart 사건	●	●		●		●		
Popo&Talbot 사건		●	●		●			
PSEG Global 사건							●	
Consotium RFCC 사건							●	
Saluka 사건			●	●		●	●	
SD Myers 사건		●			●	●	●	
Siemens 사건	●		●			●	●	
Tecmed 사건		●	●	●	●	●	●	
Thunderbird 사건				●		●	●	

Vivendi II 사건					●			
Walter Bau 사건		●	●	●			●	
Waste Management 사건		●		●		●	●	
Wena Hotels 사건	●							
합 계	9	16	14	14	6	14	25	2

위의 표를 바탕으로 보면 가장 많이 언급된 기준은 '자의성과 차별성'이다. 그 다음으로는 '절차적 정당성'과 그 뒤의 '신의성실'이며, '정당한 기대'의 경우 '예측가능성'과 함께 살펴볼 수 있다는 점에서 역시 많이 언급된 기준 중의 하나이다. 이 밖에 '투명성' 및 '주의 및 물리적 보호' 기준이 그 뒤를 이었다.

한편 이보다 앞서 Schreuer는 여러 중재판정사례에서 나타난 FET의 접근방식을 7가지 유형으로 정리하고[173] 이를 바탕으로 다음과 같이 4가지 판단기준을 마련한 바 있다.[174]

* 투명성과 투자자의 정당한 기대 보호
  (transparency and protection of investor's legitimate expectation)
* 강제와 위협으로부터의 자유 (freedom of coercion and harassment)
* 적법절차원칙 및 절차적 적절성 (procedural propriety and due process)
* 신의성실 (good faith)

이에 관련하여 OECD 공식 보고서[175]나 다른 학자들의 견해들[176]도 완벽하게 이

173) ① The high threshold formulated in *Neer*, referring to an outrage, to bad faith and to wilful neglect of duty, has been rejected consistently in recent decisions (*Pope & Talbot*, *Mondev*, *ADF Group*, *Waste Management*, *GAMI*).

② The ICJ's standard in ELSI of "a wilful disregard of due process of law, an act which shocks or at least surprises, a sense of judicial propriety" has been accepted (*Pope & Talbot*, *Mondev*).

③ Some tribunals have used the standard of "improper and discreditable" (*Mondev*, *Loewen*).

④ Discrimination against foreigners has been regarded as an important indicator of failure to grant fair and equitable treatment (*S.D.Myers*, *Genin*, *Pope & Talbot*).

⑤ A definition used by some tribunals referred to international or comparative standards (*S.D. Myers*, *Genin*, *Pope & Talbot*).

⑥ A failure to effectively implement aspects of domestic law is not necessarily a breach of the fair and equitable treatment standard (*GAMI*).

⑦ Other criteria employed by tribunals included arbitrariness, idiosyncrasy, injustice, lack of good faith, lack of due process and proportionality (*Waste Management*, *MTD*). Christoph Schreuer, *supra* note 4, p.373.

174) *Ibid.*, pp.273-274.

175) OECD, *supra* note 3.

176) Katia Yannaca-Small, *Arbitration under International Investment Agreements* (Oxford:

와 일치하지는 않지만 상기 기준에서 크게 벗어나지 않는 것으로 보이며, 특히 앞서 언급한 바와 같이 합리성(reasonableness) 또는 비례성(proportionality)도 FET의 판단기준으로서 자주 언급하고 있다. 앞으로도 국가들 사이에 이에 대한 명확한 기준이 성문화되지 않는 한, 이와 관련된 중재판정에 관한 판례법들이 축직되면서 대부분 상기 기준들을 중심으로 FET가 판단될 것으로 보인다.177)

Ⅴ. 결 론

외국인 직접투자가 각국의 경제발전에 미치는 영향에 대해서는 어느 정도 논란이 종식되었지만, FET에 대한 논란은 여전히 현재진행형이다. 2003년 칸쿤각료회의에서 MAI에 대한 논의가 실패로 끝난 후, IIA상의 핵심 원칙들에 대한 명확한 규정은 아직도 숙제로 남아 있다. 간접수용 또는 최혜국대우와 관련된 문제는 물론 여전

Oxford University Press, 2010); Olatokunbo Lad-Ojomo, *What is the Distinction between the Fair and Equitable Treatment Standard and the Minimum Standard of Treatment under Customary International Law* (Dundee: CEPMLP, 2009); Kenneth J. Vandevelde, *Bilateral Investment Treaties* (Oxford: Oxford University Press, 2010); Ioana Tudor, *supra* note 26; Mahnaz Malik, *supra* note 4; Marcela Klein Bronfman, *supra* note 4; R.H. Kreindler, *supra* note 4; Theodore Kill, *supra* note 4; Benedict Kingsbury & Stephan Schill, *supra* note 4; Jurgen Bering *et al., supra* note 4.

177) 특히 *Biwater Gauff Ltd. v. United Republic of Tanzania*, ICSID Case no.ARB/05/22, Award (2008) 사건에서 중재판정부는 다음과 같이 5가지 기준을 제시하였다.

"Specific Components of the Standard: The general standard of "fair and equitable treatment" as set out above comprises a number of different components, which have been elaborated and developed in previous arbitrations in response to specific fact situations. These have been the subject of detailed consideration in the parties' submissions. In so far as they are relevant to the dispute here, these separate components may be distilled as follows:

* **Protection of legitimate expectations**: the purpose of the fair and equitable treatment standard is to provide to international investments treatment that does not affect the basic expectations that were taken into account by the foreign investor to make the investment, as long as these expectations are reasonable and legitimate and have been relied upon by the investor to make the investment".

* **Good faith**: the standard includes the general principle recognised in international law that the contracting parties must act in good faith, although bad faith on the part of the State is not required for its violation.

* **Transparency, consistency, non-discrimination**: the standard also implies that the conduct of the State must be transparent, consistent and non-discriminatory, that is, not based on unjustifiable distinctions or arbitrary." *Ibid.*, para.602.

비슷한 시기에 *Walter Bau AG v. The Kingdom of Thailand*, UNCITRAL Award (2009) 사건의 중재판정부도 para.11.5.에서 위의 기준을 특별한 추가적인 분석 없이 그대로 인용하여 이를 적용하였다.

히 남아 있지만 현재로서는 아주 조금은 정리가 된 상태이다. 그러나 FET의 경우는 다르다. FET의 정의가 무엇인지, FET를 IMS에 포함되고 IMS를 벗어나지 않는 원칙으로 볼 것인지, 아니면 IMS와는 다른 독립적인 원칙으로 볼 것인지, 다른 원칙들과의 관계는 어떠한지, 그리고 FET를 판단할 때 적용되어야 하는 기준에는 어떠한 것들이 있는지에 대한 논란은 여전히 존재한다.

그러나 앞서 살펴본 바에 의하면, FET에 대해서 다음과 같이 결론지을 수 있다고 생각된다.

첫째, FET의 개념을 도출해내는 데 있어서 일차적으로 문언적인 접근 방법이 중요하다는 점이다. 비록 'fair'와 'equitable'이 아무리 추상적이고 형이상학적인 의미를 담고 있는 단어라도 할지라도, 앞서 언급한 합리성이나 비례성 등과 같은 최소한의 기준을 정립하고 불공평하거나 불공정한 것들을 먼저 골라내는 식으로 접근한다면, 비록 현재도 매우 모호하지만, 그 모호한 개념의 윤곽이 어느 정도 나타날 것으로 생각되며, 이는 사건이 축적될수록 더욱 가속화될 것으로 보인다.

둘째, FET의 정의가 무엇이든지 간에 아직까지 FET가 국제관습법적 지위를 확보하지는 못했다는 점이다. 비록 조금씩 그 문구는 다른 형태를 띠고 있으나 수천 개의 IIA에서 FET가 포함되었다는 점에서 FET에 대한 국가관행이 광범위하게 존재한다는 점은 부인할 수가 없다 하더라도, 이러한 사실이 FET에 대한 법적 확신으로 연결될 수는 없다. 그러나 뒤집어 생각해 보면, 법적 확신이라는 요소만 획득하게 된다면 빠른 시일 내에 FET에 대한 내용이 국제관습법으로 정립될 가능성은 매우 높아 보인다. 아직은 IMS에 대한 구체적인 기준이 무엇인지가 아직 결정되지 않은 상황에서, 섣불리 판단할 수는 없을 것이다.

셋째, FET가 국제관습법적 지위를 아직 확보하고 있지 못한 이상, 현재 국제관습법으로 인정되고 있는 IMS와는 구분지어 생각해야 한다는 점이다. 이는 FET가 IMS와는 달리 그 자신만의 독자적인 판단기준을 가질 수도 있다는 것을 의미하며, 상당 부분 IMS와는 겹치는 부분이 많지만 IMS만으로 다룰 수 없는, 투자자들을 보호하기 위한 새로운 기준이 될 수도 있을 것이라고 생각된다.[178] 중재판정부들이 FET

178) 물론 FET를 자기완비적 개념으로 보아 적용범위를 확대하는 경우, 이는 일관성이 있거나 예측가능한 내용이 없고 잠재적으로 정부가 하는 일 중에 투자자가 혐오하는 일은 어떤 것이든 이 기준의 위반에 포함될 개연성이 높을 뿐만 아니라, 이렇게 되면 재판이 중재인 자신들의 관념에 기초한 재판으로 가게 될 것이라는 매우 강력한 견해가 존재한다. 김대순, 앞의 각주 16, 751면 각주 58. 그런데 앞서 언급한 바와 같이 FET의 형태는 각 IIA마다 다르고, FET가 곧 IMS를 의미한다는 명시적인 규정이 없는 상황에서 중재인들이 임의로 FET는 곧 IMS의 부여를 의미한다는 해석을 한다면 이 또한 국제법의 일반적 해석원칙에 위배되는 행위라고 보인다. 그리고 현재까지의 사례들을 검토하여 보면, 중재인들만의 특이한 기준을 내세워 청

의 독립성을 조심스럽게 꺼내는 것도 이를 뒷받침하는 근거가 될 수 있으며, IMS와는 달리 보다 더 친(親)투자자적인 개념이 될 것이라 예상해본다. 물론 NAFTA의 경우에는 조금 다를 수밖에 없다. NAFTA 제1105조의 경우 IMS의 판단기준 중의 하나가 FET가 되는 듯한 인상을 주지만, 이는 조약 문구의 구조로 말미암은 문제이기 때문에 1969년 비엔나 조약법 협약상 일반적인 국제법 해석원칙에 의해 해석한다면 이는 필연적인 결론이라고 생각된다. 추후 판례가 지속적으로 축적되고 비교·분석된다면 어느 한 쪽으로든지 FET의 개념이 좀 더 분명하게 나타날 것은 확실하다.

넷째, 따라서 FET는 현재까지는 국제관습법적 지위를 확보하지 못한 조약상의 규정이지만, 나름대로의 독립성을 지닌 원칙이라고 할 수 있다. 이는 FET가 다른 원칙들을 모두 포함하는 대원칙이라고 볼 수는 없다는 의미이기도 하다. 비록 FET의 판단기준과 다른 원칙들의 판단기준이 유사하다고 할지라도, FET는 비조건부 원칙(non-contingent standard)이고 MFN, NT 등은 조건부 원칙(contingent standard)이기 때문에 그 범주 자체가 다르다. 그러므로 중재판정 중 하나의 독립적인 쟁점으로 문제를 제기할 수 있다고 생각된다.

다섯째, FET의 판단기준에 대해서는, 조금씩 강조점들이 다르긴 하나, 대부분의 견해가 상당히 유사한 측면을 보이고 있다는 사실이다. Schreuer가 제시한 FET의 4가지 판단기준, 즉 ① 투명성과 투자자의 정당한 기대 보호, ② 강제와 위협으로부터의 자유, ③ 적법절차원칙 및 절차적 적절성, ④ 신의성실이 그 전부라고 말할 수는 없겠지만, 현재까지 중재판정부가 제시한 기준을 고려한다면 가장 최신의 기준이라고 생각된다. 특히 앞서 살펴보았던 비교적 최근의 *Biwater Gauff* 사건에서는 중재판정부가 FET에 대한 5가지 기준, 즉 ① 정당한 기대의 보호, ② 신의성실, ③ 투명성, ④ 일관성, ⑤ 비차별성을 제시하고 있는데,[179] 제시된 두 경우를 비교해 보았을 때 이 두 가지가 크게 다르지 않다.

현재까지 한국에 있어서는 FET 해석 및 적용에 대한 문제가 심각하게 다가오지 않는 게 사실이다. 지금까지 단 한 건도 한국 관련 ISD가 발생하지 않았기 때문이다. 그러나 한-미 FTA의 발효가 한층 다가오는 이 시점에서, 행여나 발생할지도 모를 ISD에 대한 대비는 철저하게 해야 할 것이다. 다른 국가에서 나타난 중재판정의 유

구인과 피청구국 모두에게 거부감을 불러일으켰던 사례는 없다. 어쩌면 19세기 말, 20세기 초 당시 문명국과 비문명국의 구분을 전제로 발생하여 20세기 중반과 현재까지도 명확한 기준이 확립되지 않은 IMS 대신, FET가 그 자리를 차지할 수도 있을 가능성도 배제할 수는 없다. 결국 이 문제는 FET에 대한 국가들의 의사를 통일시키는 입법적 해결방법에 의해 해결될 수밖에 없을 것이다.

179) *supra* note 177.

형이나 규모를 보았을 때, 대부분이 국가의 이익과 깊이 관련된 사건들이 많아, 자칫 중재판정에서 패소한다면 막대한 손해가 예상되기 때문이다. 기존에 각종 국제투자 중재판정규칙에 대한 연구가 다수 이루어진 반면에, 아직까지 핵심원칙에 대한 연구가 많지는 않은 실정이다. 다가올 분쟁에 대비하기 위하여, IIA에 포함된 투자 관련 핵심원칙들에 대한 연구가 더욱 필요하리라 생각된다.

제8장 수용과 보상

Ⅰ. 외국인 재산의 수용에 관한 국제규범의 발전

외국인 재산의 수용을 규율하는 국제법 규칙은 일찍이 '외국인'의 입장으로 재산이나 투자를 소유하고 있는 모든 이들이 일반적으로 관심을 가질 수밖에 없는 중요한 문제였다.[1] 19세기 자유방임주의 경제체제 하에서도 공공목적이나 국영기업의 독점을 위하여 사유재산의 수용이 이루어져 외국인 역시 이에 영향을 받을 수밖에 없었으며, 소비에트혁명 후에는 많은 국가에서 공공부문의 영역이 확대되면서 자국 경제에 대한 통제력을 장악하고자 한 투자유치국, 외국인투자자 및 그의 본국정부간 이해관계의 갈등이 첨예해졌다.[2] 그 후 식민지배로부터 독립한 신생독립국들이 경제와 자원에 대한 자주성을 주장하면서 자국 경제 내 식민지배세력 기업의 영향력을 배제하기 위하여 수용조치를 취하자 이들로부터 자국 기업의 해외 재산을 보호하려 했던 서방국가와 대립을 이루게 되었다.

개발도상국에 대한 외국인투자가 주로 투자유치국에 합작투자회사(joint venture company)를 설립하여 진입하는 방식을 취함에 따라 외국인투자자는 투자유치국의 법인으로서 더욱 강한 투자유치국의 규제 하에 놓이게 되었다.[3] 동시에 국가 규제권한의 범위가 점차 확대되어 감에 따라 과거의 국유화 조치가 아닌 공익을 위한 국가 규제

※ 본고는 『국제경제법연구』 제9권 제2호(2011.11.30.)에 게재된 "국제투자협정에서의 수용"을 전재한 것이다.

1) R. Dolzer and C. Schreuer, *Principles of International Investment Law* (Oxford: Oxford University Press, 2008), p.89.

2) I. Brownlie, *Principles of Public International Law* (Oxford: Oxford University Press, 6th ed., 2003), p.508.

3) M. Sornarajah, *The International Law on Foreign Investment*, (Cambridge: Cambridge University Press, 2nd ed., 2004).

조치가 수용과 동등한 효과를 갖는 상황이 빈번하게 발생하게 되었다.

외국인 재산의 수용에 관한 국제규범은 국가책임에 관한 국제규범과 밀접한 관련을 갖고 발전되어 왔다. 20세기 초 국가책임 분야의 성문화를 위해 이루어진 작업은 소수의 예외를 제외하고는 외국인의 신체와 재산에 대해 발생한 손해에 대한 국가책임에 초점을 맞춘 것이었다.[4] 국제연합 국제법위원회(International Law Commission: ILC)의 국가책임 작업 역시 시작단계에서는 같은 경향을 보였다. 1953년 유엔총회가 ILC에 대하여 국가책임에 관한 국제법원칙을 성문화할 것을 요청한 후, 특별보고자인 F. V. Garcia-Amador가 1956년과 1957년에 제출한 보고서는 '외국인의 신체와 재산에 가해진 손해에 대한 국가책임'에 국한되어 있었다.[5] 특별보고자는 이 주제가 국가책임 분야 중 성문화하기에 가장 무르익었다고 판단한 것이다. 그러나 이 두 건의 보고서와 특별보고자가 제출한 4건의 다른 보고서는 ILC가 다른 주제를 먼저 검토하면서 다루어지지 않고 있다가 1962년에는 이를 작성한 특별보고자가 ILC 위원직을 그만두게 되기에 이르렀다. 또한 1955년에서 1960년 사이에는 유엔총회의 구성에 큰 변화가 일어 자본수출국이 지배적 영향력을 잃게 되었고 그 결과 유엔총회 내에서도 종전에 결정되었던 ILC 작업의 우선순위에 대한 비판적인 의견이 제기되기에 이르렀다. 외국인 피해에 대한 책임에 초점을 맞추어 국가책임을 성문화하는 접근법은 바람직하지 않다는 의견, 이 분야야말로 실행에서 가장 문제가 많다는 의견이 대두되었다. 결과적으로 ILC의 작업은 다른 방향으로 전개되어 2001년 채택된 국제위법행위에 대한 국가책임 초안규정은 2차 규범[6]만을 포함하게 되었다.

전통국제법은 원칙적으로 외국인 재산을 수용할 국가의 권리를 인정해 왔다.[7] 이는 국가주권의 개념과 궤를 함께 하는 것이다. 이 원칙과 국가실행은 너무도 공고하여 현대의 투자협정에도 그대로 반영되고 있다.[8] 즉, 대부분의 투자협정은 수용의

---

4) 김석현, 『국제법상 국가책임』(서울: 삼영사, 2007), 26면. 이러한 작업의 예로는 1925년 미국국제법학회(American Institute of International Law)의 초안, 1926년 일본 국제법학회의 초안, 1927년 국제법학회(Institut de Droit international)의 결의, 1929년 Harvard Law School의 초안, 1930년 독일국제법학회의 초안, 1930년 헤이그국제법편찬위원회의 초안 등이 있다.

5) I. Brownlie, *System of the Law of Nations: State Responsibility Part I* (Oxford: Oxford University Press, 1983), p.13.

6) H. L. A. Hart의 1차 규범 및 2차 규범 구분에 따르면, 1차 규범은 법주체인 국가에게 구체적 의무를 부과하는 규범을 의미하고 2차 규범은 승인규범, 변경규범 및 재판규범으로 구성된다. 승인규범은 법의 형식적 연원을 정하여 확립된 법규범의 존재를 확인하고 규범간 충돌을 서열을 통하여 해결하는 규범을 의미하고, 변경규범은 새로운 법규범을 창설하고 낡은 법을 폐기하도록 권한을 부여하는 규범을 의미하며, 재판규범은 특정의 실체에게 법규범 위반 여부를 결정할 수 있는 권한을 부여하고 그 위반에 따르는 제재를 규정하는 규범을 의미한다. 김석현, 앞의 각주 4, 31면, 각주 19.

7) R. Dolzer and C. Schreuer, *supra* note 1, p.89 ; A. Hoffmann, "Indirect Expropriation", p.151, in A. Reinisch (ed.), *Standards of Investment Protection* (Oxford: Oxford University Press, 2008).

조건과 결과에 대해서만 규정하고 있으며, 수용할 권리 그 자체에는 영향을 미치지 않고 있다.[9] 즉, 수용에 대한 국제규범은 수용에 대한 국가의 권리를 인정하는 한편, 수용된 재산에 대한 보상이 이루어지도록 하는 방식으로 발전하였다. 국제관습법의 측면에서는 유치국의 주권에 제한을 가하고 외국인의 재산을 보호하는 최저 기준이 발전하였다. 조약법의 측면에서는, 모든 현대적 투자협정이 수용의 조건과 결과에 관한 구체적인 규정을 담게 되었다.[10]

Ⅱ. 적법한 수용

오늘날 일반적으로 수용의 적법성은 다음의 세 가지 또는 네 가지 조건을 누적적으로 충족할 것을 요한다. 대부분의 투자협정은 다음의 조건을 포함하고 있으며, 이는 국제관습법으로 성립되었다고 간주되고 있다.[11]

1. 공공목적

수용에 해당하는 조치는 공공목적을 위한 것이어야 한다. 공공목적 요건은 국제관습법으로 승인된 요건이며 오늘날 거의 대부분의 투자협정에 규정되어 있다. 공공목적이라는 용어는 매우 광범위한 의미를 가지므로 투자자가 이 조건에 대해 문제를 제기하는 경우는 매우 드물다.[12]

ADC v. Hungary 사건의 중재판정부는 공익(public interest)[13]이 공공의 진정한 이익을 반영하여야 하며, 단지 어떠한 조치가 공익을 위한 것이라고 주장함으로써 이 요건이 충족되게 된다면 이 요건은 수용의 적법성 요건으로서 의미를 잃게 되는 것이라고 언급하였다.[14] 이는 국가가 무엇이 공공목적을 위한 것인지 판단할 자유를 갖는다는 일부 중재판정의 견해를 배척하는 것이고, 국가가 주장하는 공공목적이 실

8) R. Dolzer and C. Schreuer, *supra* note 1, p.89.

9) *Ibid.*

10) *Ibid.*

11) *Ibid.*, p.91.

12) *Ibid.*

13) 이 사건의 적용 협정인 키프로스-헝가리 양자투자협정 제4조 1항에는 공익(public interest)이 적법한 수용의 요건으로 규정되어 있다.

14) *ADC Affiliate Limited and ADC & ADMC Management Limited v. Republic of Hungary*, ICSID Case no. ARB/03/16, Award, 2 October 2006, para.432.

제 '공공의 진정한 이익'을 위한 것인지 입증할 책임을 사실상 국가에게 전환시키는 취지의 판정이다.[15]

2. 비차별적인 방법

수용에 해당하는 조치는 자의적이거나 차별적이어서는 안 된다. 이 요건은 대부분의 투자협정의 수용규정에 포함되어 있지만, 이를 구성하는 구체적인 내용이 무엇인지와 관련하여서는 여전히 불투명한 부분이 남아있다.[16] 차별적인 수용의 정의와 범위와 관련하여, 합리적인 근거 없이 특정인 또는 특정 집단에 대해서만 이루어진 수용을 의미한다는 견해,[17] 외국인에 대해서만 행해진 수용 또는 특정 국적의 외국인이나 특정의 외국인에 대해서만 행해진 수용을 의미한다는 견해,[18] 차별이란 불합리한 구분을 의미하므로 그러한 구분이 국가안보, 경제정책 등 합리적인 이유에 의한 것이라면 위법한 수용이 아니라는 견해[19] 등이 있다.

수용의 비차별성 요건이 문제된 사건 중 투자유치국이 다른 국가에 대한 보복의 차원에서 수용 조치를 취하였다는 주장이 제기된 경우가 많았으므로, 정치적 이유가 있었다는 것이 조치의 차별성을 판단하는 데에 어떠한 역할을 하는지를 검토할 필요가 있다. *British Petroleum v. Libya* 사건의 중재인은 피청구국의 수용 조치가 이 조치와 전혀 상관없는 정치적 이유 때문에 이루어졌으므로 자의적이고 차별적이라고 판정하였다.[20] *Liamco* 사건의 중재인은 비차별성이 적법한 수용의 요건이라는 점을 강한 어조로 확인하면서도[21] 이 사건에서의 리비아의 조치가 석유에 대한 자국의 권리를 지키기 위한 것이므로 비차별적이라고 판정하였다. 그 이유로는 Liamco와 같은 미국 국적의 투자자들뿐 아니라 미국 이외의 국가의 회사도 국유화되었으며, 몇몇의 다른 미국 회사는 수용되지 않고 여전히 운영 중에 있었다는 점이 특히 고려되었다. 특히 중재인은 정치적 동기가 이 사건의 가장 중요한 동기가 아니었을 뿐 아니라 정

15) A. Reinisch, "Legality of Expropriations", p.185, in A. Reinisch (ed.), *Standards of Investment Protection* (Oxford: Oxford University Press, 2008).

16) *Ibid.*, p.186.

17) N. Rubins and N.S. Kinsella, *International Investment, Political Risk and Dispute Resolution: A Practitioner's Guide* (New York: Oceana Publications, 2005), p.177.

18) Restatement (Third) of the Foreign Relations Law of the United States, Comment (f), as cited in A. Reinisch, *supra* note 15, p.186.

19) *Ibid.*

20) *British Petroleum v. Libya*, Award, 10 October 1973 and 1 August 1974, 53 ILR 297, 329.

21) M. Shaw, *International Law* (Cambridge: Cambridge University Press, Sixth Edition, 2008), p.842; *Libyan American Oil Company (Liamco) v. Libya*, 12 April 1977, 62 ILR 140, 194.

치적 동기 그 자체만으로는 차별적인 조치에 대한 충분한 증거가 되지는 않는다고 언급하였다.[22]

수용조치가 비차별성 요건을 충족하지 못하여 위법하다는 판정이 이루어진 사건으로는 *Eureko* 사건이 있다. 이 사건의 중재를 맡은 UNCITRAL 중재판정부는 폴란드의 조치가 외국인투자자를 폴란드 내 보험 사업으로부터 배제하는 것을 목적으로 하였으므로 차별적이라고 판정하였다. 폴란드 정부는 공모를 실시하지 않았으며, 폴란드 재무장관의 발언을 통해 드러났듯이 그 이유는 Eureko와 같은 외국인을 보험사업에 참여하지 못하도록 하여 이 사업이 폴란드인에 의해 지배되도록 하는 것이었기 때문이었다.[23] *LETCO v. Liberia* 사건의 경우, ICSID 중재판정부는 라이베리아가 LETCO로부터 박탈한 양허를 다른 외국인 소유 회사에 부여하였으며 이 외국인 소유 회사가 라이베리아 정부의 '친구'라고 표현된 것을 확인하고 이를 비차별적이라고 판단하였다.[24] 또한, *ADC v. Hungary* 사건에서 중재판정부는 수용의 상황에서 비차별적인 조치란 상이한 집단간 상이한 대우를 의미한다고 하였다.[25] 이 사건에서 청구인은 헝가리 공항의 운영을 헝가리 국적의 법정 운영회사에게만 허가하겠다는 조치는 당시 유일한 공항운영업체였던 청구인을 겨냥한 것이라고 주장하였다. 이에 헝가리는 이 조치가 법으로 정해진 운영업체를 제외한 모든 사람과 업체에 동등하게 적용되는 것이라고 주장하였으나 중재판정부는 헝가리가 법으로 정한 업체와 모든 외국인투자자 간에 상이한 대우가 있었으므로 차별적인 조치에 해당한다고 판정하였다.[26]

비차별성 요건이 안고 있는 문제는 국유화에 미치지 못하는 수용은 일반적으로 특정 집단의 투자자에 대해 이루어지는 형태를 띠게 될 것이라는 점이다. 또한, 어떠한 경우의 상이한 대우를 비차별성 요건을 충족하지 못하는 수용이라고 보아야 할 것인가의 문제가 있다. 많은 경우 인종주의, 국적국에 대한 정치적 보복 등 불합리한 이유에 근거한 상이한 대우가 비차별적인 조치가 될 것이다. 그러나 *ADC v. Hungary* 사건의 경우와 같이 외견상 국적에 의한 차별로 보이거나 특정 사업을 국가의 통제 하에 두고자 한 것으로 보이는 경우에도 실제 배경이 된 동기는 경제적인 이유일 수 있다. 헝가리 정부는 이 사건에서 문제된 조치를 취한 후 이 사업에 대한

22) *Libyan American Oil Company (Liamco) v. Libya*, para.194.

23) *Eureko B.V. v. Republic of Poland*, Partial Award, 19 August 2005, para.242.

24) *Liberian Eastern Timber Corporation (LETCO) v. Republic of Liberia*, ICSID Case no. ARB/83/2, Award, 31 March 1986, para.366.

25) *ADC v. Hungary*, para.442.

26) *Ibid*, para.443.

권리를 민간 기업에 부여하였는데, 이 회사는 외국인이 다수 지분을 소유하고 있는 기업이었다.[27] 따라서 이 사건의 경우에서 볼 수 있듯이 비차별성 요건을 충족하지 못하는 상이한 대우의 범위는 단순히 인종주의나 국적국에 대한 정치적 보복에 근거한 행위보다 더 광범위한 것으로 보인다.

3. 적법절차의 준수

이 요건이 국제관습법상 적법한 수용의 요건이 되었는지는 분명하지 않으며, 다른 적법성 요건과 비교하였을 때 특히 그러하다.[28] 오늘날 많은 투자협정은 수용 절차가 적법절차의 원칙을 준수하여야 한다는 명시적인 규정을 두고 있지만[29] 모든 투자협정이 그러한 것은 아니다.[30]

이 요건을 명시적으로 포함하는 투자협정의 경우에도 이를 정의하고 있는 경우는 많지 않다. 또한, 이를 규정하는 방식도 다양한 형태로 나타나고 있다. 일반적으로 이 요건은 수용 여부와 이에 대한 보상액의 산정을 사법기관 등 독립적인 기관에서 심사받을 수 있도록 하는 절차를 제공하여야 함을 의미하는 것으로 이해된다. 투자자가 이러한 절차에 대한 권리를 갖고 있음을 명시적으로 규정하고 있는 투자협정의 예로는 1991년 영국 모델 양자투자협정, 에너지헌장조약(Energy Charter Treaty), 2004년 캐나다 모델 외국인투자증진보호협정(Foreign Investment Promotion and Protection Agreement: FIPA) 등이 있다. 다른 한편으로, 적법절차 요건은 수용이 국내법에 따라 이루어져야 함을 의미한다는 입장도 있다.[31] 이러한 의미의 적법절차 요건을 규정한 예로는 1998년 중국-폴란드간 양자투자협정이 있다. 이 협정은 적법한 수용의 조건으로 '국내법상의 적법절차'에 따를 것을 규정하고 있다.[32] 한편, 이 협정 제4조 3항은 투자자가 요청하는 경우 투자유치국의 권한 있는 법원이 문제의 수용을 투자유치국의 국내법에 따라 심사하도록 규정하고 있는데, 이는 적법절차를 단순히 국내법에 따른 수용으로 보는 입장과 독립된 기관에서의 심사 절차의 보장으로 보는 입장을 모두 반영한 것이라고 볼 수 있다. 적법절차를 국내법상의 적법절차로 국한해 규정하는 것과는 달리, 2004년 미국 모델 양자투자협정은 적법절차가 국제관습법의 최저기준

---

27) A. Reinisch, *supra* note 15, p.190.
28) *Ibid.*, pp.191, 193.
29) R. Dolzer and C. Schreuer, *supra* note 1, p.91.
30) A. Reinisch, *supra* note 15, p.191.
31) *Ibid.*
32) 1998년 중국-폴란드 양자투자협정 제4조 1항.

의 한 표현이며 공정하고 공평한 대우 조건의 한 부분을 이룬다고 규정하고 있다.[33] 그러나 이 규정을 통하여 공정하고 공평한 대우가 수용의 적법성에 대한 독립적인 조건을 구성하게 되는지 여부는 분명하지 않다.[34]

ADC v. Hungary 사건은 문제의 수용조치가 적법절차 요건을 충족하지 못하였다고 판정된 사건 중 하나이다. 키프로스-헝가리간 양자투자협정 제4조 1항 (a)호는 수용 조치가 공공이익을 위하여 적법절차(due process of law)에 따라 이루어지도록 규정하고 있다. 중재판정부는 이 요건의 구체적인 내용에 대해 다음과 같이 설명하였다.

> "합리적인 사전 통지, 공정한 청문, 분쟁의 대상인 조치를 평가할 공평하고 공정한 심사기관과 같은 기본적인 법적 장치가 유의미하기 위해서는 투자자가 이를 바로 이용할 수 있고 접근할 수 있어야 한다. 일반적으로, 이러한 법적 절차는 영향을 받은 투자자로 하여금 합리적인 기간 내에 자신의 정당한 권리를 주장하고 그 주장에 대해 심리를 받을 합리적인 기회를 제공하는 성격의 것이어야 한다. 만약 이러한 성격의 법적 절차가 전혀 존재하지 않는다면, '조치가 적법절차에 의한 것'이라는 주장은 공허할 뿐이다."[35]

이러한 판단 하에 *ADC v. Hungary* 중재판정부는 피청구국인 헝가리가 이를 입증하지 못하였고 확인된 사실만으로는 적법절차 요건을 충족할만한 장치가 마련되어 있지 않다고 보아 이 요건이 충족되지 않았다고 판정하였다. 이 판정에서 흥미로운 것은 키프로스-헝가리 BIT 규정에는 단지 '적법절차'라고만 규정되어 있고 정의나 조건이 제시되어 있지 않은데도 사법적이거나 준사법적인 심리 장치를 명시적으로 요구하는 다른 BIT와 비슷한 정도로 이 요건을 폭넓게 해석하고 있다는 것이다.[36]

4. 신속, 적절, 효과적으로 공정한 시장가격 보상

수용에 대해서는 신속하고 적절하며 효과적인 보상이 지급되어야 한다. 이러한 조건을 충족하는 보상은 수용의 대상이 되는 투자의 시장가치라고 보는 것이 오늘날 일반적이다. 또한 신속한 보상이란 부당한 지연(undue delay) 없이 이루어지는 보상을 의미하며, 효과적인 보상이란 환전 가능한 통화로 지급되는 보상을 의미한다.[37] 이에 대해서는 아래 V.에서 자세히 논한다.

---

33) 2004년 미국 모델 BIT 제6조 1항 (d)호.
34) R. Dolzer and C. Schreuer, *supra* note 1, p.91.
35) *ADC v. Hungary*, para.435.
36) A. Reinisch, *supra* note 15, p.193.
37) R. Dolzer and C. Schreuer, *supra* note 1, p.92.

Ⅲ. 간접수용

1. 간접수용의 발전

전통적으로 수용이 문제된 사건은 직접수용, 즉 소유권의 이전을 통해 이루어지는 명백하고 공공연한 재산의 박탈과 관련된 것이었다.[38] 그러나 지난 60년 동안 발생하였던 대부분의 수용 사건은 직접적인 소유권 박탈(taking)이 일어나지 않은 경우였으며, 오늘날 직접수용은 매우 드물게 발생한다. 국가들은 외국인 재산에 대하여 직접적인 수용을 함으로써 자국 내 투자환경을 위태롭게 하고 싶지 않을 것이기 때문이다. 따라서 오늘날 발생하는 수용의 전형적인 사례는 간접수용이다. 간접수용은 국유화 또는 수용의 특징인 재산에 대한 물리적인 침략(invasion)이 아닌 소유권과 관련된 권리가 국가 간섭에 의해 침식되는 것을 의미한다.[39] *Tecmed v. Mexico* 중재판정부는 간접수용이 권리나 재산을 박탈할 목적이 명시적으로 드러나지 않지만 그러한 효과를 갖고 있는 조치나 행위를 통해 실현되는 수용을 의미한다고 하였다.[40]

직접수용의 경우에는 문제가 간단하지만, 투자유치국이 정식으로 소유권을 박탈하지 않은 채 외국인투자자의 권리에 개입하는 경우에 문제가 복잡해진다.[41] 간접수용은 투자자의 소유권은 그대로 두지만 투자자가 자신의 투자를 의미 있는 방식으로 이용할 가능성을 박탈하는 것이다.[42] 간접수용의 전형적인 특징은 국가가 수용의 존재를 부인하고 보상 지급을 고려하지 않는다는 데에 있다. 이러한 사건을 규제적 수용(regulatory taking) 또는 간접수용(indirect expropriation)이라고 한다.[43] 외국인 재산에 영향을 미치는 일정 유형의 조치는 소유권에 영향을 미치지 않는다고 하여도 보상을 요한다는 것이 오늘날 일반적으로 수락되고 있다. 쟁점이 되는 것은 보상의 필요가

38) A. Hoffmann, *supra* note 7, p.151. 간접수용이라는 개념 그 자체는 1920년대와 1930년대의 중재판정이나 상설국제사법재판소(PCIJ)의 결정에서도 분명하게 인정된 바 있다. R. Dolzer and C. Schreuer, *supra* note 1, p.93. *Norwegian Shipowners' Claims*, Award, 13 October 1922, Permanent Court of Arbitration. *Case Concerning Certain German Interests in Polish Upper Silesia*, Judgment, 25 August 1925, Permanent Court of International Justice.

39) UNCTAD, "Taking of Property", Series on Issues in International Investment Agreements, 2000, p.20.

40) *Técnias Medioambientales Tecmed, S.A. v. United Mexican States*, ICSID Case no. ARB(AF)/00/2, Award, 29 May 2003, para.114.

41) R. Dolzer and C. Schreuer, *supra* note 1, p.90.

42) *Ibid.*, p.92.

43) *Ibid.*, p.90.

없는 규제 또는 기타 정부조치와 보상을 요하는 간접수용을 구분하는 경계를 어디까지로 보아야 하는가의 문제이다.[44]

간접수용은 위장된 수용(disguised expropriation), 점진적인 수용(creeping expropriation), 규제적 수용(regulatory expropriation), 구성적 수용(constructive expropriation), 사실상의 수용(*de facto* expropriation), 수용과 동등한 조치('measures tantamount to expropriation', 'measures equivalent to expropriation') 등 다양한 용어로 표현되고 있다. 그러나 이들 용어간 경계는 분명하지 않으며 혼용되고 있다. 다만, 점진적인 수용(creeping expropriation)의 경우 일련의 단계에 의해 수용이 발생하게 된다는 것에 강조점이 있어 다른 용어와 보다 뚜렷하게 구분되는 경향이 있다.[45] *Tecmed v. Mexico* 중재판정부는 이 용어들에 대해 명확한 정의를 내릴 수 없다고 하면서도, 일반적으로 이들이 권리나 재산을 박탈할 목적이 명시적으로 드러나지 않지만 그러한 효과를 갖고 있는 조치나 행위에 의해 실현되는 수용을 의미한다고 하였다.[46] 또한, 이 범주에 속하는 수용이 반드시 점진적이거나 은밀하게 진행되는 수용일 필요는 없으며[47] 단일 행위에 의한 수용, 일련의 행위에 의해 단시일 내에 이루어지는 수용, 또는 동시다발적인 행위에 의한 수용이 모두 이 범주에 속한다고 하였다.[48] 특히 점진적인 수용과 사실상의 수용(*de facto* expropriation)은 광범위하게는 간접수용의 범주에 모두 속하지만 서로 구별되어야 할 개념이며, 이 두 가지 유형의 간접수용 중 어떠한 유형의 간접수용이 발생한 것인지 판단하기 위해서는 사안을 개별적으로 검토하여야 한다고 하였다.[49]

2. 투자협정상의 간접수용 규정

일반적으로 양자 및 다자 투자협정의 수용 규정에도 간접수용 또는 수용과 동등한 조치에 대한 언급이 포함되어 있다. 1961년 Sohn 교수와 Baxter 교수가 작성한 'Harvard Draft Convention on the International Responsibility of States for Injuries to Aliens'는 제10조에 간접수용에 대한 언급을 포함하고 있으며, 1967년 외국인 재산의 보호에 관한 OECD협약 초안(OECD Draft Convention on the Protection of Foreign Property)은 제3조에 수용을 규정하고 이 조항에 대한 주석에서 "명백한 박탈에 해당하는 구체적

44) *Ibid.*, p.93.
45) A. Hoffmann, *supra* note 7, p.153.
46) *Tecmed v. Mexico*, para.114.
47) *Tecmed v. Mexico* 중재판정부는 이를 점진적인 수용(creeping expropriation)이라고 하면서 이는 단지 간접수용의 한 유형이라고 언급하였다.
48) *Tecmed v. Mexico*, para.114.
49) *Ibid.*

인 행위 없이 궁극적으로 외국인으로부터 그 재산의 향유 또는 그 가치를 박탈하는 방식으로 적용되는 조치"가 수용에 포함된다고 하여 간접수용을 수용의 정의에 포함하고 있다.[50] 1998년 OECD 투자에 관한 다자협약(OECD Draft for a Multilateral Agreement on Investment)은 간접적인 수용 또는 국유화 및 동등한 효과를 갖는 조치(any measure or measures having equivalent effect),[51] 북미자유무역협정(North American Free Trade Agreement: NAFTA)은 간접적인 국유화 또는 수용 및 국유화 또는 수용과 동등한 조치(a measure tantamount to nationalization or expropriation),[52] 1994년 에너지헌장조약(Energy Charter Treaty)은 국유화 또는 수용과 동등한 효과를 갖는 조치(a measure or measures having effect equivalent to nationalization or expropriation)[53]와 같은 표현으로 간접수용을 규정하고 있다. 보다 최근에 채택된 투자협정인 프랑스 모델양자투자협정, 독일 모델양자투자협정, 영국 모델양자투자협정도 간접수용에 관한 규정을 두고 있으며, 특히 2004년 미국 모델양자투자협정은 한층 더 상세한 규정을 포함하고 있다. 2004년 미국 모델 BIT는 제6조에 수용과 보상에 관한 기본 규정을 두고 부속서 A와 부속서 B에 수용과 보상 규정의 해석에 대해 보다 상세한 규정을 마련하고 있다. 부속서 B는 제6조 하의 수용의 정의와 간접수용의 판단기준을 규정하고 제6조가 수용에 관한 국제관습법을 반영하고 있음을 확인하고 있으며, 부속서 A는 부속서 B에 언급된 국제관습법의 정의를 규정하고 있다.

이와 같이 간접수용은 오늘날 투자협정과 관련 문서에 공통적으로 규정되어 있는 개념이지만 2004년 미국 모델 BIT 같은 경우를 제외하면 대부분은 간접수용에 관한 개괄적인 언급 밖에는 포함하고 있지 않다.[54] 따라서 이러한 간접수용 규정의 적용과 해석 문제를 해결하는 데에는 일반국제법 규칙이 큰 역할을 할 수밖에 없다.[55] 특기할 것은 위에서 살펴본 직접수용의 문맥에서 발전된 법의 패러다임을 포기하지 않고 그 안에서 간접수용의 개념을 발전시켜 가고 있다는 사실이다.[56]

50) Draft Convention on the Protection of Foreign Property, Notes and Comments to Article 3.
51) OECD Multilateral Agreement on Investment, Draft Consolidated Text, IV. 2.
52) North American Free Trade Agreement Article 1110.
53) Energy Charter Treaty Article 13.
54) A. Hoffmann, *supra* note 7, p.154.
55) R. Dolzer, "Indirect Expropriation of Alien Property", *20:1 ICSID Review – Foreign Investment Law Journal 41* (1986), pp.48, 56.
56) A. Hoffmann, *supra* note 7, p.152.

3. 주요 판정사례

간접수용 개념의 발전에는 판정사례가 큰 역할을 해왔다. 조약을 근거로 하는 현대적인 투자중재가 이루어지기 전부터 국제재판소와 중재판정부는 간접수용에 관한 청구를 다루었다. 그 첫 예가 1922년 상설중재재판소(Permanent Court of Arbitration: PCA)가 다룬 *Norwegian Shipowners'* 사건이며, 이후에도 상설국제사법재판소(Permanent Court of International Justice: PCIJ), 국제사법재판소(International Court of Justice: ICJ), 이란-미국중재재판소(Iran-United States Claims Tribunal),[57] 투자분쟁해결을 위한 국제본부(International Centre for Settlement of Investment Disputes: ICSID), 유럽인권재판소(European Court of Human Rights), 미주인권재판소(Inter-American Court of Human Rights) 및 다수의 특별 중재판정부에서 간접수용 청구를 다루어왔다.[58]

그러나 간접수용이 성립하였음을 인정한 다수의 중재판정과 이 개념을 분석한 다수의 학문적 성과가 있었음에도 불구하고 간접수용의 법리는 여전히 불분명함을 안고 있으며 보다 많은 발전이 필요한 단계이다.[59] 더 나아가 최근 ICSID의 일부 판정에서는 간접수용의 범위를 좁게 해석하는 한편 공정하고 공평한 대우 위반을 인정하는 것을 선호하는 경향이 보이기도 한다.[60]

4. 간접수용의 판단기준

간접수용은 명의나 권리의 명백한 이전을 동반하지 않는 것이므로 중재판정부가 그 발생 여부를 판단하기 위해서는 적절한 기준이나 요소를 동원하여 할 수밖에 없다. 여러 중재판정부의 판정사례를 살펴보면 간접수용의 판단에 있어 비중 있게 고려된 공통적인 요소가 있음을 알 수 있는데, 이러한 것으로는 문제의 조치가 투자

---

57) 이란-미국 중재재판소는 1979년 발생한 주 이란 미국 대사관 인질 사건과 미국이 이에 대항하여 1979년 11월 14일 자국 내 이란인들의 자산에 대해 내린 동결명령의 여파 속에서 양국 국적의 개인들이 상대 국가에 의해 침해당한 재산권에 관한 청구를 제기하고 이를 해결하도록 하기 위하여 설치된 기관으로서 국가간 중재의 요소와 국가-개인 중재의 요소를 혼합시킨 형태의 중재를 수행한 기관이다. 분쟁을 지속하던 양국은 알제리의 중개에 힘입어 1981년 1월 19일 '일반선언(General Declaration)'과 '청구권해결선언(Claims Settlement Declaration)'을 채택하기에 이르렀으며, '청구권해결선언'에 따라 헤이그에 이란-미국 중재재판소가 설치되었다. 동 중재재판소는 다수의 수용 사건을 판정하였다. M. Shaw, *supra* note 21, p.1403; 〈http://www.iusct.org〉 2011년 5월 15일 검색.

58) A. Hoffmann, *supra* note 7, p.155.

59) *Ibid.*, p.153.

60) R. Dolzer and C. Schreuer, *supra* note 1, pp.93, 106.

에 간섭한 정도 또는 투자에 미친 경제적 영향, 조치를 취하는 국가의 의도, 합리적인 기대이익, 비례성 등이 있다. 그러나 중재판정부가 이러한 요소들을 일관된 방식으로 고려해온 것은 아니어서 사건에 따라 이 중 일부 요소만 고려된 경우도 있고 특정 요소에 특히 많은 비중이 두어진 경우도 있다. 즉, 중재판정부는 간접수용 판단기준을 정하여 이를 고려함에 있어 사안별 접근법(case-by-case approach)을 취하여왔다. 또한, 간접수용 판단기준이라는 공통의 틀 안에서 고려되는 여러 중재판정이 실은 상이한 투자협정에 근거한 서로 다른 중재판정부에 의해 내려진 것이라는 점 역시 주의할 사항이다. 대부분의 양자투자협정이 간접수용에 관하여 유사한 규정을 담고 있지만, 일부의 경우 약간의 문언상의 차이가 있을 수 있고 이는 실제 사례에서 중재판정부의 해석을 거치면서 상이한 결과로 이어질 수 있기 때문이다.

1) 간섭의 정도 또는 경제적 영향

중재판정부는 간접수용이 성립하는지 여부를 판단함에 있어 문제의 조치가 재산이나 투자를 사용하고 향유할 소유자의 능력에 미치는 영향 또는 경제적 영향을 고려해왔으며 이는 간접수용을 판단할 때에 고려하는 요소 중 가장 중요한 요소이다.[61] 이를 기준으로 간접수용 여부를 판단한 판정사례로는 *Tecmed v. Mexico* 사건, *Pope & Talbot v. Canada* 사건, *Metalclad v. Mexico* 사건, *S.D. Myers v. Canada* 사건 등이 있다. *Tecmed v. Mexico* 사건에서는 "마치 투자에 관련된 권리, 즉 매립장이나 매립장 이용에 관련된 수입이나 이익이 더 이상 존재하지 않는 것처럼" 그 조치로 인하여 투자의 경제적 사용과 향유가 박탈된 경우 또는 그와 유사한 정도로 관련된 이익의 사용 또는 향유가 박탈당하거나 간섭받는 경우에 간접수용이 발생한 것으로 본다고 하였다.[62] *Pope & Talbot v. Canada* 사건에서 청구인이 수출통제제도가 상품수출능력을 떨어뜨렸다고 주장한 것에 대해 중재판정부는 투자자가 주장하는 이익감소 주장을 인정한다고 하더라도 수출통제제도에 의한 투자 운영에 대한 간섭의 정도가 NAFTA 제1110조 상의 수용에까지 이르지 않는다고 보았다. 중재판정부는 사업 활동에 대한 어떠한 간섭이 과연 수용에 이르렀는지 여부가 불분명한 경우가 있기는 하지만, 이를 판단할 수 있는 기준은 재산이 소유자로부터 '몰수'되었다고(taken) 할 정도로 그 간섭이 제한적이었는지 여부라고 하면서 국제법상 수용은 '상당한 박탈'을 요한다고 판정하였다.[63] *Metalclad v. Mexico* 사건에서는, 시 정부에 의한

61) A. Hoffmann, *supra* note 7, p.156.

62) *Tecmed v. Mexico*, paras.115-116.

63) *Pope & Talbot Inc. v. The Government of Canada*, UNCITRAL, Interim Award, 26 June 2000, para.102.

건설허가 거절로 인하여 소유자가 문제가 된 재산을 사용하지 못하게 되거나 소유자로부터 합리적으로 기대되는 경제적 이익을 박탈하는 효과가 있어 간접수용이 발생하였다고 인정되었다.[64] *S. D. Myers v. Canada* 사건에서 투자자는 18개월 동안 지속된 수출금지가 유해폐기물을 수출할 자신들의 능력에 영향을 주었다고 주장하였다. 중재판정부는 소유자로 하여금 그의 경제적 권리를 이용하지 못하게 하는 것은 비록 그것이 부분적이거나 일시적이어도 수용에 이를 수 있다고 하였으며[65] *Metalclad* 사건의 중재판정부도 이러한 간섭이 부분적으로 일어난 경우도 간접수용에 해당한다고 하여 *S. D. Myers v. Canada* 중재판정부와 의견을 같이하였다.

2) 조치의 경제적 영향과 의도

(1) 효과단독요소이론

과거 상당수 중재판정부는 간접수용 판정에 중요한 요소는 경제적 영향뿐이며 수용의 의도가 무엇이었는지는 결정적이지 않다는 입장을 취하였다. 심지어 일부 중재판정에서는 경제적 영향을 유일한 판단기준으로 보고 수용의 의도는 고려하지 않은 경우도 있다. 이를 효과단독요소이론(sole effect doctrine)이라고 지칭하기도 한다.[66] 이러한 입장을 따른 것으로 보이는 *Biloune v. Ghana* 사건의 중재판정부는 다음과 같이 판정하였다.

> "가나 정부당국의 작위와 부작위의 동기는 분명하지 않다. 그러나 중재판정부가 이 사건의 결론에 이르기 위해 반드시 동기를 규명할 필요는 없다. 분명한 것은 조업중지명령, 파괴행위, 소환, 체포, 구금, 재산신고서 작성 요건, Biloune 씨의 국외추방(재입국 가능성 없음) 등 조치의 결합으로 회복할 수 없을 정도의 사업 중단의 효과가 발생하였다는 것이다. MDCL의 사업추진, 재정 및 경영에 있어 Biloune 씨가 차지하는 핵심적인 역할을 고려하면, 그의 국외추방으로 MDCL은 실질적으로 사업을 계속하지 못하게 되었다. 피청구국이 일련의 사건을 정당화하는 충분한 이유를 설득력 있는 증거로 입증하지 못한다면, 본 중재판정부의 견해로는 이 사건은 MDCL이 사업과 관련하여 보유하고 있는 계약상 권리에 대한 구성적인 수용과 Biloune 씨가 MDCL에 대해 갖고 있는 이익의 가치에 대한 수용을 구성한다."[67] (밑줄은 필자 추가)

이 밖에도 *Vivendi II* 사건의 중재판정부는 국가의 의도나 주관적인 동기가 단지 부차적인 고려사항일 뿐이라는 것이 폭넓은 지지를 받고 있다고 하면서, 의도는 어떠한 조치가 수용에 해당한다는 점을 입증하는 데에 무게를 더 실어주는 역할은

64) *Metalclad Corporation v. Mexico*, ICSID Case no. ARB(AF)/97/1, Award, 30 August 2000, para.103.

65) *S.D. Myers, Inc. v. Canada*, UNCITRAL, Partial Award, 13 November 2000, para.283.

66) R. Dolzer, "Indirect Expropriations: New Developments?", 11 *NYU Environmental Law Journal* 64 (2002), p.79. A. Hoffmann, *supra* note 7, p.156.

67) *Biloune and Marine Drive Complex Ltd. v. Ghana Investments Centre and the Government of Ghana*, Award on Jurisdiction and Liability, 27 October 1989, p.209.

하겠지만 '요건'에 해당하지는 않는다고 언급하였다.[68] 또한, *Siemens v. Argentina* 사건의 중재판정부는 적용협정, 즉 아르헨티나와 독일간 양자투자협정의 수용 규정이 수용의 영향(효과)을 갖는 조치를 규정할 뿐이고 정부의 수용 의사에 대해서는 언급하지 않고 있음을 지적하며 간접수용 판정에는 정부의 의사가 아닌 조치의 영향이 중요하다고 판정하였다.[69] 이러한 효과단독요소이론은 다수의 이란-미국중재재판소 판정에서도 확인할 수 있다. 그중 대표적인 사례인 *Starrett Housing v. Iran* 사건에서 이란-미국중재재판소는 "비록 국가가 재산권을 수용할 목적이 아니었고 외형상 재산에 대한 법적 권리를 원 소유자가 계속 보유하고 있다고 하여도 재산권이 수용되었다고 간주되어야 할 정도로 무용하게 될 만큼 국가 조치의 간섭이 가해지는 상황이 존재할 수 있다는 것이 국제법상 인정되고 있다"고 언급하였다.[70]

(2) 조치의 배경과 목적을 고려하는 접근법

정부의 의도에만 근거하여 수용 여부를 판정한 사례는 매우 드물다. *CCL v. Kazakhstan* 사건의 중재판정부는 청구인이 정부 행위의 배경에 수용에 대한 동기가 있음을 입증하지 못하였다는 이유로 수용을 인정하지 않았다.[71] 또한, 2004년 미국 모델 BIT 역시 수용에 관한 부속서에 경제적 영향뿐 아니라 정부행위의 성격과 합리적 기대이익의 침해 정도를 고려하도록 규정하고 있다.

3) 합리적인 기대이익

합리적인 기대이익(legitimate expectations)은 투자자가 투자유치국에 투자를 하기로 결정할 때에 부분적으로나마 의존하는 일정한 상황을 의미한다.[72] 이 요소는 본질적으로 '안정'이라는 원칙에 근거하고 있으며, 투자기간 동안 규제환경과 사업환경이 투자자의 정당한 기대를 저버리는 효과를 줄 정도로 변화하지 않을 것이라는 기대와 관련이 있다.[73]

이 요소는 공정하고 공평한 대우(fair and equitable treatment)의 해석에 있어 핵심적인 역할을 하는 요소이다.[74] 공정하고 공평한 대우의 해석에 있어 합리적인 기대의

---

68) *Compañia de Aguas del Aconquija S.A. and Vivendi Universal v. The Argentine Republic*, Award, 20 August 2007, para.7.5.20.

69) *Siemens A.G. v. Argentina*, ICSID Case no. ARB/02/08, Award, 6 February 2007, para.270.

70) *Starrett Housing Corp. v. Iran,* Iran-US Claims Tribunal, 19 December 1983, 4 Iran-US CTR 122, p.154.

71) *CCL v. Republic of Kazakhstan*, SCC Case 122/2001, Final Award, 2004, p.173.

72) A. Hoffmann, *supra* note 7, p.162.

73) *Ibid.*

74) R. Dolzer and C. Schreuer, *supra* note 1, p.133.

요소는 초기에는 보조적인 해석원칙의 역할만 하였으나 오늘날의 공정하고 공평한 대우 기준 하에서는 독자적인 하위개념이자 독립적인 소인(訴因)으로 진화하였다고 평가 받는다.[75] 이것이 간접수용의 법리에도 하나의 판단기준으로 포함되게 된 것이다.[76]

합리적인 기대이익은 투자유치국이 계약을 통하여 투자자에게 명시적으로 하는 약속에 의해서도 형성될 수 있지만, 보다 일반적인 유형의 의무에 의해서도 형성될 수 있다.[77] 이를테면, 투자유치국의 법제도는 투자자의 입장에서는 기대의 중요한 원천이 될 것이다. 그러나 투자유치국 법제도에 대해 외국인 재산에 영향을 미칠 만한 변경이 가해진다고 하여 모두 합리적 기대이익을 침해하는 것은 아니다. 투자유치국에서 관습적으로 인정되며 다른 국가에서도 수락될 만한 정상적인 범위 내에서의 변경인 경우 이는 신중한 투자자라면 투자를 할 때에 예견 가능할 것이므로 합리적 기대이익의 침해는 발생하지 않는다.

Thunderbird v. Mexico 사건에서 중재판정부는 "최근의 투자 판례와 국제관습법상의 신의성실 원칙을 고려한 결과, NAFTA의 문맥 하에서의 '합리적인 기대'라는 개념은 체약당사국의 행위가 투자자(또는 투자)로 하여금 동 행위에 기대어 행동하도록 타당하고 정당한 기대를 갖도록 하여 체약당사국이 이러한 기대에 응하지 못하는 경우 투자자(또는 투자)가 피해를 입게 되는 것을 말한다"[78]고 하면서 합리적인 기대의 최소치는 위반되었다고 주장되는 의무의 성격과 사건의 상황에 따라 다양하게 나타날 수 있다고 지적하였다. 따라서 중재판정부는 이 사건에서 투자자가 멕시코에 게임시설을 계속 운영한 것은 합리적인 기대에 의존한 것이 아니라고 보았다.[79]

Azurix v. Argentina 사건의 중재판정부는 기대(expectations)가 반드시 계약에 근거할 필요는 없고 명시적이든 묵시적이든 보장(assurance) 또는 투자자가 투자를 할 때에 고려하였던 국가의 표시(representation)에 근거한 것이라고 보았다.[80] 중재판정부는 아르헨티나가 합리적인 기대를 형성하였다고 보았고, 결과적으로 이 기대를 충족하지 못하였다고 판정하였다. 그러나 최종적으로 간접수용이 발생하였는지에 대해서는 투자자가 투자에 대한 지배력을 행사하고 있음을 들어 인정하지 않았다. *Tecmed v. Mexico* 사건의 중재판정부는 청구인은 투자를 함에 있어 매립장의 운영이 상기간

75) A. Hoffmann, *supra* note 7, p.162.

76) R. Dolzer and C. Schreuer, *supra* note 1, p.104.

77) *Ibid.*

78) *International Thunderbird Gaming Corporation v. Mexico*, UNCITRAL, Award, 26 January 2006, para.147.

79) *Thunderbird v. Mexico*, para.208.

80) *Azurix Corp. v. Argentine Republic*, ICSID Case no.ARB/01/12, Award, 14 July 2006, para.318.

지속될 것이라고 믿을 합리적인 이유가 있었고 청구인의 기대는 매립장 운영을 통한 투자의 회수와 추정 수익에 근거를 둔 장기간의 투자에 대한 기대라고 언급하였다.[81] 이와 같이 경제적 이익에 대한 기대는 수용 여부를 판단함에 있어 고려되어야 할 요소로 인정되고 있다.[82]

4) 비례성

유럽인권협약(European Convention on Human Rights: ECHR) 제1의정서 하의 판례[83]와 미국 국내법 하의 규제적 수용 판례는 일정한 기준을 비례성의 원칙에 따라 고려하여 간접수용 여부를 판단하는 접근법을 발전시켜 왔으며 이는 최근 투자중재에서의 간접수용의 판단에 영향을 미쳤다.[84] 비례성이란 조치가 목적으로 하는 공동체의 보편적인 이익과 외국인투자자의 사적인 이익간 균형점을 찾고자 하는 것으로, 조치가 투자에 미치는 침해적인 영향과 조치의 목적을 모두 고려하고 양자를 교량하여 수용 여부를 판단하는 것이다. 이 접근법은 조치가 투자에 미치는 경제적 영향을 유일한 판단기준으로 삼는 효과단독요소 이론과 대비를 이룬다.

Tecmed v. Mexico 판정은 현대 투자중재로는 이 접근법을 처음으로 채택한 판정으로 평가된다.[85] 1996년 Tecmed는 공개경매를 통하여 멕시코 Sonora 주의 Hermosillo 시에 위치한 유해폐기물 매립장과 그 운영권을 매입하였다.[86] 이 운영허가는 멕시코 국가생태연구소(INE)가 Hermosillo 시정부의 기관에 발급하였던 것으로 그 기간은 특정되지 않은 것이었다. Tecmed는 이 권리를 매입한 당시 INE에 권리의 명의 변경을 요청하였고 이에 INE는 새로운 명의로 매립장 운영허가를 발급하면서 매년 신청에 의하여 연장되도록 하였다. 한 차례의 연장이 허가된 후인 1998년 11월 25일 INE는 운영허가 재연장을 거부하고 같은 날 Tecmed에 매립장 폐업을 위한 계획안을 제출하도록 요구하는 내용의 결정(resolution)을 채택하였다. 이러한 결정이 내

81) *Tecmed v. Mexico*, para.149.

82) A. Hoffmann, *supra* note 7, p.163.

83) 유럽인권협약 제1의정서 제1조는 자연인과 법인이 재산을 평화롭게 향유할 권리를 갖고 있으며 이의 박탈은 공공이익의 목적을 위해서만 법률 및 국제법의 일반원칙에 규정된 조건에 따를 것을 조건으로 허용된다고 규정하고 있다. 동 협약은 또한 위 규정이 법을 이행할 국가의 권한을 훼손하지 않는다고도 규정하고 있다. 유럽인권법원은 이 규정의 위반에 해당하는 간접수용 사례를 다수 다루어왔으며, 관련 판정사례는 양자투자협정상의 간접수용 법리의 형성에도 영향을 미치고 있다.

84) A. Newcombe, "The Boundaries of Regulatory Expropriation in International Law", 20:1 *ICSID Review—Foreign Investment Law Journal* 1 (2005), p.32.

85) A. Hoffmann, *supra* note 7, p.163.

86) Tecmed는 매립장 입찰과 이후의 운영을 위하여 Cytrar라는 회사를 설립하였다. 이 회사가 매립장 운영에 관한 Tecmed의 권리와 의무를 보유하였다.

려진 근거는 이 매립장이 허가받은 범위를 벗어나는 폐기물을 다루고 작업을 수행하여 지역의 환경에 유해한 영향을 미친다는 것이었다.

중재판정부는 멕시코의 결정이 Tecmed에 미친 경제적 영향을 살펴본 후 그 영향이 적용 협성인 스페인-멕시코 BIT 하의 수용에 해당할 정도로 상당하다고 판단하였다.[87] 그러나 중재판정부는 문제의 결정이 그 경제적 영향뿐 아니라 조치의 성격을 고려하였을 때 수용에 해당하는지를 검토하는 것이 적절하다고 보고 검토를 계속하였다.[88] 중재판정부에 따르면, 비례성 테스트는 문제의 조치가 보호하고 있다고 주장하는 공익(public interest)과 투자에 법적으로 부여된 보호에 대해 비례하는지 여부를 검토하는 것이며, 조치가 미치는 영향이 비례성을 결정하는 중요한 역할을 한다.[89] 이와 같이 검토한 결과, 중재판정부는 문제의 매립장이 인간건강과 환경에 유해하다는 증거를 찾을 수 없으며, 조치의 영향이 정부가 추구한 목적에 비례하지 않는다고 결론지었다. 또한 중재판정부는 멕시코 정부의 목적이 정당한 것이라고 하여도 "동 협정과 국제법의 관점에서는 외국인투자자로부터 투자를 박탈하면서 보상을 제공하지 않도록 정당화하는 충분한 근거로 간주될 수 없다"고 판정하였다.[90] 이러한 접근법은 이후 *Azurix v. Argentina* 사건과 *LG&E v. Argentina* 사건의 중재판정부에 의해서도 채택되었다.[91]

5. 최근의 국가실행

투자협정의 수용규정의 간결함으로 인하여 간접수용이 성립하는지 여부를 판단하는 데에 대한 명확한 기준이 부재한 데다 여러 중재판정부가 종종 일관성을 결여하는 판정을 내리기도 하였다.[92] 또한, 이 부분의 판정사례는 계속적인 진화의 과정에 있는 상태이다. 이는 투자중재의 투자유치국의 입장에서 예측가능성과 공정성을 저해하는 요소로 작용한다. 이에 대처하기 위하여 수용, 특히 간접수용에 관하여 보다 구체화된 규정을 투자협정에 포함시키는 경향이 최근 나타나고 있다.

이러한 경향의 하나로 미국은 2003년부터 체결하는 협정의 투자규정에 간접수용을 판단하는 보다 구체적인 기준을 명시적으로 포함시키기 시작하였다. 그러한 협

87) *Tecmed v. Mexico*, para.117.
88) *Ibid.*, para.118.
89) *Ibid.*, para.122.
90) *Ibid.*
91) A. Hoffmann, *supra* note 7, p.164.
92) *Ibid.*, p.166.

정으로는 미국-싱가포르 FTA,[93] 미국-칠레 FTA, 미국-중앙아메리카 및 도미니카 공화국 FTA, 미국-모로코 FTA, 미국-호주 FTA, 미국-우루과이 양자투자협정이 있다. 이와 거의 같은 문구의 규정이 2004년 미국 모델 BIT에도 포함되어 이후에 미국이 체결하는 자유무역협정과 양자투자협정에 반영되도록 되어 있다. 2004년 미국 모델 BIT는 본문 제6조에 수용과 보상에 관한 규정을 두고 추가적으로 수용에 관한 별도의 부속서(부속서 B)를 두어 직접수용 및 간접수용의 정의와 간접수용의 판단기준(부속서 B 제4조)을 규정하고 있다. 이 모델 BIT의 규정을 거의 그대로 따르고 있는 2007년 한-미 FTA 제11장 부속서 11-나 3항은 다음과 같다.[94]

> 3. 제11.6조 제1항에 다루어진 두 번째 상황은 간접수용으로서, 당사국의 행위 또는 일련의 행위가 명의의 공식적 이전 또는 명백한 몰수 없이 직접수용에 동등한 효과를 가지는 경우이다.
>
> 가. 당사국의 행위 또는 일련의 행위가 특정의 사실 상황 하에서 간접수용을 구성하는지 여부의 결정은 다음을 포함하여 그 투자에 관한 모든 관련 요소를 고려하는 사안별, 사실에 기초한 조사를 필요로 한다.
>
> 1) <u>정부 행위의 경제적 영향</u>. 그러나, 당사국의 행위 또는 일련의 행위가 투자의 경제적 가치에 부정적인 효과를 미친다는 사실 그 자체만으로는 간접수용이 발생하였음을 입증하는 것은 아니다.
>
> 2) <u>정부 행위가 투자에 근거한 분명하고 합리적인 기대[18]를 침해하는 정도</u>, 그리고
>
> 3) 그 목적 및 맥락을 포함한 정부행위의 성격. 해당 정부행위가 공익을 위하여 투자자 또는 투자가 감수하여야 할 것으로 기대되는 것을 넘어선 특별한 희생을 특정 투자자 또는 투자에게 부과하는지 여부가 고려사항에 포함될 수 있다.
>
> * 각주 18) 보다 명확히 하기 위하여, 투자자의 투자에 근거한 기대가 합리적인지 여부는 관련 부문에서의 정부규제의 성격 및 정도에 의해 부분적으로 좌우된다. 예컨대, 규제가 변경되지 아니할 것이라는 투자자의 기대는 규제가 덜 한 부문보다는 규제가 심한 부문에서 합리적일 가능성이 더욱 낮다. (밑줄은 필자 추가)

2004년 캐나다 모델 외국인투자증진보호협정(FIPA) 역시 별도의 부속서(부속서 B.13(1))에 간접수용의 정의와 판단기준을 상세히 규정하고 있다.[95] 동 협정은 미국 모델 BIT와 마찬가지로 모든 관련 요소를 고려하여 사실에 근거하여 사안별로 간접수용을 판단하도록 하면서, 고려하여야 할 요소에는 정부행위의 경제적 영향, 정부행위가 투자에 근거한 분명하고 합리적인 기대를 침해하는 정도, 정부행위의 성격이 포함된다는 것을 특정하여 명시하고 있다.

---

93) 미국-싱가포르 FTA의 경우, 이 규정이 Side Letter에 포함되어 있다.

94) 외교통상부 자유무역협정 사이트에 게시된 국문협정문을 따르고 있지만, 부분적으로 수정을 가하였다. 〈http://www.fta.go.kr/new/ftakorea/kor_usa.asp?country_idx=19〉 2011년 3월 18일 검색.

95) 〈http://www.international.gc.ca/trade-agreements-accords-commerciaux/assets/pdfs/2004-FIPA-model-en.pdf〉 (2011년 3월 18일 검색).

6. 간접수용과 국가의 규제권한

명의의 공식적인 이전이나 명백한 몰수를 동반하지 않는 조치여도 간접수용에 이를 수 있다는 국가실행과 판정사례의 발전으로, 국가의 규제권한 행사와 공공질서 기능 행사 등 국가의 주권 행사가 수용과 어떠한 관련을 갖는지의 문제가 논란의 대상이 되어왔다.[96] 일부 판정사례에서 국가의 주권 행사로 취해진 조치는 수용에 해당하지 않으며 따라서 보상을 요하지도 않는다는 판정을 내린 경우가 있었다. *Methanex v. United States* 사건의 판정에서 중재판정부는 "일반국제법에 따라, 적법절차에 따라 제정된 공공목적을 위한 비차별적 규제는 외국인투자자 또는 투자에 영향을 미친다고 하여도 수용이라고 간주되거나 보상을 요한다고 간주되지 않는다. 단, 규제를 취하는 정부가 해당 투자자가 투자를 고려하는 과정에서 미래에 문제의 규제를 취하지 않겠다고 특정적으로 약속한 경우는 제외된다"고 판정하였다.[97] *S.D. Myers v. Canada* 사건의 중재판정부는 판정사례가 일반적으로 규제조치를 수용으로 취급하지 않으며, 가능성을 완전히 배제하는 것은 아니지만 공공당국에 의한 규제적인 행동이 NAFTA 제1110조에 따른 정당한 청구의 대상이 되지 않는다고 언급하였다.[98]

그러나 현대의 투자중재 하에서 공공목적을 위한 국가의 규제조치라는 이유만으로 보상하여야 할 수용의 범위에서 제외하는 '일반적으로 적용되는 예외'는 존재하지 않는다.[99] 이는 *Santa Elena* 사건의 판정에 잘 표현되어 있다. 이 사건의 중재판정부는 "수용에 해당하는 환경조치는 사회 전체에 아무리 많은 혜택을 준다고 하여도 국가가 그의 정책을 이행하기 위해 취하는 다른 수용적인 조치와 유사하다. 재산이 수용되었다면 국내적 차원이든 국제적 차원이든 환경목적을 위한 것이어도 보상을 지불하여야 할 국가의 의무는 여전히 존재한다"고 확인하였다.[100] *Feldman v. Mexico* 사건의 판정에서는 정부의 규제행위도 경우에 따라 NAFTA 제1110조의 위반이 될 수 있음을 확인하였고[101] *Pope & Talbot v. Canada* 사건의 판정에서는 규제가 점진적인 수용을 구성하는 경우가 분명 있으며 따라서 규제조치를 수용으로부터 일

---

96) A. Hoffmann, *supra* note 7, p.165.

97) *Methanex Corporation v. United States of America*, UNCITRAL, Award, 3 August 2005, para.7.

98) *S.D. Myers v. Canada*, para.281.

99) A. Hoffmann, *supra* note 7, p.165.

100) *Compania del Desarollo de Santa Elena, S.A. v. Republic of Costa Rica*, Final Award, 17 February 2000, para.171.

101) *Feldman v. Mexico*, ICSID Case no. ARB(AF)/99/1, Award, 16 December 2002, para.110.

괄적으로 제외하는 예외를 설명하는 경우 수용으로부터의 보호 규범에 커다란 허점이 발생하게 된다는 점을 확인하였다.[102)]

수용의 효과를 갖는 어떠한 조치가 공공목적을 위한 국가의 규제조치라는 이유로 수용을 구성하지 않으며 따라서 보상을 요하지 않는다는 주장은 적법한 수용의 요건과 함께 생각해 보면 큰 논리적 문제점을 안고 있다.[103)] 앞서 살펴본 바와 같이 수용은 금지된 것이 아니며 일정한 요건을 갖춘 경우 적법한 수용으로 국제법상 허용된다. 수용이 적법한 것이 되기 위해서 갖추어야 할 요건 중 하나가 바로 '그 조치가 공공목적을 위해 취해졌을 것'이고 이는 위에서 살펴본 바와 같이 일부 판정사례에서 예외로 인정된 공공목적과 같은 내용이다.

적법한 수용에 대한 판단은 두 단계로 이루어지게 된다. 첫 번째 단계로 문제의 조치가 수용에 해당하는지 여부를 판단하여야 하고, 그 다음으로 그러한 수용이 공공목적 등 적법성 요건을 갖추어 적법한 수용이 되었는지를 판단하는 것이다. 공공목적을 위한 조치 또는 규제조치가 수용의 예외에 해당한다는 주장을 인정하게 되면 공공목적성은 수용의 적법성을 판단하는 요소에 머물지 않고 재산에 대한 수용이 발생하였는지의 문제 그 자체를 판단하는 요소의 역할까지 하게 된다. 이렇게 된다면, 공공목적 요소는 수용의 적법성 요건으로서의 의미를 잃을 수 있다.[104)] 즉, 한편으로는 공공목적이라는 요소는 수용 자체가 발생하지 않았다고 판단하는 예외가 되어 이를 충족하는 조치는 수용이 되지 않으므로 원천적으로 보상의무 자체가 발생하지 않게 된다. 그러나 다른 한편으로 공공목적을 적법한 수용의 판단기준으로 본다면 이를 충족하는 조치여도 일단 수용으로 인정된 조치가 적법성을 갖기 위해서는 다른 적법성 요건인 보상 요건을 여전히 충족하여야 하는 상황이 발생하게 되는 것이다. 즉, 공공목적이 적법성의 요건으로 적용되느냐 아니면 수용의 예외로 적용되느냐에 따라 문제의 조치가 보상의무를 수반하느냐가 결정되게 되어 논리적 문제가 발생한다.

최근 투자협정 체결에 있어서 나타나는 국가실행으로는 비록 조건이 부가되어 있지만 간접수용의 예외로 공공목적을 규정하는 경향이 나타나고 있다. 2004년 미국 모델 BIT는 부속서 B 제4조 (b)항에 "드문 상황을 제외하고는, 공중보건, 안전 및 환경과 같은 정당한 공공복지 목적을 보호하기 위하여 고안되고 적용되는 당사국의 비차별적인 규제 행위는 간접수용을 구성하지 아니한다"는 규정을 두고 있으며, 한-미 FTA는 이에 대해 보다 더 구체적인 규정을 두고 있다.[105)]

102) *Pope & Talbot v. Canada*, para.99.

103) A. Hoffmann, *supra* note 7, p.166.

104) *Ibid.*

105) 제3조 (b)항: "예컨대, 행위 또는 일련의 행위가 그 목적 또는 효과에 비추어 극히 심하거

Ⅳ. 수용과 과세

세금은 중립적인 정책수단으로서 그 정의상 보상의 대상이 아닌 재산의 전용이다.[106] 국가관행이나 중재판정부의 견해를 살펴보면, 상당히 높은 세율이 외국인투자에도 부과될 수 있음이 인정되어 왔다는 것을 알 수 있다. 이와 같이 일반적으로 조세의 부과는 수용을 구성하지 않는다. 이 원칙을 명시적으로 규정하고 있는 예로는 한-미 FTA가 있다.[107] 한-미 FTA는 과세와 수용에 관한 별도의 부속서(부속서 11-바)를 두고 있는데, 국제적으로 인정된 조세정책과 원칙에 부합된 조세조치와 비차별적 조세조치는 원칙적으로 수용에 해당하지 않음을 명시하고 있다.[108]

그러나 정도를 넘어서는 조세는 수용에 이를 수 있다. *Link-Trading v. Moldova* 사건의 중재판정부는 자유무역지역에서의 관세와 조세의 변화로 인하여 소비자의 구매가 종전에 비해 저감되어 사업이 악영향을 받게 되었으므로 수용이 발생하였다는 청구인의 주장을 검토하면서, 재정적 조치가 과도한 박탈(abusive taking)에 이르는 경우, 그리고 그러한 경우에만 수용을 구성한다고 확인하였다.[109] 또한, 과도한 박탈이 일어나는 경우는 국가가 문제의 투자에 대해 불공평한 행위를 하였거나 자의적이거나 차별적인 조치를 취하였거나 국가가 문제의 투자와 관련하여 제공한 약속을 위반한 경우라고 설명하였다.[110] 한-미 FTA 제11장 부속서 11-바의 (다)호는 특정 국적의 투자자 또는 특정 납세자를 겨냥한 과세조치와는 반대로 비차별적으로 적용되는 과세조치는 수용을 구성할 가능성이 적다고 규정하고 있다.

나 불균형적인 때와 같은 드문 상황을 제외하고는, 공중보건, 안전, 환경 및 부동산 가격안정화(예컨대, 저소득층 가계의 주거여건을 개선하기 위한 조치를 통한)와 같은 정당한 공공복지 목적을 보호하기 위하여 고안되고 적용되는 당사국의 비차별적인 규제 행위는 간접수용을 구성하지 아니한다."

106) A. Newcombe, *supra* note 84, p.28.

107) 한-미 FTA 부속서 11-바 (가)호. NAFTA의 경우, 제2103조 6항에서 수용과 과세의 관계를 규정하고 있다. 이 규정에 따르면 투자자는 세금부과가 수용 규정을 위반하였다는 청구를 제기하기 위해서는 제1119조에 따라 청구를 제기할 의사를 통보할 때에 권한 있는 당국에 이 사안을 회부하여 그 과세조치의 수용 여부를 판단하도록 하여야 하며, 당국이 정해진 기간 내에 판단을 내리지 못하거나 그 과세조치가 수용이 아니라는 판단에 이르지 못하는 경우에만 투자자가 청구를 제기할 수 있고 제1110조가 과세조치에도 적용되게 된다.

108) 한-미 FTA 부속서 11-바 (나)호.

109) *Link-Trading Joint Stock Company v. Moldova*, Final Award, 18 April 2002, para.64.

110) *Ibid.* 결론적으로 이 사건의 중재판정부는 관세와 조세의 변경으로 인한 간접수용이 발생하지 않았다고 판정하였다.

Ⅴ. 보상의 기준

1. 논의의 역사

1960년대에서 1990년대까지 이루어진 수용에 관한 논의의 핵심에는 보상에 대한 관습법 규칙이 있었다. 보상에 대한 초창기 논의는 경제적 탈식민화라는 배경 하에서 이루어졌으며, 이 시대에 발전한 '천연자원에 대한 영구주권(Permanent Sovereignty over Natural Resources)'이라는 개념[111)]과 신국제경제질서(New International Economic Order: NIEO)라는 개념[112)]이 보상 논의에 영향을 미쳤다.[113)] 즉, 이들 개념은 역사적으로 '적절한 보상(just or appropriate compensation)'을 주장한 자본수입국의 입장을 뒷받침하는 것이었다. 적절한 보상이란 보상의 책정에 있어 수용의 대상이 된 재산의 시장가치뿐 아니라 투자유치국의 지급능력과 투자자에게 발생한 부당한 이익을 모두 평가하는 것을 의미한다. 이는 보상의 산정에 있어 투자유치국에 보다 많은 재량을 주는 기준이며 이를 기준으로 하면 자본수출국이 주장하는 보상기준에 비해 기본적으로 낮은 수준의 보상액이 산정된다. 반대로 자본수출국은 신속·적절·효과적인 보상, 즉 헐 공식(Hull Standard)[114)] 등 시장에 기반을 둔 기준을 주장해왔다. 오늘날에는 이러한 논쟁은 종식되었고, 최근의 국가실행은 헐 공식의 적용으로 모아지고 있는 것으로 보인다.[115)] 따라서 대부분의 수용 사건은 투자협정에 기반을 둔 시장가치 기준에 따라 판정되고 있다.

2. 적법한 수용과 위법한 수용의 구분 문제

보상은 적법한 수용의 조건일 뿐 아니라 적법하지 않은 수용에 대해서도 요구된다. 수용에 대해 보상이 지급되지 않았거나 다른 적법성 요건이 충족되지 않은 경우

111) 1962년 천연자원에 대한 영구주권에 관한 유엔총회결의(A/RES/1803)에서 정의되었다.

112) 1974년 신국제경제질서의 수립에 관한 선언(유엔총회결의 A/RES/3201)에서 주장되었다.

113) R. Dolzer and C. Schreuer, *supra* note 1, p.91. 유엔총회결의 1803호와 3201호는 '적절한 보상'을 기준으로 규정하였다.

114) 헐 공식은 미국 국무부장관 코델 헐(Cordell Hull)의 이름을 따 명명되었다. 헐 장관은 1938년 멕시코가 미국 석유회사들을 국유화하자 멕시코정부에 서한(1938년 8월 22일)을 보내 신속·적절·효과적인 보상 등 국제법상 요구되는 기준에 따라 적법한 수용을 할 것을 촉구하였고, 이 서한에 명시된 보상기준이 헐 공식으로 불리게 되었다.

115) G. Van Harten, *Investment Treaty Arbitration and Public Law* (Oxford: Oxford University Press, 2007), p.91.

수용은 위법한 것이 된다. 문제는 적법한 수용과 위법한 수용에 대한 보상 기준이 구분되고 있는가이다. 일반적으로 투자협정은 적법한 수용의 조건으로 어떠한 보상이 지급되어야 하는지를 규정하는 방식을 취하고 있으므로 적법한 수용에 대한 보상은 협정의 규정을 따르면 되는 문제이지만, 적법하지 않은 수용에 내한 보상 문제는 완전히 해결되지 않은 문제이다.[116] 이에 대해서는 위법적인 수용에 대한 배상이 적법한 수용에 대한 보상과 전혀 다르지 않다는 견해와 위법적인 수용에 대한 배상은 국가책임의 규칙에 따르게 되나 적법한 수용에 대한 보상은 이를 따르지 않는다는 견해가 있다. 위법적인 수용의 경우, 이는 국제위법행위를 구성할 것이므로 국가는 국제위법행위에 대해 손해배상을 할 책임이 있다. 국제관습법상 국제위법행위에 대한 손해배상은 그 행위가 행하여지지 않은 것과 같은 상태를 회복하는 것을 의미하며, 이는 원칙적으로 원상회복, 또는 이것이 가능하지 않는 경우 금전배상에 의하여 이루어져야 한다. 손해배상은 그 위법적인 조치가 일어나지 않은 것과 같은 상황을 가능한 한 최대로 회복하여야 하지만, 적법한 수용의 경우 보상은 수용 당시의 시장가격을 반영한 것이면 된다.[117] 이는 현저한 차이를 보일 수 있다.

Chorzów Factory 사건에서 PCIJ는 이 사건에서 문제된 조치가 1922년 독일과 폴란드간 상부실레지아에 관한 협약(German－Polish Convention Concerning Upper Silesia) 제6조를 위반한 불법적인 수용이라고 판결하면서 이에 대한 손해배상(reparation)이 불법적 행위의 모든 결과를 최대한으로 제거하여야 하며 그러한 행위가 행해지지 않았다면 존재하였을 상황을 재수립하여야 한다고 하였다. 또한, 이러한 손해배상은 원상회복(restitution in kind), 또는 이것이 가능하지 않다면 금전배상을 통해 이루어져야 한다고 언급하였다.[118] PCIJ는 부수적 의견으로 적법한 수용에 대해 언급하면서 이는 원상회복을 요하는 것이 아니라 수용된 재산에 대한 "정당한 가격"－수용이 이루어진 시기의 사업(undertaking)의 가치에 실제 지급일까지의 이자가 더해진 가치－의 지급을 요할 뿐이라고 하였다.[119] *Norwegian Shipowners' Claims* 사건의 중재판정부는 미국의 조치가 적법한지 아닌지 여부와 상관없이 국제법과 미국의 국내법 하에서 청구인에 대한 정당한 보상(just compensation)이 지급되어야 한다고 판정하였다.[120]

실제 판정사례는 적법한 수용과 적법하지 않은 수용을 구분하여 보상액을 산정

---

116) R. Dolzer and C. Schreuer, *supra* note 1, p.91.

117) *Ibid.*, p.92.

118) *The Factory at Chorzów (Claim for Indemnity)(The Merits)*, Judgment, 13 September 1928, Permanent Court of International Justice, para.125.

119) *The Factory at Chorzów*, para.124.

120) *Norwegian Shipowners' Claims*, p.28.

하는 경향을 보이고 있다.[121] *SPP v. Egypt* 사건의 중재판정부는 "청구인들은 적법한 수용에 대한 보상을 청구하는 것이며, 계약 위반 같은 위법한 행위에 의해 야기된 피해에 대한 손해배상을 청구하는 것이 아니다. 적절한 보상(appropriate compensation)을 판단함에 있어 가장 중요한 점은 청구인들이 계약위반에 대한 손해배상금이 아닌 수용된 재산에 대한 공정한 보상을 받을 자격이 있다는 것이다"라고 판정하였다.[122] *Metalclad* 사건의 중재판정부는 "Metalclad에 매립장에 대한 투자의 비용을 손해배상금으로 판정하는 것은 *Chorzów Factory* 사건, *Germany v. Poland* 사건 등에서 수립된 원칙, 즉 국가가 그 의무에 반하는 행위를 한 경우, 청구인에 대한 손해배상금 판정은 가능한 한 불법행위의 모든 결과를 청산하고 동 행위가 발생하지 않았더라면 분명 존재하였을 상황(*status quo ante*: 이전의 상태)을 회복하는 것이어야 한다는 원칙에 부합하는 것"이라고 판정하였다.[123] *CMS v. Argentina* 사건 역시 *Chorzów Factory* 사건의 기준을 따라 손해배상을 산정하였다.[124]

적법한 수용과 위법한 수용의 구분법에 대해 보다 구체화된 언급을 한 판정으로는 *ADC v. Hungary* 사건이 있다. 이 사건의 중재판정부는 문제된 조치가 키프로스-헝가리 BIT를 위반하였다고 판정한 후, 이 조약 제4조 2항과 3항에 규정되어 있는 보상의 기준 —"보상액은 수용 시기 당시의 수용된 투자의 시장가치에 상응하여야 한다"와 "보상액은 수용이 이루어진 국가의 법령에 따라 산정될 수 있다"— 은 적법한 수용에만 적용되는 것이므로 위법한 수용이 이루어진 이 사건에는 적용될 수 없다고 판정하였다. 또한, 중재판정부는 적용 BIT가 위법한 수용에 지급되어야 할 손해배상액에 대해서는 산정기준에 관한 규정을 두고 있지 않으므로 국제관습법 규칙에 따라 이를 산정하여야 한다고 언급하였다.[125] 이에 따라 중재판정부는 *Chorzów Factory* 판정의 기준이 다수의 국제재판과 중재에 사용되었음을 살펴본 후 이 기준이 이 사건의 위법한 수용에 적용된다고 결정하였으며 원상회복이 불가능하여 원상회복에 드는 비용에 상응하는 금전배상을 지급하여야 한다고 결정하였다.[126] *Siemens A.G. v. Argentina* 사건에서도 유사한 접근법을 취하여 이 사건의 적용 조약이 적법한 수용, 즉 그 조약의 규정을 준수한 보상에 대해서만 규정하고 있으므로

121) A. Reinisch, *supra* note 15, p.200.
122) *Southern Pacific Properties (Middle East) Limited v. Arab Republic of Egypt*, ICSID Case no. ARB/84/3, Award, 20 May 1992, para.183.
123) *Metalclad v. Mexico*, para.122.
124) *CMS Gas Transmission Company v. Argentine Republic*, ICSID Case no. ARB/01/8, Award, 12 May 2005, para.400.
125) *ADC v. Hungary*, para.483.
126) *Ibid.*, para.495.

위법한 수용, 즉 그 조약 규정의 위반에 대한 손해배상 의무는 국제관습법에 따라 정해질 문제라고 보았다.[127] 이 중재판정부는 국제관습법을 검토하면서 국가책임에 관한 ILC 규정 제36조[128]과 *Chorzów Factory* 판정의 기준을 명시적으로 언급하였다.

그렇다면 적법한 수용에 지급되어야 하는 보상과 위법한 수용에 지급되어야 하는 손해배상 간에는 어떠한 차이가 존재하는지가 문제된다. *ADC v. Hungary* 사건의 경우 중재판정부는 위법한 수용에 대한 금전배상이 판정이 이루어진 일자 당시의 문제의 투자의 시장가치를 기준으로 하여야 한다고 판정하였다.[129] 이 사건에서 수용된 투자의 가치가 수용이 이루어진 이후에 현저히 상승하여 위법한 수용에 대한 손해배상액은 적법한 수용이었을 시에 지급되었을 보상액보다 현저히 높게 산정되게 되었다.[130] *Siemens A.G. v. Argentina* 사건의 중재판정부는 "Siemens는 단지 수용일인 2001년 5월 18일 당시의 회사 가치에 대해 보상받을 권리가 있는 것이 아니라 판정일에 이르기까지 회사가 획득한 보다 많은 가치와 수용의 결과로 입게 된 손해에 대해 권리가 있다"고 판정하였다.[131] 요컨대, 적법한 수용에 대한 보상은 수용일 당시의 시장가치에 근거하여 산정되어야 하는 반면, 위법한 수용에 대한 손해배상은 그러한 위법한 수용이 이루어지지 않았다면 존재하였을 상황을 재건하는 데에 필요한 가치를 근거하여 산정되어야 하므로, 양자 간에 시간이 경과하여 시장가치의 상승이 흔히 발생하고 위법한 수용이 야기하였을 손해(일실이익 등)도 포함되어야 하므로 대부분의 경우 위법한 수용에 대한 손해배상이 적법한 수용에 대한 보상보다 더 높은 가치를 반영하게 될 것이다.

Ⅵ. 결 론

현대의 투자법 체제 하에서 수용과 관련된 법적 쟁점은 적법한 수용의 요건이 충족되었는지의 문제보다는 애초에 수용이 발생하였는가의 문제라고 할 수 있다. 앞서 설명한 바와 같이 국가들이 외국인 직접투자를 유치하는 데에 적극적으로 나섬에

127) *Siemens A.G. v. Argentina*, para.349.

128) 제36조: "1. 국제위법행위에 책임 있는 국가는 그로 인하여 야기된 손해가 원상회복에 의하여 배상되지 않는 경우, 이에 대하여 금전배상을 하여야 할 의무를 부담한다.
2. 금전배상은 금전적으로 산정 가능한 여하한 손해도 망라하여야 하며, 여기에는 확인될 수 있는 한 일실이익도 포함된다." 김석현, 앞의 각주 4, 599면.

129) *ADC v. Hungary*, para.499.

130) A. Reinisch, *supra* note 15, p.203.

131) *Siemens A.G. v. Argentina*, para.352.

따라 직접수용의 사례가 극히 드물어졌으므로 수용이 발생하였는가의 문제는 간접수용이 발생하였는가의 문제라고 볼 수 있다. 대부분의 투자협정이 간결한 수용규정만을 담고 있어 간접수용을 판단하는 기준은 중재판정부의 판정사례에 의해 점진적으로 발전을 이루어왔다. 서로 다른 중재판정부가 상이한 투자협정에 근거하여 사안별 접근법(case-by-case approach)에 따라 내린 중재판정상의 간접수용 판단기준은 통일성과 일관성 측면에서 한계를 갖고 있으나 최근의 판정사례는 정부행위의 경제적 영향, 투자에 근거한 합리적 기대를 침해하는 정도, 정부행위의 성격 등 통일적인 기준을 정비해가고 있는 모습이며 이는 일부 국가가 체결하는 투자협정의 규정으로도 반영되고 있다.

제 3 부

국제투자법과 현실문제

제9장 국가안보와 외국인투자규제

-외국인투자촉진법 시행령 제5조를 중심으로-

Ⅰ. 서 론

최근 우리나라가 적극 추진, 체결하고 있는 자유무역협정(FTA)은 외국인투자의 한국시장 진출 확대와 이에 대한 보호장치의 강화를 주요 골자 중 하나로 하고 있다. 외국인투자유치 확대와 이에 대한 보호장치의 강화는 우리 경제의 활성화와 국제화를 위한 필수 불가결한 요소임에는 틀림이 없다. 그러나 한편으로 이러한 FTA 체결 결과 새로이 도입되는 제도 및 정책은 '양날의 칼'로서 그간 우리가 고민하여 보지 않았던 새로운 과제를 제시하기도 한다. 그 중 하나는 외국인투자가 우리 국가안보와 직접 연관된 영역에서 이루어질 경우 이를 어떻게 규율할 것인가 하는 문제이다. 외국인투자의 자유와 이에 대한 보호도 중요하지만 이러한 투자가 우리 국가안보와 직접 연관된 영역에서 이루어지는 경우 이를 아무런 규제 없이 방관한다면 우리 군사·경제 안보의 핵심 기제가 외국인투자의 영향권 하에 놓이게 되는 상황을 초래하게 될 것이다. 이 경우 국가안보와 관련된 정부의 정책 결정 및 집행은 상당부분 제약 받을 수밖에 없게 될 것이고 이는 결국 우리 주권에 대한 예상치 못한 제약으로 귀결될 가능성이 있다.

이러한 배경에서 주요 교역국과 FTA 및 양자간투자협정(BIT)을 통한 촘촘한 네트워크 구축을 통해 외국인투자의 한국시장 진출을 적극 유치하고 이에 대한 국제기준에 근거한 보호를 약속하고 있는 우리 정부 입장에서는 다른 한편으로는 이들 외국인투자가 우리 국가안보 정책의 근간을 침해할 수 없도록 하는 법적, 제도적 보장장치를 마련할 필요성을 절감하게 되었다. 특히 한-미 FTA 교섭 과정에서 이러한 문제가 본격적으로 불거진 이후 우리 국회 및 정부는 소위 '본질적 국가이익'을 저해할 가능성이 있는 외국인투자자의 국내 주요기업에 대한 적대적 인수 및 합병(M&A)을 방지하는 방안을 도입하는 데 초점을 두고 이 문제를 논의하여 왔다.[1)]

그러한 논의의 핵심은 미국의 '엑슨 – 플로리오법(Exon – Florio)'과[2)] 유사하게 외국인투자 사전심사제를 도입하여 외국인투자가 우리 국가안보, 경제운용에 있어 중요한 역할을 수행하는 국내기업에 대하여 적대적 M&A를 시도하는 경우, 이를 우리

※ 본고는 『고려법학』 제57권 (2010), 393 – 424면을 전재한 것이다.

1) 한나라당 이병석 의원 외 13인은 2007년 3월 15일 "국가경제에 중대한 영향을 미치는 외국인투자 등의 규제에 관한 법률안"을, 한편 열린우리당 이상경 의원 외 10인은 2006년 12월 29일 "국가안보에 반하는 외국인투자 규제법안"을 각각 발의하였다. 유념할 점은 이 법안들은 안보상의 위협에 대응하고자 발의되었다기보다는 그 당시 점증하던 우리 주요 기업에 대한 외국투기자본의 적대적 인수 위협에 대응하고자 발의되었다는 사실이다. 특히 2007년 당시 SK㈜가 소버린 펀드로부터 공격을 받고 또한 포스코가 아르셀로 – 미탈의 M&A 공격에 빠질 수 있다는 우려 등이 제기되자 이러한 법안이 서둘러 제출되기에 이르렀다. 동아일보, "기간산업 외국자본 M&A 규제를" (2006년 4월 21일); 조선일보, "외국인투자규제법 도입하나" (2007년 5월 27일자); 한국경제, "외국인M&A 규제, 한국판 엑슨 플로리오 법안 논란" (2007년 4월 27일자) 각각 참조.

2) 미국은 1988년 종합통상법(Omnibus Trade and Competitiveness Act of 1988)을 도입하였다. 동법 제5021조는 기존의 1950년 방위산업법 (Defense Production Act of 1950)의 721조를 개정하는 내용을 포함하고 있었으며, 그 취지는 미국 대통령이 국가안보에 대한 위해 여부를 판단해 특정 외국자본의 미국 기업에 대한 투자를 차단할 수 있도록 하자는 것이다. 이 조치는 당시 급증하고 있던 일본 자본에 의한 미국 기업 인수·합병을 막기 위한 시도였다. 이 개정된 방위산업법 제721조가 Exson Florio법(또는 조항)으로 불리고 있다. 제721조 의 핵심조항인 (d)항은 다음과 같이 광범위한 권한을 대통령에게 부여하고 있다:

(d) Action by the President.—

(1) In general—Subject to paragraph (4), the President may take such action for such time as the President considers appropriate to suspend or prohibit any covered transaction that threatens to impair the national security of the United States.

동법은 국가이익에 침해를 가져오는 모든 상황에 적용되는 것이 아니라 군사적 측면의 국가안보에 직접적인 위해를 가하는 경우에 한하여 적용된다. 동법이 1950년 한국전쟁을 계기로 채택된 "방위산업법"의 일부 조항으로 포함된 사실만 보아도 이를 알 수 있다. 나아가 제721조의 각 규정들도 군사·외교적 측면의 국가안보와 관련된 사항을 기본적으로 염두에 두고 있음을 잘 보여주고 있다. 가령, 제721조 (b)항은 국가정보국장(Director of National Intelligence)의 국가안보 위해 여부에 대한 평가를 반드시 거치게 하고 있다. 미국 국가정보국장은 군사·외교적 측면의 국가안보 관련 정보를 총 취합하는 책임자이다. 미국 국가정보국(Office of Director of National Intelligence) 웹사이트 참조 http://www.dni.gov/who.htm (2010년 4월 27일 검색). 제721조 (b)항은 다음과 같이 규정하고 있다:

(b) National Security Review and Investigations—

(4) Analysis by director of national intelligence—

(A) In general—The Director of National Intelligence shall expeditiously carry out a thorough analysis of any threat to the national security of the United States posed by any covered transaction. The Director of National Intelligence shall also seek and incorporate the views of all affected or appropriate intelligence agencies with respect to the transaction. 즉, 이러한 조항들은 Exon Florio 법은 군사적 측면의 국가안보 유지를 위하여 도입된 법이며 경제적 이해관계 내지 경제주권을 수호하기 위하여 도입된 것은 아님을 보여준다.

정부가 사전심사하고 필요한 경우 그러한 인수 및 합병을 거부할 수 있도록 하는 장치를 도입하는 것이다.

그러나 이러한 제도의 도입은 관련 FTA 및 BIT, 또는 WTO 협정에 대한 위반 가능성을 동시에 초래할 우려가 제기됨에 따라 다양한 구체적 대안과 방안이 논의되기에 이르렀다. 이러한 논의의 결과 2008년 2월 22일 외국인투자촉진법 시행령(이하 '시행령')이 개정되어 이러한 목적을 일부 달성하기 위한 다양한 새로운 조항들이 도입되었다.[3] 시행령에서 이들 조항의 도입으로 국가안보와 관련되는 특정 영역에 대한 일부 외국인투자는 사전에 외국인투자위원회[4]의 심의를 받도록 하고 필요시 그러한 투자를 제한 내지 불허하는 내용 등을 골자로 하는 새로운 제도가 시행되었다. 아래에서는 이와 관련된 외국인 투자촉진법(이하 '법' 또는 '모법') 또는 시행령의 주요조항을 살펴보고 이에 따라 제기될 수 있는 법적 쟁점을 간략히 살펴보기로 한다.

Ⅱ. 외국인투자촉진법 시행령 소개

2008년 2월 22일 개정으로 외국인투자촉진법 시행령에 새로이 도입된 조항은 동 시행령 제5조에 포함되어 있다. 동 조항의 주요내용은 크게 다음의 3단계로 나누어 볼 수 있다.

1. 적용대상 외국인투자

먼저, 이와 관련하여 시행령 제5조는 (가) 외국인이 국내기업의 주식 취득을 통하여 해당 기업의 경영상 지배권을 실질적으로 취득하려고 하며, 동시에 (나) 이러한

3) 각주 1에서 설명한 양 법안으로 촉발된 입법요구를 절충적으로 수용하기 위하여 산업자원부(현 지식경제부)는 2008년 2월 22일 대통령령 제20646호로 외국인투자촉진법 시행령을 개정하기에 이르렀다.

4) 외국인투자위원회는 외국인투자에 관한 기본정책과 제도에 관한 중요사항, 외국인투자환경의 개선에 관한 소관 부처별 대책의 종합 및 조정에 관한 사항 등을 논의하기 위하여 지식경제부 산하에 설치된 위원회이다. 지식경제부장관이 동 위원회의 위원장이 되고, 기획재정부장관, 외교통상부장관, 행정안전부장관, 교육과학기술부장관, 문화체육관광부장관, 농림수산식품부장관, 환경부장관, 노동부장관, 국토해양부장관, 금융위원회 위원장이 위원으로 참석하며, 때로는 외국인투자위원회의 회의에 부치는 안건과 관련된 중앙행정기관의 장 또는 시·도지사 역시 참석한다. 이 위원회는 1998년 11월 17일 외국인투자촉진법이 최초 시행된 당시부터 도입, 운영되고 있다. 자세한 내용은 외국인투자촉진법 제27조 참조.

취득이 방위물자 생산에 지장을 초래하거나, 군사목적으로 전용 가능한 물품이나 기술과 연관되거나, 국가기밀 노출의 위험을 수반하거나, 또는 국제평화 유지에 심각한 지장을 초래하는 경우에 한하여 적용된다.[5] 즉, 양 조건이 모두 충족되는 경우에 한하여 제5조에서 새로이 도입된 제반 장치들이 적용됨에 주의할 필요가 있다. 가령, 외국인이 국내 주요기업에 대한 M&A를 시도하더라도 그러한 기업이 방위산업체와 직접적인 연관이 없거나, 또는 방위산업체 등에 대한 대규모 투자를 시도하더라도 경영권 획득과 상관이 없는 경우에는 시행령 제5조에 새로이 도입된 조항들은 적용되지 아니한다.

2. '국가안보 위해' 해당

그 다음으로 이러한 양 조건을 모두 충족하는 투자가 모법 제4조 2항 1호에서 정하는 '국가안보 위해'에 해당하여야 한다.[6] 이와 관련하여 주목할 점은 동 법 제4조 2항 1호는 사실 '국가안보 위해'라는 용어 대신 다른 용어를 사용하고 있다는 점이다. 즉, 동 조항은 "국가안전에 지장을 주는 경우"라는 용어를 사용하고 있다. '국

---

5) 외국인투자촉진법 시행령 제5조 1항은 다음과 같이 규정하고 있다.

제5조(외국인투자 제한업종 등) ① 법 제4조 제3항에 따라 외국인투자가 제한되는 업종과 제한 내용은 다음 각 호의 어느 하나에 해당하는 사항을 말한다… [중략].

2. 다음 각 목에 모두 해당되는 외국인투자가 법 제4조 제2항 제1호에 따른 국가의 안전유지에 지장을 초래하는 경우(이하 '국가안보 위해'라 한다)에 해당하는지 여부에 대한 주무부장관의 검토 요청에 의하여 지식경제부장관이 외국인투자위원회의 심의에 따라 국가안보 위해에 해당하는 것으로 결정한 사항.

가. 외국인이 이미 설립된 국내기업의 주식 등의 취득을 통하여 해당 기업의 경영상 지배권을 실질적으로 취득하려는 경우

나. 다음의 어느 하나에 해당되는 경우

(1) 「방위사업법」 제3조 제7호에 따른 방위산업물자의 생산에 지장을 초래할 우려가 있는 경우

(2) 「대외무역법」 제19조 및 「기술개발촉진법」 제13조에 따른 수출 허가 또는 승인 대상 물품 등이나 기술로서 군사목적으로 전용(轉用)될 가능성이 높은 경우

(3) 「국가정보원법」 제13조 제4항에 따라 국가기밀(이하 '국가기밀'이라 한다)로 취급되는 계약 등의 내용이 공개될 우려가 있는 경우

(4) 국제평화 및 안전유지를 위한 국제연합 등의 국제적 노력에 심각하고 중대한 지장을 초래할 우려가 있는 경우

상기 나목에 나열된 네 가지 항목은 모두 군사·외교적 측면의 물자, 기술 및 정보와 관련되어 있다.

6) 외국인투자촉진법 제4조는 다음과 같이 규정하고 있다.

제4조 (외국인투자의 자유화 등) ① 외국인은 법률에 특별한 규정이 있는 경우 외에는 제한을 받지 아니하고 국내에서 외국인투자업무를 수행할 수 있다.

② 외국인은 다음 각 호의 경우 외에는 이 법에 따른 외국인투자를 제한 받지 아니한다.

1. 국가의 안전과 공공질서의 유지에 지장을 주는 경우…[후략]

가안보(national security)'라는 용어를 사용하지 않고 대신 '국가안전(national safety)'이라는 용어를, 그리고 '위해'라는 용어 대신 "지장을 주는 경우"라는 용어를 모법은 각각 사용하고 있다. 이러한 사용 용어의 차이는 실제 적용 과정에서 적지 않은 혼선을 초래할 가능성이 농후한 바, 이에 대한 상세한 내용은 아래에서 살펴보기로 한다.

시행령이 모법과 달리 이러한 규정 방식을 채택한 것은 일응 다음과 같은 이유에 근거한 것이 아닌가 추측하여 본다. 먼저 이러한 문제가 주로 다루어지고 있는 국제경제법 분야에서 '국가안보'라는 용어는 지속적으로 사용되어 왔고 또 그 개념은 주로 군사적·외교적 주권보호의 영역에 국한되어 사용되어 왔음에 비하여,[7] '국가안전'이라는 용어는 그 사용례가 명확하지 않고 또 그 의미에 있어서도 최소한 국가안보보다는 광범위한 개념으로 확대해석될 여지가 있으므로, 차제에 국제적으로 쉽게 통용되는 '국가안보'라는 용어를 시행령에서 사용함으로써 불필요한 혼선을 줄이고 논란의 소지를 사전에 차단하자는 점을 정부에서는 고려한 것으로 판단된다.

---

7) 가령 이러한 조항의 출발점이라고 볼 수 있는 GATT 1994 협정의 제21조는 다음과 같이 규정하고 있다.

Article XXI: Security Exceptions

Nothing in this Agreement shall be construed:

(a) to require any contracting party to furnish any information the disclosure of which it considers contrary to its essential security interests; or

(b) to prevent any contracting party from taking any action which it considers necessary for the protection of its essential security interests

(i) relating to fissionable materials or the materials from which they are derived;

(ii) relating to the traffic in arms, ammunition and implements of war and to such traffic in other goods and materials as is carried on directly or indirectly for the purpose of supplying a military establishment;

(iii) taken in time of war or other emergency in international relations; or

(c) to prevent any contracting party from taking any action in pursuance of its obligations under the United Nations Charter for the maintenance of international peace and security.

상기 조항도 결국 국가안보(national security)라는 것은 국가의 모든 이해관계를 포함하는 포괄적인 개념이 아니라 군사·외교적 측면의 국가안보를 기본적으로 염두에 두고 있음을 보여준다. See John H. Jackson, "Helms-Burton", the U.S., and the WTO, *ASIL Insight* (March 1997), available at http://www.asil.org/insight7.cfm; Robert A. Green, "Antilegalistic Approaches to Resolving Disputes Between Governments: A Comparison of The International Tax and Trade Regimes", 23 *Yale J. Int'l L.* 79, 132 (1998); Wesley A. Cann, "Creating Standards and Accountability for the Use of the WTO Security Exception: Reducing the Role of Power-Based Relations and Establishing A New Balance Between Sovereignty and Multilateralism", 26 *Yale J. Int'l L.* 413, 467-68 (2001); Raj Bhala, "National Security and International Trade Law: What the GATT Says, and What the United States Does", 19 *U. Pa. J. Int'l Econ. L.* 263,275-76(1998); Rene E. Browne, Note, "Revisiting National Security in an Interdependent World: The GATT Article XXI Defense After Helms-Burton", 86 *Geo. L. J.* 405, 421-26 (1997). 우리나라 학자들도 이와 동일한 입장을 취하고 있다. 박노형 외 15인 공저, 『국제경제법』(서울: 박영사, 2006), 162-164면; 김대순, 김민서, 『WTO법론』(서울: 삼영사, 2006), 178-179면; 최승환, 『국제경제법』(서울: 법영사, 2003), 373-375면 참조.

사실, 국제경제법 분야뿐 아니라 일반 국제법 영역에서도 국가안보 개념은 기본적으로 군사적·외교적 영역에 국한되는 것으로 이해되고 있다.[8] 따라서 국가안위에 영향을 미칠 수 있는 다양한 요소 중 오로지 군사적·외교적 측면에 국한하여 국가안보 개념을 적용하겠다는 것이 시행령 제5조의 입장이라면 이는 기존의 국제경제법 내지 국제법의 입장과도 일치할 뿐 아니라,[9] 국가안보 개념의 확대에 따른 투자분쟁의 발생 가능성에 대한 일부의 우려를 적절히 제어하는 장치를 제공하고 있다고 볼 수 있을 것이다. 시행령 제5조 1항 2호가 군사적·외교적 국가이익 수호에 국한하고 있음은 동 조항 나목에 나열된 네 가지 사항을 살펴보더라도 확인할 수 있다.[10] 여기에 나열된 네 가지 사항도 모두 군사적·외교적 안보 측면과 관련된 사항이기 때문이다. 마찬가지 맥락에서 모법 제4조 2항 1호에서 규정하고 있는 "지장을 주는"이라는 용어도 지나치게 추상적이고 막연한 내용을 담고 있는바, 대신 "위해"라는 개념을 시행령에서 도입하여 국가안보에 위협과 해악을 초래하는 상황에 시행령 제5조가 적용되는 것이라는 점을 구체화하기 위한 것이 정부가 시행령을 개정한 취지라면, 이 역시 일면 수긍이 가는 조치라고 판단된다.

즉, 시행령 제5조 1항 2호가 법 제4조 2항 1호의 취지를 보다 구체적으로 정함으로써 이에 대한 외국인투자자와 외국정부의 우려를 어느 정도 불식시키고자 도입된 것이라면 그러한 목적은 어느 정도 달성할 수 있을 것으로 보인다. 그러나 이는

---

8) 이병조·이중범, 『국제법신강』(서울: 일조각, 제9개정판, 2008), 954면. 이와 유사한 개념을 다루고 있는 UN 국제법위원회(U.N. International Law Commission)의 "국제위법행위에 대한 국가책임에 관한 규정초안(Draft Articles of Responsibility of States for Internationally Wrongful Acts)" (2001)도 이와 관련하여 중요한 시사점을 제공하고 있다. 동 초안은 국가책임의 근거와 한계에 관한 그간의 국제관습법을 집대성한 내용으로 평가 받고 있다. 동 초안 제25조는 국가의 국제법 위반행위로 발생하는 위법성을 조각하는 사유의 하나로 '필요성(necessity)'을 나열하며, 이 원칙은 국가가 자신이 불리한 상황이나 예상치 못하는 상황에 처하는 경우에 원용할 수 있는 것이 아니라 자신의 생존이 좌우되는 극단적 상황에만 적용되는 것임을 전제로 하고 있다. 이러한 상황 역시 기본적으로는 군사적·외교적 긴급상황에 적용되는 것으로 볼 수 있을 것이다. 단순히 국내 주요기업이 외국투자자의 통제 하에 놓인다거나 또는 외국인의 국내산업에서의 영향력이 증대한다거나 하는 추상적인 위험으로 동 조각성 사유를 발동할 수 있는 것은 아니라고 하겠다. *Draft Articles on the Responsibility of States for Internationally Wrongful Acts,* Report of the ILC on the Work of its Fifty-third Session, UN GAOR, 56th Sess, Supp no. 10, p.43, UN Doc A/56/10 (2001); 김석현, 『국제법상 국가책임』(서울: 삼영사, 2007), 278-279면; 김대순, 『국제법론』(서울: 삼영사, 제15판, 2010), 632-633면 참조.

9) 앞의 각주 7 및 8 참조.

10) 위에서 언급한 바와 같이 외국인투자촉진법 시행령 제5조 1항 2호 나목은 다음의 네 가지를 나열하고 있다: 방위산업물자의 생산에 지장을 초래할 우려가 있는 경우; 대상 물품이나 기술이 군사목적으로 전용(轉用)될 가능성이 높은 경우; 국가기밀로 취급되는 계약 등의 내용이 공개될 우려가 있는 경우; 국제평화 및 안전유지에 심각하고 중대한 지장을 초래할 우려가 있는 경우. 이 네 가지 항목은 모두 군사적·외교적 안보 문제와 연관되며 소위 경제적 이해관계 내지 경제주권 수호와는 직접적인 관련이 없다.

모법과 시행령의 관련조항에 대한 피상적 평가에 불과하며, 관련조항의 내용을 구체적으로 살펴보면 법 제4조 2항 1호가 갖고 있던 원래의 불확실성과 모호성이 현재 새로운 시행령 하에서도 그대로 남아 있으며, 이러한 불확실성과 모호성에 기초하여 특정 사안에서 외국인투자를 제한할 경우 투자분쟁의 발생 가능성은 여선히 남아 있는 것으로 판단된다. 이는 모법은 그대로 둔 채로 시행령의 일부만을 수정하여 획기적인 새로운 정책목표를 달성하고자 한 정부정책의 기본방향에 내재한 본질적인 한계에서 연유한다고 볼 수 있을 것이다. 따라서 이러한 불확실성과 모호성을 불식시키기 위한 모법에 대한 수정 내지 새로운 입법조치 등 추가 작업이 필요한 것으로 판단된다. 이에 대해서는 후술하기로 한다.

3. 외국인투자위원회의 심의

그 다음으로 이러한 문제가 제기된 경우 지식경제부 장관이 독자적으로 판단하도록 하지 않고, 외국인 투자위원회의 심의를 거치도록 시행령은 규정하고 있다.[11) 외국인투자위원회에는 다양한 정책부서의 장이 참석하여 정부 전체 차원의 종합적인 검토를 하게 되어 있다. 즉, 지식경제부 장관 이외에 기획재정부 장관, 외교통상부 장관, 행정안전부 장관, 교육과학기술부 장관, 문화체육관광부 장관, 농림수산식품부 장관, 환경부 장관, 노동부 장관, 국토해양부 장관, 금융위원회 위원장이 참석하고, 필요시 관련 지방자치단체장도 참여하는 범정부적 심의기구이다. 따라서 동 위원회의 심의에는 다양한 정치적, 외교적, 법적 쟁점이 검토될 수 있는 장치가 마련되어 있는 것으로 보인다. 위원회의 심의를 거쳐 지식경제부 장관이 해당 외국인투자 허용 여부에 대하여 최종 결정을 내리게 된다.

그리고 동 위원회의 심의는 90일이라는 기한을 정하여 신속한 절차 진행을 보장

11) 외국인투자촉진법 시행령 제5조 5항, 6항, 7항은 다음과 같이 규정하고 있다.
⑤ 주무부장관은 법 제5조부터 제7조까지의 규정에 따른 해당 외국인투자의 신고(법 제5조 1항 후단 및 법 제6조 1항 후단에 따른 변경신고를 포함한다)를 한 날부터 30일이 지난 후에는 제1항 2호에 따른 검토 요청을 할 수 없다.
⑥ 외국인은 법 제5조부터 제7조까지의 규정에 따른 외국인투자 신고를 하기 전에 주무부장관 또는 지식경제부장관에게 지식경제부장관이 고시하는 사항을 갖추어 해당 외국인투자가 제1항 제2호 각 목에 따른 검토 요청 대상에 해당하는지 여부의 확인을 요청할 수 있다. 이 경우 외국인의 확인 요청은 제1항 2호, 제5항 및 제7항과 관련하여 외국인투자 신고로 본다.
⑦ 지식경제부장관은 제1항 2호에 따른 주무부장관의 검토 요청이 있은 날부터 90일 이내에 해당 외국인투자가 국가안보 위해에 해당하는지 여부를 외국인투자위원회의 심의에 따라 결정하여야 한다. 이 경우 지식경제부장관은 국가안보 위해에 해당하는 외국인투자에 대하여 필요하다고 인정하는 때에는 위원회의 심의에 따라 특정사업 부분의 분리매각이나 보안유지 준수 등의 조건을 붙여 외국인투자를 허용하는 결정을 할 수 있다.

하고 있으며,[12] 또한 그 심의 내용을 공표하도록 하고 있어 절차적 투명성을 강화하고 있다.[13] 또한 위원회는 단순히 문제가 된 외국인투자에 대한 허가 내지 불허의 결정뿐 아니라 특정사업 부분 분리매각 또는 보안유지 대책 마련 등을 통한 조건부 허가제도도 도입함으로써 융통성 있는 운영절차를 도입하고 있다.[14] 특히 외국인투자자가 외국인투자위원회 심의대상 여부인지를 먼저 문의할 수 있도록 하였고,[15] 어느 경우에도 전체적인 절차가 최대 120일을 초과할 수 없도록 규정하여 절차의 신속화를 도모하고 있다.[16] 시행령의 이러한 세부적 규정은 외국인투자의 현실을 적절히 반영한 것으로 판단되며 전체적으로 긍정적인 평가를 할 만하다.

다만, 이와 관련하여 의문이 드는 부분은 외국인투자위원회에서 법무부 장관이 빠져 있는 점이다. 법무부 장관이 국내법 관련 다양한 법적 조언을 제공하는 책임을 담당하고 있고, 또 실제 투자분쟁 발생시 법무부가 국가를 대리하여 이러한 소송을 담당하거나 소송을 담당하지 않더라도 주무를 담당할 가능성이 농후하다는 측면에서 법무부 장관이 동 위원회에 참석하여 적극 의견 개진을 하는 방안을 검토할 필요가 있지 않을까 판단된다.[17] 또한 지식경제부 장관이 외국인투자위원회의 심의를 거

---

12) 외국인투자촉진법 시행령 제5조 7항 참조.

13) 외국인투자촉진법 시행령 제5조 8항, 9항은 다음과 같이 규정하고 있다.

⑧ 지식경제부장관은 제7항에 따른 결정을 한 경우에 지체 없이 해당 외국인의 주식등의 취득을 불허 또는 허용하는 통보를 하여야 하고, 국가기밀을 제외한 다음 각 호의 사항을 공표하여야 한다.

1. 국가안보 위해 해당 여부
2. 결정 사유
3. 조건의 내용(제7항 후단에 따라 조건이 붙은 경우만을 말한다)

⑨ 지식경제부장관이 제7항 전단에 따라 국가안보 위해에 해당한다는 결정을 한 경우에 해당 외국인투자로 이미 기업의 주식 등을 취득한 외국인은 그 결정이 있은 날부터 6개월 이내에 해당 주식 등을 대한민국국민, 대한민국법인 또는 국가안보 위해의 우려가 없는 외국인(이하 '대한민국 국민 등'이라 한다)에게 양도하여야 하고, 제7항 후단에 따라 조건부 투자 허용 결정을 한 경우에는 지식경제부장관이 해당 조건의 위반 사실을 안 날부터 6개월 이내에 해당 주식 등을 대한민국 국민 등에게 양도하여야 한다. 다만, 부득이한 사유가 있는 경우에는 지식경제부장관의 승인을 받아 1년의 범위에서 그 양도기간을 연장할 수 있다.

14) 외국인투자촉진법 시행령 제5조 7항 참조.

15) 외국인투자촉진법 시행령 제5조 6항 참조("외국인은 … 외국인투자 신고를 하기 전에…해당 외국인투자가 제1항 제2호 각 목에 따른 검토 요청 대상에 해당하는지 여부의 확인을 요청할 수 있다.").

16) 외국인투자촉진법 시행령 제5조 5항("주무부장관은 … 외국인투자의 신고를 한 날부터 30일이 지난 후에는 제1항 제2호에 따른 검토 요청을 할 수 없다") 및 제7항 참조("지식경제부장관은…주무부장관의 검토 요청이 있은 날부터 90일 이내에 … 외국인투자위원회의 심의에 따라 결정하여야 한다.").

17) 국가를 당사자로 하는 소송에 관한 법률 제2조 참조("국가를 당사자 또는 참가인으로 하는 소송(이하 "국가소송"이라 한다)에서는 법무부장관이 국가를 대표한다."). 또한 정부는 법무부와 협조 하에 국가를 당사자로 하는 소송을 지원하기 위하여 정부법무공단을 2006년 12월 설치하였다. 정부법무공단은 법무부와 밀접한 협조체제를 구축하여 직접적으로 국내외 송무 등

쳐 해당 외국인투자 승인 여부에 대한 최종결정을 내린 경우 이를 공표하도록 하고 있다. 어떠한 방법으로 공표할 것인가에 대해서는 명시되어 있지는 않으나 관보에 게재하는 방법을 택하는 것으로 보아야 할 것이다. 한편, 동 시행령 제5조 7항은 "지식경제부 장관은 … 국가안보 위해에 해당하는지 여부를 위원회의 심의에 따라 결정하여야 한다"라고 규정하고 있다. 따라서 위원회의 심의결정이 실질적으로 최종적이며 지식경제부 장관은 위원회의 결정을 절차적으로 집행하는 성격으로 파악하는 것이 타당할 것이다. 그러나 이러한 세부적인 부분이 다소 불명확하게 규정되어 있어 경우에 따라서는 투자분쟁 발생의 소지가 없지는 않은 바, 이러한 세부적인 운영에 대한 구체적 검토와 시행령에 대한 보완이 뒤따라야 할 것이다.

이러한 3단계의 절차를 거쳐 문제가 된 외국인투자의 허용, 불허, 조건부 허용 등의 결정이 내려지게 된다. 전체적으로 시행령 제5조에서 새로이 도입하고 있는 절차는 모법의 관련조항을 국가안보 심의 목적에 부합하도록 보다 구체화하였고 또 전체적인 심의절차를 체계적으로 규정하였다는 데에 그 의의를 찾을 수 있을 것이다.

Ⅲ. 시행령의 일부 법적 쟁점에 대한 검토

위에서 살펴본 바와 같이 일단 시행령 제5조의 기본 골격이 안보관련 국내 주요 기업에 대한 외국인투자자의 적대적 M&A 시도를 사전에 차단, 국가안보정책의 안정적 운용을 달성하고 국가기밀을 보호하는 장치를 도입한다는 측면에서 시행령 동 조항의 기본취지 및 목적은 타당하며 세계적 조류와도 부합한다고 볼 수 있을 것이다. 또한 시행령에 관련규정을 도입함에 있어서도 현실과 부합하고 유용한 실체적·절차적 내용을 포함한 것으로 평가할 수 있다. 그러나 시행령 제5조와 모법 제4조의 관련규정을 구체적으로 검토하면 다음과 같은 문제점이 대두된다.

1. 외국인투자촉진법 제4조와 시행령 제5조의 간극

새로이 도입된 시행령 제5조의 적용과 관련하여 먼저 대두되는 문제는 시행령 제5조에서 규정하고 있는 '국가안보 위해'의 개념과 이에 대한 근거 조항인 법 제4조에서 규정하고 있는 "국가의 안전유지에 지장을 주는 경우"가 서로 동일하지 않다는

을 담당하고 있다. 정부법무공단법 제4조, 제6조, 제10조 등 참조.

점이다. 양자가 동일하다면 그 해석과 시행에 큰 문제가 없을 것이나 만약 양자가 상이하다면 구체적인 상황에서 시행령 제5조 1항 2호를 적용함에 있어 적지 않은 혼선 발생이 불가피할 것이다.

시행령에서 말하는 '국가안보(national security)'는 국제법 내지 국제경제법에서 일반적으로 이해되는 개념으로 주로 군사적·외교적 분야에서의 핵심적 국가이익 보호에 관련되는 내용이다. 즉, 여기에는 국가의 경제적 분야에서의 국가이익 내지 경제주권 보호 등의 개념은 포함되지 않는 것이 원칙이다. 가령 핵심적 경제이익 수호를 위하여 일방당사국이 WTO 협정을 위반할 수 있도록 인정한다면 이는 WTO 체제 자체에 대한 심각한 위협이 될 것이다. WTO 협정 자체가 각국의 핵심적 경제이익을 어떻게 조율하여 어떻게 규율할 것인지를 종합적으로 규정하고 있는 최종 종결판이기 때문이다. 그러나 군사적·외교적 국가안보의 경우는 그 상황이 다르다. 이러한 이슈는 우루과이 라운드 협상 등 WTO 체제를 준비하는 과정에서 다루어진 바가 없으며 이에 대하여 어떠한 국가도 이 분야에서의 자신의 주권을 WTO 체제에 양도하겠다는 의사를 표시한 바가 없기 때문이다. WTO 협정 중 GATT 1994 협정 제21조 및 GATS 제14－2조는 이러한 상황에 기초하고 있다. 즉, 국제경제법 내지 국제법에서 '국가안보' 개념은 그 자체로서 독자적인 의의와 역사적 배경을 갖고 있는 것으로 볼 수 있다.

그러나 모법 제4조 2항 1호에서 사용하고 있는 '국가안전(national safety)'이라는 용어는 그 사용례가 명확하지 않아 논란의 소지가 있으나 기본적으로 국가의 안위에 관련되는 경제, 군사, 사회, 문화 등 제반 영역을 포괄하는 개념으로서 반드시 군사적 영역에만 국한되는 개념은 아니다. '국가안전'은 원래 사용되던 '국가안보'에 다양한 요소가 플러스로 첨가된 개념으로 파악되어야 한다. 따라서 여기에는 국가의 핵심적 경제이익 내지 경제주권 보호도 포함되며, 이를 근거로 외국인투자를 제한할 수 있도록 모법은 규정하고 있는 것으로 볼 수 있다. 이에 반하여 '국가안보' 용어를 채택하고 있는 시행령은 이러한 경제적 이해관계 수호를 위한 외국인투자규제는 허용되지 않는 것으로 해석되어야 한다. 따라서 모법과 시행령 양자 간에는 외국인투자의 제한의 근거가 되는 사유가 무엇인지에 관하여 적지 않은 간극이 있는 것으로 판단된다. 그리고 이러한 간극은 향후 적지 않은 혼선을 초래할 가능성이 농후하다.

마찬가지로 법 제4조 2항 1호에 규정되어 있는 '지장을 주는 경우'라는 용어도 시행령 제5조 1항 2호가 규정하고 있는 '위해'와 비교하면 상당한 차이가 있다. 법 제4조가 규정하고 있는 '지장을 주는 경우'라는 용어는 직접적인 피해 내지 침해의 경우는 물론이고 간접적으로 부정적 영향을 미치는 경우도 '지장을 주는 경우'에 해당할 수 있다는 차원에서 상당히 광범위하다. 심지어 그러한 부정적 영향이 경미한 경우에도 역시 '지장을 주는' 경우에 해당할 수 있을 것이기 때문이다. 그러한 맥락에서 이 용어는 시행령이 채택하고 있는 '위해'라는 용어와는 사뭇 거리가 있다. '위해(危害)'는 그 침해 내지 피해가 '지장을 주는 경우'에 비해 직접적 내지 압도적이라는 의미를 내포하고 있기 때문이다.

그렇다면 이 두 용어를 각각 합하여 창출된 모법의 '국가안전 유지에 지장을 주는 경우'와 시행령에 규정된 '국가안보 위해' 사이에는 상당한 간극이 존재하고 있음을 알 수 있다. 전자는 상당히 포괄적이고 융통성있게 적용 가능한 개념임에 반하여 후자는 그 적용범위가 상대적으로 제한되어 있고 구체적이다. 전자는 전통적으로 군사적·외교적 본질적 국가이익 수호에 초점이 맞추어져 있는 반면, 후자는 경제적 이해관계 수호를 포함하여 제반 국가이익에 광범위하게 적용될 수 있다.

이상에서 살펴본 바와 같이 우리 법과 시행령 사이에는 적지 않은 간극이 존재하고 있다. 그렇다면 그 다음 과제는 이러한 간극을 어떻게 해석하고 또 법과 시행령을 어떻게 적용할 것인가 하는 문제이다.

2. 외국인투자촉진법 제4조와 시행령 제5조의 관계

모법과 시행령에서 이와 같이 핵심개념에 대하여 상이한 용어를 채택하여 규정하고 있는 이상 향후 이 문제와 관련하여 혼선이 발생하는 것은 불가피해 보인다. 서로 상이한 개념을 도입한 이유와 근거가 명백하게 설명되어 있다면 불필요한 혼선을 줄이고 관련규정을 체계적으로 운용할 수 있을 것이나, 현재 법 및 시행령에서 이러한 근거를 찾기는 힘든 것으로 보인다. 서두에서 밝힌 바와 같이 시행령이 이와 같이 개정되게 된 저간의 사정과 정부의 고려사항을 종합적으로 고려하여 관련조항의 의미를 추론할 수밖에 없는 상황이다. 일단 모법이 전혀 개정되지 않았으므로 모법의 기본 개념은 원래 그대로 유지된다는 전제하에서, 동일한 이슈에 대하여 모법과 상이한 용어를 시행령에 도입한 정부의 의도가 무엇인지를 추측하여 보아야 할 것이다. 아래에서는 이를 두 가지의 경우로 나누어 살펴보도록 한다.

1) 시행령 제5조를 주요 개념의 정의(定義)수단으로 파악하는 경우

먼저 시행령 제5조 1항 2호를 모법 제4조 2항 1호의 개념을 구체적으로 정의하는 성격의 조항으로 이해하는 경우이다. 즉, 모법에 규정된 "국가의 안전유지에 지장을 주는 경우"가 지극히 추상적이고 그 적용범위가 광범위하므로 이로 인해 초래되는 문제점을 사전에 방지하고자 시행령을 통하여 그 개념을 구체적으로 정의하여 적용범위를 제한하고자 하는 것을 동 시행령 도입의 기본적 취지로 파악하는 해석이다. 즉, 모법 제4조 2항 1호에서 말하는 '국가의 안전유지에 지장을 주는 경우'란 바로 '국가안보 위해'의 경우이며, '국가안보 위해'가 바로 '국가의 안전유지에 지장을 주는 경우'라는 해석이다. 그리고 그 상세 요건이 시행령에 나열되어 있다는 것이다.

이러한 해석에는 일단 다음과 같은 장점이 있다. 먼저 이러한 해석에 따를 경우 외국인투자에 대한 법 제4조상의 '국가안전'을 이유로 하는 제한은 군사적·외교적 측면의 국가안보에 국한됨으로써 기존의 FTA 및 BIT 협정에서 규정하고 있는 국가안보 예외의 기본체제를 그대로 받아들이게 된다는 점이다. 또한 나아가 국가안보를 이유로 하는 규제로 들어가서도 그 요건을 구체적으로 나열하여 (즉, 나열된 네 가지 경우와 관련된 경영권 확보 시도의 경우에 한하여[18]) 그 적용범위와 발동요건을 구체화하고 있다는 것이다. 이러한 기존 협정 합치적 정의 선택과 구체적 요건의 나열은 외국인투자자의 예측 가능성과 관련절차의 투명성을 제고하여 그 만큼 투자분쟁 발생 가능성을 줄일 수 있을 것이다. 또한 분쟁발생 시에도 그만큼 우리 측의 승소 가능성이 제고될 것이다.

이러한 해석이 이와 관련한 국제협정의 규정과 보다 부합하는 이유를 부연 설명하면 다음과 같다. 기본적으로 각종 국제협정은 국가안보를 협정 위반에 대한 일종의 예외 내지 면책사유로 규정하고 있다. 즉, 협정에 위반하는 당사국의 조치이더라도 그러한 조치가 국가안보에 근거한 경우 설사 협정의 여타 관련조항에 대한 실체적 위반을 구성하더라도 그 위반이 정당화되는 것으로 취급하고 있는 것이다. 이와 같이 협정위반에 대한 예외 규정을 도입하는 대신, 이들 협정들은 국가안보 개념은 모든 형태의 국가이익에 포괄적으로 적용되는 것이 아니라 군사적·외교적 국가이익 침해(가령, 전쟁, 준전시, 내란, 대규모 테러, 핵물질 관련 사항)에만 국한되어 적용되는 것을 전제로 하고 있다. 만약 이들 협정이 경제적 이해관계 수호에도 국가안보라는 개념이 확대적용되고 따라서 협정 위반에 대한 정당화 사유를 제공하는 것이라면 이러한 협정 체제 자체가 유지되기 힘들 것이다. 그 이유는 바로 이러한 협정 자체가 바로 경제적 이해관계의 규율을 위한 협정이기 때문이다. 결국 이러한 광범위한 해석을 택할 경우 협정을 채택한 기본 목적 자체가 형해화될 것이다. 따라서 이 이슈와 관련한 문제는 각 협정에서 규정하고 있는 국가안보 예외조항의 기본틀 내에서 접근하는 것이 필요하다고 하겠다.

먼저 국가안보의 개념이 최초로 규정된 WTO 협정에서도 국가안보 개념이 경제

---

18) 외국인투자촉진법 시행령 제5조 1항 2호 참조.

적 이해관계 수호를 위한 광범위한 개념으로 확대해석되고 있지는 않다.[19] 그리고 국제투자관련 규범에 관하여 중요한 준거로 활용되고 있는 OECD 자본이동자유화규약(OECD Code of Liberalization of Capital Movements)의 경우도 제3조에서 공서양속과 국가안보를 이유로 한 당사국의 조치를 인정하는 예외규정을 도입하고 있기는 하나 그 역시 전통적인 의미의 국가안보에 국한하고 있다.[20] 이러한 입장은 한-칠레 FTA, 한-싱가포르 FTA, 한-인도 FTA, 한-아세안 FTA, 한-미 FTA 및 한-일 투자보장협정의 경우도 마찬가지이다. 이러한 상황을 종합적으로 검토할 경우 군사적·외교적 측면의 국가안보가 심각한 침해를 받을 경우 이들 협정의 조항에 따른 예외조항의 발동 또는 이 경우 외국인투자에 대한 특별한 제한을 부과할 법적인 근거는 확인되고 있으나 시행령 도입 당시 제안된 일부 의원법안이 제시한 바와 같이 (또는 시행령과 모법의 규정을 확대적용하여) 단순히 "국가경제에 중대한 영향을 미치는 경우"에도 국가안보 위해를 초래하는 상황으로 간주하여 유사한 제한을 가할 수 있는 법적 근거를 부여하는 조항은 확인하기 힘든 상황이다. 이러한 맥락에서는 모법 제4조에서 말하는 "국가의 안전유지에 지장을 주는 경우"란 시행령 제5조에서 말하는 '국가안보 위해'의 경우라고 개념을 재정립한 것으로 시행령 제5조의 의미를 해석하는 방안은 기존의 국제협정과 가장 부합하는 해석이라고 볼 수 있다.

반면, 이러한 해석에는 다음과 같은 문제점도 있다. 먼저 이러한 해석이 반드시

19) 앞의 각주 7 및 8 참조.

20) OECD 자본이동자유화 규약 제3조 (Public Order and Security) 조항 참조. 한편 OECD 자본이동자유화규약 (OECD Code of Liberalization of Capital Movements)은 국제 간의 자본거래와 관련하여 OECD 회원국간 체결한 국제협정이다. 동 문서의 이름은 규약으로 되어 있으나 법적 구속력을 보유한 국제협정(조약)이다. OECD 웹사이트는 이러한 문서의 국제협정 성격을 확인하고 있다 ("This publication presents the full text of the OECD Code of Liberalisation of Capital Movements and sets out the legally binding obligations that OECD members have accepted", OECD 웹사이트, http://www.oecd.org/document/63/0,3343,en_2649_34887_1826559_1_1_1_1,00.html 참조). 동 규약의 제3조는 다음과 같이 규정하고 있다.

Article 3 Public order and security

The provisions of this Code shall not prevent a Member from taking action which it considers necessary for:

i) the maintenance of public order or the protection of public health, morals and safety;

ii) the protection of its essential security interests;

iii) the fulfillment of its obligations relating to international peace and security.

이 조항에서 공공의 안전(public safety) 역시 협정 의무에 대한 예외사유로 규정하고 있으나 여기에서 말하는 공공의 안전은 국가의 안전(national safety)과는 다른 개념임에 유의하여야 한다. 공공의 안전은 문자 그대로 개개의 국민들의 안전을 도모하기 위한 조치를 말한다. 가령 위험한 물질, 상품 등의 도입을 제한하는 조치를 말한다. 공공의 안전이 공공의 건강(public health) 및 도덕(public moral)과 함께 규정된 것을 보아도 이러한 사실을 알 수 있다. 이에 반하여 국가의 안전이란 국가의 안위에 영향을 미치는 제반사항을 의미하는 것으로 해석되어야 한다.

시행령의 규정 내용으로 지지되지는 않는다는 점이다. 시행령 제5조 1항 2호가 규정하는 '국가안보 위해'는 법 제4조 2항 1호가 규정하는 "국가의 안전유지에 지장을 주는 경우"를 단지 명칭만 바꾸어 다시 규정하는 모양새를 취하고 있다. 즉, 시행령의 동 조항은 "다음 각 목에 모두 해당되는 외국인투자촉진법 제4조 2항 1호에 따른 국가의 안전유지에 지장을 주는 경우(이하 "국가안보 위해"라 한다)에 해당하는 경우…"라고 규정하고 있다. 즉, 동 조항을 면밀히 검토하면 '국가안보 위해'라는 개념을 시행령에서 신규로 도입한 것이 아니라, 법 제4조 2항 1호에 규정된 기존의 개념(국가의 안전유지에 지장을 주는 경우)을 그대로 도입하고 있다고 볼 여지가 있다. 이러한 관점에서 볼 경우 시행령 제5조 1항 2호에서는 그 명칭만 다소 구체적·한정적으로 채택하여 법 제4조 2항 1호의 경우보다 그 범위가 제한적인 것으로 외관상 혼동을 초래하고 있으나, 결국 실제에서는 '국가안보 위해'라는 개념 규정을 기타 협정 등에서 사용되는 일반적인 개념을 따르기보다는 우리 법에서 정한 '국가의 안전유지에 지장을 주는'이라는 개념을 그대로 따르도록 하는 취지로 규정되어 있는 것으로 파악할 수 있다. 결국 이를 정리하면 시행령 제5조 1항 2호에서 규정하는 '국가안보 위해'는 그 용어의 외관상 제한성 내지 엄정성에도 불구하고 결국은 법 제4조 2항 1호에 규정된 '국가의 안전유지에 지장을 주는 경우'와 하등의 차이가 없는 개념이며, 이를 통해 모법상의 규정을 구체화 내지 제한하는 것으로 보기는 힘들다는 결론에 이르게 된다.

물론 이러한 규정방식에 대하여 시행령 제5조 1항 2호의 규정은 법 제4조 2항 1호의 규정을 보다 명백히 규정하기 위하여 도입한 것으로 '국가의 안전 유지에 지장을 주는 경우'란 '국가안보 위해'의 경우를 말하는 것이라고 반대로 주장할 근거도 없지는 않다. 그러나 이러한 해석은 시행령 제5조 1항 2호가 규정하는 방식을 살펴보면 그 설득력이 떨어진다. 동 조항은 '국가의 안전유지에 지장을 주는 경우'란 '국가안보 위해를 초래하는 경우이다'라는 방식이 아닌 '국가의 안전유지에 지장을 주는 경우(이하 '국가안보 위해'라 한다)'라는 방식을 택함으로써 법 제4조 2항 1호의 내용을 그대로 답습하며 단지 시행령에서 간략한 인용(short citation)방식만을 도입하고 있음을 분명히 하고 있기 때문이다. 이러한 상황에서 시행령이 상위법의 내용을 구체화하거나 또는 변경하고 있는 것으로 보기는 힘들 것이다.

두 번째 문제점으로 들 수 있는 것은 하위 시행령이 상위법의 내용을 명백한 근거 없이 임의로 변경할 수 있는가 하는 점이다.[21] 물론 동 법 제4조 3항에 제4조의

21) 김성수, 『일반행정법』(서울: 법문사, 2008), 356-363면; 정종섭, 『헌법학원론』(서울: 박영사, 2006), 1085면 참조.

운용과 관련된 일부 세부적인 내용을 대통령령에 위임하는 근거조항이 있기는 하다. 동 조항은 "제2항 각 호의 어느 하나에 해당되어 외국인투자가 제한되는 업종과 제한내용은 대통령령으로 정한다"라고 규정하고 있다. 즉, 동 조항의 의미는 국가안전유지에 지장을 주는 경우 등 제2항의 각 호에 해당되어 외국인투자를 제한하는 경우 그 제한 업종과 내용에 대하여 대통령령에 위임한다는 취지이다. 그러나 이 규정 이외에 국가안전 유지 등 각호의 의미 및 개념을 재정립하도록 대통령령에 위임한다는 취지의 조항은 존재하지 아니한다. 따라서 시행령이 '국가안보 위해'라는 개념을 신규 도입하여 모법의 '국가의 안전 유지에 지장을 주는 경우'라는 개념을 구체적으로 정하고자 의도하고 있다는 주장은 이러한 점을 고려하면 설득력이 떨어지는 측면이 있다. 모법에서 그러한 내용을 시행령에 위임하고 있는 것으로 보기 힘들기 때문이다.

시행령이 모법의 내용을 구체적으로 정의하여 사실상 대체하고 있다는 해석은 모법 제4조 2항의 여타 제한규정을 보더라도 그 문제점을 알 수 있다. 가령 동법 제4조 2항 3호는 "대한민국의 법령을 위반하는 경우"도 외국인 투자제한 사유로 나열하고 있다. 그렇다면 특정 외국인투자자가 대한민국의 법령을 위반하는 투자를 신청하는 경우 이는 모법 동 조항에 의해서 제한될 수 있을 것이며 또 제한되어야만 할 것이다. 만약 모법 제4조 3항의 시행령 위임조항을 포괄적 위임으로 파악하는 경우 시행령의 제한규정이 사실상 모법의 제한 규정을 대체하는 것으로 간주되고 이 경우 시행령에 규정된 방식으로만 외국인투자에 대한 제한이 가능하므로 우리 법령에 위반되는 경우에도 관련 외국인투자를 제한할 수 없다는 모순이 발생하게 된다. 왜냐하면 현재 시행령 제5조에는 그러한 내용을 별도로 규정하고 있지는 않기 때문이다. 따라서 이를 고려하면 시행령 제5조의 취지는 단지 모법 제4조 2항의 외국인 투자제한 사항 중 일부 내용을 보다 구체적으로 규정하고 있는 것이며 대체하는 것은 아니라는 방식으로 해석을 하는 것이 보다 설득력이 있는 것으로 판단된다.

세 번째 문제점으로 들 수 있는 것은 이러한 해석은 외국인투자에 대한 때로는 필요한 비안보적 제한에 대한 가능성도 원천봉쇄하는 측면이 있다는 점이다. 경우에 따라서는 단순히 군사적·외교적 안보 측면뿐 아니라 때로는 경제적 안보 ― 즉 국가경제체제 운영 및 유지의 핵심요소에 대한 보호 ― 필요성이 제기될 가능성도 완전히 부인하기는 힘들다. 1997년 외환위기 및 2008년의 경제위기는 긴급한 경제위기 발생 시 그 극복을 위해서는 국가경제 체제의 핵심을 이루는 기본요소 ―환율, 금융, 재정정책 등― 에 대한 정부의 장악력이 긴요하다는 것을 보여주었다. 따라서 그 발동 가능성이 군사적·외교적 안보의 경우보다는 희박하고 또 외국인투자자와 분쟁

발생가능성이 일층 높아질 우려가 있기는 하나 경제위기 등 비안보적 요인으로 인한 외국인투자제한 가능성 역시 아주 작게나마 존재하는 것으로 보아야 할 것이다. 이러한 가능성을 조금이라도 확보하여 두자면 시행령 제5조의 취지를 모법 제4조의 구체적 개념 정의로 파악하는 것은 지양할 필요가 있게 된다.

2) 시행령 제5조를 특정 사례 관련 세부적 규정 제공수단으로 파악하는 경우

다른 한편으로 시행령 제5조는 단지 법 제4조가 적용되는 다양한 사례 중 하나에 대하여 세부적인 규정을 제공하는 역할을 하는 것으로 파악하는 경우를 상정할 수 있다. 즉, 법 제4조 2항에서 규정하고 있는 외국인 투자제한을 위한 세 가지 근거 중 하나인 "국가의 안전 유지에 지장을 주는 경우"에 해당하는 하나의 구체적 사례에 대하여 세부적인 규정을 제공하기 위하여 시행령 제5조 2항이 도입되었다는 취지로 파악을 하는 것이다. 이 경우 모법에 규정된 내용은 그대로 두고 단지 외국인투자가 군사적·외교적 안보와 관련된 영역에서 M&A를 시도하는 경우만 규율하기 위하여 시행령 제5조 2항 등이 도입된 것으로 간주될 것이다.

이러한 해석은 다음과 같은 장점이 있다. 법 제4조 2항 1호가 규정하고 있는 "국가의 안전 유지에 지장을 주는 경우"는 시행령과 상관없이 항상 적용되므로 시행령 제5조 1항 2호의 좁은 적용범위를 넘어 다양한 상황에 대한 외국인투자제한의 근거를 확보하게 된다는 것이다. 시행령 제5조 1항 2호의 가목과 나목에 나열된 상황을 제외한 모든 국가안전 위협 상황에 대해서는 시행령과 상관없이 법 제4조 2항 1호가 적용될 것이다. 이 경우 군사, 경제, 사회, 외교 등 다양한 영역에서 우리의 국가안전에 영향을 미치는 다양한 상황을 법 제4조로 포섭하는 것이 가능하게 된다. 외국인투자가 우리의 핵심적 경제이익에 대한 부당한 장악력을 확보하는 것이 국가적 위협이므로 이에 대한 안전장치가 필요하다고 주장하는 일부 우려를 반영하기 위해서는 이러한 해석이 일단 그 가능성을 확보하여 줄 수 있을 것이다. 그리고 시행령과 상관없이 일단 개정되지 않고 그대로 유지되고 있는 모법의 취지를 그대로 유지할 수 있다는 측면에서도 이러한 해석은 장점을 찾을 수 있다.

반면 이러한 해석의 단점으로는 다음을 들 수 있다. 먼저 법 제4조 규정을 다양한 상황에 적용가능한 것으로 해석하고, 또 실제 적용하게 됨에 따라 외국인투자자 및 그 국적국과 투자분쟁이 촉발될 가능성이 상존한다는 점을 들 수 있다. 우리 정부가 반드시 외국인투자자를 차별하고자 하는 의도를 갖고 있지 아니한 경우에도 현재 법 제4조는 그 개념의 모호성 내지 광범위성으로 인하여 정책 담당자에게 충분한 가이드라인을 제시하기에는 불충분한 측면이 있다. 그렇다면 구체적 사안에서 우리 정부가 법 제4조의 규정을 원용하여 필요한 제한조치를 취하는 경우 외국인투자자 입장에서는 이러한 조치를 외국인투자자를 차별하기 위하여 도입된 위장된 조치(disguised measure)로 파악하고 관련 협정에서 규정하는 내국민대우, 간접수용 등 제반 규정에 대한 위반에 해당함을 주장할 가능성이 있다.

나아가 보다 본질적인 문제점으로 들 수 있는 것은 과연 이러한 해석이 시행령을 도입한 원래의 취지와 부합하는가 하는 점이다. 시행령 도입과정에서 외국인투자 제한을 위한 다양한 방안을 모색하다가 현 시행령 내용을 채택하게 된 과정은 결국 갑론을박 끝에 법 제4조 2항 1호에서 규정하고 있는 외국인투자가 '국가의 안전 유지에 지장을 주는 경우'는 시행령에 새로이 나열하는 상황을 의미하는 것으로 시행령 입안자들이 이해하고 있는 것으로 파악될 여지도 없지 않기 때문이다. 관련 법안의 논의 과정 그리고 시행령의 입안 과정을 지켜본 외국인투자자나 이해관계자들은 이러한 인식을 갖고 있을 가능성도 배제하기 힘들 것이다. 그렇다면 이러한 방식의 해석은 이들의 반발을 초래할 개연성이 있다.

3) 현 시행령 및 모법의 문제점

결국 이를 정리하면 어떠한 방식으로 시행령 제5조의 취지를 이해하든지 항상 불명확한 부분이 남게 된다는 점을 알 수 있다. 시행령 제5조가 법 제4조상 관련 개념을 다시 정의한 것으로 파악하는 경우 시행령 동 조항의 문구와 반드시 부합하지 않을 뿐 아니라 법 제4조에 규정된 내용을 특별한 근거없이 시행령에서 배제하는 상황에 직면하게 된다. 반면 시행령 제5조는 법 제4조의 특별한 사례를 구체적으로 규정하고 있는 것으로만 이해하게 되면 그렇다면 법 제4조의 적용범위는 무엇인가, 특히 '국가의 안전 유지에 지장을 주는 경우'란 무엇인가, 여기에 해당하는 상황은 어떠한 것인가, 또는 경제적 이해관계 수호만을 위하여 이 조항을 발동하는 것도 허용되는가 하는 본질적 문제에 역시 직면하게 되어 장기적으로 분쟁을 촉발시킬 수 있는 상황으로 귀결될 가능성이 농후하다.

물론 위에서 지적한 바와 같이 시행령 제5조의 규정은 법 제4조의 규정보다는 진일보한 규정으로 볼 수 있을 것이다. 즉, 일견 시행령 제5조 1항 2호는 법 제4조 2항 1호의 취지를 보다 구체적으로 표현함으로써 법 제4조 2항 1호의 적용범위와 관련하여 외국인투자자와 외국정부가 갖고 있던 우려를 어느 정도 불식시킬 수 있다는 점에서 일단 그 의의를 찾을 수 있다고 볼 여지도 있다. 그러나 법 제4조 2항 1호와 시행령 제5조 1항 2호의 규정과 관련하여 위에서 지적한 내재적 불명확성을 감안하면 시행령을 통한 구체화의 효과가 사실상 미미하다는 점 역시 알 수 있다. 즉, 직접적으로 방산물자 생산 등에 종사하는 기업에 대한 M&A 시도 등 시행령 제5조가 적용되는 제한적인 사례를 제외한 적지 않은 외국인투자에 대해 시행령 제5조가 아닌 모법 제4조가 그대로 적용되는 것으로 해석될 여지가 농후하여 결국 최근 2-3년간 논의되어 오던 국가기간 산업에 대한 외국인투자자의 경영권 확보 상황을 어떻게 처리할 것인가에 대한 본질적인 고민에 대해서는 동법과 시행령은 의미있는 가이드라인을 제시하고 있지는 아니하다. 이러한 규정의 흠결은 결국 추후 투자분쟁 발생의 소지를 제공하게 될 것이다.

결국 이 문제는 모법 자체에 대한 개정이나 또는 새로운 관련 입법조치를 통하여 해결하여야 할 문제이나 동법 자체는 그대로 둔 채 시행령 개정이라는 다소 어정쩡한 방식으로 해결하고자 시도한 데서 연유하고 있는 것으로 보인다. 만약 FTA, BIT 등의 확산으로 비안보적 영역에서 국가의 핵심적 이익을 침해할 가능성이 있는 외국인투자를 제한하는 것이 필요하다는 판단을 하였다면 관련법을 개정하거나 제정하여 그 내용을 보다 명확히 규정하는 것이 타당하다. 미봉책으로 시행령만 개정한 결과 시행령과 모법의 관계가 어떠한지 그리고 그 적용범위가 어떠한지에 대한 의문이 계속 제기되는 상황이 초래된 것이 아닌가 생각된다. 이러한 지속적인 의문은 결국 투자분쟁으로 귀결될 것임은 이미 지적하였다.

어쨌든 현재 법 제4조와 시행령 제5조의 규정을 면밀히 검토하여 본 결과 양자 중 후자의 해석 - 즉, 시행령 제5조는 법 제4조의 구체적 사례 하나에 대하여 세부적 규정을 제시하는 것으로 이해하는 해석 - 이 관련 협정에 대한 저촉 가능성을 높이기는 하나 우리 법과 시행령의 체계적 관점에서는 보다 타당성이 있는 것으로 판단된다.

3. 외국인투자촉진법 제4조의 비안보적 영역 적용 시 초래되는 문제점

이와 같이 시행령 제5조를 법 제4조의 구체적 사례 하나에 대하여 세부적 규정을 제시하는 것으로 해석하는 경우, 남은 과제는 법 제4조가 적용되는 여타의 다양한 국가안전 위협 상황(가령 핵심적인 경제적 이익 보호 필요성이 제기되는 상황 등)을 어떻게 규율할 것인가 하는 문제이다. 이 조항을 비안보적(비군사적) 영역에 적용할 경우 다음과 같은 문제가 초래될 것이다.

1) 투자분쟁 유발 가능성

법 제4조가 비안보적 영역에 적용되는 경우로는 다음과 같은 사례를 상정할 수 있다. 가령 동 조항에 근거하여 '국가경제에 중대한 영향을 미치는 국내기업의 인수 합병 및 그 밖의 경영지배권 취득행위를 규제'하고자 하는 경우이다.[22] 이 경우 당장 대두되는 현실적인 문제는 (i) 국가경제에 중대한 영향을 미치는 외국인의 투자가 무엇인가 하는 점과, (ii) 그러한 관심과 보호를 받아야 하는 국내기업이 무엇인가 하는 점이다. 그러나 현재 법 제4조는 이 두 사안에 관하여 구체적 개념 및 정의를 제시하고 있지 않은 상황이다.

이러한 기본적 개념 또는 정의의 부재는 동 조항이 적용될 기본 대상 및 범위가 확정되지 않은 상황으로 유지된다는 의미이므로 향후 상당한 혼선을 초래하고 또 외국인투자자 및 그 국적국과의 분쟁을 초래할 가능성이 상존한다. 설사 기본적인 개념 및 정의규정이 존재한다고 하더라도 이러한 법안의 속성상 사안별로 교역상대국과의 분쟁 발생이 불가피하다는 점을 고려하면, 특히 이러한 개념 및 정의 자체가 부재하는 경우 분쟁 발생 가능성은 일층 제고될 것으로 우려된다.

현재 우리 경제체제에서는 어떠한 외국인투자도 일정한 규모를 넘어서는 한 궁극적으로는 국내경제정책 운용과 직·간접적으로 관련될 수밖에 없다. 그렇다면 이러한 다양한 외국인투자 중 어떠한 것이 국가경제에 중대한 영향을 미치는 것인가 하는 문제는 기본적으로 각 사안별로 평가자의 주관적 평가에 따를 수밖에 없으며 마찬가지로 동 법안의 보호를 받게 될 국내기업도 결국 각 사안별로 평가자의 주관적 평가에 의존할 수밖에 없을 것이다. 이러한 상황에서는 우리 정부가 구체적 사안에서 어떠한 결론을 도출하더라도 해당 외국인투자자 및 그 국적국을 쉽게 설득하기는 힘들 것이다.

외국인투자제한을 위한 정부의 결정에 수긍하지 않는 외국인투자자는 이를 '자의적 법집행'으로 주장하며 현재 우리가 체결 및 타결한 FTA 및 BIT에서 규정하고 있는 다양한 규정 —가령 각 체약당사국 정부는 자국에 투자하는 상대방 국가의 투자자에 대하여 국내 투자자와 동일한 대우를 부여하여야 할 의무, 외국인투자자간 동일한 대우를 부여할 의무, 외국인투자자에 대한 형평한 대우를 부여할 의무, 외국인투자자에 대하여 최소한의 예측 가능성과 합리적 대우를 보장할 의무 등— 을 위반하는 것으로 주장하게 될 것이다.

22) 이병석 의원 발의 법안 및 이상경 의원 발의 법안은 양자 공히 '국가안보'의 개념이 '국가경제에 중요한 영향을 끼치는 경우'도 포함한다는 전제하에서 출발하고 있는 것으로 판단된다. 상기 각주 1 참조. 그러나 이 분야와 관련된 어떠한 국제협정에서도 '국가안보' 개념과 '국가경제에 중요한 영향'을 동일시하는 내용을 찾아볼 수는 없으며 국가안보 개념이 경제에 대한 중요한 영향의 경우까지 확대적용될 수 있음을 제시하고 있지는 않은 것으로 보인다. 앞의 각주 7 참조.

2) 국제추세와 비합치

또한 법 제4조를 이와 같이 해석하는 경우 국제추세와 반드시 합치하지 않는 문제가 발생한다. 2007년 이래 관련 법안을 검토하고 시행령을 도입하는 과정에서 우리 국회 및 정부가 적지 않은 참고를 한 외국 법령 중 하나는 미국의 Exon Florio 법이다. 그런데 미국의 Exon Florio 법에서 규정하고 있는 외국인에 대한 투자제한은 기본적으로 "국가안보(national security)"와 관련된 경우이며 미국의 경제체제에 영향을 초래하는 경우를 그 대상으로 삼고 있는 것은 아니다.[23] 그러나 법 제4조를 일부에서 주장하고 있는 바와 같이 핵심적 경제이익 내지 경제주권 보호를 위하여 적용하는 경우 이는 국가안보에 관련되는 문제를 직접적으로 다루고 있다기보다는 단지 국가경제에 중요한 영향을 미치는 외국인투자자의 행위를 그 규율대상으로 하는 것으로 파악되어 미국의 Exon Florio 법보다 광범위한 적용범위를 갖게 될 것이다.

위에서도 지적한 바와 같이 용어의 통상적 개념(ordinary meaning)을 따를 경우, '국가경제에 대한 영향력' 개념은 분명 '국가의 안전 유지에 지장을 초래하는 경우'의 하나에 해당하기는 하나, 한편으로 '국가안보' 개념에는 반드시 부합하는 것으로 보기는 힘들다. 따라서 우리가 동법을 구체적 사안에서 그러한 방향으로 운용 시 그 적용범위가 Exon Florio 법 및 유사 외국법보다 포괄적일 가능성이 존재하며, 이 경우 해당 외국인투자자 및 그 국적국은 우리 법이 국제추세 내지 규범과 합치하지 않음을 주장할 것이다. 투자협정상의 의무를 해석함에 있어 이를 심리하는 국제중재판정부는 국제추세 및 경향을 적지 않게 참고한다는 점에서 이와 일탈하는 우리 국내법에 대하여 이들이 부정적 시각을 갖게 될 가능성 역시 존재한다.

설사 우리가 '국가경제에 대한 영향력' 개념을 '국가안보' 개념과 사실상 동일한 개념으로 주장한다고 하더라도, WTO 협정, BIT 및 FTA에 포함된 국가안보를 이유로 한 예외 규정이 적용되는 상황은 국방, 군수물자조달, 반테러조치 등과 같이 군사적·외교적 측면에서 국가 존립에 위해를 초래하는 상황에 대처하기 위한 것으로 엄격히 해

23) Exon Florio 법은 기본적으로 외국 투기자본에 의해 시도되는 적대적 M&A에 대한 방어수단이 아니며, 입법목적도 적대적 M&A 방어와는 직접적으로는 무관함에 유의하여야 한다. 동 법은 외국자본에 의한 적대적 M&A뿐만 아니라 우호적 M&A에도 공히 적용되므로 외국투자자의 미국기업 인수 시도의 경우뿐 아니라 미국기업이 자발적으로 외국기업과 합병을 시도하는 경우에도 필요한 심사를 거치도록 되어 있다. 또한 동법의 입법목적은 "외국 투기자본으로부터 국내기업의 경영권 보호"가 아니라 "국방과 관련된 첨단기술의 유출방지"에 초점을 두고 있다. 따라서 기술유출에 대한 대책이 강구 되면 설사 경제적으로는 부정적 효과가 유발되더라도 경영권인수 자체에 대해서는 개입하지 아니하는 것이 동 법의 기본원칙임에 유념할 필요가 있다. 미 방위산업법(Defense Production Act), 제721조 참조.

석되는 것이 일반적임을 상대방이 주장할 경우 이를 극복하기는 쉽지 않을 것이다. 결국 법 제4조를 우리의 필요에 따라 다양한 상황에 대처하기 위한 전가의 보도로 활용하고자 하는 경우 정부의 단기적 정책목표는 달성할 수 있을 것이나 장기적으로 다양한 투자분쟁을 촉발할 개연성이 있다.

3) 내국민대우 위반 가능성

상기에서 지적한 바와 같이 법 제4조의 규정을 비안보적 영역에 확대적용할 경우 외국인투자자는 그러한 조치를 한국 정부에 의한 "자의적 규제"에 해당함을 주장하게 될 것이고, FTA 및 BIT 상 다양한 조항에 대한 위반을 언급하게 될 것이다. 특히 동 법안은 '외국인' 투자자에 대해서만 별도의 제한사항을 제시하고 있다는 측면에서 무엇보다 내국민대우 위반이 집중적으로 제기될 가능성이 있다. 국내 논란을 거쳐 어렵게 타결된 한 – 미 FTA를 비롯하여 현재 교섭 진행 중인 FTA 및 BIT에서 주요쟁점은 투자유치국(이 경우, 한국) 정부가 외국인투자자에 대한 "내국민대우"를 위반하는 자의적인 투자제한 조치를 취할 경우 이를 어떻게 합리적으로 규율할 것인가 하는 점이 협상의 주요쟁점이었음을 감안하면 법 제4조의 비안보적 영역에의 적용은 내국민대우와 관련된 투자분쟁을 직접 초래할 것이다.

특히 이와 관련하여 주목하여야 할 점은 최근의 국제 투자분쟁 추세는 정부의 정책 의도가 반드시 정책의 국제법적 합치성을 보장하여 주지는 않으며 그러한 정책이 실제 초래하는 '영향'이 중요하게 고려된다는 점이다. 따라서 설사 동 법안의 목적이 외국인의 차별적 대우가 아니라고 하더라도 실제 적용과정에서 외국인투자자에 대하여 한국인 투자자에 비하여 부당한 대우를 부과하는 효과가 발생할 경우 내국민대우 위반으로 확인될 가능성이 있음에 유의할 필요가 있다.

Ⅳ. 결 론

현재 진행 중인 주요국과의 FTA 및 BIT 체제가 조만간 완비될 경우 외국인투자가 대폭 증가하게 될 것으로 예상되며, 그 결과 이들 외국인투자를 어떻게 합법적으로 규율할 것인가가 중요한 과제로 대두될 것이다. 특히 한편으로는 외국인투자를 대폭 유치하며, 다른 한편으로는 이러한 외국인투자가 우리의 주요 국익에 회복하기 힘든 침해를 초래하지는 않도록 보장하여야 하는 어려운 과제가 우리에게 남겨져 있는 상황이다. 이러한 어려운 과제를 달성하기 위해서는 관련 법령도 그에 걸맞게 충분히 정치하게 재정비될 필요가 있다. 특히 우리의 정당한 우려사항을 효과적으로 다룰 수 있는 입법적 근거를 정치하게 마련하면서 동시에 국제적 기준과 추세에서 크게 벗어나지 않는 법령을 도입할 수 있도록 다양한 방안을 모색하여야 할 것이다.

이러한 점을 고려하면 현행 외국인투자촉진법과 그 시행령은 적절한 시기에 관련 내용을 다시 한번 손질하는 것을 검토할 필요가 있다. 현행 법과 시행령은 그 내용과 취지가 불명확하거나 서로 상충하는 경우가 적지 않은 것으로 보이기 때문이다. 특히 장기적으로 양자간 상호관계와 적용범위를 명확히 하여 보다 구체적인 규정을 도입하는 것이 필요할 것이다. 이러한 구체화 및 규범화가 결여될 경우, 한편으로는 외국인투자자의 불필요한 우려를 촉발시키고 또 한편으로는 우리 정책 담당자에게 적절한 가이드라인을 제시하지 못하여 추후 불필요한 투자분쟁을 초래할 가능성이 있다. 현재와 같이 모호한 규정을 갖고 있는 상황에서는 원래의 입법의도 내지 정책목표와는 달리 실제 투자분쟁 발생 시 우리 정부가 불리한 상황에 처하게 될 가능성을 배제할 수 없을 것이다.

특히 핵심적인 경제이익 내지 경제주권 침해를 방지하기 위한 외국인 투자제한의 필요성을 다시 한번 면밀히 검토한 후, 그러한 제한이 필요한 것으로 결론이 도출될 경우 이를 이행하기 위한 구체적인 방안을 마련하여 법과 시행령에 포함시킬 필요가 있다. 현재 시행령은 이러한 문제에 대한 논의를 2-3년간 진행하다 결론은 내지 않은 채 모호한 내용의 미봉책만 제시하고 있는 것에 불과한 것으로 보인다. 만약 이에 대한 직접적인 규율이 필요한 것으로 결정이 되면 핵심적인 경제이익 내지 경제주권의 보호와 단순한 경제적 국수주의 내지 국내기업에 대한 보호주의를 구별할 수 있는 객관적인 지표와 가이드라인을 도입하여 이 문제에 대한 적극적 대처방안을 강구하여야 할 것이다. 반대로 그러한 경제적 이익보호 장치가 관련 국제협정에 불합치하는 것으로 결정을 내린다면 이에 부합하는 방식으로 법과 시행령의 내용을 보다 명확하게 할 필요가 있다. 물론 어떠한 방식으로 입법조치를 취하더라도 외국인투자자 내지 그 국적국과의 분쟁 및 마찰은 피할 수 없을 것이다. 그러나 우리가 철저한 사전준비와 입법조치를 완료하는 경우 그러한 분쟁 및 마찰에서 우리의 입지는 그만큼 강화될 것이다.

제10장 지방자치단체의 국제투자유치와 투자분쟁

Ⅰ. 문제의 제기

현재 지역경제 활성화는 각급 지방자치단체의 중요한 현안의 하나로 자리 잡게 되었고 임기 중 지역경제 활성화 사업의 진척 여부는 해당 지방자치단체장의 업무성과를 평가하는 중요한 척도가 되었다. 이러한 추세에 발맞추어 현재 각급 지방자치단체는 해당 관내에 투자할 외국인투자유치에 경쟁적으로 나서고 있다.[1] 몇몇 투자 후보지를 놓고 고민하는 외국인투자자의 유치를 위하여 지방자치단체들은 다양한 인센티브를 제시하고 있으며 이에 대한 국내외 홍보에도 심혈을 기울이고 있다.[2] 이

※본고는 『국제법학회논총』 제55권 제2호 (2010.6.), 99-137면을 전재한 것이다.

1) 예를 들어 최근 우리 지방자치단체가 유치한 주요 외국인투자의 사례를 들어보면 다음과 같다. 서울시는 외국인투자기업인 Yabes International로부터 1200억원(서울시청 보도자료, 『외투기업 야베스, 서울 DMC에 1200억원 투자한다』(2010년 4월 2일자)), 미국의 Acrylic Tank Manufacturing사로부터 3억불(서울시 보도자료, 『서울시청, 세계적인 美 투자기업(ATM)과 3억불 MOU 체결』(2009년 7월 1일자))을 각각 유치하였다. 또한 제주도는 중국 분마그룹으로부터 3억불(제주도청 보도자료, 『중국정부 분마그룹 투자승인, 중국본토자본의 제주진출 본격화』(2010년 5월 3일자)), 천해그룹으로부터 4천만불 (제주도청 보도자료, 『중국기업의 리조트투자 신호탄, 천해기업과 LOI 교환』(2010년 4월 8일자))을 각각 유치하였다. 특히 외국인투자가 가장 활발하게 유치되고 있는 서울시의 경우 2008년 모두 1695건의 외국인투자를 통해 총 64억불을 유치함으로써 동년 우리나라 전체에 대한 외국인투자 (3744건에 117억불)의 거의 절반을 차지하고 있다. 서울시청 웹사이트, 외국인투자현황(http://global-economy.seoul.go.kr/invest/invest02_04.html) 참조.

2) 각급 지방자치단체는 외국인투자유치를 위하여 다양한 인센티브를 제시하고 있다. 가령 서울시의 경우 재정지원, 조세감면, 현금지원 등을, 경상북도의 경우 염가토지, 조세감면, 고용·교육 훈련보조금 제공 등을, 강원도의 경우 조세감면, 국공유재산 임대료 감면, 현금지원 등을 각각 홍보하고 있다. 서울시청 웹사이트, 투자유치 항목(http://global-economy.seoul.go.kr/invest/invest03_02_02.html); 경상북도청 웹사이트, 투자환경 항목(http://www.gb.go.kr/open_content/life_info/index.jsp?LARGE_CODE=50&MEDIUM_CODE=50&SMALL_CODE=10&SMALL_CODE2=&SMALL_CODE3=&target=main&URL=/open_content/life_info/industry/industry_invest_envir.jsp) ("경상북도청 투자환경 웹사이트"); 강원도청 웹사이트, 투자유치 (외국기업) 항

러한 노력을 통하여 주요 외국인투자가 결정될 경우 해당 지방자치단체는 언론 등을 통하여 그 사실을 적극 홍보하고 있다. 또한 대부분의 지방자치단체는 이러한 업무를 담당하는 국제협력관 내지 투자증진 담당관을 두고 이 문제를 전담시키고 있는 상황이다.[3] 각급 지방자치단체의 이러한 노력은 높이 평가되어야 함은 분명하다. 해당 지역 내 외국인투자의 증가와 이로 인한 지역경제의 활성화는 2008년 경제위기 이후 우리 경제를 정상궤도로 재진입시키기 위하여 노력하고 있는 우리나라의 주요 국가과제의 하나로서 적극 추진되어야 할 사업이기 때문이다.

문제는 이러한 외국인투자유치 정책 및 조치는 각급 지방자치단체가 독자적으로 결정하며 중앙정부 차원에서의 조율작업은 사실상 부재하다는 점이다. 혹자는 각급 지방자치단체가 해당지역 내에서 소관 업무와 관련하여 구체적 정책과 조치를 시행함에 있어 중앙정부가 조율을 시도하는 것 자체가 지방자치의 기본정신에 반하는 것이 아닌가 하는 반문을 제기할 수 있다.[4] 그러나 국제법 법리에 따를 경우 지방자치단체의 외국인투자유치 정책 및 조치는 중앙정부의 그러한 정책 및 조치와 동일시되고, 경우에 따라서는 우리나라의 국가책임을 초래할 수도 있다는 점을 감안하면 이러한 반문은 설득력을 잃게 된다. 국제법 법리는 특단의 사정이 존재하지 않는 한 중앙정부와 지방정부를[5] 구별하지 않는다. 중앙정부의 행위이든 지방정부의 행위이

목(http://www.provin.gangwon.kr/dep/part34/sub08/sub08_02_01_01.asp) 각각 참조. 나아가 외국인투자유치를 위하여 각급 지방자치단체는 다양하고 창의적인 전략을 구사하고 있다. 예를 들어, 서울시는 기존의 서울글로벌센터에 이어 외국 기업인들의 활동이 활발한 서울 강남지역에 서울글로벌 비즈니스 지원센터를 설치하여 2010년 5월 17일부터 운영을 시작하였다. 서울시청 보도자료, 『외국인 창업·투자 어려움 해결해 드립니다』(2010년 5월 16일자) 참조. 한편, 경상북도는 외국인투자전용지구를 따로 두고 외국인투자자유치를 위하여 노력하고 있기도 하다. 경상북도청 투자환경 웹사이트 참조. 또한 강원도의 경우 외국인투자를 위한 워크숍을 개최하여 관내 관련 직원들간 외국인투자자를 지원하기 위한 다양한 방안을 모색하기도 한다. 강원도청 보도자료, 『강원도, 외국인투자유치제고를 위한 워크숍 개최』(2008년 8월 28일자) 참조.

3) 가령 서울시의 경우 경쟁력강화본부 산하에 투자담당관을, 전라북도의 경우 투자유치과를, 경상북도의 경우 투자통상국을, 강원도의 경우 투자유치본부를, 제주도의 경우 투자정책과를 각각 두고 있다. 서울시청 웹사이트(http://spp.seoul.go.kr/silguk/economy/invest/investment_-include.jsp?id=new&search_boardId=131); 전라북도청 웹사이트(http://www.jeonbuk.go.kr/01kr/04e-conomics/04invest/05status_counsel/related.jsp?MID=D074); 경상북도청 웹사이트(http://www.gb.go.-kr/open_content/silguk/index.jsp?dept_code=6470785&taeget=main&url=); 강원도청 웹사이트(http://www.provin.gangwon.kr/dep/part34/); 제주도청 웹사이트(http://www.jeju.go.kr/contents/-depart.php?silkuk=11&depart=35) 각각 참조.

4) 지방자치제도란 기본적으로 국가의 업무를 지방 단위로 분장하여 중앙정부의 간섭을 배제하고 수행하는 국가작용을 말한다. 정종섭, 『헌법학원론』(서울: 박영사, 2006), 766면 참조.

5) 본 장에서는 일반적인 의미의 국제법상 지방정부를 지칭하는 경우에는 '지방정부'라는 용어를, 그리고 구체적으로 우리나라의 지방정부를 지칭하는 경우에는 '지방자치단체'라는 용어를 사용함을 밝혀 둔다.

든 모두 해당 국가의 행위로 귀속되고 그러한 행위가 국제법(가령, 조약)에 대한 위반을 구성하면 그대로 국가책임이 성립하게 되어 손해배상 등의 문제로 귀결된다. 따라서 지방자치단체의 조치로 인하여 한국이 (즉, 중앙정부가) 국가책임을 부담하게 되는 상황은 얼마든지 발생 가능하다. 이러한 점을 감안하면 중앙정부가 지방자치단체의 국제활동 전반에 대하여 관심을 갖고 모니터링하며 필요시 적절한 조율에 나서는 것은 시급히 요구되는 사항 중 하나라고 할 수 있다. 특히 각급 지방자치단체가 현재 심혈을 기울여 경쟁적으로 나서고 있는 외국인투자유치 정책과 조치에 대하여는 더욱 이러한 조율과 협의가 필요하다.

이러한 조율과 협의의 필요성이 특히 지방자치단체의 외국인투자유치 활동과 관련하여 대두되는 이유로는 다음 두 가지를 들 수 있다. 첫째, 현재 각급 지방자치단체가 경쟁적으로 외국인투자유치에 나서다 보니 지방자치단체 상호간 이해관계가 대립하는 관계에 있다. 이러한 상황에서는 특정 외국인투자자 유치를 위한 인센티브와 혜택이 점차 파격적이 될 수밖에 없는 구조이다. 파격적인 투자유치 인센티브가 각급 지방자치단체별로 복잡하게 얽히게 될 경우 그 구체적 이행여부는 차치하더라도 이러한 파격적 대우로부터 배제된 여타 외국인투자자와의 형평성 등 복잡한 문제들이 제기된다. 위에서 언급한 바와 같이 지방자치단체의 외국인투자관련 제반 정책 및 조치는 우리 정부의 외국인투자관련 정책 및 조치와 동일시되어 경우에 따라서는 우리가 이미 체결한 양자간 투자협정(BIT) 및 자유무역협정(FTA)상 규정된 투자규범에 대한 예기치 못한 위반을 초래할 수도 있기 때문이다.[6] 둘째, 만약 지방자치단체의 투자유치 정책 및 조치가 이미 체결된 BIT 및 FTA에 위반될 경우 이러한 문제를 적극 제기할 수 있는 포럼이 이제는 준비되어 곧 활성화된다는 점이다. 이는 이전에 비하여 외국인투자자 입장에서는 자신의 입장을 개진하기 위한 절차적 수단이 보다 효과적으로 확보되어 있다는 의미이다. 바로 주요 BIT에서 채택하고 있고 또 최근 주요 FTA 교섭과정에서 심도있게 논의된 바 있는 외국인투자자와 투자유치국 정부간 국제투자분쟁을 해결하기 위한 '투자자-국가간 분쟁해결절차(ISD절차)'가 바로 그것이다. ISD절차 도입의 의미 및 장단점에 대해서는 이미 적지 않은 연구가 진행되었으므로 이에 대한 논의는 이 글에서는 생략한다.

결국 이를 정리하면 현재 경쟁적으로 진행되고 있는 각급 지방자치단체의 외국인투자유치 활동은 그 정책적 필요성과 타당성에도 불구하고 경우에 따라서는 우리

6) BIT 및 FTA가 외국인투자와 연관되는 상황에 관해서는 박노형 외 16인 공저, 『국제경제법』 (서울: 박영사, 2006), 504-510면; 최승환, 『국제경제법』 (서울: 법영사, 2003), 775-778면 각각 참조.

가 체결한 BIT 및 FTA에 대한 위반 문제를 초래할 수 있으며, 이는 또한 현재 새로이 자리를 잡아가고 있는 ISD 절차를 통하여 적극 제기될 수 있다는 점이다. 이미 투자분쟁 발생과 이에 대한 ISD절차의 진행이 우리 정부에 대하여 여러 측면의 다양한 함의를 초래하는 것으로 판단되어 현재 이에 대한 적극적인 대비가 진행 중임을 감안하면, 지방자치단체의 외국인투자유치 관련 정책 및 조치에 대해서도 그 국제법적 의미를 정확히 파악하여 관련 문제점에 대해서는 적극적으로 대응하는 것이 필요하다. 이를 염두에 두고 이 글에서는 지방자치단체의 투자유치 정책 및 조치가 국제법상 어떻게 평가되는지를 먼저 구체적으로 살펴보고 이에 기초하여 이러한 정책 및 조치가 BIT 및 FTA의 투자관련조항을 어떻게 위반할 수 있는지에 대하여 살펴보고자 한다. 그리고 마지막으로 향후 지방자치단체의 투자유치 활동을 조율하기 위한 메커니즘을 구축하기 위한 방안을 역시 검토하여 보고자 한다.

Ⅱ. 지방자치법상 지방자치단체의 외국인투자유치 활동

우리 지방자치단체의 외국인투자유치 활동으로 인하여 이와 같은 예기치 못한 문제가 발생할 수 있다면 이를 해결하기 위한 쉬운 방안 중 하나는 지방자치단체로 하여금 이러한 문제점을 이유로 외국인투자유치 정책 및 조치를 취하지 못하도록 규제하는 방안일 것이다. 그러나 현재 관련 법령상 중앙정부가 지방자치단체의 외국인투자유치 활동 전반에 대하여 또는 이와 관련된 국제 합의서 채택, 계약 체결, 조례 제정 등을 금지할 법적 근거는 부재한 것으로 판단된다.

이와 관련하여 지방자치법 제9조와 제11조를 살펴볼 필요가 있다. 먼저 지방자치법 제9조는 각급 지방자치단체가 담당 처리할 수 있는 사무범위를 예시적으로 나열하고 있다. 여기에 포함되는 업무는 지방세의 징수, 사회복지시설의 운영, 상공업의 진흥, 농수산물의 생산 및 유통, 지역산업의 육성, 중소기업의 육성, 지역개발사업의 시행 등 실로 광범위한 영역에 걸쳐 있다.[7] 즉, 지방자치단체의 사회간접자본

---

7) 지방자치법 제9조에 나열된 지방자치단체의 위임사무 중 외국인투자와 직·간접적으로 연관되는 사항만 나열하면 다음과 같다.

제9조 (지방자치단체의 사무범위) ① 지방자치단체는 관할 구역의 자치사무와 법령에 따라 지방자치단체에 속하는 사무를 처리한다.

② 제1항에 따른 지방자치단체의 사무를 예시하면 다음 각 호와 같다.

1. 지방자치단체의 구역, 조직, 행정관리 등에 관한 사무
   - 바. 지방세 및 지방세 외 수입의 부과 및 징수
   - 사. 예산의 편성·집행 및 회계감사와 재산관리

구축 및 운영, 지역 내 산업진흥, 주요자원 관리, 교육·보건 등 주요시설의 설치 및 운영과 관련된 대부분의 업무가 지방자치단체의 업무에 속한다. 결국 외국인투자자들이 투자이윤을 기대하고 투자를 검토할 만한 대부분의 사업영역은 제9조에 나열된 지방자치단체의 사무범위에 포함된다고 볼 수 있다.[8] 한편 지방자치법 제11조는 지방자치단체가 처리하지 못하는 업무를 '국가사무'란 이름으로 한정적으로 나열하고 있다.[9] 가령 외교, 국방, 사법, 국세 등 국가운영의 핵심적 사항에 대해서는 지방

자. 공유재산관리(公有財産管理)
2. 주민의 복지증진에 관한 사무
가. 주민복지에 관한 사업
나. 사회복지시설의 설치·운영 및 관리
마. 보건진료기관의 설치·운영
자. 청소, 오물의 수거 및 처리
차. 지방공기업의 설치 및 운영
3. 농림·상공업 등 산업 진흥에 관한 사무
가. 소류지(小溜池)·보(洑) 등 농업용수시설의 설치 및 관리
나. 농산물·임산물·축산물·수산물의 생산 및 유통지원
사. 공유림 관리
차. 지역산업의 육성·지원
타. 중소기업의 육성
파. 지역특화산업의 개발과 육성·지원
4. 지역개발과 주민의 생활환경시설의 설치·관리에 관한 사무
가. 지역개발사업
나. 지방 토목·건설사업의 시행
다. 도시계획사업의 시행
라. 지방도(地方道), 시군도의 신설·개수(改修) 및 유지
마. 주거생활환경 개선의 장려 및 지원
사. 자연보호활동
자. 상수도·하수도의 설치 및 관리
카. 도립공원·군립공원 및 도시공원, 녹지 등 관광·휴양시설의 설치 및 관리
타. 지방 궤도사업의 경영 …(중략)…
거. 지역경제의 육성 및 지원
5. 교육·체육·문화·예술의 진흥에 관한 사무
가. 유아원·유치원·초등학교·중학교·고등학교 및 이에 준하는 각종 학교의 설치·운영·지도
나. 도서관·운동장·광장·체육관·박물관·공연장·미술관·음악당 등 공공교육·체육·문화시설의 설치 및 관리

8) *Ibid.*

9) 지방자치법 제11조는 다음과 같이 "국가사무"를 규정하고 있다.

제11조 (국가사무의 처리제한) 지방자치단체는 다음 각 호에 해당하는 국가사무를 처리할 수 없다. 다만, 법률에 이와 다른 규정이 있는 경우에는 국가사무를 처리할 수 있다.
1. 외교, 국방, 사법(司法), 국세 등 국가의 존립에 필요한 사무
2. 물가정책, 금융정책, 수출입정책 등 전국적으로 통일적 처리를 요하는 사무
3. 농산물·임산물·축산물·수산물 및 양곡의 수급조절과 수출입 등 전국적 규모의 사무
4. 국가종합경제개발계획, 국가하천, 국유림, 국토종합개발계획, 지정항만, 고속국도·일반국도, 국립공원 등 전국적 규모나 이와 비슷한 규모의 사무
5. 근로기준, 측량단위 등 전국적으로 기준을 통일하고 조정하여야 할 필요가 있는 사무
6. 우편, 철도 등 전국적 규모나 이와 비슷한 규모의 사무

자치단체가 이를 처리하지 못함을 규정하고 있다.[10] 마찬가지 맥락에서 물가정책·금융정책·수출입정책 등 주요 경제정책에 대해서도 지방자치단체의 개입을 차단하고 있으며, 우편·철도 등 국가 전체의 통일적 운용이 필요한 사항에 대해서도 이는 중앙정부만이 담당함을 명시하고 있다.[11] 그런데 제11조의 제한사항 어디에도 외국인투자에 영향을 미치는 조치라든가, 또는 국가 전체의 외국인투자관련 정책이라든가 또는 나아가 특정 조약의 통일적 이행을 위하여 필요한 조치 등을 국가사무로 규정하고 있지는 않다. 지방자치단체가 외국인투자와 관련하여 채택하는 정책 및 조치는 대부분 지역내 사회간접자본 구축, 주요시설의 건설, 지역산업 발전 등 제9조와 관련된 사항이고 외교, 국방 등 제11조에 나열된 사항과 연관되는 경우는 현실적으로 드물다는 측면에서 지방자치법 제11조의 중앙정부와 지방정부간 업무분장규정은 투자분쟁과 관련된 한도에서는 그다지 큰 도움을 주지는 못한다고 할 것이다.

즉, 지방자치법 제9조와 제11조를 복합적으로 검토할 경우 중앙정부가 담당하는 외교·경제업무를 침범하지 않는 한, 단지 국제적 성격을 보유한다는 사실만으로 지방자치단체의 소관업무와 연관된 국제협력 활동을 제한할 근거는 부재하다고 보아야 할 것이다. 따라서 남은 과제는 BIT 및 FTA 등 투자관련 협정이 지방자치단체의 조치에 직접 적용되는 현실, 그러한 협정상 세부 규정들에 대한 구체적 준수방안, 지방자치법의 규정, 그리고 지방자치단체의 국제화 노력에 대한 지원 필요성 등을 종합적으로 고려하여 해결방안을 모색하여야 할 것이다.

물론 한편으로 법령의 내용이 문제라면 관련법령의 개정을 통하여 지방자치단체의 외국인투자유치 활동을 제약하는 방안도 검토할 수 있을 것이나 이는 우리 헌법 관련조항을 위반할 가능성이 있어 역시 현실적이지 않은 것으로 판단된다.[12] 지방자치단체를 인정하고 그 업무의 독자성을 보장하고 있는 헌법 제117조의 취지를 형해화시킨다는 주장이 제기될 것이기 때문이다.

---

7. 고도의 기술을 요하는 검사·시험·연구, 항공관리, 기상행정, 원자력개발 등 지방자치단체의 기술과 재정능력으로 감당하기 어려운 사무

10) *Ibid.*

11) *Ibid.*

12) 헌법 제117조는 지방자치와 관련하여 다음과 같이 규정하고 있다.

제117조 ① 지방자치단체는 주민의 복리에 관한 사무를 처리하고 재산을 관리하며, 법령의 범위 안에서 자치에 관한 규정을 제정할 수 있다.

Ⅲ. BIT 및 FTA상 '정부의 조치'의 의미

지방자치단제의 외국인투자유치 활동이 국제법상 문제를 초래히는 가장 근본적인 이유는 의사결정의 주체와 효과귀속의 주체가 동일하지 않다는 점이다. 즉, 외국인투자유치 활동에 나서는 지방자치단체의 의사결정은 해당 지방자치단체 스스로의 결정임에 반하여 그 결과물인 투자유치 정책 및 조치는 관련 지방자치단체의 영역에만 국한되지 않고 한국 전 영역과 우리 정부 전체에 걸쳐 법적 효과를 창출하게 된다는 것이다. 독자적 의사결정의 모든 법적 효과 및 책임이 해당 지방자치단체에만 귀속된다면 이는 그 지방자치단체가 고민하여야 할 문제이며 중앙정부가 이에 관여할 명분과 필요는 찾기 힘들 것이다. 그러나 특정 지방자치단체의 정책 및 조치의 법적 효과가 우리 중앙정부와 여타 지방자치단체를 포함하는 한국 전 영역에 미치는 상황이라면 이 문제는 더 이상 해당 지방자치단체가 독자적으로 결정하거나 집행할 수 있는 영역에 머무르는 것이라고만 볼 수는 없다.

외국인투자와 관련하여 우리나라에 대하여 국제법적 규범을 제시하고 있는 BIT 및 FTA는 모든 형태의 정부 조치에 대하여 적용되는 것이 아니라 기본적으로 '외국인투자에 대하여 영향을 미치는 정부의 조치'에 대하여만 적용된다.[13] 아래에서는 이와 같이 '외국인투자에 대하여 영향을 미치는 정부의 조치'의 의미가 무엇인지에 대하여 구체적으로 살펴보고 이를 토대로 지방자치단체의 투자유치 활동이 이 기준하에서 어떻게 평가될 수 있는지 살펴본다.

1. BIT 및 FTA상 '정부'의 의미

현재 국제사회에는 모두 194개의 국제법상 요건을 충족하는 국가들이 존재하고 있다.[14] 국제법상 '정부(government)' 개념은 이들 194개국 중 하나인 특정 국가의 국가운영 조직 전체를 포함하는 포괄적인 개념이다.[15] 따라서 여기에는 이 국가의 입

13) 가령, 대한민국과 미합중국간 자유무역협정("한-미 FTA"), 제11.1조 1항 참조; 대한민국 정부와 일본국 정부간 투자의 자유화, 증진 및 보호를 위한 협정(조약 1614호, 2003년 1월 1일 발효)("한일 투자보장협정", 또는 "한-일 BIT"), 전문 및 제1조 참조.

14) 국제법상 국가 성립의 요건을 모두 갖춘 국가를 의미한다. 194개국 중 바티칸 시국과 대만을 제외한 192개국은 유엔 회원국이다.

15) *Draft Articles on the Responsibility of States for Internationally Wrongful Acts,* Report of the ILC on the Work of its Fifty-third Session, UN GAOR, 56th Sess, Supp no.10, p.43, UN Doc A/56/10 (2001)("ILC 국가책임협약 초안"), Article 4, para.1 참조.

법부, 행정부, 사법부 및 각급 지방정부가 모두 포함된다.[16] 일체의 국가운영 조직이 하나의 유기체로서 해당 국가의 '정부'를 구성하는 것이다. 국제법상 국가책임 발생의 근거와 범위에 대한 국제법의 시각을 가장 포괄적으로 담고 있는 것으로 평가되는 ILC 국가책임협약 초안(Draft Articles on State Responsibility)도 제4조에서 이러한 원칙을 구체적으로 선언하고 있다.[17] 국제관습법도 이 문제에 관하여 동일한 입장을 취하고 있다.[18] 국제법의 이러한 법리는 흔히 중앙 행정부만 정부로 이해하고, 중앙 행정부의 정책과 조치만 국제법상 문제를 초래하는 것으로 이해하는 일반적인 인식과 상당한 차이가 있다.

즉, 국제법 법리는 지방정부와 중앙정부를, 그리고 지방정부 공무원과 중앙정부 공무원을 구별하지 않고 있다. 이 법리에 따를 경우 지방정부의 정책이나 조치라고 하여 그 법적 효과가 제한되거나 경감되는 것이 아니며 중앙정부의 정책 및 조치와 동일하게 취급된다. 양자 모두 동일한 '정부'이기 때문이다. 우리 국내적으로는 지방정부를 지방자치단체로 통칭하고 있으므로 우리나라 지방자치단체는 서울의 중앙정부와 함께 집합적 개념의 대한민국 '정부'를 구성하게 된다. 따라서 각급 지방자치단체의 모든 정책 및 조치는 대한민국 '정부'의 정책과 조치로서 서울 중앙정부의 그것과 국제법의 시각에서는 하등의 차이가 없게 된다. 만약 특정 지방자치단체의 정책 및 조치가 우리가 이미 체결한 각종 국제협정상 의무로부터 일탈하게 되는 경우 우리 '정부'가 그러한 협정을 위반한 것으로 간주될 수밖에 없다.

이 법리를 우리가 체결한 BIT 및 FTA 등 투자관련 협정에 적용하여 보면 다음과 같다. 양 당사국이 합의한 별도의 조항이 없는 한 우리나라의 지방자치단체는 우리 정부의 일부분이며 지방자치단체의 공무원은 우리 정부의 공무원이다. 따라서 지방자치단체가 채택한 투자관련 정책 및 조치도 중앙정부의 투자관련 정책 및 조치와 동일하게 한국 정부의 투자관련 정책 및 조치로 간주된다. 그러한 정책 및 조치가 관련 국제법(즉, 이 경우 BIT 및 FTA 등 투자관련 국제협정)에 위반될 경우, 한국이(결국은 중앙정부가) 이에 대한 법적 책임을 부담할 수밖에 없다. 이는 중앙정부가 지방자치단체의 법적 책임을 대신 부담하는 결과가 아니며 양자 공히 동일한 정부의 구성요소로서 한국 정부가 자신의 책임을 자신이 부담하는 것으로 보는 것이 정확하다. 그런데

16) International Court of Justice, *Difference Relating to Immunity from Legal Process of a Special Rapporteur of the Commission on Human Rights,* I.C.J. Reports (1999), para.62 참조.

17) ILC 국가책임협약 초안, Article 4, para.1 참조.

18) *LaGrand* Case (*Provisional Measures*), Germany v. United States of America, 1999 ICJ Reports 9, para.28; 김석현, 『국제법상 국가책임』(서울: 삼영사, 2007), 70-73면; 김대순, 『국제법론』(서울: 삼영사, 제15판, 2010), 608-609면 각각 참조.

지방자치단체의 독립성과 독자성을 내세우며 중앙정부와 상의 없이 특정 지방자치단체가 일방적으로 채택한 조치가 한국 정부의 조치로 파악되어 BIT 및 FTA를 체결한 여러 국가 국적의 외국인투자자에 대하여 우리 중앙정부가 법적 책임을 부담하는 상황에 직면하게 되면 중앙정부 입장에서는 당황스러울 수밖에 없을 것이다.

물론, 국제법상 각국은 강행규범에 저촉되는 내용을 포함하지 않는 한 자유롭게 조약문을 채택할 수 있는 재량권을 보유하고 있다.[19] 따라서 특정 조약을 체결하는 당사국이 해당 조약은 중앙정부에만 적용되는 것으로 규정하는 것은 얼마든지 가능하며, 또한 동일한 맥락에서 몇몇 나열된 지방정부에만 특정 조약이 적용되는 것으로 규정할 가능성도 역시 열려 있다. 이 경우 당사국의 의사를 존중하여 동 조약은 중앙정부에만 적용되거나 특정 지방정부에만 적용될 것이다. 그러나 협정문에 이러한 취지의 명시적 언급이 부재하는 경우 위에서 살펴본 바와 같이 중앙정부와 지방정부를 동일시하는 국제법의 법리에 따라 양자 공히 해당 협정의 구속을 받게 될 것이다.[20] 나아가 특히 최근에는 지방자치단체가 중요한 역할을 수행하는 BIT 및 FTA와 같은 투자관련 협정 영역에서는 조금이라도 이러한 논란의 가능성을 사전에 차단하고자 아예 관련 협정이 지방자치단체에도 적용됨을 명시적으로 규정하는 사례가 일반적으로 나타나고 있다. 더욱 강력하고 명시적인 규정을 존치하여 지방정부에 대한 규율을 강화하자는 것이 그 취지일 것이다. 이러한 현상은 최근 우리가 체결한 BIT 및 FTA에도 마찬가지로 확인된다. 가령, 2007년 6월 30일 서명된 한-미 FTA는 투자에 관한 규범을 제시하고 있는 제11장의 첫 번째 조문인 제11.1조에서 다음과 같은 명시적 규정을 두고 있다.

> Article 11.1: Scope
> 3. For purposes of this Chapter, measures adopted or maintained by a Party means measures adopted or maintained by:
> (a) central, regional, or local governments and authorities …

상기 조항은 체약당사국인 한국과 미국이 투자와 관련하여 채택하거나 유지하

19) 1969년 조약법에 관한 비엔나협약(1969 Vienna Convention on the Law of Treaties: "1969년 비엔나협약"), 제53조, 제64조 참조.

20) 이러한 국제법의 기본원칙을 국제법의 법원(法源) 중 국제관습법에 해당하는 것으로 파악하는 것이 적절할 것이다. 가령, 우리나라가 최초로 체결한 FTA인 한-칠레 FTA의 경우 투자챕터에 동 챕터의 규정이 지방정부의 조치에도 적용된다는 명문의 조항이 존재하지는 아니 한다. 한-칠레 FTA 제10장(투자) 참조. 다만 동 협정은 제10.9조에서 지방정부가 협정 발효시 이미 채택하고 있는 비합치조치에 대해서는 협정 발효 후 제10장 상 내국민대우와 이행요건 부과금지 조항의 적용이 배제된다고 규정함으로써 동 협정이 지방정부에도 적용됨을 간접적으로 나타내고 있다.

는 조치는 각각의 지방정부와 당국이 채택하거나 유지하는 조치도 포함함을 분명히 밝히고 있다. 또한 동 협정 제11.12조 1항 가호 3)목에 첨부된 각주 8은 "대한민국의 경우, '지방정부'라 함은 지방자치법에 정의된 지방정부를 말한다"[21]라고 규정하여 대한민국에 대한 지방정부의 구체적 범위 역시 명백히 밝히고 있다.[22] 이와 유사한 내용은 여타 협정에서도 마찬가지로 확인된다. 예를 들어 2010년 1월 1일자로 발효된 한-인도 CEPA[23]의 경우 내국민대우와 관련하여 다음과 같은 규정을 존치하고 있다.

> ARTICLE 10.3: NATIONAL TREATMENT
> 1. Each Party shall accord to investors of the other Party treatment no less favourable than that it accords, in like circumstances, to its own investors with respect to the establishment, acquisition, expansion, management, conduct, operation, and sale or other disposition of investments in its territory.
> 2. Each Party shall accord to investments of investors of the other Party treatment no less favourable than that it accords, in like circumstances, to investments of its own investors in its territory with respect to the establishment, acquisition, expansion, management, conduct, operation, and sale or other disposition of investments.
> 3. The treatment to be accorded by a Party under paragraphs 1 and 2 means, with respect to a regional or local government, treatment no less favourable than the most favourable treatment accorded, in like circumstances, by that regional or local government to investors, and to investments of investors, of the Party of which it forms a part.

또한 동 협정 제10.8조 1항 가호 2)목에 첨부된 각주 2는 "대한민국의 경우, 지방정부란 지방자치법에 정의된 지방정부를 말한다"라고 하여 역시 한-미 FTA와 동일한 언급을 포함하고 있다.[24] 한편 2006년 3월 2일 발효된 한-싱가포르 FTA[25]의

21) 동 각주의 영어본은 다음과 같다:
Footnote 8 to Article 11.12, paragraph 1, sub-paragraph (a), item (iii): For Korea, local level of government means a local government as defined in the *Local Autonomy Act*.

22) 지방자치법 제2조는 다음과 같이 지방자치단체를 규정하고 있다.
제2조 (지방자치단체의 종류) ① 지방자치단체는 다음의 두 가지 종류로 구분한다.
1. 특별시, 광역시, 도, 특별자치도
2. 시, 군, 구
양자 중 특별시, 광역시, 도는 광역자치단체, 그리고 시, 군, 구는 기초자치단체로 일반적으로 불리고 있다. 정종섭, 『헌법학원론』(서울: 박영사, 2006), 769면 참조.

23) 대한민국과 인도공화국 간의 포괄적 경제 동반자 협정(Comprehensive Economic Partnership Agreement Between the Republic of Korea and the Republic of India: "한-인도 CEPA").

24) 동 각주의 영어본은 다음과 같다:
Footnote 2) to Article 10.8, paragraph 1, sub-paragraph A: For Korea, local government means a local government as defined in the Local Autonomy Act.

25) 대한민국 정부와 싱가포르공화국 정부간 자유무역협정(Free Trade Agreement Between the Government of the Republic of Korea and the Government of the Republic of Singapore: "한-싱가포르 FTA").

관련규정을 살펴보면 다음과 같다.

Article 10.2 Scope and Coverage

3. For the purposes of this Chapter, measures adopted and maintained by a Party mean measures adopted or maintained by central or local governments and authorities or by non-governmental bodies in the exercise of any regulatory, administrative or other governmental authority delegated by central or local governments and authorities.

나아가 2003년 1월 1일자로 발효한 한-일 BIT 제22조 및 2007년 12월 1일자로 발효한 개정 한-중 BIT[26] 제10조도 동일한 취지의 규정을 다음과 같이 담고 있다.

Article 22

1. In fulfilling the obligations under this Agreement, each Contracting Party shall take such reasonable measures as may be available to it to ensure the observance of this Agreement by local governments in its territory.

다만 한-중 BIT는 영어본에서 지방정부의 개념으로 다른 협정에서 흔히 사용되는 "local governments" 대신 "provincial governments"를 사용하고 있다는 점은 주목할 필요가 있다.[27]

이와 같이 최근에 우리가 체결한 FTA 및 BIT를 통해서 알 수 있는 사실은, 투자와 관련한 규범을 제시함에 있어 당연히 지방정부도 그 규율대상에 포함된다는 내용을 거듭 확인하는 명문의 조항을 포함시키면서 각각의 지방정부가 협정상 의무를 완벽히 준수하도록 체약당사국이 의지를 표명하고 있다는 점이다. 또한 우리나라의 경우 그러한 지방자치단체는 우리 지방자치법에 규정된 광역지방자치단체 및 기초지방자치단체를 모두 포함함을 이 협정들은 명시적으로 확인하고 있다. 국제법의 기본법리를 FTA 및 BIT 차원에서 거듭 확인함으로써 논란의 소지를 사전에 차단하고 체약당사국 지방정부의 충실한 이행을 보장하자는 데 그 기본목적이 있다고 하겠다.[28]

---

26) 대한민국 정부와 중화인민공화국 정부간 투자의 증진 및 보호를 위한 협정(2007년 12월 1일 발효, 조약 1872호)("한-중 투자보장협정", 또는 "한-중 BIT").

27) 한-중 투자보장협정에서 지방정부의 개념으로 흔히 사용되는 영어 단어인 "local government" 대신 "provincial governments"를 사용한 이유가 무엇인지는 불분명하다. 아마 중국의 지방 행정구역인 성(省, 영어로는 "province")을 염두에 둔 것이 아닌가 판단된다. 그러나 그렇다면 (i) 그 하위 지방자치단체는 협정의 적용범위에서 제외되는 것인지 (ii) 이에 상응하는 우리측 지방자치단체는 무엇인지, 그리고 (iii) 이에 상응하는 우리 측 지방자치단체의 하위 지방자치단체도 마찬가지로 제외되는 것인지 여부 등은 불분명한 것으로 보인다.

28) 북미자유무역협정의 경우도 마찬가지이다. 동 협정 제105조는 협정상 모든 규정이 미국, 캐나다, 멕시코의 州(state) 및 지방(province) 정부에도 동일하게 적용됨을 확인하고 있다.

2. BIT 및 FTA상 '외국인투자와 관련하여'의 의미

또한 이러한 투자관련 협정들은 다소 표현상의 차이는 있으나 기본적으로 지방정부를 포함하는 체약당사국의 정부가 '외국인투자와 관련하여' 채택 및 유지하는 조치(measure)를 그 규율대상으로 하고 있다. 가령 한-미 FTA 제11.1조는 다음과 같이 규정하고 있다.

ARTICLE 11.1: SCOPE AND COVERAGE
1. This Chapter applies to measures adopted or maintained by a Party relating to:
(a) investors of the other Party;
(b) covered investments; and
(c) with respect to Articles 11.8 and 11.10, all investments in the territory of the Party.

한-인도 CEPA 역시 제10.2조에서 동일한 취지의 규정을 다음과 같이 포함하고 있다.

ARTICLE 10.2: SCOPE AND COVERAGE
1. This Chapter shall apply to measures adopted or maintained by a Party relating to:
(a) investors of the other Party;
(b) investments of investors of the other Party in the territory of the former Party; and
(c) with respect to Article 10.16, all investments in the territory of the former Party.

한-일 BIT는 FTA와는 달리 적용범위에 관한 별도의 규정을 두고 있지는 않으나 전문과 제1조에서 다음과 같이 동 협정의 적용범위는 '외국인투자와 관련'된 체약당사국의 조치임을 간접적으로 밝히고 있다.

Preamble
Intending to further create favourable conditions for greater investment by investors of one country in the territory of the other country

Article 1
For the purpose of this Agreement,
1. The term "investor" means with respect to a Contracting Party…
2. The term "investment" means every kind of asset owned or controlled, directly or indirectly, by an investor…

즉, BIT 및 FTA에 포함된 이러한 조항들은 이 협정들이 '외국인투자와 관련하여' 채택되거나 유지되는 조치에 대하여 적용됨을 명기하고 있다. '외국인투자와 관련하여'라는 개념은 상당히 폭넓은 개념이다. 어떠한 방식과 정도를 불문하고 외국인투자와 연관성만 있는 조치이면 여기에 해당할 것이기 때문이다. 결국 1969년 비엔나협약 제31조상 해석원칙을 적용하여 동 문구를 해석할 경우 이는 '외국인투자에 직·간접적으로 영향을 미치는' 체약당사국의 모든 조치를 포괄하는 것으로 해석될 수 있을 것이다.[29)]

3. BIT 및 FTA상 '조치'의 의미

그렇다면 '조치(measure)'란 무엇인가? 국제경제법에서 '조치'라는 개념은 지극히 광범위하게 적용되는 개념이다. 가령, 한-싱가포르 FTA는 제2장(일반적 정의)에서 조치란 법령, 규정, 절차, 행정조치, 요건, 관행을 포함하는 것으로 규정하고 있다.[30)] 나아가 한-미 FTA의 경우도 제1장 B부(정의)에서 조치란 법령, 규정, 절차, 요건, 또는 관행을 포함하는 개념임을 명시하고 있다.[31)] 동 규정들이 '포함한다'라는 용어를 사용하고 있다는 점에 착안하면 여기에는 법령, 규정, 절차, 요건 또는 관행 이외에 다른 것들도 포함될 수 있음을 역시 함축하고 있다.

이러한 광범위한 '조치'의 개념에 비추어 보면 현재 우리 지방자치단체가 외국인투자와 관련하여 채택하는 일련의 정책, 방침, 조례, 내규 및 계약은 모두 여기에 해당하게 될 것이다. 실제 '조치'의 개념에 관하여 다양한 분쟁을 심리하여 온 WTO 항소기구에 따르면 '조치'에는 입법부, 행정부, 사법부의 모든 작위 및 부작위가 모두 포함된다.[32)] 따라서 우리 지방자치단체가 외국인투자와 관련하여 채택하는 모든 정

29) 이들 협정의 영어본에 사용된 '관련된(relating)'의 사전적 의미는 "두 개 혹은 그 이상의 사물이 서로 연결되어 있음을 보여주거나 연결을 지어주는(showing or making a connection between two or more things)" 또는 "논리적 또는 인과관계적 연관성을 보여주거나 또는 수립하는(showing or establishing logical or causal connection between)"으로 해석된다. Oxford Advanced Learner's Dictionary(http://www.oxfordadvancedlearnersdictionary.com/Dictionary); Merriam-Webster On-Line Dictionary(http://www.merriam-webster.com/dictionary) 각각 참조. 이러한 사전적 의미는 결국 '직·간접적으로 영향을 미치는'으로 새길 수 있을 것이다.

30) 동 조항의 영어본은 다음과 같다: "measure means any law, regulation, procedure, or administrative action, requirement or practice."

31) 동 조항의 영어본은 다음과 같다: "measure includes any law, regulation, procedure, requirement, or practice."

32) *United States-Sunset Review of Anti-Dumping Duties on Corrosion-Resistant Steel Flat Products from Japan* (WT/DS244/AB/R, Dec 15, 2003), paras.81-87 참조. 이와 관련한 항소기구의 직접적인 언급은 다음과 같다. ("In principle, *any* act or omission attributable to a WTO Member can be a measure of that Member for purposes of dispute settlement proceedings. Measures that can be subject to WTO dispute settlement can include, not only acts applying a law in a specific situation, but also acts setting forth rules or norms that are intended to have general and prospective application. Instruments of a Member containing rules or norms could constitute a 'measure', irrespective of how or whether those rules or norms are applied in a particular instance.").

책, 방침, 조례, 내규, 계약 등은 BIT 및 FTA에서 말하는 '조치'에 해당될 수 있다. 그 의미는 이들 개별적인 조치들이 모두 BIT 및 FTA의 관련규정에 따라 점검되어야 하는 정부의 조치에 해당된다는 것이다.

4. 소결

따라서 이를 정리하면 특정 지방자치단체가 외국인투자유치를 위하여 또는 이와 관련하여 채택하는 정책, 방침, 조례, 내규 및 계약은 지방자치단체의 '조치'이며, 또한 그러한 조치가 해당 외국인투자 또는 여타 외국인투자에 직·간접적으로 영향을 미치는 한도 내에서는 '외국인투자에 영향을 미치는 조치'에 해당되게 된다. 그렇다면 BIT 및 FTA 체결 상대국에 대해서는 이러한 '외국인투자에 영향을 미치는 조치'가 각각의 협정에 부합되도록 보장할 의무가 우리나라에 대하여 부과된다. 결국 이를 정리하면 BIT 및 FTA 등 투자관련 협정과 지방자치단체의 외국인투자유치 관련 조치는 아무런 중간 매개물이 없이 직접 양자가 접촉하게 되며 곧바로 협정 합치성 여부가 평가되는 상황이다. 대부분의 국제조약은 중앙정부의 이행이 주된 관심사이며 따라서 중앙정부의 조치와 해당 조약이 직접 부딪히며 지방정부 조치의 경우 중앙정부라는 완충지를 거쳐 해당 조약과 접촉함에 반하여 투자관련 협정에서는 지방정부와 관련 협정이 직접 접촉한다는 점에서 그 차이를 발견할 수 있다.

결국, BIT 및 FTA 합치성 측면에서는 지방자치단체의 외국인투자유치 관련 조치나 중앙정부의 외국인투자유치 관련 조치나 법리적으로나 또 실질적으로나 양자간 차이가 없다는 것을 알 수 있다. 그렇다면 각각의 지방자치단체가 채택하는 외국인투자유치 관련 조치(즉, 정책, 방침, 조례, 내규 및 계약 등)는 중앙정부라는 연결고리를 거치지 않고 각각 개별적으로 해당 투자관련 협정과의 합치 여부가 즉각적으로 그리고 독립적으로 검토되어야 한다.

이러한 문제점을 해결하기 위한 쉬운 방안 중 하나는 앞에서도 살펴본 바와 같이 지방자치단체로 하여금 이러한 외국인 투자유치 조치를 취하지 못하도록 규제하는 방안일 것이다. 그러나 현재 관련 법령에 따를 경우 이러한 규제의 법적 근거는 희박한 것으로 판단된다는 점은 이미 위에서 언급한 바 있다. 결국 지방자치단체가 취하는 외국인투자유치 조치들이 복수의 BIT 및 FTA가 우리나라에 대하여 부과하고 있는 의무를 충실히 이행하는 방향으로 도입, 시행될 수 있도록 중앙정부와 각급 지방자치단체가 면밀한 협조체제를 구축하는 방안이 현실적인 대안이라고 할 수 있을 것이다.

Ⅳ. 지방자치단체 조치로 인한 구체적 투자분쟁의 양태

따라서 BIT 및 FTA가 투자관련 영역에서 우리나라에 대하여 부과하고 있는 의무를 우리가 이행함에 있어 각급 지방자치단체가 이러한 의무를 정확히 이해하고 충실히 이행하도록 보장하는 것이 향후 핵심과제이다. 그간 BIT 및 FTA 맥락에서 우리 내부에서 전개된 투자분쟁 관련 논의는 대부분 중앙정부의 조치에 초점을 맞추어 온 것이 현실이다. 그런데 관련 협정문을 면밀히 분석하면 사실은 지방자치단체가 투자분쟁에서 차지하는 비중은 중앙정부가 차지하는 비중에 거의 비견될 수 있음을 알 수 있다. 또한 향후 ISD절차가 활성화되면 이러한 분쟁들이 즉각 회부, 해결될 수 있는 절차적 메커니즘도 아울러 마련된다. 지방자치단체의 조치로 인한 투자분쟁 발생 가능성에 대하여 더 이상 강 건너 불처럼 취급할 수 없는 이유이다.

1. 외국인투자에 영향을 미치는 양태

그렇다면 우리나라 지방자치단체의 외국인투자유치 조치는 어떠한 기제를 통해 BIT 및 FTA 등 투자관련 협정에 영향을 미치는가? 먼저 특정 외국인투자를 유치하기 위하여 지방자치단체는 파격적인 조건을 제시하기도 한다. 그러나 이러한 파격적인 조건의 제시는 해당 투자에 대한 우대의 문제로만 그치는 것이 아니다. 이러한 우대조건의 제시는 여타 투자에 대하여는 그러한 우대를 제시하지 않음으로 인하여 의도하지 않은 차별의 문제를 야기한다. 결국 우대를 받는 외국인투자의 존재는 그러한 우대를 받지 못하는 여타 투자가 차별받는 상황을 초래하게 되고 결국 후자에 대한 의도하지 않은 부정적 영향을 초래하는 상황이 대두되게 되는 것이다. 동일한 조건으로 우대받지 못한 외국인투자자는 자신에게 적용되는 투자관련 협정의 관련 조항을 살펴보고 그 위반 여부를 검토하게 될 것이다. 물론 우리 지방자치단체로부터 우대를 받게 된 외국인투자자는 특별한 불만이 없을 것이며 따라서 이 투자자에 대해서는 투자관련 협정 위반 문제가 제기되지 않을 것이다. 그러나 그러한 투자자와 같은 국적을 보유하는 여타 투자자 그리고 국적을 달리하는 다른 외국인투자자에 대해서는 이러한 차별의 문제가 발생하게 된다.

또한 우리 지방자치단체는 역내에서 다양한 정책 목표를 달성하기 위한 광범위한 조치를 채택, 시행한다.[33] 지방자치단체는 역내 환경, 보건, 위생, 안전 등 주민들

---

33) 지방자치법 제9조 참조.

의 생활과 직결되는 제반영역에서 때로는 중앙정부와 중첩적으로 때로는 독자적으로 필요한 조치를 채택, 시행한다. 미국, 캐나다와 같은 연방국가의 경우 주정부의 권한이 광범위하여 명시적으로 연방정부의 권한으로 나열된 사항을 제외한 모든 사항은 주정부의 권한에 위임되어 있고 이에 대하여 연방정부의 조정 및 개입이 불가능한 상황도 발생하고 있다.[34] 연방국가의 속성상 이러한 불가피한 상황이 발생하더라도 그 자체가 협정 위반에 대한 정당화 사유를 제공하지는 않으며 해당 국가(즉, 중앙정부)의 국제법(협정) 위반 문제가 곧바로 제기된다는 점은 위에서도 언급하였다.[35] 우리 지방자치단체가 취하는 특정 외국인투자유치 조치가 해당 지방자치단체의 환경, 보건, 위생, 안전 등과 직·간접적으로 연관되는 경우 그러한 조치는 해당 영역에 관한 규제와 관련하여 그 지방자치단체가 보유하는 기본입장과 관련 절차를 대내외적으로 공표하는 행위이다. 이러한 기본입장과 관련 절차가 일관되게 적용되지 않을 경우 이로부터 불이익을 받는 것으로 주장하는 여타 외국인투자자는 자신에 대하여 부과된 조치가 부당하며 투자관련 협정에 위반함을 주장하게 될 것이다.

즉, 일반적으로 지방정부의 외국인투자유치 조치가 여타 외국인투자에 영향을 미치는 상황은 크게 두 가지로 나누어 볼 수 있다. 하나는 특정 외국인투자를 유치하기 위한 지방정부의 조치가 여타 외국인투자에 대하여 초래하는 '상대적 효과'이며, 다른 하나는 이러한 외국인투자유치 조치가 추후 해당 지방정부의 환경, 보건, 위생, 안전 관련 정책과 절차를 평가하는 데 중요한 준거점으로 사용되는 '절대적 효과'이다. 상대적 효과이든 절대적 효과이든 양자 공히 투자관련 협정상 의무 위반 문제를 초래하며 각각 투자분쟁을 촉발하게 될 개연성은 존재하게 된다. 상대적 효과와 관련된 부분은 최혜국 대우 내지 내국민 대우 위반 문제로, 그리고 절대적 효과와 관련된 부분은 소위 간접수용 내지 이행의무 부과금지 원칙과 각각 연결될 가능성이 있다.

구체적 투자분쟁이 발생하게 되면 이는 ISD절차로 회부된다. 지방정부의 조치에 대하여 해당 국가(중앙정부)가 국제법상 책임을 부담한다는 일반적인 원칙이 존재하여도 그 적용을 통한 분쟁의 해결에는 상당한 시간이 소요되었던 기존의 국제법상 맹점이 ISD절차 도입을 통하여 상당 부분 해결되었다. 지방정부의 부당한 조치에 대하여 불만을 토로하는 외국인투자자에게 ISD절차는 현실적인 대안을 제시하여 주고

34) 미국 연방헌법 제10조 참조.

35) 가령, *Chorzów Factory* case (Merits), PCIJ series A, no.17 (1928), (Germany v. Poland), 4-65; *Case Concerning Rights of Nationals of the United States in Morocco,* (France v. US) (1952) ICJ Report (1952). 176-233; *Free Zones of Upper Savoy and the District of Gex,* PCIJ series A, no.22, 12-21; 1969년 비엔나협약 제27조 각각 참조.

있으며 이에 따라 지방정부의 투자관련 조치에 대하여 더욱 관심을 기울일 필요성이 대두되고 있다.

2. 최혜국대우

먼저 우리 지방자치단체의 외국인투자유치 조치는 투자관련 협정상 최혜국대우 위반 문제를 초래할 가능성이 있다. 특정 지방자치단체가 역내 외국인투자증진을 위하여 특정 외국인투자자에 대하여 특별한 인센티브를 부여하는 경우, 이러한 인센티브를 받지 못한 다른 국적의 외국인투자자들은 한국 정부(사실은 한국의 지방자치단체)가 유사한 상황에서 외국인투자자들에게 부여하는 최고의 대우를 자신들에게는 부여하지 않고 있음을 주장할 수 있기 때문이다. 이러한 상황은 대부분의 투자관련 협정이 도입하고 있는 최혜국대우조항에 정면으로 배치된다. 가령, 한-미 FTA는 최혜국대우조항을 다음과 같이 규정하고 있다.

> ARTICLE 11.4: MOST-FAVORED-NATION TREATMENT
> 1. Each Party shall accord to investors of the other Party treatment no less favorable than that it accords, in like circumstances, to investors of any non-Party with respect to the establishment, acquisition, expansion, management, conduct, operation, and sale or other disposition of investments in its territory.
> 2. Each Party shall accord to covered investments treatment no less favorable than that it accords, in like circumstances, to investments in its territory of investors of any non-Party with respect to the establishment, acquisition, expansion, management, conduct, operation, and sale or other disposition of investments.[36)]

예를 들어, 서울시가 일본인 투자자에 대하여 부여한 투자유치 인센티브가 미국 국적의 외국인투자자에게는 부여되지 않는 경우 미국인투자자는 자신이 서울시(한국 정부)에 의해 상대적으로 차별을 받았으며 그 결과 한국 정부는 한-미 FTA 제11.4조에 규정되어 있는 최혜국대우조항을 위반하였음을 주장하게 될 것이다. 따라서 특정 외국인투자자에 대하여 선별적 또는 일회성으로 유인책을 제공하는 것은 장기적으

36) 대한민국 정부와 칠레공화국 정부간 자유무역 협정(Free Trade Agreement Between the Government of the Republic of Korea and the Government of the Republic of Chile: "한-칠레 FTA") (2004년 4월 1일 발효), 제10.4조; 대한민국과 동남아시아 국가연합 회원국 정부 간의 포괄적 경제협력에 관한 기본협정 하의 투자에 관한 협정(Agreement on Investment Under the Framework Agreement on Comprehensive Economic Cooperation Among the Governments of the Republic of Korea and the Member Countries of the Association of Southeast Asian Nations: "한-아세안 FTA(투자)")(2009년 9월 1일 발효), 제4조; 한일 투자보장협정(2003년 1월 1일 발효), 제2조; 한중 투자보장협정(2007년 12월 1일 발효), 제3조도 각각 동일한 취지의 규정을 담고 있다.

로 최혜국대우조항에 대한 위반 문제를 초래하게 된다. 이는 A 지방자치단체가 특정 외국인투자자에 대하여 제공한 인센티브를 B 지방자치단체는 다른 외국인투자자에게 제공하기를 거부하는 경우에도 발생할 수 있다. A 지방자치단체와 B 지방자치단체는 공히 한국 정부를 구성하기 때문이다.

3. 내국민대우

이와 유사한 상황은 우리 지방자치단체가 역내 경제활동 증진을 위하여 우리 국적의 투자자에 대하여 우대조치를 취하는 경우에도 마찬가지로 발생한다. 가령, 제주도가 우리 국적의 투자자를 유치하기 위하여 다양한 내용의 인센티브를 제공하였는데, 추후 유사한 투자를 계획하는 일본인 투자자에 대해서는 그러한 인센티브 제공을 거부하는 경우에도 역시 우리 국적의 투자자와 외국인투자자간 상대적 차별문제가 발생하게 되는 것이다. 이러한 상황은 대부분의 투자관련 협정이 규정하고 있는 소위 내국민대우원칙에 대한 위반을 구성하게 된다. 이와 관련 한-미 FTA는 다음과 같은 규정을 두고 있다.

ARTICLE 11.3: NATIONAL TREATMENT
1. Each Party shall accord to investors of the other Party treatment no less favorable than that it accords, in like circumstances, to its own investors with respect to the establishment, acquisition, expansion, management, conduct, operation, and sale or other disposition of investments in its territory.
2. Each Party shall accord to covered investments treatment no less favorable than that it accords, in like circumstances, to investments in its territory of its own investors with respect to the establishment, acquisition, expansion, management, conduct, operation, and sale or other disposition of investments.[37)]

즉, 각급 지방자치단체는 우리 국적의 투자자와 외국인투자자를 모든 측면에서 동일하게 대우할 의무를 부담하고 있다. 따라서 이들 지방자치단체가 우리 투자자에 대하여 선별적으로 유인책을 제공하는 경우에도 우리와 투자관련 협정을 체결하고 있는 국가의 국적을 보유하고 있는 외국인투자자에 대해서는 내국민대우 조항 위반 문제가 제기될 수 있음에 유념하여야 한다.[38)]

37) 한-칠레 FTA(2004년 4월 1일 발효) 제10.3조; 한-싱가포르 FTA(2006년 3월 2일 발효) 제10.4조; 한-인도 CEPA(2010년 1월 1일 발효) 제10.3조; 한-아세안 FTA(투자)(2009년 9월 1일 발효) 제3조; 한-일 투자보장협정(2003년 1월 1일 발효) 제2조; 한-중 투자보장협정(2007년 12월 1일 발효) 제3조도 동일한 취지의 규정을 담고 있다.

38) NAFTA 투자분쟁해결절차에 회부된 사건인 *Methanex Corp. v. United States of America* (2005년 8월 3일)에서는 캐나다의 메탄올(Methanol) 제조 및 판매 회사인 Methanex사가 캘리포

4. 간접수용

한편, 각 투자관련 협정은 체약당사국 정부가 정당한 보상제공 없이 부당하게 외국인투자자의 재산을 수용하거나 또는 사실상 그 경제적 가치를 소멸시키는 조치를 채택하는 것을 금지하고 있다. 전자의 경우가 직접수용(direct expropriation)이며 후자의 경우가 간접수용(indirect expropriation)이다. 대부분의 투자관련 협정은 직접수용과 간접수용을 공히 규율하기 위한 조항을 도입하고 있다. 가령 한-미 FTA는 이와 관련하여 다음과 같은 조항을 도입하고 있다.

> ANNEX 11-B EXPROPRIATION
> The Parties confirm their shared understanding that:
> 3. The second situation addressed by Article 11.6.1 is indirect expropriation, where an action or a series of actions by a Party has an effect equivalent to direct expropriation without formal transfer of title or outright seizure.
> (a) The determination of whether an action or a series of actions by a Party, in a specific fact situation, constitutes an indirect expropriation, requires a case-by-case, fact-based inquiry that considers all relevant factors relating to the investment, including:
> (i) the economic impact of the government action, although the fact that an action or a series of actions by a Party has an adverse effect on the economic value of an investment, standing alone, does not establish that an indirect expropriation has occurred;
> (ii) the extent to which the government action interferes with distinct, reasonable investment- backed expectations;1 and
> (iii) the character of the government action, including its objectives and context. Relevant considerations could include whether the government action imposes a special sacrifice on the particular investor or investment that exceeds what the investor or investment should be expected to endure for the public interest.[39]

직접수용의 경우 외관상 수용 여부가 명백히 확인되므로 그다지 논란의 여지가 많지 않다. 그러나 간접수용의 경우 조치 시행국 정부가 어떠한 정책목표와 의도를 보유하고 있으며, 또 어떠한 절차를 통하여 해당 조치를 시행하였는지가 최종결정 도출에 중요한 변수 중 하나로 작용한다.[40] 이 상황에서 조치 시행국 정부가 정책

니아 주 정부의 특정 물질 사용 금지명령이 미국 기업에 비하여 자신들에게 차별적으로 적용되므로 내국민대우 조항을 위반한다고 주장하였다.

39) 한-칠레 FTA(2004년 4월 1일 발효) 제10.13조; 한-싱가포르 FTA(2006년 3월 2일 발효) 제10.13조; 한-인도 FTA(2010년 1월 1일 발효) 제10.12조; 한-아세안 FTA(투자)(2009년 9월 1일 발효) 제12조; 한일 투자보장협정(2003년 1월 1일 발효) 제10조; 한중 투자보장협정(2007년 12월 1일 발효) 제4조도 각각 유사한 규정을 포함하고 있다.

40) 이러한 문제가 논의된 NAFTA 투자분쟁해결절차의 사건들로는 *Glamis Gold Ltd. v. United States of America* (2009년 6월 8일), *Waste Management, Inc. v. United Mexican States* (1998년 6월 30일), *Metalclad Corp. v. United Mexican States* (1996년 10월 2일) 등을 들 수 있다.

및 법령의 도입과 시행에 있어 일관성이 결여되어 있거나 선별적 또는 자의적으로 운용되는 것이 확인될 경우 문제가 된 조치가 간접수용으로 간주될 가능성은 그렇지 않은 경우보다 높아질 가능성이 있다.[41] 따라서 만약 우리 지방자치단체가 특정 외국인투자유치를 위하여 환경, 보건, 위생, 안전 관련 조치를 특정 외국인투자자에 대하여 변경, 경감, 면제하여 주거나 또는 관련규정의 집행을 느슨하게 적용하는 등의 상황이 발생하게 되면, 그러한 혜택을 받지 못하는 여타 외국인투자자(동일한 국적국의 투자자 또는 다른 국적국의 투자자)는 그 지방자치단체가 자신에게 대하여 부과하는 조치가 합목적성과 타당성을 결여하였고 자신은 자의적 정책집행의 피해자임을 주장하는 상황도 조심스럽게 상정할 수 있겠다.[42] 간접수용과 관련된 여타 조건이 동시에 충족될 경우 (가령 투자재산 가치 대부분의 소멸 등) 이러한 내용은 간접수용 문제로 비화될 개연성이 높다.

5. 이행요건 부과금지 원칙

한편, 각 투자관련 협정은 체약당사국 정부가 외국인투자자에 대하여 부당한 이행요건을 부과하는 것을 금지하고 있다. 이행요건이란 투자허용 내지 사업진출의 반대급부로 외국인투자자에 대하여 구체적인 작위 또는 부작위의 요건을 투자유치국 정부가 부과하는 것이다. 이와 관련하여 한-미 FTA는 다음과 같이 규정하고 있다.

> ARTICLE 11.8: PERFORMANCE REQUIREMENTS
> 1. Neither Party may, in connection with the establishment, acquisition, expansion, management, conduct, operation, or sale or other disposition of an investment in its territory of an investor of a Party or of a non-Party, impose or enforce any requirement or enforce any commitment or undertaking:
> (a) to export a given level or percentage of goods or services;
> (b) to achieve a given level or percentage of domestic content;
> (c) to purchase, use, or accord a preference to goods produced in its territory, or to purchase goods from persons in its territory;
> (d) to relate in any way the volume or value of imports to the volume or value of exports or to the amount of foreign exchange inflows associated with such investment;
> (e) to restrict sales of goods or services in its territory that such investment produces or supplies by relating such sales in any way to the volume or value of its exports or foreign exchange earnings;
> (f) to transfer a particular technology, a production process, or other proprietary

41) *Ibid.* 참조.
42) 한-미 FTA 제11.3, 11.4조 참조.

knowledge to a person in its territory; or

(g) to supply exclusively from the territory of the Party the goods that such investment produces or the services that it supplies to a specific regional market or to the world market.[43)]

만약 우리 지방자치단체가 특정 외국인투자유치를 위하여 다양한 인센티브를 제공하는 과정에서 우리 법령상 요건을 경감 내지 면제하여 주는 경우가 발생하게 되고, 또한 특히 이러한 상황이 반복적으로 발생하게 되면, 추후에 그러한 법령상 요건을 경감 내지 면제받지 못하여 규정 그대로 이행하여야 하거나 상대적으로 엄격한 규정의 적용을 받게 된 외국인투자자의 경우 우리 지방자치단체가 자신에 대한 투자허용의 반대급부로 부당한 이행요건을 부과하고 있다고 주장할 근거가 발생할 수도 있다.[44)] 유사한 상황에 처한 다른 외국인투자자나 한국 국적의 투자자는 관련 요건을 면제 내지 경감받고 있는데 자신에 대해서만 부당한 조건을 제시하고 있는 것으로 주장할 수 있기 때문이다. 이러한 문제를 사전에 예방하는 방법 중 하나로 검토할 수 있는 것은 지방자치단체가 외국인투자자에 대하여 인센티브를 제공하는 경우 그 반대급부로 적절한 수준의 이행요건을 부과하여 인센티브의 효과를 상쇄하는 방안이다. 그러나 인센티브가 상쇄되는 만큼 해당 외국인투자자의 유치도 힘들어지는 상황이 발생할 수도 있을 것이다.

물론 위에서 나열한 조항 이외에도 투자관련 협정의 여타 조항에 대한 위반 역시 제기될 수 있을 것이다. 그러나 일단 이러한 조항에 대한 위반 가능성이 있음을 확인함으로써 향후 지방자치단체의 외국인투자유치 정책을 보다 체계적으로 계획하고 운용할 필요성을 인식할 수 있는 계기를 마련할 수 있을 것으로 본다. 상기 내용을 종합하면 결국 우리의 경우 특정 지방자치단체의 외국인투자유치 관련 조치가 특정 투자관련 협정에 위반되는지 여부를 평가하는 '평면적' 분석에만 국한되어서는 이 문제에 관한 정확한 해답과 대안을 찾을 수 없다. 현재 우리나라에는 하나가 아닌 복수의 (사실은 수많은) 지방자치단체가 존재하며, 또 우리가 체결한 BIT 및 FTA 역시 복수의 협정들이 거미줄처럼 서로 얽혀 있다. 미로처럼 얽힌 이들 협정에 대한 위반 여부 평가는 지방자치단체 조치들의 상호간 비교, 그리고 각 협정들의 관련조

43) 한-칠레 FTA(2004년 4월 1일 발효) 제10.7조; 한-싱가포르 FTA(2006년 3월 2일 발효) 제10.7조; 한-인도 FTA(2010년 1월 1일 발효) 제10.5조; 한-아세안 FTA(투자)(2009년 9월 1일 발효) 제6조; 한일 투자보장협정(2003년 1월 1일 발효) 제9조도 유사한 규정을 담고 있다.

44) 이와 유사한 문제가 제기가 된 사건으로는 *ADF Group v. United States* (2000년 2월 29일)을 들 수 있다. 동 분쟁에서는 미국의 버지니아 주 정부가 지역 내 고속도로 보수작업과 관련하여 캐나다의 ADF International사와 계약을 체결하며 미국 내 생산 철골자재를 사용하도록 요건을 부과함에 따라 ADF International이 제소한 사건이다.

항간 상호간 비교를 통한 '입체적' 분석이 반드시 수반되어야 한다. 외국인투자자가 특정 투자관련 협정에 대한 위반을 주장할 경우 그 결정은 단순히 해당 협정의 관련 조항만을 보아서는 판단하기 곤란하며 유사한 상황에서 우리 지방자치단체가 다른 나라의 투자자를 또는 우리나라의 투자자를 어떻게 대우하고 있는지를 평가한 이후에야 정확한 결론을 도출할 수 있을 것이기 때문이다.

V. 투자분쟁 관점에서의 지방자치단체의 상대적 취약성

BIT 및 FTA 체제 내에서 새롭게 대두되는 투자분쟁은 중앙정부에도 적지 않은 과제와 부담을 초래하고 있다. 그러나 중앙정부와 비교할 경우 다음과 같은 이유로 지방자치단체는 투자분쟁에 상대적인 취약점을 노출하고 있다.

1. 국제법적 함의에 대한 사전평가 미흡

이러한 새로운 문제점을 초래하는 가장 중요한 이유로 들 수 있는 것은 각급 지방자치단체가 자신의 조치가 국제법적 함의를 갖고 궁극적으로 우리나라에 예상치 못한 부담을 초래할 수도 있다는 사실에 대한 기본적인 인식이 결여되어 있다는 점이다. 지방자치단체의 조치가 왜 국제법적 파급효과를 갖고 중앙정부의 관심사가 되어야 하는지에 대하여 기본적인 의문을 갖는 지방자치단체도 적지 않게 볼 수 있다.[45] 그러나 위에서 언급한 바와 같이 사실 국제법에서는 그리고 투자관련 협정에서는 지방정부이든 중앙정부이든 그 구별을 하지 않고 있다. 그러니 우리의 경우 지방자치단체가 서울의 중앙정부이며 또 서울의 중앙정부가 각급 지방자치단체이기도 하다.[46] 이에 대한 충분한 인식이 결여된 상태에서 우리 지방자치단체들이 투자관련 조치의 검토, 도입, 시행 등 제반 단계에서 체계적인 분석과 대응을 하기는 용이하지 않다.

---

45) 지방자치단체의 투자유치 활동은 비단 국내에만 국한되지 않고 때로는 지방자치단체 담당관들이 해외로 직접 나가 투자유치 활동을 전개하기도 한다. 가령 서울시의 경우 2010년 2월에 LA와 뉴욕에서 해외투자 유치 설명회를 개최하였다. 서울시청 보도자료 『미국, 서울의 매력적인 투자환경에 빠지다!』(2010년 2월 21일자) 참조. 제주도의 경우 2010년 4월 중국 심천에서 역시 투자설명회를 개최하였다. 제주도청 보도자료, 『중국 최초의 경제특구 심천에서 투자설명회』(2010년 4월 6일자) 참조. 이와 같이 해외로 진출하여 투자유치 설명회를 개최하는 경우 관련된 정책과 조치의 국제법적 함의를 보다 면밀히 검토하여 철저한 대응을 하는 것이 필요하다.

46) 지방자치단체의 국제적 교류 및 활동은 중앙정부의 승인을 받았거나 협의를 거친 것으로 상대방이 혼동하는 경우도 적지 않다. 외교통상부 조약과, "조약체결절차법 세미나 주요 토의내용", 『국제법 동향과 실무』, vol.3, no.1(통권 제7호, 2004), 126면 참조.

한편, 외국인투자유치 과정에서 각급 지방자치단체는 외국의 지방자치단체 및 투자자와 다양한 내용을 포함하는 합의문서를 체결하기도 한다.[47] 적지 않은 지방자치단체들은 이러한 합의문서는 국제법상 조약이 아니므로 그로부터 발생하는 국제법적 함의를 평가할 필요는 없다는 손쉬운 결론에 도달하기도 한다. 그러나 지방자치단체의 조치가 초래하는 투자관련 협정상의 함의는 지방자치단체가 채택하는 문서가 국제법상 조약에 해당하는지 여부와는 상관없이 지방자치단체의 개별적 조치로서 해당 합의문서 자체 또는 합의문서에 포함된 내용이라는 실질에 기초하여 평가된다는 점이다. 따라서 문서의 법적 성격과는 별도로 그러한 문서를 통해 구현된 것으로 주장되는 지방자치단체의 조치 자체로부터 법적 함의가 발생하게 된다는 점에 지방자치단체는 주목하여야 한다.

2. 투자분쟁 초래가능 상황에 대한 인식 미흡

또한 대부분의 우리 지방자치단체들은 현재 국제사회에서 투자분쟁이 발생하는 배경 및 추세에 대하여 중앙정부에 비하여 정보와 경험이 제한되어 있다. 외관상 정부의 정당한 조치인 경우에도 어떠한 맥락에서 바라보느냐에 따라 얼마든지 투자분쟁으로 진행할 수 있음을 최근의 투자분쟁 사례는 잘 보여주고 있다. 해외투자의 적극 유치를 통한 지방경제의 활성화라는 정책목표는 당연히 정당하며 모든 지방자치단체가 중점적으로 추진하여야 할 핵심과제이다. 그러나 이러한 목표의 정당성 또는 의도의 순수성이 반드시 투자관련 협정과의 합치성을 담보하여 주지는 않는다. 우리 지방자치단체의 경우 아직 이러한 부분에 대한 인식이 다소 부족한 것으로 판단된다. 특히 우리의 BIT 및 FTA 네트워크가 씨줄과 날줄처럼 얽혀가는 상황에서는 정보와 경험이 제한된 지방자치단체 입장에서는 어떠한 조치가 어떠한 협정에 어떻게 위반될 소지가 있는지를 파악하는 것은 실로 어려운 일이기도 하다.

47) 일회성 교류를 지양하고 장기적·정기적 협력체제를 구축하기 위하여 지방자치단체가 이러한 국제합의문서를 체결하는 것은 실무적으로 중요성을 갖는다. 지방자치단체의 국제합의문서 체결은 해당 문서의 국제법적 성격과는 별도로 외국 기관 및 이해관계자에 대한 지방자치단체의 공식적 약속 내지 정책을 공표, 확인하는 성격을 보유하게 된다. 따라서 특정 합의문서가 조약에 해당하지 않더라도 그러한 합의문서는 해당 지방자치단체의 주요한 대외적 약속을 명시하고 있는 객관적 조치(measure)에 해당하게 될 것이다. 따라서 문서의 성격과는 별도로 그러한 문서를 통해 구현되었거나 구현될 것으로 주장되는 조치 자체로부터 독자적인 법적 함의가 생성될 수 있다.

3. 제로섬 게임의 속성

우리 지방자치단체가 투자분쟁과 관련하여 취약성을 노정하는 또 다른 이유로 들 수 있는 것은 외국인투자유치 활동은 본질적으로 각급 지방자치단체간 내부 경쟁의 산물이라는 측면 때문이다. 중앙정부의 관점에서는 우리나라 각급 지방자치단체를 통한 일반적인 국제협정상 의무 이행과 투자관련 협정상 의무 이행은 서로 상이한 속성을 보유하고 있다. 여타 국제협정의 경우 각 지방자치단체의 의무 이행은 모두 동일한 방향을 지향하고 있는 것으로 지방자치단체 상호간 대립이나 충돌의 문제가 발생할 개연성은 상당히 낮다.[48] 그러나 투자관련 협정의 경우 반드시 각 지방자치단체의 이해관계가 동일한 방향으로 수렴하는 것은 아니다. 바로 각 지방자치단체는 동일한 외국인투자를 유치하기 위하여 서로 경쟁하는 관계에 있기 때문이다. 따라서 각 지방자치단체간 외국인투자유치를 위한 경쟁은 기본적으로 제로섬 게임의 속성을 보유하고 있다. 한 지방자치단체가 특정 외국인투자를 유치하는 경우 다른 지방자치단체는 그러한 외국인투자를 유치하지 못하기 때문이다. 이와 같은 이유로 인하여 지방자치단체간 상호 경쟁은 불가피한 상황이다.

항상 서로 경쟁하는 관계에 있는 주체(각급 지방자치단체)들이 동일한 규범과 원칙을 따르도록 유도하는 것은 기본적으로 용이하지 않으며 중앙정부와 달리 지방자치단체가 특히 투자관련 협정 위반에 노출되어 있는 이유이기도 하다. 상호 경쟁하는 여타 지방자치단체를 따돌리고 제한된 외국인투자를 유치하고자 희망하는 지방자치단체는 경쟁 지방자치단체에 비하여 유리한 조건을 제시할 수밖에 없으나, 한편으로 이들 지방자치단체들은 또한 내부 경쟁과 상관없이 모두 한국 정부의 일부로서 동일하게 취급된다. 국제협정상 동일한 주체가 내부적으로는 상호간 경쟁하게 되어 있는 구조이므로 협정 위반 가능성이 그만큼 높아질 수밖에 없다.

4. ISD절차 대응역량의 상대적 미흡

지방자치단체의 역량의 한계는 특히 투자관련 분쟁이 ISD절차로 회부될 경우

48) 가령 1961년 외교관계에 관한 비엔나협약(1961 Vienna Convention on Diplomatic Relations)의 규정에 따라 주한 외교관의 특권과 면제를 인정하고 필요한 조치를 취하여 할 의무는 모든 지방자치단체에게 동일하게 적용되며 이들 지방자치단체는 동일한 조치를 취함으로써 그러한 의무를 이행하게 된다. 가령, A 지방자치단체와 B 지방자치단체는 동일한 시각과 조치를 통해 동일한 방향으로 진행을 하며, 이 과정에서 상호간 경쟁이나(가령 어떻게 하면 주한 외교관들에 대하여 더욱 폭넓은 특권과 면제를 인정하여 줄 것인가에 관하여) 충돌하는 것은 아니다. 즉, 이 경우에는 양 지방자치단체의 이해관계가 수렴하는 것으로 볼 수 있을 것이다.

두드러질 수 있다. ISD절차로 회부될 경우 성공적인 방어를 위해서는 관련 정부부처의 상당한 준비와 대응논리 개발이 필요하다. 중앙정부 담당자들의 경우 이에 대한 사전교육과 경험축적이 현재 조금씩이나마 진행되고 있는 상황이나 지방자치단체의 경우 이러한 준비가 아직은 미흡한 실정이다. 실제 ISD절차에서는 담당 공무원과 관련자의 적극적인 설명과 절차에의 참여가 요구된다. 만약 지방자치단체 담당자들이 ISD절차에 대한 사전교육과 경험이 상대적으로 부족한 형편이라면 해당 지방자치단체의 조치가 ISD절차에 회부될 경우 모든 조건이 동일하더라도 중앙정부 조치보다는 우리 입장에서는 방어가 더욱 힘들어지는 상황에 직면하게 될 것이다. 이러한 구조적인 문제도 지방자치단체의 조치가 중앙정부의 조치에 비하여 상대적으로 투자분쟁에 취약성을 노정하는 이유 중 하나이다.

Ⅵ. 지방자치단체 국제투자유치 활동의 적절한 조율 방안

그렇다면 향후 지방자치단체의 국제투자유치 활동을 어떻게 조율하여야 할 것인가? 지방자치가 더욱 뿌리내리며 지방자치단체의 활동 영역도 양적, 질적 측면 공히 확대를 거듭하고 있으며, 특히 해외투자유치는 각급 지방자치단체의 핵심과제가 되었다. 그러나 동시에 BIT 및 FTA 체제가 구축되면서 투자분쟁 발생 가능성은 점점 높아지고 있는 상황이다. 이 분야에서 우리는 일종의 딜레마 상황에 빠져 있는 것이다. 이러한 상황을 조금이라도 극복하기 위해서는 다음과 같은 방안을 검토하여 볼 수 있을 것이다.

1. 국제법적 함의에 대한 지방자치단체의 이해 제고

우리 지방자치단체의 경우 자신의 외국인투자유치정책이 다양한 법적 함의를 내포하고 있음을 인식하지 못하고 있는 경우가 빈번함은 위에서 지적하였다. 이를 극복하기 위해서는 중앙정부가 각급 지방자치단체를 대상으로 개별적인 외국인투자유치 조치가 초래할 수 있는 투자관련 협정 위반 소지 및 ISD 분쟁 회부 가능성에 대하여 적극적인 설명을 제시하는 것이 필요하다. 가령 중앙정부는 각급 지방자치단체의 투자관련 담당자가 참여하는 설명회나 워크숍 등을 개최하는 방안을 모색하여 볼 수 있을 것이다. 외국과의 협정 체결과 교섭을 담당하는 외교통상부, ISD 분쟁 발생시 우리 정부를 대리하여 소송에 참여하게 될 법무부, 지방자치단체와 중앙정부간 소통역할을 수행하는 행정안전부, 실제 ISD 분쟁 발생시 소송지원 업무를 담당할 정부법무공단 담당자들이 이러한 설명회나 워크숍에서 필요한 사항을 전달하고 다양한 질문에 대하여 응답할 수 있을 것이다.[49]

2. 해외투자유치 관련 중앙정부와 협의체제 구축

지방자치단체의 외국인투자유치 조치는 해당 지방자치단체의 문제에만 국한되는 것이 아니다. 어떠한 형식과 내용으로 구체적 투자유치 조치가 지방자치단체에 의하여 도입, 실시되는지에 따라 투자관련 협정들에 대한 위반 문제를 포함하여 다양한 측면에서 장기적 파급효과를 초래한다.[50] 사전에 이러한 문제점을 파악하여 투자분쟁 발생 가능성을 차단하고 또 분쟁 발생시에도 승소가능성을 제고하기 위해서는 각급 지방자치단체가 조치 검토 단계부터 중앙정부(특히 법무부, 외교통상부) 및 여타 지방자치단체와 긴밀한 협의를 실시하는 것이 긴요하다.[51] 지방자치단체의 경우

---

49) 국가를 당사자로 하는 소송에 관한 법률 제2조 참조("국가를 당사자 또는 참가인으로 하는 소송(이하 "국가소송"이라 한다)에서는 법무부장관이 국가를 대표한다."). 또한 정부는 법무부와 협조 하에 국가를 당사자로 하는 소송을 지원하기 위하여 정부법무공단을 2006년 12월 설치하였다. 정부법무공단은 법무부와 밀접한 협조체제를 구축하여 직접적으로 국내외 송무 등을 담당하고 있다. 정부법무공단법 제4조, 제6조, 제10조 등 참조.

50) 적지 않은 투자분쟁은 중앙정부와 지방정부간 입장 차이와 이로 인한 정부정책의 일관성 상실로 인하여 발생하였다. 박노형 외 15인 공저, 『국제경제법』(서울: 박영사, 2006), 512-513면 참조.

51) 이와 관련하여 지방자치법은 이미 몇 가지 활용 가능한 조항을 제시하고 있다. 먼저 지방자치법 제147조는 필요시 지방자치단체간 상호협의를 규정하고 있는 바, 이 조항을 외국인투자유치 정책 조율과 관련하여 적극 활용할 수도 있을 것이다. 동 조항은 다음과 같다.

제147조 (지방자치단체 상호 간의 협력) 지방자치단체는 다른 지방자치단체로부터 사무의 공동처리에 관한 요청이나 사무처리에 관한 협의·조정·승인 또는 지원의 요청을 받으면 법령의 범위에서 협력하여야 한다.

한편 지방자치법 제166조 및 동법 시행령 제103조도 필요 시 중앙정부가 지방자치단체의 사무에 관하여 감독을 실시할 권한을 부여하고 있는 바, 이 조항도 외국인투자유치 정책 조율과 관련하여 적극 활용을 모색할 수 있을 것이다. 동 조항은 다음과 같이 규정하고 있다.

제166조 (지방자치단체의 사무에 대한 지도와 지원) ① 중앙행정기관의 장이나 시·도지사는 지방자치단체의 사무에 관하여 조언 또는 권고하거나 지도할 수 있으며, 이를 위하여 필요하면 지방자치단체에 자료의 제출을 요구할 수 있다.

② 국가나 시·도는 지방자치단체가 그 지방자치단체의 사무를 처리하는 데에 필요하다고 인정하면 재정지원이나 기술지원을 할 수 있다.

제103조 (지방자치단체의 사무에 대한 지원 및 보고 청취) ① 중앙행정기관의 장이나 시·도지사는 법 제166조와 제167조에 따른 조언·권고 또는 지도를 위하여 필요하다고 인정하면 지방자치단체의 장이나 관계 공무원의 회의를 소집할 수 있다.

또한 외국인투자촉진법 제27조도 외국인투자 위원회를 통하여 중앙정부와 지방자치단체간 외국인투자와 관련하여 정책 협의를 진행할 법적 근거를 제시하고 있다. 외국인투자 위원회는 외국인투자에 관한 기본정책과 제도에 관한 중요사항, 외국인투자환경의 개선에 관한 소관 부처별 대책의 종합 및 조정에 관한 사항 등을 논의하기 위하여 지식경제부 산하에 설치된 위원회이

중앙정부와 자신의 소관업무와 관련하여 협의를 실시하는 것에 대하여 반드시 적극적이지만은 않다는 측면에서 법령정비 등을 통하여 이러한 협의체제를 보다 체계화, 공식화하는 것도 검토하여 볼 만하다.[52]

3. 법적 안전판 도입 필요성 검토

또한 향후 체결할 BIT 및 FTA 등 투자관련 협정에 이 문제와 관련한 조항이나 문구를 포함시키는 방안도 검토하여 볼 필요가 있다. 가령 외국인투자자가 지방자치단체의 조치에 대하여 ISD절차에 제소하는 경우에는 먼저 해당 외국인투자자, 조치시행국 중앙정부, 조치시행국 지방정부가 함께 참여하는 '사전협의(consultation)'를 반드시 거치도록 제도화하는 것도 검토하여 볼 수 있다. 우리나라의 경우 언어적·문화적 장벽 등의 이유로 문제가 된 지방자치단체의 조치와 배경에 대한 정확한 정보가 상대방 외국인투자자에 제대로 전달되지 않아 오해가 초래되어 투자분쟁이 발생하는 경우, 또는 반대로 지방자치단체가 제소를 검토하는 외국인투자자의 주장 및 요구내용을 정확히 이해하지 못하여 분쟁이 격화되는 상황이 발생하는 것도 반드시 배제할 수는 없다. 이러한 상황에서 중앙정부가 참여하는 사전협의의 실시는 분쟁의 해결 및 불필요한 이슈의 정리에 적지 않은 도움을 줄 수 있을 것으로 본다.

4. 협정 위반 지방자치단체 조치에 대한 무효화 가능성

한편, 지방자치단체가 채택한 외국인투자유치 관련 조치가 BIT 및 FTA 등 투자관련협정과 상충하는 경우 이해관계자는 ISD절차 대신 해당 지방자치단체의 조치를 우리 법원에 제소하여 그 무효화를 구할 가능성도 있다. 우리 대법원은 2005년 급식조례 사건에서 국제협정에 위반되는 지방자치단체 조례를 무효화한 바 있다.[53] 동 판결에서 대법원은 전북의회가 제정한 조례가 WTO 협정에 위반되는 경우, 당해 조

다. 지식경제부장관이 동 위원회의 위원장이 되고, 기획재정부장관, 외교통상부장관, 행정안전부장관, 교육과학기술부장관, 문화체육관광부장관, 농림수산식품부장관, 환경부장관, 노동부장관, 국토해양부장관, 금융위원회위원장이 위원으로 참석하며, 때로는 외국인투자위원회의 회의에 부치는 안건과 관련된 중앙행정기관의 장 또는 시·도지사 역시 참석하도록 규정하고 있다. 이 위원회는 1998년 11월 17일 외국인투자촉진법이 최초 시행된 당시부터 도입, 운영되고 있다. 자세한 내용은 외국인투자촉진법 제27조 참조.

52) 현재 지방자치법 제147조 및 166조는 이러한 협의 가능성을 열어 놓고 있기는 하나 중앙정부와 지방자치단체간 그리고 지방자치단체 상호간 외국인투자와 관련한 협의를 정기적, 체계적으로 실시하기 위해서는 보다 구체적인 의무를 부과하는 조항의 도입이 필요할 것이다.

53) 대법원 2005. 9. 9. 선고, 2004추10 판결(전라북도 학교급식조례 무효확인의 소).

례는 법률에 위배되는 조례로서 무효임을 확인하였다. 법률로서 효력을 갖는 조약과 하위 조례간 충돌시 상위인 조약이 우선적용되기 때문이다. 법원의 논지를 투자관련 협정에 적용할 경우 우리가 체결한 다양한 BIT 및 FTA 중 하나 또는 복수의 협정을 위반하는 지방자치단체의 조례 등 조치에 대하여 이해관계자가 제소할 경우 유사한 논지로 무효화 판결이 내려질 가능성도 조심스럽게 예측할 수 있다.[54] 따라서 각급 지방자치단체가 자신의 외국인투자유치 관련 조치를 기존의 투자관련 협정과 부합하게 운용하는 것은 ISD 제소 문제뿐 아니라 우리 국내법원에서의 사법심사를 극복하기 위해서도 반드시 필요한 과제라고 하겠다.

Ⅶ. 결 론

현재 각급 지방자치단체는 경쟁적으로 해외투자유치 활동에 나서고 있다. 그러나 이러한 해외투자유치 활동은 반드시 중앙정부와의 충분한 협의나 또는 관련 법적 이슈에 대한 적절한 검토를 거치지 않고 해당 지방자치단체의 단기 성과위주로 추진되는 감이 없지 않다. 이미 우리가 체결하였거나 또는 체결할 BIT 및 FTA 등 투자관련 협정은 상당히 복잡한 규범을 제시하고 있으며 또한 그러한 규범이 우리 지방자치단체에도 공히 적용됨을 명시적으로 확인하고 있다. 이러한 상황에서 각급 지방자치단체의 경쟁적인 해외투자유치 활동은 우리나라가 이러한 협정을 예기치 않게 위반하는 상황을 초래할 가능성이 농후하다.

특히 특정 외국인투자자에 대한 우대를 그 골자로 하는 외국인투자유치 조치의 경우 그러한 외국인투자자와 동일한 국적의 다른 외국인투자자 또는 다른 국적의 외국인투자자들이 동일한 우대조건 부여를 요구하고 해당 지방자치단체가 이를 거부하게 되는 상황이 발생하면 거부를 당한 외국인투자자들은 자신들에 대한 부당한 차별임을 주장할 수도 있다. 또한 투명성과 일관성을 결여한 특정 외국인투자자에 대한 우대조치 부여는 우리 정부가 그간 우려하여 오고 있는 간접수용 문제를 촉발할 가능성도 없지 않다. 한편으로 지방자치단체의 해외투자 유치 활동은 적극 추진되어야 하나 동시에 그 과정에서 예기치 않은 투자분쟁 촉발 가능성도 상존하고 있어 우리는 일종의 딜레마 상황에 직면하고 있는 것으로 보인다.

---

54) 지방자치법도 제22조에서 동일한 취지의 규정을 두고 있다:

제22조 (조례) 지방자치단체는 법령의 범위 안에서 그 사무에 관하여 조례를 제정할 수 있다. 다만, 주민의 권리 제한 또는 의무 부과에 관한 사항이나 벌칙을 정할 때에는 법률의 위임이 있어야 한다.

따라서 향후 각급 지방자치단체가 외국인투자유치 활동을 전개함에 있어서는 그 국제법적, 장기적 함의를 충분히 인식하고 중앙정부 및 여타 지방자치단체와 충분한 협의를 통하여 관련 정책과 조치를 도입, 시행하는 것이 필요하다. 외국인투자를 두고 경쟁관계에 있는 지방자치단체들이 이와 관련하여 협의와 조율을 하는 것이 쉽지만은 않을 것이나 장기적인 관점에서 투자분쟁에 효과적으로 대응하기 위해서는 이러한 체계적 대응이 필수적이다. 이러한 준비작업과 조율작업을 조속히 시작할 수 있도록 중앙정부 관련 부서의 적극적인 대응이 요구되는 시점이다.

제11장 개성공단 투자보호와 분쟁해결

Ⅰ. 서 론

북한은 2009년 5월 15일 개성공단 관련 계약에 대해 사실상 무효를 선언하였다. 이어서 재차 벌어진 실무회담에서 북한은 종전에 북한 근로자들이 받던 임금의 4배를 요구했을 뿐만 아니라 토지임대료의 엄청난 인상을 요구하여 개성공단의 존속 여부가 문제되었다.[1] 그러다가 2009년 9월 10일 북한이 4배의 임금인상 대신 5%의 임금인상을 요구하여 남북 간의 갈등 국면은 다소 완화되는 인상을 주었고,[2] 12월 중순에는 남북이 공동시찰단을 구성하여 중국, 베트남, 홍콩 등의 공단을 방문키로 합의하여[3] 경색 국면이었던 개성공단 문제에 긍정적인 역할로 작용하는 것처럼 보였다. 그러나 2010년 2월 들어 열린 개성공단 회담에서 북한 측은 다시 임금 월 300달러 선으로의 인상을 주장하였을 뿐만 아니라,[4] 개성공단의 폐쇄위협을 재차 거론하였다. 또한 최근 천안함 피격사건 및 연평도 도발사건으로 인해 남북관계는 그 어느 때보다도 일촉즉발의 상황이다. 개성공단을 포함한 북한문제는 앞으로도 언제든지 첨예한 갈등이 발생할 수 있는 사안으로 보인다.

개성공단에 대하 투자는 일반적으로 통용되는 기업논리에 의해서라기보다는 정치적인 논리, 즉 경제적 교류·인적 교류를 통한 남북대화 재개 및 화해무드 조성이라는 차원에서 이루어졌기 때문에, 본 투자에 관련된 모든 문제는 정치적인 접근방

※ 이 글은 『통상법률』 제92호 (2010. 4.), 120－152면에 실린 논문을 수정·보완한 것이다.

1) 한국일보, "개성공단 협상, 합리적 대안 찾아야", 2009.6.13., 27면.

2) 세계일보, "개성공단 어거지 철회한 북, '水攻' 사과부터 해야", 2009.9.12., 23면.

3) 경향신문, "남북 공동 해외 공단 시찰에 기대 크다", 2009.11.27., 31면.

4) 동아일보, "北매체, 개성공단 임금 200달러 이상 요구", http://news.donga.com/Politics/New/-3/00/20100203/25912331/1&top=1 참조.

식으로 해결해야 한다고 볼 수도 있다. 북한의 핵실험 및 로켓발사와 같은 고도의 국가안보가 포함된 정치적인 문제에 의해 개성공단의 입지가 변화해왔다는 사실은 이를 증명한다. 그러나 개인투자자에 있어 정치적인 해결방식은 안정적이지 못하며 예측가능성도 떨어진다. 또한 정치적인 협상은 이성적이고 합리적인 손익계산에 의한 결정보다는 국민의 여론을 중시하는 소위 포퓰리즘(populism)적인 결정에 의해 이루어질 수 있다는 위험이 있다. 따라서 남북간 투자문제는 고위층의 결단에 의해 좌지우지되거나 남측 기업의 일방적인 손해 감수로 문제를 해결하는 것[5]보다는, 한국과 북한 양 당사자가 국제법적으로 합의한 법률적인 해결방식 하에 본 문제를 해결하려고 노력하는 태도가 중장기적으로 볼 때 필요하다.[6]

이에 동 사안과 관련하여 제기될 수 있는 여러 가지 법적 쟁점 중에 북한 당국과 한국의 개인투자자 간의 분쟁에 초점을 두고 다음 사항을 살펴보고자 한다. 첫째, 남북 간에 합의한 투자보장관련 합의서는 사실상 양자간투자협정(BIT)의 성격을 띠고 있으므로, 이에 대해 전반적으로 제기될 수 있는 문제점들을 검토한다. 둘째, 국제투자협정상 북한의 개성공단계약 무효화선언으로 한국의 투자자들에게 손해를 야기하고 한국의 투자자는 이를 수용과 같은 효과를 내는 '간접수용'에 실질적으로 해당된다고 주장할 수 있을 것이므로, '간접수용' 의 개념 및 판단기준에 대해 검토하고 개성공단문제와 유사한 국제투자분쟁 관련 사례를 검토하도록 한다. 셋째, 향후 개성공단투자와 관련한 분쟁 발생 시 법적·제도적 해결을 위해 한국이 강구해야 할 분쟁해결대비책을 검토하고자 한다.

Ⅱ. 한국과 북한간 투자보장관련 합의서 검토

한국과 북한 사이의 투자 관련 협정은 첫째, 남북 사이의 투자보장에 관한 합의서(이하 투자보장합의서), 둘째, 남북 사이의 상사분쟁해결절차에 관한 합의서(이하 상사분쟁합의서)가 있다. 투자보장합의서는 한국과 북한간 진행되는 각종 투자를 포괄적으로 규율하기 위한 협정으로, 사실상 BIT의 성격을 지닌다. 상사분쟁합의서의 경우,

5) 사실상 남북경협과 관련된 분쟁 발생시 이를 해결할 분쟁해결수단이 없기 때문에, 대북사업을 하는 기업들은 북측과 분쟁이 발생하였을 때 대부분 피해를 감수하거나 또는 다음 번 주문이나 협력 사안에서 타협하는 것으로 분쟁을 해결하는 경향을 보이고 있다고 한다. 김영윤, "남북경협의 현황과 과제", 『수은경제』(2008, 봄호), 54-55면.

6) 남북경협의 제도적 틀을 마련하기 위한 초기 연구에 대해서는 이재곤·박덕영, "남북한 경제교류와 관련한 국제법적 제문제에 관한 연구", (북한·통일연구논문집, 통일원), 1990.12 참조.

한국과 북한간 발생할 수 있는 상사분쟁을 해결하기 위한 협의, 조정, 중재 등 각종 분쟁해결절차 진행에 있어서 세부적인 사항을 규정하고 있다. 이하에서는 투자보장합의서와 상사분쟁합의서에 대한 개략적인 설명과 함께 우려되는 문제점들을 검토하고 이에 대한 보완사항은 뒤에서 제시하도록 하겠다.

1. 남북 사이의 투자보장에 관한 합의서

1) 투자보장합의서의 성격

투자보장합의서는 그 조항들의 구조와 형식을 고려하여 볼 때 양 당사자는 이 합의서를 조약으로 의도하였고, 따라서 성격상 당사자 간에 이루어지는 투자를 보장하기 위한 BIT로 보인다. 동 합의서는 한국이 그동안 타 국가와 체결해왔던 BIT와 흡사한 형식을 띠거나 통상적으로 사용되는 용어로 기술하고 있다.[7] 물론 투자보장합의서 전문에 "… 나라와 나라 사이가 아닌 민족내부의 거래임을 확인하고 상대방 투자자의 투자자산을 보호하고 투자에 유리한 조건을 마련하기 위하여 다음과 같이 합의한다"고 명시되어 있어, 양 당사국 스스로 국가간 관계로서 맺은 것이 아니라고 밝히고 있기는 하나, 전반적으로 볼 때 국제법상 구속력 있는 합의라고 보는 것이 마땅할 것이다.[8]

2) 주요조항의 검토 및 문제점

(1) 제1조 정의

투자보장합의서 제1조는 동 합의서에서 사용된 용어들의 정의를 나열하고 있다. 우선 1항에서는 투자자산에 대해 6가지로 구분하여 자세하게 구분해놓고 있다. 2항에서는 투자자의 정의를 내리고 있으며, 여타 BIT와 마찬가지로 투자자를 크게 법인과 자연인으로 구분하여 명시하고 있다. 문제는 4항에 명시된 기업 활동의 정의이다. 4항에서는 기업 활동을 "투자자산과 수익금의 관리, 기업의 청산 등을 포함한 활동"이라고만 간략하게 제시하고 있는데, 그 정의가 매우 간략하여 향후 그 범위를 둘러싸고 분쟁이 발생할 여지가 있을 것으로 보인다.

(2) 제2조 허가 및 보호

제2조 1항에서는 "남과 북은 자기 지역 안에서 상대방 투자자의 투자에 유리한 조건을 조성하고 각자의 법령에 따라 투자를 허가한다. 이 경우 투자의 실현, 기업

7) Anthony Aust, *Modern Treaty Law and Practice* (Cambridge: CUP, 2006), pp.32-34 참조.

8) 김대순, 『국제법론』(삼영사, 2009, 제15판), 63면 참조.

활동을 목적으로 하는 인원들의 출입, 체류, 이동 등과 관련한 문제를 호의적으로 처리한다"고 명시하고 있다. 인원들의 출입, 체류, 이동 등과 관련한 문제를 "호의적으로" 처리한다고 규정하였는데, 그 동안 한국 측 인원들의 행동을 법적인 근거 없이 제재해 온 북한의 행태를 고려하여 볼 때 이에 대해 보다 구체적인 표현할 수 있는 방안을 검토하여야 할 것이다.

⑶ 제3조 대우

제3조 1항은 "남과 북은 자기 지역 안에서 상대방 투자자와 그의 투자자산, 수익금, 기업활동에 대하여 다른 나라 투자자에게 주는 것과 같거나 더 유리한 대우를 준다"고 명시하고 있어, 이른바 최혜국대우원칙을 선언하고 있다. 그러나 이 원칙의 적용범위가 상당히 제한적이다. 오로지 "투자자산, 수익금, 기업활동"에 대해서만 적용하고 있는 것이다. 또한 2항에서도 이러한 대우는, 관세동맹 및 각종 지역적 협정 등에 따라 양 당사국이 해당 조약당사국에게 부여할 혜택을 한국이나 북한 측 서로에게 부여할 의무를 지니지 않는다고 하여 더욱 더 원칙의 적용범위를 제한하고 있다. 또한 북한이 제3국에게 대우하는 수준을 파악하기도 어려워 우리가 최혜국대우를 받고 있는지도 실제로는 판단하기가 어려울 수도 있다는 문제점을 안고 있다.

⑷ 제4조 수용 및 보상

제4조의 수용 및 보상에 관한 규정에서 동 합의서는 다른 BIT와 유사한 구조를 보인다. 즉 "공공의 목적"을 제외하고는 "자기측 투자자나 다른 나라 투자자와 차별하지 않는 조건에서 합법적 절차에 따라 상대방 투자자의 투자자산에 대하여 이러한 조치를 취할 수 있다"고 규정하고 있다. 그런데 동조 1항에서 수용에 대한 정의를 명시할 때 "남과 북은 자기 지역 안에 있는 상대방 투자자의 투자자산을 국유화 또는 수용하거나 재산권을 제한하지 않으며 그와 같은 효과를 가지는 조치"라 하였다. 여기서 주목해야 할 점은 수용의 정의에 있어서 공식적인 수용조치뿐만 아니라 "그와 같은 효과를 가지는 조치"를 명시적으로 밝혔다는 것이다. 이 문구로부터 바로 한국과 북한 간의 투자에 있어 간접수용이 인정될 가능성을 발견할 수 있다. 따라서 최근 북한이 주장하는 조치가 간접수용이 인정되기 위한 요건을 충족시킬 수 있는지를 검토해 볼 수 있다. 검토 결과 간접수용에 해당한다면 제4조 1항 및 2항에 의해 보상의 의무가 발생하는 것은 자명하다.[9)]

---

9) 투자보장합의서 제4조 1항과 2항은 다음과 같다.

1. 남과 북은 자기 지역 안에 있는 상대방 투자자의 투자자산을 국유화 또는 수용하거나 재산권을 제한하지 않으며 그와 같은 효과를 가지는 조치(이하 "수용"이라고 한다)를 취하지 않는다. 그러나 공공의 목적으로부터 자기 측 투자자나 다른 나라 투자자와 차별하지 않는 조건에

(5) 제7조 분쟁해결

동 합의서 제7조 1항에서는 "상대방 투자자와 일방 사이에 발생되는 분쟁은 당사자 사이에 협의의 방법으로 해결한다"고 규정하고 있다. 그리고 이 협의로 분쟁이 해결되지 않을 경우, "남과 북의 합의에 의하여 구성되는 남북상사중재위원회에 제기하여 해결"하도록 하고, "남과 북의 당국은 투자자가 분쟁을 중재의 방법으로 해결하는 것에 대하여 동의"한다고 명시하고 있다. 여기서 문제 삼을 수 있는 점은 바로 협의의 기간이다. 세계무역기구(WTO)협정 제2부속서인 분쟁해결양해(Understanding on Rules and Procedures Governing the Settlement of Disuptes: DSU) 제4조 3항[10]에서는 협의의 기간을 명시하고 있고, 한국이 맺은 다른 BIT[11]에서도 협의의 기간을 통상 3개월 또는 6개월로 명시하고 있음을 고려한다면 동 합의서 제7조 1항은 협의의 기간을 정하지 않고 있어 실제 분쟁이 발생하는 경우 오랜 기간 동안 남북상사중재위원회로 분쟁을 가져가는 것이 어려울 가능성도 존재하게 된다.

2. 남북 사이의 상사분쟁해결절차에 관한 합의서

1) 상사분쟁합의서의 성격

본 합의서는 투자보장합의서에서 제기한 상사분쟁해결절차에 관하여 언급된 중재에 대한 세부적인 절차규정을 명시한 협정이다. 따라서 내용상으로는 투자보장합의서의 부속서적인 성격이라고 볼 수 있으나, 투자보장합의서와 동일한 전문이 존재하고 독립적으로 서명되어 있는 점으로 보아 형식상으로는 투자보장합의서와 독립된 별개의 협정이라고 볼 수 있다. 그동안 한국이 맺은 여러 BIT에서는 동 협정 내에 분쟁해결절차를 규율하고 있다는 점에서 상당히 특징적이라고 볼 수 있다.

서 합법적 절차에 따라 상대방의 투자자산에 대하여 이러한 조치를 취할 수 있다. 이 경우 신속하고 충분하며 효과적인 보상을 해준다.

2. 남과 북은 수용조치를 취한 날부터 지급일까지의 일반 상업이자율에 기초하여 계산된 이자를 포함한 보상금을 보상받을 자에게 지체없이 지불한다. 보상금의 크기는 수용과 관련한 결정이 공포되기 직전 투자자산의 국제시장가치와 같다.

10) DSU 제4조 3항의 일부분을 소개하면 다음과 같다. "If a request for consultations is made pursuant to a covered agreement, the Member to which the request is made shall, unless otherwise mutually agreed, reply to the request within 10 days after the date of its receipt and shall enter into consultations in good faith within a period of no more than 30 days after the date of receipt of the request, with a view to reaching a mutually satisfactory solution. … "

11) 예를 들어, 대한민국 정부와 일본국 정부 간의 투자의 자유화 증진 및 보호를 위한 협정 제15조에서도 볼 수 있듯이 그 기간을 명확하게 언급해 주는 경우가 대부분이다. 자세한 내용은 법무부, 『양자간투자협정집』(서울: 법무부, 2009), 423면 참조.

2) 주요조항의 검토 및 문제점

(1) 제1조 분쟁해결의 원칙

동 합의서 제1조에서 "남북 사이의 경제교류·협력과정에서 생기는 상사분쟁은 당사자 사이에 협의의 방법으로 해결한다"고 하며, "협의의 방법으로 해결되지 않는 분쟁은 중재의 방법으로 해결하는 것을 원칙으로 한다"고 명시하고 있다. 앞서 지적하였던 바와 같이, 동 합의서에서도 여전히 협의의 구체적인 기간에 대해서는 침묵하고 있다. 이러한 경우에, 협의가 기한 없이 계속 이루어지게 되어 실효적인 분쟁해결이 어려워질 가능성이 존재한다.

(2) 제4조 중재위원회의 의사결정 형식

제4조는 "중재위원회의 의사결정은 쌍방의 합의에 의한다"라고만 명시되어 있고, 그 합의가 구체적으로 어느 기한 내에 어떠한 방식으로 이루어져야 하는지에 대해서는 아무런 언급이 없다. 이 또한 분쟁의 실효적인 해결에 있어서 커다란 장애물이 될 가능성이 있다.

(3) 제12조 준거법

중재판정부는 우선 "당사자들이 합의한 법령에 따라" 중재판정을 하고, "당사자가 합의한 법령이 없을 경우에는 남 또는 북의 관련법령, 국제법의 일반원칙, 국제무역거래관습에 따라" 중재판정을 한다고 하였다. 여기서 주의해야 할 사항은 북한 법령이 현실적으로 흠결이 있거나 국제기준에 맞지 않을 가능성이 다분히 존재할 수 있다는 점이다. 우리 정부는 북의 관련법령에 어떤 것들이 있는지, 북한이 판단하는 국제법의 일반원칙이란 무엇인지 등에 대한 연구를 미리 해둘 필요가 있다.

3. 개성공단과 간접수용

투자보장합의서와 상사분쟁합의서 모두 여타 BIT에 비해서 상대적으로 모호한 점이 발견되고, 합의서의 적용에 있어서 분쟁의 여지가 발생할 가능성이 매우 높아 보인다. 그 중에서 특히 개성공단문제와 관련하여 문제가 되는 조항은 바로 투자보장합의서 제4조이다. 투자보장합의서 제4조에서 "그와 같은 효과를 가지는 조치"라 하여 간접수용을 명시적으로 인정하였다고 본다면, 북한이 지난 1년간 개성공단과 관련하여 취한 일련의 조치들이 간접수용의 요건을 충족하는지 살펴 볼 필요가 있다.[12)]

---

12) 물론 간접수용이 조항에 명시적으로 규정되어 있지 않다 하더라도 부정되는 것은 아니다. 동 합의서에서 간접수용에 대한 개념이 명시적으로 언급되어 있다는 점은 간접수용이 인정될

Ⅲ. 개성공단계약 무효화선언과 간접수용 문제

1. 수용

수용(expropriation) 또는 국유화(nationalization)는 국가가 자국 영토 내에 있는 사인의 재산을 강제로 취득하는 것 또는 그 소유권을 강제로 이전하는 조치이다.[13] 즉, 국가가 자국 영토내의 외국인을 포함한 사인의 재산을 강제적으로 취득하거나 이전하는 것으로 국가의 정당한 주권 작용으로 인정되어 왔다. 그러나 이러한 수용 및 국유화[14]가 국제법상 합법적이기 위해서는 일반적으로 공공목적(public purpose), 비차별(non-discrimination), 보상(compensation)이라는 요건을 충족해야 한다.[15] 외국인투자에 수용이 있을 경우 정당한 보상이 따라야 한다는 것이 국제법상 확립된 원칙이며, 국제법상의 보상기준으로 미국을 비롯한 주요 자본수출국들은 전통적으로 '충분하고 신속하며 효과적인(adequate, prompt and effective)' 보상 즉 '충분한 보상(full compensation)' 또는 '정당한 보상(just compensation)'을 국제기준으로 주장해 왔다.[16]

국제적으로 개인 또는 법인이 부당하게 수용, 국유화 기타 권리침해를 당했을 경우 가해국은 피해자가 속한 국가에 대해 책임을 진다. 피해국은 항의와 외교교섭, 경제적 강제조치, 국제청구, 소유권이전의 무효 등의 대항조치를 취할 수 있는데, 여기에는 국제관습법상의 구제와 조약상의 구제가 포함된다. 다만, 국제법상 피해국이 자국인에 대한 외교적 보호권을 발동하기 위해서는 국내적 구제완료의 원칙과 국적계속의 원칙을 준수하여야 한다.[17]

자산을 수용당한 외국인투자자는 본국과 가해국 간에 체결된 조약, 가해국 또는

수 있음을 확고히 한다는 데 있어서 중요하다고 볼 수 있다.

13) Malcolm N. Shaw, *International Law* (Cambridge: CUP, 2008), pp.830-832; 이재형, "자유무역협정에서의 외국인투자에 대한 간접수용의 기준에 관한 연구", 『국제법평론』(서울: 삼우사, 2009 II), 143면.

14) 국유화와 수용을 구분하는 견해도 있다. 즉 국유화는 일국의 전반적인 경제정책의 일환으로 보다 넓은 범위에서 접근하는 것으로 보는 반면 수용은 특정 기업에 대한 조치로 본다. Ian Brownlie, *Principles of Public International Law* (London: OUP 2003), p.514.

15) 국제투자보호에 있어서 수용에 관한 전반적인 논의에 대해서는 R. Dolzer and C. Schreuer, *Principles of International Investment Law* (Oxford: OUP, 2008), pp.89-118 및 Andrew Newcombe & Lluis Paradell, *Law and Practice of Investment Treaties: Standards of Treatment* (Alphen: Wolters Kluwer, 2009), pp.321-398; Jeswald W. Salacuse, *The Law of Investment Treaties* (Oxford: OUP, 2010), pp.285-328 참조.

16) 최승환, "국제법상 외국인투자자산의 수용", 『국제법학회논총』 제43권 제1호(1998.6), 287면.

17) 위의 논문, 291면.

본국의 국내법, 투자자와 가해국 간에 체결된 협정 또는 계약 등에 규정된 구제절차에 회부할 수 있다. 예컨대, 이란 정부에 의해 자산을 수용 당한 미국인은 미국과 이란 간의 협정에 의해 1981년 1월에 설치된 '이란-미국 청구재판소(Iran-U.S. Claims Tribunal)'에 피해구제를 청구하여 보상을 받았다. 그 밖에도 피해를 입은 투자자는 가해국이나 본국 및 제3국의 국내법원에 소송을 제기할 수 있는데, 이 경우 가해국의 국가면제 원칙(sovereign immunity principle)이나 국가행위이론(act of state doctrine)이 피고에 의해 원용될 수도 있다. 피해 투자자와 가해국 간에 체결된 해외투자협정에 중재조항이 포함되어 있는 경우에는 동 중재조항에 따른 중재회부도 가능하다. 또한 투자자는 수용·국유화를 포함한 정치적 위험으로 야기된 손실을 보상해주는 해외투자보험제도를 이용할 수 있는데, 해외투자보험은 정치적 위험[非常危險]으로부터 야기된 손실을 보상받을 수 있는 가장 직접적이고 단순한 투자보호방법이다.[18] 개성공단의 경우 정부가 마련한 경제협력보험제도가 이에 해당한다.

이 중, 개성공단문제와 관련이 있는 사항은 바로 북한의 조치가 이른바 "간접수용"에 해당하는지의 여부이다. 이하에서 간접수용에 대해 살펴보도록 한다.

2. 간접수용

1) 의의

간접수용(indirect expropriation)이란 국가 또는 공공기관이 투자자의 재산권을 직접 박탈하지는 않지만 투자자의 재산권 행사에 간섭하거나 침해하는 조치를 취하여 실질적으로 직접수용과 동일한 효과를 발생시키는 것을 의미한다. 이러한 간섭 또는 침해를 야기하는 국가의 조치 또는 행위는 '간접적(indirect)', '점진적(creeping)' 또는 '사실상의(*de facto*)' 수용 또는 '수용에 이르는 조치(measures tantamount to expropriation)'라는 용어로 지칭된다.[19]

이러한 간접수용은 통상 점진적(creeping) 수용[20]과 규제적(regulatory) 수용[21]으로 구분할 수 있다. 점진적 수용은 개별적 조치 그 자체로는 수용에 해당하지 않으나 여러 개의 조치가 결합되어 투자의 경제적 가치를 점차 박탈하는 것을 말한다. 이에

---

18) 위의 논문, 292면.

19) G. Sacerdoti, "Bilateral Treaties and Multilateral Instruments on Investment Protection", *Recueil des Cours/Academie de Droit International* 21 (1997), p.388 참조; August Renisch, "Expropriation", in P. Muclinski, F. Ortino & C. Schreuer (eds.), *The Oxford Handbook of International Investment Law* (London: OUP, 2008), pp.421-422 참조.

20) R. Dolzer and C. Schreuer, *op. cit.*, pp.114-115.

21) *Ibid.*, pp.109-112.

대한 구체적인 예로는 기업의 강제적 주식매각, 경영에 대한 간섭, 규제당국에 의한 경영진의 임용, 노동력이나 원자재 등에 대한 접근의 거부, 자의적이거나 과대한 조세 부과 등을 들 수 있다. 규제적 수용은 정부가 규제적 목적을 위해 취한 조치가 투자자의 재산권에 수용에 준하는 피해를 끼치는 경우를 의미한다. 국제연합무역개발협의회(UNCTAD)에 따르면 국가의 공권력행사의 일환으로 행해진 조치들이 투자자들의 재산에 대한 침해로 이어지는 경우를 말하는바, 환경이나 공공질서 또는 기타 공공목적을 위한 규제의 형식을 취한다.[22] 그러나 양자는 명확히 구별되어 쓰이지는 않으며, 보통 간접수용으로 통칭된다.

투자 관련 국제협약 다수가 간접수용의 경우 국가의 보상책임이 따르는 것으로 규정하고 있다. 1992년 수용과 계약의 일방적 변경 또는 종료에 관한 세계은행지침 제4조 1항에서는 '수용과 동일한 효과를 미치는 조치'를 수용에 포함시키고 있고,[23] 1994년 에너지헌장조약 제13조는 '국유화 또는 수용과 동일한 효과를 갖는 조치'를,[24] 북미자유무역협정(NAFTA) 제1110조 1항은 '국유화 또는 수용과 동일한 조치'를 규정하고 있다.[25] 아르헨티나와 스웨덴 간의 협정 제4조는 '국유화나 수용 또는 이와 동일한 성질이나 효과를 가지고 있는 모든 직·간접적인 조치(any direct or indirect measure of nationalization or expropriation or any other measure having the same nature or the same effect)'라고 규정하고 있다. 또한 우리나라와 나이지리아 간의 BIT 제5조 1항[26]도 같은 입장을 취하고 있다.

---

22) UNCTAD, *Taking of Property* (UNCTAD Series on Issues in International Investment Agreements), UN(2000) p.11.

23) 1992 World Bank Guidelines on Expropriation and Unilateral Alteration or Termination of Contracts, Section IV (1), 원문은 다음과 같다, "A state may not expropriate or otherwise tale in whole or in part a foreign private investment in its territory, or take measures which have similar effects, except where this is done in accordance with applicable legal procedures, in pursuance in good faith of a public purpose, without discrimination on the basis of nationality and against the payment of appropriate compensation." (밑줄은 필자 강조)

24) Energy Charter Treaty (1994), Article 13. 원문은 다음과 같다. "investments of investors of a Contracting Party in the Area of any other Contracting Party shall not be nationalized, expropriate or subjected to a measures having effect equivalent to nationalization or expropriation except where such measure complies with the rules of customary international law in this matter(public purpose, due process, non-discrimination, compensation)."

25) NAFTA Article 1110. 제1항의 원문은 다음과 같다. "No Party may directly or indirectly nationalise or expropriate an investment of an investor of another Party in its territory or take a measure tantamount to nationalisation or expropriation of such an investment, except public purpose, non-discrimination, due process, compensation."

26) 제5조 1. 각 체약당사자의 국민 또는 회사의 투자는 동 당사자의 국내적 필요와 관련된 공공의 목적을 위하여 신속·충분·유효한 보상이 이루어지고 그러한 조치가 무차별원칙에 입각하여 취하여지고 법률에 의하여 이루어지지 아니하는 한, 타방 체약당사자의 영역 안에서 국유화·수용 또는 이에 상응하는 효과를 가지는 조치(이하 "수용"이라 한다)를 당하지 아니한다.

한편 벨기에와 키프로스 간의 BIT 제4조처럼 소유권의 '상실(dispossession)'을 기준으로 하고 있는 경우도 있으며, 아예 프랑스와 파키스탄의 협정 제5조와 같이 '간접적 수용(indirect expropriation)'이라는 개념을 적극적으로 사용하고 있는 투자협정도 있다.[27)]

2) 국가의 정당한 규제권한과의 상충 가능성

간접수용 법리에 따를 때 국가의 규제조치가 수용에 해당할 수 있다는 점에서 국가의 정당한 규제권한과 상충될 수 있다. 국제법에서는 간접수용에 대한 국가의 보상책임을 인정하면서도 또한 정부의 정당한 규제권한도 인정하고 있는 것이다. 따라서 보상이 필요한 간접수용인지 여부를 판단하기 위해서는 정부의 규제권한도 함께 고려해야 한다. 정부조치로 인해 외국인투자자가 손실을 입는 경우 그러한 정부조치가 보상이 필요한 간접수용인지 아니면 정당한 규제권한의 행사인지에 대한 판단권한은 중재판정부 또는 종국적인 분쟁해결기관의 판단에 달려 있다.

3) 간접수용의 판단기준

간접수용 판단기준에 관한 국제법상 확립된 기준은 부재하지만, 중재판정부의 사례를 검토할 때 대체적으로 (i) 재산권에 대한 간섭 정도(투자자 재산에 미치는 영향의 심각성과 규제의 지속기간) (ii) 정부조치의 목적과 내용 (iii) 투자에 이르게 된 정당한 기대(legitimate expectation)에 대한 정부조치의 간섭 정도를 들 수 있다.[28)]

(1) 재산권에 대한 간섭 정도 : 실질적인 간섭

간접수용이 성립하기 위해서는 정부의 간섭이 어느 정도 심각해야 하는가? 여기에 대해서 국제법상 확립된 기준은 없지만 다수의 중재판정부의 사례를 검토해볼 때 대체로 (i) 국제법 하에서 '실질적 박탈(substantial deprivation)'일 것,[29)] (ii) 권리를 실질적으로 침해당했을 것,[30)] (iii) 그리고 투자로 인한 재산권의 향유 내지 사용에 관한 권리가 갑자기 종료된 것처럼 급격하게(radically) 박탈되었을 것[31)] 등을 들 수 있다.

규제의 지속성과 관련하여, *S.D. Myers* 사건의 중재판정부는 "일정한 사정 하에

27) 장승화, 『양자간 투자협정 연구』(서울: 법무부, 2001), 95-97면.

28) 보다 상세한 내용은 OECD, *International Investment Law: A Changing Landscape*, p.53 이하 (http://www.oecd.org/dataoecd/11/53/40077899.pdf), R. Dolzer and C. Schreuer, *op. cit.*, pp.92-115; Andrew Newcombe & Lluis Paradell, *Law and Practice of Investment Treaties* (Kluwer Law International, 2009), pp.341-343; 이재형, 앞의 논문, 150-157면 참조.

29) *Pope & Talbot, Inc. v. Canada*, UNCITRAL, 2000.6.26., para.102.

30) *GAMI Investment, Inc. v. Mexico* (Final Award, 15 Nov. 2004), para.126.

31) *Tecmed S.A. v. Mexico* (Award, 29 May 2003), para.115.

서는 박탈이 부분적이고 일시적이라고 하더라도 수용에 해당하는 것으로 보는 것이 적절할 수 있다"는 점을 인정하면서도 캐나다 정부의 조치의 효력기간은 일시적인 것이라고 보면서, 이런 사정 하에서는 "기회가 지연되는 것이지 간접수용이 인정되는 것은 아니다"라고 하였다.[32)]

(2) 정부조치의 성격 : 공익목적의 고려

정부조치가 공중보건, 안전, 공중도덕 또는 복지와 같은 공공목적을 위해 취해졌을 경우 간접수용에 해당하지 않을 수 있다.[33)] *Tecmed* 사건에서 멕시코 정부가 Tecmed에 대한 쓰레기매립 허가를 갱신하지 않은 것이 수용에 해당하는지와 관련하여 중재판정부는 "멕시코 정부의 조치가 수용에 해당하는지 여부를 결정하기 위해서는 정부조치가 공익의 이해관계와 투자자보호 사이에 적절한 균형을 갖추고 있는지 검토해야 하고, 비교형량을 할 때는 그러한 영향의 중요성이 핵심 역할을 한다는 점을 염두에 두어야 한다"고 판정하였다.[34)]

(3) 투자에 이르게 된 정당한 기대에 대한 간섭

투자자의 정당한 기대(legitimate expectation) 또한 정부의 조치가 수용에 해당하는지 여부를 결정짓는 데 매우 중요한 요소이고 기본적으로 투자를 결정짓는 데 있어 매우 기본적인 요소이다. 왜냐하면 투자자는 투자유치국의 국내법에 의거하여 획득한 경제적인 이익을 실현하고자 하는 기대를 가지고 투자를 하기 때문이다. *Methanex* 사건에서 중재판정부는 투자자의 정당한 기대에 있어 정부의 보장이 얼마나 중요한 지에 대해 역설한 바 있다.[35)]

3. 유사 ICSID 중재사례: *Burundi* Case

본고에서 다루고 있는 개성공단 사례와 유사한 사건으로는 *Antoine Goetz and*

---

32) R. Dolzer and C. Schreuer, *op. cit.*, pp.112-114 참조.

33) 한-미 FTA 협정 제11장에서도 ISD 분쟁해결절차를 통하여 간접수용을 인정하면 정부가 공공정책을 수행하기 어려워진다는 일반인들의 우려를 불식시키기 위하여 간접수용의 범위에 해당하지 않는 분야를 특정하고 있다.

34) *Tecmed S.A. v. Mexico* (Award, 29 May 2003), para.117.

35) 중재판정부는 다음과 같이 언급하였다. "… as a matter of general international law, a non-discriminatory regulation for a public purpose, which is enacted in accordance with due process and, which affects, inter alios, a foreign investor or investment is not deemed expropriatory and compensable unless specific commitments had been given by the regulating government to the then putative foreign investor contemplating investment that the government would refrain from such regulation." *Methanex Corporation v. United States* (Arbitral Award, 9 January 2003), para.7.

others v. Republic of Burundi[36]가 있다. 이 사건에서 부룬디 정부는 투자유치 단계에서 문제의 기업에게 세금 및 관세를 내지 않아도 되는 특혜를 부여한 뒤, 일정 시간이 지나자 갑자기 그 특혜를 철회함으로서 그 효과 면에서 사실상 수용에 준하는 행위를 하였다. 따라서 본 사례는 향후 남북 간에 개성공단 사태가 재발하는 경우 및 타국에서 한국 기업이 위와 같거나 유사한 조치를 당하는 경우에 매우 유용하게 참고할 수 있는 사례라고 볼 수 있겠다.

1) 사건의 전개

본 사건의 판정은 1999년 2월 10일에 내려졌다. 판정문은 불어로 되어 있으며, 특기할 만한 사항은 ICSID 중재판정부의 판정과 함께 당사자들 간의 합의도 판정문에 명시되어 있다는 점이다. 이는 ICSID 중재규칙(Arbitration Rules) 제43조 2항[37]에 의거한 것이다.[38]

본 사건은 1995년 11월 29일, Antoine Goetz와 그 밖에 5명의 벨기에 국적의 투자자들이 부룬디에 대해 ICSID 중재를 요구하면서 시작되었다. AFFIMET은 1992년 12월 22일 부룬디법 하에 설립되어, 부룬디에서 귀금속의 채굴 및 판매영업을 하는 회사이다. 이들 중재 청구인 6명이 발행주식 중 99.9%를, 나머지 0.1%는 르완다인이 보유하고 있었다. AFFIMET은 1993년 이른바 "자유구역확인증서(certificate of free zone)"를 발급받았는데, 이 증서를 받은 법인에게는 세금과 관세의 면제 혜택이 부여되었다.

그로부터 2년이 지난 후 부룬디는 귀금속의 판매 및 채굴과 관련된 기업에게는 본 혜택이 더 이상 적용되지 않는다는 이유로, 갑자기 이 혜택을 철회하였고, 이로 인하여 회사 및 회사의 소유주가 막대한 피해를 입게 되었다. 처음에 AFFIMET는 우호적인 해결을 통해 문제를 해결하고자 하였으나 실패하였고, 벨기에 정부의 도움을 받아 외교적인 수준에서 본 문제를 풀어보고자 하였지만 역시 실패하였다. 그리하여 이들은 1989년 벨기에-룩셈부르크 경제연합과 부룬디 간에 맺은 양자간투자협정 제8조에 규정된 ICSID 중재동의조항에 의거하여 중재를 부탁하였다.

---

36) *Antoine Goetz and others v. Republic of Burundi*, ICSID Case no. ARB/95/3, Award, 10 Feb. 1999.

37) "If the parties file with the Secretary-General the full and signed text of their settlement and in writing request the Tribunal to embody such settlement in an award, the Tribunal may record the settlement in the form of its award."

38) ICSID 중재판정에서 중재판정부의 판정문에 당사자 간의 합의문이 함께 명시된 판정은 본 사건이 3번째이다.

ICSID 사무총장은 1995년 12월 18일에 본 사건을 등록하였다. 그런데 부룬디와 벨기에 간에 중재인의 수 또는 임명방법에 대해 사전에 합의한 바가 없기 때문에, ICSID 규정 제37조 2항(b)에 따라 각 국가가 1명씩을 임명하고 나머지 1명을 양 당사국의 합의 하에 임명하는 방식으로 중재판정부가 구성되었나. 청구인 측은 Jean-Denis Bredin 교수를, 부룬디는 Mohammed Bedjaoui 재판관을 중재인으로 각각 임명하였다. 그러나 중재판정부 의장이 될 세 번째 중재인을 선출하는 데 있어 양측의 의견이 불일치하여 ICSID 규정 제38조에 의해 Prosper Weil 교수를 의장으로 선출하였다.

부룬디는 자국이 Mohammed Bedjaoui 재판관을 중재인으로 임명하면서 본 판정부의 관할권에 대해 문제를 제기하지 않겠다고 하였다. 그러나 부룬디 측은 중재판정 과정에 한 번도 나타나지 않아, 판정부는 어쩔 수 없이 ICSID 규정 제45조와 중재규칙 제42조를 적용하여 궐석재판을 계속 진행하였다. 재판이 진행되는 동안, 양 측은 재판과는 별개로 원만한 합의에 도달하기 위한 협상도 동시에 진행시켜 나갔다. 판정부는 부룬디가 "자유구역확인증서(certificate of free zone)"를 철회하여 혜택을 철회한 것은 1989년 벨기에-룩셈부르크 경제연합과 부룬디 간에 맺은 양자간 투자협정 제4조에서 규정한 "재산권을 제한하거나 또는 박탈하는 조치(measure depriving of or restricting property rights)"에 해당한다고 판정하였다. 판정부는 부룬디에게 양자간 투자협정에 따라 효과적이고 적절한 변상을 제공하거나 또는 해당 확인증서 철회의 취소 중 하나를 선택하라고 판정하였다.[39)]

판정이 내려진 이후, 1998년 12월 23일에 양 측은 부룬디가 AFFIMET에게 미화 3백만 불에 해당하는 세금 및 관세를 변상하고 새로운 자유구역확인증서를 만들어 주는 것에 합의하였다. 양 측의 요구로, 판정부는 이와 같은 합의를 판정문에 포함시켰고, 재판절차와 관련되어 발생한 비용을 공동부담하는 것으로 결정하였다.

2) 사건의 의의

다음과 같은 점에서 본 사건의 특징을 살펴볼 수 있다.

첫째, 판정부가 내린 두 가지 선택적 대안은 기본적으로 불법행위에 대한 구제

39) "[I]t falls to the Republic of Burundi, in order to establish the conformity with international law of the disputed decision to withdraw the certificate, to give an adequate and effective indemnity to the claimants as envisaged in Article 4 of the Belgium-Burundi investment treaty, unless it prefers to return the benefit of the free zone regime to them. The choice lies within the sovereign discretion of the Burundian government. If one of these two measures is not taken within a reasonable period, the Republic of Burundi will have committed an act contrary to international law the consequences of which it would be left to the Tribunal to ascertain." Decision of 2 September 1998, *ICSID Review*, vol.15(2000), p.516.

가 아니었다.[40] 판정부가 제시한 3백만 불에 해당하는 변상(indemnity)은 불법적 간접수용에 대한 배상(damages)이라기보다는, 수용을 합법화하기 위해서는 보상을 해야 한다는 것을 의미한다. 다만, 판정부는 4개월 내에 위와 같은 적절한 조치가 취해지지 않는다면 이는 불법적인 간접수용이라고 판정하였다.[41]

현재까지 간접수용에 관한 여러 중재판정부의 사례들을 검토해 보면, 앞에서 살펴 본 바와 같이 대체로 (i) 재산권에 대한 간섭 정도(투자자 재산에 미치는 영향의 심각성과 규제의 지속기간), (ii) 정부조치의 목적과 내용, (iii) 투자에 이르게 된 정당한 기대에 대한 정부조치의 간섭 정도 등을 간접수용의 판단기준으로 적용하고 있다.[42] 즉, 정부가 취하고자 하는 공공정책과 투자자의 기대에 대한 침해와의 균형을 고려하여야 할 것이다.[43]

둘째, 일부 비금전적(non-pecuniary) 배상 또는 보상에 대한 판정이라는 점이다. 이는 상당히 흥미로운 점인데, ICSID 중재판정의 대부분은 거의 금전적인 문제와 관련이 있었기 때문이다.[44] 이 문제에 대해 ICSID 규정 제54조는 다음과 같이 언급하고 있다.

> **Article 54(1)**
> Each Contracting State shall recognize an award rendered pursuant to this Convention as binding and enforce the <u>pecuniary obligations</u> imposed by that award within its territories as if it were a final judgment of a court in that state. (밑줄은 필자 강조)

제54조만 보게 될 때, ICSID 중재는 금전적인 문제만 다루는 것으로 보이지만, ICSID 규정 초안 당시 모인 국가들의 의사가 담겨져 있는 준비문서(*travoux préparatoires*)를 검토해 보면 그렇지만은 않은 것으로 볼 수 있다. 조약법에 관한 비엔나협약 제31조의 해석원칙에 따라 ICSID 규정과 ICSID 규정이 만들어질 당시의 초안을

---

40) C. Schreuer, "Non-Pecuniary Remedies in ICSID Arbitration", *Arbitration International*, vol.20, no.4 (2004), p.330.

41) "… it had violated its duty under the Treaty to refrain from adopting measures similar to depriving an investor of or restricting its property rights. Burundi would thus be found liable of a breach of international law if it did not either provide adequate and fair compensation within four months of the notice of the decision or grant a new free-zone certificate." (summary of para.120-137)

42) 간접수용의 판단기준에 대해서는 "Indirect Expropriation and the Right to Regulate in International Law", in *International Investment Law: A Changing Landscape* (Paris: OECD, 2005), pp.44-72 및 이재형, 앞의 논문, 141-162면 참조.

43) 공공정책의 집행과 투자보호에 대해서는 David Hunter and Gui Conde E Silva, "Transnational Public Policy and its Application in Investment Arbitrations", *The Journal of World Investment*, vol.4 no.3 (2003.6), pp.367-378 참조.

44) C. Schreuer, *op. cit.*, p.325.

함께 고려해볼 때, ICSID 중재판정부는 금전적 문제뿐만 아니라 당사자에게 특정한 조치를 행할 것을 주문할 수 있다는 것을 알 수 있다.[45] 따라서 본 사건에서 판정부가 비금전적 배상 또는 보상에 대한 판정을 내린 것을 ICSID 중재규정 위반이라고는 볼 수 없다.[46] 이를 기점으로 몇몇 판정에서 비금전적 배상에 대한 판정이 나왔는데, 대표적인 사례가 *Enron v. Argentina* 사건이다.[47]

셋째, 중재판정부의 판정은 이른바 "decision on award"가 아니라 "decision on liability"라는 점이다. 지금까지 대부분의 ICSID 사례는 중재판정부가 책임의 성부에 관한 판정뿐만 아니라 배상 또는 보상액의 지급 정도까지 판정하였다. 그러나 본 사건에서는 이미 당사자 간의 지급액에 대한 합의가 성립되어서 중재판정부는 굳이 배상금액까지 판정내릴 필요가 없어졌기 때문에 책임의 성부만 가리는 판정에 그쳤다. 이 또한 본 사건에서 찾아볼 수 있는 특징이라고 볼 수 있겠다. 한 가지 간과할 수 없는 것은 본 사건은 중재판정부에 의해 최종적으로 해결된 것이 아니라 당사자 간의 협상에 의해 해결되었다는 점이다.[48]

요컨대 자유구역확인증서의 부여 여부가 문제가 되었던 부룬디 사례는 올해 한국과 지난해 5월의 남북간 개성공단 관련 투자분쟁과 동일하지는 않지만 매우 유사한 측면이 있다. 따라서 우리 정부가 이에 대한 하나의 교훈적인 사례로 이 사건을 원용할 수 있을 것이다.

4. 북한의 조치 검토

물론 기존의 간접수용 관련 주요 중재판정 중 7건만이 간접수용으로 인정되었고, 특히 그 중 NAFTA와 관련된 중재사례 11건 중 오직 1건만 간접수용이 인정되었

---

45) *Ibid.*, p.326. 보다 상세한 논의는 A. Broches, "Awards Rendered Pursuant to the ICSID Convention: Binding Force, Finality, Recognition, Enforcement, Execution", *ICSID Review* vol.2, pp.287-329 참조.

46) 그러나 '새로운 확인증서의 부여'라는 비금전적 조치는 판정부의 단독 결정이 아니라 양 당사자 간의 합의에 의해 실시된 것이므로 엄밀하게 본다면 판정부가 비금전적 배상 또는 보상에 대한 판정을 내렸다고 볼 수 없다는 견해도 있다. C. Schreuer, *op. cit.*, p.330 참조.

47) *Enron Corp. and Ponderosa Assets, LP v. Argentine Republic*, Decision on Jurisdiction, 14 January 2004.

48) 이것이 가능했던 이유는 벨기에와 부룬디 간의 역사에서 짐작해볼 수 있겠다. 원래 부룬디는 제1차 세계대전 당시 벨기에 지배하에 들어가 1923년에 르완다-부룬디로 통합되어 벨기에의 신탁통치 하에 있었고, 1962년 르완다와 분리하여 벨기에로부터 독립하였다. 벨기에의 지배를 벗어난 지 반세기도 채 지나지 않았고, 양국이 서로 특수한 역사적 관계로 맺어져 있다는 점을 고려할 때, 이렇게 당사자 간의 협상으로 해결된 것은 자연스러운 현상이라고 생각된다.

다는 점[49)]에서 간접수용판단에 대해 엄격한 해석이 이루어지고 있는 것은 사실이다. 또한 간접수용과 정부의 정당한 규제와의 구분이 사실상 쉽지만은 않은 것도 사실이다.

그러나 개성공단문제와 같은 경우, 토지사용료, 노임 등에 있어서 기존 비용에 비하여 우리 기업들이 수용할 수 없을 정도의 높은 금액을 북한이 계속 요구하여 관철시키고자 한다면, 한국은 이 경우 직접수용은 아니지만 수용에 준하는 효과를 갖는 '간접수용'이라고 주장할 수 있을 것이다. 이러한 북한의 요구사항은 개성공단 입주기업의 재산권에 막대한 영향을 주는 행위로서, 사실상 개성에서 조업을 하지 못하게 할 정도의 조치이기 때문이다. 뿐만 아니라, 북한의 임금인상 요구는 공중보건, 안전, 공서양속과 같은 공공의 목적을 위해 취해졌다고 보기 힘들다. 마지막으로 개성공단 입주기업들은 상대적으로 저렴한 노동력 및 편리한 입지 조건을 기대하고 개성에 공장을 설립했으나, 북한의 요구는 이러한 정당한 기대(legitimate expectation)에 부응하지 못한 것으로 보이기 때문이다.

뿐만 아니라 앞서 살펴본 투자보장합의서 제4조에서도 "그에 준하는 조치"라

49) 간접수용을 인정 또는 불인정한 주요 사례들을 도식화하면 다음과 같다.

	간접수용을 인정한 사례	간접수용을 인정하지 않은 사례
NAFTA	*Metalclad Corporation v. Mexico*	*Azinian v. Mexico* *Loewen v. United States of America* *S.D. Myers v. Canada* *Pope & Talbot v. Canada* *Feldman v. Mexico* *Mondev v. United States of America* *Methanex v. United States of America* *Gami Investments v. Mexico* *Waste Management v. Mexico* *International Thunderbird Gaming v. Mexico*
기타 BIT	*Swembalt AB v. Latvia* *Middle East Cement Shipping v. Egypt* *CME v. Czech Republic* *Tecmed v. Mexico* *Eureko B.V. v. Poland* *ADC Affilate v. Hungary*	*Olguin v. Paraguay* *Lauder v. Czech Republic* *Link-Trading v. Moldova* *MTD Equity & MTD Chile v. Chile* *Saluka Investment v. Czech Republic* *CMS GAS v. Argentina* *Azurix v. Argentina* *Nykomb Synergetics Technology Holding AB v. Latvia* *LG&E v. Argentina* *Petrobart v. Kyrgyz Republic* *Occidental Exploration & Production v. Ecuador* *Encana Corporations v. Ecuador* *Iurii Bogdanov v. Moldova* *Telenor Mobile Communication v. Hungary*

하여 직접수용뿐만 아니라 간접수용도 명시적으로 언급하고 있다는 점에 주목할 필요가 있다. 이는 북한의 조치가 간접수용으로 판명이 날 경우에, 북한은 직접수용과 마찬가지로 해당 조치에 대한 보상의 의무를 이행해야 한다는 의미로 귀결된다.

한 가지 유념해야 할 사항은 개성공단과 관련하여 이루어지는 모든 협상은 철저하게 한국과 북한간 체결한 협정 하에서 동 협정이 규정한 절차대로 이루어져야 한다는 것이다. 일각에서는 북한의 국제법에 대한 인식이 부족하여 분쟁해결의 법제화가 소용없다고 한다. 그러나 이미 1980년대에 북한에서 국제법 용어사전이 발간되었고 각종 국제회의에서 다자 및 양자 조약의 흠결을 교묘히 이용하여 자국의 이익을 취하는 북한의 태도를 생각한다면, 실제 북한이 국제법에 대한 인식이 부족하다고 보기는 힘들 것이다. 지금과 같은 개성공단관련분쟁에서 이를 원만하게 해결하기 위해서는 허점이 많은 투자관련 협정의 구체화 내지 내실화가 필요하다고 보인다. 따라서 이하에서는 개성공단계약 무효화선언을 교훈 삼아, 앞서 검토해 보았던 투자보장합의서와 상사분쟁합의서에 관한 제도적 개선사항을 살펴보고자 한다.

Ⅳ. 한국과 북한간 투자보장관련 합의서의 보완문제

1. 투자보장합의서 보완

1) 개념과 규정의 명확화

우선 남북한 투자보장관련 합의서의 내용들을 개정하고 보완하는 작업들이 단기적인 법적·제도적 개선방안이 될 것이다. 현재 투자보장합의서에서 추상적이고 불완전한 규정이 많으므로 이를 보다 명확하게 규정하여야 법적 분쟁이 발생하였을 경우에 권리보호를 할 수 있을 것이다.

이러한 것으로는 제1조(정의)에서 규정하는 투자자산의 개념과 범위에 대한 규정이 불명확한 경우가 있으므로 이를 보다 명확하게 하여야 하고, 제1조 4항의 기업활동의 정의도 명확하게 하여야 한다. 구체적인 방안으로는 첫째, 투자재산보다 제1호에서 정의한 "투자자산"이라고 하는 것이 명확하고, 활동범위도 "투자재산과 수익금의 관리, 기업의 청산 등을 포함한 활동"을 "가. 지사, 대리점, 사무소, 공장 및 기타 사업 활동의 수행을 위한 적절한 시설의 유동, 나. 설립 또는 취득한 회사의 통제와 경영, 다. 기술자, 임원, 변호사 및 기타 직원을 포함한 전문가의 고용과 해고, 라. 계약의 체결과 이행, 마. 기타 이에 준하는 활동"으로 기업 활동의 범위를 확대하여야 한다.

제2조(허가 및 보호) 1호의 "각자의 법령"을 명확하게 구체화하고, "인원들의 출입, 체류, 이동 등과 관련한 문제를 호의적으로 처리한다"는 규정만으로는 신변안전보장과 무사귀환을 담보하지 못하므로 개성공업지구와 금강산관광지구의 출입체류합의서에 의한다는 규정을 반영하여야 한다.

또한, 제8조(다른 법, 협정 및 계약과의 관계)는 투자와 관련하여 이 합의서보다 더 유리한 대우를 규정하는 조항인지 여부가 불분명하므로 북한의 법령·국제협정을 확인하고 북한 당국과 계약을 체결하는 투자자도 이 합의서의 내용보다 더 유리한 대우를 규정하는 경우에는 그 계약서에도 그와 같은 취지의 내용을 명확하게 포함시켜야 한다.

그 밖에 제12조(효력발생 및 폐기) 3호의 "합의서 효력기간 안에 투자된 자산"의 범위에 있어서 제10조의 "합의서 효력발생 이전의 투자"가 포함되는지에 대하여 해석상 다툼의 여지가 있으므로 "제1조부터 제8조에 규정된 보호와 대우"를 명확하게 포함시켜야 한다.

2) 투자자산 회수방안의 반영

투자보장합의서의 내용을 수정해서 투자자산을 회수하는 방안을 반영하여야 할 필요도 있다. 이를 위해 보완할 사항으로는 다음과 같다.

첫째, 합의서 제1조 2항의 투자자의 범위에 대하여 "영리를 목적으로 하는 지의 여부나 민간 또는 정부가 소유·통제하는지의 여부와 관계없이 당해 남과 북의 적용 가능한 법령에 따라 설립·조직된 법인이나 그 밖의 실체로서 회사·주식회사·트러스트·합명회사·개인기업·합작투자·협회 또는 조직을 포함한다"고 규정하여 정부를 비롯한 다양한 투자자를 보호할 필요가 있다.

둘째, 제2조 제3호의 "경영활동"의 개념이 제1조 제4호의 "기업활동"에 비하여 그 활동범위가 제한되는 것으로 해석되므로 후속합의서에서는 "기업활동"으로 규정하고, 제2조에 "투자에 대한 운영·관리·유지·사용·향유 또는 처분과 관련하여 부당하거나 차별적인 조치에 의하여 이를 저해하지 아니한다"를 추가하여 허가 및 보호와 관련한 선언적인 규정을 둘 필요가 있다.

셋째, 제4조(수용 및 보상) 2호는 "보상금의 크기는 수용과 관련한 결정이 공포되기 직전 투자자산의 국제시장가치와 같다"는 규정을 상세하게 "수용 결정 공포 직전"으로 한정하면 예상치 못한 불이익에 대한 보상이 이루어질 수 없기 때문이다. 따라서 "보상금의 크기는 수용직전 또는 수용이 임박하였음이 공공연하게 알려지기 직전 중 보다 이른 시기의 투자자산의 국제시장가치로 한다"고 규정함으로써 투자자를 보호할 필요가 있다. 또한, 제3호는 "남과 북은 무력충돌 등 비정상적인 사태로"라고 손실보상의 사유를 한정하고 있으나, "남과 북의 무력충돌" 이외의 사유를 구체화할 필요가 있다. 따라서 "남과 북의 교전행위에 의한 무력충돌, 교전행위에 기인하지 아니하였거나 그 상황에서 필수적으로 요구되지 아니하였음에도 상대방의 군대 또는 당국에 의한 투자자의 재산의 파괴, 혁명, 국가비상사태, 무장항거, 반란, 폭동 또는 그 밖의 다른 유사한 사태"를 명시적으로 규정해 북한 내부의 요인에서 발생할 수 있는 사유로부터 발생한 손실을 보호범위 내에 포함시켜야 한다.

3) 분쟁해결절차의 실효성 확보

개성공단의 투자자산을 회수하는 최종적인 방법과 절차는 분쟁해결절차를 실효성 있는 제도적 장치로 만들고 운영하는 것이므로 투자자산을 둘러싼 분쟁이 발생할 것을 대비하여 분쟁해결절차를 실효적으로 정비하여야 한다.

첫째, 제3조(대우)에서는 북한이 다른 외국 기업이나 투자자 등에 대하여 주는 대우가 남한 투자자에 대한 대우의 기준이 되므로 이에 대한 자료나 정보를 수집하여 확인하여야 한다. 또한 투자자산의 회수를 위해서는 북한 당국에 다양한 근거를 제시할 필요가 있으므로 일정한 경우에는 북한이 다른 외국투자자에 대한 투자자산의 보호를 위한 법적 장치를 파악하여 이를 남북한 투자보장합의서에 반영할 것도 검토하여야 한다.

둘째, 제4조(수용 및 보상)는 남북관계의 불안정성에 비추어 투자자산에 대한 안전장치로 매우 중요한데, 후속합의서를 통해서 구체적인 내용을 명확하게 하고 비상상황이 발생한 경우에는 이에 근거하여 투자자산의 안전보장을 요구할 수 있을 것이다. 즉, 대북투자보호와 관련하여 일반적인 수용 또는 국유화뿐만 아니라 사실상 수용과 국유화에 상응한 효과를 얻을 수 있는 각종 유사조치까지 빠짐없이 열거하여 규율대상에 포함시켜야 할 것이다. 그리고 수용에 의하여 영향을 받은 투자자가 수용을 행한 상대방의 법원이나 행정기관을 이용할 권리를 지닌다는 점을 규정하여 투자자 자신이 처한 상황과 보상금액에 대하여 알 수 있도록 해야 할 것이다.

셋째, 제5조(송금)의 경우에는 송금은 투자자산의 안전을 보장하는 구체적인 방법이므로 제3호와 같이 "일방의 당국이 정한 절차에 따른다"고 하더라도 기술적이고 절차적인 문제로 인하여 장애를 받을 가능성이 있으므로 이를 확보할 수 있는 장치를 마련하여야 한다.

넷째, 제6조(대위)의 경우에는 "비상업적 위험에 대한 재정적 담보"의 내용을 구체화할 필요가 있고, 대위받는 권리와 의무의 내용과 범위, 그 시기, 권리와 의무를 행사하는 절차 등에 대하여 상세하고 구체적으로 규정하여야 하며, "손해배상청구권을 포함한 권리"는 "모든 권리 또는 청구권"으로 변경해 범위를 보다 넓게 하여야 한다. 이와 함께 대위권행사 및 그 절차의 보장에 관하여도 보다 구체적이고 세부적인 규정을 둘 필요가 있다.

다섯째, 제7조(분쟁해결)와 관련해서는 남북 사이에 분쟁이 발생한 경우에 협의에 의하여 해결되지 않을 가능성이 크기 때문에 남북상사중재위원회에 의한 해결이 필수적으로 요구된다. 따라서 남북상사중재위원회의 조속한 구성을 촉구하고 중재위원회의 구성, 중재규칙의 보다 구체적인 보완이 요망된다. 상사중재위원회를 통한 분쟁해결방식은 항을 바꾸어 후술하도록 한다.

여섯째, 제9조(정보제공)의 경우에는 이 조항을 근거로 하여 북한의 투자 관련 법령들을 상호교환하여 분석함으로써 투자자산의 안전보장에 활용하여야 하며, 제2항에서 투자자료와 관련한 경우를 폭넓게 규정하고 있으므로 이를 최대한 활용하여 기초자료를 수집할 필요가 있다.

2. 상사분쟁합의서 보완

1) 합의서의 내실화

상사분쟁해결절차합의서가 실제 시행의 공정성과 신속성, 법적 구속력을 보장할 수 있도록 합의 내용과 조건을 보다 세분화, 명문화, 국제화해야 할 것이다. 이를 위해 우선 분쟁 발생시 자의적 해석 우려가 있는 분쟁해결 규정들을 여타 관련법과 상충되지 않도록 다음과 같이 세분화 · 명문화해야 할 것이다.

첫째, 상사분쟁에 있어 '상사'라는 개념에 대해 한국과 북한간 이견이 있을 수 있다. 현재의 합의서 및 관계 법률에는 상사분쟁과 비(非)상사분쟁에 관한 명확한 기준이 설정되어 있지 않다. '상사'에 대한 정의는 아직까지 명확하게 확립된 바 없으나, 1958년 외국중재판정의 승인 및 집행에 관한 유엔협약(일명 뉴욕협약)상에는 계약적 성질을 불문하고 관련 국가의 국내법상 상거래상의 것이라고 인정되는 법률관계로부터 발생하는 것을 의미한다. 사회주의 법체계인 북한과 한국 간의 상사에 대한 개념이 다를 수 있기 때문에, 그리고 상사에 대한 개념을 정확하게 파악해야만 중재의 대상을 특정할 수 있기 때문에 이에 대한 명확한 정의가 필요하며, 장기적으로 상사에 대한 개념을 확장하여 분쟁의 대상으로 택해야 할 것이다.[50)]

50) 김광수, "남북상사중재 제도의 정착방안에 관한 연구", 중앙대학교 대학원 박사학위논문, 2007.6, 109면.

둘째, 남북 간의 투자분쟁해결과 관련하여 ICSID협약의 당사국이 아닌 국가를 일방으로 하고 타방을 개인투자자로 하는 분쟁과 관련해서 활용할 수 있는 ICSID의 추가편의규칙에 따른 중재를 제기하는 데 북한이 합의한 것으로 간주하는 규정을 마련하거나, 우리 기업과 북한당국간 투자분쟁의 경우 남북상사중재위원회 이외에 중재절차의 지연 또는 중단시 추가적으로 제3국 중재 또는 ICSID와 같은 국제기구에 의한 중재조항도 추가해 두는 것이 필요하다. 이러한 조항을 두지 않으면 북한당국으로부터 수용을 당하거나 투자자가 피해를 입을 경우, 북한측이 지속적으로 비협조적인 태도를 취할 경우 이를 구제하는 방법이 제한을 받게 되어 우리 기업들이 사실상 북한당국으로부터의 투자회수를 위한 보호를 받지 못하는 사태가 발생할 수도 있기 때문이다.

셋째, 준거법의 결정과 관련하여 '상사분쟁해결절차에 관한 합의서' 제12조에서는 당사자들이 합의한 법령에 따라 중재판정을 하도록 하고, 당사자가 합의한 법령이 없을 경우 남 또는 북의 관련법령, 국제법의 일반원칙, 국제무역거래관습에 따라 중재판정을 하도록 규정하고 있다. 현실적으로는 흠결이 있거나 국제적인 기준에 맞지 않는 북한 법령을 그대로 준거법으로 하여 이를 중재판정의 잣대로 삼을 경우, 남한 투자자가 뜻하지 않는 손해를 입고, 나아가 투자환경에 심각한 악영향을 끼칠 우려가 있음을 고려하여야 한다. 따라서 남북교류 협력에 따른 민족내부거래의 원칙을 그대로 유지하고, 상사중재 판정의 일관성 · 안정성을 확보하기 위해서는 남북의 관련법령이 국제법 일반원칙에 반할 경우 남북의 관련법령을 국제법의 일반원칙에 의하여 수정 및 해석할 수 있는 근거를 마련하는 것이 중요하다.

넷째, 상사분쟁해결절차합의서 제16조는 당사자가 중재판정에 따르는 의무를 이행하지 아니하거나 불성실하게 이행할 경우 상대방 당사자는 관할지역의 재판기관에 그 집행을 신청할 수 있으며, 남과 북은 특별한 사정이 없는 한 중재판정을 구속력이 있는 것으로 승인하고, 해당지역의 확정판결과 동일하게 집행하도록 하되, 특별한 사정은 중재위원회가 정한다고 규정하고 있다(제3항). 그러나 '특별한 사정'의 의미는 상사분쟁해결절차합의서만으로 분명히 파악되지 않기 때문에 '특별한 사정'의 해석을 둘러싸고 얼마든지 집행을 거부할 수 있는 여지가 남아 있다.[51] 따라서

51) 참고로 상사분쟁해결합의서에서 집행을 거부할 수 있는 특별한 사정에 관하여 규정하고 있지만, 2003년의 중재위원회구성합의서에서는 중재위원회의 기능과 관련해서 '특별한 사정'의 판단 여부에 대해서 규정하는 대신 중재위원회가 '중재판정의 취소신청'에 대해서 결정할 수 있다는 점을 명시하고 있다(중재위원회구성합의서 제3조 2항). 한편 '중재판정 취소신청'여부를 결정할 때 활용할 수 있는 기준은 1958년 뉴욕협약 제5조 또는 1985년 모델중재법 제36조의 규정이 될 수 있을 것이다. 이에 대한 사항은 강병근, "남북 상사중재규정의 주요쟁점 및 제정 방향에 대한 의견, 남북교류협력 법제연구 – 남북법령연구특별분과위원회 회의(세미나)결과 보

'특별한 사정'이 불필요하게 확대해석되지 않도록 거짓된 증거로 유리한 중재판정을 얻어내거나 중재절차와 관련해서 사기행위가 있는 경우와 같이 명백한 경우를 한정적으로 열거하여 규정할 필요가 있다.

2) 후속조치의 이행

상사분쟁해결절차합의서가 실질적인 효과를 발휘하기 위해서는 합의서에서 정하고 있는 후속조치에 대한 쌍방간 논의와 그 이행이 반드시 필요하다. 즉 합의서가 발효하더라도 합의서의 실질적인 활용을 위한 실무적인 조치들이 취해지지 않을 경우 합의서에 포함된 내용이 바로 적용될 수 없다.

대표적인 후속조치가 남북상사중재위원회의 설치이다. 남북상사중재위원회의 설치는 상사중재합의서의 실질적 효력뿐만 아니라 투자보장합의서의 실질적인 적용에도 영향을 미치는 사항이라는 점에서 조속한 후속조치가 필요하다고 하겠다. 그러기 위해서는 상사중재위원회 설치에 대한 시간 규정 등의 구체적인 사항이 포함되어야 하겠다.

또한 상사분쟁해결절차합의서에서 중재절차에 관한 사항은 '중재장소의 결정', '중재판정의 방법', '중재기간'을 제외하고 별다른 언급이 없다. 중재위구성합의서에서 명시하고 있듯이 중요한 심의사항은 쌍방 중재위원회의 '합의'에 의해서 결정하도록 하였기에 남북관계에서 예사로 발생할 수 있는 '불일치 혹은 불합의'를 방지하기 위해서라도 후속조치로서 '중재규칙'의 완비가 불가피하게 요구된다.

3. 중재판정의 집행력 확보

중장기적 측면에서 한국과 북한간 투자 관련 분쟁이 원활하게 이루어지기 위해서는, 중재판정으로 사건을 가져가는 단계를 지나 중재판정의 이행을 강제하는 방안이 강구되어야 할 것이다. 남북사이의 상사분쟁해결절차에 관한 합의서 제16조는 중재판정의 이행, 승인 및 집행에 관해 서술하고 있으나, 이행하여야 한다는 추상적인 '의무'만 명시되어 있을 뿐 구체적인 내용은 결여되어 있다. 즉 이행을 하지 않을 시에 강제적으로 동원할 수 있는 제도를 구축하여 이행의 집행력을 높여야 한다. 이와 함께 제3국 중재기관의 중재판정의 승인과 집행을 담보하기 위해서는 북한이 뉴욕협약에 가입하도록 할 필요가 있다.

한편 상사중재위원회 구성·운영에 관한 합의서 제8조는 중재판정에 대한 취소

고 – ", 『법무자료』(서울: 법무부, 2005), 제262집, 419–429면 참조.

를 설명하고 있다. 본 합의서에서는 중재판정의 취소에 대해 ICSID 제52조나 외국중재판정의 승인과 집행에 관한 뉴욕협약 제5조보다는 매우 취약하게 다루어져 있다. 어떤 경우에 취소신청이 가능한지, 판정의 취소 자체가 어떤 경우에 가능한지에 대한 요건이 명시되어 있지 않은 채 단지 취소신청기간과 취소 이후의 중재절차에 대해서만 명시되어 있다. 그래서 만약 중재판정에 불만이 있다면 이행을 거부하기보다는 아예 중재판정의 취소를 요구할 가능성이 높다고 볼 수 있다. 장기적으로는 이 조항도 중재판정의 취소요건을 더욱 엄격하게 하는 방향으로 정비하여 남북 간의 상사분쟁해결을 법률적으로 제도화하는 방안이 요구된다. 이를 위해서는 무엇보다도 북한과의 상사분쟁을 법적·제도적으로 해결하려는 정부 및 기업의 의지가 중요하다.

4. 국제기구 참여 유도

개성공단투자의 안정성을 보장하기 위한 보다 거시적이고 장기적인 관점에서 국제협력 및 국제기구 등을 통한 노력도 필요하다. 즉, 북한을 아시아개발은행(Asian Development Bank: ADB), 세계은행(International Bank for Reconstruction and Development: IBRD), 국제통화기금(International Monetary Fund: IMF) 등 국제기구[52]에 참여하여 경제적 지원을 받을 수 있게 하고[53] 일반적인 국제법 내지 국제기준(global standards)을 준수하도록 유도하는 것이 바람직하다. 남측 정부와 전문가들은 북한이 국제금융기구와 국제무역기구에 가입할 수 있는 환경 조성에 보다 적극적인 노력을 기울이는 한편, 추진 과정에서 북한이 안게 될 불안정성의 완화와 전문기술의 공여에도 최선을 다하여야 한다. 그리 함으로써 더 이상 북한을 고립시키지 말고 국제사회의 구성원이 되도록 하여 국제규범을 따르게 만들어야 한다. 물론 핵을 포기하는 것이 선결과제이지만 북한 당국자로 하여금 국제교류를 확대하는 것이 장기적으로 체제를 안정시킬 수 있다는 것을 깨닫게 할 필요가 있다.

52) 북한의 개방이 예견되는 경우 국제적인 협력을 통해 유럽개발은행(European Bank for Reconstruction and Development: EBRD)과 비슷한 동북아개발은행(North East Asia Development Bank: NEADB) 내지 동북아투자공사를 설립하자는 논의가 일찍부터 있었다. 예컨대 이재룡, 『북한 개발자금 조달과 국제금융기구의 역할』, 산업연구원, 2007.12.; 인하대 정석물류통상연구원, 『동북아 개발금융 활성화를 위한 한국수출입은행의 역할확대 방안에 대한 연구』, 2005.10.; 장형수·박영곤, 『국제협력체 설립을 통한 북한개발 지원방안』, 대외경제정책연구원, 2000.12. 참조.

53) 북한이 IMF에 가입하게 되면 북한의 모든 거시 및 미시 경제활동통계를 IMF에 제공하여야 하며, 세계은행에도 정기적으로 북한의 사회보장제도·교육·건강 등 사회지표를 제공해야 한다. 뿐만 아니라 외채통계도 국제기준에 맞게 IMF에 제출하여야 한다. 이들 국제금융기구에 북한이 가입한다 하더라도 본격적인 자금지원을 받기 위해서는 이들이 요구하는 구조조정 프로그램을 실시해야 하는바 여기에는 경험이 많은 남한 정부 및 전문가들의 지원을 절대 필요로 하게 될 것이다. 이재룡, 위의 보고서, 100-105면 참조.

다른 한편으로는 북한이 국제교류를 통하여 해외에 자산을 축적하는 것이야 말로 국제사회의 책임 있는 구성원이 되게 하는 지름길이라 할 수 있다. 연전에 방코델타아시아(BDA)은행의 계정이 동결되자 북한 당국은 모든 국제협상의 전제로서 그 동결의 해제를 요구한 바 있다. 이러한 사례에서 엿볼 수 있듯이 북한이 국제거래시 이용할 수 있는 국제금융 계정을 차단하는[54] 것만으로 북한의 대외활동을 규제하는 효과를 거둘 수 있다.[55] 따라서 우리 정부도 북한의 핵실험에 따른 국제사회의 대북제재가 일단락되면 북한이 개방화 방향으로 나아갈 수 있도록 북한에 적극 권장하고 여러 경로를 통하여 다각적으로 지원하는 것이 바람직하다.

V. 결 론

앞서 살펴보았듯이 개성공단 관련 문제는 여전히 현재진행형이다. 최근 발생한 천안함 피격사건과 같은 고도의 정치적 문제에 휘말리지 않으면서 개성공단에 투자한 한국인 투자자들의 재산권을 보다 안정적이고 확실하게 보호하기 위하여 향후 법적·제도적 대응방안이 시급히 수립되어야 할 시점이다.

현재로서는 남북투자보장합의서 제7조에 따라 일차적으로 당사자간 협의에 의해 분쟁을 해결해야 하고, 이로써도 해결하지 못할 경우 '남북상사중재위원회'에 중재를 청구하도록 하고 있으나, '남북상사중재위원회'가 아직 구성되어 있지 않은 상황이다. 기본적으로 개성공단투자와 관련하여 투자에 피해를 보게 될 가능성이 있는 한국투자자의 권리를 구제하는 실효적 방안은 '남북상사중재위원회'를 구성하는 방안이다. '남북사이의 상사분쟁 해결절차에 관한 합의서'에 명시되어 있는 대로 중재판정부를 구성하고, 현존하는 상사분쟁이 발생하였을 시 이를 적극적으로 활용하는 것이 남북 간의 원활한 투자보장을 위하여 현명한 방법이 될 수 있다. 비록 시간이

54) 미 재무부는 2009년 6월 18일 북한이 유엔 안전보장이사회 결의 제1874호에 따른 금융제재를 피하기 위해 매우 은밀하게 현금거래를 할 가능성이 많다고 하면서 미국 은행들에 대해 주의를 촉구했다. 재무부 금융범죄단속네트워크(Financial Crimes Enforcement Network: FinCEN)는 이날 발표한 권고문(Advisory)에서 압록강개발은행 등 북한 은행 및 해외점포들의 거래를 모니터링하고 그들의 계좌에 들고나는 모든 거래를 철저히 조사할 것을 강조하고 금융서비스를 제공하는 것에도 주의를 기울이라고 당부했다.
〈http://www.fincen.gov/statutes_regs/guidance/pdf/fin-2009-a002.pdf〉 참조.

55) 2007년 4월 북측이 남북 이산가족 화상 상봉에 필요한 장비를 제3국에서 구입하도록 하여, 정부가 남북협력기금 중에서 40만 달러를 북한에 보내기로 했을 때 송금계좌가 없어 인편에 전달하는 방법 밖에 없었다. 당시 한국적십자사 직원이 현금가방을 들고 대북 수해물자를 운반하는 선박에 승선하여 남포항까지 갔다. 이영종 기자의 평양특파원, "북한 BDA 계좌 동결되는 바람에 … 인편으로 보낸 현금 40만 달러", 중앙일보 블로그, 2007.4.7. 04:50:29.

걸리더라도 꾸준히 노력한다면 향후 북한과의 분쟁 발생 시 법적·제도적으로 보다 원활히 해결될 수 있을 것이다. 가장 중요한 것은 법적·제도적으로 문제를 풀어가려는 한국 정부의 의지이다.

장기적으로는 북한을 국제사회에 참여하도록 유노하여야 한나. 물론 북한은 국제적인 투자보호에 관한 기본협정이라고 할 수 있는 ICSID에도 가입하고 있지 않을 뿐만 아니라, 국제통상에 관한 기본틀이라고 할 수 있는 WTO에 가입하지 않았음은 물론이고, 무역자유화의 새로운 조류인 자유무역협정(Free Trade Agreement: FTA) 체결에도 전혀 관심을 보이지 않고 있다. 또한 국제수지방어를 위하여 단기자금 차입시 필요한 IMF나 북한의 경제개발을 위한 장기적인 자금 도입을 위하여 필수적이라고 할 수 있는 IBRD 등 경제개발과 관련 있는 어떠한 기본적인 국제기구에도 접근하지 않고 있다. 그러나 보다 효율적이고 원활한 투자 유치 및 투자분쟁해결을 위해서라도, 북한은 오늘날 투자분쟁을 가장 효과적으로 해결하는 방법으로 제시되는 국제중재나 ICSID에 의한 분쟁해결방안을 채택하도록 유도할 필요가 있다.

북한이 ICSID 가입을 하지 않거나, 이상의 ICSID 관할 요건이 충족되지 않을 경우에는 우선 북한과의 합의를 통하여 'Additional Facility' 제도를 통하여 ICSID 분쟁해결제도를 이용하는 방안도 장기적으로 고려해볼 만하다. 한편 남북간 추후 논의를 통하여 '국제연합 국제무역법위원회(United Nations Commission on International Trade Law: UNCITRAL) 중재규칙을 통한 중재'를 규정하는 방안도 고려해 볼 수 있을 것이다. 북측이 투자분쟁해결에 응하지 않거나 그 밖의 사유로 분쟁해결이 불가능한 경우, 제3의 국제분쟁해결제도에 강제관할권을 부여하는 방향으로 투자보장합의서를 개정하는 방안도 있다. 이때 국내 중재법이나 중재규칙, KEDO 등 국제기구에서 분쟁해결기구 운영 경험을 토대로 하여 각종 국제중재규칙을 검토·반영하는 한편, 북한의 법체제와 협상경과를 고려하여 남북관계의 특수성을 반영하는 방법을 택해야 한다는 것이다.[56)]

요컨대 우리 정부가 여러 경로를 통하여 북한의 국제기구 참여를 유도하고, 국제사회에 활발하게 참여하도록 유인함으로써 북한으로 하여금 국제적인 감각을 익히고, 글로벌화에 따른 현실인식을 갖게 하여 개방화를 촉진하는 것이야말로 개성공단계약 무효화선언과 같은 폐쇄적인 조치의 재발을 방지하고, 나아가 궁극적으로는 남북관계의 전반적인 발전에도 도움이 될 것이다.

56) 보다 자세한 내용은 장승화, "남북 상사중재규정의 주요쟁점 및 제정방향, 남북교류협력 법제연구 – 남북법령연구특별분과위원회 회의(세미나)결과 보고 –", 『법무자료』(서울: 법무부, 2005), 제262집 참조.

제12장 투자보호와 외교적 보호권

I. 서 론

2008년 3월 기준으로 우리나라의 총 해외투자액은 약 173억 천 4백만 달러(5,858건)를 기록하여 2007년 말 통계인 약 289억 3천만 달러(11,709건)와 비교해 볼 때 해외투자가 빠른 속도로 증가하고 있음을 알 수 있다.[1] 2007년의 규모도 전년에 비해 49.2%나 증가한 것이었다. 이처럼 우리나라의 해외직접투자액은 2003년의 59억 4천만 달러에서 해마다 증가하고 있는데 이러한 증가세는 외환위기 이후의 규제완화, 자원개발 투자의 확대, 기업의 글로벌 경영전략 등에 의한 것으로 분석된다.[2]

우리나라 기업의 해외투자는 투자유치국 입장에서 보면 '외국인 직접투자(FDI)'가 될 것이다.[3] 외국인투자자는 타국에서 수익성 있는 사업기회를 이용하여 이윤을

※ 이 글은 2008년 대한국제법학회, 외교통상부 주최 제8회 대학(원)생 국제법 논문 경시대회 학부 최우수상 수상 논문을 최근 통계에 맞게 일부 수정·보완한 것이다.

1) 현지법인 신고 기준 통계임. http://www.ois.go.kr/portal/page?_pageid=35,551263&_dad=portal&_schema=PORTAL&p_deps1=info&p_deps2 (2008.8.10. 검색). 이후 통계는 다음과 같다.

연 도	신고건수(건)	신규법인수(개)	신고금액($)	송금횟수(건)	투자금액($)
2008	10,512	4,018	36,721,967	18,821	22,903,543
2009	7,403	2,476	30,405,640	13,274	19,436,560
2010(9월말 현재)	5,782	2,116	24,790,388	9,738	11,876,701

〈출처: 한국수출입은행 해외투자통계, http://keri.koreaexim.go.kr/05_invest/01_statistics/investTotal_year.jsp (2010.10.30. 검색)〉

2) "작년 해외 직접투자 200억 달러 첫 돌파", 동아일보(2008.2.14일자), http://www.donga.com/fbin/output?f=totalbs&code=bs_&n=200802140041 (2008.8.12. 검색). 해외투자금액은 2009년에 세계적인 금융위기로 인해 다소 감소했으나 2010년 상반기에는 아시아, 유럽, 중동지역에서의 자원개발과 부동산 투자 급증으로 전년동기대비 37% 증가한 것으로 나타났다. "상반기 해외직접투자 115달러 … 지난해보다 37% 증가", 매일경제(2010.8.4일자), http://news.mk.co.kr/v3/view.php?year=2010&no=412465 (2010.10.30. 검색).

극대화하려는 목적을 가지고 투자를 하게 되고 이들의 국적국은 자국의 경제적 이익을 위하여 이들을 보호한다. 이에 비해 투자유치국 정부는 자국의 경제발전뿐만 아니라 정치, 사회적 안정, 환경보호 등의 목표를 추구하고, 이를 위한 정책 수립 시 다양한 이해집단의 요구를 고려하여야 한다.[4] 문제는 투자자와는 다른 목표를 지닌 투자유치국 정부가 자국의 주권적 권리를 행사하는 과정에서 외국인투자자에게 대규모 손해를 가할 수 있다는 데 있다. 다음과 같은 실제 사례가 있다.

> 강원도 정선군에 본사를 둔 D기업은 2002년 6000억 원 규모의 잠재가치를 예상하고 볼리비아에서 금광, 유전 개발 사업을 시작했다. 그런데 2005년 좌파 정권이 들어서고 외국기업에 적대적 정책을 잇달아 내놓으면서 사업성이 악화되었고 2006년에는 국유화 방침을 밝히면서 결국 이 기업은 투자금액도 회수하지 못하고 사업을 접게 되었다.[5]

경제가 발전하면서 우리나라는 투자유치국만이 아니라 투자수출국이 되는 경우가 많아졌고, 위와 같이 우리 기업이 피해를 입은 경우 이를 구제할 방안을 강구하는 것은 우리 정부가 당면한 과제이다. 그리고 궁극적으로는 피해를 입기 전에 투자 위험 요소를 줄이는 노력이 필요할 것이다.

이 장에서는 논의의 전제로서 해외투자의 개념과 우리기업에 손해를 가할 수 있는 투자유치국의 조치로서 수용 내지 국유화에 대하여 살펴보고, 손해발생 시 국가가 이를 구제하기 위하여 또는 그러한 손해를 예방하고 구제를 용이하게 하기 위하여 국제법상 어떠한 조치를 취할 수 있는지를 사후적 구제와 사전적 구제라는 분류하에 검토할 것이다. 그리고 이들 방법의 장단점을 고려하여 해외투자의 보호를 위해 우리나라 그리고 국제사회가 나아가야 할 방향에 대해 생각해본다. 이러한 논의를 바탕으로 상기 D기업이 볼리비아에서 입은 손해를 구제할 수 있는 방안도 찾을 수 있을 것이다.

---

3) 일반적으로 국제투자는 투자수출국에서는 내국인의 해외투자, 투자유치국에서는 외국인의 국내투자라는 양면성을 가진다. '국제투자'는 투자의 초국경적 이전을 나타내는 중립적인 표현이지만 '해외투자'라 하면 역외를 향한 투자의 방향성을 강조하게 된다. 최승환, 『국제경제법』 제3판(서울: 법영사, 2006), 784면.

4) 김관호 · 이성미, 『최근 국제투자 분쟁사례의 연구』(서울: 대외경제정책연구원, 1998), 17면, 53면.

5) "'에너지 국유화' 바람에 비상 — 투자금만 날리고 철수", 동아일보(2007.2.2일자) 〈 http://www.donga.-com/fbin/output?n=200702020128〉 (2008.8.12. 검색).

Ⅱ. 논의의 전제

1. 해외투자와 해외투자보호

해외투자(foreign investment)란 "전반적 혹은 부분적인 자산소유자의 통제 하에서 수익을 창출할 목적으로(to generate wealth under the total or partial control of the owner of the assets), 한 국가(자본수출국, capital exporting state)로부터 다른 국가(투자유치국, host country)로 유무형의 자산(tangible or intangible assets)을 이전시키는 것"을 말한다.[6] 이는 "자본이동과 함께 생산, 경영기술의 이전 또는 인력의 진출 등이 수반"[7]되는 외국회사의 정책결정에 대한 지배력을 행사하기 위한 대외투자[8]인 해외직접투자와 "경영참가 없이 단순히 이자, 배당 또는 시세차익 등 투자 과실의 획득만이 목적"[9]인 해외간접투자로 나뉜다.[10]

해외투자보호에 관한 논의에서 일반적으로는 해외직접투자로 대상을 한정하는데,[11] 현재 경영참여의 의사 없이 단지 수익을 얻기 위해 외국의 주식에 투자하는 경우도 적지 않으므로 직·간접 투자를 아우르는 보호 방안이 강구될 필요가 있다. 그러나 본 장의 논의 대상은 기업차원의 해외투자이므로 우리 기업이 해외에 지사를 세우거나 합작을 하는 등의 직접투자에 초점을 맞추도록 한다.[12]

---

6) M. Sornarajah, *The International Law on Foreign Investment,* 2nd ed.(Cambridge: Cambridge University Press, 2004), p.7, footnote 10.

7) OIS해외진출정보시스템, http://www.ois.go.kr/portal/page?_pageid=35,551072&_dad=portal&_-schema=PORTAL&p_deps1=course&p_deps2=1 (2010.10.30. 검색).

8) 김민서, 『다국적 기업법론』(서울: 삼영사, 2008), 5면.

9) OIS해외진출정보시스템, http://www.ois.go.kr/portal/page?_pageid=35,551072&_dad=portal&_-schema=PORTAL&p_deps1=course&p_deps2=1 (2010.10.30. 검색).

10) 우리나라 외국환거래법은 제3조 1항 18호에서 "'해외직접투자'라 함은 거주자가 행하는 행위로서 외국법령에 의하여 설립된 법인(설립중인 법인을 포함한다)이 발행한 증권을 취득하거나 당해 법인에 대한 금전의 대여 등을 통하여 당해 법인과 지속적인 경제관계를 수립하기 위하여 행하는 거래 또는 행위로서 대통령령이 정하는 것, 외국에서 영업소를 설치·확장·운영하거나 해외사업활동을 영위하기 위하여 행하는 자금의 지급으로서 대통령령이 정하는 것을 말한다."고 규정하고 있다. 상기 '대통령령이 정하는 것'에 해당하는 것은 동법 시행령 제8조 참조; 해외간접투자란 투자가들이 해당기업의 경영에는 직접 참여하지 않고 단기적인 주식매매 등을 통한 거래이득을 목적으로 자산구성의 국제적 분산(international portfolio)을 통한 위험의 최소화와 효율적 자원배분을 기업(또는 개인)의 순이익을 최대화하기 위해 외국공채나 사채 및 주식을 취득하는 투자를 말하며 포트폴리오투자 혹은 증권투자라고도 한다. 최승환, 앞의 각주 3, 785면.

11) 투자가 자발적이라는 점에서 직접투자와 포트폴리오투자를 투자보호에 있어 구분하지 않는 견해도 있으나 일반적으로는 구분을 한다. 하지만 포트폴리오투자도 보호하려는 경향이 나타나고 있다. M. Sornarajah, *supra* note 6, p.8.

12) 기업도 포트폴리오 관리 차원에서 주식 투자나 증권 투자를 할 수 있지만 이러한 경우는 일

2. 투자유치국에 의한 손해의 발생

해외에 투자하는 기업은 본국과는 다른 환경에서 활동을 하게 되므로 여러 가지 위험에 노출된다. 해외투자의 위험은 가격, 생산성, 조업, 판매, 이윤 등 모든 경제활동에 공통되는 경제적인 위험, 화폐의 구매력과 환율 등과 관련된 화폐위험, 그리고 기업의 사회화나 국유화, 투자재산의 몰수, 관련국의 제도변경 및 법 개정 등에 의한 정치적 위험의 세 가지로 나눌 수 있다.[13] 그런데 이들 중 경제적 위험과 화폐위험은 대체로 국제적인 경제상황에 좌우되는 것이므로 투자유치국의 행위가 개입될 여지가 적다.[14] 투자유치국에 의해 손해가 발생하는 것은 경제여건의 변화, 경제정책의 변화, 정치구조의 변경 등의 다양한 이유로 투자수출국과 투자기업에 손해를 끼치는 조치를 취하는 경우가 대부분이고, 이러한 경우가 본 장에서 검토되어야 할 부분이다.[15] 이러한 정부의 조치로 대표적인 것은 수용 내지 국유화[16]이다. 이 밖에 직접적으로 수용에 해당하지는 않으나 투자자에게 손해를 야기하는 행위가 있을 수 있는데, 이들은 일정조건 하에 간접수용으로 분리된다. 이하에서는 직접수용과 간접수용의 개념을 살펴보고 정부의 구제 대상인 수용은 어떠한 경우인지 즉, 국제법상 합법적인 수용이 되기 위한 요건과, 간접수용과 간접수용이 아닌 조치의 경계는 무엇인지를 검토한다.[17]

반 개인의 경우와 다를 바 없으므로 기업이 할 수 있는 직접투자의 형태에 집중하도록 한다. 해외직접투자는 "외국 법령에 의해 설립된 법인의 경영에 참가하기 위한 주식 취득, 지분 출자, 실질적 영향력 행사 위한 장기 자금 대부, 지점, 사무소, 법인 이외의 기업을 설치·확장·운영하기 위한 자금 지급" 등으로 이루어진다. OIS해외진출정보시스템, http://www.ois.go.kr/portal/page?_pageid=35,551072&_dad=portal&_schema=PORTAL&p_deps1=course&p_deps2=1 (2010.10.30. 검색).

13) Hahn, *Absicherung von Investitionsrisoken im Ausland* (Frankfurt: Alfred Metzner Verlag, 1982), aaO, S 13, 17ff, 안춘수, "해외투자의 법적 보호방법", 『연세행정논총』 제22권 (1997.2), 274-275면에서 재인용; Sornarajah는 외국인투자의 위험 요소로 외국인에 대한 적개심, 민족주의(nationalism), 민족분리주의(ethnicity), 산업패턴의 변화, 체제의 변화, 부담(onerous)계약, 경제규제, 인권과 환경적 관심사항, 법질서 상황 등을 꼽는다. M. Sornarajah, *supra* note 6, pp.75-87.

14) 안춘수, 위의 논문, 275면.

15) 김정건, "기업에 대한 외교적 보호권 설정의 국제법적 기준에 관한 연구", 『국제법학회논총』 제34권 제1호(1989. 6), 44면.

16) 일반적으로 수용과 국유화 간에는 본질적 개념차이가 없으며, UN에서는 수용과 국유화를 혼용하고 있다. 최승환, "국제법상 외국인투자자산의 수용", 『국제법학회논총』 제43권 제1호(1998. 6), 282면. 김광수, "해외직접투자의 유형과 분쟁처리제도", 석사학위논문(전북대학교, 1997), 21면.

17) 투자자가 투자유치국 정부의 어떠한 조치로 인하여 손해를 입었더라도 합법적인 수용이나, 간접수용이 아닌 합법적인 규제조치인 경우에는 투자유치국의 정당한 주권행사로서 투자자의 국적국이 개입할 여지가 없기 때문이다. 이러한 합법적 규제는 비보상규제(non-compensable regulation)라고 하며 경찰권의 발동, 국가의 환경, 보건, 도덕, 문화 경제 등에 대한 규제를 통

1) 직접수용

(1) 직접수용의 개념

수용이란 타인이 소유한 자산에 대한 '강제적 접수(compulsory takings)'를 의미하는데, 통상 국가기관이나 또는 국가로부터 권한을 위임받은 민간기관에 의해 이루어지며 사법권의 승인이 필요한 경우도 있다.[18] 외국인자산에 대한 수용은 일정 공공목적을 달성하기 위해 외국인의 자산 및 자산에 대한 권리를 탈취하거나 국가 및 공공기관의 관리, 통제 하에 두는 것을 목적으로 한다.[19]

외국인투자자산에 대한 수용의 권리는 영역주권의 배타성에 따라 국제법상 주권국가의 고유한 권리로 인정되고 있다.[20] 하지만 이는 무제한적인 것은 아니며 국제법상의 제한이 따른다.[21] 우리투자자의 자산이 수용을 당했을 때 정부가 구제조치를 취할 수 있는 것은 이러한 국제법상의 제한에서 벗어난 수용의 경우이다. 국제법상 적법한 수용에 대하여 적절한 보상 외의 요구를 하는 것은 국가 간의 주권존중원칙에 어긋나는 일이 될 것이다.

해 외국인투자에 대한 영향력을 행사하는 조치이나 일반적으로 명문의 규정에 의해 합법화되는 규제조치이다. 김인숙, "한·미FTA상 '간접수용'에 관한 연구", 『서울국제법연구』 제15권 제1호(2008), 319면.

18) 최승환, 앞의 각주 16, 282면; 수용과 유사한 개념을 살펴보면 다음과 같다. 국유화(nationalization)란 경제의 한 분야 전체에 대한 수용을 의미한다. 정유회사나 은행의 국유화를 예로 들 수 있다. 국가의 경제, 사회 정책의 일환으로 법령을 제정하는 등의 방식으로 공식적으로 이루어진다. 몰수·징발(confiscation)은 국제법에 반하는 재산의 박탈이다. 보상이 없는 수용은 몰수로 간주된다. 점진적 수용(creeping expropriation)은 공개적으로 인정하지 않고 수용하는 것을 말하는데, 비정상적인 고율의 과세, 송금금지 등의 조치로 이루어지며 조치의 결과는 공개적인 수용이나 국유화와 같다. Hans van Houtte, *The Law of International Trade,* 2nd ed.(London: Sweet & Maxwell, 2002), pp.246-247.

19) 최승환, 앞의 각주 16, 282면; 국제관습법상 "수용행위를 명시한 법령의 시행, 임원의 임명, 토지 및 재산의 몰수, 실제 집행이 수반되지 않은 수용 계획 발표, 사업시행 부지의 일방적 축소, 사용제한, 강제매각, 정부의 간섭으로 인한 프로젝트 중단, 정부 명령에 의한 가격설정, 과세 등"이 수용에 해당하는 조치로 인정되고 있다. 김인숙, 앞의 각주 17, 316-317면, 각주 2.

20) 1962년 UN총회는 천연자원에 대한 영구주권 결의(UN결의 1803)를 통해 각 국가가 천연자원에 대해 영구적 주권을 가지고 있고, 그들의 천연 부와 자원에 대한 민족과 국가의 권리는 그들의 국가적 발전과 국민의 삶을 위하여 행사되어야 함을 선언했다. 동 결의의 영구주권은 국가가 외국인투자자와 자원 개발에 관해 계약을 체결했었다 하더라도 수용할 권한이 있음을 암시하고 있다. 그러나 상기 천연의 부에 대한 자결권은 국제법에 따라 행사되어야 한다. Hans van Houtte, *supra* note 18, pp.252-254; 1966년의 두 국제인권규약 공통 제1조 2항에서도 "All peoples may, for their own ends, freely dispose of their natural wealth and resources without prejudice to any obligations arising out of international economic co-operation, based upon the principle of mutual benefit, and international law."라고 하여 천연자원에 대한 자결권을 인정하고 있다.

21) 최승환, 앞의 각주 16, 285면.

(2) 국제법상 적법한 수용의 요건

수용이 국제법상 합법적이기 위해서는 공익을 목적으로 하여야 하고,[22] 비차별적이어야 하며,[23] 보상이 이루어져야 한다.[24] 또한 국내법적으로 수용 권한이 있는 당국에 의한 수용이어야 한다는 적법한 절차에 의한 수용의 원칙도 논의된다.[25] 이처럼 일반적으로 받아들여지는 요건은 있지만 그 요건의 내용은 매우 모호하다. 공익이란 무엇이며, 어디까지가 비차별이고 보상은 얼마나 해야 하는 것인지 요건마다 견해의 대립이 존재하는 것이 현실이다. 따라서 실제 분쟁에서는 당사국간 투자협정의 내용이 가장 중요하다.[26]

---

22) 공익성 요건에 대해서는 필수요건으로 보기도 하고, 공익의 개념에 대한 판단이 각국에 위임되어 있어 합법적 수용의 요건으로 보기 적절치 않다는 견해가 있는 등 학설이 대립하며 국가관행과 국제 결정례도 공익의 원칙을 수용의 요건으로 확립하지 못하고 있다.

23) 전통적으로 차별적인 수용은 허용되지 않는다. 하지만 국가의 경제적 권리, 의무 헌장은 외국인의 천연자원에 대한 재산권은 불안정한 것으로 언제든 국가가 반환받을 수 있으며 외국인을 평등하게 대우할 의무도 없다고 한다. Hans van Houtte, *supra* note 18, p.254; 동일하거나 유사한 경제활동을 하는 외국인 간에 혹은 내외국인 간에 수용국의 경제정책상 합리적인 근거 없이 차별이 존재한다면 국제법상 위법한 수용이 된다. 하지만 특정외국인의 재산만이 대상이라고 하여 반드시 불법 수용이 되는 것은 아니다. 국가안보나 경제정책상 특정산업의 외국 기업만을 대상으로 한 경우 합리적 근거가 있고 보상이 이루어진다면 정당한 수용이 될 수 있다. 타방국가의 국제위법행위에 대한 대응조치로서의 수용은 국제법상 합법적인 복구의 요건에 따라 위법 여부가 판정될 것이다. 차별적 수용은 일반적으로 공익을 위한 수용으로 간주될 수 없다는 점에서 비차별원칙은 공익원칙과 밀접한 관계를 가지고 있기도 하다. 최승환, 앞의 각주 16, 285-286면.

24) 조약상 보상의무를 규정하지 않는 한 보상의무가 발생하지 않는다는 주장도 있긴 하나 대부분의 판례와 국가관행으로 볼 때 수용행위에 대해 보상의무가 있다는 것은 국제관습법상의 원칙이다. 일부 국내법에서 수용시의 보상의무를 규정하고 있기도 하다. 위의 논문; 우리나라의 경우, 헌법 제23조 3항에서 공공필요에 의한 재산권의 수용·사용 또는 제한 및 그에 대한 보상은 법률로써 하되, 정당한 보상을 지급하여야 한다고 규정하고 있고, 공익사업을 위한 토지 등의 취득 및 보상에 관한 법률에서 이를 구체화하고 있다. 보상의 정도는 수용의 상황과 배경에 따라 달라지고, 구체적인 상황에 따라 보상의무가 없을 수도 있다. 그간의 국제중재에서는 공평한 보상, 적절한 보상, 공정한 시장가격, 충분한 가격, 정당한 보상 등 다양인 기준을 제시해왔다. 최승환, 앞의 각주 16, 286-287면; 합리적 보상의 원칙에 따르면, 보상액을 산정할 때는 물건의 가치뿐만 아니라 수용의 선행조치, 사회적, 경제적 필요성, 국가의 재정상황 등도 함께 검토해야 한다. Hans van Houtte, *supra* note 18, p.255.

25) *Ibid.*

26) 한-미 FTA에서는 제11조 6항 1호 가-라 목에서 공공목적을 위할 것, 비차별적 방식일 것, 신속하고 적절하며 효과적인 보상을 지불할 것 그리고 적법절차와 제11조 1항 내지 3항(내국민대우)을 따를 것을 정당한 수용의 요건으로 규정하고 있다. 한-미 FTA 제11.6조, http://www.mofat.go.kr/mofat/fta/kor/k27.pdf (2008.9.5. 검색); 우리나라가 현재까지 체결한 거의 대부분의 양자간 투자협정(bilateral investment treaty)(이하 'BIT'라 한다)에서도 공공목적, 비차별, 충분, 신속, 유효한 보상을 수용이나 그에 상응하는 조치의 요건으로 규정하고 있다. 대한민국 정부와 나이지리아연방공화국 정부 간의 투자의 상호 증진 및 보호에 관한 협정 제5조, 대한민국 정부와 남아프리카공화국 정부 간의 투자의 증진 및 보호에 관한 협정 제5조, 대한민국 정부와 이태리 공화국 정부 간의 투자의 증진 및 상호보호에 관한 협정 제4조, 대한민국 정부와 인도네시아공화국 정부 간의 투자의 증진 및 보호에 관한 협정 제6조(특이하게도 비차별 요건이 없다), 대한민국 정부와 포르투갈공화국 정부 간의 투자의 상호증진 및 보호에 관한 협

2) 간접수용

(1) 간접수용의 개념

직접적으로 수용을 하는 경우, 국제법상의 수용의 적법요건을 갖추어야 하기 때문에 국가들은 수용과 동등한 효과를 가지나 명백히 수용은 아닌 조치를 취하는 일이 많다. 간접수용이란 "실질적 소유권이 상실되는 것은 아니지만 특정 정부 조치로 인하여 투자자가 사실상 영업을 할 수 없게 되어 자산에 대한 사실상의 경영·사용·통제권이 상실되거나 직접수용과 동등한 정도로 자산가치의 중대한 하락을 야기하는 정부행위"[27]를 의미한다. 이러한 우회적인 조치로부터 투자를 보호하기 위하여 다수의 양자간 및 다자간 투자협정에서는 수용 외에 간접수용을 별도로 규정하고 있다.[28] 하지만 간접수용에 해당하는 조치의 개념이 명확하지 않아 해석문제가 발생하고 있고 실제로 2007년까지 NAFTA 투자분쟁사례의 절반 정도가 이와 관련된 것이다. 간접수용을 다시 점진적 수용(creeping expropriation)과 규제적 수용(regulatory expropriation)으로 나누기도 한다.[29]

정 제4조(적법절차의 원칙이 있고, 보상은 신속한 보상으로 규정), 대한민국 정부와 멕시코합중국 정부 간의 투자의 증진 및 상호보호를 위한 협정 제5조(비차별 요건이 없다). 장승화, 『양자간 투자협정 연구』(서울: 법무부, 2001), 335, 356, 374, 391, 408-409, 429면.

27) 김인숙, 앞의 각주 17, 317면.

28) 김인숙, 위의 각주 17, 316면. 한-미 FTA에서도 간접수용에 관한 별도의 부속서를 두어 규정하고 있는 바 이에 따르면 간접수용은 당사국의 행위 또는 일련의 행위가 명의의 공식적 이전 또는 명백한 몰수 없이 직접수용에 동등한 효과를 가지는 경우를 가리킨다. 한-미 FTA협정문 부속서 11-나 3항, http://www.mofat.go.kr/mofat/fta/kor/k27.pdf (2008.8.23. 검색); 2008년 7월 현재 우리나라가 체결한 90개 BIT 가운데 81개가 발효 중이다. 건국 60년 기념 한국법률가대회(2008.8.26.) 국제통상 분야 세미나자료, 26면; 이들 대부분이 수용 또는 국유화에 상응하는 조치, 수용 또는 국유화와 동등한 또는 동일한 효과를 갖는 조치, 수용 또는 국유화와 유사한 효과를 갖는 조치, 직접적으로 또는 간접적으로 수용 또는 국유화하는 조치 등의 문구를 사용하여 간접수용을 국제투자협정상 보상의 대상이 되는 수용에 포함시키고 있다. 김인숙, 앞의 각주 17, 318면; *S.D. Myers* 사건(*S.D.Myers, Inc. v. Canada*, 40 I.L.M. 1408, NAFTA Arb. Trib., 2000, p.1440.)에서 간접수용의 법리가 확인되었는데, NAFTA 제1110조는 "a measure tantamount to nationalization or expropriation"을 수용으로 인정하면서 보상의무를 규정하고 있다. 중재판정부는 "tantamount to"를 통상 FTA 투자 장 수용 조항에서 간접수용을 뜻하는 단어인, "having equivalent effect"와 동일한 의미로 보았다. 장승화, "한-미 FTA투자 관련 협상에서 나타난 몇 가지 쟁점에 관한 연구", 『국제거래법연구』 제15집 제2호(2006.12), 12면.

29) NAFTA 제1110조의 간접수용(indirect expropriation)과 수용에 맞먹는 조치(measures tantamount to expropriation)라는 표현에 대해 UN무역개발회의(UNCTAD)는 2003년의 보고서에서 두 가지 해석 방식을 제시하였다. 그중 하나는 소유자의 소유권에는 아무런 직접적 영향이 없지만, 국가의 개입과 조치로 인해 부지불식 간에 조금씩 장기간에 걸쳐 투자의 가치가 잠식되는 점진적 수용(creeping expropriation)이며, 다른 하나는 소유권의 화폐가치에 영향을 주는 법적 규제 등에서 파생된 수용이다. 홍기빈, 『투자자-국가 직접소송제: FTA의 지구정치경제학』(대구: 녹색평론사, 2006), 76-78면.

(2) 간접수용의 판단기준

간접수용인지 여부를 판단하는 기본적인 기준으로는 미국 연방대법원의 *Penn Central* Case에서 제시된 '세 가지 요건 검증(three-factor test)'을 들 수 있다. 즉, 정부행위의 경제적 영향, 합리적인 투자자의 기대이익의 침해정도, 정부행위의 성격을 보고 판단한다는 것이다. 하지만 구체적 기준은 사안별로 달라질 수 있고 또 상황에 따라 변동될 수 있다.[30] Iran-U.S. Claims Tribunal 에서는 정부 행위의 의도 내지 동기를 주요기준으로 본 경우도 있고 소유자에게 실제로 미친 영향을 기준으로 본 경우도 있다.[31]

간접수용과 관련된 분쟁에서는 중재판정에서 투자유치국 정부의 정책을 직접 심리하게 되어 논란의 여지가 있다. 그러나 외국인투자자에게 단지 부정적 효과가 발생하였다는 정도로 바로 간접수용을 인정하는 것은 아니고 사실상 직접수용과 동일한 수준의 재산권 침해가 존재하여야만 간접수용으로 인정되고 보상의무가 인정되는 것이 그간의 판정의 입장이다. 간접수용 해당 여부에 대한 불확실성을 제거하기 위해 최근의 투자관련 협정에서는 간접수용에 해당하지 않는 영역을 명시하기도 한다.[32]

Ⅲ. 사후적 구제조치

이미 손해가 발생한 경우, 투자자의 국적국은 우선 투자자가 스스로 이용할 수 있는 구제수단을 활용하는 것을 돕는 조치를 취할 수 있다. 투자가 투자유치국의 법체계 내에서 이루어졌다면 문제가 생겼을 때 그 안에서 해결을 도모하는 것이 가장 원칙적인 방법일 것이다. 하지만 투자유치국의 법체계가 투자자에게 불리하게 작용한다거나, 정당하게 이의를 제기하고 판정이 내려졌음에도 이를 이행하지 않는 등 투자자로서는 더 이상 해결할 수 없는 수준에 이른 경우[33]에는 국가가 이를 해결할

30) 장승화, 앞의 각주 28, 16면.

31) 장승화, 위의 각주 28, 17면.

32) 이재민, "ISD 분쟁해결절차에 대한 소고", 『서울국제법연구』 제13권 제2호(2006.12), 105-106면; 한-미 FTA (2007.5.25. 공개본)의 경우 부속서 11-나 제3항 나호에서 "조치 또는 일련의 조치가 그 목적 또는 효과에 비추어 극히 심하거나 불균형적인 때와 같은 드문 상황을 제외하고는 공중보건 안전, 환경 및 부동산 가격안정화(예컨대 저소득층 주거여건을 개선하기 위한 조치를 통한)와 같은 정당한 공공복지 목적을 보호하기 위하여 고안되고 적용되는 당사국의 비차별적인 규제 행위는 간접수용을 구성하지 아니한다."고 규정하고 있다.

33) 이는 투자유치국 법체계 내에서의 구제만을 고려한 것이다. 개인의 국제법 주체성에 대해서

수밖에 없다. 여기에서는 국가가 투자기업의 구제절차를 단순히 보조하는 차원의 조치를 영사보호의 범주로, 국가가 국민을 위해 직접적으로 분쟁에 개입하는 것을 넓은 의미의 외교적 보호로 아우르고, 이를 국가 대 국가의 관계에서 직접 책임을 추궁하는 전통적인 외교적 보호와 기존의 국가만이 수제가 될 수 있는 분쟁해결제제를 활용하는 보다 현대적인 외교적 보호로 나누어 구체적으로 우리 투자기업을 구제할 수 있는 방안을 강구하도록 한다.

1. 국가의 구제조치 행사의 전제 : 국적

1) 의의

외교적 보호와 같은 국가의 직접적 구제조치는 국가의 인적 관할권에 기초하여 자국민에 대한 손해를 국가 자신에 대한 손해로 의제하는 것에서 출발한다. 이때 국적은 개인의 침해가 국적국의 법익 침해로 의제되는 연결고리[34]가 된다. 영사원조와 같이 간접적 구제조치인 경우에도 자국민이라는 전제가 필수적이다. 국적(nationality)이란 국제법의 일정 목적 상 특정 국가에 속하는 개인의 지위를 의미한다.[35] 국민은 국가의 필수 구성요소이기 때문에 한 국가의 국민에게 위법한 행위를 하는 경우 이는 그 국적국의 권리에 영향을 주게 된다.[36] 개인의 국적은 기본적으로 국적이 주장되는 국가의 법에 의해 결정되며, 국가의 권한 있는 기관이 발급한 국적확인서는 강력한 증거가 되나 종국적인 것은 아니다.[37] 국적은 국내법과 국제법을 고려했을 때 외교적 보호권 행사의 상대국에 대하여 합법적이고 실효적인 대항력이 있는 것이어야 한다.[38]

는 논란이 있지만 국제인권법이나 중재제도 등에서 절차개시권 내지 제한적 당사자 자격을 인정하는 것이 최근의 추세이다. 따라서 투자협정 등에서 규정을 둔 경우 개인은 국제중재절차도 거칠 수 있는데, 이로써도 해결이 안 되는 경우에 다시 국가의 개입이 문제가 된다.

34) *Nottebohm* case, (Liechtenstein v. Guatemala), ICJ Reports(1955), http://www.icj-cij.org/docket/files/18/2674.pdf (2008.9.7. 검색), p.4 at 23.

35) 국제법상 국적은 국가주권과 불가분의 관계로 외교보호의 요건이자 역외입법관할권 행사의 기초로, 일종의 보호막이자 동시에 질곡이 된다. 김대순, 『국제법론』(서울: 삼영사, 2008), 672면.

36) Phoebe Okowa, "Issues of Admissibility and The Law on International Responsibility" in Malcolm D. Evans(eds.), *International Law*, 2nd ed. (New York: Oxford University Press, 2006), p.483.

37) Rudolf Dolzer and Christoph Schreuer, *Principles of International Investment Law* (New York: Oxford University Press, 2008), p.47.

38) 김부찬, "국제기업의 국제법주체성과 외교적 보호제도", 『국제법학회논총』 제44권 제2호 (1999.12), 25면.

2) 기업의 국적

자연인이 아닌 기업의 국적은 기업의 법인성을 전제로 한다. 법인이 아닌 경우에는 일반적으로 법적 보호를 향유하지 못한다. 자연인의 국적은 출생지주의, 혈통주의, 귀화, 인지 등의 방법으로 각국의 국내법에 따라 정해지지만, 기업의 경우에는 보다 복잡하다. 하나의 조약 안에서도 당사국마다 다르게 규정하기도 한다. 가장 일반적인 방법은 법인의 설립지국 또는 주요 영업지국을 국적국으로 인정하는 것이다.[39] *Autopista v. Venezuela* 사건에서 ICSID 중재판정부는 "국제법과 관행에 따르면 법인의 국적을 결정하는 여러 가지 가능한 기준이 있다. 가장 널리 사용되는 것은 설립 또는 등록지의 기준이다. 그 밖에 경영의 중심지 또는 실효적 소재지 또한 고려될 수 있다"라고 언급하였다.[40] 미국의 2004년 모델 BIT에서는 당사국 기업을 당사국 법에 의해 설립된 기업, 그리고 당사국 영토 내에 지점이 위치하고 있고 그곳에서 영업활동을 하는 기업을 의미한다고 규정하고 있다.[41] 그러나 오늘날 국제기업에 설립지는 극히 형식적인 것에 지나지 않으며, 보다 중요한 것은 자본과 지배이기 때문에 이러한 실질적 내용을 외면한 채 국적국가를 결정하는 것은 문제가 있다.[42]

'외교보호에 관한 규정초안(Draft article on Diplomatic Protection)(이하 '외교보호초안')'[43]은 제3조에서 국적국가가 외교보호를 행사할 권리가 있다는 일반원칙을 밝히고 제9조에서 제13조까지 '법인'의 국적 요건에 대해 다루고 있다. 제9조에 따르면 회사의

---

39) Rudolf Dolzer and Christoph Schreuer, *supra* note 37, p.49.

40) *Autopista Concesionada de Venezuela, C.A. v. Bolivarian Republic of Venezuela* (ICSID Case no. ARB/00/5), p.41.

41) http://www.ustr.gov/assets/Trade_Sectors/Investment/Model_BIT/asset_upload_file847_6897.pdf (2008.9.5. 검색).

42) 김부찬, 앞의 각주 38, 27면.

43) 외교적 보호에 관해서는 지금까지의 수많은 논의를 가다듬어 2006년 제58차 회기에서 ILC가 채택하여 UN총회에 제출한 동 초안과 그 주석이 가장 기본적인 문서로서, 초안임에도 불구하고 국제사법재판소 결정에서 인용되고 있다. "The Court will recall that under customary international law, as reflected in Article 1 of the draft Articles on Diplomatic Protection of the International Law Commission (hereinafter the "ILC"), diplomatic protection consists of the invocation by a State, through diplomatic action or other means of peaceful settlement, of the responsibility of another State for an injury caused by an internationally wrongful act of that State to a natural or legal person that is a national of the former State with a view to the implementation of such responsibility" (Article 1 of the draft Articles on Diplomatic Protection adopted by the ILC at its Fifty-eighth Session (2006), ILC Report, doc. A/61/10, p.24). *Case concerning Ahmadou Sadio Diallo,* Republic of Guinea v. Democratic Republic of The Congo, (Preliminary Objections), Judgement of 24 May 2007, para.39. http://www.icj-cij.org/docket/files/103/13856.pdf(2008.9.5. 검색)에서 다운로드. 김대순, "외교보호의 제쟁점 - 2006년 ILC 외교보호초안을 중심으로 -", 『법학연구』 제48권 제1호 (부산: 부산대학교, 2007), 204-205면 참조.

경우 외교보호의 목적상 원칙적으로 설립지국이 국적국이 되며, 예외적으로 설립지국에서는 실질적 영업활동이 이루어지지 않고 회사의 본점소재지와 재무지배소재지가 모두 타국에 위치하는 경우 그 타국이 국적국이 된다.[44)]

Barcelona Traction Company 사건에서 국제사법재판소(International Court of Justice: ICJ)는 주식은 넓게 산재되어 있고 빈번히 소유주가 바뀌므로 주주를 위한 외교적 보호를 인정하면 혼란을 초래한다하여 주주들이 입은 피해에 대한 배상을 구한 벨기에의 원고적격을 부정하였는데,[45)] 외교보호초안 역시 기본적으로 주주에 대한 직접 침해가 있지 않은 이상 원칙적으로 주주의 국적국은 회사의 침해와 관련하여 외교적 보호권을 행사할 수 없다는 입장이다. 그러나 회사가 회사에 대한 침해와 관련이 없는 이유로 설립지국의 법에 따라 소멸한 경우나 피해발생 시점에 피해에 대한 책임이 설립지국에 있다고 주장되고 설립지국에서의 회사설립이 그 곳에서 영업을 하기 위한 전제조건으로 그 국가로부터 요구되었던 경우에는 주주의 국적국의 외교적 보호권도 행사될 수 있다.[46)]

3) 다국적기업의 문제

문제는 우리나라에서 설립된 기업이 타국에서 기업활동을 하기 위해 또는 사업을 하면서 현지의 국내법에 의해 투자유치국 국적을 갖게 되는 경우이다. 이때 투자유치국이 우리 기업의 자회사에 손해를 가하였다고 우리나라가 구제조치를 취할 수 있을 것인가?

다국적기업은 직접투자의 한 형태로, 외국에서 회사를 설립하거나 인수하는 방식으로 외국국적의 자회사의 소유와 경영을 통한 지배력을 행사하는 기업집단으로서, 일반적으로 지주회사 등을 통한 주식지분의 보유를 통해 구성회사간 지배종속관계를 형성한다.[47)] 자본수입국 즉, 여기에서 자회사의 설립지국은 일반적인 기업의

---

44) 외교보호초안 제9조.

45) *Belgium v. Spain*, ICJ Reports (1970), p.3 at 49.

46) 외교보호초안 제11조, 제12조.

47) 김민서, 앞의 각주 8, 5, 35면, OECD의 다국적기업지침에서는 다국적기업의 정의를 내리지 않고 기업의 세계에서 다양한 상황을 포함하는 개념이라고 설명하고 있다. "The Guidelines do not define the term "multinational enterprises", a concept which embraces a diversity of situations found throughout the business world. Rather they describe some general criteria covering a broad range of multinational activities and arrangements. These arrangements can include traditional international direct investment based on equity participation, or other means which do not necessarily include an equity capital element. Majority ownership is not the exclusive form of linkage between two companies in different counties which allows one to exercise a significant influence over the activities of others. Accordingly, an entity may be considered part of a multinational enterprise without necessarily being a majority owned subsidiary. The sharing

국적 결정기준에 의하면 이 자회사의 국적국이 되며, 자본수출국은 모회사의 국적국이 된다. 이는 자회사가 입은 손해에 대해 구제조치를 취하고자 하는 경우 자본수출국과 자본수입국 간에 관할권 충돌이 발생할 수 있음을 의미한다.[48] 따라서 국제사회는 다국적기업과 국제투자에 관한 경제협력개발기구 지침이나 양자 투자조약의 체결 등으로 이 문제를 해결하기 위해 노력해 왔다.[49] 실제 분쟁에 있어 다국적 기업의 국적은 적용가능한 조약규정에 의해 결정된다.[50] 국가와 타방국가 국민 간의 투자분쟁의 해결에 관한 협약(Convention on the Settlement of Investment Disputes between States and Nationals of Other States)(이하 'ICSID협약') 제25조 2항 (b)는 당사국 간에 타방체약국 국민으로 취급하기로 합의하는 경우 국내법인이라 할지라도 외국기업으로 볼 수 있음을 명시하고 있다.[51]

4) 모회사의 국적국에 의한 구제조치 인정 가능성

우리 기업이 외국국적의 자회사의 상당 비율의 지분을 소유하고 실질적 영향력[52]을 행사하는 경우, 우리나라는 어떠한 근거에 의해 이들 기업의 손해를 구제하기 위한 조치를 취할 수 있을까? 비록 설립지는 외국이나 이는 형식적일 뿐이고 실제로 경영에 영향력을 행사하는 투자자가 우리 기업인 경우 실질적 지배에 의한 관할권 성립을 주장해 볼 수 있다. 조약에 따라서는 법인 투자자와 국적국 간에 실질적·경제적 관련성을 요구하거나, 실효적 지배나 진정한 경제활동을 요구하기도 하고 어떠한 경우에는 우세한 이해관계만을 요구하기도 하는데, 이러한 경우에 해당한다면 우리나라가 국적국으로서 구제조치를 취할 수도 있을 것이다. 그러나 실질적 지배가

---

of knowledge and resources among companies or other entities does not in itself indicate that such companies or entities constitute a multinational enterprise." *The OECD Guidelines for Multinational Enterprprises : Text, Commentary and Clarifications, 2000,* p.9. (http://www.olis.-oecd.org/olis/2000doc.nsf/LinkTo/NT00002F06/$FILE/JT00115758.PDF) (2008.9.5. 검색).

48) 모기업의 국적국의 관할권 행사는 관할권의 역외적 행사이므로 국가관할권 충돌로 인한 외교적 마찰을 초래할 수 있다. 법인이론에 기초한 현재의 법체계하에서 외국자회사는 그 주주인 모회사와 국적이 다르기 때문에 모기업의 국적국이 외국자회사에 대해 외교적 보호권이나 국가관할권을 행사하는 데는 근본적인 한계가 있다. 김민서, 앞의 각주 8, 77-78면.

49) 다국적기업과 국제투자에 관한 경제협력개발기구 지침이나 양자 투자조약의 증가, 국제투자보증기구(MIGA)와 국자투자분쟁해결본부(ICSID)의 역할 증대는 바로 이러한 노력의 일환이다. 김민서, 앞의 각주 8, 50-51면.

50) Rudolf Dolzer and Christoph Schreuer, *supra* note 37, p.46.

51) ICSID협약 제25조 2항 "타방체약국 국민"이라 함은 다음의 자를 말한다. (b) 당사자가 어느 분쟁을 조정이나 중재에 회부하기로 동의한 일자에 그러한 분쟁 당사국 이외의 체약국의 국적을 가진 법인 및 전기일자에 분쟁 체약당사국의 국적을 가지고 또한 외국인의 지배로 인하여 당사국이 본 협정의 목적을 위하여 타 체약국의 국민으로서 취급할 것으로 합의한 법인.

52) 외국인의 지배의 존재 입증에는 지분참여, 표결권, 운영 등의 요소가 요구된다. Rudolf Dolzer and Christoph Schreuer, *supra* note 37, p.56.

보호조치를 행할 유력한 근거는 될지라도 관련 조약 상 확실히 규정하는 것이 필요하다. *Tokios Tokelės v. Ukraine* 사건에서 중재판정부는 우크라이나인이 99%의 지분을 소유하고 있기 때문에 청구기업이 리투아니아 법에 의해 설립은 되었지만 진정한 관련성이 없음에도 양국간 BIT와 ICSID협약에 따라 리투아니아 회사라고 판정하였다.[53] *Saluka v. Czech Republic* 사건에서도 중재판정부는 기업과 설립지국이 실질적 관련성이 없고 타국인에 의해 지배되고 있어 당해 BIT를 원용할 자격이 없다는 데 공감하였지만, 그럼에도 불구하고 조약규정에 따라 네덜란드 회사라고 판정하였다.[54]

외국인의 실질적 지배의 논리는 기업들이 해외투자 시 최대한의 보호를 받기 위해 국적을 계획적으로 만드는 것[55]을 저지하는 데 활용된다. 국가들은 기업들의 이러한 행위에 대응하기 위하여 국적국과의 실질적인 경제적 관련성을 요구하고 혜택의 부인 조항(denial benefits clause)[56]을 삽입하기도 한다.

2. 국제위법행위 발생 이전: 기업 차원의 구제에 대한 영사원조

투자기업이 스스로, 손해를 야기한 투자유치국의 조치를 다투고자 하는 경우 투자유치국의 사법 혹은 행정절차를 이용하거나, 투자기업의 본국 혹은 제3국의 사법·행정 절차를 활용하는 방법을 생각해볼 수 있다. 하지만 국제법상 국가의 행위는 타국에서 국가면제의 대상이 되며, 제한적 면제이론에 따른다 하더라도 문제의 조치가 주권적·권력적 행위였는지, 비주권적·상업적 행위였는지를 분별해야 하고 또한 국가마다 국가면제의 적용 정도가 다르기 때문에 투자기업의 본국이나 제3국에서의 해결에는 어려움이 있다. 그러나 투자유치국 정부는 당해 국가의 사법체제 하에서는 국가면제를 향유하지 않으므로 제소 시 소가 본안에 들어갈 가능성이 비교적 높다.

53) 청구기업은 리투아니아 법에 따라 설립된 회사지만 우크라이나인이 99%의 지분을 소유하고 있었다. 리투아니아와 우크라이나 간의 BIT 제1조 2항(b)에 의하면 청구인은 리투아니아 법에 합치하여 설립된 실체이다. 피청구인은 청구기업이 우크라이나인에 의해 지배되고 있으므로 리투아니아의 진정한 실체가 아니라고 하였지만 중재판정부의 다수는 BIT와 ICSID협정 제25조에 따라 리투아니아 투자자라고 보았다. *Ibid.*, p.50.

54) *Ibid.*

55) "Nationality Planning"이라고 하며 분쟁발생 이전에 이루어진 경우에는 유효한 국적으로 인정된다. 최대한의 보호를 받기 위해 유리한 조약관계 가진 곳에 투자하려하는 "treaty shopping"은 그 자체로 불법적·비윤리적인 것은 아니다. *Ibid.*, p.56.

56) 당사국과 경제적 관계가 없는 회사에 대한 혜택을 부인할 수 있게 하는 내용이다. 하지만 관행상 제한적으로 인정된다. *Plama v. Bulgaria* 사건에서 Plama는 사이프러스에서 설립된 회사였다. 중재절차 개시 후 불가리아는 ICSID에 서한을 보내 동 회사가 사이프러스에서 실질적 영업 활동이 없고 ECT 비당사국 국민에 의해 지배되므로 ECT에 있는 denial of benefit 조항을 행사하겠다는 의사를 전달했다. 하지만 중재재판부는 이는 장래효를 지닌 것으로 이미 투자가 이루어진 후에는 이 조항을 원용할 수 없다고 하였다. *Ibid., p.*56.

해외투자기업에 대한 국가의 영사보호는 이러한 접수국 내의 적법한 구제절차 진행 과정에서 기업에 원조를 제공하는 것이다.[57)]

중세유럽에서 영사(consul)는 해외에 나가 있는 자국 상인 중 선출되어 그들 간의 분쟁해결을 일차적으로 담당하였다.[58)] 그러나 웨스트팔리아 조약 이후 민족국가(nation-state)가 창설되면서 속지법(territorial laws) 관념이 발전했고 국가들은 자국 내에서 타국 상인 간의 재판을 허용하려 하지 않았기 때문에 타국에서 본국의 상업적 이익을 보호하는 것이 영사의 역할이 되었다. 1963년에는 UN에서 '영사관계에 관한 비엔나협약(Vienna Convention on Consular Relations)(이하 '영사협약')'[59)]이 채택되어 현재까지 당사국간 영사관계에 관한 제반사항을 규율하고 있다.[60)] 오늘날 영사보호는 상기 협약에 따라 국제법의 범위 내에서 재외공관이 자국민을 보호하기 위해 취하는 행위 및 조치를 말하며, 영사의 직무는 영사협약 제5조에서 규정하고 있다. 협약에 따르면 영사는 접수국에 있는 자국민(법인 포함)의 이익을 보호하고 필요한 도움을 주며, 상황에 따라 대리행위를 할 수 있고, 이와 같은 명시적인 기능 외에도 자국민의 이익을 보호하기 위하여, 접수국이 금지하거나 이의를 제기하지 않는 역할 또는 양국간 유효한 국제협정에 언급된 기능을 수행할 수 있다.[61)]

---

57) 일반적인 언급에 있어서 영사보호와 외교보호의 구별은 모호해 보인다. 대부분의 국가와 법학자들조차 이를 구분하지 않고 사용한다. 박민아, "국제법상 국가의 재외국민 보호의무의 범위와 한계", 『국제법 동향과 실무』 vol.6, no.4(2007), 43면; 업무에 대한 설명이나 문제해결 사례 등을 설명한 외교통상부 홈페이지의 경우 '영사공관', '외교공관'으로 나누지 않고 '공관'으로 통칭하고 있다; 영사의 기능은 본래 상업적인 것이었는데 오늘날에는 상업적 활동과 외교적 활동을 구별하기가 곤란하고 영사가 정부활동을 대표하게 되었다는 점에서 외교관과 영사의 기능을 구별할 수 없다고 하는 견해도 있다. 이한기, 『국제법강의』(서울: 박영사, 1997), 553면; 하지만 양자는 법적으로 분명히 차이가 있고, 오늘날 영사는 정치적 문제에는 관여하지 않고 행정적·기술적 문제에만 관여한다. 영사보호는 자국민이 국제위법행위에 노출되지 않도록 하는 것을 목표로 하므로 국제위법행위에 대한 대응인 외교보호의 전단계라고 볼 수 있다. 국제위법행위는 아직 발생하지 않았으므로 국가책임법상의 국내구제완료의 원칙은 적용될 여지가 없다. 김대순, 앞의 각주 35, 523-530면.

58) De Lupis, Ingrid Detter, *International Law and the Independent States*, 2nd ed.(Hants: Gower, 1987), p.120, 김대순, 앞의 각주 35, 522면에서 재인용.

59) 1963년 작성, 1967년 3월 19일 발효. 우리나라는 1977년 4월 6일 발효.

60) 김대순, 앞의 각주 35, 522면.

61) 제5조 [영사기능] 중 투자기업의 보호와 관련된 항목은 다음과 같다.

(a) 국제법이 인정하는 범위 내에서 파견국의 이익과 개인 및 법인을 포함한 그 국민의 이익을 접수국내에서 보호하는 것(protecting in the receiving State the interests of the sending State and of its nationals, both individuals and bodies corporate, within the limits permitted by international law).

(e) 개인과 법인을 포함한 파견국 국민을 도와주며 협조하는 것.

(h) 파견국의 국민으로서 미성년자와 완전한 능력을 결하고 있는 기타의 자들 특히 후견 또는 재산관리가 필요한 경우에, 접수국의 법령에 정해진 범위 내에서 그들의 이익을 보호하는 것.

(i) 접수국내의 관행과 절차에 따를 것을 조건으로 하여, 파견국의 국민이 부재 또는 기타의 사유로 적절한 시기에 그 권리와 이익의 방어를 맡을 수 없는 경우에 접수국의 법령에 따라,

3. 국제위법행위 발생 이후: 전통적 외교적 보호

1) 외교적 보호의 의의

개인이 외국에 거주하는 경우 일단 그 국가의 법체계에 따르는 것이 원칙이므로, 일반적으로는 투자자가 투자유치국의 가능한 사법적·행정적 수단을 모두 활용하였음에도 여전히 만족스럽게 손해를 구제받지 못한 경우 또는 투자유치국에 의해 구제시도가 방해받거나 투자유치국이 배상 판정 등을 이행하지 않는 경우에야 비로소 투자자는 자신의 국적국에 의한 구제조치를 받을 수 있다. 외교보호초안은 "본 초안의 목적상 외교적 보호는 일국이 자국의 자연인 또는 법인에게 국제위법행위로써 손해를 입힌 국가에 대해 그 책임이행을 목적으로 하는 외교적 행위 또는 그 밖의 평화적 해결을 통한 책임 추궁으로 구성된다"[62]고 규정하고 있다. 이하에서는 우리나라가 투자유치국에 의해 대규모 손해를 입은 우리 투자기업을 위하여 취할 수 있는 외교적 보호 방안에 대해서 동 초안의 규정을 중심으로 검토하도록 한다.[63]

2) 외교적 보호의 법적 성질

국가에 구제를 청구할 권리는 일반적으로 각국 국내법에서 국민의 권리이자 국가의 의무로 규정되고 있다.[64] 하지만 Vattel이 그의 저서 『국제법』에서 "개인의 권리를 침해하는 것은 그의 소속 국가의 권리를 침해하는 것과 같다"[65]고 하였듯이 외교적 보호는 국가의 간접침해에 대응하는 스스로의 권리를 행사하는 것이다.[66] 외교

그러한 국민의 권리와 이익의 보전을 위한 가처분을 받을 목적으로 접수국의 재판소 및 기타의 당국에서 파견국의 국민을 위하여 적당한 대리행위를 행하거나 또는 동 대리행위를 주선하는 것.

(m) 파견국이 영사기관에 위임한 기타의 기능으로서 접수국의 법령에 의하여 금지되지 아니하거나 또는 접수국이 이의를 제기하지 아니하거나 또는 접수국과 파견국 간의 유효한 국제협정에 언급된 기능을 수행하는 것.

62) 2006년 ILC외교보호초안 제1조. "For the purpose of the present draft articles, diplomatic protection consists of the invocation by a State, through diplomatic action or other means of peaceful settlement, of the responsibility of another State for an injury caused by an internationally wrongful act of that State to a natural or legal person that is a national of the former State with a view to the implementation of such responsibility."

63) 동 초안은 비록 초안에 불과하지만 현재까지의 외교보호에 대한 논의의 법전화를 시도하고 있으며 *Ahmadou Sadio Diallo* 사건에서 초안 제1조가 "국제관습법을 반영하고 있다"고 언급되고 있기도 하다. 김대순, 앞의 각주 35, 5면. 언급 내용은 본 장의 각주 42 참조.

64) 대한민국 헌법 제2조 2항 "국가는 법률이 정하는 바에 의하여 재외국민을 보호할 의무를 진다."

65) Vattel, E., *The Law of Nations or The Principle of Natural Law: Applied to the Conduct and to the Affairs of Nations and of Sovereigns,* vol.3 translated of the edition of 1758 by Charles G. Fenwick(Washington: The Carnegie Institution, 1916), p.146.

66) *Mavrommatis* 사건에서 PCIJ도 이러한 맥락에서 "일단 국가가 국제재판소에서 자국민을 위하여 사건을 맡게 되면 국제재판소의 눈으로 보면 그 국가가 유일한 청구인이다"라고 말한 바

보호초안 제2조에서도 외교보호를 행사할 권리를 국가의 권리로 규정하고 있다. 개인이 국가에 구제를 요청하는 것은 국제법의 주체성의 문제와 관련이 있다. 전통 국제법 하에서 개인에게는 국제법상 주체성이 인정되지 않았지만 국제형사법을 중심으로 국제의무를 지우면서, 그리고 국제인권법 체제에서의 청원권, 소송제기권을 인정하면서 개인에게도 제한적이나마 주체성을 인정할 수 있다는 것이 오늘날의 견해이다. 하지만 역사적으로 개인청구는 많지 않았고, 있더라도 기각되는 경우가 많아서 사실상 개인을 국제법 주체로 인정한다고 하여도 현재 국제법상의 제도로써 개인이 스스로 권리구제를 받는 길은 상당부분 막혀있다. 따라서 개인이 침해받은 권리를 구제받기 위해서는 국제적으로 조치를 취해줄 실체가 필요하다.[67]

3) 외교적 보호권 행사의 전제 : 국제위법행위[68]

(1) 국가의 국제위법행위

외교적 보호는 국가가 타국에 의해 간접침해를 입은 경우에 이루어지며, 이는 타국이 본국에 대해 국제적으로 지고 있는 의무를 위반한 경우에 해당한다. 2001년 '국제위법행위에 관한 국가책임 초안(이하 '국가책임초안')' 제2조는 작위 또는 부작위를 구성하는 행위가 국제법상 국가에 귀속되고 그 국가의 국제의무 위반을 구성하는 경우 국가의 국제위법행위가 존재한다고 규정하고 있다.

일체의 국가기관(any State organ)의 행위는 국제법상 그 국가의 행위로 간주되며 국내법에 의해 정부권한 요소를 행사할 권한을 부여받은 개인이나 실체의 행위, 국가에 의해 지시 또는 통제된 사인의 행위, 공권력의 부재 또는 흠결 시에 수행된 사인의 행위, 일정한 요건 하에 반란단체의 행위, 한 국가의 처분하에 놓인 타국가 기관의 행위, 권한 있는 자의 월권행위도 국가로 귀속된다. 그 밖의 행위도 국가가 자

있다. *Marvrommatis Palestine Concessions* Case (Greece v. UK),(Jurisdiction), PCIJ (1924), Series A, no.2, p.12; 외교적 보호권은 국가의 권리이므로 제3국과 자연인 또는 기업 사이의 계약에서 외교보호권을 포기하기로 동의하는 내용의 '칼보조항'은 다수의 판정에서 배척된 바 있다. 하지만 이러한 외교적보호에 있어 국가가 자유재량권을 갖는다는 점은 국제인권 규범과 합치하지 않는다는 이유로 비판받고 있고 다수 국가들이 국내법에 이를 의무화 하고 있는 만큼 이제 외교적 보호를 권리가 아닌 의무로 하자는 제안도 나타난다. Phoebe Okawa, *supra* note 36., p.484; ICJ는 1970년 *Barcelona Traction* 사건에서 "국가는 외교적 보호를 제공할 것인지 어느 범위까지 제공할 것인지, 언제 마칠 것인지 여부를 스스로 결정한다."고 하여 투자자 국적국은 외교적 보호 행사 여부에 있어서 완전한 재량을 가짐을 확인하였다. ICJ Report (1970), p.44.

67) 김정건, 앞의 각주 15, 47면.

68) 전통 국제법은 손해를 입지 않은 국가는 국제청구를 제기할 수 없다고 하여 손해의 발생을 원고적격으로서 외교적 보호권 행사의 전제요건으로 보았고 현재 특히 인권 분야에서 요건이 다소 완화되었으나 여전히 전통 국제법에서 도출되는 국제의무들은 대체로 실제적인 손해발생을 국가책임을 추궁하기 위한 전제로 하고 있다. 그러나 여기에서는 우리 기업의 대규모 손해가 문제에서 주어져 있으므로 이 논의는 생략하도록 한다.

신의 행위로 추인하는 경우에는 국제법상 그 국가의 행위가 된다.[69]

국가행위의 국제위법성은 국제법에 의해 결정된다.[70] 따라서 '국제의무'의 위반이 있는지 여부가 문제가 된다. 국제의무의 연원이나 성질은 무관하며 행위당시 그 국가에 구속력이 있기만 하면 충분하다.[71] 조약뿐만 아니라 국가의 일방적 선언도 공개적으로 구속받겠다는 의사를 명백히 하는 경우 법적 의무를 창설하는 효과를 가질 수 있다.[72] 하지만 국가가 외국 기업과 맺은 사적인 계약은 국제의무의 연원이 되지 못한다.

(2) 수용이 국제위법행위가 되는 경우

우리 기업의 투자유치국이 국제법에 위반한 수용 즉, 공공목적이 결여되었거나, 차별적 수용, 혹은 국제법에 합치하는 보상을 하지 않은 수용을 한 경우 이는 조약규정의 위반, 국제법상 외국인투자자의 대우에 관한 원칙을 위반한 것으로 국제위법행위가 된다. 문제는 일반국제법상 위법한 수용은 아니지만 원래 투자자와 국가 간의 투자계약을 위반한 수용의 경우이다. 일반적으로 투자자와 국가 간의 계약은 국제법상 조약이 아니고 사적인 약속일 뿐이므로 어떠한 국제의무도 창설하지 않는다. 따라서 이를 위반하였다고 하여 바로 국제위법행위가 되는 것은 아니다. 계약 위반을 이유로 투자자가 가해국 국내구제절차를 거치는 과정에서 이를 방해한다든지, 구제를 받을 수 없는 환경인 경우, 국내판정에 의한 보상을 거부하는 경우처럼, 발단은 계약이더라도 국제의무의 위반이 있어야 하는 것이다.

하지만 계약의 위반에 대해 어떠한 국제책임도 지지 않는다는 것은 투자자가 계약을 믿고 마음껏 투자를 할 수 없게 하는 요인이 된다. 따라서 이러한 문제점을 보완하기 위하여 계약에 소위 우산조항(umbrella clause) 즉, 포괄적 보호 조항을 삽입하는 경우가 있다. 이는 투자보장협정에 있는 투자자에 대한 투자유치국의 의무의 준수를 보장하는 조항인데, 1959년 독일 정부는 의회에 "그러한 의무 위반의 효과는 동 조약에 포함된 국제 의무의 위반에 해당"한다고 하여 그 효과를 설명한 바 있다.[73] 이에 따르면, 양국간 혹은 다자간 투자보장협정을 체결할 때 포괄적 보호조항

---

69) 국가책임초안 제4조 - 제11조.

70) 국가책임초안 제3조.

71) 국가책임초안 제12조, 제13조.

72) ILC의 2006년 "법적 의무를 창설할 수 있는 국가의 일방적 선언에 적용되는 제지도원칙(Guiding Principles Applicable to Unilateral Declarations of States Capable of Creating Legal Obligations)", Report of the working group: Conclusion of the International Law Commission Relating to Unilateral Acts of States(58th session, 2006) 참조. http://daccessdds.un.org/doc/-UNDOC/LTD/G06/629/12/PDF/G0662912.pdf?OpenElement.

73) 2003년 이전엔 조약에 종종 들어감에도 불구하고 별 관심 못 끌었고 *SGS v. Pakistan* 사건에

을 삽입하면 이에 해당하는 우리나라의 투자자와 상대국 간의 계약의 위반이 협정상 의무 위반으로 국제위법행위가 된다.

(3) 위법성 조각 사유

한 국가가 국제위법행위에 해당하는 작위 또는 부작위를 하였음에도 국제위법행위가 성립하지 않는 경우가 있다. 이러한 경우 위법성이 조각된다고 하며 국가책임초안에서는 제20조에서 제25조에 걸쳐 이를 규정하고 있다. 피해국의 유효한 동의, UN헌장에 부합하는 자위(self-defense), 국제위법행위에 대한 대응조치(countermeasure), 불가항력(*force majeure*), 조난(distress), 필요성(혹은 긴급피난, necessity)[74]의 요건에 해당하는 경우 강행규범의 위반이 아닌 한,[75] 위법성이 조각된다. 그러나 이것이 의무 준수의 의무를 해제하는 것은 아니며 문제의 행위로 인한 손실에 대한 보상문제도 해하지 않는다.[76]

4) 외교적 보호권 행사의 요건

우리기업에 대규모 손해를 입히는 투자유치국의 행위가 국제위법행위에 해당하고 어떠한 위법성 조각사유도 없는 경우 비로소 투자유치국의 국가책임이 발생하며 우리나라는 국가책임을 추궁할 수 있게 된다. 하지만 국가가 직접 책임을 추궁하기 위해서는 다음의 요건이 충족되어야 한다.

(1) 청구국적의 계속

회사의 국적은 피해시점으로부터 공식청구를 제기할 때까지 혹은 청구에 대한 결정이 나오기까지 지속되어야 한다. 국적 계속의 종기에 대하여 의견이 엇갈리나 외교보호초안에서는 공식청구 제기일자를 종기로 본다. 또한 양 시점에 국적이 존재하였다면 그 기간 동안 지속된 것으로 간주한다. 피해 시에는 자국 회사였으나 침해

서 정리가 되었다. Rudolf Dolzer and Christoph Schreuer, *supra* note 37, pp.153–154. "Considering the widely accepted principle with which we started, namely, that under general international law, a violation of a contract entered into by a State with an investor of another State, is not, by itself, a violation of international law, The consequences of accepting the Claimant's reading of Article 11 of the BIT should be spelled out in some detail. Firstly, Article 11 would amount to incorporating by reference an unlimited number of State contracts, as well as other municipal law instruments setting out State commitments including unilateral commitments to an investor of the other Contracting Party. Any alleged violation of those contracts and other instruments would be treated as a breach of the BIT… (밑줄은 필자 추가)" *SGS Société Générale de Surveillance S.A. v. Islamic Republic of Pakistan* (ICSID Case no. ARB/01/13), pp.363–364.

74) 국가책임초안 제20조–제25조.

75) 국가책임초안 제26조.

76) 국가책임초안 제27조.

로 인하여 설립지국의 법에 따라 소멸한 회사에 대해서는 계속 외교적 보호를 행사할 수 있다.[77)]

(2) 국내구제의 완료

외교적 보호가 발동되기 위한 전제는 국가의 국제위법행위이다. 국제법상 문제가 되지 않는 행위는 외교적인 보호가 아니라 영사보호의 영역이 된다. 외교적 보호를 외국인의 손해에 대한 국가책임의 문제로 접근하는 관점에서 국가책임법 상의 국내구제수단완료(exhaustion of local remedies)의 원칙이 적용되게 된다.[78)]

국내구제수단완료의 원칙이란 외교적 보호대상인 개인이 피고국의 모든 국내구제를 거치지 않은 경우 국제청구를 제기할 수 없다는 것이다. *Interhandel* 사건에서 ICJ는 국가간 소송절차가 개시되기 이전에 국내구제절차가 완료되어야 한다는 것은 국제관습법상 확립된 원칙이며, 위반행위가 발생한 경우 국제재판소에서 청구가 있기 이전에 국가는 자국이 보유한 수단에 의해서, 자국의 국내법제도 안에서 위반행위를 바로잡을 기회를 가져야 한다고 언급한 바 있다.[79)] 국내구제수단에는 피고국의 통상적 혹은 특별하게 피해자에게 개방된 사법적·행정적 재판소나 기구가 포함된다.[80)]

하지만 실효적 보상을 제공할 합리적으로 이용가능한 국내구제수단이 없거나 국내구제수단이 실효적 보상의 합리적인 가능성을 제공하지 않는 경우, 피청구국에 의한 구제절차의 부당한 지연이 있는 경우, 침해시점에서 피해자와 가해국 간에 적절한 관련성이 없는 경우, 피해자가 국내구제수단으로부터 명백히 배제된 경우 혹은 피청구국이 동 요건의 요구를 포기한 경우에는 동 요건은 배제된다.[81)]

(3) 여타 투자규범과의 관계

외교보호초안에서는 동 초안의 내용은 투자보호에 대한 조약과 같은 국제법의

77) 외교보호초안 제10조. 주주의 국적국에 외교적 보호권을 인정하지 않는 견해의 근거로 주식의 소유자가 계속 변화하여 청구국적이 계속되지 않는다는 점을 들기도 한다. Phoebe Okawa, *supra* note 36, p.490.

78) 국내 구제를 모두 거치게 되면 분쟁은 일종의 이론적 변형(a sort of "transformation")을 겪게 된다고 한다. Choi, Won-Mog, "The Present and Future of the Investor-State Dispute Settlement Paradigm", *The Journal of International Economic Law,* vol.10, no.3 (2007.9) (http://jiel.oxfordjournals.org/cgi/reprint/10/3/725 2008.9.10. 검색), pp.726-727.

79) *Interhandel* case, (Switzerland v. U.S.)(Preliminary Objections), ICJ Report(1959), p.27; ICJ는 *Nottenohm* 사건과 *Barcelona Traction Co.*사건에서 자국 영역 내 문제를 영토국이 해결할 권리를 분명히 하였다. Phoebe Okawa, *supra* note 36, p.482.

80) 외교보호초안 제14조 2항, 3항.

81) 외교보호초안 제15조. 그러나 ICJ는 *Elettronia Sicula S.p.A.(ELSI)* (United States v. Italy) 사건에서 국내구제절차완료의 원칙은 동 원칙을 포기하는 명백한 의도를 나타내는 규정이 없으면 묵시적으로 포기되었다고 볼 수 없다고 판시하였다. 장승화, 앞의 각주 28, 8면.

특별 규정과 일치하지 않는 경우에는 적용되지 않는다고 규정하고 있다.[82] 따라서 분쟁당사국 간의 투자협정에 '당사국 투자자'의 정의가 있다면 그것이 우선 적용될 것이며, 국내구제완료의 원칙을 배제하고 있다면[83] 곧바로 국제중재로 나아갈 수 있다.[84]

5) 전통적 외교적 보호권 행사의 형태

전통적인 외교적 보호권의 행사는 직접 가해국에 대해 국가책임을 추궁하는 형태로 이루어진다. 국가책임초안상 피해국(피해 투자자의 국적국)의 경우, 가해국에 대해 국제의무위반행위를 중지하고 위반의 재발방지를 확보할 것과 위법행위로 야기된 침해에 대한 완전한 배상을 요구할 수 있다. 또한 의무의 이행을 유도할 목적으로 책임국에 대해 국제의무를 이행하지 않는 대응조치를 취할 수도 있다.[85] 국가의 법적 책임 추궁과 관계없는 조치는 외교적 보호에 포함되지 않는다.

4. 외교적 보호의 발전

국제법상 어느 국가든지 자국민이 합법요건을 갖추지 못한 수용과 같은 타국의 국제위법행위에 의해 피해를 입은 경우, 상기 일정 요건을 갖추면 외교적 보호를 행사할 수 있는 것이 원칙이다. 그러나 실제로 직접적으로 외교적 보호권을 행사하여 효과적으로 피해자의 권리를 구제할 수 있는 국가는 가해국보다 정치적·경제적으로 우세한 국가뿐이다. 즉 국가의 국제적 위상에 따라 그 유효성이 좌우될 수 있다. 이러한 문제를 보완하기 위해서 국가가 직접 타국에 어떠한 요구를 하거나 대응조치를 취하는 방식 외에 제3의 존재를 통한 해결방식이 나타나게 된다.[86]

---

82) 외교보호초안 제17조.

83) 국내절차를 모두 거칠 것을 요구하는 경우 투자자의 권리구제가 지연되고, 절차가 반복되어 소송비용의 부담이 크고, 국제중재가 국내법원의 항소심처럼 작용할 수 있다는 문제와 양 판정이 서로 다른 경우의 문제 등을 이유로 국내구제완료의 원칙을 배제하는 경우가 있다. 장승화, 앞의 각주 28, 9면.

84) *Ibid.*

85) 피해국이 아닌 경우에는 의무위반의 중지와 의무이행, 그리고 피해국에 배상할 것과 대응조치에 해당하지 않는 적법하지만 비우호적 조치만을 취할 수 있다. 국가책임초안 제48조, 제54조. 피해국의 정의에 대해서는 김석현, 『국제법상 국가책임』(서울: 삼영사, 2007), 467-478면 참조.

86) 외교보호초안에 대한 ILC의 보고서에 따르면 외교적 보호는 외교적 행위와 기타 평화적 해결 수단에 의한 국가의 법적 책임 추궁행위로 이루어진다. 외교적 행위(diplomatic action)는 타국에 대하여 항의, 조사(inquiry)나 분쟁 해결을 위한 협상의 요청을 포함한 자국의 견해와 관심사항을 전달하기 위하여 일국에 의해 취해진 모든 합법적 절차를 포함하며, 기타 평화적 해결 수단(Other means of peaceful settlement)은 교섭(negotiation), 중개(mediation), 조정(conciliation)에서 중재(arbitral)와 사법적 분쟁해결(judicial dispute settlement)에 이르는 모든 형태의 합법적인 분쟁해결

1) 교섭, 중개, 조정

교섭은 국제분쟁해결의 가장 초보적 수단으로 제3자의 관여 없이 당사국들 간에 절충안에 도달하는 것을 목표로 하는 것으로 직접 접촉이라는 점에서 전통적 방식에 해당한다. 중개란 제3자가 분쟁당사국의 동의를 얻어 그들 상호 간의 교섭과정에 적극 참여하여 자신이 생각하는 적절한 해결책을 제시하는 것을 말한다. 중개인의 의견은 권고적이나 당사자간 합의로 법적 구속력을 부여할 수도 있다. 조정이란 제3자가 분쟁당사국들의 동의를 얻어 분쟁의 기초된 사실을 조사하고, 당사자의 의견을 청취한 후 보고서 형식의 해결책을 제시하는 방법이다. 이 보고서 역시 원칙적으로 법적 구속력이 없으나 때로 국가들 간의 합의로 법적 구속력을 부여받기도 한다.[87]

2) 중재

중재란 간략히 사인에 의한 재판절차라고 할 수 있는데 판정결과에 당사자들이 구속된다는 점에서 중개, 조정 등과 차이가 있다. 국제적 요소가 포함되는 경우 국제중재라고 하며 1974년 영국과 미국 간의 Jay Treaty에 의한 중재재판을 시작으로, 서로 다른 국가에 속한 당사자 간의 분쟁해결에 많이 이용되어왔다.[88] 판정부의 구성, 준거법, 절차 등 모든 사항을 당사자의 합의로 정하므로 국가주권이 존중된다는 장점이 있고 일반국제법에 비추어 정당한 해결보다는 당사국 간의 최선의 해결을 추구할 수 있어 구체적 타당성면에서 우월한 결정이 가능하다. 또한 비공개가 원칙이어서 상업적 비밀보호에 적합하다. 하지만 분쟁이 발생할 때마다 중재합의를 하는 번거로움이 있어 국가들은 19세기부터 조약으로 미리 중재합의를 하는 방식을 사용하였고 1899년 "국제분쟁의 평화적 해결에 관한 조약"에 의거하여 상설국제중재재판소(Permanent Court of Arbitration: PCA)가 설립되었다.[89]

을 포함한다고 한다. ILC Commentary to Article 1, *ILC Report 2006*, pp.26-27 para.(8).

87) 김대순, 앞의 각주 35, 1130-1136면.

88) "당사자들이 서로 다른 국가의 법원에서 재판을 받기를 꺼려하는 경향이 있고 중재의 경우, 양 당사자가 국제적으로 통용되는 일반적인 절차를 기대할 수 있다는 점, 송달에 있어서 소송보다 중재에 훨씬 편리하다는 점, 집행에서 있어서 중재의 경우 뉴욕협약이 있어 협약에 따라 집행이 보장된다는 점, 중재기관이나 중재규칙, 중재인등을 모두 당사자가 선택할 수 있다는 점, 전문성을 보장받기 쉽다는 점, 기밀성을 보장할 수 있는 방법이 있다는 점"의 장점이 있기 때문이다. 김갑유, "FTA하에서의 투자자와 국가간 분쟁해결제도 -한-미 FTA를 중심으로-", 건국 60년 기념 한국법률가대회(2008.8.26) 국제통상 분야 세미나자료, 6면.

89) 이한기, 앞의 각주 57, 665-667면; 개별 국가 간의 중재재판소 설립도 이루어지는데 그 예로 이란에 의한 미국 대사관 점령과 이에 대한 보복조치로서 행해진 미국 내 이란 재산 동결

우리나라는 1999년에 "국제분쟁의 평화적 해결에 관한 조약"에 가입서를 기탁하여 2000년 2월 22일 발효하였다. 동 조약 제42조에 따르면 우리나라와 타방분쟁당사국이 특별법정을 설립하기로 하는 경우를 제외하고는 상설국제중재재판소에서 분쟁을 해결할 수 있다.

3) 사법적 수단의 이용

사법심사란 국가 간의 분쟁을 일차적으로 국제법을 적용하여 해결하며, 사실문제와 법률문제에 대한 검토를 재판소가 담당하며 재판소의 결정이 분쟁당사국들에게 법적 구속력을 가지게 되는 가장 발달된 분쟁 해결 수단이다. 중재재판과 달리 사전에 수립된 재판소에서 당사국 통제 밖의 재판관 구성과 준거법에 의해 재판이 이루어진다. 판결은 법적 구속력이 있는 것이 원칙이다.

국제 사법재판소의 관할권은 국가의 동의에 기초한다. 따라서 우리가 투자유치국을 국제 사법재판정에 세우려면 그 국가의 동의가 필요하다. 가장 대표적인 국제사법재판소는 UN헌장에 따라 설립된 국제사법재판소(ICJ)이다. ICJ는 국가에게만 그리고 기본적으로 ICJ당사국에 개방된다. 국가의 동의는 사후에 양자간 합의로 이루어질 수도 있고 사전에 재판조약을 체결할 수도 있으며 사후적인 동의의 추론도 가능하다. 또한 국가들은 ICJ규정 제36조 2항(선택조항)의 선언을 하여 상호주의의 조건하에 당연히, 특별한 합의 없이 재판소의 강제관할권을 창설할 수 있다.[90)]

우리나라가 투자유치국과 사전적으로나 사후적으로 재판조항을 첨부한 조약을 체결하든지, 먼저 선택조항에 의해 일반강제관할권을 창설한 후 상대국의 동의를 얻어낸다면 투자자에 대한 침해행위에 대하여 국제위법행위를 이유로 ICJ에 제소할 수 있을 것이다.

4) 양자간, 다자간 분쟁해결기구의 활용

(1) 양자간 분쟁해결기구

일반적인 해결절차 외에 분쟁 당사국들 간에 다수의 분쟁이 발생하는 경우 이를 해결하기 위해 중재판정부를 설치하는 경우도 있다. 이란에서의 혁명으로 인한 미국인, 미국 회사와 이란정부, 국영의 실체들 간의 수많은 분쟁을 해결하기 위하여 설립된 Iran－U.S. Claims Tribunal이 대표적인 경우이다.[91)] 양국이 합의하여 중재판정부

이 계기가 되어 발생한 분쟁을 해결하기 위해 헤이그에서 구성된 Iran－U.S. Claim Tribunal을 들 수 있다. 안춘수, 앞의 각주 13, 280면, 각주 19.

90) 김대순, 앞의 각주 35, 1136, 1153－1164면, 국제사법재판소규정 제34조－제36조.

91) Iran－U.S. Claims Tribunal에 대한 간략한 설명은 Andreas F. Lowenfeld, *International*

를 설치하고 준거법을 결정하므로 중재절차로 볼 수 있으며, 양국 사이의 분쟁에만 특화하여 보다 적절한 해결을 제시할 수 있다.

만약 일국의 정치적 변동 등으로 인하여 다수의 우리 기업이 피해를 입는 경우가 생긴다면 양자 간에 관련 문제만을 다루는 특별중재판정부를 설치하여 신속하고 일관성 있는 해결을 도모하는 것도 구제의 한 방법이 될 것이다.

(2) 다자간 분쟁해결기구 : WTO DSB

다자적 규범에서의 분쟁해결절차로 대표적인 것은 세계무역기구(The World Trade Organization: WTO)의 분쟁해결기구일 것이다.[92] 세계무역기구의 분쟁해결 메커니즘은 Sequencing 문제나 환송절차 부재, 경제규모 차이에서 발생하는 불균형 문제 등 해결해야 할 문제점이 존재하는 것은 사실이나 현재 존재하는 분쟁해결 수단 중 가장 강력하고 효과적인 수단의 하나이다. WTO의 분쟁해결체제는 국가간 분쟁해결의 방식이지만 국내구제수단완료의 요건은 제거하였고,[93] UN과는 달리 정치적 역학관계가 반영되지 않은 의사결정 구조로, 강대국에게 일방적으로 유리한 기존의 분쟁해결 수단과 달리 전 지구적으로 폭넓은 지지를 받고 있다. 약소국, 개발도상국의 WTO체제의 적극적인 참여에는 1국가 1표의 의사결정 방식과 분쟁해결기구에서의 혁신적인 역컨센서스 방식의 역할이 컸다. WTO가 출범한 후 DSB제소된 분쟁 수는 급격히 증가하다 최근에는 감소하였는데 이는 많은 결정이 축적되어 국제무역관련 분쟁해결 규범이 정착되어 가고 있음을 보여준다.

만약 우리나라 해외투자기업의 투자유치국이 우리 기업에 손해를 야기한 해당 국가의 조치가 WTO협정 내의 관련 규범을 위반하거나, 설령 위반하지 않았더라도 협정 하에서 직·간접적으로 우리나라에 발생되는 이익을 무효화하거나 침해하는 경우 혹은 협정의 목적 달성을 방해하는 경우라면 우리나라는 상대국을 상대로 WTO의 분쟁해결절차를 개시할 수 있다.[94]

Economic Law, 2nd ed.(New York: Oxford University Press, 2008), pp.541 - 554 참조.

92) WTO는 본래 무역기구이나 투자에 관한 규범 역시 담고 있다. 직접투자와 관련된 주요협정은 무역 관련 투자조치협정, 서비스교역에 관한 일반협정, 무역 관련 지적재산권협정, 보조금 및 상계관세협정, 정부조달협정 등이 있다. 각 협정에 투자와 관련된 내용이 어떠한 것이 있는지는 각 협정 본문과 함께 이성봉 외, 『WTO 투자협정 논의의 평가 및 향후 과제』(서울: 대외경제정책연구원, 2003), 19 - 21면 참조.

93) Choi, Won - Mog, *supra* note 78, pp.728 - 729.

94) WTO협정 부속서2 DSU 제3조, 부속서1A GATT1994 제22조, 제23조; 구체적인 패널 절차는 DSU의 조문과 한국국제경제법학회, 『국제경제법』(서울: 박영사, 2006), 62 - 99면 참조.

Ⅳ. 사전적 구제조치

손해가 발생한 후에 하는 구제는 원상회복을 한다고 하더라도 어떠한 손해도 발생하지 않은 때와 같은 상태로 돌려놓을 수는 없다. 따라서 가장 바람직한 것은 타국이 함부로 우리 기업의 투자를 훼손할 수 없도록 사전에 예방하는 것이다. 그리고 문제가 생겼을 때 국가가 개입하여 국제분쟁으로 확대시키는 것보다는 투자자 스스로 이용할 수 있는 수단을 마련해 둔다면 분쟁을 작은 불씨에서 해결할 수 있을 것이고 이 역시 사전적인 '구제'조치가 될 수 있을 것이다. 투자분쟁의 사전예방과 구제수단의 사전구비를 위해 각국은 투자보장협정을 체결해왔고 자유무역협정의 투자챕터(Investment Chapter)에서도 규율하고 있다.[95] 투자자를 위한 구제조치로서 투자자 - 국가간 분쟁해결제도(Investor - State Dispute Settlement: ISD)가 논란이 되고 있다.

1. 손해의 방지를 위한 노력 : 투자자보호의 약속

1) 투자협정

투자수출국은 투자자보호의 차원에서 투자유치국은 투자자를 유치하기 위해 국제투자를 보호할 의무를 창설하는 다수의 투자보장협정을 체결하고 있다. 우리나라가 체결한 양자간 투자협정(Bilateral Investment Treaty: BIT)은 2008년 7월 현재 90개이며 그중 81개가 발효되었다.[96] BIT는 대체로 투자자의 보호를 강화하거나 다자적인 논의에서 선진국과 개도국 간에 의견대립이 있는 내용을 명확히 하고,[97] 투자자의 권리침해에 대해 투자자가 투자유치국을 상대로 직접 중재를 신청할 수 있도록 하는 내용을 담고 있다.[98]

---

95) 국제투자협정은 2006년 말 5500여개에 달하였는데 그중 2573개가 양자투자보장조약(BIT), 2651개가 이중과세조약(Double Taxation Treaties)그리고 241개가 자유무역협정(FTA) 및 경제협력약정이다. http://www.unctad.org/en/docs/wir2007_en.pdf(2008.8.20 검색).

96) 김재훈, "지정토론요지(세계 국제투자규범 동향과 한국의 투자협정)", 건국 60년 기념 한국법률가대회(2008.8.26) 세미나자료, 24면.

97) US Model BIT of 2004의 경우, 제6조에서 국유화의 보상기준으로 소위 헐(Hull)공식을 명확하게 하고, 제5조에서 투자자보호의 기준으로 소위 칼보독트린을 배척하고 최소한의 국제기준을 적용하도록 하였으며, 제3조와 제4조에서는 최혜국대우와 내국민대우, 제8조에서 이행조건부과금지, 제7조에서 원금과투자이익의 송금보장 등의 내용을 규정하고 있다. 또한 제6조와 부속서 B에서는 직접수용 외에 공공정책의 시행으로 투자자가 피해를 입는 경우인 소위 간접수용도 보상하도록 하고 있다. http://www.ustr.gov/assets/Trade_Sectors/Investment/Model_BIT/asset_upload_file847_6897.pdf

98) 서철원, "투자자 국가간 직접중재에서의 상소 메커니즘의 전망과 법적 쟁점", 『국제법학회논

2) 자유무역협정의 투자챕터(Investment Chapter) 마련

최근에는 투자보장 내지 보호만을 목적으로 하는 협정뿐만 아니라 자유무역협정(Free Trade Agreement: FTA)을 체결하면서 투자 분야를 포함하는 경우도 많이 나타나는데 그 내용은 BIT가 FTA에 흡수통합 되었다고 볼 만큼 유사하다.[99] NAFTA나 한-미 FTA의 경우에도 제11장에 투자에 관한 규정을 두고 있다.

3) 국제적인 투자보호 규범 형성

일부 국가 간의 보호체제가 아닌 범세계적인 투자규범을 창설하고자 하는 시도 또한 있어왔으나 투자 분야는 자본수출국와 자본수입국의 입장 차이가 극명하여 일반적인 규율을 정립하기가 힘들었고 OECD의 MAI(다자간 투자협정, Multinational Agreement on Investment)는 결국 좌초되기에 이르렀다. 그러나 UN, WTO 등에서의 투자 논의는 계속되고 있으며 특히 WTO에서 투자에 관한 새로운 장을 만들고자 하는 논의가 이루어지고 있다.

2. 약속위반에 대한 구제수단의 마련

사전적인 구제로서 국가의 투자보호 약속뿐만 아니라 분쟁을 해결하는 보다 효율적인 장치의 개발도 이루어져왔다. 앞서 언급한 여러 형태로서 규정된 각종 투자보호 의무를 당사국인 투자유치국이 위반하는 경우 투자수출국은 투자유치국을 상대로 국제청구를 제기할 수 있다. BIT의 경우 당사국 간의 중재제도를 규정하기도 한다. 그런데 국가가 주축이 되는 구제는 개인 투자자의 문제를 외교문제로 비화시키며 투자자의 견해가 주요 고려대상이 되지 않아 궁극적인 목표인 투자자의 보호에 적합하지 못하다. 이에 따라 최근 등장한 분쟁해결방식이 투자자-국가간 분쟁해결이다.

1) 투자자-국가간 분쟁해결제도(ISD)의 의의

투자자-국가간 분쟁해결절차는 투자자에게 투자유치국 정부를 상대로 직접 국제중재에 회부할 수 있는 권한을 인정하는 것이다. 이는 전통 국제법상 분쟁해결절차의 유일한 주체가 국가였던 점에 비추어 볼 때 매우 획기적인 변화라고 할 수 있

총』 제52권 제2호(2007.8), 186-187면.

99) 김관호 · 이성미, 앞의 각주 4, 25-27면.

다. 다만, 아직 개인의 제소권한이 완전하지는 않아서 주권국가들 간에 합의가 있어야 가능하고, 이러한 합의는 통상 BIT나 FTA의 투자챕터에 관련조항을 둠으로써 이루어진다. 이 경우 동 절차는 합의가 있는 협정상의 의무 위반에만 적용된다.[100] 투자자-국가간 분쟁의 경우 ICSID협약에 의해 설치된 "투자분쟁해결을 위한 국제본부(International Centre for Settlement of Investment Dispute: ICSID)"[101]의 중재 패널이 많이 이용되고 그 밖에 런던, 헤이그 등지의 중재기관을 합의하여 선택하기도 한다.

2) 도입 취지, 현황

투자보호조약은 우호통상항해조약(FCN)에서 BIT, FTA로 진화해왔다. 대부분의 FCN은 분쟁 시 국가가 ICJ에서 해결하도록 규정했지만 실제 사건은 1989년 *ELSI* 사건이 거의 유일하다. 이후 투자분쟁이 국가 간의 외교적·정치적 차원이 아닌 개별 투자의 차원에서 해결되는 것이 바람직하다고 생각했기 때문에 대부분의 BIT와 FTA의 투자챕터는 투자자의 직접 청구를 인정하게 되었다.[102] 다수의 BIT나 FTA는 개인의 직접 청구를 ICSID에서 해결하도록 하는 규정을 두고 있고 이 경우 투자자는 국내구제절차를 거치지 않고서도 청구할 수 있다. 투자자가 ICSID에 사건을 회부한 경우 투자자의 국적국은 외교적 보호를 행사할 수 없다.[103]

3) ISD에 대한 논쟁

(1) ISD에 대한 우려

ISD에 대해서는 수많은 우려가 존재하는데 주로 문제점으로 지적되는 내용은 세 가지로 요약 될 수 있다. 첫째, 국제 예양과 존중을 전제로 한 국가 대 국가간 분쟁해결(SSD)과는 달리 다국적기업이 분쟁의 주체가 됨으로써 분쟁이 물량공세화, 첨

---

100) 장승화, 앞의 각주 28, 7면

101) ICSID는 당사국 투자자와 당사국 정부의 조정 및 중재를 촉진하는 것이 목적이나 ICSID가 직접 그러한 일을 하는 것은 아니다. ICSID는 행정적 업무를 하며 ICSID에서 관리하는 별도의 조정인단과 중재인단이 분쟁을 처리한다. 중재절차는 꼭 투자자만 제기하는 것은 아니고 투자유치국도 제기할 수 있으나 대다수가 투자자가 신청인인 사건이다. 강병근, 『ICSID 중재제도 연구』(서울: 법무부, 2006), 3, 6면.

102) ISD는 투자자에게는 국내절차보다 적은 비용으로 보다 효과적이며, 투자자가 믿을 수 있고 중립적인 그리고 관련 전문지식이 있는 중재관을 선임하여 문제를 해결할 수 있다는 장점이 있고, 투자유치국에게도 투자협정에 ISD를 규정함으로써 투자매력도가 상승하고 여타 분쟁해결절차에 의한 제소나 외교적 보호로부터 스스로를 방어할 수 있다는 이점이 있다. 무엇보다도 ISD가 좋은 점은 분쟁을 '탈정치화'한다는 것이며 이로써 국제 평화에 기여할 수 있게 된다. Choi, Won-Mog, *supra* note 78, pp.735-736.

103) 주진열, "한-미 FTA 투자자·국가분쟁해결제도: 오해와 이해", 2007년도 국제법학자대회 발표자료집(2007.10.13), 4-5면.

예화되어 일국 정부에게는 재정적으로 크게 부담이 될 수 있으며 투자유치국 정부는 늘 피청구국으로서만 참가하므로 불리하다.[104] 둘째, 투자유치국 정부의 정책을 중재에서 심리하게 되는 점, 소송비용과 막대한 배상금을 우려하여 소송에 대한 암시만으로도 규세를 철회하거나 못하게 되는 소위 '규제권 행사에 대한 위축(regulatory chill)'효과 등과 같은 주권의 제한 내지 침해를 가져온다.[105] 또한 정부의 정책은 공공목적을 띤 것인데 이를 민주적 정당성이 없는 중재인이 비공개적으로 심리하는 것은 공익에 관한 판결이 갖추어야할 정당성(legitimacy), 투명성(transparency), 책임성(accountability)을 갖추지 못하므로 문제가 있다. 셋째는 절차적인 문제이다. 통일된 중재제도가 없다보니 자신에게 유리한 협정이 체결된 곳의 국적을 얻으려 하는 조약쇼핑(treaty shopping)이 나타나게 되는데 선례구속의 원칙이 없어 동일 사안이 중재마다 다른 판정을 얻는 경우 문제가 될 수 있다. 또한 상소제도가 없어 잘못된 중재판정을 다툴 수 있는 기회가 보장되어 있지 않다는 점도 문제로 지적된다.[106]

(2) 우려에 대한 반론

ISD에 대한 위와 같은 우려는 타당한 것도 있지만 오해에서 비롯되는 것 역시 많다. 혹자는 "주권국가의 고유한 입법, 행정조치라도 ICSID의 중재판정에 복종해야

104) 이재민, 앞의 각주 32, 105면.

105) 필립 모리스 사건을 예로 들 수 있다. 2001년 12월에 캐나다 정부는 담뱃갑에 순한 맛이라고 표기하는 것을 금지하는 규제를 도입하려 했으나 담배회사인 필립 모리스가 NAFTA 제11장을 언급하면서 항의서를 제출하자 규제안을 철회하였다. 홍기빈, 앞의 각주 29, 85면; 이 책의 저자(홍기빈)는 주권제한적인 측면에 대해 Van Harten의 "이 체제의 목표는 정부가 다국적기업들을 규제하는 방법에 제한을 가하는 것이다. 그렇기 때문에 투자협정에 따라붙게 되는 투자자 국가 분쟁은 본질적으로 공적 분쟁, 즉 어떤 국가가 자기 영토 안의 개인들을 규제할 주권의 행사를 문제로 삼는 분쟁이다"라는 언급을 인용해 위기감을 가중시킨다. 홍기빈, 앞의 각주 29, 59면.

그러나 바로 다음 문장에서 "Even though the system relies on the model of international commercial arbitration and expands private authority as a method of governance, the system exists within the realm of public international law — not international commerce — and it remains tied to the authority of states. It is states that established the system through a series of treaties that first recognized commercial arbitration as an international institution and that then extended the jurisdiction of private arbitration to encompass investment disputes within the public realm."(밑줄은 필자 추가)라고 한 언급을 무시함으로써 저자의 의도를 다소 왜곡하는 측면이 있는 것으로 생각된다. Gus Van Harten, "Private Authority and Transnational Governance: The Contours of the International System of Investor Protection", *Review of International Political Economy*, vol.12(4), 2005, pp.604-605. http://ejournals.ebsco.com/Article.asp?ContributionID=7691373(2008.9.8. 검색)에서 다운로드.

106) 인도 다브홀(Dabhol) 프로젝트사건의 경우 7개가 넘는 주체들에 의해 각각 다른 투자협정에 근거한 소송이 동시에 진행된 바 있다. 최근 NAFTA에서는 동일한 사실관계로 여러 다른 소송이 발생할 경우 하나로 합쳐서 진행하자는 합의가 이루어지는 경우도 있다. 홍기빈, 앞의 각주 29, 105-111면.

하므로 ISD의 도입은 국가주권의 양도"[107]라고까지 표현하는데 이는 다소 과장된 것이다. 우리나라가 국제중재판정을 이행하는 것은 그러한 중재에 주권적 권한으로 행한 동의의 결과이기 때문이다. 재정적 부담의 우려는 외국인투자자들이 아무 일에나 소송을 제기할 것이라는 생각에서 비롯되는 것 같은데 소송비용은 투자자에게도 부담이 되며 투자유치국에서 사업을 영위하고자 한다면 현지정부, 국민과의 우호관계도 중요하므로 신중히 소송을 결정하게 될 것임을 예상할 수 있다.[108] 또한 ISD에 우려를 표시하는 입장은 우리나라를 투자유치국의 입장에 놓고 투자유치국에게 불리한 점을 지적하지만, 우리나라는 결코 일방적으로 투자를 유치하는 국가가 아니며 제조업, IT산업, 바이오산업 등에서 상당한 국제경쟁력을 갖추고 해외투자를 통해 국제시장에 진출하고 있다. 그러므로 우리 측이 ISD를 적극 활용할 수도 있고 ISD절차가 초래하는 부담은 우리뿐만 아니라 상대방에게도 적용되므로 일방적으로 불평등한 것으로 볼 수 없다.[109] 그리고 기존의 국가 간의 절차에서도 정부의 조치의 적법여부가 다투어질 수 있다. 하지만 법의 지배(rule of law)가 이루어진다면 국제중재가 아닌 투자유치국 국내법원에서 판정을 하더라도 같은 결론에 도달하게 될 것이다. 규제권 행사에 대한 위축효과도 국내규제 수준을 세계화하는 데 필요한 비용으로 생각할 수도 있다.[110]

3. 투자보험

국제투자는 속성상 예기치 못한 손실의 위험을 내재하고 있어서, 이를 대비하기 위한 국제투자보험 시장이 나타나게 되었다. 1950년대에는 각국 정부에서 해외투자를 장려하기 위해 정부차원의 보험을 제공하였고 1970년대에는 L'loid나 AIG같은 사보험사들이 시장에 진입하였다. 1985년 IBRD는 MIGA 설립협약을 채택하였고, 동 기구는 1988년부터 운영되어오고 있다.[111]

---

107) *Ibid.,* 53면.

108) 실제로도 외국인투자자와 투자유치국 정부 간의 마찰은 양자 간에 우호적인 방법으로 해결되는 것이 일반적이다. 투자자 대 정부 간의 분쟁은 사안을 국제중재에 회부하기에 앞서 양자 간에 우호적인 해결을 모색하며, 이 과정에서 상당수의 분쟁이 해결되며, 사안이 국제중재기관에 회부되고 난 후에도 실제 최종 판정까지 가는 경우는 많지 않다고 한다.

109) 한-미 FTA의 경우 미국의 대한국 투자규모가 훨씬 크므로 다소 우리 측에 불리할 수 있지만 이것이 ISD에 내재한 결함이라고는 볼 수 없다.

110) 이재민, 앞의 각주 32, 105-108면; ISD는 내국인투자자에 대한 차별이 될 수 있다는 우려도 있는데 국제중재에서 반드시 국내소송에서보다 높은 기준이 적용된다는 객관적 근거가 없어 단언하기 어렵다. 장승화, 앞의 각주 28, 21면.

111) Rudolf Dolzer and Christoph Schreuer, *supra* note 37, p.207.

MIGA는 외국인의 개도국에 대한 투자 증대를 위해 설립되었다. 따라서 평소에 일정 수수료를 받고 사인의 대 개도국 투자가 비상업적 위험에 처하는 경우 일종의 보험을 제공하는 것이 주요 임무이다.[112] 우리나라도 MIGA협약의 회원국이므로[113] 해외에 투자하려는 기업에게 MIGA의 활동에 대한 정보를 제공하여 비상업석 위험에 처하였을 때 충분히 활용할 수 있도록 하여야 할 것이며, 이 또한 효과적인 사전적 구제조치가 될 수 있다. 국내 차원에서는 한국수출보험공사가 해외자원개발펀드보험, 해외투자보험 등을 제공하고 있다.[114]

V. 국제투자보호 규범의 발전 방향

1. 현존하는 구제조치의 문제점

외교적 보호는 빠르게 변화하는 국제환경에서 국제적인 사업을 하는 개인들에게 국가라는 강력한 후원자에 의지할 기회를 주고, 국가들에게는 국제법상의 의무를 무시할 수 없게 하여 국제 평화와 경제 발전에 기여하여 왔다. 그러나 외교적 보호의 행사는 분쟁을 정치화하고 타국에 대한 비우호적 행위로 비치는 경향이 있다.[115] 또한 투자자가 입은 손해에 대한 외교적 보호는 국제법상 국가의 권리로서 이루어지므로 투자자의 시각이 아닌 국가의 입장에서 이루어진다. 따라서 국제 예양에 따른다거나 다수 분쟁이 있는 경우 일괄해결협정 등으로 편의를 도모하면서 투자자보호에 소홀해질 수 있다. 이를 보완하기 위하여 투자자에게 직접 국가를 상대로 소송을 할 수 있는 권리를 부여하고 있지만, 현재까지의 투자자-국가간 직접소송제는 투자

112) 김대순, 앞의 각주 35, 713면; MIGA는 회원국의 국민인 자연인, 혹은 회원국에서 설립되었거나 그곳에 주영업소를 가지고 있는 법인, 혹은 자본의 대부분이 회원국의 회사나 국민의 손에 있는 법인만을 보호대상으로 하며, 또한 이들은 투자유치국 국민이 아니어야 한다. MIGA협정 제13조.

113) 참고로 동 협약은 1985년 10월 11일 서울에서 작성된 것이다.

114) 해외자원개발펀드는 해외자원개발기업이 해외자원개발사업에 투자하여 피투자국의 전쟁, 수용, 송금제한 등의 비상위험과 투자상대방의 파산, 해당자원의 가격변동 등의 신용위험(사업위험 포함)으로 손실이 발생하는 경우 손실액의 일부를 보상하는 제도이다. 또한 해외투자보험은 우리나라 국민이 해외투자를 행한 후 투자상대국의 수용, 전쟁, 송금위험, 약정불이행위험 등으로 인하여 투자원금 또는 배당금. 이자 등을 회수할 수 없게 되거나 보증채무의 이행 등으로 입게 되는 손실을 보상하는 제도이다. 자세한 내용은 각각 http://www.ois.go.kr/portal/page?_pageid=35,551126&_dad=portal&_schema=PORTAL&p_deps1=course&p_deps2=3&oid=1071206180642892647 http://www.ois.go.kr/portal/page?_pageid=35,551126&_dad=portal&_schema=PORTAL&p_deps1=course&p_deps2=3&oid=1071008163112187891 참조.

115) Choi, Won-Mog, *supra* note 78, p.727.

유치국보다는 투자자에게 유리한 형태를 띠고 있어서[116] 끊임없이 주권침해의 논란이 일고 있다. 국가는 국가적 공익을 위해 정책을 수립하고 시행하는 입장이지만 투자중재나 투자소송은 기본적으로 민상사분쟁의 형태를 띠므로 이러한 국가라는 당사자의 특성이 충분히 고려되기 어렵다. 또한 동일 사안에 대해 다수의 중재가 진행되어 모순되는 판정을 하는 경우, 각 당사자가 서로 자신에게 유리한 판정만을 인정하려 할 것이므로 궁극적으로 분쟁해결에 전혀 도움을 주지 못한다.

2. 다자간 투자규범 창설의 시도와 실패원인

국제사회는 그동안 국제투자에 관한 국제적인 규범의 필요성을 느끼고 다자간 투자협정을 체결하기 위해 노력해왔다.[117] 1991년 OECD에서는 최고수준의 투자보호협정으로서 MAI협상을 시작하였는데 정치적으로 민감한 문제들이 타협되지 못하고 결국 좌초되기에 이르렀다. MAI의 실패원인에 대해서는 다양한 분석이 나오고 있는데 지나치게 기술적 접근만을 꾀하였다는 점, 협상 중에 발생한 동아시아 외환위기, 반세계화의 분위기 등이 원인으로 지적되고 있다.[118]

3. 향후 국제투자보호규범의 방향

기업의 해외투자는 일반적인 국내투자와 달리 투자를 유치한 개발도상국의 경제에 직접적인 영향을 주고, 파생적으로 국가의 전반적 정책과도 관련을 맺게 된다. 따라서 국제투자분쟁을 상사분쟁의 해결을 기본으로 하는 기존의 중재제도로 해결하는 데에는 한계가 있다. 국제사회가 주권국가들로 이루어져 있는 한 일국의 주권영역은 존중되어야 하고 그렇다면 국가의 조치로 인한 투자분쟁의 해결은 국가의 입

---

116) 하지만 투자자-국가간 직접소송제도 자체가 투자자에게 유리하다고 하여 소송의 결과 역시 일방적으로 투자자에게 유리한 것은 아니다. 알려진 분쟁의 경우 투자자가 청구인인 경우가 더 자주 발생하지만 분쟁 전체에서 투자자가 승소한 경우는 절반 정도밖에 안 된다고 한다. 따라서 오히려 투자유치국 정부 측에 유리하다고도 볼 수 있을 것이다. '국제사법기구를 통한 국제분쟁해결의 최근 동향' 세미나(2008.8.22), 토론 내용 필기노트에서 인용.

117) 국제무역기구(ITO) 설립을 위한 아바나(Havana) 헌장은 국제투자에 관한 명시적 규정을 두고 있었다. 그러나 ITO가 무산된 뒤 GATT는 국제투자에 대한 직접적 규율을 담고 있지는 않다. UN에서도 국제투자에 관한 다자간 규범 제정을 논의가 있었지만 타결안 도출에는 실패하였다. 우루과이라운드 협상에서 GATT차원의 논의가 본격화되었고 직접투자와 관련된 무역관련 투자조치협정(TRIMs), 서비스교역에 관한 일반협정(GATS), 보조금 및 상계관세협정(SCM), 정부조달협정(AGP) 등이 체결되었다.

118) 이성봉 외, 앞의 각주 92, 16-24면.

장도 충분히 대변될 수 있는 장에서 이루어져야 한다. 그러나 이와 동시에 국제사회에서의 개인의 지위변화를 고려하면 개인에게도 분쟁해결절차의 개시권을 부여할 필요가 있다. 이를 위해 시민적, 정치적 권리에 관한 국제인권규약 선택의정서의 개인의 국가고발절차를 참고할 수 있을 것이다. 또한 중재나 재판에 대하여 다시 한 번 다툴 수 있는 상소제도와 판정의 이행수단 마련이 필요하다.[119] 여기에 국제사회가 새로운 국제투자보호 체제를 구성해야할 필요성이 있다. WTO와 같이 대부분의 국가를 아우르는 투자보호체제가 갖추어진다면 일관성 없는 결정이 난무하는 문제도 자연스럽게 해결될 것이다. 지금까지의 경험상 투자에 관한 다자간 협정은 근시일 내에 가시화될 수 없을 것으로 보이지만 모든 국가들의 타협이 어렵다면 보다 가까이는 복수국간 협정의 형태를 생각해 볼 수 있다. 또한 이미 체결된 수많은 양자간 투자협정의 그물망 속에서 보다 통일되고 보다 체계적인 투자보호 규범으로의 발전을 도모해 볼 수도 있을 것이다.

Ⅵ. 사례의 검토 : D기업의 구제 방안

지금까지의 논의를 바탕으로 서두에서 보았던 D기업을 위해 우리나라가 취할 수 있는 조치에 대해 생각해보도록 한다. 우선 D기업이 볼리비아에서 금광, 유전 개발 사업을 한 형태를 알아야 하겠지만 구체적 정보가 없다. 우리나라와 볼리비아 간에는 '대한민국 정부와 볼리비아공화국 정부 간의 투자의 상호 증진 및 보호에 관한 협정(이하 '협정')'이 맺어져 있으므로 이 협정을 중심으로 검토한다.[120]

금광과 유전 개발과 같은 천연자원의 탐사, 추출, 개발을 위해 부여된 모든 권리는 협정 제1조 3항의 투자에 해당한다. 협정 제6조상 투자에 대한 국유화는 공익과 사회적 이익을 목적으로 비차별원칙에 입각하여 적법절차에 따라 이루어지고 신속, 유효, 충분한 보상이 제공되어야 한다. 따라서 이러한 요건을 충족하지 못한 국유화라면 협정상의 의무 위반이 되고 국제위법행위를 구성하게 된다. 또한 앞서 제시된 내용상 외국 기업에 적대적 정책을 내놓았다고 하는데 합리적 근거가 없는 경우 협

119) 상소제도는 분쟁의 신속한 해결을 저해할 수 있지만 공정성을 위해 이의가 있는 경우 결정을 재검토 받을 수 있어야 할 것이다.

120) 동 협정 제15조에 의하면 협정은 발효 후 10년 간 유효한데 1997년에 발효하였으므로 현재의 효력에는 의문이 있을 수 있다. 그러나 투자가 2007년 이전에 이루어졌고 국유화도 2006년의 일이므로 사안의 해결에는 문제가 없을 것으로 보이며 동조 제2항은 협정 종료 통보 이전의 투자에 대하여는 10년간 협정이 유효하도록 규정하고 있기도 하다.

정 제3조의 내국민대우 규정에 반하게 된다. 협정상의 요건을 충족하였으나 만약에 D기업과 볼리비아 간에 맺은 별도의 계약이 있고, 국유화가 동계약상의 의무 위반이 된다면, 본래 계약상 의무 위반이 바로 국제위법행위가 되는 것은 아니지만 협정 제14조에 포괄적 보호조항을 두고 있어 이에 따라 협정의 위반으로서 국제위법행위가 된다.

그런데 협정 제1조 2항에 따르면 D기업이 볼리비아공화국의 법률에 따라 조합, 주식회사, 상사를 설립하였다면 그 조합, 주식회사, 상사는 볼리비아의 회사가 된다. 이 경우 우리 국민이 아무리 실제적 영향력을 행사하고 있다고 하더라고 ICSID의 이전 판정을 보았을 때 협정상 규정에 따라 볼리비아 회사라고 판정할 가능성이 크다. 이러한 경우라면 우리나라는 실제적인 지배를 하고 있는 우리기업이 볼리비아의 사법당국 또는 기타 독립당국으로부터 신속한 심사를 받을 수 있도록 돕는 조치를 취할 수 있다. 기업이 이미 철수하여 볼리비아 내에서 소송을 직접 진행하는 것이 어려운 경우라면 영사협약 제5조 (i)에 따라 적당한 대리행위를 할 수도 있을 것이다.

볼리비아에서 조합, 주식회사, 상사를 설립하지 않고 개발사업을 한 경우라면 강원도 정선군에 본사를 두었으므로 우리기업이라고 볼 수 있다. 투자와 관련하여 분쟁이 발생한 경우에는 우선 제12조의 ISD절차에 의거하여 일단 협의를 시도하고 6개월 내 해결이 되지 않으면 체약당사국 국내법원이나 ICSID의 중재절차에 회부된다. 이렇게 해당 기업이 협정상의 구제절차를 진행하는 동안 우리나라는 개입할 여지가 없다. 동조 제4항에 따르면 이 과정에서 볼리비아가 ICSID의 판정을 이행하지 않는 경우가 아니라면 우리나라는 개입할 수 없다. 다시 말하면 만약 ICSID에서 우리 투자자 측에 유리한 판정을 하였는데 볼리비아가 이를 따르지 않는 경우에는 국가가 개입하여 외교적 보호를 할 수 있다는 것이다.[121] 이 경우 국가책임의 추궁에는 협약 상 적법요건을 갖춘 국유화를 할 것을 요구하고 재발 방지의 약속을 요구하거나, 위법한 국유화로 인한 손해에 대하여 원상복구나 불가능한 경우 손해배상을 요구하는 방법이 있고, 계속하여 의무를 위반하는 경우 상응하는 의무의 불이행으로써 대응할 수도 있다. 볼리비아가 본 사안에 대한 ICJ의 관할권에 사전적·사후적으로 동의하는 경우 ICJ에 협정 상 의무 위반을 이유로 제소할 수도 있을 것이다. 또 국가가 개입할 수 있는 경우는 제11조의 경우인데, 만약 D기업의 국내의 해외투자보험 등에서 보상금을 받은 경우라면 이제 국가가 투자자를 대위하여 볼리비아와 다툴 수 있다. 만약 동 사안으로 인해 협정의 해석과 적용의 문제가 발생한다면 협정 제13

121) 협정상의 규정으로 인해 국내구제완료의 원칙이 필수적으로 요구되지는 않음을 알 수 있다.

조에 따라 당사자국 간의 중재절차를 통해 해결하여야 하므로 국가가 개입하게 된다.

Ⅶ. 결 론

지금까지 해외에 투자하고 있는 우리 기업이 투자유치국으로부터 대규모 손해를 입은 경우 우리나라가 취할 수 있는 구제조치를 손해를 '입은' 경우를 중심으로 하여 사후적 구제조치, 사전적 구제조치로 나누어 살펴보았다. 이제 시간 순서대로 다시 정리해보면 다음과 같다.

우리나라는 국내 기업의 해외투자를 보호하기 위하여 투자대상국과 적극적으로 BIT를 체결하고, FTA를 맺는 경우에도 투자챕터를 꼼꼼히 규정할 필요가 있다. 이로써 투자대상국에 우리 투자자를 보호할 의무를 부여하여 위반 시 국가가 직접 국가책임을 추궁할 수 있기 때문이다. 국가 차원의 투자보험의 제공과 MIGA와 같은 국제투자보증기구의 활용에 대해 기업에 정보를 제공하는 것도 사전에 손해를 예방하는 방법이 된다. 투자협정에 ISD를 삽입하는 것은 우리 투자자가 분쟁 발생 시 스스로 구제를 도모할 수 있는 발판을 마련해주는 점에서 또 다른 차원의 사전적 구제가 될 수 있다.

사전적 구제조치에도 불구하고 손해가 발생한 경우에는 국제위법행위가 성립하지 않은 상황에서는 투자자가 현지의 구제절차를 거치는 것을 도울 수 있는데 이는 영사원조의 영역이다. 투자유치국이 국제의무를 위반하여 우리 국민의 법익을 침해하는 경우에는 국제위법행위가 성립하여 우리나라가 간접침해에 대한 외교적 보호권을 행사할 수 있다. 물론 이는 국가의 재량적 사항이나 외교보호초안에서는 대규모 피해 시에 외교적 보호조치를 취해줄 것을 권고하고 있다.

사후적인 구제는 이미 손해를 입은 뒤에 최대한 원상회복을 목표로 하는 것이라는 점, 국제우호관계를 해할 수 있다는 점에서 사전에 분쟁을 방지하는 노력이 보다 중요하다. 전 세계적인 투자보호체제 설립 논의는 난항을 겪어왔지만 그러는 동안 지구상에는 2006년 말 현재까지 2,573여개의 BIT가 체결되었고 이들의 내용에는 유사한 점이 많다. 이는 이미 성립된 탄탄한 BIT의 그물망에 MFN의 원칙을 이용하여 통일된 투자보장체제를 갖춘 효과를 낼 수 있다는 희망을 갖게 한다.

우리나라가 규모의 열세에도 불구하고 그간 눈부신 경제성장을 이룬 것은 상품수출에 힘입은 바가 크다. 상품무역뿐만 아니라 자본의 이동이 국제경제의 한 분야를 차지하는 오늘날, 우리나라는 각국으로부터 투자를 유치하고 있고 우리 기업은 해외로 그 투자의 저변을 확대하고 있다. 이러한 때에 정부는 주권을 지키는 것도 물론 중요하지만, 투자자들이 해외에서 활발히 사업을 할 수 있는 장을 마련하는 것이 한정된 영토와 자원을 극복하는 길이라는 사실 또한 잊지 말고 투자협상에서나, 새로운 국제투자규범 논의 시에 적극적으로 임하여 우리의 국익을 반영하여야 할 것이다.

제13장 중국의 투자보호법제 개관

Ⅰ. 외국인투자기업법 개관

중국 상무부(商務部)의 통계에 의하면, 2010년말 현재 중국은 이미 외국인투자기업 71만 개의 설립을 비준하였고, 실제적으로 외국인의 직접투자금액은 10,512억 달러에 이르렀으며, 세계 500대 기업 중 이미 490개에 이르는 기업이 중국에 기업 또는 기구를 설립하였다. 또한 유엔무역개발회의(UNCTAD)에서 공포한 『2010년 세계투자보고서』에 따르면, 2009년 중국은 미국에 이어 세계에서 외국인 직접투자를 두 번째로 많이 유치한 국가가 되었다.[1] 본 장에서는 중국의 외국인투자기업법에 대하여 살펴보도록 한다.

1. 외국인투자와 외국인투자기업

1) 외국인투자의 정의, 주요 방식

외국인투자는 국제민간자본의 중국 내에서의 직접투자를 가리키며, 구체적으로 외국의 기업, 회사, 기타 경제조직 또는 개인이 중국의 법률규정에 따라, 현금, 현물, 지적재산권과 독점기술 등의 형태로 자본을 투자하여, 중국 내에 기업 또는 기구를 설립하고 생산경영을 진행하는 경제활동을 가리킨다.

외국인투자의 주요방식에는 중외합자경영기업(이하 '합자기업'), 중외합작경영기업(이하 '합작기업'), 외자기업(100% 외국인투자기업), 외국인투자주식유한회사, 외국회사의 지사, 중외합작개발, BOT투자방식 등 일곱 가지가 포함된다.

1) UNCTAD, *World Investment Report 2010: Investing in a Low-Carbon Economy* (New York: United Nations Publication, 2010), p.4.

2) 외국인투자기업의 정의, 법률특징 및 유형

외국인투자기업은 외국인이 중국의 법률에 따라, 중국 내에 민간직접투자방식으로 참여 또는 단독설립한 각종 기업의 총칭이다.

그 법률특징으로는 다음의 세 가지가 있다. ① 외국인투자기업은 외국인이 참여 또는 단독으로 설립한 기업이다. ② 외국인투자기업은 중국의 법률에 따라, 중국 내에 설립한 기업이다. ③ 외국인투자기업은 민간 직접투자방식으로 설립한 기업이다.

외국인투자기업은 서로 다른 구분기준에 따라 중외공동경영(合營)기업(합자기업과 합작기업 포함)과 외자기업, 법인형 기업과 비 법인형 기업, 상품수출기업과 선진기술기업 및 일반 외국인투자기업으로 분류할 수 있다.

2. 입법현황

외국인투자법은 외국인투자관계를 조정하는 법률규범의 총칭으로서, 그 핵심은 국가의 외국인투자에 대한 고무, 보호와 관리이다.

중국에 투자함에 있어서는 주로 '중외합자경영기업법(中外合資經營企業法)'[2]과 '중외합자경영기업법실시조례(中外合資經營企業法實施條例)',[3] '중외합작경영기업법(中外合作經營企業法)'[4]과 '중외합작경영기업법실시세칙(中外合作經營企業法實施細則)',[5] '외자기업법(外資企業法)'[6]과 '외자기업법실시세칙(外資企業法實施細則)'[7] 등의 법률과 행정법규[8]의 적용을 받는다. 즉, 관련 법률, 행정법규의 규정에 의하면 외국인투자기업은 합자기업, 합작기업, 외자기업 등 세 가지 유형으로 구분된다.

---

2) 1979년 7월 1일 시행, 1990년과 2001년 개정.
3) 1983년 9월 20일 시행, 1986년, 1987년과 2001년 개정.
4) 1988년 4월 13일 시행, 2000년 개정.
5) 1995년 9월 4일 시행.
6) 1986년 4월 12일 시행, 2000년 개정.
7) 1990년 12월 12일 시행, 2001년 개정.
8) 법률과 행정법규 등 중국법의 연원에 대해서는 마광, "중국법의 연원에 대한 연구", 『인권과 정의』 2009년 7월호, 185-192면 참조.

Ⅱ. 외국인투자기업의 정의, 조직형태 및 법적 지위

1. 합자기업

1) 정의

합자기업은 중국의 공동경영자와 외국의 공동경영자가 중국의 법률에 따라, 중국정부의 비준을 거쳐, 중국 내에서 공동으로 설립한, 중국 법인자격을 가진 기업이다. 합자기업은 중국 및 외국투자자가 공동으로 투자하고 공동으로 경영하며, 공동으로 리스크와 손익을 부담한다.

2) 특징

합자기업은 다음과 같은 특징을 갖는다. ① 중국의 공동경영자와 외국의 공동경영자가 공동으로 설립한 공동경영기업으로서, 중국 측 공동경영자는 회사, 기업과 기타 경제조직이 될 수 있으나, 자연인은 포함하지 않으며, 외국 측 공동경영자는 외국의 회사, 기업, 기타 경제조직 또는 자연인이 포함된다. ② 중국 내에 설립된다. ③ 중국의 법률, 즉 '중외합자경영기업법'에 근거하여 설립되었다.[9] 이러한 특징에서 보여지듯이, 중국에서 아직 국내 공민이 직접 합자기업의 설립에 투자하는 것은 허용되지 않는다.

3) 조직형태

합자기업의 조직형태는 유한책임회사이며,[10] 따라서 '중외합자경영기업법'에 규정되지 않은 부분의 내용은 '회사법'(公司法)을 적용할 수 있을 것이다.

4) 법적 지위

합자기업은 중국의 법인이며, 중국 법률의 관할과 보호를 받는다.[11]

---

9) 중외합자경영기업법 제1조.
10) 중외합자경영기업법 제4조 1항.
11) 중외합자경영기업법 제2조.

2. 합작기업

1) 정의

합작기업은 외국의 기업과 기타 경제조직 또는 개인이 중국의 기업 또는 기타 경제조직과 중국의 법률에 따라, 평등호리의 원칙 하에, 계약에 약정된 합작조건과 경영관리방식에 따라, 중국 내에 설립한 법인 또는 비법인기업이며, 투자자는 합작계약서를 체결하여 합작 각 측의 권리와 의무를 약정한다.

2) 조직형태

합작기업의 조직형태는 두 가지, 즉 법인형 기업인 유한책임회사와 비법인형 기업인 합명기업(合伙企業)이다.[12] 따라서 '중외합작경영기업법'에 규정되지 않은 부분의 내용은 그 조직형태에 따라 각각 '회사법' 또는 '합명기업법(合伙企業法)'을 적용할 수 있을 것이다.

또한 법인자격이 구비되지 않은 합작기업 및 합작 각 측은 중국 민사법률의 관련규정에 따라 민사책임을 지며, 합작기업은 공상행정관리기관에 합작 각 측의 투자 또는 제공한 합작조건을 등록하여야 한다.[13] 합작 각 측은 투자 또는 제공할 합작조건을 합작 각 측에서 구별하여 소유하며, 약정에 따라 공동으로 소유하거나 일부분을 구별하여 소유하거나 일부분을 공동으로 소유할 수도 있으나, 합작기업이 경영으로 누적한 재산은 합작 각 측에서 공동으로 소유한다. 합작 각 측의 투자 또는 제공한 합작조건은 합작기업에서 통일적으로 관리하고 사용하며, 합작 상대 측의 동의를 거치지 않고 어느 일방이 자의로 처리하지 못한다.[14]

3) 법적 지위

합작기업 역시 중국 국적의 기업으로서, 중국법률의 관할과 보호를 받는다.[15]

4) 합작기업과 합자기업의 차이점

합자기업과 합작기업은 모두 중국, 외국투자자가 공동으로 투자하고 운영하는 기업이지만, 합자기업은 지분식 합작이고 합작기업은 계약식 합작이라는 차이점을 갖는다. 즉, 합자기업은 주로 투자한 지분에 따라 권리를 향유하고 의무를 부담하지

12) 중외합작경영기업법 제2조 2항.
13) 중외합작경영기업법실시세칙 제50조 - 제51조.
14) 중외합작경영기업법실시세칙 제52조.
15) 중외합작경영기업법 제3조.

만, 합작기업의 경우 주로 합작계약서에서 약정한 내용에 따라 권리를 향유하고 의무를 부담한다. 또한, 합작기업은 주로 기술, 특허 등 지적재산권을 합작조건으로 하여 기업을 설립하는 것이며 일반적으로 특정 프로젝트를 위하여 설립하는 회사가 대부분이다.

3. 외자기업

1) 개념

외자기업은 중국법률의 규정에 따라 중국 내에 설립한, 외국투자자가 전부 자본을 투자한 기업이며, 외국의 기업과 기타 경제조직이 중국 내에 설립한 지사(分支機構)는 포함되지 않는다.

2) 특징

외자기업은 다음과 같은 특징을 갖는다. ① 중국의 관련법률에 따라 중국 내에 설립된 기업이다. ② 외국투자자가 전부의 자본을 투입하였고, 중국 측의 자본투입은 없다. ③ 외국기업과 기타 경제조직이 중국 내에 설립한 지사를 포함하지 않는다.[16]

3) 조직형태

외자기업의 조직형태는 유한책임회사이며, 비준을 거쳐 기타 책임형태를 취할 수 있다.[17]

4) 법적 지위

중국 국적의 기업이며, 법에 따라 중국법률의 관할과 보호를 받는 법인 또는 비법인 조직이다.[18]

---

16) 외자기업법 第2조.
17) 외자기업법 第8조.
18) 외자기업법 第4조.

Ⅲ. 외국인투자기업의 설립

1. 외국인투자방향의 관리

중국은 외국인투자방향이 중국의 국민경제, 사회발전계획과 일치하도록 하기 위하여, 외국인투자방향에 대한 관리를 하고 있으며, 이를 위하여 2002년 4월 1일부터 '외국인투자방향지도규정(指導外商投資方向規定)'을 시행하고 있다. 국무원(國務院)의 행정법규인 동 규정은 중국 내에 투자하여 설립한 합자기업, 합작기업과 외자기업의 투자항목 및 기타 형태의 외국인투자항목에 적용되며,[19] 관련 부서에서 '외국인투자산업지도목록(外商投資産業指導目錄)'[20]과 '중서부지역외국인투자우세산업목록(中西部地區外商投資優勢産業目錄)'[21]을 제정한 후, 국무원의 비준을 받아 공포하도록 하였는데, 이들 목록은 외국인투자항목에 대한 심사, 비준 및 외국인투자기업에 대해 관련정책을 적용하는 근거로 된다.[22]

따라서 외국인투자항목은 고무, 허가, 제한 및 금지 등 네 가지 부류로 나뉘고, 이 중에서 고무, 제한 및 금지 부류의 외국인투자항목은 '외국인투자산업지도목록'에 명시하며, 이에 포함되지 않는 부분은 허가부류로 된다.[23] 또한, 중국은 일부 외국인투자항목에 대해 합자기업 또는 합작기업으로 그 투자형태를 한정하거나, 중국 측 지주회사(中方控股)[24] 또는 중국 측 상대 지주회사(中方相對控股)[25]로 제한을 두고 있다.[26] 특히, 중국은 세계무역기구(이하 'WTO')에 가입한 후, 그 가입약속을 이행하기 위하여 상술한 '외국인투자산업지도목록'을 여러 차례 개정하였으나, 아직도 일부 내용은 WTO규범에 일치하지 않는 것으로 지적 받고 있다.

---

19) 외국인투자방향지도규정 제2조.

20) 동 목록은 1995년 6월 28일자로 시행되어 오다가, 2002년, 2004년과 2007년 세 차례에 걸쳐 개정되었으며, 현재 2007년 개정판이 시행되고 있다.

21) 동 목록은 2000년 6월 16일자로 시행되어 오다가, 2004년과 2008년 두 차례에 걸쳐 개정되었으며, 현재 2008년 개정판이 시행되고 있다.

22) 외국인투자방향지도규정 제3조.

23) 외국인투자방향지도규정 제4조.

24) 중국 측 투자자가 외국인투자항목 중 차지하는 투자비중이 51% 이상인 경우.

25) 중국 측 투자자가 외국인투자항목 중 차지하는 투자비중의 합계가 어떠한 단독 외국인투자자의 투자비중보다 큰 경우.

26) 외국인투자방향지도규정 제8조.

2. 심사비준(審批) 제도

중국은 외국인투자에 대해 허가제도를 시행하고 있다. 합자기업의 경우, 합자경영협의서(協議), 계약서(合同), 정관(章程)을 상무부에 보고하여 심사비준 받고, 합작기업의 경우, 합작경영협의서, 계약서, 정관 등 문서를 상무부 또는 국무원이 권한을 위임한 부서와 지방정부에 보고하여 심사비준을 받으며, 외자기업의 경우, 설립신청서를 상무부 또는 국무원이 권한을 위임한 부서에 보고하여 심사비준을 받아야 한다.[27] 여기에서 '협의서'라 함은 공동경영 쌍방이 기업의 설립에 관한 일부의 중점부분(要点) 및 원칙에 대하여 의견의 일치를 이루고 작성한 서류를 의미하며, '계약서'라 함은 쌍방이 기업의 설립을 위하여 상호 간의 권리와 의무관계에 대하여 의사의 합치에 의해 작성한 서류를 의미한다. 양자의 내용이 충돌하는 경우에는 계약서를 우선하며, 쌍방의 합의가 있을 경우에는 협의서를 작성하지 않고, 바로 계약서를 작성할 수도 있다.[28] 협의서, 계약서 및 정관은 심사비준기관이 비준한 후 효력이 발생하며, 개정도 동일하다.[29]

상무부가 2010년 6월 10일자로 시행한 '외국인투자심사비준권한이양에관한통지(關于下放外商投資審批權限有關問題的通知)'에 따르면, '외국인투자산업지도목록' 중 고무, 허가부류에 속하고, 투자총액이 3억 달러 이하이거나 제한부류에 속하고, 투자총액이 5000만 달러 이하인 외국인투자기업의 설립에 대해서는 성(省), 자치구(自治區), 직할시(直轄市), 계획단독열거도시(計劃單列市), 신장생산건설병단(新疆生産建設兵團), 부성급 도시[하얼빈(哈爾濱), 창춘(長春), 선양(瀋陽), 지난(濟南), 난징(南京), 항저우(杭州), 광저우(廣州), 우한(武漢), 청두(成都), 시안(西安) 포함]의 상무주무부서 및 국가급 경제기술개발구에서 심사비준업무를 담당하며, 3억 달러 이상의 고무부류 및 국가의 종합평형이 불필요한 외국인투자기업의 설립에 대해서는 지방 심사비준기관이 심사비준업무를 담당한다.

---

27) 중외합자경영기업법 제3조, 중외합작경영기업법 제5조, 외자기업법 제6조.

28) 중외합자경영기업법실시조례 제10조, 중외합작경영기업법실시세칙 제10조.

29) 중외합자경영기업법실시조례 제14조, 중외합작경영기업법실시세칙 제11조, 외자기업법실시세칙 제16조.

3. 설립절차

1) 합자기업

합자기업 설립 신청 시 중외 공동경영자는 심사비준기관에 다음 서류를 공동으로 제출한다. ① 합자기업 설립신청서, ② 공동경영 쌍방이 공동으로 작성한 타당성 연구보고서, ③ 공동경영 쌍방이 권한을 부여한 대표가 체결한 합자기업 협의서, 계약서 및 정관, ④ 공동경영 쌍방이 임명한 합자기업의 이사장, 부이사장, 이사 인선(人選) 명단, ⑤ 심사비준기관이 규정한 기타 서류. 심사비준기관은 모든 서류를 접수한 날로부터 3개월 이내에 비준 여부를 결정하여야 하고, 신청자는 비준증서를 받은 날로부터 1개월 이내에 공상행정관리기관에 등록 수속을 하여야 하며, 합자기업의 영업허가증 발급일이 바로 동 합자기업의 설립일로 된다.[30]

합자기업 설립을 신청할 때 다음 상황이 있을 경우에는 비준하지 않는다. ① 중국의 주권을 침해하는 경우, ② 중국의 법률을 위반하는 경우, ③ 중국의 국민경제발전요구에 부합되지 않는 경우, ④ 환경오염을 발생시키는 경우, ⑤ 체결한 협의서, 계약서, 정관이 명백히 불공평하여 공동경영자 일방의 권익에 손해를 미치는 경우 등 다섯 가지의 경우에 비준하지 않는다.[31]

2) 합작기업

합작기업 설립 신청 시 중국 합작자는 심사비준기관에 다음 서류를 제출하여야 한다. ① 주무부서의 심사동의서류가 첨부된 합작기업 설립 항목건의서, ② 주무부서의 심사동의서류가 첨부된, 합작 각측이 공동으로 작성한 타당성 연구보고서, ③ 합작 각측의 법인대표 또는 수권한 대표가 서명한 합작협의서, 계약서, 정관, ④ 합작 각측의 영업허가증 또는 등록증명, 자금신용증명 및 법인대표의 유효증명서류, 외국합작자가 자연인일 경우, 신분, 이력과 자금신용상황 관련 유효증명서류, ⑤ 합작 각측에서 협상하여 확정한 합작기업의 이사장, 부이사장, 이사 또는 연합관리위원회 주임, 부주임, 위원 인선 명단, ⑥ 심사비준기관에서 요구하는 기타 서류. 심사비준기관은 전부의 서류를 접수한 날로부터 45일 이내에 비준 여부를 결정하여야 하며, 비준을 거쳐 설립한 합작기업은 공상행정관리기관에 등록신청을 하고 영업허가증을 발급 받아야 한다.[32]

---

30) 중외합자경영기업법실시조례 제7조 - 제9조.
31) 중외합자경영기업법실시조례 제4조.
32) 중외합작경영기업법실시세칙 제7조 - 제8조.

합작기업 설립을 신청할 때 다음 상황이 있을 경우에는 비준하지 않는다. ① 중국의 주권 또는 사회공공이익을 침해하는 경우, ② 국가안전에 해를 끼치는 경우, ③ 환경오염을 초래하여 손해를 끼치는 경우, ④ 법률, 행정법규 및 국가산업정책을 위반하는 기타 상황이 있는 경우이다.[33)]

3) 외자기업

외자기업을 설립하려는 외국투자자는 외자기업이 취급하는 제품이 수출허가증, 수출쿼터, 수입허가증과 관련되거나 또는 국가의 수출제한 대상에 속하는 경우, 사전에 상무부의 동의를 얻어야 하며, 외국투자자는 외자기업 설립 신청서를 제출하기 전에 설립 예정의 외자기업이 소재한 현(县)급 또는 현급 이상의 지방정부에 다음의 사항을 보고하여야 한다. ① 외자기업 설립 취지, ② 경영범위 및 규모, ③ 생산제품, ④ 사용할 기술설비, ⑤ 용지면적 및 조건(要求), ⑥ 필요로 하는 용수, 전기, 석탄, 가스 또는 기타 에너지의 조건 및 수량, ⑦ 공동시설에 대한 조건 등이 있어야 한다. 현급 또는 현급 이상의 지방정부는 외국투자자의 보고를 받은 후 30일 이내에 서면으로 회답하여야 한다.[34)]

다음, 외국투자자는 설립 예정 외자기업 소재지의 현급 또는 현급 이상의 정부를 통하여 심사비준기관에 신청하여야 하며, 이때 아래 서류를 제출하여야 한다. ① 외자기업 설립신청서, ② 타당성 연구 보고서, ③ 외자기업 정관, ④ 외자기업 법인대표(또는 이사회 인선) 명단, ⑤ 외국투자자의 법률증명서류와 자금신용 증명서류, ⑥ 외자기업 설립 예정 소재지의 현급 또는 현급 이상 지방정부의 서면회답서, ⑦ 수입할 필요가 있는 물자명세서, ⑧ 기타 필요한 서류가 있어야 한다. 둘 또는 둘 이상의 외국투자자가 외자기업의 설립을 공동 신청할 경우에는 공동설립 계약서 사본을 심사비준기관에 제출, 등록하여야 하며, 심사비준기관은 모든 설립신청서류를 접수한 날로부터 90일 이내에 비준 여부를 결정하여야 한다.[35)]

외자기업 설립을 신청할 때 다음 상황이 있을 경우에는 비준하지 않는다. ① 중국의 주권 또는 공공이익에 피해를 주는 경우, ② 중국의 국가안전에 위협을 주는 경우, ③ 중국의 법률, 법규를 위반하는 경우, ④ 중국의 국민경제발전 요구에 부합되지 않는 경우, ⑤ 환경오염을 유발할 가능성이 있는 경우이다.[36)]

외국투자자는 외자기업의 설립 비준증서를 발급 받은 날로부터 30일 이내에 공

---

33) 중외합작경영기업법실시세칙 제9조.

34) 외자기업법실시세칙 제8조 – 제9조.

35) 외자기업법실시세칙 제10조 – 제11조.

36) 외자기업법실시세칙 제5조.

상행정관리기관에 등록신청을 하고 영업허가증을 발급 받아야 하며, 외자기업의 설립일자는 영업허가증을 발급 받은 날로 된다. 외국투자자가 비준증서를 받은 날로부터 30일 이내에 공상행정관리기관에 등록신청을 하지 않는 경우, 외자기업의 비준증서는 효력을 상실하며, 외자기업은 기업 설립 후 30일 이내에 세무기관에 세무등록을 하여야 한다.[37]

Ⅳ. 외국인투자기업의 자본

1. 등록자본금

1) 등록자본금과 투자총액

등록자본금은 기업설립 시 등기기관에 등기한 자본총액이며, 각 측이 납부하기로 한 출자액의 합계이다.[38] 즉, 등록자본금은 실제로 받아들인 자본이 아니고, 외국측 공동경영자의 출자비중은 일반적으로 25% 이상이어야 한다.[39] 또한 공동경영 기한 내 그 등록자본금을 감소할 수 없고, 확실히 감소해야 할 경우, 심사비준기관의 비준을 받아야 하며,[40] 최저 등록자본금 금액은 '회사법'의 규정에 따라야 한다. 즉, 유한회사의 경우 등록자본금은 3만 위안 이상이어야 하고 1인 유한회사의 경우 10만 위안 이상이어야 하며 주식유한회사의 경우 500만 위안 이상이어야 한다.[41]

반면에, 투자총액은 외국인투자기업의 계약서 또는 정관에 규정된 생산규모에 대응해 투입되어야 하는 기초건설 및 생산유동자금의 합계로서, 기업의 등록자본금과 차입자금의 합계인데,[42] 외국인투자기업은 등록자본금과 투자총액의 차액범위 내에서 외채를 차입할 수 있다.

'중외합자경영기업등록자본금과투자총액비율에대한잠정규정(關于中外合資經營企業注册資本與投資總額比例的暫行規定)'에 의하면, 외국인투자기업(합자기업, 합작기업, 외자기업

37) 외자기업법실시세칙 제12조.

38) 중외합자경영기업법실시조례 제18조, 중외합작경영기업법실시세칙 제16조 1항, 외자기업법실시세칙 제20조.

39) 중외합자경영기업법 제4조 1항, 중외합작경영기업법실시세칙 제18조 3항.

40) 중외합자경영기업법실시조례 제19조, 중외합작경영기업법실시세칙 제16조 2항, 외자기업법실시세칙 제21조.

41) 회사법 제26조 2항, 제59조, 제81조 3항.

42) 중외합자경영기업법실시조례 제17조, 중외합작경영기업법실시세칙 제15조, 외자기업법실시세칙 제19조.

포함)의 등록자본금과 투자총액의 비율은 다음과 같이 일정한 수치 이상이어야 한다. ① 투자총액이 300만 달러(300만 달러 포함) 이하의 경우 등록자본금은 투자총액의 7/10 이상이어야 한다. ② 투자총액이 300만 달러 이상, 1,000만 달러(1,000만 달러 포함) 이하의 경우 등록자본금은 투자총액의 1/2 이상이어야 하며, 그 중 투자총액이 420만 달러 이하의 경우 등록자본금은 210만 달러보다 적어서는 안 된다. ③ 투자총액이 1,000만 달러 이상, 3,000만 달러(3,000만 달러 포함) 이하의 경우 등록자본금은 투자총액의 2/5 이상이어야 하며, 그 중 투자총액이 1,250만 달러 이하의 경우 등록자본금은 500만 달러보다 적어서는 안 된다. ④ 투자총액이 3,000만 달러 이상의 경우 등록자본금은 투자총액의 1/3 이상이어야 하며, 그 중 투자총액이 3,600만 달러 이하의 경우 등록자본금이 1,200만 달러보다 적어서는 안 된다.[43]

등록자본금은 양도가 가능한데, 그 양도조건은 다음과 같다. ① 공동경영 각 측의 동의가 있어야 한다. ② 이사회 회의에서 통과되고, 원(原) 심사비준기관에 보고하여 비준 받아야 한다. ③ 공동경영의 타방(他方)은 우선구매의 권리가 있는바, 즉 동등한 조건에서 우선구매할 권리를 갖는다.[44]

2) 투자방식

외자기업의 경우, 외국투자자는 자유롭게 환전할 수 있는 외화로 출자할 수 있고 기계설비, 상표권, 특허권, 독점기술(專有技術) 등으로 가치를 평가하여 출자할 수 있다. 합자기업의 경우, 공동경영자는 화폐로 출자할 수 있고 건축물, 공장건물, 기계설비 또는 기타 원자재, 상표권, 특허권, 독점기술, 토지사용권(場地使用權) 등으로 가치를 평가하여 출자할 수 있다. 합작기업의 합작 각 측이 투자 또는 제공한 합작조건은 화폐로 할 수 있고 실물 또는 상표권, 특허권, 독점기술, 토지사용권 등 재산권리로 할 수도 있다.[45] 따라서 외국인투자기업의 투자방식에는 현금, 현물, 토지사용권, 지적재산권, 독점기술과 기타 재산권이 포함된다고 볼 수 있다.

(1) 현금

외국투자자는 외화로만 투자가 가능하며, 인민폐로 출자를 납입할 수 없다. 단, 심사비준기관의 비준을 거쳐, 외국투자자는 중국 내에 설립한 기타 외국인투자기업의 인민폐이윤을 출자할 수 있다. 물론 중국 측 투자자는 인민폐로 출자한

43) 중외합자경영기업등록자본금과투자총액비율에대한잠정규정 제3조.

44) 중외합자경영기업법실시조례 제20조, 중외합작경영기업법실시세칙 제23조, 외자기업법실시세칙 제22조.

45) 중외합자경영기업법실시조례 제22조, 중외합작경영기업법실시세칙 제18조, 외자기업법실시세칙 제25조 1항.

다.[46] 외국투자자가 출자한 외화와 중국투자자가 출자한 인민폐를 인민폐 또는 외화로 환산해야 하는 경우, 납입당일 국가외환관리국(國家外匯管理局)에서 공포한 외환거래가격에 따라 환산한다.[47]

(2) 현물

외국투자자가 기계설비 또는 기타 재료를 투자한 경우, 동 기계설비 또는 기타 재료는 외국인투자기업의 생산에 필수적인 것이어야 하며, 그 가격결정에 있어 동종 기계설비 또는 기타 재료의 당시 국제시장가격보다 높아서는 안 된다.[48]

(3) 지적재산권, 독점기술

외국투자자가 투자가능한 지적재산권과 독점기술은 다음의 요건을 충족시켜야 한다. ① 기존 제품의 성능, 품질을 현저하게 개선시키고, 생산효율을 제고시킬 수 있을 것, ② 원자재, 연료, 동력을 현저하게 절약할 수 있을 것이 요건이다.[49] 외국투자자가 지적재산권 또는 독점기술로 출자하는 경우, 당해 지적재산권 또는 독점기술의 관련자료를 제출해야 한다.[50]

(4) 토지사용권

토지사용권은 중국 측 투자자에 한해 출자방식으로 될 수 있으며, 외국투자자는 토지사용권을 출자방식으로 할 수 없다. 만약 중국 측 투자자가 토지사용권을 출자방식으로 하지 않았다면, 외국인투자기업은 중국정부에 토지사용비용을 납부해야 한다.[51]

(5) 기타 재산권

기타 재산권으로 국유기업의 경영권, 국유자연자원의 사용경영권, 공민 또는 집체조직의 도급경영권, 회사지분 등이 있다. 공동경영 각 측이 공동경영계약서의 규정에 따라 공동경영기업에 납입한 출자는 반드시 공동경영자 자신이 소유한 현금과 자신이 소유하고 어떠한 담보물권도 설정되지 않은 건축물, 공장, 기계설비 또는 기타 재료, 지적재산권, 독점기술 등이어야 하며, 자신이 소유권과 처분권을 갖고 있음을 입증하는 증명서류를 제출해야 한다.[52] 공동경영기업의 어느 일방이든지 공동경

46) 외자기업법실시세칙 제25조 2항.
47) 중외합자경영기업법실시조례 제23조.
48) 중외합자경영기업법실시조례 제24조, 외자기업법실시세칙 제26조.
49) 중외합자경영기업법실시조례 제25조.
50) 중외합자경영기업법실시조례 제26조.
51) 중외합자경영기업법 제5조 3항, 외자기업법 제8조.
52) 중외합자경영기업법실시조례 제19조.

영기업의 명의로 취득한 대출금, 임대한 설비 또는 기타 재산 및 공동경영자 이외의 타인재산을 자신의 출자로 할 수 없으며, 공동경영기업의 재산과 권익 또는 공동경영 타방의 재산과 권익을 자신의 출자에 대한 담보로 할 수 없다.[53)]

3) 출자절차 및 기한

(1) 공동경영 각 측의 출자납입절차

공동경영 각 측이 출자를 납입한 후, 중국 등록회계사의 검증을 통해 자금검사보고서를 제출하며, 다음 공동경영기업이 이를 근거로 출자증명서를 발급해준다. 출자증명서에는 공동경영기업의 명칭, 공동경영기업의 설립일자, 공동경영자의 명칭 또는 성명과 그 출자액 및 출자일자, 출자증명서의 발급일자가 기재되며, 다음 원래의 심사비준기관과 공상행정관리기관에 보고하여 등기(備案)한다.[54)]

(2) 출자기한

공동경영 각 측은 계약서에 규정된 기한 내 각자의 출자액을 납부해야 하고,[55)] 출자는 일회 납부 또는 분할 납부가 가능하며, 일회적으로 출자를 납입하는 경우, 영업허가증 발급일로부터 6개월 내 완납하여야 한다. 분납하는 경우, 최후의 출자는 영업허가증 발급일로부터 3년 내에 이루어져야 하고, 또 제1회분 출자는 외국투자자가 부담한 출자액의 15% 이상이어야 하며, 영업허가증 발급일로부터 90일 이내에 납부하여야 한다.[56)]

(3) 국내기업의 자산 또는 주주권(股權)의 인수

국내기업의 자산 또는 주주권을 인수하는 경우, 3개월 내에 인수대금을 전부 지불해야 하고, 특수한 상황에서 지불시한을 연장해야 하는 경우, 심사비준기관의 비준을 거쳐, 영업허가증 발급일로부터 6개월 내에 인수대금의 60% 이상을 지불해야 하며, 1년 내에 전부의 인수대금을 지불해야 한다. 또한 실제 납부한 출자액의 비중에 따라 이익을 분배한다. 합자기업 중, 경영권을 지배(控股) 또는 상대적으로 지배(相對控股)한 투자자의 경우, 그가 납입해야 하는 출자액을 전부 납입완료 하기 전에는 기업의 결정권을 취득하지 못한다.

53) 중외합자경영기업법실시조례 제19조.

54) 중외합자경영기업법실시조례 제29조, 중외합작경영기업법실시세칙 제22조, 외자기업법실시세칙 제32조.

55) 중외합자경영기업법실시조례 제28조, 중외합작경영기업법실시세칙 제20조 1항.

56) 외자기업법실시세칙 제30조.

(4) 출자를 납입하지 않은 결과

각 측이 모두 제때에 출자를 납입하지 않은 경우, 외국인투자기업이 자동적으로 해산되는 것으로 간주하며, 비준증서는 자동적으로 그 효력을 상실한다. 일방이 제때에 출자를 납입하지 않은 경우, 출자를 제때에 납입한 상대방은 1개월 내에 납입할 것을 독촉하며, 동 기간 내에도 납입하지 아니할 경우, 계약서 중의 권리를 포기한 것으로 간주하고, 외국인투자기업에서 자동적으로 퇴출된다. 출자약속을 이행한 일방은 약속을 위반한 일방에게 출자의 미납으로 인하여 야기된 경제손실을 배상해 줄 것을 요구할 수 있으며, 1개월 내에 심사비준기관에 해산 또는 다른 공동경영자로 변경해줄 것을 신청해야 한다.[57)]

4) 출자비중

외국인의 출자비중에는 상한(上限)이 없지만, 투자를 제한하는 일부 특정항목은 제외한다. 합자기업, 법인자격을 취득한 합작기업과 외국인투자 주식유한회사의 외국 측 출자비중은 일반적으로 25% 이상이어야 하며, 법인자격을 구비하지 않은 합작기업의 경우는 25%의 제한을 받지 않는다.[58)]

2. 합작기업의 자본회수

합작기업의 경우, 합작 각 측의 구체적인 출자방식, 합작조건은 완전히 합작 각 측이 합작기업계약서에 약정한다.[59)] 합작기업의 자본회수방식은 다음과 같다. ① 투자 또는 합작조건에 따라 분배를 진행하는 전제 하에, 합작기업계약서에서 외국합작자의 수익분배비중을 확대할 것을 약정한다. ② 재정세무기관의 심사비준을 거쳐, 외국합작자는 합작기업이 소득세를 납부하기 전에 투자를 회수한다. ③ 재정세무기관과 심사비준기관이 비준한 기타 회수방식을 이용한다.[60)]

단지 이러한 자본회수방식은 다음의 법적 요건을 전제로 한다. ① 계약서에 약정한 합작기간이 만료하면, 합작기업의 모든 고정자산은 무상으로 중국 측 소유로 한다. ② 세금납부 전 투자를 회수하는 경우, 재정세무기관에 신청을 제출하여 심사비준을 받아야 한다. ③ 법률과 계약서에 따라 합작기업의 채무에 대해 책임을 부담

57) 중외합자경영기업법실시조례 제28조, 중외합작경영기업법실시세칙 제20조 2항, 제21조.

58) 중외합자경영기업법 제4조 1항, 중외합작경영기업법실시세칙 제18조 3항, 외국인투자주식유한회사설립잠정규정(關于設立外商投資股份有限公司若干問題的暫行規定) 제2조.

59) 중외합작경영기업법실시세칙 제17조.

60) 중외합작경영기업법실시세칙 제44조.

해야 하며, 즉 먼저 손실을 보전한 다음에 회수해야 한다.61)

V. 외국인투자기업의 조직기관

1. 합자기업의 조직기관

합자기업의 조직기관은 대내적으로 기업의 생산, 재무, 노동인사 등 사무를 관리하고, 대외적으로 기업을 대표하여 구매, 판매, 투자 등 활동을 진행하는 상설기관인데, 이사회(董事會)의 지도 하에 사장(總經理) 책임제로 운영되고 있다.

1) 이사회

(1) 지위와 직권

이사회는 최고권력기관으로서, 모든 중대한 문제를 결정하는데,62) 여기서 중대한 문제는 기업발전계획, 생산경영활동방안, 예산수지, 이익분배, 노동임금계획, 영업정지 및 사장·부사장(副總經理)·대표 엔지니어·대표 회계사·회계감사(審計師)의 임명 또는 초빙 및 그 권한과 대우 등을 의미한다.63)

(2) 구성, 인수 및 의사규칙

이사회의 구성원은 3명 이하여서는 안 되며, 정원 배정은 공동경영 쌍방이 출자비율을 참조하여 협의를 통해 확정한다. 임기는 4년이고 연임이 가능하다. 이사회 회의는 이사장(董事長)이 소집 및 주재하며, 1/3 이상 이사의 제의를 거쳐, 이사회의 임시회의를 소집할 수 있다. 이사회 회의는 2/3 이상의 이사가 출석해야 진행이 가능하다.64)

다음의 중대한 사항일 경우, 회의에 출석한 이사의 전원일치로 통과가 가능하다. ① 정관의 개정, ② 합자기업의 중지(中止)와 해산, ③ 합자기업 등록자본금의 증가와 감소, ④ 합자기업의 합병과 분립이 그것이다. 기타 사항의 경우, 합자기업 정관에 규정된 의사규칙에 근거하여 의결할 수 있다.65)

61) 중외합작경영기업법실시세칙 제45조.
62) 중외합자경영기업법실시조례 제30조.
63) 중외합자경영기업법 제6조 2항.
64) 중외합자경영기업법실시조례 제31조 - 제32조.
65) 중외합자경영기업법실시조례 제33조.

(3) 이사장

이사장은 각 측이 협상하여 확정하거나 또는 이사회에서 선출하며, 중외 공동경영자의 일방이 이사장을 담당한 경우, 타방이 부이사장을 담당한다. 이사장은 기업의 법인대표이다.[66)]

2) 경영관리기관

경영관리기관은 이사회 회의의 각종 결의를 집행하며, 기업의 일상적인 관리업무를 책임진다. 경영관리기관에 사장 1인과 부사장 약간 명을 두고, 정·부사장 및 엔지니어, 총 회계사는 이사회에서 임용하며, 공동경영 각 측의 공민이 모두 담임 가능하나, 총 회계사는 통상적으로 중국공민이 담당한다. 사장 또는 부사장은 기타 경제조직의 사장 또는 부사장을 겸임하지 못하며, 기타 경제조직이 본 기업에 대한 상업경쟁에 참여하지 못한다.[67)]

3) 노조(工會)

합자기업의 이사회 회의에서 직원의 장려와 징계, 노임제도, 생활복지, 노동보호와 노동보험 등 문제에 대해 결정할 시, 노조대표는 회의에 참가(列席)할 권리를 가지며, 합자기업은 매달 노조 조합원의 실제 임금 총액의 2%를 노동조합 경비로 지출한다.[68)]

2. 합작기업의 조직기관

합작기업의 권력기관은 이사회 또는 연합관리위원회(聯合管理委員會)이고, 그 구성원은 3명 이상이어야 하며, 정원 배정은 공동경영 쌍방이 각자의 투자 또는 제공한 합작조건을 참조하여 협의를 통해 확정한다. 일방이 이사회의 이사장 또는 연합관리위원회의 주임을 담당한 경우, 타방이 부이사장 또는 부주임을 담당하며, 임기는 정관에서 규정하되, 1회 임기가 3년을 초과할 수 없다.[69)]

다음의 중대한 사항에 대해서는 이사회 회의 또는 연합관리위원회 회의에 출석한 이사 또는 위원의 전원일치로 통과가 가능하다. ① 정관의 개정, ② 합작기업의

66) 중외합자경영기업법 제6조 1항, 중외합자경영기업법실시조례 제34조.
67) 중외합자경영기업법실시조례 제35조 - 제37조.
68) 중외합자경영기업법실시조례 제87조 - 제88조.
69) 중외합작경영기업법실시세칙 제24조 - 제27조.

해산, ③ 합작기업 등록자본금의 증가 또는 감소, ④ 합작기업의 합병과 분립, ⑤ 조직형태의 변경, ⑥ 자산저당, ⑦ 각 측이 약정한 기타 사항이 해당된다.[70]

합작기업은 합작 각 측 이외의 타인에게 위탁하여 경영관리할 수 있는데, 이러한 경우, 이사회 또는 연합관리위원회의 만장일치의 동의를 거쳐야 하며 피위탁인과 위탁경영관리계약을 체결하여야 한다. 합작기업은 이사회 또는 연합관리위원회의 위탁결의, 체결한 위탁경영관리계약서와 피위탁인의 자금신용증명 서류를 심사비준기관에 송부하여 비준받아야 하며, 심사비준기관은 관련서류를 접수한 날로부터 30일 내에 비준 여부를 결정한다.[71]

3. 외자기업의 조직기관

외자기업의 조직기관에 대해서는 별도의 법률규정이 없는 상황이다. 다만 법에 의해 노조조직을 구성할 수 있으며, 직원에 대한 장려와 징계, 노임제도, 생활복지, 노동보호와 노동보험 등 문제에 대해 논의할 시, 노조대표는 회의에 참석할 권리를 갖는다.[72]

Ⅵ. 구입과 판매관리

외국인투자기업이 필요한 기계설비, 원자재, 연료, 부속품과 부품(零部件), 조립용 부품(配套件), 운송수단 및 사무용품 등 물자에 대해 중국시장에서 구매하거나 국제시장에서 자유로이 구매할 수 있고, 동등한 조건 하에서 중국 국내투자기업과 동등한 대우를 향유한다.[73] 또한 그 제품을 자체로 수출할 수 있으며, 중국정부는 외국인투자기업이 국제시장에 제품을 판매하는 것을 장려한다.[74]

중국은 WTO에 가입하면서 "합자기업에 필요한 원자재, 연료, 부품 등을 가능한 한 중국에서 구매하여야 한다", "외자기업은 비준된 경영범위 내 필요한 원자재, 연료 등 물질 등을 동등한 조건 하에서 가능한 한 먼저 중국에서 구매하여야 한다",

70) 중외합작경영기업법실시세칙 제29조.

71) 중외합작경영기업법실시세칙 제35조.

72) 외자기업법실시세칙 제66조, 제68조.

73) 중외합자경영기업법실시조례 제51조, 제56조, 중외합작경영기업법실시세칙 제37조, 외자기업법실시세칙 제42조.

74) 중외합자경영기업법실시조례 제53조 – 제54조, 중외합작경영기업법실시세칙 제38조, 외자기업법실시세칙 제43조 – 제44조.

"외자기업은 선진적인 기술과 설비를 채용하거나 제품의 전부 또는 대부분을 수출해야 한다" 등의 외국제품을 차별시하는 조항들을 국제규범에 맞게 개정하였으며, 대외무역에 대해서도 허가제에서 등기제로 변경하였다.

Ⅶ. 경영기한

1. 합자기업

업종이 다름에 따라, 상황에 근거하여 다른 약정을 하고, 계약서에 공동경영기한을 약정할 수 있으며, 다음과 같은 일부 특수산업은 반드시 약정을 해야 한다. ① 호텔, 아파트, 오피스텔, 오락, 음식, 자동차 임대, 컬러사진 확대 인화와 수리, 자문 등의 서비스산업, ② 토지개발 및 부동산경영, ③ 자원탐사와 개발, ④ 외국인투자를 제한하는 업종, ⑤ 법률, 법규에서 공동경영기한을 약정하도록 규정한 경우가 해당된다.[75]

상술한 규정에 따라 계약서에 공동경영기한을 약정한 항목의 경우, 그 기한은 항목의 산업유형, 투자액, 투자리스크와 투자회수기간 등에 따라 확정하며, 일반적인 항목의 경우, 공동경영기한은 10－30년이다. 고무부류와 허가부류의 투자항목의 경우, 그 약정기한은 최대 50년까지 가능하며, 토지개발건설에 종사하고 또 자체 경영하는 항목의 경우, 공동경영기한은 토지사용권을 취득한 기한을 초과하지 않는다. 부동산을 개발건설한 후 전부 판매 또는 분양한 경우, 공동경영기한은 개발건설 및 분양이 완료된 후 합리적인 기한 내로 정해지며, 자원탐사개발항목의 경우, 그 기한은 비준 받은 탐사량을 채굴완료 후 합리적인 기한 내로 정해진다.[76]

2. 합작기업

합작기한은 중외합작자가 협상하여, 합작기업 계약서에 분명하게 정할 수 있다. 합작기업 기한만료 후 합작 각 측이 협상하여 합작기한을 연장할 경우에는 기한만료 180일 전에 심사비준기관에 신청을 제출하여 원 합작기업 계약 집행상황과 합작기한의 연장원인을 설명하여야 하며 동시에 합작 각 측이 연장한 기한 내 각 측의 권

75) 중외합자경영기업공동경영기한잠정규정(中外合資經營企業合營期限暫行規定) 제2조－제3조.
76) 중외합자경영기업공동경영기한잠정규정의시행문제에관한통지(關于實施中外合資經營企業合營期限暫行規定有關問題的通知) 제2조.

리와 의무 등의 사항에 대한 협의서를 첨부하여야 한다. 심사비준기관은 신청을 접수한 날로부터 30일 내에 비준 여부를 결정하며, 합작기업이 비준을 거쳐 합작기한을 연장하였을 경우 비준서류에 의거하여 공상행정관리기관에 변경등록수속을 하여야 한다. 합작기업계약서에 외국합작자가 투자를 우선 회수할 것을 약정하고 또한 이미 투자를 회수완료한 경우에는 합작기업 기한만료 후 연장하지 아니하나 외국합작자가 투자를 증가할 경우에는 합작 각 측이 협상 동의하에 심사비준기관에 신청하여 합작기한을 연장할 수 있다.[77]

3. 외자기업

외자기업의 경영기한은 외국투자자가 심사비준기관에 보고하여 비준 받는다. 경영기한이 만료되어 연장할 필요가 있을 경우에는 경영기한 만료 180일 전에 심사비준기관에 경영기한 연장 신청서를 제출하여야 하며, 심사비준기관은 신청서 접수일로부터 30일 내에 비준 여부를 결정하여야 한다. 경영기한 연장 비준을 받은 외자기업은 기한 연장을 비준한 서류를 접수한 날로부터 30일 이내에 공상행정관리기관에 등록변경 수속을 하여야 한다.[78]

Ⅷ. 세무와 외환관리

1. 세무

1) 합자기업

합자기업이 다음 물자를 수입하는 경우에는 중국세법의 관련규정에 따라 감세 및 면세한다. ① 계약규정에 따라 외국 공동경영자가 출자한 기계설비, 부품 및 기타 물자[합자기업의 공장(작업장) 건설 및 기계설치, 고정에 필요한 자재], ② 합자기업이 투자총액내의 자금으로 수입한 기계설비, 부품 및 기타 물자, ③ 심사비준기관의 비준을 받아 합자기업이 증자(增資)하여 수입한 것으로 국내에서 생산 및 공급을 보장할 수 없는 기계설비, 부품 및 기타 물자, ④ 합자기업이 수출제품의 생산을 위해 외국에서 수입한 원자재, 보조재료(輔料), 부속품(元器件), 부품 및 포장재료가 그것이다. 단, 감

77) 중외합작경영기업법실시세칙 제47조.

78) 외자기업법실시세칙 제70조 - 제71조.

세 및 면세를 받는 수입물자가 비준을 받아 중국 국내에서 전매되거나, 중국 국내에서 판매되는 제품으로 전용(轉用)되는 경우에는 규정에 따라 세금을 납부하거나 또는 추가 납부를 하여야 하며, 합자기업이 생산하는 수출제품은, 중국이 수출을 제한하는 경우를 제외하고는, 중국세법의 관련규정에 따라 감세, 면세를 하거나 또는 세금을 환급한다.79)

2) 외자기업

외자기업이 다음의 물자를 수입할 경우 중국세법의 관련규정에 따라 감세 및 면세한다. ① 외국투자자가 화폐가치로 환산하여 출자하는 기계설비, 부품, 건설용 건축자재 및 기계의 설치 및 고정에 필요한 재료, ② 외자기업 투자총액 범위 내의 자금으로 수입하는 동 기업의 생산에 필요하고 직접 사용할(自用) 기계설비, 부품, 생산용 교통운수설비 및 생산관리설비, ③ 외자기업이 수출제품을 생산하기 위하여 수입하는 원자재, 보조자재, 부속품 및 포장재료가 해당된다. 단, 상술한 수입된 물자가 비준을 거쳐 중국 국내에서 전매되거나 중국 국내에서 판매될 제품을 생산하는 데 사용될 경우에는 중국세법에 의거하여 세금을 납부하거나 또는 추가납부를 하여야 하며, 외자기업이 생산하는 수출제품은, 중국이 수출을 제한하는 경우를 제외하고는, 중국세법의 관련규정에 따라 감세, 면세를 하거나 또는 세금을 환급한다.80)

2. 외환관리

1) 합자기업

합자기업은 영업허가증에 의거하여 중국 내의 은행에 외환계좌 및 인민폐계좌를 개설하며, 계좌개설은행이 수납 및 지출(收付)을 감독한다. 합자기업이 외국 또는 홍콩, 마카오 지역의 은행에 외환계좌를 개설하는 경우에는 국가외환관리국 또는 그 분국(分局)의 비준을 받아야 하며, 동시에 국가외환관리국 또는 그 분국에 수납 및 지출 상황을 보고하고 은행 장부명세서(對帳單)를 제출하여야 한다. 합자기업이 외국 또는 홍콩, 마카오 지역에 설립한 지사는 당해 연도의 재무제표(資産負債表) 및 연도이윤표(年度利潤表)를 합자기업을 통하여 국가외환관리국 또는 그 분국에 제출하여야 한다.81) 합자기업은 업무경영의 필요에 따라 중국 내의 금융기관에 외환대출 및 인

---

79) 중외합자경영기업법실시조례 제61조 - 제62조.

80) 외자기업법실시세칙 제50조 - 제51조.

81) 중외합자경영기업법실시조례 제64조 - 제66조.

민폐 대출을 신청할 수도 있고, 외국 또는 홍콩, 마카오 지역의 은행으로부터 외환자금을 대출할 수도 있으며, 이러한 경우에는 국가외환관리국 또는 그 분국에 이를 등록하거나 신고 수속을 하여야 한다.[82] 합자기업의 외국국적 직원 및 홍콩, 마카오 직원의 임금 및 기타 정당한 수익은 법에 따라 세금을 납부한 후 중국 내에서의 경비를 공제한 잔여부분은 외화를 구입하여 외국으로 송금할 수 있다.[83]

2) 외자기업

외자기업은 영업허가증에 의해 중국 내에서 외환업무를 취급하는 은행에 계좌를 개설할 수 있으며, 계좌개설 은행이 수납 및 지출(收付)을 감독한다. 외자기업의 외환수입은 계좌개설 은행의 외환계좌에 예치하여야 하며, 외환지출은 당해 외환계좌에서 지불하여야 한다.[84] 외자기업이 생산 및 경영상의 필요로 인하여 국외의 은행에 외환계좌를 개설할 경우에는 반드시 국가외환관리국의 비준을 받아야 하며, 정기적으로 외환수지 현황에 대한 보고와 함께 은행 장부명세서(對帳單)를 제출해야 한다.[85] 외자기업에 고용된 외국국적의 직원과 홍콩, 마카오, 대만 직원의 임금 및 기타 정당한 외환수입은 세금을 납부한 후 자유롭게 해외로 송금할 수 있다.[86]

Ⅸ. 합병과 분립

외국인투자기업의 합병, 분립과 관련하여, 중국은 별도로 '외국인투자기업의합병과분립에관한규정(關于外商投資企業合併與分立的規定)'을 시행하고 있는데, 동 규정은 합자기업, 법인자격을 가진 합작기업, 외자기업, 외국인투자주식유한회사 등 외국인투자기업 간의 합병 또는 분립에 적용되며, 외국인투자기업과 중국 국내투자기업과의 합병에도 참조로 적용된다.[87]

외국인투자기업의 합병 또는 분립은 반드시 원 심사비준기관의 비준을 거치고, 등기기관에서 관련 수속을 밟아야 한다. 합병 예정 외국인투자기업의 원 심사비준기관 또는 등기기관이 두 개 이상인 경우에는, 합병 후의 외국인투자기업 주소지의 대

82) 중외합자경영기업법실시조례 제67조.
83) 중외합자경영기업법실시조례 제68조.
84) 외자기업법실시세칙 제53조.
85) 외자기업법실시세칙 제54조.
86) 외자기업법실시세칙 제55조.
87) 외국인투자기업의합병과분립에관한규정 제2조.

외무역경제주무부서 및 국가공상행정관리총국(國家工商行政管理總局)이 수권한 등기기관을 심사비준 및 등기기관으로 간주하며, 합병 예정 외국인투자기업의 투자총액 합계가 원 심사비준기관 또는 합병 후 외국인투자기업 소재지 심사비준기관의 심사비준권한을 초과하는 경우에는, 상응하는 권한을 가진 심사비준기관에서 심사비준을 받는다.[88)]

외국인투자기업이 중국 국내투자기업과 합병하는 경우에는 반드시 중국의 외자이용에 관한 법률, 규칙 및 산업정책의 요구에 부합하여야 하며, 다음의 조건을 구비하여야 한다. ① 합병예정의 중국 국내투자기업이 '회사법'의 규범에 따라 조직된 유한책임회사 또는 주식유한회사일 것, ② 투자자가 합병 후의 외국인투자기업이 종사하는 관련 산업의 투자자 자격 요구에 대한 법률, 규칙에 부합할 것, ③ 외국투자자의 지분비율이 합병 후 기업 등록자본금의 25% 이상일 것, ④ 합병 협의서의 각 당사자가 합병예정기업의 기존 직원들에 대해 직업을 보장하거나 합리적인 일자리를 부여할 것이 해당된다.[89)]

합병 또는 분립의 경우, 신청인은 심사비준기관에 다음에 열거된 서류를 제출하여야 한다. ① 기업의 법인대표가 서명한 합병 또는 분립에 관한 신청서 및 합병협의서, ② 기업 최고권력기관의 합병 또는 분립에 관한 결의, ③ 기업의 계약서, 정관, ④ 기업의 비준증서 및 영업허가증 사본, ⑤ 중국의 법정 자산감사(驗資)기관이 발급한 자산감사 보고서, ⑥ 기업의 자산부채표 및 재산명세서, ⑦ 기업의 전 1년도 회계심사 보고서 또는 분립협의서, ⑧ 기업의 채권자 명단, ⑨ 합병 또는 분립 후 기업의 계약서와 정관 및 최고권력기관의 구성원 명단, ⑩ 심사비준기관이 제출을 요구하는 기타 서류가 요건이다.[90)]

합병 후 존속하는 기업 또는 신설된 기업은 합병으로 인하여 해산된 기업의 채권, 채무를 모두 승계하며, 분립 후의 회사는 분립계약에 따라 원 기업의 채권, 채무를 승계한다.[91)] 심사비준기관은 관련 서류를 접수한 날로부터 45일 내에, 서명형식으로써, 합병 또는 분립에 동의하는지의 여부에 대한 1차(初步) 회답을 하여야 하며, 동 심사비준 기한은 180일까지 연장할 수 있다.[92)] 합병 또는 분립을 신청한 기업은 심사비준기관이 합병 또는 분립에 동의한다는 1차 회답을 받은 날로부터 10일 내에, 채권자에게 통지서를 발부하고, 30일 내에 전국적으로 발행되는 성급 이상의 신문에

88) 외국인투자기업의합병과분립에관한규정 第7조.
89) 외국인투자기업의합병과분립에관한규정 第17조.
90) 외국인투자기업의합병과분립에관한규정 第21조, 第23조.
91) 외국인투자기업의합병과분립에관한규정 第25조.
92) 외국인투자기업의합병과분립에관한규정 第26조.

적어도 3회에 걸쳐 공고를 하여야 하며, 통지서 및 공고에서 기존 기업 채무의 승계 방안을 설명하여야 한다.[93]

합병 또는 분립 예정의 기업이 제1차 공고를 한 날로부터 90일 내 채권자가 반대하지 않는 경우, 합병예정의 기업 신청인 또는 분립예정의 기업은 다음에 열거한 서류를 심사비준기관에 제출하여야 한다. ① 기업이 신문에 3회에 걸쳐 합병 또는 분립공고를 게재하였다는 증명서류, ② 기업이 그 채권자에게 통지하였다는 증명서류, ③ 기업의 당해 채권, 채무 처리의 관련상황 설명자료, ④ 심사비준기관이 제출을 요구하는 기타 서류가 그것이다.[94] 심사비준기관은 서류를 접수한 날로부터 30일 내에, 합병 또는 분립을 비준할 것인지를 결정하여야 한다.[95]

Ⅹ. 해산과 청산

1. 해산

1) 합자기업

합자기업은 다음에 열거된 상황에 해당하는 경우 해산한다. ① 공동경영기한이 만료된 경우, ② 기업에 심각한 결손이 발생하여 경영을 계속할 수 없는 경우, ③ 공동경영 일방이 합자기업의 협의서, 계약서, 정관이 규정한 의무를 이행하지 않아 기업이 영업을 계속할 수 없게 된 경우, ④ 자연재해, 전쟁 등의 불가항력으로 인해 심각한 손실이 발생하여 영업을 계속 할 수 없게 된 경우, ⑤ 합자기업이 그 영업목적을 달성하지 못하고 있고, 동시에 발전 전망도 없는 경우, ⑥ 합자기업의 계약서, 정관이 규정하는 기타 해산 원인이 이미 발생한 경우가 그것이다. 단 ②-⑥호의 경우 이사회 또는 계약을 이행한 일방이 해산신청서를 제출하여 심사비준기관의 비준을 받아야 한다.[96]

2) 합작기업

합작기업은 다음에 열거된 상황에 해당하는 경우 해산한다. ① 합작기한이 만료된 경우, ② 기업에 심각한 결손이 발생하거나 불가항력으로 인한 심각한 손실을 입

93) 외국인투자기업의합병과분립에관한규정 第27조.

94) 외국인투자기업의합병과분립에관한규정 第29조,

95) 외국인투자기업의합병과분립에관한규정 第30조.

96) 중외합자경영기업법실시조례 第90조.

어 경영을 계속할 수 없는 경우, ③ 중외합작자 일방이 합작기업의 계약서, 정관이 규정한 의무를 이행하지 않아 기업이 영업을 계속할 수 없게 된 경우, ④ 합작기업의 계약서, 정관이 규정하는 기타 해산 원인이 이미 발생한 경우, ⑤ 합작기업이 법률, 행정법규를 위반하여, 법에 따라 폐쇄가 명해진 경우가 그것이다. 단 ②-④호의 경우 이사회, 연합관리위원회 또는 계약을 이행한 일방이 해산신청서를 제출하여 심사비준기관의 비준을 받아야 한다.[97)]

3) 외자기업

외자기업은 다음에 열거한 상황에 해당하는 경우 해산한다. ① 경영기한이 만료된 경우, ② 경영부진, 심각한 결손으로 외국투자자가 해산을 결정한 경우, ③ 자연재해, 전쟁 등의 불가항력으로 인해 심각한 손실이 발생하여 경영을 계속할 수 없게 된 경우, ④ 파산, ⑤ 중국의 법률·법규를 위반하고, 공공이익에 손해를 가하여 법에 따라 등록이 취소되는 경우, ⑥ 외자기업의 정관에서 규정한 기타 해산사유가 발생한 경우가 그것이다. 단 ②-④호의 경우에는 해산신청서를 심사비준기관에 제출하여 승인(核准)을 받아야 하며, 심사비준기관이 승인한 날자가 기업의 해산일로 된다.[98)]

2. 청산

1) 합자기업

합자기업은 해산을 선고하면 청산을 진행하여야 하며, 청산위원회를 설립하고, 청산위원회가 청산업무를 담당한다. 청산위원회의 구성원은 일반적으로 합자기업의 이사 중에서 선임하여야 하며, 이사가 청산위원회의 구성원을 맡을 수 없거나, 맡기에 적합하지 아니한 경우 중국 공인회계사, 변호사를 선임할 수 있다. 심사비준기관은 필요하다고 인정되는 경우 인원을 파견하여 감독하게 할 수 있으며, 청산비용 및 청산위원회 구성원의 보수(酬劳)는 합자기업이 현재 보유하고 있는 재산 중에서 우선 지급하여야 한다.[99)]

청산위원회의 임무는 합자기업의 재산, 채권, 채무에 대하여 전면적으로 조사하고, 자산부채표 및 재산목록을 작성하며, 재산평가와 계산의 근거를 제출하고, 청산

---

97) 중외합작경영기업법실시세칙 제48조.

98) 외자기업법실시세칙 제72조.

99) 중외합자경영기업법실시조례 제91조 - 제92조.

방안을 결정하며, 이사회 회의에서 통과된 후 집행하는 것이다. 청산 기간 중 청산위원회는 당해 합자기업을 대표하여 소송행위를 할 수 있다.[100)]

합자기업은 자신의 모든 재산으로써 당해 채무에 대한 책임을 부담하며, 합자기업이 채무를 변제한 후의 잉여재산은 합자 쌍방의 출자비율에 따라 분배하나, 합자기업의 협의서, 계약서, 정관에 별도의 규정이 있는 경우는 예외이다. 합자기업이 해산되는 경우, 그 순자산액 또는 잉여재산에서 기업의 미분배 이윤, 각종 기금 및 청산비용을 제한 후의 잉여액이 실제 납부한 자본을 초과할 경우 그 초과분은 청산소득으로 간주하여 법에 따라 소득세를 납부하여야 한다.[101)] 합자기업의 청산업무가 완료된 후 청산위원회는 청산완료보고서를 제출하여, 이사회 회의에서 통과한 후, 심사비준기관에 보고하고, 동시에 등록관리기관에서 등록말소를 하고 영업허가증을 반납하여야 한다.[102)]

2) 합작기업

합작기업의 청산은 관련 법률, 행정법규 및 합작기업 계약서와 정관의 규정에 따라 처리한다.[103)]

3) 외자기업

외자기업이 해산되는 경우, 해산일로부터 15일 이내에 대외적으로 공시함과 동시에 채권자에게 통지하여야 하며, 또한 해산 공시일로부터 15일 이내에 청산절차, 원칙 및 청산위원회 구성원 명단을 제출하고, 심사비준기관의 심사비준을 거친 후 청산을 진행하여야 한다. 청산위원회는 외자기업의 법인대표, 채권단 대표 및 관련 주무기관의 대표로 구성하여야 하며, 중국 공인회계사, 변호사 등을 참여시켜야 한다. 청산비용은 외자기업이 현재 소유하고 있는 재산에서 우선 지출한다.[104)]

청산위원회는 아래의 권한이 있다. ① 채권자 회의의 소집, ② 기업재산의 접수 및 처리, 자산부채표와 재산목록의 작성, ③ 재산 평가 및 산출 근거의 제출, ④ 청산방안의 결정, ⑤ 채권회수 및 채무상환, ⑥ 주주의 미납금 회수, ⑦ 잉여재산 분배, ⑧ 외자기업의 소송행위가 그것이다.[105)]

100) 중외합자경영기업법실시조례 제93조.
101) 중외합자경영기업법실시조례 제94조.
102) 중외합자경영기업법실시조례 제95조.
103) 중외합작경영기업법실시세칙 제49조.
104) 외자기업법실시세칙 제73조－제74조.
105) 외자기업법실시세칙 제75조.

외국투자자는 외자기업의 청산이 완료되기 전에는 당해 기업의 자산을 국외로 송금하거나 해외로 반출하여서는 아니 되며, 기업의 자산을 임의로 처분하여서도 아니 된다. 외자기업의 청산이 완료되어, 당해 순자산액과 잉여재산이 등록자본금을 초과할 경우 그 초과분은 이윤으로 간주하여 세법에 따라 소득세를 납부하여야 한다.[106] 외자기업의 청산이 완료되면 공상행정관리기관에 등록말소 절차를 밟아야 하고, 영업허가증을 반납하여야 한다.[107]

XI. 결 론

이상 '중외합자경영기업법', '중외합작경영기업법', '외자기업법' 및 그 실시조례 또는 실시세칙을 중심으로 중국의 투자보호법제 개관에 대해 간략히 살펴보았다. 물론 이들 법령이 중국의 투자보호법제에 있어서 가장 기본적이고 핵심적인 내용임은 틀림이 없으나, 실제로 투자하는 분야가 다르므로 추가로 살펴보아야 할 법령의 수량도 결코 적지 않다.

위에서 간단히 언급하였듯이, 중국은 외국인의 투자산업을 고무, 허가, 제한 및 금지 등 네 가지 부류로 구분하며, 특히 제한부류의 산업에 있어서 일반적인 외국인투자에 비해 엄격한 요건 또는 제한조건을 두고 있는 것이 많다. 예를 들어, 외국인이 통신서비스에 투자하고자 하는 경우, 상술한 법령의 기본요건을 충족시키는 전제하에 별도로 '외국인투자통신기업관리규정(外商投資電信企業管理規定)'의 요건과 절차를 충족시켜야 하며, 동 규정에 규정되지 않은 부분에 있어서는 중국 내 모든 통신서비스 기업에 보편적으로 적용되는 기타 법령을 적용한다. 또한 동 규정에 의하면, 통신서비스산업은 외국인의 투자를 제한하는바, 부가통신서비스와 기본통신서비스 중 무선호출서비스에 종사하는 경우, 외국인투자지분은 최대 50%까지 허용하며, 기타 기본통신서비스에 종사하는 경우에는 49%까지만 허용하는 등 차이점을 보이고 있다. 물론 최저 등록자본금 요건도 종사하는 통신서비스 분야가 다름에 따라 최저 100만 위안부터 최대 10억 위안까지 큰 차이를 보이고 있다. 기본적으로 중국이 외국인의 투자에 대해 제한을 가하고 있는 산업의 경우, 특히 서비스산업과 관련하여 별도의 규정으로 관리하는 경우가 많으며, 이러한 규정들은 중국이 WTO 가입약속을 이행하면서 여러 차례 개정되어, 투자자들의 법령에 대한 이해를 더욱 어렵게 하

106) 외자기업법실시세칙 제76조.
107) 외자기업법실시세칙 제77조.

고 있다.

이 밖에, 상무부를 포함하여 중국의 각 부서에서는 통지, 의견 등의 규범성문건을 자주 발표하는데, 이들 역시 그 명칭과는 상관없이 법적 구속력을 가지므로 예의 주시할 필요가 있으며, 지방정부에서 발표하는 지방성법규나 지방정부규정 역시 당해 지방에서는 구속력을 가지므로 면밀히 검토할 필요성이 있다.

또 한 가지 흥미로운 점은 중국의 WTO 가입약속에 대한 이행과 관련하여 발생되고 있는 분쟁들이다. 예를 들어, 중-미 간의 출판물 및 시청각제품 사건이나 중-EU 간의 금융정보서비스 사건 등은 중국의 WTO가입약속에 대한 양측의 이해가 다름에 따라 발생한 것이고, 특히 전자의 경우 WTO 분쟁해결기관이 이미 중국의 다수 법령이 WTO규범에 위배된다고 판정하여 중국이 관련법령을 개정하는 것으로 이어지게 되었다. 따라서 중국에 대한 투자를 진행함에 있어서 관련법령을 잘 파악하고 그 절차를 잘 밟아가는 한편 실제로 존재하는 문제점들, 즉 국제규범에 대한 위반이나 또는 외국인투자자에 대한 부당한 차별 등에 대해 정부에 보고하여, 정부차원에서의 대응을 유도하는 것도 필요하다고 본다.

International Investment Law

제 4 부

투자분쟁해결과 분쟁사례

제14장 ICSID 중재절차 개관

제15장 국제투자중재의 관할권

제16장 ICSID 중재판정의 취소이유

제17장 *Metaclad* 사건의 주요내용

제18장 *Saipem* 사건의 주요내용

제14장 ICSID 중재절차 개관

Ⅰ. 서 론

국제투자분쟁해결센터(International Centre for Settlement of Investment Disputes: 이하 "ICSID")는 세계은행 산하기구로서 1965년 '국가와 타방국가 국민 간의 투자분쟁의 해결에 관한 협약(Convention on the Settlement of Investment Disputes between States and Nationals of Other States: 이하 "ICSID협약" 또는 "협약")'[1]에 따라 미국 Washington D.C.에 설립된 국제기구다. ICSID협약은 ICSID의 소재지 이름을 반영하여 '워싱턴협약'으로도 칭해진다. 2011년 4월 현재 ICSID협약의 서명국은 157개국, 비준국은 147개국에 이른다. ICSID가 직접 투자분쟁사건을 중재하는 것은 아니며, 개별 분쟁사건을 해결하기 위해 독립적으로 설치되는 중재판정부의 운영에 필요한 제도적인 틀을 제공하는 역할을 한다.

ICSID 중재절차는 ICSID협약[2]과 중재절차규칙(Rules of Procedure for Arbitration Proceedings: 이하 "ICSID 중재규칙" 또는 "규칙")[3]에 규정되어 있다. ICSID 중재절차는 원래 체약국과 타방체약국 국민 간의 투자분쟁을 해결하기 위해 마련된 것이었지만 초기에는 그 이용 빈도가 낮았다. 이에 ICSID는 중재절차 이용도를 높이기 위해 체약

1) 우리나라 관련 사항: 1967. 1. 28. 제59회 국회 8차 본회의 비준동의, 같은 해 3. 23. 조약 제234호로 발효.

2) ICSID협약의 공식 국문번역본은 외교통상부 다자조약정보 웹사이트(http://mofaweb.mofat.go.kr/multi_treaty.nsf/0/F680D866DE837B3749256774000252B0?opendocument&skin=skin01)에서 쉽게 얻을 수 있다. 보다 정확한 비공식 번역본으로는 다음을 참조: 강병근, 『ICSID 중재제도 연구』(법무부, 2006), '부록1: 국가와 타방국가 국민 간의 투자분쟁의 해결에 관한 협약,' pp.337-355.

3) *Rules of Procedure for Arbitration Proceedings* (April 2006), 〈http://icsid.worldbank.org/ICSID/StaticFiles/basicdoc/CRR_English-final.pdf〉. 비공식 번역본은 다음을 참조. 강병근, 전게서, '부록2: 중재절차규칙,' pp.356-390; 법무부, 『국제투자분쟁 매뉴얼-ISD 국제중재 승소 전략-』(법무부, 2009), '부록: ICSID 중재규칙,' pp.140-184.

국이 아닌 국가나 비체약국 국민도 ICSID 중재절차를 이용할 수 있도록, 1978년부터 추가규칙(Additional Facility Rules: 이하 “AFR”)[4]을 제정하여 이에 따른 중재절차도 운영해 오고 있다.[5] 오늘날 ICSID 중재는 다른 국제중재에 비해 보다 중립적이고 투명하며 중재판정의 집행이 잘 보장되고 비용도 합리적이라는 장점을 갖고 있는 것으로 평가 받고 있다.[6] 본 장은 ICSID협약 및 규칙에 나타난 중재절차의 주요내용의 관련규정을 일부 사례[7]와 함께 개괄적으로 소개하고자 한다.

Ⅱ. 중재절차개시 및 중재판정부의 구성 등

1. 중재절차개시

1) 관련 규정

ICSID 중재절차는 중재를 원하는 당사자가 서면으로 사무총장에게 중재신청서를 제출함으로써 개시된다. 신청서가 제출되면 사무총장은 신청서 사본을 타방당사자에게 송부해야 한다(협약 제36조 1항). 신청서에는 분쟁 사항, 당사자의 인적사항, ‘조정 및 중재절차 개시에 관한 규칙(Rules of Procedure for the Institution of Conciliation and Arbitration Proceedings)’에 따른 중재동의 등에 관한 모든 사항이 기재되어야 한다(협약 제36조 2항). 사무총장은 중재신청서에 기재된 사항에 근거하여 그 분쟁이 ICSID의 관할권 밖에 있다는 점이 명백하게 인정되지 않는 한 신청서를 등록해야 하며, 등록 또는 등록거부를 당사자에게 즉시 통지해야 한다(협약 제36조 3항). 신청당사자는 자신의 신청이 등록되기 이전에 사무총장에게 서면으로 신청을 철회할 수 있다(규칙 제8조).

2) 관련 사건

Tokios Tokeles v. Ukraine 사건에서 중재신청서는 (i) 리투아니아에서 설립된 Tokios Tokeles와 (ii) 이의 자회사로서 우크라이나에서 설립된 Taki Sparvy 등의 명의로 제출되었다. 신청서 제출로부터 2개월 후, ICSID는 당사자들에게 중재신청 전

4) ICSID 중재규칙과 함께 최근 2006년 4월에 개정되었다. *ICSID Additional Facility Rules* (April 2006). 〈http://icsid.worldbank.org/ICSID/StaticFiles/facility/AFR_English-final.pdf〉.

5) 예컨대, *Metalclad Corporation v. The United Mexican States* (ICSID Case no. ARB(AF)/97/1) 사건.

6) Lucy Reed *et al., Guide to ICSID Arbitration* (Kluwer Law International, 2004), pp.8-9.

7) 이하 사례는 주로 다음 문헌을 참조한 것이다. Christoph H. Schreuer *et al., The ICSID Convention: A Commentary*, 2nd ed. (Cambridge University Press, 2009).

에 화해를 위한 기간을 준수하지 않았음을 알렸다. 이에 당사자들은 중재신청을 일단 철회하고, 몇 주 후에 신청서를 다시 제출하였다.[8] 한편 ICSID는 당사자들에게 Taki Sparvy를 우크라이나가 아닌 다른 체약국의 국민으로 간주한다는 (협약 제25조 2항 b호에 따른) 동의가 없음을 알렸다. 이에 Tokios Tokeles는 Taki Sparvy를 신청당사자에서 삭제할 것이라고 ICSID에 알렸다.

2. 중재판정부의 구성

1) 관련 규정

중재판정부(이하 "판정부")는 중재신청서의 등록 후 신속히 구성되어야 한다(협약 제37조 1항). 판정부는 당사자가 합의하는 단독 또는 홀수의 중재인으로 구성된다(협약 제37조 2항 a호). 당사자가 중재인의 수와 선정방법에 합의하지 못한 경우, 판정부는 각 당사자가 선정하는 각 1명의 중재인과 의장중재인이 될 사람으로서 당사자가 합의하여 선정하는 중재인 등 3명의 중재인으로 구성된다(협약 제37조 2항 b호). 중재신청서의 등록 통지 후 90일 이내에 또는 기타 당사자가 합의한 기간 내에 판정부가 구성되지 않으면, ICSID 운영이사회 회장(Chairman of the Administrative Council)은 일방당사자의 요청에 따라 양 당사자와 협의를 거쳐 중재인을 선정해야 한다(협약 제38조).

2) 관련 사건

Fedax v. Venezuela 사건에서 신청당사자는 먼저 판정부를 3인으로 구성할 것과 이들의 선정방법에 대해 제안하였다. 신청당사자가 타방당사자로부터 60일이 지나도록 아무런 답변을 듣지 못하자, ICSID에게 자신은 협약 제37조 2항 b호에 따라 중재인 1명을 선정하였음을 알렸다. 이에 베네주엘라도 즉시 중재인 1명을 선정하고, ICSID 운영이사회 회장이 의장중재인이 될 제3의 중재인을 선정해줄 것을 제안하였다. 신청당사자가 이에 동의하여, 운영이사회 회장에 의해 의장중재인이 선정되었다.[9]

SOABI v. Senegal 사건에서 양 당사자들은 중재신청서의 등록 후 90일 이내에 3명의 중재인 선정에 대해 합의하였다. 그런데 의장중재인으로 지명된 자가 중재인 요청을 거절하였는데, 이때 90일이 경과하였다. 양 당사자들이 새로운 중재인 선정에 대한 합의에 실패하자, SOABI는 협약 제38조에 따라 ICSID 운영이사회 회장에게

8) *Tokios Tokeles v. Ukraine*, Award, 26 July 2007, paras.16, 18.

9) *Fedax v. Venezuela*, Decision on Jurisdiction, 11 July 1997, paras.4-7.

중재인 선정을 요청하였다.[10)]

3. 관할권 결정

1) 관련 규정

판정부의 권한은 판정부가 결정한다(협약 제41조 1항). 당사자가 당해 분쟁이 ICSID의 관할권 밖이라거나 또는 판정부의 권한 밖임을 다투는 경우, 이를 선결적 문제로 다룰 것인지 또는 본안으로 다룰 것인지 여부는 판정부가 결정한다(협약 제41조 2항).

2) 관련 사건

Holiday Inns. v. Morocco 사건에서 판정부는 자신에게 관할권이 없음을 결정하였다. 신청당사자는 ICSID가 자신의 신청을 등록한 것은 이 사건이 ICSID의 관할권에 속한다는 점을 간접적으로 인정한 것이라고 주장하였지만, 판정부는 당해 신청서가 등록되었다는 사실이 이 사건이 ICSID의 관할권 밖에 있다는 판정부의 결정을 저해할 수 없다고 하였다.[11)]

Mihaly v. Sri Lanka 사건에서 판정부는 신청서의 등록은 당해 사건이 ICSID의 권할권 내에 있지 않다는 점이 명확하지 않다는 것일 뿐, 당해 사건에 대한 판정부의 권한 유무를 판단함에 있어 어떠한 영향도 미칠 수 없다고 하였다.[12)]

SGS v. Pakistan 사건에서 신청서는 파키스탄 대법원이 SGS에 대해 ICSID 중재절차 이용을 금지하는 판결을 내린 후에 등록되었다. 파키스탄 대법원은 양자투자협정(이하 "BIT")에서 정한 '투자'가 존재하지 않으며 또한 SGS가 ICSID 중재 신청권을 스스로 포기하였다는 이유로, SGS는 ICSID 중재절차를 이용할 수 없다고 본 것이다.[13)] 이로부터 13개월 후 판정부는 문제된 행위가 BIT뿐만 아니라 ICSID 협정상의 투자에 해당한다고 보고, 이 사건에 대한 관할권이 있다고 결정하였다.[14)] 판정부는 BIT에 근거한 중재신청에 대해 관할권을 갖는 것이지 당해 투자를 초래한 계약에 근거한 중재신청에 대해서는 관할권이 없다고 하였다.[15)]

---

10) *SOABI v. Senegal*, Decision on Jurisdiction, 1 August 1984, paras.4, 5; *SOABI v. Senegal*, Award, 25 February 1988, paras.1.04, 1.05.

11) *Holiday Inns. v. Morocco*, Decision on Jurisdiction, 1 July 1973.

12) *Mihaly v. Sri Lanka*, Award, 15 March 2002, para.57.

13) *SGS v. Pakistan*, Judgement, Supreme Court of Pakistan, 3 July 2002, 8 ICSID Reports 356.

14) *SGS v. Pakistan*, Decision on Jurisdiction, 6 August 2003, para.30.

15) Id., para.190.

4. 적용법규

1) 관련 규정

판정부는 당사자가 합의한 법규에 따라 분쟁을 해결하고, 이러한 합의가 없는 경우에는 분쟁 당사자인 체약국의 법률(국제사법 포함) 또는 당해 분쟁에 적용가능한 국제법 규칙을 적용한다(협약 제42조 1항). 판정부는 법률의 부존재 또는 불명확성을 이유로 판정불가(*non liquet*)를 선언할 수 없으며(협약 제42조 2항), 당사자가 합의한 경우에는 형평과 선(*ex aequo et bono*)에 따라 판정할 수 있다(협약 제42조 3항). 판정부는 ICSID협약이나 규칙 또는 당사자가 합의한 규칙에 규정되지 않은 절차 문제를 자신의 판단에 따라 결정해야 한다(협약 제44조).

의장중재인은 심리를 진행하고 심의를 주재한다(규칙 제14조 1항). 당사자들이 달리 합의한 경우를 제외하고 회의에는 판정부 중재인의 과반수가 출석해야 한다(규칙 제14조 2항). 판정부의 심의는 비공개로 진행되며 비밀로 한다(규칙 제15조 1항). 판정부 중재인만이 심의에 참여하고, 판정부가 달리 결정하지 않는 한 누구도 심의에 참여할 수 없다(규칙 제15조 2항).

2) 관련 사건

ADC v. Hungary 사건에서 문제된 BIT에는 준거법 조항이 없었다. 이 사건 판정부는 당사자들의 BIT에 따른 중재 합의가 준거법을 BIT로 묵시적으로 정한 것이라고 인정하고, 이러한 묵시적 합의는 다시 국제관습법을 포함한 일반국제법을 준거법으로 묵시적으로 정한 것이라고 하였다.[16)]

World Duty Free v. Kenya 사건에서 공항 면세점 공사·보수·유지 계약과 관련한 뇌물이 문제되었다. 이 사건 판정부는 영국법 및 케냐법을 적용법규로 명시한 준거법 조항뿐만 아니라 뇌물·부패를 불법으로 하고 있는 여러 국제조약[17)]에서 도출된 국제공서양속(international public order)도 적용하여 판정을 내렸다. 판정부는 뇌물은 국제공서양속에 위반되며, 뇌물을 제공하고 체결한 계약에 근거한 어떠한 청구도 받아들일 수 없다고 하였다.[18)]

---

16) *ADC v. Hungary*, Award, 2 October 2006, para.290.

17) 예컨대, UN Convention against Corruption (31 October 2003), OECD Convention on Combating Bribery of Foreign Public Official in International Business Transactions (21 November 1997), OAS Inter-American Convention against Corruption (29 March 1996), African Union Convention on Preventing and Combating Corruption (11 July 2003).

18) *World Duty Free v. Kenya*, Award, 4 October 2006, para.188.

Benventuni & Bonfant v. Congo 사건에서 판정부는 형평과 선에 따라 판정할 권한을 부여받았다. 판정부는 콩고 헌법과 국제법의 일반원칙뿐만 아니라 '형평'에 따라서도 국유화에 따른 보상이 있어야 한다고 하였다.[19]

Ⅲ. 서면 및 구두절차

1. 절차 개관

중재절차는 당사자들이 달리 합의한 경우를 제외하고 서면절차와 구두절차 순서로 구성된다(규칙 제29조). 서면절차는 중재신청서, 준비서면(memorial), 답변서(counter-memorial) 등으로 구성되고, 당사자들이 합의하거나 판정부가 필요하다고 인정되는 경우에는 제2준비서면(reply), 제2답변서(rejoinder) 등으로 구성된다(규칙 제31조 1항). 준비서면은 사실관계, 법적 쟁점, 청구취지 등을 포함하여야 한다. 답변서, 제2준비서면, 제2답변서 등은 직전 서면절차에 기재된 사실에 대한 인정 또는 부인, 필요한 경우에는 추가적 사실, 직전 서면절차에 기재된 법적 주장에 대한 견해, 당해 쟁점에 대한 답변으로서의 법적 주장 및 청구취지 등을 포함하여야 한다(규칙 제31조 3항). 구두절차는 당사자, 대리인, 자문인 및 변호인, 증인, 전문감정인 등에 대한 판정부의 심리로 구성된다(규칙 제32조 1항). 판정부 중재인은 심리 중에 당사자들, 대리인, 자문인 및 변호인 등에게 질문할 수 있으며 설명을 요청할 수 있다(규칙 제32조 3항).

2. 증거

1) 관련 규정

증거의 적격성 및 증명력은 판정부가 결정한다(규칙 제34조 1항). 판정부는 필요하다고 인정되는 경우에는 중재절차의 어떤 단계에서든 당사자들에게 문서를 제출하거나, 증인 또는 전문감정인을 출석시키도록 요구할 수 있고, 당해 분쟁과 관련한 장소를 방문하거나 그 곳에서 사실조사를 행할 수 있다(규칙 제34조 2항).

당사자들은 의장중재인의 지휘 하에 증인 및 전문감정인을 신문할 수 있고, 판정부 중재인도 이들을 심문할 수 있다(규칙 제35조 1항). 판정부는 증인 또는 전문감정인의 서면 선서신문서(written deposition)를 증거로 채택할 수 있고, 양 당사자의 동의를

19) *Benventuni & Bonfant v. Congo*, Award, 15 August 1980, para.4.64.

얻어 판정부 이외의 장소에서 증인 또는 전문감정인을 신문할 수 있다. 이때 판정부는 신문 대상, 시한, 절차, 기타 필요한 사항을 정해야 하고, 당사자들은 당해 신문에 참여할 수 있다(규칙 제36조).

판정부는 양 당사자와 협의한 후 분쟁당사자가 아닌 제3자가 분쟁 사안에 관하여 서면의견서를 제출하도록 허락할 수 있으며, 양 당사자가 제3자 서면의견서에 대한 견해를 진술할 수 있는 기회를 주어야 한다(규칙 제37조 2항).

당사자들의 주장이 완료되면, 절차 종료가 선언된다(규칙 제38조 1항). 판정부는 예외적으로 판정을 내리기 전 결정적인 새로운 증거가 나타나거나 또는 특정 쟁점을 명확히 해야 할 필요가 있을 때에는 절차를 재개할 수 있다(규칙 제38조 2항).

2) 관련 사건

Aguas del Tunari v. Bolivia 사건에서 판정부는 증거와 관련하여 판정부가 갖는 재량은 증거법 일반원칙과 국제중재에서의 일반적인 증거 관련 관행에 따른다고 하였다.[20]

Tradex v. Albania 사건에서 Tradex는 특정 증인을 믿을 수 없다며 당해 증인의 출석에 반대하였다. 그러나 판정부는 어떠한 증인도 신문의 대상이 되며, Tradex가 제기한 문제는 교차신문에서 적절히 다루어질 수 있다고 하였다. 한편 알바니아는 Tradex가 제출한 서류에 대해 이의를 제기하였는데, 판정부는 자신에게 제출된 어떠한 서류도 적격성이 있다고 하였다.[21]

Duke Energy v. Peru 사건에서 당사자들은 어떠한 증인도 출석시키지 않기로 하였으나, 판정부는 당사자들에게 증인을 출석시키도록 요청하였다. 결국 당사자들은 판정부의 요청에 따라 증인을 출석시켰다.[22]

Ⅳ. 기타절차

1. 잠정조치

1) 관련 규정

중재절차 개시 후 일방당사자는 언제든지 판정부에게 자신의 권리를 보전하기

20) *Aguas del Tunari v. Bolivia*, Decision on Jurisdiction, 21 October 2005, para.25.

21) *Tradex v. Albania*, Award, 29 April 1999, para.34.

22) *Duke Energy v. Peru*, Decision on Jurisdiction, 1 February 2006, para.20.

위한 잠정조치를 권고할 것을 요청할 수 있다. 위 요청에는 보전되어야 할 권리, 권고가 요청되는 조치 및 당해 조치가 필요한 상황 등이 명시되어야 한다(규칙 제39조 1항). 당사자가 달리 합의한 경우를 제외하고 판정부는 필요하다고 판단되는 경우 각 당사자의 권리를 보전하기 위하여 취해야 할 잠정조치를 권고할 수 있다(협약 제47조). 판정부는 규칙 제39조 1항에 따른 요청을 우선적으로 고려해야 한다(규칙 제39조 2항). 판정부는 직권으로 잠정조치를 권고하거나 요청시 명시된 사항 이외의 조치를 권고할 수 있으며, 언제든지 권고를 변경 또는 취소할 수 있다(규칙 제39조 3항). 판정부는 각 당사자에게 자신의 의견을 제시할 기회를 부여한 이후에만 잠정조치를 권고하거나 또는 권고한 사항을 변경 또는 취소할 수 있다(규칙 제39조 4항).

2) 관련 사건

Maffezini v. Spain 사건에서 판정부는 잠정조치에 관한 협약 제47조의 "권고(recommend)"의 의미는 명령(order)과 동일하며, 잠정조치는 최종판정과 동일한 구속력이 있다고 하였다.[23] 잠정조치의 구속력은 다른 사건들에서도 재확인되었다.[24]

MINE v. Guinea 사건에서 판정부는 1985년 12월 4일 국내법원에서의 모든 절차 중지를 요청하는 잠정조치를 내렸다.[25] 스위스 제네바1심법원은 스위스 소재 기니아 정부 재산에 대한 MINE의 가압류 청구를 기각하는 근거 중 하나로 ICSID 판정부의 잠정조치를 들었다.[26]

CSOB v. Slovakia 사건에서 판정부는 1999년 1월 11일 슬로바키아에서의 파산절차 중지를 위한 잠정조치를 내렸다.[27] 그러나 슬로바키아 대법원은 1999년 10월 23일 ICSID 판정부의 파산절차 중지 권고를 거부한 하급심 판결을 지지하였다. 그럼에도 불구하고 슬로바키아 대법원은 ICSID 중재절차와 슬로바키아 내에서의 파산절차는 서로 충돌하지 않으므로 ICSID 판정부의 판정은 파산절차 결과와는 무관하게 유효하며 구속력을 가질 것이라고 하였다. 이 사건 판정부는 2000년 3월 1일 파산절차 중지에 대한 잠정조치를 다시 내렸다.[28]

---

23) *Maffezini v. Spain*, Decision on Provisional Measures (Procedural Order no.2), 28 October 1999, para.9.

24) *Pey Casado v. Chile*, Decision on Provisional Measures, 25 September 2001; *Tokios Tokeles v. Ukraine*, Procedural Order no.1, 1 July 2003; *Occidental v. Ecuador*, Decision on Provisional Measures, 17 August 2007.

25) *MINE v. Guinea*, Award, 6 January 1988, 4 ICSID Reports, p.69.

26) *MINE v. Guinea*, Switzerland, Trubunal de Première Instance, Geneva, 13 March 1986, 4 ICSID Reports, pp.41, 43.

27) *CSOB v. Slovakia*, Procedural Order no.4, 11 January 1999.

28) *CSOB v. Slovakia*, Procedural Order no.5, 1 March 2000.

2. 부대청구

1) 관련 규정

당사자들이 달리 합의한 경우를 제외하고, 일방당사자는 분쟁대상에서 직접 발생하는 부수적·추가적 청구 또는 반대청구를 제기할 수 있다. 단 그러한 부대청구는 당사자들의 합의 범위 또는 ICSID 관할권 내에 있어야 한다(협약 제46조, 규칙 제40조 1항). 원칙적으로 부수적 또는 추가적 청구는 늦어도 제2준비서면 제출시까지, 반대청구는 늦어도 답변서 제출시까지 제기되어야 한다(규칙 제40조 2항).

2) 관련 사건

Siemens v. Argentina 사건에서 Siemens는 자신의 하청업체들이 주장하는 손해까지 포함한 손해배상을 주장하였다. 이 사건 판정부는 아르헨티나 정부의 불법 수용이 인정되므로, 아르헨티나 정부는 Siemens가 하청업체들로부터 받은 손해배상청구까지 부담해야 한다고 하였다.[29)]

Autospia v. Venezuela 사건에서 청구인은 지연이자를 양허계약에 따라 산정해 줄 것을 요청하였고, 이에 대해 베네주엘라는 자국 민법을 원용하며 중재판정 후 지연이자율을 3%로 제한해줄 것을 주장하였다. 판정부는 베네주엘라 민법이 계약에 따라 지연이자율을 3% 보다 더 높게 정하는 것을 금지하는 것은 아니므로, 양허계약에 따라 지연이자를 지불하라고 판정하였다.[30)]

Genin v. Estonia 사건에서 피청구인 에스토니아는 자신이 투자한 금융기관에서 청구인이 불법적으로 횡령한 자금을 돌려달라는 반대청구를 제기하였다. 판정부는 에스토니아의 입증 부족을 이유로 반대청구를 기각하였다.[31)]

3. 본안 전 항변

1) 관련 규정

분쟁 또는 부대청구가 ICSID 관할권 밖이거나 판정부의 권한 밖이라는 본안 전 항변은 가능한 한 빨리 제기되어야 한다. 당사자는 답변서 제출시한 만료 전까지 또는 부대청구에 대한 항변의 경우에는 제2답변서 제출시한 만료 전까지 사무총장에

29) *Siemens v. Argentina*, Award, 6 February 2007, paras.322, 329, 365, 387.
30) *Autospia v. Venezuela*, Award, 23 September 2003, paras.382 – 387.
31) *Genin v. Estonia*, Award, 25 June 2001, paras.376 – 378.

게 항변을 제기해야 한다(규칙 제41조 1항). 판정부는 중재절차의 어느 단계에서든지 제기된 분쟁 또는 부대청구가 ICSID 관할권 및 당해 판정부의 권한 내에 해당하는지 여부를 직권으로 판단할 수 있다(규칙 제41조 2항). 분쟁에 관한 항변이 정식으로 제기되면, 판정부는 본안 절차의 중지를 결정할 수 있다. 의장중재인은 동료 중재인들과 협의한 후 당사자들이 항변에 대한 의견을 제출할 수 있는 시한을 정해야 한다(규칙 제41조 3항). 판정부는 본안 전 항변에 관한 추후 절차를 구두로 진행할 것인지 여부를 결정해야 한다. 판정부는 본안 전 항변을 선결적 문제로 다루거나 또는 이를 본안에 병합시킬 수 있다(규칙 제41조 4항). 판정부는 분쟁이 ICSID 관할권 밖이거나 자신의 권한 밖이라고 결정하는 경우 그러한 취지의 판정을 내려야 한다(규칙 제41조 5항).

2) 관련 사건

CSOB v. Slovakia 사건에서 피신청인은 판정부의 첫 번째 회기에서 관할권 항변을 제기할 것임을 미리 밝혔다. 양 당사자들은 서면 및 구두절차에서 관할권 문제를 다투었고,[32] 판정부의 관할권 결정 이후 청구인은 본안에 대한 준비서면을 제출하였다. 이에 피청구인은 답변서 제출 시한 내에 추가적으로 관할권 항변을 다시 제기하였다. 판정부는 두 번째 항변과 관련하여서도 관할권이 있다고 결정하고,[33] 본안절차를 진행하였다.[34]

Kaiser Bauxtie v. Jamaica 사건에서 자메이카 정부는 심리절차에 출석하지 않았다. 판정부는 청구인에게 관할권 문제를 포함한 준비서면을 피청구인에게 관할권 문제를 포함한 답변서를 제출하도록 지시하였다. 청구인은 판정부가 요구한 대로 준비서면을 제출하였으나, 피청구인은 답변서를 제출하지 않았다. 이에 판정부는 자메이카 정부가 관할권 문제에 대해 어떠한 주장도 하지 않았음에 유감을 표시하고, 관할권과 관련하여 제기가능한 항변을 고려하면서 관할권 문제를 직권으로 판단하겠다고 밝혔다.[35]

4. 당사자의 비협조

1) 관련 규정

일방당사자(이하 "비협조 당사자")가 출석하지 않거나 중재절차의 어느 단계에서도

32) *CSOB v. Slovakia*, Decision on Jurisdiction, 24 May 1999, para.7.

33) *CSOB v. Slovakia*, Decision on Further and Partial Objection to Jurisdiction, 1 December 2000.

34) *CSOB v. Slovakia*, Award, 29 December 2004, paras.3－5.

35) *Kaiser Bauxtie v. Jamaica*, Decision on Jurisdiction, 6 July 1975, para.10.

자신의 주장을 하지 않는 경우, 타방당사자는 절차가 종료되기 전에 언제든지 판정부에 이미 제기된 문제를 다루고 판정을 내릴 것을 요청할 수 있다(협약 제45조 2항, 규칙 제42조 1항). 판정부는 비협조 당사자가 출석하려는 의사가 없거나 또는 자신의 주장을 개진하려는 의사가 없다는 점이 확실하지 않은 경우에는 유예기간을 부여해야 한다(협약 제45조 2항, 규칙 제42조 2항). 유예기간 만료 후, 판정부는 심리를 재개한다. 비협조 당사자가 출석하지 않았거나 또는 자신의 주장을 하지 않았다고 해서 타방당사자의 주장을 인정한 것으로 간주되지 않는다(협약 제45조 1항, 규칙 제43조 3항).

2) 관련 사건

LETCO v. Liberia 사건에서 라이베리아 정부는 출석을 하지 않았으며 어떠한 주장도 하지 않았고, 판정부의 통지에 대해서 어떠한 응답도 하지 않았다. 판정부는 라이베리아 정부가 협조하지 않았다고 해서, 청구인의 주장을 지지하는 판정을 내릴 수 없으며, 판정부 스스로가 청구인의 주장을 면밀히 따져 보아야 할 부담을 진다고 하였다.[36] 판정부는 라이베리아 정부의 비협조를 이유로 중재절차에 소요된 모든 비용을 라이베리아 정부가 부담하도록 하였다.[37]

Goetz v. Burundi 사건에서 브루나이 정부는 출석을 하지 않았으며 어떠한 주장도 하지 않았다. 판정부는 출석한 당사자의 주장을 면밀하게 검토해야 할 의무가 있으나, 모순점이 없는 주장에 대해서까지 모두 일일이 확인할 수는 없다고 하였다.[38]

5. 화해 및 절차종료

1) 관련 규정

중재판정이 내려지기 전에 당사자들이 화해하거나 중재절차를 종료하기로 합의한 경우, 판정부 또는 판정부가 구성되지 않은 경우에는 사무총장이 당사자들의 서면 요청에 따라 중재절차의 종료를 명령서에 기재해야 한다(규칙 제43조 1항). 당사자들이 화해문서에 서명해서 사무총장에게 제출하고 판정부에 당해 화해문서를 중재판정에 포함시켜 달라고 서면으로 요청한 경우, 판정부는 이를 판정의 형식으로 기록할 수 있다(규칙 제43조 2항).

---

36) *LETCO v. Liberia*, Award, 31 March 1986, 2 ICSID Report, pp.356-357.

37) Id., p.378.

38) *Goetz v. Burundi*, Award, 10 February 1999, para.56.

2) 관련 사건

Vattenfall AB v. Germany 사건,[39] *MTN v. Yemen* 사건[40] 등에서 당사자들은 화해 내용을 판정의 형식으로 내려줄 것을 요청하여, 판정부는 화해 내용을 판정의 형식으로 기록하였다.

V. 중재판정

1. 판정의 작성내용 등

1) 관련 규정

판정부는 다수결에 따라 판정한다(협약 제48조 1항). 판정(개별의견 또는 반대의견 포함)은 중재절차 종료 후 120일 이내에 작성되고 서명되어야 하다. 다만 기간의 연장 없이는 판정 작성이 불가능한 경우 위 작성기간을 60일 더 연장할 수 있다(규칙 제46조). 판정은 서면으로 작성되어야 하며, 다음 사항을 포함해야 한다: 각 당사자의 정확한 표시; 판정부가 ICSID협약에 따라 구성되었다는 점과 그 구성 방식에 대한 설명; 판정부 중재인의 성명, 각 중재인을 선정한 기관의 표시; 당사자들의 대리인, 자문인 및 변호인의 성명; 판정부의 심리 일자 및 장소; 심리절차 요약; 판정부가 확정한 사실관계; 당사자들의 청구취지; 판정부에 제기된 모든 문제에 대한 결정 및 그 이유; 중재비용에 대한 판정부의 결정 등(규칙 제47조 1항). 판정부 중재인은 판정에 대한 개별의견 또는 반대의견을 첨부할 수 있다(규칙 제47조 3항). ICSID는 당사자의 동의 없이는 판정문을 공표할 수 없으나, 판정부의 법적 판단을 발췌하여 ICSID 간행물에 게재해야 한다(규칙 제48조 4항).

판정은 사무총장이 판정서의 인증사본을 송달한 날에 내려진 것으로 간주된다(협약 제49조 1항). 판정이 내려진 날로부터 45일 이내에 일방당사자의 요청이 있으면 판정부는 타방당사자에게 통지한 후 누락되어 자신의 판정에서 결정하지 않았던 문제를 결정할 수 있고, 판정서상의 오기, 오산 또는 기타 이와 유사한 오류를 정정해야 한다. 판정부의 결정은 판정의 일부를 이루며 판정과 동일한 방법으로 당사자에게 통지되어야 한다(협약 제49조 2항).

39) ICSID Case no. ARB/09/6.
40) ICSID Case no. ARB/09/7.

2) 관련 사건

Amco v. Indonesia (Annulment) 사건에서 인도네시아는 판정부의 결정이유가 당해 결정을 충분히 정당화시킬 수 없다면 이는 결정이유를 설시한 것으로 볼 수 없다고 주장하였다. 이에 대해 Amco는 결정이유가 설시되었는지 여부는 설시된 이유의 수준(quality)이 아니라 단지 판정문에 이유가 실제로 기재되어 있는지 여부에 의해서만 판단되어야 한다고 주장하였다. 이 사건 취소위원회(*ad hoc* committee)는 당사자들이 판정문을 이해할 수 있는 정도로 결정이유가 설시되어야 한다고 보았다.[41)]

Wena Hotels v. Egypt (Annulment) 사건에서 취소위원회는 판정부의 결정이유 설시 의무는 당사자들이 판정문을 이해할 수 있도록 하는 것이라고 보았다.[42)]

Klöckner v. Cameroon (Annulment) 사건에서 취소위원회는 서로 모순되는 결정이유는 이유불비에 해당한다고 하였다.[43)]

MINE v. Guinea (Annulment) 사건에서 취소위원회는 판정부가 어떻게 결론에 이르게 되었는지를 추적할 수 있을 정도면 이유를 설시한 것이라고 보았다.[44)]

2. 판정의 해석

1) 관련 규정

판정의 의미 또는 범위에 관하여 당사자 간에 다툼이 있는 경우, 각 당사자는 사무총장 앞으로 판정해석 신청서를 제출하여 판정의 해석을 요청할 수 있다(협약 제50조 1항). 신청서는 판정을 내린 판정부에 제출되어야 하며, 이것이 불가능한 경우에는 새로운 판정부가 구성된다. 판정부는 필요하다고 인정되는 경우에는 판정의 집행을 중지할 수 있다(협약 제50조 2항).

2) 관련 사건

Wena Hotels v. Egypt (Interpretation) 사건에서 판정부는 판정의 해석요청은 원칙적으로 판정 주문의 의미와 범위에 관한 것이어야 한다고 하였다.[45)]

---

41) *Amco v. Indonesia*, Decision on Annulment, 16 May 1986, para.38.

42) *Wena Hotels v. Egypt*, Decision on Annulment, 5 February 2002.

43) *Klöckner v. Cameroon*, Decision on Annulment, 3 May 1985, para.116.

44) *MINE v. Guinea*, Decision on Annulment, 22 December 1989, paras.5.08, 5.09.

45) *Wena Hotels v. Egypt*, Decision on Interpretation, 31 October 2005, para.91.

3. 판정의 재심

1) 관련 규정

당사자는 판정의 결론에 영향을 미치는 사실을 발견하였음을 이유로 사무총장 앞으로 신청서를 제출하여 판정의 재심을 요청할 수 있다. 다만, 판정이 내려졌을 당시에 이러한 사실이 판정부 및 신청인에게 알려지지 아니하였고 또한 그 사실에 대한 신청인의 부지가 과실에 의한 것이 아니어야 한다(협약 제51조 1항). 신청서는 판정을 내린 판정부에 제출되어야 하며, 이것이 불가능하다면 새로운 판정부가 구성된다(협약 제51조 3항). 판정부는 필요하다고 인정되는 경우 결정을 내릴 때까지 판정의 집행을 중지할 수 있다. 신청인이 신청서에서 판정집행의 중지를 요청하는 경우 집행은 판정부가 당해 요청에 대한 결정을 내릴 때까지 잠정적으로 중지된다(협약 제51조 4항).

2) 관련 사건

AMT v. Zaire 사건, *Siemens v. Argentina* 사건, *Pey Casado v. Chile* 사건 등과 관련하여, 판정의 재심과 함께 집행 중지가 요청되었다.

4. 판정의 승인과 집행

1) 관련 규정

판정은 당사자를 구속하며 ICSID 협정에 규정된 바를 제외하고는 어떠한 상소 또는 기타 구제수단의 대상이 되지 않는다. 각 당사자는 ICSID협약의 관련 규정에 따라 집행이 중지되는 범위를 제외하고는 판정의 내용을 준수해야 한다(협약 제53조 1항). 여기서 판정이라 함은 ICSID협약 제50조, 51조 또는 제52조에 따른 판정의 해석, 재심 또는 취소에 관한 모든 결정을 포함한다(협약 제53조 2항).

각 체약국은 ICSID협약에 따라 내려진 판정을 구속력 있는 것으로 승인하고 그것이 당해 국가 법원의 최종판결과 같이 자국의 영역 내에서 당해 판정이 부과하는 금전상의 의무를 집행해야 한다(협약 제54조 1항). 체약국의 영역 내에서 승인 또는 집행을 구하는 당사자는 당해 국가가 이 목적을 위해 지정한 관할 법원 또는 기타 당국에 사무총장이 인증한 판정사본을 제출해야 한다(협약 제54조 2항). 판정의 집행은 당해 집행이 요구된 영역의 국가에서 유효한 판결집행 관련 법률에 따라 규율된다(협약 제54조 3항). ICSID협약 제54조의 어떠한 규정도 당해국 또는 외국에 대한 집행면제와 관련해서 체약국에서 유효한 법률을 훼손하는 것으로 해석되지 않는다(협약 제55조).

2) 관련 사건

Benvenuti & Bonfant v. Congo 사건 투자자는 중재판정[46]을 프랑스에서 집행하고자, 파리1심법원(Tribunal de grande instance)에 집행 승인을 신청하였다. 당해 법원은 투자자에게 법원의 사전적 허가 없이는 중재판정을 집행할 수 없다는 조건을 달아 집행허가장(exequatur)을 발부하였다. 파리항소법원(Cour d'appel)은 집행허가장에 부가된 조건은 ICSID협약 제54조에 위반된다는 이유로 문제된 조건을 삭제하도록 하였다.[47] 한편 투자자는 중재판정 집행을 위해 프랑스 소재의 콩고상업은행(Banque Commercial Congolaise)의 자금을 압류하고자 하였으나, 파기원(Cour de cassation)은 콩고상업은행은 콩고 국가와 구별되므로, 압류할 수 없다고 하였다.[48]

SOABI v. Senegal 사건 투자자는 중재판정[49]을 프랑스에서 집행하기 위해 파리1심법원으로부터 집행허가장을 받았다. 그런데 파리항소법원은 세네갈이 ICSID협약 제55조에 따른 집행면제권을 유보하고 있고, 프랑스에서는 경제적·상업적 활동을 위한 외국 자산에 대해서만 강제집행을 할 수 있는데, 투자자가 강제집행하고자 하는 콩고 자산이 상업적 활동을 위한 것인지 여부가 밝혀지지 않았으므로, 프랑스에서 당해 중재판정의 집행은 국제공서에 위반되고, 프랑스 민사소송법 관련조항에 따라 집행허가장은 무효라고 판단하였다. 그러나 파기원은 집행허가장은 그 자체로서 강제집행이 아니므로 ICSID협약 제54조의 집행면제 대상이 될 수 없으며 ICSID협약 제53조 및 54조에 따라 프랑스 민사소송법상의 구제수단 적용이 배제된다는 이유로, 파리항소법원의 위 결정을 파기하였다.[50]

LETCO v. Liberia 사건 투자자는 중재판정[51]을 미국에서 집행하고자 Washington D.C.에 소재한 라이베리아 대사관 명의의 은행계좌 압류를 D.C.지방법원에 신청하였는데, 법원은 라이베리아 대사관 명의의 은행계좌를 상업적 활동을 위한 재산으로 보기 어렵다는 이유로, 압류신청을 기각하였다.[52]

---

46) *Benvenuti & Bonfant v. Congo*, Award, 15 August 1980.
47) Christoph H. Schreuer *et al., supra* note 7, p.1130 참조.
48) Id., p.1131 참조.
49) *SOABI v. Senegal*, Award, 25 February 1988.
50) Christoph H. Schreuer *et al., supra* note 7, pp.1131, 1164, 1165.
51) *LETCO v. Liberia*, Award, 31 March 1986.
52) Christoph H. Schreuer *et al., supra* note 7, pp.1161－1162.

Ⅵ. 결 론

오늘날 ICSID 중재절차는 (i) AFR 도입, (ii) BIT 및 자유무역협정(이하 "FTA")의 확산,[53] (iii) ICSID 중재규칙을 규정한 투자자-국가분쟁(Investor-State Dispute: 이하 "ISD") 조항 덕분에 그 이용 빈도가 증가하고 있다. ICSID 웹사이트에 게재된 전체 사건 목록을 보면, ICSID 설립 이후 1972년부터 2011년 4월 현재까지 총 345건의 사건이 접수되었는데, 이들 전체 사건의 약 80%인 277건이 2000년대에 접수된 사건임을 알 수 있다.[54] ICSID 중재절차에 따른 투자분쟁사건들 중에는 FTA의 ISD 조항(예컨대, 북미자유무역협정)과 관련한 사건들이 다수 있다. 한-미 FTA와 한-EU FTA의 ISD 조항은 ICSID 중재규칙을 규정하고 있는바, 향후 이들 FTA의 발효 후 투자분쟁 발생 시 ISD 당사자가 ICSID 중재절차를 이용할 가능성이 높을 것이라 생각된다. 향후 한-중 FTA 및 한-일 FTA 협상이 공식적으로 시작될 경우에도 ISD와 관련하여 ICSID 중재규정이 있을 것으로 보인다.

한편 ICSID 중재에 관한 국내·외 연구 문헌 대부분은 주로 준거법 또는 판정의 승인·집행에 관한 것이 대부분이고, ICSID 중재규칙 전반을 다루고 있는 문헌[55]은 그리 많지 않은 것으로 보인다. 그 이유는 아마도 다른 국제중재절차나 대부분의 국제사법절차가 그렇듯이 실체법적 주제에 비해 주목할 만한 절차법적 문제가 그리 많지 않기 때문인 것으로 추측된다.[56]

---

53) FTA는 1990년대 초반부터 급증하게 증가하여 왔으며, 2011년 5월 현재 209개의 FTA가 발효 중에 있다. 〈http://rtais.wto.org/UI/PublicSearchByCrResult.aspx〉 참조.

54) 종결된 중재사건 목록은 다음을 참조: 〈http://icsid.worldbank.org/ICSID/FrontServlet?requestType =GenCaseDtlsRH&actionVal=ListConcluded〉. 계류 중인 중재사건 목록은 다음을 참조: 〈http://icsid.worldbank.org/ICSID/FrontServlet?requestType=GenCaseDtlsRH&actionVal=ListPending〉.

55) ICSID 중재절차를 다루고 있는 단행본으로는 다음을 참조. 강병근, *supra* note 2 (2006); Christoph H. Schreuer *et al., supra* note 7; Jan Paulsson *et al., Guide to ICSID Arbitration*, 2nd ed. (Kluwer Law International, 2010).

56) 이는 비단 국제중재절차뿐만 아니라 국제사법재판소(International Court of Justice: 이하 "ICJ")의 소송절차에 관한 연구와 관련해서도 유사하게 나타나는 현상이다. ICJ 소송절차법에 관한 연구는 Shabtai Rosenne의 *The Law and Practice of the International Court* 외에는 달리 참조할 만한 문헌이 거의 없다. 다만 국제형사재판의 경우 절차법(특히 증거법) 조항이 형사정의 실현과 함께 피고인의 인권보호와 밀접하게 관련되어 있어, 형사절차법에 관한 연구문헌이 상당수 있는 편이다.

제15장 국제투자중재의 관할권

Ⅰ. 서 론

어느 중재사건이든 간에 관할권(jurisdiction)은 두 가지 측면에서 중요한 의미를 가진다. 첫째, 중재판정부의 입장에서 관할권은 해당 중재판정부가 담당할 수 있는 사건의 범위를 의미한다. 둘째, 중재당사자의 입장에서 관할권은 분쟁당사자가 분쟁사건을 중재판정부에 부탁하는 데에 있어 통과해야 하는 관문에 해당한다. 그런데 ICSID 중재판정부를 포함한 국제중재판정부들은 자신의 관할권을 스스로 판단할 수 있기 때문에,[1] 선례구속의 원칙이 적용되지 않는 국제투자법에서는 관할권에 관한 판단의 일관적인 운용을 위해서는 이에 대한 지속적인 연구가 필요하다.

국제투자분쟁이 제기될 수 있는 법적 근거로는 세 가지가 있는데, 그 종류에 따라서 적용되는 법리가 약간씩 다르다. 첫째는 당사자간 합의(agreement between disputing parties for arbitration), 즉 투자자와 투자유치국 간에 투자에 관한 분쟁이 발생하였을 경우 그 분쟁을 ICSID 중재나 ICC 중재와 같은 중재판정부에 회부하겠다는 계약이다. 이러한 분쟁의 부탁에 관한 당사자 간의 합의의 형태는 일반적으로 투자계약 내의 조항으로 삽입되어 있거나,[2] 투자계약과는 별개 계약의 형태로 나타나고 있다. 당사자 간의 합의로 중재에 부탁되는 경우에는 분쟁이 명확하다는 특징이 있지만, 국가와 체결하는 투자계약에서 이러한 조항 또는 별개의 계약을 마련하는 경우는 흔

※ 본고는 『국제투자분쟁연구』, 대한상사중재원(2011.12.)에 게재된 글을 전재한 것이다.

1) Convention on the Settlement of Investment Disputes Between States and Nationals of Other States(1966.10.14. 발효, 이하 ICSID협약 또는 워싱턴협약) 제41조 1항.

2) 투자계약 내의 중재조항으로 국제투자중재가 회부된 경우로는 *Klöckner Industrie-Anlagen GmbH and others v. United Republic of Cameroon and Société Camerounaise des Engrais,* ICSID Case no. ARB/81/2가 있다.

치 않다.

국제투자분쟁을 제기할 수 있는 두 번째 법적 근거로는 국제투자협정(international investment agreement: IIA)이 있다. 이러한 국제투자협정은 다시 에너지헌장조약과[3] 같이 여러 국가 간에 체결된 다자간투자협정(multilateral investment treaty)과 두 국가 간에 체결된 양자간투자협정(bilateral investment treaty: BIT)이 있다. ICSID에 제기되고 있는 국제투자중재 사건 중 BIT에 기한 경우가 전체 사건의 63%를 차지하고 있다는 점에서 볼 수 있듯이[4] BIT에 기한 투자중재 제기가 다른 경우보다 압도적으로 많기 때문에, 국제투자중재에 대한 연구는 BIT에 집중되어 있다. 최근 BIT의 변형된 형태로 활발하게 추진되고 있는 것으로 한미 FTA와 같은 자유무역협정(FTA)상의 투자챕터가 있다.

마지막 국제투자중재의 법적 근거는 투자유치국의 국내법규이다. 일부 국가는 해외투자자보호를 위해, 투자에 관한 분쟁이 발생했을 경우에 국제투자중재에 분쟁을 회부할 수 있음을 자신의 국내법에 규정하고 있다. 이러한 국내법 규정이 흔하지는 않지만, 이에 의거하여 제기된 중재사건도 있다.[5]

[표 15-1 국제투자분쟁의 법적 근거와 그 특징]

구 분	당사자간 합의	국제투자협정	투자유치국의 국내법규
당사자 동의	투자계약상의 투자중재조항 또는 별도의 계약으로 동의가 성립	조약당사국의 동의를 위한 청구는 조약에 내재되어 있고 투자자는 중재에 회부하는 형태로 이를 수락	투자유치국의 동의를 위한 청구는 국내법 규정에 내재되어 있고 투자자는 중재에 회부하는 형태로 이를 수락
물적 관할	당해 투자계약에서 비롯된 투자분쟁으로 분쟁이 이미 확정되어 있음	해당 조약의 관련조문 등의 해당 여부 검토	해당 국내법 규정의 관련조문 등의 해당 여부 검토
인적 관할	투자계약의 당사자인 투자자와 투자유치국	조약당사국의 투자자와 또 다른 조약당사국인 투자유치국	투자자와 해당 국내법을 제정한 투자유치국

투자계약상의 중재조항과는 달리, 국제투자협정이나 국내법규상의 중재조항은 분쟁의 상대방을 예정하지 않고 있는 일반적 규정이다. 이러한 점 때문에 당사자의 합의로 투자중재가 제기된 사건에서는 관할권이 문제될 여지가 적지만, 국제투자협정이나 국내법규를 근거로 투자중재가 제기된 사건에서는 관할권에서부터 분쟁당사

3) Energy Charter Treaty, 34 ILM 360 (1995)(1998. 04. 16 발효). 〈http://www.encharter.org/fileadmin/user_upload/document/EN.pdf에서 다운로드 가능, 2012. 1. 18 최종검색〉.

4) ICSID, *The ICSID Caseload – Statistics*, Issue 2011-2 (2011) at 10.

5) *Southern Pacific Properties (Middle East) Limited v. Arab Republic of Egypt*, ICSID Case no. ARB/84/3; *Tradex Hellas S.A. v. Albania*, ICSID Case no. ARB/94/2.

자 간의 공방이 치열하다. 이하에서는 관할권에 대한 일반적인 내용을 검토한 후 국제투자협정, 그 중에서 특히 BIT에 근거해 제기되는 중재사건을 판정하는 중재판정부 관할권의 주요쟁점에 대해 살펴보도록 한다.

Ⅱ. 관할권의 성립요건

관할권의 근거가 되는 법규는 모든 사건에 있어서 동일하지는 않다. 그래서 투자중재의 관할권 성립요건도 투자중재의 근거법규에 따라서 달라질 수밖에 없다. 따라서 각 사건의 중재판정부는 우선적으로 사건에 관해 관할권 관련조항을 해석하는 작업을 하게 된다. 일례로 한국-자메이카 BIT의 관할권 관련조항을 살펴보면 다음과 같다.[6)]

[한국 - 자메이카 BIT 제8조]

1. 이 협정상의 투자와 관련하여 일방체약당사자와 타방체약당사자의 투자자 간의 분쟁은 가능한 한 분쟁당사자 간의 협의 및 교섭에 의하여 우호적인 방법으로 해결되어야 한다.
2. 투자가 이루어진 영역 안에서의 일방체약당사자의 법령에 의한 법적 절차 및 구제조치는 이 일방체약당사자가 자국의 투자자 또는 제3국의 투자자에게 부여하는 대우 중 보다 유리한 것보다 불리하지 아니한 대우의 기초 위에서 타방체약당사자의 투자자에게 이용가능하여야 한다.
3. 분쟁이 양 당사자로부터 정식으로 제기된 날부터 9월 이내에 해결되지 아니하는 경우에는 동 분쟁은 투자자 또는 체약당사자의 요청에 의하여 1965년 3월 18일 워싱턴에서 서명을 위하여 개방된 국가와 타방국가 국민 간의 투자분쟁의 해결에 관한협약(ICSID협약)에 의하여 설립된 투자분쟁해결을 위한 국제본부(ICSID)에 회부된다.
4. 투자분쟁해결을 위한 국제본부(ICSID)의 결정은 분쟁당사자에게 최종적이며 구속력을 가진다. 각 체약당사자는 각자의 관련법령에 의하여 동 결정의 승인 및 집행을 보장한다.

우선, 제8조 1항은 우호적 분쟁해결을 규정하고 있으며, 3항은 ICSID에 투자중재를 부탁하기 위한 냉각기간과 아울러 ICSID의 관할권을 인정하고 있다. 둘째, 물적 관할에 관하여는 동조 1항에서 중재에 회부할 수 있는 분쟁을 "이 협정상의 투자

---

6) 대한민국 정부와 자메이카 정부 간의 투자의 증진 및 보호에 관한 협정(조약 제1870호, 2007.11.5. 발효, 이하 한국-자메이카 BIT). 〈http://mofaweb.mofat.go.kr/inter_treaty_real.nsf/-alldoclist/0588A5B65AA9D42C49256D4F000CA42F?opendocument&skin=skin01에서 다운로드 가능, 2011.12.18. 최종검색〉.

와 관련된" 분쟁이라고 정의하고 있고, 제1조 1항에서 투자를 정의하고 있다.[7] 셋째, 인적 관할에 관해서 동조는 해석상 청구인으로 투자자를, 피청구인으로 이 조약의 당사자인 투자유치국으로 예정하고 있는데, 이들 주체 중 투자자의 정의는 제1조 2항에 있다.[8] 넷째, 시적 관할에 대해서는 한국-자메이카 BIT는 특별한 규정을 두고 있지 않다.

위에서 간단하게 살펴보았던 관할권의 요건은 물적 관할, 인적 관할, 그리고 위에서 언급하진 않은 시적 관할까지 포함한 3가지가 주이고, 이들 요건이 관할권 성립의 기초가 된다. 하지만 투자중재는 국내법원과는 달리 당사자의 동의로 관할이 생성된다는 특징을 가지고 있기 때문에, 앞서 언급한 관할권의 주요 성립요건을 살펴보기에 앞서 그 전제로 당사자의 동의를 볼 필요가 있다. 그리고 BIT 등 여러 투자 관련 국제협정들의 분쟁해결조항이 규정하고 있는 관할권 성립요건 외에도 ICSID 중재판정부는 제25조에 규정되어 있는 ICSID협약상의 관할권 요건도 성립되었는지를 아울러 살펴보아야 한다. 동 협정 제25조의 관할권 요건에 대해서는 아래 각 해당 부분에서 검토하고자 한다.

1. 중재동의의 성립

국제투자분쟁의 당사자들이 자신의 분쟁을 중재판정부에 부탁하기 위해서는 먼

---

7) 한국-자메이카 BIT 제1조

1. "투자"라 함은 일방체약당사자의 자연인 또는 법인에 의하여 이 협정의 발효 이전 또는 이후에 타방체약당사자의 영역 안에 투자된 모든 종류의 자산을 말하며, 특히 다음을 포함하나 이에 한정되지 아니한다.

가. 동산·부동산·저당권·유치권·질권·용익권 및 이와 유사한 권리 등과 같은 기타 재산권

나. 회사의 지분·주식 및 사채 또는 그러한 회사에 대한 다른 권리나 이자 및 정부가 발행한 유가증권

다. 금전청구권 또는 투자와 관련된 경제적 가치를 지닌 기타 행위에 대한 청구권

라. 저작권·상표권·특허권·의장·기술공정·노하우·영업비밀 및 상호권 등을 포함한 지적재산권과 영업신용

마. 천연자원의 탐사·추출·개간 또는 개발에 대한 권리를 포함하여, 법 또는 계약에 의한 모든 권리 및 법에 의한 모든 면허 및 허가

투자된 자산 형태의 어떠한 변경도 동 자산이 투자로 분류되는 것에 영향을 미치지 아니한다.

8) 한국-자메이카 BIT 제1조

2. "투자자"라 함은 타방체약당사자의 영역 안에 투자하는 자연인 또는 법인을 말한다.

가. 각 체약당사자에 대하여 "자연인"이라 함은 각자의 법에 의하여 자국의 국적 또는 시민권을 지닌 개인을 말한다.

나. 각 체약당사자에 대하여 "법인"이라 함은 그 책임의 제한 여부 및 금전적 이익을 위한 조직 여부와 상관없이, 공공기관·기업·공사·재단·회사 또는 조합 등과 같이 각자의 법에 의하여 설립·구성되거나 또는 법인으로 인정된 실체를 말한다.

저 그러한 부탁을 하자는 상호동의(mutual consent)가 있어야 하고 ICSID협약 제25조에서도 이러한 동의를 요하고 있다.

1) 중재동의의 구조와 종류

[표 15-2]에서 보는 바와 같이, 투자자와 투자유치국 간에 발생한 투자에 관한 분쟁을 국제투자중재로 해결하자는 동의는 일방당사자의 중재요청이 있고, 거기에 타방당사자가 수락을 함으로써 성립되는 구조로 되어 있다.

[표 15-2 중재동의의 구조]

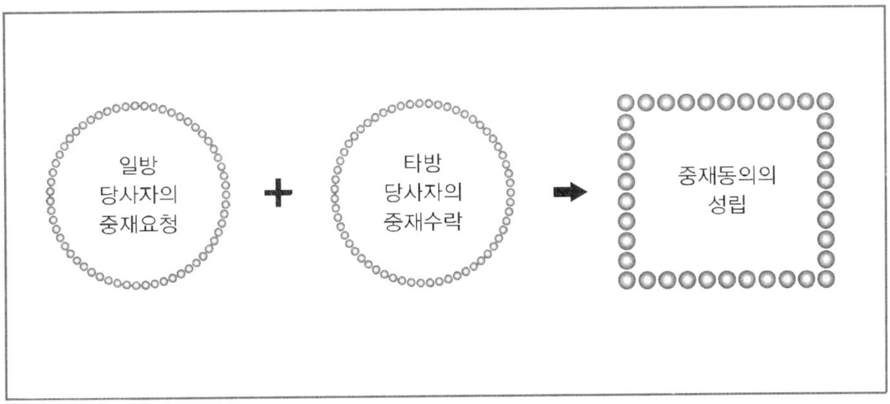

중재동의가 이루어지는 모습은 당사자의 합의, 투자유치국의 국내법규, 투자유치국이 체결한 양자간 또는 다자간 투자협정에 따라 다르다. 이 중에서 당사자의 합의는 위 중재동의의 구조에 가장 충실하고, 투자유치국의 국내법규와 국제투자협정은 이의 변형된 모습에 해당한다. 이는 당사자의 합의는 명시적으로 분쟁당사자들이 특정 투자분쟁에 대해 일방의 중재요청을 타방이 수락하는 형태인 반면, 투자유치국의 국내법규나 국제투자협정의 중재조항은 내재된 불특정 다수의 투자자에 대한 투자유치국의 중재요청을 투자자가 원용함으로써 투자유치국의 중재요청에 수락하는 형태이기 때문이다.

2) 동의의 형식

ICSID협약 제25조 1항에 따르면 분쟁당사자들은 ICSID에 서면으로써 동의를 제출하여야 한다. 분쟁당사자들이 동의를 함과 동시에 이를 서면으로 제출할 필요 없고 투자자가 ICSID에 중재를 부탁하는 때에 동의의 증거로 제출하는 것으로 충분하다.[9] 동의가 성립한 날짜는 분쟁당사자들이 분쟁을 ICSID에 부탁하기로 서면으로 동의한 날짜, 또는 동의의 요청과 수락이 동시에 이루어지지 않았을 경우 일방당사자가 수락한 날짜가 된다.[10] 투자유치국의 일반적인 중재요청이 국내법규 또는 BIT에 있는 경우, 투자자의 ICSID 중재부탁으로 동의가 있는 것으로 보게 된다.[11] 또한 일단 성립된 동의는 어느 쪽 당사자에 의해 일방적으로 철회되지 못한다.[12] 체약국은 당해 협약의 비준, 수락 또는 승인하는 때나 그 이후 언제라도 ICSID 중재판정부의 관할로 삼거나 배제하고 싶은 사건의 범주를 ICSID에 통보할 수 있는데,[13] 국가에 의한 동의가 이러한 통보와 어긋날 경우에는 국가의 동의가 우선하기 때문에 이러한 통보가 관할권을 결정짓는 요소가 되는 것은 아니다.[14]

2. 물적 관할

투자중재의 물적 관할(jurisdiction *ratione materiae*)은 투자중재의 양 당사자가 그 중재동의에서 분쟁의 대상(subject-matter)으로 결정한 바에 따르기는 하지만, 본질적으로 이러한 분쟁이 '투자와 관련된 분쟁'일 것을 요한다. 이러한 원칙과 관련하여 살펴볼 것으로는 크게 두 가지가 있는데, 투자가 무엇인지, 그리고 분쟁이 무엇인지가 그것이다. 투자의 정의는 다른 문헌에서도 충분히 상세하게 다루고 있는 주제이므로,[15] 이에 대해서는 간략하게만 언급하고 분쟁의 정의에 초점을 두어 물적 관할을 살펴보고자 한다.

---

9) Christopher Schreuer, *The ICSID Convention: A Commentary* (Cambridge University Press, 2001) at 193.

10) ICSID의 Rules of Procedure for the Institution of Conciliation and Arbitration Proceedings(이하 ICSID규칙) 제2조 3항.

11) Christoph Schreuer, "Denunciation of the ICSID Convention and Consent to Arbitration", in Michael Waibel, Asha Kaushal, Kyo-Hwa Liz Chung, and Claire Balchin (eds), *The Backlash against Investment Arbitration: Perceptions and Reality* (Kluwer Law International, 2010) at 361.

12) ICSID협약 제25조 1항 마지막 문장.

13) ICSID협약 제25조 4항.

14) Christopher Schreuer, *supra* note 9 at 344.

15) 김승민, "국가-투자자 간의 분쟁해결을 위한 ICSID 중재에서의 투자·투자자 개념", 『국제경제법연구』 제8권 2호(2010); Katia Yannaca-Small, "Who is Entitled to Claim? Nationality Challenges", in Katia Yannaca-Small(ed.), *Arbitration under International Investment Agreements: A Guide to the Key Issues* (Oxford University Press, 2010).

1) 투자

(1) 투자의 정의

분쟁당사자들이 제기한 분쟁에 대해 물적 관할이 인정되는지를 보기 위해서 중재판정부는 당해 분쟁이 '투자'와 관련이 있다는 것으로 판단하여야 한다. 일반적으로 국제투자협정들은 투자에 대한 정의규정을 두고 있으므로, 중재판정부는 해당 조문에 따라 당해 사건에서 청구인이 주장하는 투자가 해당 조약상의 투자에 실제로 해당하는지를 판가름하게 된다. 일반적으로 BIT들은 자산을 기초로 하고 있는 투자개념을 도입하고 있고,[16] 투자를 폭넓게 정의하고 있는 경향이 있다.[17] 심지어 아직 발효 전에 있는 한-미 FTA 투자챕터는 선물·옵션과 그 밖의 파생상품을 포함하고 있어,[18] 점점 광범위하게 투자를 보호하려는 BIT의 경향을 반영하고 있는 것처럼 보인다.[19]

그런데 투자에 관한 정의규정을 두고 있는 국제투자협정들과는 달리, ICSID협약은 이러한 조항을 두고 있지 않다. 그럼에도 불구하고, ICSID 중재판정부들은 국제투자협정상의 투자규정과는 별도로 문제의 투자가 중재의 대상이 될 수 있는지 여부를 결정하고 있는데, 이를 이중적 검토(double keyhole approach, double-barrelled test)라고 부른다.[20] 그리고 이러한 이중적 검토에 있어서 적용하게 되는 이른바 Salini 테스트에서는 계약이 일정기간 동안 지속되었을 것(certain duration of performance of the contract), 상당한 자본이 출자되었을 것(contributions of money or other assets of economic value), 거래리스크에 참여하였을 것(participation in the risks of the transaction), 투자유치국의 경제발전에 기여하였을 것(contribution to the economic development of the host State) 등의 네 가지를 투자의 요건으로 정하고 있다.[21] Salini 중재판정부는 위 요건을 사건에 적용함에 있

---

16) UNCTAD, *Bilateral Investment Treaties 1995–2006: Trends in Investment Rulemaking* (UNCTAD, 2007) at 7.

17) *supra* note 7의 한국-자메이카 BIT상 투자개념을 참조할 것.

18) 대한민국과 미합중국 간의 자유무역협정(2011.12.19. 현재 미발효) 제11.28조 라호. 〈http://www.fta.go.kr/korus/pds/kor_us_list.html에서 다운로드 가능, 2011.12.19. 최종검색〉

19) 하지만 파생상품과 같은 포트폴리오 투자는 언제든지 투자유치국으로부터 회수될 수 있는 점 때문에 이후의 Salini 테스트에서 볼 계약의 지속성과 투자유치국의 경제발전에 대한 기여라는 요건을 만족시키지 못한다. 따라서 한미FTA 투자챕터와 같은 명시적인 조항이 없는 경우에는 포트폴리오 투자를 국제투자법상의 투자로부터 배제해야 한다는 견해가 있다. (M. Sornarajah, *The International Law on Foreign Investment,* 3rd ed. (Cambridge University Press, 2010) at 314-316).

20) *Ceskoslovenska Obchodni Banka, A.S. v. The Slovak Republic,* ICSID Case no. ARB/97/4, Decision of the Tribunal on Objections to Jurisdiction of May 24, 1999, para.68.

21) *Salini Construtorri S.p.A. and Italstrade S.p.A.v. Morocco,* ICSID Case no. ARB/00/4, Decision on Jurisdiction of July 23, 2001 (이하 *Salini Jurisdiction*), para.52. Salini 테스트를 적용하고 있

어서 상당한 자본 출자의 존재와 거래 리스크에 대한 참여를 사실문제로 취급하면서, 계약이행의 지속기간에 관해서는 최소한 2년 동안 이행되어야 투자로 볼 수 있다고 판단하였다.[22)]

국제투자협정 및 ICSID상의 투자개념에 해당하는 것 외에, 투자자가 투자유치국에서 행한 투자와 투자중재에 제기된 분쟁이 가지는 관련성은 막연한 관련성에 그쳐서는 안 된다. 즉, ICSID협약 제25조 1항이 규정하고 있는 바에 따라 "투자로부터 직접적으로 발생(arising directly out of an investment)"하고 있다고 판단이 될 만큼 합리적으로 밀접한 관련성을 가지고 있어야 한다.

(2) 보호 받는 투자의 범위

대부분의 BIT가 투자 정의조항을 두고 있기는 하지만, 여전히 BIT의 보호를 받을 수 있는 투자에 해당하는지가 애매한 경우가 남아 있다. 그 가운데 첫째, 당해 투자가 투자유치국의 국내법에 위반하여 설립된 경우와 둘째, 소수 주주의 경우를 살펴보기로 한다.

① 투자유치국의 국내법에 위반하여 설립된 투자

일부 BIT들은 투자 정의조항에서 투자가 투자유치국의 법규에 따라 성립될 것을 요구하고 있는데, 이러한 규정은 일명 '투자유치국의 법규에 따라' 조항('in accordance with host state law' clause)이라고 부르고 있다.[23)] 여러 중재판정부들은 '투자유치국의 법규에 따라'의 의미는 당해 투자에 대해 투자유치국의 국내법상의 투자 정의를 적용하는 것이 아니라, 당해 투자가 투자유치국의 국내법에 따라 유효한지를 보는 것이라고 판정 내린 바가 있다.[24)] 이러한 판정에도 불구하고 문제가 되는 것은, 투

는 것으로 평가 받는 중재판정으로는 *Helnan International Hotels A/S v. Arab Republic of Egypt*, ICSID Case no. ARB/05/19; *Malaysian Historical Salvors, SDN, BHD v. Malaysia*, ICSID Case no. ARB/05/10; *Jan de Nul N.V. and Dredging International N.V. v. Arab Republic of Egypt*, ICSID Case no. ARB/04/13; *Saipem S.p.A. v. People's Republic of Bangladesh*, ICSID Case no. ARB/05/7 등이 있음(Y. Kryvoi, *International Centre for the Settlement of Disputes* (Kluwer Law International, 2010) at 58; Emmanuel Gaillard, "Identify or Define? Reflections on the Evolution of the Concept of Investment in ICSID Practice" in Christina Binder, Ursula Kriebaum et al. (eds), *International Investment Law for the 21st Century* (Oxford University Press, 2009) at 413).

22) Emmanuel Gaillard, *Ibid.*, at 404.

23) Ursula Kriebaum, "Illegal Investments", in Christian Klausegger *et al.*, (eds), *Austrian Yearbook on International Arbitration 2010* (C.H. Beck, Stämpfli & Manz, 2010) at 307; Stephan W. Schill, "Illegal Investments in International Arbitration", (December 24, 2011) 〈http://ssrn.com/abstract=1979734 or doi:10.2139/ssrn.1979734에서 다운로드 가능, 2011.12.20 최종검색〉 at 1-7.

24) *Salini Jurisdiction, supra* note 52, para.46; *Bayindir Insaat Turizm Ticaret Ve Sanayi A.S. v. Islamic Republic of Pakistan*, ICSID Case no. ARB/03/29, Decision on Jurisdiction of November 14, 2005 (이하 Bayindir Jurisdiction), paras.105-110; *Saba Fakes v. Republic of Turkey*, ICSID

자가 어느 정도로 국내법에 위반하여 성립되었어야 이 조항을 준수하지 않은 것으로 보아 BIT의 보호대상에서 제외시키느냐 하는 것이다. *Inceysa* 사건의 중재판정부는 경쟁입찰에서 사기로 낙찰 받은 계약은 BIT의 보호대상이 될 수 없다고 판단하였고,[25] *Fraport* 사건의 중재판정부는 국내법인 공정거래법에 반하여 성립된 투자도 BIT상의 투자에 해당하지 않는다고 보았다. 이 사건에서 청구인인 투자자는 피청구인 필리핀의 현지법인인 PIATCO의 전체 주식 중 60% 이상을 직간접적으로 소유하고 있었는데, 이는 필리핀의 'Anti-Dummy Law'에 위반되었다는 것이 문제되었다. 중재판정부는 이를 '투자,' 즉 물적 관할의 문제로 보았지만, 이에 대해 오히려 '투자자,' 즉 인적 관할의 문제로 보아야 한다고 비판하는 견해가 있다.[26]

② 소수주주의 간접투자

소수주주권도 투자에 해당할 수 있는지의 문제는 투자유치국의 현지법인의 주식을 소액으로 보유하고 있는 해외투자자가 있는 상황에서 투자유치국이 행한 조치가 현지법인의 권리를 침해하였을 경우에, 해외투자자가 현지법인의 권리 침해를 이유로 투자중재를 제기할 수 있는지의 문제로,[27] 이를 흔히 간접청구(indirect claim)라고 한다. 이러한 간접청구는 2002년 아르헨티나 경제위기로 인하여 촉발되었던 아르헨티나를 피청구인으로 하는 투자중재사건에서 가장 많이 나타나고 있다.[28] 해외투자자가 소액일지라도 투자한 법인이 투자유치국의 국적을 가지고 있다는 이유로 투자중재의 가능성을 앗아가 버린다면, 그 해외투자자는 자신의 권리구제를 받지 못하게 될 수도 있다. 따라서 이러한 경우에 있어서 현지법인을 투자자가 아닌 투자로 본다면, 해외 소수주주들의 투자중재 제기도 가능해진다.[29] 아직까지 여기에 대해서는 국제투자중재에 있어서 확립된 견해는 존재하지 않는 것으로 보인다.

Case no. ARB/07/20, Award of July, 14 2010, para.115 등.

25) *Inceysa Vallisoletana v. Republic of El Salvador*, ICSID Case no. ARB/03/26, Award of August 2, 2006, para.257.

26) *Fraport AG Frankfurt Airport Services Worldwide v. Republic of the Philippines*, ICSID Case no. ARB/03/25, Award of August 16, 2007, paras.396-404 & Stephan W. Schill, *supra* note 23 at 10-13. 이 중재판정은 2010년 12월 23일 취소가 확정되었는데, 취소사유가 투자의 위법성과는 무관하므로 이 판정부분은 여전히 유효하다.

27) Gabriel Bottini, "Indirect Claims under ICSID", 29(3) *University of Pennsylvania Journal of International Economic Law* 563 (2008) at 565.

28) *CMS Gas Transmission Company v. Argentine Republic*, ICSID Case no. ARB/01/8, Decision on Objections to Jurisdiction of July 17, 2003, para.68; *Siemens v. Argentina*, ICSID Case no. ARB/02/8, Decision on Jurisdiction, 3 August 2004 (이하 *Siemens Jurisdiction*) paras.140-144; *Sempra Energy International v. Argentine Republic*, ICSID Case no. ARB/02/16, Decision on Objections to Jurisdiction of May 11, 2005, paras.93-94.

29) Christoph Schreuer, "Shareholder Protection in International Investment Law", 3 *Transnational Dispute Management* 1 (2005) at 20.

2) 분쟁의 발생

(1) 분쟁의 정의

중재동의가 양 당사자의 합의에 의하여 성립된 경우라면 중재의 대상이 이미 그 중재합의에 특정이 되어 있으므로 별도로 분쟁의 정의에 관해서 살펴볼 필요는 없다. 하지만 양자간 투자협정인 BIT나 국제투자중재를 규정하고 있는 국내법규의 경우에는 대부분 해당 분쟁해결조항에서 중재의 대상이 될 수 있는 분쟁의 정의를 마련하고 있다.

국제투자조약에서 마련하고 있는 분쟁의 정의는 크게 네 가지 부류로 나누어 볼 수 있다.[30] 첫 번째 부류는 투자와 관련된 모든 분쟁(any disputes in relation to investments)을 투자중재의 대상이 될 수 있다고 본다. 이 부류가 국제투자조약에서 가장 광범위하게 사용되고 있는 정의로써, 포괄하고 있는 분쟁의 범위 또한 가장 넓다. 두 번째 부류는 투자유치국과 투자자 간에 이루어진 투자합의(investment agreement), 투자유치국이 투자자에게 발한 투자허가(investment authorization) 또는 당해 투자조약상의 권리 위반과 관련된 것을 분쟁으로 정의하고 있다. 이는 미국의 Model BIT 1994에서 유래하고 있는 정의로,[31] 위의 첫 번째 부류보다는 포괄하는 분쟁의 범위가 좁다. 세 번째 부류는 당해 투자조약의 실체적 조항의 위반만을 투자중재의 대상이 되는 분쟁으로 보고 있다. 이러한 분쟁 정의를 마련하고 있는 대표적인 조약으로는 NAFTA와 에너지헌장조약이 있다.[32] 마지막으로 네 번째 부류는 수용에 대한 보상에 관한 분쟁만을 투자중재의 대상으로 삼고 있다. 이러한 분쟁 정의를 두고 있는 조약은 일반적인 형태는 아니며, 갈수록 감소하는 추세에 있다.

(2) 분쟁의 정의와 계약청구의 관계

지금까지의 투자중재 판정에서 국제투자조약을 근거로 중재를 부탁할 경우에 가장 문제가 되었던 것 중의 하나는 투자계약상의 권리 위반(계약청구, contractual claim)

---

30) Zachary Douglas, *The International Law of Investment Claims* (Cambridge University Press, 2009) at 234-235.

31) 미국의 Model BIT 1994와 유사한 조항을 두고 있는 BIT로는 미국-에콰도르 BIT (Treaty Between the United States of America and the Republic of Ecuador Concerning the Encouragement and Reciprocal Protection of Investment, 1997.5.11. 발효) 〈http://www.state.gov/documents/-organization/43558.pdf에서 다운로드 가능, 2011.12.18. 최종검색〉가 있다. 현재의 미국 Model BIT 2004도 더 세밀하기는 하지만 대체적으로 유사한 조문을 두고 있다〈http://www.state.gov/-documents/organization/117601.pdf에서 다운로드 가능, 2011.12.18. 최종검색〉.

32) North American Free Trade Agreement (1994.1.1. 발효), http://www.sice.oas.org/trade/nafta/naftatce.asp에서 다운로드 가능, Energy Charter Treaty Text는 http://www.encharter.org/index.php?id=178에서 다운로드 가능. 〈2011.12.18. 최종검색〉

을 BIT에 기한 투자중재에서도 다툴 수 있는지 여부이다. 이 문제는 계약청구와 조약청구(treaty claim)의 구별문제를 기반으로 한다는 점에서 나중에 살펴볼 국내법정 지정조항의 문제와 일맥상통하나, 분쟁의 정의와 계약청구의 관계의 문제는 투자중재로 다툴 수 있는 분쟁에 계약청구도 포함되어 이러한 경우에도 물적 관할을 인정할지의 문제임에 반해, 국내법정 지정조항의 문제는 이러한 물적 관할이 인정된 후에 따질 수 있는 문제이다.

분쟁에 계약청구가 포함될 수 있는지의 문제는 그 전제로 청구인의 청구가 계약청구인지 여부부터 가려져야 하는데, 이에 대한 판단은 당사자가 제시하는 사실관계를 근거로 이루어진다.[33] 청구인의 청구가 계약청구에 해당하게 된다면, 다음으로 살펴볼 것은 이 청구가 포괄적 보호조항(우산조항, umbrella clause)에 의해 조약상의 청구로 '격상'될 수 있는 정도의 청구인지 이다.[34] 또한 분쟁이 '투자와 관련된 모든 분쟁'으로 정의되어 있어서(첫 번째 부류의 경우) 계약청구가 이러한 분쟁에 포함된다고 본다 하더라도, 문제의 계약과 중재의 당사자들이 동일해야만 해당 계약청구가 투자분쟁에 해당하는 계약청구가 된다.[35] 그리고 투자합의라는 것이 투자계약을 말하는 것인지에 관해서(두 번째 부류의 경우), 이를 긍정하는 판정사례가 있다.[36]

(3) 분쟁과 관련된 ICSID협약 제25조 1항의 요건

BIT에 규정되어 있는 분쟁의 정의 외에, ICSID협약 제25조 1항은 중재에 회부되는 분쟁이 '투자로부터 직접적으로 발생하는 모든 법적 분쟁(any legal dispute arising directly out of an investment)'일 것을 요구하고 있다. 여기서는 '직접적으로 발생하는'과 '법적'의 의미에 대해서 간단히 살펴본다.

분쟁이 문제의 투자로부터 '직접적으로 발생'한다는 것의 의미는 분쟁이 투자 자체로부터 일어나야 한다는 것을 의미한다. 따라서 투자가 아닌 부수적인 금융·임

---

33) *SGS Société Générale de Surveillance S.A. v. Republic of the Philippines*, Decision of the Tribunal on Objections to Jurisdiction of January 29, 2004, ICSID Case no. ARB/02/6, 8 ICSID Rep. 518 (2005) (이하 *SGS-Philippines Jurisdiction*), paras.26, 159.

34) *Enron Creditors Recovery Corporation (formerly Enron Corporation) and Ponderosa Assets, L.P. v. Argentine Republic*, ICSID Case no. ARB/01/3, Decision on Jurisdiction (Ancillary Claim) of August 2, 2004, para.93.

35) 이는 계약의 법리와 국가책임의 법리는 별개의 것으로서 후자를 전자에 적용할 수 없기 때문이다. *Impregilo S.p.A. v. Islamic Republic of Pakistan*, ICSID Case no. ARB/03/3, Decision on Jurisdiction of April 22, 2005. paras.210, 214; *Compañía de Aguas del Aconquija S.A. and Vivendi Universal S.A. v. Argentine Republic*, ICSID Case no. ARB/97/3, Decision on Annulment of July 3, 2002, para.96; *Siemens Jurisdiction, supra* note 54, para.205.

36) *Generation Ukraine, Inc. v. Ukraine*, ICSID Case no. ARB/00/9, Award of September 16, 2003, para.8.12.

대 · 물품계약 · 조세관계 등에 관해 분쟁이 일어났을 경우에는 이 분쟁이 투자로부터 직접적으로 발생하였는지를 사안에 따라 검토할 필요가 있다.[37] 따라서 투자자의 조세포탈을 반대청구(counterclaim)로 제기한 한 사안에서, 중재판정부는 조세포탈에 관한 부작위 의무는 투자유치국의 국내법상의 의무이지 투자계약에서 비롯된 의무가 아니기 때문에, 이러한 청구는 투자로부터 직접 발생한 것으로 보지 않았다.[38]

분쟁이 '법적'인 성격을 지니기 위해서는 그 분쟁을 통해서 손해배상과 같은 법적인 구제가 강구되어야 하고, 조약 등과 같은 법규를 근거로 한 법적 권리가 청구되어야 한다.[39] ICSID규칙 제2조 1항 (e)호는 청구인이 투자분쟁을 중재에 부탁할 때 분쟁의 법적 쟁점을 제시할 것을 규정하고 있다. 2001년까지는 ICSID 중재에서 이 요건이 문제된 사례는 없었다.[40]

3. 인적 관할

다음으로 살펴볼 것은 인적 관할(jurisdiction *ratione personae*)의 문제로, 분쟁의 당사자에 관한 요건이다. 이러한 분쟁 당사자에 관한 요건은 다시 청구인에 관한 요건과 피청구인에 관한 요건으로 나뉘게 된다.

1) 청구인 관련 요건

청구인인 투자자는 다국적기업과 같은 법인(juridical person)뿐만 아니라 자연인(natural person)도 될 수가 있다. 특히 BIT를 근거로 중재를 부탁하는 경우 자연인과 법인 모두에게 국적(nationality)이 중요한 의미를 가지게 되는데, 이때 자연인과 법인의 국적을 결정하는 기준이 서로 상이한 면이 있다.

(1) 개인투자자의 국적

국제투자협정들은 개인이 투자자인 경우에 그 국적을 해당 당사국의 국내법에 따르도록 하는 경우가 대다수이고, 간혹 보완적 기준으로서 거주요건을 규정하고 있기도 하다.[41] 개인 투자자의 이중국적(dual nationality)이 문제된 경우에는 국제투자협정에서는 대개 이에 대한 규정을 마련하고 있지 않으므로 두 국적 중 실효적 국적이

---

37) Christopher Schreuer, *supra* note 9 at 114.

38) *Amco Asia Corporation and others v. Republic of Indonesia*, ICSID Case no. ARB/81/1, Decision on Jurisdiction of May 10, 1988 (Resubmission Proceeding), para.565.

39) Christopher Schreuer, *supra* note 9 at 105.

40) *Ibid.*, at 106.

41) Katia Yannaca-Small, *supra* note 15 at 214. 그러한 예로 *Ibid.*, at 214-215 참조.

우선된다는 일반국제법상의 원칙이 적용될 것이다.[42)]

ICSID협약 제25조 2항 (a)는 자연인의 국적에 대한 정의를 마련하고 있는데, 투자자가 분쟁을 중재에 부탁하기로 동의한 일자와 그러한 중재요청서가 등록된 일자에 분쟁당사국인 투자유치국 이외의 체약국의 국적을 가지고 있어야 하고, 이러한 국적을 가지고 있는 자는 이 두 일자에 분쟁당사국의 국적을 아울러 가지고 있어서도 안 된다고 규정하고 있다. 이때 분쟁당사국의 국적을 가지고 있는 이중국적자는 분쟁당사국의 국적과 실효적 관련성이 있는지 여부와 상관없이 당해 조약상의 투자자로부터 배제된다고 *Champion Trading Company*의 중재판정부가 판단한 바 있다.[43)]

(2) 법인투자자의 국적

① 법인투자자 국적의 판단기준

개인투자자에서와 마찬가지로, 법인투자자의 국적에 관해서는 국제투자협정에서 규율을 하고 있는 경우가 많다. 이들 국제투자협정에서 정의하고 있는 법인의 판단기준에는 세 가지가 있는데, (i) 법인설립지(place of incorporation), (ii) 법인의 주사무소지(main seat), (iii) 직간접적 지배(control) 여부가 그것이다.[44)] 또한 국제투자협정에 따라서는 국영기업(state enterprise)도 투자자가 될 수 있음을 규정하고 있다.[45)]

ICSID협약은 제25조 2항 (b)에서 다시 법인의 국적에 관해서 두 가지 요건을 마련하고 있는데, 전단에서 법인이 중재에 회부하기로 동의한 일자에 분쟁당사국 이외의 체약국의 국적을 가지고 있을 것과 후단에서 비록 위 일자에 분쟁당사국의 국적을 가지고 있었다 하더라도 외국인의 지배를 이유로 양 분쟁당사자들이 또 다른 체약국의 국적을 가지고 있는 것으로 합의하였을 것으로 규정하고 있다. 제25조 2항 (b)의 구조상 '지배'가 예외적인 사유로 되어있다는 점으로 미루어 보아 법인의 국적을 결정하는 데에 있어서 법인설립지 및 주사무소지가 우선적으로 감안이 되고, 그 다음에 누가 기업을 지배하고 있는지를 검토하게 된다는 것을 알 수 있다.[46)] 또한 후단은 투자유치국에서의 투자를 위해 그 국가에 투자자가 국내법인을 설립하는 경우에, 그 국내법인도 ICSID 중재를 부탁할 수 있는 길을 열어두고 있다.[47)]

42) *Olguín v. Paraguay*, ICSID Case no. ARB/98/5, Award of July 26, 2001, paras.61-62.

43) *Champion Trading Company Ameritrade International Inc., James T. Wahba, John B. Wahba, Timothy T. Wahba v. Arab Republic of Egypt,* ICSID Case no. ARB/02/9, Decision on Jurisdiction of February 21, 2003 at 16.

44) Katia Yannaca-Small, *supra* note 15 at 222.

45) *Ibid.*

46) Christopher Schreuer, *supra* note 9 at 279.

47) Katia Yannaca-Small, *supra* note 15 at 226-227.

② 국적의 남용가능성과 실질적 지배기업 및 혜택의 부인

이렇듯 법인의 국적을 결정할 때 직간접적인 지배라는 실질적 기준보다 법인의 설립지와 주사무소지라는 형식적 기준이 더 큰 비중을 가지기 때문에, 청구인인 법인의 지분의 대부분을 자국국민이 소유하고 있음에도 불구하고, 다른 ICSID 체약국에서 설립되었다는 이유로 인적 관할이 성립되었다고 보는 사례가 발생하였다.[48] 이에 따라 법인 투자자들이 법인 국적과 관련된 규정을 남용하여 조약쇼핑(treaty shopping)을 할 가능성이 현실화되었기 때문에 중재판정부는 법인투자자를 진정으로 지배하는 자가 누구인지를 가려내는 '실질적 지배기업(piercing the corporate veil)'을 적용하여야 한다는 비판이 일고 있고,[49] 정도의 차이는 있지만 실제 그러한 작업을 감행하고 있는 중재판정부들도 있다.[50] 그럼에도 불구하고 대부분의 중재판정부들은 실질적 지배기업의 적용에 주저하는 모습을 보이고 있을 뿐 아니라, 실질적 지배기업의 적용 범위에 관해서도 일관적이지 않기 때문에 이에 대한 계속적인 연구가 필요할 것으로 보인다.

한편, 국가 차원에서도 이러한 남용가능성을 방지하기 위해 BIT에 '혜택의 부인(denial of benefits)' 조항을 두는 경우가 늘고 있고,[51] 그러한 예로 한-미 FTA 제11.11조가 있다. 외교통상부의 설명에 따르면, 혜택의 부인 조항은 "i) 협정당사국과 정상적 경제관계를 유지하지 않고 있는 제3국 국민이 소유하는 타당사국 기업 또는 ii) 제3국 국민이 소유하고 타당사국 내에서 실질적으로 영업하지 않는 타당사국 기업(이른바 paper company)에게 협정상의 혜택을 부인하는 것"을 그 목적으로 한다.[52] 한미 FTA, 그 중에서 특히 투자챕터의 혜택 중에는 국제투자중재도 포함이 되기 때문에, 한미 FTA 제11.11조에 해당하는 기업은 한미 FTA 투자챕터에 따른 국제투자중재를 제기할 수 없다는 결론이 도출될 수 있다.

---

48) *Tokios Tokelés v. Ukraine*, ICSID Case no. ARB/02/18.

49) 이러한 비판에 관해서는 Antoine Martin, "International Investment Disputes, Nationality and Corporate Veil: Some Insights from *Tokios Tokelés* and *TSA Spectrum de Argentina*", 8(1) *Transnational Dispute Management* 1 (2011) 〈http://ssrn.com/abstract=1781768에서 다운로드 가능, 2011.12.18. 최종검색〉 참조.

50) *Amco Asia Corporation and others v. Republic of Indonesia*, ICSID Case no. ARB/81/1; *Aguas del Tunari S.A. v. Republic of Bolivia*, ICSID Case no. ARB/02/3; *TSA Spectrum de Argentina, S.A. v. Argentine Republic*, ICSID Case no. ARB/05/5 등.

51) M. Sornarajah, *supra* note 19 at 329; Rachel Thorn and Jennifer Doucleff, "Disregarding the Corporate Veil and Denial of Benefit Clauses", in Michael Waibel, Asha Kaushal, Kyo-Hwa Liz Chung, and Claire Balchin (eds), *The Backlash against Investment Arbitration: Perceptions and Reality* (Kluwer Law International, 2010) pp.3-28 at 9.

52) 외교통상부, 『한미 FTA 상세설명자료』 (2011.7), 95면.

2) 피청구인 관련 요건

투자협정을 통하여 ICSID중재를 부탁하는 경우라면 피청구인인 투자유치국은 해당 투자협정 및 ICSID협약 모두의 당사국일 것이 요구된다. 청구인의 투자를 해하는 조치를 투자유치국 정부가 행한 경우나 투자계약 등을 투자유치국 자신이 체결한 경우에는 문제가 될 것이 없지만, 그러한 행위들을 지방정부 또는 국영기업이 했을 경우에 있어서 그러한 행위들이 투자유치국에 귀속되는지가 문제된다. 이러한 취지에서 ICSID협약 제25조 1항은 투자자와 체약국이 ICSID에 지정한 동 체약국의 하부조직이나 기관(any constituent subdivision or agency of a Contracting State designated to the Centre by that State) 간에 발생한 분쟁도 ICSID중재에 회부될 수 있다고 규정하고 있다.[53]

하지만 정확하게 무엇이 하부조직이나 기관에 속하는지는 해석의 문제이다. ICSID협약이 별도의 정의를 두고 있지 않은 이유는 국가별로 각양각색으로 두고 있는 하부조직이나 기관을 일률적으로 정의하기는 어렵기 때문이다.[54] 그래도 일반적으로 하부조직은 국가(중앙정부)의 하부에 위치하는 지방정부 또는 지방자치단체로, 기관은 그 조직 여하와 상관 없이 국가의 기능을 수행하는 실체로 볼 수 있을 것이다.[55]

문제가 되는 실체가 ICSID협정의 당사국의 하부조직이나 기관에 해당한다고 하더라도 그 당사국이 그 실체를 ICSID에 지정하지 않은 경우에, 중재판정부는 해당 실체에 대해 관할권이 없는 것으로 판단하고 있다.[56] 이는 ICSID협약 제25조 1항에서 투자유치국이 하부조직이나 기관을 지정하는 이유는 분쟁이 일어났을 경우 이들 실체를 피청구인 측의 당사자로 삼기 위한 것이기 때문이다. 동 조항은 투자유치국의 하부조직이나 기관의 행위가 그 국가에 귀속되는지 여부와는 별개이다.[57] 즉, 제25조 1항은 ICSID 당사국의 하부조직이나 기관이 당사국의 지정(designation)이라는 요건이 만족되는 한에서 직접 투자중재의 당사자가 될 수 있는 길을 열어주고 있는 것이기 때문에 인적 관할을 확장하는 의미를 가진다.[58] 반면, 투자유치국의 하부조직

---

53) 단, 이러한 하부조직이나 기관이 하는 중재동의는 체약국의 승인을 필요로 한다. 하지만 당해 체약국이 ICSID에 그러한 승인은 필요 없다고 통고한 경우는 그러하지 아니하다(ICSID협약 제25조 3항).

54) Christopher Schreuer, *supra* note 9 at 151.

55) *Ibid.*

56) *Cable Television of Nevis, Ltd. and Cable Television of Nevis Holdings, Ltd. v. Federation of St. Kitts and Nevis*, ICSID Case no. ARB/95/2, Award of January 13, 1997, para.2.33.

57) Rudolf Dolzer and Christoph Schreuer, *Principles of International Investment Law* (Oxford University Press, 2008) at 206.

58) 이에 대한 예로 인도네시아의 지방정부가 투자자를 상대로 제기한 특이한 사건인 *Government of the Province of East Kalimantan v. PT Kaltim Prima Coal and others*의 중재판

이나 기관이 행한 행위가 그 투자유치국에 귀속되는지 여부는 투자유치국(중앙정부)이 문제의 행위를 직접 하지는 않았더라도, 일정한 요건 하에 투자자가 그 행위를 투자유치국을 상대로 다툴 수 있게 해 주는 차원의 문제이다.

국가에의 귀속성 여부에 대하여 중재판정들은 국가책임의 법리를 빌어서 판단을 해 오고 있다. 투자유치국의 하부조직이나 기관의 행위가 투자유치국에게 귀속되는지(attributable) 여부와 가장 깊은 관련성을 가지고 있는 ILC 국가책임초안(Draft articles on Responsibility of States for Internationally Wrongful Acts)의 조항은 제4조(국가기관의 행위), 제5조(국가위임에 의한 행위), 제7조(월권행위), 그리고 제8조(국가의 지휘 또는 지배 하의 행위) 등이다. 중재판정부는 관련 국가책임초안의 조항을 적용하기 위한 전제로서 조직상의 검토(structural test)를 한 후에 기능상의 검토(functional test)를 하고 있다.[59] 조직상의 검토는 문제가 되는 실체가 투자유치국의 공법을 근거로 설립되었거나 그 실체의 지배구조에서 국가가 차지하는 비중을 보는 것이고, 기능상의 검토는 그 실체가 형식적으로 국가의 기관으로 볼 여지가 있다고 하더라도, 실제로 그 실체가 수행하는 기능이 국가 기능인지를 보는 것이다.[60] 그러나 분명한 것은 투자유치국이 자신의 국제법상 의무위반에 대한 방어논리로 자국의 국내법을 원용할 수 없다는 것이다.[61]

4. 시적 관할 (소급효의 배제)

중재판정부가 심사할 수 있는 청구는 중재의 근거가 되는 국제투자협정이 발효된 후에 일어난 투자자의 권리의 침해에 한한다는 것이 투자중재의 시적 관할(jurisdiction *ratione temporis*)의 문제이다. 이는 다시 국제법의 일반원칙에 해당하는 시제법의 원칙(intertemporal principle)과도 연관이 있다.[62]

정부는 Cable Television v. St. Kitts and Nevis 사건을 인용하면서, "하부기관이 청구인 또는 피청구인의 위치에 있는지와 상관없이, [ICSID 당사국인 국가의] 지정은 [인적] 관할의 요건이 된다"고 판정 내렸다(*Government of the Province of East Kalimantan v. PT Kaltim Prima Coal and others*, ICSID Case no. ARB/07/3, Award on Jurisdiction of December 28, 2009, para.202). 이 사건에서 비록 동부 칼리만탄 지방정부는 인도네시아의 지정을 받은 바가 없었다는 이유로 인적 관할이 부인되었지만, BIT가 아닌 투자계약상에 중재조항이 있었기 때문에 투자중재의 제기를 생각할 수 있었던 것이다.

59) *Maffezini v. Spain, Maffezini v. Spain,* ICSID Case no. ARB/97/7, Award on Jurisdiction of January 25, 2000, paras.77－81.

60) *Ibid.*; *Salini Costruttori S.p.A. and Italstrade S.p.A. v. Morocco,* ICSID Case no. ARB/00/4, Decision on Jurisdiction of 23 July 2001, paras.32－35.

61) 조약법에 관한 비엔나협약(Vienna Convention on the Law of Treaties) 제27조.

62) 조약법협약 제28조; 국가책임법초안 제13조; Zachary Douglas, *supra* note 30 at 329; Dolzer and Schreuer, *supra* note 57 at 38－39; *Impregilo S.p.A. v. Islamic Republic of Pakistan, supra* note 35, para.311.

투자유치국의 국제투자협정상 의무위반이 그 조약이 발효한 날짜 이후에 일어났다면 중재판정부의 관할권이 미친다는 것에는 의문이 없지만, 문제가 되는 경우는 그러한 의무위반 행위가 계속적이거나 복합적인 성격을 가지고 있을 때이다. 계속적 행위(continuing act)의 경우, 그 행위의 결과가 조약의 발효일 후에 일어났다면, 설사 그 행위의 일부가 발효일의 이전에 일어났다 하더라도 조약상 의무의 위반이 성립될 수 있다.[63] 하지만 행위가 이미 조약의 발효일 이전에 종료되었는데 그 효과만이 계속 이어지고 있었던 것이라면, 이 행위는 계속적 행위로 볼 수 없어 중재판정부의 관할권으로부터 배제된다.[64] 이러한 계속적 행위와 불소급의 원칙 간의 관계는 국가책임초안 제14조 2항에도 반영되어 있다. 다음으로 복합적 행위(complex act)의 경우, 국가책임초안 제15조 1항과 2항에 따라 복합적 행위 전체가 종료되는 시점에 일어나는 것으로 여겨지기 때문에, 중재판정부에 시적 관할이 인정되기 위해서는 복합적 행위의 종료시점이 조약의 발효일 이후라는 것만을 증명하면 된다.[65]

5. 분쟁해결기관의 특정 문제

국내법정 지정조항(forum selection clause)은 투자자와 투자유치국이 체결한 투자계약에 관해 분쟁이 발생할 경우에 이를 투자유치국의 국내법정에서 해결한다는 계약상의 조항을 말한다. 택일조항(fork-in-the-road clause)은 투자자와 투자유치국의 분쟁이 국제투자중재에 회부되기 이전에 이미 투자자가 투자유치국의 국내법정에 그 분쟁을 제소하였을 경우, 그 분쟁을 더 이상 중재에 부탁할 수 없다고 하는 조약상의 조항인데, 일반적으로 표현하면 국내법정으로 가든, 투자중재에 부탁하든 하나만을 선택할 수 있다는 규정을 말한다. 포기조항(waiver clause)이란 투자자가 투자유치국의 국내법정을 선택하였더라도 최종 판결이 있기 전에는 국제투자중재에 분쟁을 부탁할 수 있다는 규정을 말한다.

---

63) *Mondev Int'l Ltd. v. United States of America,* ICSID Case no. ARB(AF)/99/2, Award of October 11, 2002, para.57-58; Ténicas Medioambientales Tecmed, S.A. v. United Mexican States, ICSID Case no. ARB(AF)/00/2, Award of 29 May 2003, para.66; *SGS-Philippines Jurisdiction, supra* note 33, para.167.

64) *Mondev Int'l Ltd. v. United States of America, Ibid.*, paras.57-58.

65) Stanimir Alexandrov, "The "Baby Boom" of Treaty-Based Arbitrations and the Jurisdiction of ICSID Tribunals: Shareholders as "Investors" and Jurisdiction *Ratione Temporis*", 4 *The Law and Practice of International Courts and Tribunals* 19 (2005) at 53.

1) 국내법정 지정조항

국내법정 지정조항은 투자계약에 포함되어 있는 조항이기 때문에 이러한 조항을 준수하지 않고 국내법정에서 투자계약에 관한 분쟁을 제소하였음에도 불구하고 이를 다시 투자중재에 부탁하였을 경우에 중재판정부가 국내법정 지정조항을 고려할 수 있는지에 대하여 첨예한 대립이 있다. 논리적인 순서로 보자면, 물적 관할 중 분쟁의 정의에 계약청구가 포함된다고 결정된 후에 국내법정 지정조항의 고려 여부를 결정할 수 있다.[66)]

중재판정부가 국내법정 지정조항에 따라 국내재판이 진행되고 있는 상황에서 당해 국내재판의 종료시까지 투자중재의 중단을 결정할 수 있는지에 대해, *SGS v. Philippines*의 중재판정부는 자신에게 이러한 권한이 있고 실제로도 그러한 권한을 행사하였지만,[67)] 몇몇 다른 중재판정부들은 이러한 권한의 존재를 인정하면서도 현실적인 이유로 그 권한을 행사하지 않았다.[68)]

2) 택일조항과 포기조항

택일조항은 국내법정에서 분쟁을 해결하든, 중재판정부에서 분쟁을 해결하든 어느 한 쪽에 일단 분쟁해결이 부탁되었다면, 다른 분쟁해결수단으로 변경하여 이동하지 못한다는 법리이다. 이에 반해 포기조항의 경우 국내법정에 일단 소송이 제기되었더라도, 도중에 투자중재로 옮겨 갈 수 있다는 의미에서 보다 유연성을 갖는 제도라고 할 수 있겠다. 한미 FTA 투자챕터에서는 한국 측 투자자에게는 포기조항에 해당하는 규정을, 미국 측 투자자에게는 택일조항을 규정하고 있다.

택일조항이 발동되기 위해서는 국내법정에 제기된 사건과 당해 중재판정부에게 부탁된 사건이 세 가지 측면에서 동일하다는 것을 피청구인이 증명하여야 한다.(이른바 triple identity test).[69)] 그 세 가지 측면은 (i) 동일한 분쟁당사자, (ii) 동일한 청구원인(cause of action), (iii) 동일한 분쟁대상(object of dispute)이 그 것이다. 하지만 최근에 택일조항의 발동이 문제되었던 *Veteran Petroleum* 사건의 중재판정부는 위와 같은 triple identity test가 국제투자법상 광범위하게 인정되고 있다는 것을 확인하였지만, 사

66) 투자유치국의 국내법정에서 이 사건을 정당하게 다루지 않았다는 사정은 국제투자중재에서 사법정의실현의 거부(denial of justice) 문제로 다툴 수 있다(Zachary Douglas, *supra* note 30 at 364).

67) *SGS - Philippines Jurisdiction, supra* note 33, para.155.

68) *Impregilo v. Pakistan, supra* note 35, para.289; *Bayindir Jurisdiction, supra* note 24, para.272.

69) *Veteran Petroleum Ltd v. Russian Federation,* PCA Case no. AA 228, Interim Award on Jurisdiction and Admissibility of November, 30 2009, para.609

건의 사실관계를 정밀하게 적용시키지는 못하고 있다.[70] 어쨌든 택일조항의 발동에 대해 이러한 제한을 두는 이유는 투자와 관련하여 국내에 제기된 모든 재판이 택일조항의 발동 원인이 되어서는 안 되기 때문이다.[71]

6. 냉각기간 문제

냉각기간(cooling-off period) 또는 대기기간(waiting period)은 중재에 임하기 전에 분쟁당사자들이 협의 등을 통하여 우호적으로 평화적 분쟁해결을 도모하는 기간을 말한다. BIT들은 일반적으로 냉각기간으로 3개월에서 6개월의 기간을 지정하고 있다. 이러한 냉각기간의 목적은 분쟁당사자들이 중재에 임하기 전에 협의 등의 원만한 수단을 통해 분쟁을 조기에 해결하는 것이다.[72] 하지만 냉각기간이 의무적인지 여부를 놓고 ICSID 중재판정부들은 상충되는 판정을 내놓고 있다.[73]

냉각기간의 의무적인 성격을 부정한다는 것은 이를 관할권의 요건으로 보지 않는다는 뜻이다. 그런데 냉각기간을 의무적인 것이라고 보더라도, 양 당사자 간에 협의를 거쳤을지라도 무의미하였을 것이기 때문에 애초에 이를 거칠 필요가 없다고 청구인측에서 주장하는 경우도 있다. 일부 중재판정부는 냉각기간의 취지는 우호적인 협상을 시도하는 것에 있지, 반드시 분쟁의 해결에 도달하는 것은 아니라고 하고 있다.[74]

이외에 냉각기간의 시발점을 결정하는 것도 문제가 되는데, 최근 판정에 따르면 냉각기간은 청구인의 BIT에 기한 청구가 있는 시점으로부터 시작되고 이러한 청구의 존재를 피청구인이 알고 있어야 한다.[75] 더 정확하게 말하자면 청구인이 피청구인에게 BIT상의 의무위반을 알리는 시점부터 냉각기간이 시작된다는 것이다.[76]

---

70) *Ibid.*

71) Christoph Schreuer, "Travelling the BIT Route: Of Waiting Periods, Umbrella Clauses and Forks in the Road", 5(2) *The Journal of World Investment and Trade* 231 (2004) at 248.

72) Christopher F. Dugan *et. al.*, *Investor－State Arbitration* (Oxford University Press, 2008) at 117.

73) 냉각기간이 의무적이라고 보는 판정사례: *Murphy Exploration and Production Company International v. Republic of Ecuador*, ICSID Case no. ARB/08/4, Award on Jurisdiction of December 15, 2010 para.132; 냉각기간이 의무적이지 않다고 보는 판정사례: *Abaclat and Others v. Argentine Republic,* ICSID Case no. ARB/07/5, Decision on Jurisdiction and Admissibility of August 4, 2011, para.564.

74) *Murphy v. Ecuador, Ibid.*, para.135.

75) *Ibid.*, paras.107－108.

76) *Ronald S. Lauder v. The Czech Republic* (UNCITRAL Case), Award of September 3, 2001, para.185.

Ⅲ. 관할권의 주요쟁점

1. 관할권과 수리가능성의 구별

1) 구별의 필요성에 관한 논의

국내법원과 달리, 국제재판소에서는 관할권과 수리가능성(admissibility)을 구분을 할 필요가 생기게 된다. 그 이유는 국내법원의 경우 국가 내에서 하나의 일관된 체계를 이루고 있는 것과 달리, 국제재판소는 어떠한 위계질서 없이 분쟁을 해결할 수 있는 기관들이 여기저기 산재해 있기 때문이다. 이에 대한 구별의 필요성을 더 명확하게 드러내기 위해서 예를 들어보도록 한다. 한국 국적을 가지고 있는 갑은 쓰레기소각장을 건설할 계약을 한국의 지방자치단체인 을과 체결하였다. 그 후 갑이 이 쓰레기소각장 설치를 위해 지목변경을 신청하였는데, 환경상의 이유로 국토해양부장관이 이를 거부한 경우, 갑은 이러한 거부처분을 한국법원에서 다투게 된다. 이때, 한국법원은 이 사건을 심리할 수 있는 권한을 가지고 있는지 여부를 별도로 심사하지 않고,[77] 본안판단을 할 수 있는 소송요건(대상적격, 원고적격, 제소기간 등)을 갖추었는지를 보게 된다.

이제 상기 예를 조금 수정하여, 한국 국적을 가지고 있는 갑이 계약을 체결한 당사자는 자메이카의 지방자치단체인 병으로 하고, 자메이카의 주무관청이 쓰레기소각장의 건설을 불허하였을 경우, 갑은 이 분쟁을 한국법원에서 다툴 수는 없다. 갑은 이 사건을 자메이카 법원에서 다투거나, 한국－자메이카 BIT에 따른 중재를 신청하여야 한다. 갑이 한국－자메이카 BIT에 따른 중재를 신청하기로 결정하게 된다면, 중재판정부는 자신이 이 사건을 다룰 수 있는 관할권을 가지고 있는지(관할권의 문제)와 이 사건의 본안을 심리할 수 있는 요건을 갖추었는지(수리가능성의 문제)를 검토하게 된다.

본안에 들어가기에 앞서 사건에 대한 관할권과 수리가능성을 검토하는 것은 국제투자 중재판정부에서만 행해지는 것이 아니라, ICJ와 같은 국제재판소에서도 이루어진다.[78] 하지만 ICJ와는 달리 투자중재, 국제상사중재 등의 중재판정부에 있어서

77) 엄밀히 말해서 국내법원에서도 이러한 의미에서의 관할권을 검토를 하는 경우가 없는 것은 아니다. 예를 들어 한국의 경우 국가를 상대로 불법행위책임을 묻는 소송인 국가배상청구소송을 행정소송으로 제기할 경우, 대법원은 이러한 소송이 민사소송에 해당한다는 이유로 일관되게 각하결정을 하거나 이송을 해 오고 있다(대판 1972. 10. 10, 69다701).

78) ICJ의 관할권·수리가능성·선결적 항변에 관한 연구로는 박기갑, “선결적 항변에 관한 연구 —

관할권과 수리가능성을 구별할 실익이 더 큰 이유는, ICJ는 단심제인 것과 달리 중재는 중재판정의 취소(annulment) 등 재심사의 가능성이 있고, 이때 재심사의 대상에서 수리가능성의 문제는 배제된다는 데에 있다. UNCITRAL Model Law[79] 제34조 2항 (a)호 (iii)목은 중재판정이 중재부탁의 범위를 벗어났을 때 중재판정의 취소를 인정하고 있고, ICSID협약 역시 제52조 1항 (b)호에 이와 유사한 규정을 두고 있다.[80]

2) 구별기준

국제투자중재에 있어서 관할권과 수리가능성의 구별에 대한 논의가 많이 이루어지지 못하고 있는 것이 현실이다. 그러나 관할권과 수리가능성의 구별기준에 관해 Paulsson은 명쾌한 해답을 내놓고 있다.[81] 그는 Rau의 주장을 인용하면서,[82] 관할권은 회부된 바로 그 중재재판부에서 당해 사건을 다룰 수 있는지에 관한 문제이고, 수리가능성은 중재재판부에서 당해 사건에 대한 본안심리를 할 수 있는지에 관한 문제라고 말하고 있다.[83] 따라서 논리적 순서로 본다면, 중재판정부는 당해 사건을 심리할 수 있는 관할권이 성립되는지를 살펴본 후에, 당해 사건의 수리가능성을 검토하게 된다.

국내법정 지정조항이 있는 경우에는 비교적 명확하게 수리가능성에 관한 요건이라는 것을 알 수 있지만, 모든 경우에 있어서 이러한 구분이 명확한 것은 아니다. 즉, 관할권에 관한 요건인지, 아니면 수리가능성에 관한 요건인지가 애매한 회색지대가 있는 것이다.[84] 그러한 예로 인적 관할(jurisdiction *ratione personae*) 또는 원고적격(*locus standi*)이 있다. BIT를 체결한 상대국의 국적을 가지고 있는 투자자만이 국제투자중재에 사건을 부탁할 수 있는데, 중재판정부가 투자자가 부탁한 사건만을 다룰 수 있다는 점에서 원고적격은 관할권의 성격을 가지고 있고, 또한 중재에 부탁한 자

ICJ 제도를 중심으로—", 『국제법학회논총』 제49권 제3호(2004), 33면 참조.

79) UNCITRAL Model Law on International Commercial Arbitration, United Nations document A/40/17, annex I.

80) 일반적인 상사중재의 경우 국내법원에서 판정의 취소 문제를 다루게 되지만, ICSID 투자중재의 경우 ICSID협약 제52조 3항의 규정에 따라 특별중재판정부에서 이 문제를 다루게 된다.

81) Jan Paulsson, "Jurisdiction and Admissibility", in Gerald Aksen *et al.* (eds), *Global Reflections on International Law, Commerce and Dispute Resolution, Liber Amicorum in honour of Robert Briner* (ICC Publications, Nov. 2005) at 601.

82) A.S. Rau, "The Arbitrability Question Itself", 10 *The American Review of International Arbitration* 287 (1999) at 322.

83) Jan Paulsson, *supra* note 81 at 617.

84) Jan Paulsson, *supra* note 81 at 608-614.

가 투자자에 해당하여야지만 당해 사건에 대한 본안심리가 가능하다는 점에서 수리가능성의 성격도 가지고 있다. 그래서 이 요건을 관할권의 요건으로 다루고 있는 학자도 있고,[85] 수리가능성의 요건으로 다루고 있는 학자도 있다.[86] 학계에서는 지속적으로 관할권과 수리가능성의 구별을 논의하고는 있지만, 현실적으로 수리가능성 요건은 중재판정의 재심사의 범위에서 배제된다는 것 외에 구별실익이 그다지 크지 않다는 점, 그리고 구별하기도 힘들다는 점 또한 사실이다.

2. ICSID협약 탈퇴와 동의 문제

ICSID협약을 당사국이 탈퇴하는 경우 탈퇴시점과 중재동의의 관계는 어떻게 되는지에 대한 논의가 2007년 볼리비아의 탈퇴와 2009년 에콰도르의 탈퇴로 촉발된 바 있다. ICSID협약 제71조는 당사국이 기탁기관인 세계은행에 서면 통고하여 당해 협약에서 탈퇴할 수 있고, 탈퇴의 효력은 통고 수리로부터 6개월 후에 발생한다고 규정하고 있다. 그리고 동 협약 제72조는 이러한 탈퇴통고는 세계은행이 이러한 통고를 받기 전에 ICSID의 관할권에 동의한 것으로부터 발생한 그 체약국의 협정상의 권리의무에 영향을 미치지 않는다고 규정하고 있다. 탈퇴통고 이전에 국가와 투자자 간의 중재동의가 이루어졌다면, 그 국가가 탈퇴한 후에도 제72조로 인하여 중재재판소는 여전히 관할권을 가진다는 것에 대해서는 이견이 없지만, 문제는 당사국의 탈퇴통고 이후에 동의가 이루어졌을 경우이다. 여기에 대해서는 볼리비아의 사례를 중심으로 설명하고자 한다.

[표 15-3]은 2007년 볼리비아가 ICSID협약을 탈퇴하였을 당시의 과정을 시간순서로 나열한 것이다. 볼리비아는 2007년 5월 1일에 세계은행에 ICSID협약 제71조 1문에 따른 통고를 하였고, 세계은행은 이 통고를 그 다음날인 5월 2일에 수리하였으며, 탈퇴의 효력은 통고의 수리가 이루어진 날로부터 6개월 후인 2007년 11월 2일에 발생하였다.[87]

---

85) 그러한 예로 Zachary Douglas, *supra* note 56; Richard Happ and Noah Rubins, *Digest of ICSID Awards and Decisions 2003-2007* (Oxford University Press, 2008)이 있다.

86) 그러한 예로 岩月直樹, "管轄權と受理可能性", in 小寺彰(編著), 『國際投資協定』(三省堂, 2010)이 있다.

87) ICSID, "Bolivia Submits a Notice under Article 71 of the ICSID Convention", ICSID News Release, May 16, 2007. 〈http://icsid.worldbank.org/ICSID/FrontServlet?requestType=CasesRH&-actionVal=OpenPage&PageType=AnnouncementsFrame&FromPage=NewsReleases&pageName=-Announcement3, 2011.12.18. 최종검색〉

[표 15-3 시간순서로 본 볼리비아의 탈퇴 과정]

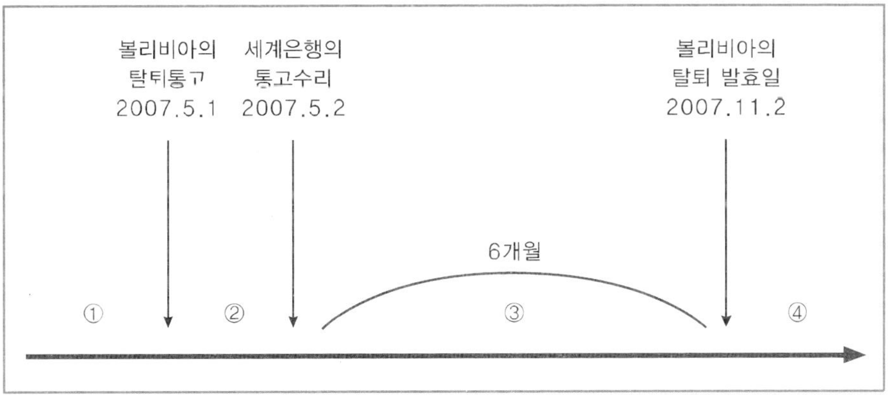

[표 15-3]에서의 ①, ②, ③, ④는 각 절차 사이에 일어날 수 있는 중재동의의 시점을 나타낸다. 상기한 바와 같이 시점 ①에 중재동의가 있을 경우에 ICSID협약을 탈퇴한 후에도 중재는 여전히 효력을 가지고 있어서 중재관할권이 여전히 성립된다고 보는 것이 일반적이다. 그런데 그 이후의 시점에 관해서는 견해가 갈리고 있다. 견해 1은 시점 ②, 즉 기탁기관이 탈퇴공고를 수리하기 전까지 이루어진 중재동의만 보호 받는다고 보고 있다.[88] 이 견해는 제72조상의 동의는 제25조상의 동의와 마찬가지로 상호동의로 보고 있다. 견해 2는 시점 ③, 즉 탈퇴의 효력이 발생하는 시점까지 이루어진 중재동의까지 보호 받는다고 보고 있다.[89] 이 견해는 좀 더 투자자친화적인 견해로서, 제72조상의 동의를 일방동의, 즉 요청만 있는 경우도 동의로 보고 있다.

공교롭게도 볼리비아에 대해 시점 ②를 제외한 ①, ③, ④의 각 시점에 중재사건 4건이 ICSID 중재판정부에 부탁되었다.[90] 이 중에서 시점 ③에 제기되었던 사건인

88) Christoph Schreuer, *supra* note 30 at 355, 362. ICSID협약을 중심으로 논지를 전개하고 있는 Schreuer와는 달리 Tzanakopoulos는 관습법상의 조약해석의 원칙을 적용하여 같은 결론에 도달하고 있다. (Antonios Tzanakopoulos, "Denunciation of the ICSID Convention under the General International Law of Treaties" in Rainer Hofmann and Christian Tams(eds.) *International Investment Law and General International Law: From Clinical Isolation to Systemic Integration?* (Nomos Verlagsgesellschaft, 2011) at 75-93. 〈http://ssrn.com/abstract=1735495에서 다운로드 가능, 2011.12.22. 최종검색〉.

89) Emmanuel Gaillard, "The Denunciation of the ICSID Convention", 237(122) *The New York Law Journal* 6 (2007) at 6.

90) 시점 ①에 해당하는 사건은 *Quiborax S.A., Non-Metallic Minerals S.A. & Allan Fosk Kaplún v. Plurinational State of Bolivia*, ICSID Case no. ARB/06/2 (접수일자: 2006.2.6.)와 *Aguas del Tunari S.A. v. Republic of Bolivia*, ICSID Case no. ARB/02/3 (접수일자: 2002.2.25.), 시점 ③에 해당하는 사건은 *E.T.I. Euro Telecom International N.V. v. Plurinational State of Bolivia,* ICSID Case no. ARB/07/28 (접수일자: 2007.10.31., 이하 *E.T.I. Euro Telecom* 사건), 시점 ④에 해당하

E.T.I. Euro Telecom 사건이 이 논의의 종지부를 찍어줄 것으로 기대를 모았었는데, 청구인 측의 요청으로 사건절차가 종료되었다.[91] 또한 이 사건과 유사하게 시점 ③에 해당하는 시기에 에콰도르를 상대로 ICSID중재가 부탁되었는데, 이 역시 중간에 당사자간 화해가 성립하여 절차가 종료되었다.[92] 하지만 현재 볼리비아를 상대로 시점 ④에 해당하는 사건이 계류 중일 뿐 아니라, 베네수엘라도 최근 다시 탈퇴의사를 밝히고 있어서[93] 이 문제에 대한 논의는 앞으로도 계속될 것으로 보인다.

Ⅳ. 결 론

본고에서 다룬 국제투자법상 관할권의 성립요건과 그와 관련된 주요쟁점들은 투자유치국의 실체적 의무 위반 못지않게 중요한 쟁점들을 많이 내포하고 있다. 일반적으로 관할권의 성립요건에 대해서는 많은 논의가 있었으나, 그 구체적인 요소 하나하나에 대해서는 여전히 많은 논란들이 존재하고 있다. 관할권과 수리가능성의 구별에 대해서도 아직까지 명확하고 일관된 해석은 없으며, 구별 실익이 있는지에 대해서도 의문을 갖는 견해도 있다. 그리고 ICSID협약 탈퇴에 따른 관할권 문제도 현재진행형이다. 이 모든 쟁점들은 향후 한국이 직면할지도 모를 여러 상황에 대비하기 위해서라도 다양한 각도에서 연구되어야 할 과제이다.

지난 수개월간 우리 국회의 한미FTA 비준동의 여부를 둘러싸고 많은 논란이 있었으며, 그 논란의 중심에 위치하였던 제도가 투자자-국가간 분쟁해결제도였다. 향후 한미FTA 발효에 따라 많은 투자분쟁의 발생이 우려되고 있는 상황이며, 이에 따른 적극적인 대비책이 강구되어야 할 것이다. 앞으로 발생할 가능성이 있는 투자분

는 사건은 *Pan American Energy LLC v. Plurinational State of Bolivia,* ICSID Case no. ARB/10/8(접수일자: 2010.4.12.)이다.

91) ICSID 홈페이지(http://icsid.worldbank.org)에 공개되어 있는 *E.T.I. Euro Telecom* 사건의 절차적 세부사항에 따르면 판정부가 ICSID규칙 제44조에 따라 절차의 종료에 관한 명령을 발하였는데, 제44조는 일방당사자의 요청에 따른 절차의 종료를 규정하고 있다. 논리상 이 일방당사자는 청구인이다.

92) *Corporación Quiport S.A. and others v. Republic of Ecuador* (ICSID Case no. ARB/09/23) (접수일자: 2009.12.30.). ICSID 홈페이지(http://icsid.worldbank.org)에 공개되어 있는 이 사건의 절차적 세부사항에 따르면 ICSID 사무국이 ICSID규칙 제43조 1항에 따라 절차의 종료에 관한 명령을 발하였는데, 제43조 1항은 양 당사자의 합의에 따른 절차의 종료를 규정하고 있다.

93) Sabine Konrad and Lisa Richman, "Venezuela Threatens to Terminate ICSID Membership", Legal Insights, K&L Gates, September 22, 2011 〈http://www.klgates.com/files/Publication/-8b10fae1-0c71-4ea5-a199-da10794b7e4e/Presentation/PublicationAttachment/1af51153-0787-4a88-8019-c0ad8c430227/Alert_Arbitration_Venezuela_Threatens_Terminate_September2011.pdf에서 다운로드 가능, 2011.12.22. 최종검색〉.

쟁에 적절히 대비하기 위해서는 투자계약이나 투자협정 혹은 FTA 투자챕터의 실체법적 내용에 대한 이해뿐만 아니라, 절차법적 사항에 대한 심도 있는 연구도 동시에 진행되어야 할 것이다.

제16장 ICSID 중재판정의 취소이유

— 취소위원회 결정을 중심으로 —

Ⅰ. 서 론

국제투자분쟁해결센터(International Centre for Settlement of Investment Disputes: 이하 "ICSID") 중재판정 당사자는 (i) 판정부의 부적절한 구성, (ii) 판정부의 명백한 권한 이탈, (iii) 판정부 중재인의 비리, (iv) 기본적 심리절차규칙의 중대한 위반, (v) 판정이유의 불비 중 어느 하나 또는 둘 이상의 이유를 원용하여 당해 판정의 취소(annulment)를 신청할 수 있다(ICSID협약 제52조 1항).[1)]

ICSID 취소제도는 외국인투자자에 대한 투자유치국의 행위를 규율하는 국제투자법의 법리 형성에 직·간접적인 영향을 미칠 수 있다는 점에서 중요한 의미를 갖고 있는바, 본고는 먼저 ICSID 취소제도와 취소결정 사건 관련 현황을 소개하고(II), 2011년 12월 현재까지의 취소위원회의 결정에 나타난 취소이유 법리를 검토하고(III), 끝으로 ICSID 취소제도의 향후 전망에 대해 언급하고자 한다(IV).

※ 본고는 『국제투자분쟁연구』, 대한상사중재원(2011. 12.)에 게재된 글을 전재한 것이다.

1) 원문: "Either party may request annulment of the award by an application in writing addressed to the Secretary-General on one or more of the following grounds: (a) that the Tribunal was not properly constituted; (b) that the Tribunal has manifestly exceeded its powers; (c) that there was corruption on the part of a member of the Tribunal; (d) that there has been a serious departure from a fundamental rule of procedure; or (e) that the award has failed to state the reasons on which it is based."

Ⅱ. ICSID 취소제도

1. 취소제도의 성격

ICSID 취소신청을 심리하는 임시위원회(*ad hoc* Committee: 이하 "취소위원회")의 임무는 문제된 중재판정에 법적 오류가 있는지 없는지 여부를 판단하는 것이 아니라, 당해 중재판정이 '취소'되어야 하는지 여부를 판단하는 것이다.[2] 취소위원회는 여러 사건에서 자신은 중재판정부의 사실인정이나 본안에 관한 법적 판단을 파기자판하는 항소심의 기능을 하는 것이 아님을 여러 차례 밝힌 바 있다.[3] ICSID협약 당사국들이 중재제도에 항소제도를 두지 않고 취소제도만 둔 이유는 투자자에게 분쟁의 신속한 해결을 보장하여 투자에 따른 법적 리스크를 줄임으로써 보다 많은 해외투자를 할 수 있도록 유도하고, 결국 투자유치국이 보다 많은 해외자본을 유치할 수 있도록 하기 위한 것으로 생각된다.

한편 투자자-국가분쟁(Investor State Dispute: 이하 "ISD")에서 ICSID 중재제도는 절차법적 측면에서는 상사중재라는 민사적 성격을 갖고 있지만 실체법적 측면에서는 투자조약 해석·적용이라는 국제공법적 성격도 갖고 있는바, 이러한 점에서 ICSID 중재는 사인 간의 계약 문제를 다루는 국제상사중재와는 다른 성격을 갖는다.[4] 실제로 ICSID 중재 및 취소 사건에서 중재인, 소송대리인, 법률자문인, 전문가증인으로서 前職 국제사법재판소(International Court of Justice) 판사나 국제법 학자들이 자주 등장하는데, 이는 ICSID 중재제도의 국제법적 특성을 잘 보여주고 있다. ICSID 중재는 결국 투자유치국의 어떤 조치가 투자조약 위반에 해당하는지 여부를 결정하는 것이기 때문에, (설사 ICSID협약이 의도하지 않았다고 하더라도) ICSID 중재제도는 외국인투자자에 대한 주권국가의 행위를 규율하는 국제공법의 해석·적용 기능을 수행할 수밖에 없

2) *Klöckner Industrie-Anlagen GmbH and others v. United Republic of Cameroon and Société Camerounaise des Engrais* (ICSID Case no. ARB/81/2), Decision on Annulment I (May 3, 1985), para.61.

3) 예컨대, *MTD Equity Sdn. Bhd. and MTD Chile S.A. v. Republic of Chile* (ICSID Case no. ARB/01/7), Decision on Annulment (March 21, 2007), para.54; *CMS Gas Transmission Company v. Argentine Republic* (ICSID Case no. ARB/01/8), Decision on Annulment (September 25, 2007), para.136.

4) *Cf.* Gus Van Harten and Martin Loughlin, "Investment Treaty Arbitration as A Species of Global Administrative Law", 17 *Eur. J. Int'l L.* (2006), pp.146-147; Robert Howse, "Adjudicative Legitimacy and Treaty Interpretation in International Trade Law", in J.H.H. Weiler (ed.), *The EU, the WTO, and the NAFTA* (2000), pp.38-39.

다. 문제된 사안의 원만한 해결에 중점을 두는 상사중재와는 달리, ICSID 중재제도는 국제투자규범의 형성 기능도 담당한다는 점을 고려할 때, 중재판정부의 본안판단에 대한 심사를 인정하지 않는 현재의 취소제도가 적절한지 여부가 문제될 수 있다. 이와 관련하여 중재판정의 본안판단에 대해서도 심사할 수 있는 항소제도를 새로 도입해야 한다는 주장이 제기되어 왔으나, ICSID협약 당사국들은 이에 대해 부정적이다.

2. 취소신청 사건 현황

ICSID 인터넷 홈페이지에 게재된 자료에 따르면, 2011년 12월 22일 현재 종결된 중재판정 총 241건 중에서 판정 취소신청 건수는 50건이다.[5] 이 중에서 절차중단으로 종결된 사건이 10건이고,[6] 취소심리절차 계속 중인 사건이 10건,[7] 취소신청에 대한 본안결정이 내려진 사건은 30건이다. 이들 30건의 사건 중에서 취소위원회는 총 11건의 취소결정을 내렸는데, 판정 전체에 대한 취소가 5건이고 판정 일부에 대한

5) ICSID, List of pending cases, 〈http://icsid.worldbank.org/ICSID/FrontServlet?requestType=GenCaseDtlsRH&actionVal=ListPending〉; List of concluded cases, 〈http://icsid.worldbank.org/ICSID/FrontServlet?requestType=GenCaseDtlsRH&actionVal=List Concluded〉.

6) ① 당사자 비용 미납으로 심리절차중단: *Philippe Gruslin v. Malaysia* (ICSID Case no. ARB/99/3), April 2, 2002; *Ahmonseto, Inc. and others v. Arab Republic of Egypt* (ICSID Case no. ARB/02/15), October 13, 2010; *RSM Production Corporation v. Grenada* (ICSID Case no. ARB/05/14), April 28, 2011, ② ICSID중재규칙 제43조 1항에 따른 심리절차중단: *Joy Mining Machinery Limited v. Arab Republic of Egypt* (ICSID Case no. ARB/03/11), December 16, 2005; Siemens A.G. v. Argentine Republic (ICSID Case no. ARB/02/8), September 28, 2009; *Astaldi S.p.A. v. Republic of Honduras* (ICSID Case no. ARB/07/32), June 15, 2011, ③ ICSID중재규칙 제44조에 따른 심리절차중단: *ATA Construction, Industrial and Trading Company v. Hashemite Kingdom of Jordan* (ICSID Case no. ARB/08/2), July 11, 2011, ④ ICSID중재규칙 제45조에 따른 심리절차중단: *Waguih Elie George Siag and Clorinda Vecchi v. Arab Republic of Egypt* (ICSID Case no. ARB/05/15), July 26, 2010, ⑤ ICSID중재규칙 제53조 및 제3조 1항에 따른 심리절차중단: *Ioannis Kardassopoulos v. Georgia* (ICSID Case no. ARB/05/18), December 12, 2011; *Ron Fuchs v. Georgia* (ICSID Case no. ARB/07/15), December 12, 2011.

7) ① *LG&E Energy Corp., LG&E Capital Corp. and LG&E International Inc. v. Argentine Republic* (ICSID Case no. ARB/02/1); ② *Libananco Holdings Co. Limited v. Republic of Turkey* (ICSID Case no. ARB/06/8); ③ *Joseph C. Lemire v. Ukraine* (ICSID Case no. ARB/06/18); ④ *Nations Energy, Inc. and others v. Republic of Panama* (ICSID Case no. ARB/06/19); ⑤ *RSM Production Corporation v. Central African Republic* (ICSID Case no. ARB/07/2); ⑥ *Tza Yap Shum v. Republic of Peru* (ICSID Case no. ARB/07/6); ⑦ *Impregilo S.p.A. v. Argentine Republic* (ICSID Case no. ARB/07/17); ⑧ *AES Summit Generation Limited and AES-Tisza Erömü Kft. v. Republic of Hungary* (ICSID Case no. ARB/07/22); ⑨ *Malicorp Limited v. Arab Republic of Egypt* (ICSID Case no. ARB/08/18); ⑩ *Commerce Group Corp. and San Sebastian Gold Mines, Inc. v. Republic of El Salvador* (ICSID Case no. ARB/09/17).

취소가 6건이다. 나머지 19건에 대한 취소신청은 기각되었다.[8] 2011. 12. 22. 현재 취소신청 사건 통계를 도표로 정리하면 아래 표와 같다.

[표 16-1 취소신청 사건 현황]

취소신청: 50건*			
절차중단: 10건	심리계속: 10건	결정: 30건 (100%)	
		기각: 19건(약 63%)	취소: 11건** (약 37%)

* 종결사건 수(241) 대비 취소신청(50) 비율: 약 20.7%
** 종결사건 수(241) 대비 취소결정(11) 비율: 약 4.5%

8) *Amco Asia Corporation and others v. Republic of Indonesia* (ICSID Case no. ARB/81/1), Decision on Annulment (December 17, 1992); *Klöckner Industrie-Anlagen GmbH and others v. United Republic of Cameroon and Société Camerounaise des Engrais* (ICSID Case no. ARB/81/2), Decision on Annulment (May 17, 1990); *Southern Pacific Properties (Middle East) Limited v. Arab Republic of Egypt* (ICSID Case no. ARB/84/3), Decision on Annulment (March 9, 1993); *Compañía de Aguas del Aconquija S.A. and Vivendi Universal S.A. v. Argentine Republic* (ICSID Case no. ARB/97/3), Decision on Annulment (August 10, 2010); *Wena Hotels Limited v. Arab Republic of Egypt* (ICSID Case no. ARB/98/4), Decision on Annulment (February 5, 2002); *Consortium R.F.C.C. v. Kingdom of Morocco* (ICSID Case no. ARB/00/6), Decision on Annulment (January 18, 2006); *MTD Equity Sdn. Bhd. and MTD Chile S.A. v. Republic of Chile* (ICSID Case no. ARB/01/7), Decision on Annulment (March 21, 2007); *Repsol YPF Ecuador S.A. v. Empresa Estatal Petróleos del Ecuador (Petroecuador)* (ICSID Case no. ARB/01/10), Decision on Annulment (January 8, 2007); *Azurix Corp. v. Argentine Republic* (ICSID Case no. ARB/01/12), Decision on Annulment (September 1, 2009); *Hussein Nuaman Soufraki v. United Arab Emirates* (ICSID Case no. ARB/02/7), Decision on Annulment (June 5, 2007); *CDC Group plc v. Republic of Seychelles* (ICSID Case no. ARB/02/14), Decision on Annulment (June 29, 2005); *Industria Nacional de Alimentos, S.A. and Indalsa Perú, S.A. (formerly Empresas Lucchetti, S.A. and Lucchetti Perú, S.A.) v. Republic of Peru* (ICSID Case no. ARB/03/4), Decision on Annulment (September 5, 2007); *M.C.I. Power Group, L.C. and New Turbine, Inc. v. Republic of Ecuador* (ICSID Case no. ARB/03/6), Decision on Annulment (October 19, 2009); *Continental Casualty Company v. Argentine Republic* (ICSID Case no. ARB/03/9), Decision on Annulment (September 16, 2011); *Duke Energy International Peru Investments no. 1 Ltd. v. Republic of Peru* (ICSID Case no. ARB/03/28), Decision on Annulment (March 1, 2011); *Compagnie d'Exploitation du Chemin de Fer Transgabonais v. Gabonese Republic* (ICSID Case no. ARB/04/5), Decision on Annulment (May 11, 2010); *Sociedad Anónima Eduardo Vieira v. Republic of Chile* (ICSID Case no. ARB/04/7), Decision on Annulment (December 10, 2010); *Rumeli Telekom A.S. and Telsim Mobil Telekomunikasyon Hizmetleri A.S. v. Republic of Kazakhstan* (ICSID Case no. ARB/05/16), Decision on Annulment(March 25, 2010); *Togo Electricité and GDF-Suez Energie Services v. Republic of Togo* (ICSID Case no. ARB/06/7), Decision on Annulment (September 6, 2011).

Ⅲ. 취소이유 법리

1. 취소결정에서 인정된 취소이유

ICSID협약 제51조 1항 소정의 중재판정의 취소이유의 의미는 확대해석이나 제한적 해석이 아닌 협약의 대상과 목적에 따라,[9] 조약해석에 관한 일반국제법원칙(조약법에 관한 비엔나협약 제31조 및 제32조)에 따라 해석되어야 한다.[10] 2011년 12월 22일 현재까지 "판정부의 명백한 권한 이탈"(협약 제52조 1항 b호)이 인정된 사건은 8건이고, "판정이유불비"(협약 제52조 1항 e호)가 인정된 사건은 5건, "기본적 심리절차규칙의 중대한 위반"(협약 제52조 1항 d호)이 인정된 사건은 1건이다. 취소이유가 인정된 사건을 도표를 정리하면 아래 표와 같다.

[표 16-2 취소위원회의 취소결정 이유와 관련 결정]

취소이유	결 정
판정부의 명백한 권한 이탈 (제52조 1항 b호)	① *Klöckner Industrie-Anlagen GmbH and others v. United Republic of Cameroon and Société Camerounaise des Engrais* (ICSID Case no. ARB/81/2), Decision on Annulment (May 3, 1985) (이하 "*Klöckner I* (Annulment)")
	② *Amco Asia Corporation and others v. Republic of Indonesia* (ICSID Case no. ARB/81/1), Decision on Annulment (May 16, 1986) (이하 "*Amco I* (Annulment)")
	③ *Compañía de Aguas del Aconquija S.A. and Vivendi Universal S.A. v. Argentine Republic* (ICSID Case no. ARB/97/3), Decision on Annulment (July 3, 2002) (이하 "*Vivendi I* (Annulment)")
	④ *Patrick Mitchell v. Democratic Republic of the Congo* (ICSID Case no. ARB/99/7), Decision on Annulment (November 1, 2006) (이하 "*Mitchell* (Annulment)")
	⑤ *Malaysian Historical Salvors, SDN, BHD v. Malaysia* (ICSID Case no. ARB/05/10), Decision on Annulment (April 16, 2009) (이하 "*MHS* (Annulment)")
	⑥ *Helnan International Hotels A/S v. Arab Republic of Egypt* (ICSID Case no. ARB/05/19), Decision on Annulment (June 14, 2010) (이하 "*Helnan* (Annulment)")
	⑦ *Sempra Energy International v. Argentine Republic* (ICSID Case no. ARB/02/16), Decision on Annulment (June 29, 2010) (이하 "*Sempra* (Annulment)")
	⑧ *Enron Creditors Recovery Corporation (formerly Enron Corporation) and Ponderosa Assets, L.P. v. Argentine Republic* (ICSID Case no. ARB/01/3),

9) *Maritime International Nominees Establishment v. Republic of Guinea* (ICSID Case no. ARB/84/4), Decision on Annulment (December 22, 1989), para.4.05.

10) *Amco Asia Corporation and others v. Republic of Indonesia* (ICSID Case no. ARB/81/1), Decision on Annulment (16 May 1986), paras.18-21.

	Decision on Annulment (July 30, 2010) (이하 "*Enron* (Annulment)")
판정이유의 불비 (제52조 1항 e호)	① *Klöckner I* (Annulment)
	② *Amco I* (Annulment)
	③ *Mitchell* (Annulment)
	④ *Maritime International Nominees Establishment v. Republic of Guinea* (ICSID Case no. ARB/84/4), Decision on Annulment (December 22, 1989) (이하 "*MINE* (Annulment)")
	⑤ *CMS Gas Transmission Company v. Argentine Republic* (ICSID Case no. ARB/01/8), Decision on Annulment (September 25, 2007) (이하 "*CMS* (Annulment)")
기본적 심리절차규칙의 중대한 위반 (제52조 1항 d호)	*Fraport AG Frankfurt Airport Services Worldwide v. Republic of the Philippines* (ICSID Case no. ARB/03/25), Decision on Annulment (December 23, 2010) (이하 "*Fraport* (Annulment)")

이하에서는 취소위원회의 결정에 나타난 취소이유 법리를 살펴보기로 한다.

2. 판정부의 명백한 권한 이탈 (협약 제52조 1항 b호)

1) 일반론

판정부의 권한 이탈이 적법한 취소이유가 되기 위해서는 판정문에 대한 심도 있는 분석이 없이도, 단지 판정문만 읽어보더라도 이를 쉽게 인정할 수 있을 정도로 '명백(manifest)'해야 한다.[11] 여기서 'manifest'의 의미는 'clean, plain, obvious, evident' 등과 같은 의미이다.[12] 판정부의 권한 이탈이 명백하지 않을 경우에는, 판정의 효력에 유리하도록(*favorem validitatis sententiae*) 사건이 해결되어야 한다.[13]

2) 법적용상 오류

1985년 *Klöckner I* (Annulment) 결정에서 취소위원회는 중재판정부가 ICSID협약 제42조[14]에 따라 법을 적용하지 않았다는 취지의 취소신청은 원칙적으로 '판정부의

11) *Wena Hotels Limited v. Arab Republic of Egypt* (ICSID Case no. ARB/98/4), Decision on Annulment (February 5, 2002), para.25; *CDC Group plc v. Republic of Seychelles* (ICSID Case no. ARB/02/14), Decision on Annulment (June 29, 2005), para.41; *Repsol YPF Ecuador S.A. v. Empresa Estatal Petróleos del Ecuador (Petroecuador)* (ICSID Case no. ARB/01/10), Decision on Annulment (January 8, 2007), para.36.

12) *Hussein Nuaman Soufraki v. United Arab Emirates* (ICSID Case no. ARB/02/7), Decision on Annulment (June 5, 2007), para.39.

13) *Klöckner I* (Annulment), para.116.

14) 원문: "(1) The Tribunal shall decide a dispute in accordance with such rules of law as may be agreed by the parties. In the absence of such agreement, the Tribunal shall apply the law of the Contracting State party to the dispute (including its rules on the conflict of laws) and such rules of international law as may be applicable. (2) The Tribunal may not bring in a finding of

명백한 권한 이탈'에 해당하는 적법한 취소이유로 받아들여질 수 있지만,[15] 적용가능한 법을 적용하긴 하였으나 잘못 적용했다는 주장은 간접적으로 중재판정 본안에 대한 항소를 초래할 수 있기 때문에 적법한 취소이유로 인정될수 없다고 하였다.[16] 취소위원회는 중재판정부가 ICSID협약 제42조 1항에 따라 법을 적용하지 않고 형평의 개념 또는 원리("concepts or principles [the Tribunal] probably considered equitable")를 적용한 것은 '판정부의 명백한 권한 이탈'에 해당한다고 하였다.[17]

1986년 *Amco I* (Annulment) 결정(일부취소)에서 취소위원회는 중재판정부가 Amco와 인도네시아 간의 투자계약에 인도네시아법을 적용한 것은 준거법을 잘못 적용한 것으로서, 이는 법을 아예 적용하지 않은 것과 마찬가지이며, 따라서 적법한 취소이유가 된다고 하였다.[18]

한편 위의 *Klöckner I* (Annulment) 및 *Amco I* (Annulment) 두 사건에서의 결정에 대해, 취소위원회가 '판정부의 명백한 권한 이탈'의 의미를 너무 넓게 해석함으로써 중재판정부의 본안판단에 대해서까지 심사하였고, 사실상 항소심과 유사한 기능을 수행했다는 비판이 있다.[19] 그러나 사안에 따라 법리 오해가 '판정부의 명백한 권한 이탈'에 해당할 수 있는 여지가 있으므로,[20] 위와 같은 비판이 항상 옳다고 보기는 어렵다고 생각한다.

1997년 *MINE* (Annulment) 결정(일부취소)에서 취소위원회는 중재판정부가 법을 적용하긴 하였으나 잘못 적용한 것은 '판정부의 명백한 권한 이탈'에 해당하지 않는다고 보았다.[21] 이 사건은 앞서 살펴본 *Amco I* (Annulment) 사건과 사안이 유사했음에도 불구하고, 취소위원회가 취소결정을 내리지 않은 것은 *Amco I* (Annulment) 결정에

---

non liquet on the ground of silence or obscurity of the law. (3) The provisions of paragraphs (1) and (2) shall not prejudice the power of the Tribunal to decide a dispute *ex aequo et bono* if the parties so agree."

15) *Klöckner I* (Annulment), para.60.

16) Id., 61.

17) Id., 115.

18) *Amco I* (Annulment), paras.111 – 112.

19) 예컨대, Christoph H. Schreuer, "Three Generation of ICSID Annulment Proceedings", in Emmanel Gaillard and Yas Banifatemi (eds.), *Annulment of ICSID Awards* (2004), available at ⟨http://www.univie.ac.at/intlaw/wordpress/pdf/69.pdf⟩, pp.17 – 19; Walid Ben Hamida, "The Nebulous ICSID Features: The Notion of Investment and the Scope of Annulment Control", 24 *J. Int'l Arbitration* 287 (2007), p.301; Jason Clapham, "Finality of Investor – State Arbitral Awards: Has the Tide Turned and Is There a Need for Reform?" 26 *J. Int'l Arbitration* 437 (2009), pp.454 – 456; Reisman, W. Mechael, "The Breakdown of the Control Mechanism in ICSID Arbitration", 1989 *Duke L. J.* 739 (1989), pp.755 – 781.

20) *Klöckner I* (Annulment) 결정에서 취소위원회도 이러한 점을 이미 지적하였다(para.61 참조).

21) *MINE* (Annulment), para.5.04.

대한 학계 비판을 의식한 것이라는 견해가 제시되기도 하였다.[22)]

2007년 *CMS* (Annulment) 결정(일부취소)[23)]에서 신청인(아르헨티나)은 중재판정절차에서 아르헨티나·미국 양자투자조약 제11조[24)]의 긴급피난에 따른 항변을 하였음에도 불구하고, 중재판정부가 이에 대해서는 판단하지 않고 국제관습법에 따라 아르헨티나의 항변을 배척한 것은 '판정부의 명백한 권한 이탈'이라고 주장하였다. 먼저 취소위원회는 (i) 양자투자조약의 긴급피난 조항과 (ii) 국제관습법상의 긴급피난 법리(국제연합 국제법위원회(ILC) 국가책임초안[25)] 제25조[26)])는 서로 구별되고, 투자조약 제11조는 ILC 국가책임초안 제25조의 특별법[27)]임에도 불구하고, 중재판정부가 양자가 동일하다는 전제하에 아르헨티나의 항변이 국가책임초안 제25조상의 긴급피난 요건을 모두 충족시키지 못했다는 이유로 이를 배척한 것은 명백한 법리 오해라고 하였다.[28)] 취소위원회는 만약 자신의 기능이 항소심이라면 당해 법리 오해 부분에 대해서는 다시 심리해야 할 것임을 지적하면서도,[29)] ICSID협약 제52조의 취지에 비추어 볼 때 취소위원회가 중재판정부의 실체법적 판단에 대해 파기자판할 권한이 없으므로, 중재판정부가 법을 잘못 적용했음이 분명하다고 하더라도, 이를 적법한 취소이

22) Christoph H. Schreuer, "Three Generation of ICSID Annulment Proceedings", in Emmanel Gaillard and Yas Banifatemi (eds.), *Annulment of ICSID Awards* (2004), available at 〈http://www.univie.ac.at/intlaw/wordpress/pdf/69.pdf〉, pp.17－18.

23) 관련 평석으로는 다음을 참조. Champbell McLachlan, "Investment Treaties and General International Law", 57 *Int'l & Comp. L. Q.* 361 (2008); William W. Burke－White, "The Argentine Financial Crisis: State Liability under BITs and the Legitimacy of the ICSID System", Available at SSRN: http://ssrn.com/abstract=1140628.

24) 원문: "This Treaty shall not preclude the application by either Party of measures necessary for the maintenance of public order, the fulfillment of its obligations with the respect to the maintenance or restoration of international peace or security, or the Protection of its own essential security interests."

25) United Nations International Law Commission, *Articles of Responsibility of State for Internationally Wrongful Acts*, available at 〈http://untreaty.un.org/ilc/texts/instruments/english/-draft%20 articles/9_6_2001.pdf〉.

26) 원문: "1. Necessity may not be invoked by a State as a ground for precluding the wrongfulness of an act not in conformity with an international obligation of that State unless the act: (a) is the only way for the State to safeguard an essential interest against a grave and imminent peril; and (b) does not seriously impair an essential interest of the State or States towards which the obligation exists, or of the international community as a whole. 2. In any case, necessity may not be invoked by a State as a ground for precluding wrongfulness if: (a) the international obligation in question excludes the possibility of invoking necessity; or (b) the State has contributed to the situation of necessity."

27) 즉 국제관습법에 기한 긴급피난 항변이 배척되더라도 투자조약에 기한 예외조항상의 항변은 얼마든지 인정될 수 있음.

28) *CMS* (Annulment), paras.128－135.

29) Id., para.135.

유로서의 '판정부의 명백한 권한 이탈'로 볼 수는 없다고 하였다.[30]

2009년 *Azurix* (Annulment) 결정[31]에서 취소위원회는 중재판정부가 당사자의 요청이 없음에도 ICSID협약 제42조 3항의 '형평과 선(*ex aequo et bono*)'을 적용하거나, 협약 제42조에 따라 적용가능한 법이 있음에도 의도적으로 이를 적용하지 않고 전혀 다른 법을 적용하거나, 또는 협약 제42조에 따라 적용가능한 법을 적용하고자 했는데 실제로는 전혀 다른 법을 적용하였음이 명백하다면, '판정부의 명백한 권한 이탈'에 해당될 수 있다고 하였다.[32]

한편 위의 *CMS* 사건과 유사하게 아르헨티나의 긴급피난 항변이 다투어졌던 2010년 6월 *Sempra* (Annulment) 결정에서 취소위원회는 아르헨티나가 중재판정절차에서 아르헨티나·미국 양자투자조약 제11조의 긴급피난 조항에 따른 항변을 하였음에도 불구하고, 중재판정부가 이에 대한 판단을 하지 않고 국제관습법에 따라 아르헨티나의 항변을 배척한 것은 '판정부의 명백한 권한 이탈'에 해당한다고 보았다.[33] 이 사건 취소위원회는 통상적으로 법 적용상 오류는 적법한 취소이유가 아니지만, 법 적용상 오류가 '판정부의 명백한 권한 이탈'에 상당하다고 볼 수 있는 예외적인 경우에는 취소가능성을 배제할 수 없다는 점을 지적하였다.[34]

2010년 7월 *Enron* (Annulment) 결정(일부취소)에서도 취소위원회는 중재판정부가 아르헨티나·미국 양자투자조약 제11조를 적용하지 않았을 뿐만 아니라 ILC 국가책임초안 제25조를 적용한 것으로 보이지도 않고, 판정부가 실제로 적용한 것은 아르헨티나 경제상황에 대한 전문가증인(경제학자가 아르헨티나 경제위기의 주된 원인은 외부적 요인보다는 아르헨티나 정부 자신의 잘못된 경제정책 때문이라는 증언[35])이라는 점을 지적하고, 이는 법을 전혀 적용하지 않은 것에 해당되어 '판정부의 명백한 권한 이탈'에 해당한다고 보았다.[36]

3) 관할권 행사의 오류

1985년 *Klöckner I* (Annulment) 결정에서 취소위원회는 중재판정부가 관할권이 없음에도 이를 행사하거나 또는 관할권이 있어도 그 범위를 벗어나 행사하였음이 명백하

30) Id., para.136.

31) *Azurix Corp. v. Argentine Republic* (ICSID Case no. ARB/01/12), Decision on Annulment (September 1, 2009) (이하 "Azurix (Annulment)").

32) Id., paras.136, 137.

33) *Sempra* (Annulment), para. 159.

34) Id., para.164.

35) *Enron* (Annulment), para.391 참조.

36) Id., paras.393, 395 및 p.169.

다면, '판정부의 명백한 권한 이탈'에 해당될 수 있다고 하였다.[37] 2002년 *Vivendi I* (Annulment) 결정(일부취소)에서도 취소위원회는 중재판정부가 관할권이 없음에도 이를 행사하거나 또는 관할권이 있음에도 이를 행사하지 않는 것은 '판정부의 명백한 권한 이탈'이라고 하였다.[38]

2006년 *Mitchell* (Annulment) 결정(일부취소)에서 취소위원회는 중재판정부가 신청인(Mitchell)이 소속된 법률자문 로펌 설립 및 법률자문활동이 미국·콩고 간의 양자투자조약상의 '투자'에 해당하는지 여부를 판단하기 위해서는 당해 로펌이 콩고의 경제발전에 기여를 했는지 여부를 판단했어야 함에도 불구하고, 이에 대한 판단이 없이 이 사건 관할권을 행사한 것은 '판정부의 명백한 권한 이탈'에 해당한다고 보았다.[39]

한편 2009년 *MHS* (Annulment) 결정에서 취소위원회는 이 사건에 ICSID의 관할권이 인정됨에도 불구하고, 중재판정부가 MHS가 말레이시아 경제발전에 기여한 바가 없으므로 ICSID협약 제25조 1항[40] 소정의 '투자'에 해당하지 않으므로 ICSID는 관할권이 없다고 판단한 것은 '판정부의 명백한 권한 이탈'에 해당한다고 하였다.[41] 이에 대해 중재인 Shahabuddeen은 ICSID협정상의 투자개념에는 투자유치국의 경제발전 기여라는 요소가 있어야 한다는 반대의견을 제시하였다.[42]

3. 판정이유의 불비 (협약 제52조 1항 e호)

1) 일반론

판정에 어떠한 이유나 설명이 전혀 없거나 판정의 결론과 충분히 관련이 있거나 합리적으로 납득할 수 있을 만한 이유가 없다면, 이는 '판정이유의 불비'에 해당할 수 있다.[43] 다만 판정이유가 항상 명시적으로 표현되어야 할 필요는 없고,[44] 판정부

37) *Klöckner I* (Annulment), paras.4－5.

38) *Vivendi I* (Annulment), para.86.

39) *Mitchell* (Annulment), paras.41, 46－48.

40) 원문: "The jurisdiction of the Centre shall extend to any legal dispute arising directly out of an investment, between a Contracting State (or any constituent subdivision or agency of a Contracting State designated to the Centre by that State) and a national of another Contracting State, which the parties to the dispute consent in writing to submit to the Centre⋯."

41) *MHS* (Annulment), paras.80－84.

42) *MHS* (Annulment), *Dissenting Opinion of Judge Mohamed Shahabuddeen,* para.4. available at 〈http://icsid.worldbank.org/ICSID/FrontServlet?RequestType=CasesRH&actionVal=showDoc&docId=DC1031_En&caseId=C247〉.

43) *Klöckner I* (Annulment), para.130.

44) *Wena Hotels Limited v. Arab Republic of Egypt* (ICSID Case no. ARB/98/4), Decision on Annulment (February 5, 2002) (이하 "Wena (Annulment)"), para.81.

가 어떻게 결론에 이르게 되었는지 추적 가능하다면,[45] 판정이유가 다소 부정확하더라도 판정의 취지를 이해할 수 있을 정도면 '판정이유의 불비'라고 볼 수 없다.[46] 상호 모순되는 이유는 서로를 무의미하게 만들기 때문에 '판정이유의 불비'에 해당된다.[47] 부적절한 이유 설시는 그 자체로서 적법한 취소이유라 볼 수 없지만, 일정한 경우에는 '판정이유의 불비'에 해당될 수 있다.[48]

2) 손해액 산정 근거 미제시

1985년 *Klöckner I* (Annulment) 결정에서 취소위원회는 중재판정부가 "a certain equilibrium", "a certain relationship", "equitable" 등의 용어를 사용하면서 정확한 근거를 제시하지 않고 손해액을 산정한 것은 '판정이유의 불비'에 해당한다고 보았다.[49] 1997년 *MINE* 결정(일부취소)에서 취소위원회는 중재판정부가 손해액 산정을 위한 선결문제를 다루지 않고 손해액을 산정을 산정한 것은 '판정이유의 불비'에 해당한다고 보고, 손해액 산정 부분을 취소하였다.[50]

3) 당사자가 제기한 쟁점을 심리하지 않은 것

1985년 *Klöckner I* (Annulment) 결정에서 취소위원회는 중재판정부가 신청인(Klöckner)이 제기한 모든 쟁점을 다루지 않고 판정을 내린 것은 '판정이유의 불비'에 해당한다고 보았다.[51] 2002년 *Wena* (Annulment) 결정에서 취소위원회는 중재재판부가 당사자가 제기한 모든 쟁점을 심리하지 않은 채 판정을 내리면, 이는 적법한 취소이유로서 '판정이유의 불비'에 해당한다고 하였다.[52]

4) 포괄적 보호조항 의무위반 인정근거 미제시

2007년 *CMS* (Annulment) 결정(일부취소)에서 취소위원회는 문제된 아르헨티나의 조치는 CMS에 대한 것이 아니라 CMS가 주식을 보유하고 있는 아르헨티나 국내기업에 대한 것인데, 이러한 경우 아르헨티나가 아르헨티나·미국 양자투자조약에 규정

45) *MINE* (Annulment), paras.5.08, 5.09; *Wena* (Annulment), para.81.
46) *Vivendi I* (Annulment), paras.64 – 65.
47) *Klöckner I* (Annulment), para.116.
48) Id., para.128.
49) *Klöckner I* (Annulment), paras.172 – 176.
50) *MINE* (Annulment), paras.6.98 – 6.108.
51) *Klöckner I* (Annulment), para.164.
52) *Wena* (Annulment), para.101.

된 이른바 포괄적 보호조항(umbrella clause)[53]상의 의무를 CMS에 대해 부담하는지 또는 CMS가 아르헨티나에게 당해 의무를 이행하도록 요구할 수 있는 권리를 갖는지 여부가 불분명함에도 불구하고, 중재판정부가 아무런 이유도 설시하지 않고 아르헨티나가 포괄적 보호조항상의 의무를 위반하였다고 결정한 것은 '판정이유의 불비'에 해당한다고 보고, 이 부분 판정을 취소하였다.[54]

5) 명시적인 판정이유는 없지만 판정문에서 이를 추정할 수 있는 경우

2007년 *CMS* (Annulment) 결정(일부취소)에서 아르헨티나는 중재판정절차에서 투자조약 제11조는 자기판단적(self-judging) 조항임을 주장하며 이를 원용하여 긴급피난 항변을 했음에도 불구하고, 중재판정부가 명확한 법적 근거도 제시하지 않고서 아르헨티나의 주장이 (제11조 요건을 충족시키는 여부를 판단하지 않은 채) ILC 국가책임초안 제25조의 국제관습법상 긴급피난 요건을 충족시키지 못했다고 판단한 것은 '판정이유의 불비'에 해당한다고 주장하였다. 그러나 취소위원회는 당해 판정문을 주의 깊게 읽어보면 '투자조약 제11조는 국제관습법에 비추어 해석되어야 하므로, 아르헨티나의 주장이 국제관습법상 긴급피난 요건을 충족시키지 못하면, 결국 제11조에 기한 항변도 배척되기 쉽다'는 논거가 묵시적으로 전제된 것임을 알 수 있기 때문에, 중재판정부의 판정 배경이 분명하게 드러나지는 않았다고 하더라도, 이를 적법한 취소이유로서의 '판정이유의 불비'로는 볼 수 없다고 하였다.[55]

4. 기본적 심리절차규칙의 중대한 위반 (협약 제52조 1항 d호)

1) 일반론

심리절차규칙 위반이 적법한 취소이유가 되기 위해서는 당해 절차규칙이 '기본적(fundamental)'인 것이어야 하고, 그러한 위반은 당해 절차규칙으로부터 신청인이 받을 수 있는 혜택 또는 보호를 박탈할 정도로 '중대(serious)'해야 하고,[56] 당해 규칙이 위반 없이 준수되었더라면 판정부가 다른 결론에 도달했을 정도이어야 한다.[57]

---

53) 원문: "This treaty shall not preclude the application by either Party of measures necessary for the maintenance of public order, the fulfillment of its obligations with respect to the maintenance or restoration of international peace or security, or the Protection of its own essential security."

54) *CMS* (Annulment), paras.94–100, 163.

55) Id., paras.121–127.

56) *MINE* (Annulment), para.5.05.

57) *Wena* (Annulment), paras.56, 58.

2) 심리의 부재

1985년 *Klöckner I* (Annulment) 사건에서 신청인은 당해 중재판정은 중재인들의 '심리(deliberation)' 자체가 없었다면서, 이는 '기본적 심리절차규칙의 중대한 위반'이라고 주장하였다. 그러나 취소위원회는 비밀리에 진행되는 중재인들의 심리가 있었는지 없었는지 여부로 판단할 방법이 없다는 이유로, 위의 주장을 배척하였다.[58)]

3) 공정성(Impartiality) 결여

1985년 *Klöckner I* (Annulment) 사건에서 신청인은 판정문의 구조와 문체 등을 보면 중재판정부가 자신에게 적대적이며 공정하지 못했음을 알 수 있다고 주장하면서, 이는 '기본적 심리절차규칙의 중대한 위반'이라고 주장하였다. 취소위원회는 중재판정부의 공정성 결여는 '기본적 심리절차규칙의 중대한 위반'에 해당될 수 있음은 인정하였으나,[59)] 위 신청인의 주장은 배척하였다.[60)]

4) 증거제출 문제

2002년 *Wena* (Annulment) 결정에서 신청인은 중재판정부가 특정 사안에 대해 새로운 증거를 제출하도록 요구하지 않은 것은 '기본적 심리절차규칙의 중대한 위반'이라고 주장하였다. 그러나 취소위원회는 중재판정부가 당사자에게 특정 사안에 대해 새로운 증거를 제출하도록 요구하는 '기본적 심리절차규칙'이 존재한다는 점을 신청인이 입증하지 못했다는 이유로 위 주장을 배척하였다.[61)]

2009년 *Azurix* (Annulment) 결정에서 신청인은 중재판정부가 자신이 제출하고자 하는 증거를 제출하지 못하게 하였는데, '기본적 심리절차규칙의 중대한 위반'이라고 주장하였다. 그러나 취소위원회는 중재판정부가 판정에 필요한 증거를 이미 충분히 제출받았으므로 더 이상의 증거를 제출할 필요가 없다고 결정한 것은 판정부의 재량이므로, 위 주장은 적법한 취소이유가 될 수 없다고 하였다.[62)]

---

58) *Klöckner I* (Annulment), paras.84-86.
59) Id., para.95.
60) Id., para.111.
61) Id., para.73.
62) *Arurix* (Annulment), para.211.

5) 대리권 흠결 문제

2004년 *Repsol* (Annulment) 결정[63]에서 신청인(Petroecuador)은 Repsol이 컨소시움을 구성하는 다른 회사들을 대리할 자격이 없는데도 중재판정부가 Repsol에게 손해액을 배상하라고 결정한 것은 '기본적 심리절차규칙의 중대한 위반'이라고 주장하였다. 그러나 취소위원회는 Repsol의 대리권 흠결에 대한 입증이 없다는 이유로 위 신청을 기각하였다.[64]

6) 변론권 (Right to be heard) 제한

2010년 *Fraport* (Annulment) 결정에서 신청인(Fraport)은 중재판정부가 심리절차가 종료된 후에 필리핀 정부가 제출한 증거에 근거하여, Fraport의 우회 투자방식이 외국인투자자의 필리핀 기업 지분 보유 상한을 제한하고 위반시 이를 형사처벌하는 이른바 반더미법(Anti-dummy law)에 위반되므로, Fraport의 투자는 독일·필리핀 양자투자조약이 보호하는 투자가 아니므로 판정부는 당해 사건에 대해 관할권이 없다는 결정을 내리는 과정에서, Fraport에게 필리핀이 제출한 새로운 증거에 대해 반박할 기회를 주지 않은 것은 '기본적 심리절차규칙의 중대한 위반'에 해당한다고 주장하였다. 취소위원회는 위와 같은 경우 중재판정부는 Fraport가 반박할 수 있도록 ICSID규칙 제38조 2항[65]에 따라 변론절차를 재개할 수 있었음에도 불구하고 이를 재개하지 않고 판정한 것은 Fraport의 변론권을 심각하게 훼손한 것이어서, 이는 '기본적 심리절차규칙의 중대한 위반'에 해당한다고 하였다.[66]

Ⅳ. 결 론

ICSID 중재제도에는 항소제도가 없기 때문에, 설사 중재판정에 법리 오해가 있더라도 당해 중재판정은 확정되고 그대로 집행된다. 이는 ICSID협약 당사국들이 의도한 것으로서, 분쟁의 신속한 해결 보장을 통한 투자 촉진을 위해 부담해야 할 비

---

63) *Repsol YPF Ecuador S.A. v. Empresa Estatal Petróleos del Ecuador (Petroecuador)* (ICSID Case no. ARB/01/10), Decision on Annulment (January 8, 2007).

64) Id., para.82.

65) 원문: "Exceptionally, the Tribunal may, before the award has been rendered, reopen the proceeding on the ground that new evidence is forthcoming of such a nature as to constitute a decisive factor, or that there is a vital need for clarification on certain specific points."

66) *Fraport* (Annulment), paras.235, 246-247.

용 정도로 선해할 수 있을 것이다. 그럼에도 불구하고 중재판정에 명명백백한 오류가 있고 그러한 오류가 판정의 결론에 영향을 미친 경우까지, 분쟁의 신속한 해결을 내세워 당해 판정을 확정하고 집행하는 것은 기본적인 정의 감정에 부합되지 않는다. ICSID 취소제도는 투자분쟁의 신속한 해결을 추구하면서도 다른 한편으로는 최소한의 법적 정의를 보장하기 위한 제도라고 이해된다.

ICSID협약 당사국들이 취소위원회의 항소심 기능을 원하지 않는 이상, 취소위원회가 중재판정의 본안판단에 법리 오해가 있더라도 이를 시정할 수 없음은 당연하다. 이와 관련하여 국제투자 증진을 위해서는 국제투자법의 일관된 법리의 형성이 필요하고 이를 위해서는 항소제도 도입이 필요하다는 주장도 있으나, ICSID협약 당사국들이 항소제도 도입에 대단히 소극적이므로, 가까운 장래에 이러한 주장의 실현 가능성은 대단히 낮아 보인다. 다만 ICSID 취소신청 사건의 결정 기간이 4년 내지 7년이라는 점을 고려하면, 적어도 분쟁의 신속한 해결을 위해서 ICSID 중재에 항소제도를 도입하지 않는 것이 바람직하다는 견해는 선뜻 납득하기 어렵다.

만약 ICSID 중재에 항소제도를 도입하더라도 항소사건 처리기간이 현재 취소신청사건 처리기간보다 별다른 추가 비용 없이 더 길어지지 않도록 할 수 있는 방안이 있다면, 굳이 항소제도의 도입을 막을 이유는 없다고 생각된다. 여하튼 현재로서는 ICSID협약 당사국들이 항소제도 도입에 부정적이어서, 국제투자법의 통일적 해석·적용 그리고 일관된 법리 형성은 결국 취소제도를 통해 기대할 수밖에 없다. 다만 아르헨티나가 관련된 *CMS* 사건과 *Sempra* 사건 그리고 *Enron* 사건에서 알 수 있듯이, 동일한 사안에 대해서 취소위원회가 서로 다른 법리를 전개하는 일이 반복된다면 ICSID 중재제도의 법적 신뢰성 문제가 끊임없이 제기될 것으로 보인다.

제17장 *Metalclad* 사건의 주요내용

Ⅰ. 사건개요

이 사건은 미국 델라웨어 주 법에 따라 설립된 미국 기업인 Metalclad가 자사가 멕시코 내에 투자하여 진행 중이었던 유독성 폐기물 매립지 개발과 운영의 진행을 방해하였다는 이유로 NAFTA 제11장에 의거하여 멕시코 정부를 상대로 소송을 제기한 것이다. Metalclad는 1997년 1월 2일 ICSID에 중재를 요청하였으며, 중재에 적용될 세 개의 중재규칙 중 하나를 선택하도록 규정한 NAFTA 제1120조에 따라 ICSID 추가절차규칙(Additional Facility Rules)에 의한 중재가 요청되었다.[1] 중재판정부는 당사자들의 동의를 받아 캐나다 브리티시컬럼비아 주의 밴쿠버를 중재지로 정하였다.

Metalclad는 멕시코의 행위가 투자자에 대한 공정하고 공평한 대우 의무를 규정한 NAFTA 제1105조 및 투자자를 수용 또는 국유화 조치로부터 보호하는 내용을 규정한 NAFTA 제1110조의 위반에 해당한다고 주장하였으며, 피신청국인 멕시코는 이를 부인하였다. ICSID는 2000년 8월 30일 멕시코가 NAFTA 제1105조 및 제1110조를 위반하였다고 판정하고 Metalclad에 미화 16,685,000 달러의 보상금을 지급할 것을 판정하였다.[2]

이에 멕시코는 위의 판정의 취소를 구하며 캐나다 브리티시컬럼비아 주 최고법원에 중재판정의 심사를 청구하였다. 2001년 2월과 3월에 세 차례의 심리가 이루어

※ 본고는 『국제법평론』 2008 - II호(국제법평론회)에 게재된 글을 전재한 것이다.

1) NAFTA 제1120조에 규정된 세 개의 중재규칙은 ICSID협약, ICSID추가절차규칙 및 UNCITRAL 중재규칙이다. 이중 ICSID협약에 의한 중재는 투자자의 본국과 피신청국 모두가 ICSID협약의 회원국일 것을 조건으로 하고 있으므로 본 사건에서는 피신청국인 멕시코가 ICSID협약에 미가입한 상태인 관계로 ICSID협약에 의한 중재가 선택의 대상이 될 수 없었다.

2) ICSID Case no. ARB(AF)/97/1.

졌으며 2001년 5월 2일 판결이 내려졌다.[3)]

Ⅱ. 사실관계

1. 심리대상 시설

문제의 유독성 폐기물 매립지가 세워진 부지는 멕시코 San Luis Potosi 주(이하 'SLP 주') Guadalcazar 시의 La Pedrera 계곡에 위치하였다. 부지 면적은 약 814 헥타르에 이르렀으며, Guadalcazar 시로부터 약 70km 떨어진 곳에 위치하였다. 부지 10km 이내에는 약 800명의 주민이 거주하고 있었다.

심리대상 기간 동안 이 부지를 실제 소유한 것은 멕시코 법 하에 설립된 회사인 Confinamiento Tecnico de Residous Industriales, S.A. de C.V.(이하 'COTERIN') 또는 그 주주들이었다. 부지와 COTERIN은 처음에는 멕시코 국적인들에 의해 소유되었는데, 1993년 COTERIN이 Metalclad의 자회사인 Eco－Metalclad Corporation(이하 'ECO')[4)]에 매각되면서 부지의 소유권이 COTERIN으로 이전되게 되었다. 1993년 Metalclad의 자회사가 COTERIN을 인수하면서 Metalclad가 COTERIN의 경영주체이자 의사결정의 주체가 되었다. 따라서 이 사건의 중재판정과 브리티시컬럼비아 주 최고법원의 판결에서 1993년 이후의 COTERIN의 행위는 Metalclad의 행위로 간주되었다.

1993년 매각이 이루어지기 전인 1990년 COTERIN은 멕시코 연방정부의 허가를 취득하여 유해폐기물 적환장(transfer station)의 운영을 개시한 바 있다. 그러나 폐기물 20,000톤이 부지에서 적환되어 나가지 않고, 처리나 분리도 하지 않은 채 부지에 매립되는 상황이 발생하자 멕시코 연방정부는 1991년 9월 26일 폐기물 적환장의 폐쇄를 명령한 바 있다. 이 폐쇄는 1996년 2월까지 유지되었다. COTERIN은 1991년 같은 부지에 대한 유해폐기물 매립지의 건설허가를 시 정부에 신청하였다. 시 정부는 이 신청을 거부하였고, 이후 새로 선출된 시 정부 역시 1992년 거부입장을 확인하였다.

그러나 1993년 COTERIN은 동 부지의 유해폐기물 매립지 건설과 관련하여 세 개의 허가를 받게 된다. 1993년 5월 11일 SLP 주 정부가 매립지 건설을 위한 주 정부의 토지이용허가를 발급하였다. 멕시코 연방정부의 '환경·자연자원 및 어업부(이하 '환경부')' 산하기관인 국가생태학연구소(National Institute of Ecology, 이하 'NIE')는 1993년 1월

3) 2001BCSC0664.

4) 미국 유타 주 법에 의해 설립된 미국 기업이다.

23일에는 매립지 건축을 위한 연방허가를 발급하였으며, 같은 해 8월 10일에는 매립지 운영에 관한 연방허가를 발급하였다.[5)]

2. Metalclad에 의한 부지와 허가의 매입

COTERIN의 매립지 건설에 대한 연방허가가 NIE에 의해 내려진 지 3개월 후인 1993년 4월, Metalclad는 COTERIN과 동 회사의 매립지 관련 허가를 함께 매입하는 내용의 옵션계약을 체결하였다. 동 계약은 (i) COTERIN이 시 정부의 허가를 추가적으로 확보하거나 (ii) COTERIN의 매립지 건설에 시 정부 허가가 필요하지 않는다는 멕시코 법원의 확정 판결을 확보하는 조건이 충족되는 경우에 매입 대금을 지불한다는 내용을 담고 있었다. 상기한 바와 같이, 같은 해 5월 11일에는 SLP 주의 토지이용허가가 발급되었고, 8월 10일에는 NIE의 연방운영허가가 발급되었다. 같은 해 9월 10일 Metalclad는 계약옵션을 실행하여 COTERIN 인수를 완료하였다. 이에 대하여, 브리티시컬럼비아 주 법원은 COTERIN이 시 정부의 건설허가는 확보하지 못한 상황이었으므로 Metalclad가 계약조건이 충족되지 않은 상황에서 COTERIN 인수를 완수하였다고 하였고, 중재판정부는 COTERIN이 매립지 사업을 수행하기 위해 필요한 모든 권한을 갖고 있음을 멕시코 연방공무원이 확인해주었고 그에 근거하여 COTERIN 인수를 완료하였다는 Metalclad의 주장을 인정하였다.

3. 유해폐기물 매립지 건설

COTERIN은 시 정부의 건설허가가 내려지지 않은 상황에서 건설작업을 시작하였다.[6)] 1994년 10월 26일 시정부는 시 허가의 미비를 이유로 작업 중지를 명령하였다. COTERIN은 1994년 11월 15일 건설작업을 재개하고 시 정부에 건설허가를 신청하였으나 시 정부는 1년 뒤인 1995년 12월 5일에 이르러서야 이를 공식적으로 거부하였다. 연방정부는 1995년 1월 시설물 최종단계의 건설을 승인하였다.

---

5) 브리티시컬럼비아 주 최고법원의 판결을 보면, NIE의 허가는 매립지 건설 및 운영과 관련한 환경영향권(environmental impact authorization)을 허가한 것으로 표현되어 있다.

6) 이와 관련하여, Metalclad는 1994년 수개월에 걸친 협상 결과, 매립지 사업에 대한 SLP 주의 승낙이 있었던 것으로 생각하였으며 같은 해 5월 기존에 발급받았던 NIE의 연방건설허가에 대한 18개월 연장을 승인받게 되어 매립지 건설을 시작한 것이라고 주장하였다.

4. 유해폐기물 매립지 운영 실패

COTERIN은 매립지 시설의 건설을 계속 진행하였고, 1995년 3월 이를 완공하였다. 1995년 3월 10일 개장식을 개최하였으나 시위대가 수 시간 동안 부지를 봉쇄하였고, 매립지 시설은 실제로 개장되지 않았으며 운영되지도 않게 되었다.

Metalclad는 매립지 시설의 운영에 관하여 연방당국과 추가협상을 하여 *Convenio*라는 협정을 체결하였다. 동 협정은 Metalclad와 환경부의 두 산하기관 사이에 체결되었으며, 1995년 11월 25일 발효하였다. *Convenio*는 (i) Metalclad가 5년간의 1차 기간 동안 매립지를 운영하는 것을 허가하며, (ii) Metalclad는 위 기간 중 처음 3년 동안 이전의 오염을 제거한다는 내용의 조항을 담고 있었다. *Convenio*가 발효된 후, 연방정부는 1996년 2월 COTERIN에 추가적 허가를 발급하여 동 시설의 연간 처리 허용량을 36,000톤에서 360,000톤으로 확대하였다.

*Convenio*가 체결된 직후인 1995년 12월 5일 시 정부는 COTERIN이 1994년 11월 15일에 접수하였던 건설허가에 대한 신청을 공식적으로 거부하였다. 시 위원회가 신청을 거부한 사유는 (i) COTERIN에 대한 건설허가가 1991년 2월 거부된 바 있고, (ii) COTERIN이 신청 이전에 건설을 개시하고 허가신청의 계류 중 시설물을 완공하였고, (iii) 환경훼손의 우려가 있으며, (iv) 시 거주민의 상당수가 허가를 반대한다는 것이었다.

시 정부는 환경부가 Metalclad와 *Convenio*를 체결한 것에 대하여 행정소송을 제기하였고, 결국에는 1996년 1월 연방법원에 대하여 *amparo*[7] 절차를 제기하였다. 시 정부는 1996년 2월 *amparo* 절차를 통하여 *Convenio*의 적용을 금지하는 가처분 조치(injunction)를 발급받았으나, *amparo* 절차는 사인이 아닌 시 정부가 다른 급의 정부기관의 결정에 이의를 제기하기 위한 목적으로 이용할 수 없으며, 시 정부는 헌법상 다른 절차를 통하여 *Convenio*에 이의를 제기해야 한다는 이유로 1999년 5월 기각되었다.

COTERIN은 건설허가 거부결정을 재고할 것을 시정부에 요청하였으나 시정부는 1996년 4월 이를 거절하였다. COTERIN은 시 정부의 건설허가 거부결정에 대하여 멕시코 연방법원에 *amparo*를 제기하였으나 연방법원은 COTERIN이 행정구제절차를 완료하지 않았다는 이유로 본안심리 없이 이를 각하하였고, COTERIN은 대법원에 상소하였으나 시 정부와의 협상을 위하여 결국에는 상소를 취하하였다.

---

7) 멕시코 법상 *amparo*는 사인, 단체 그리고 기업이 연방법원에 대하여 권리를 침해하는 정부행위의 무효를 구하는 헌법소송의 한 형태이다.

5. 중재신청과 생태보호령

1996년 5월부터 1996년 12월 동안 매립지 운영에 관한 협상이 진행되었으나 양측은 합의점을 찾지 못하였고, Metalclad는 1996년 10월 NAFTA 제1119조[8)]에 따라 중재를 청구하겠다는 의사를 통지하고 1997년 1월2일 ICSID에 중재신청을 접수함으로써 중재절차가 개시되었다. NAFTA 제1120조[9)]는 중재에 적용될 세 개의 중재규칙 중 하나를 선택하도록 하고 있는바, Metalclad는 ICSID 추가절차규칙을 선택하였다. SLP 주지사는 중재절차가 개시되었으나 아직 중재심리가 열리지 않았을 때인 1997년 9월 23일 생태보호령(Ecological Decree)을 공포하였다. 생태보호령은 희귀 선인장 종을 보호하기 위한 목적으로 Guadalcazar 시 내 188,758 헥타르에 이르는 지역에 대하여 생태보호지역을 선포하는 것을 내용으로 하였다. 본 사건의 부지도 생태보호령이 선포한 생태보호지역에 포함되어 있어, 매립지의 운영은 영구적으로 불가능하게 되었다.

---

8) Article 1119: Notice of Intent to Submit a Claim to Arbitration

The disputing investor shall deliver to the disputing Party written notice of its intention to submit a claim to arbitration at least 90 days before the claim is submitted, which notice shall specify:

(a) the name and address of the disputing investor and, where a claim is made under Article 1117, the name and address of the enterprise;

(b) the provisions of this Agreement alleged to have been breached and any other relevant provisions;

(c) the issues and the factual basis for the claim; and

(d) the relief sought and the approximate amount of damages claimed.

9) Article 1120: Submission of a Claim to Arbitration

1. Except as provided in Annex 1120.1, and provided that six months have elapsed since the events giving rise to a claim, a disputing investor may submit the claim to arbitration under:

(a) the ICSID Convention, provided that both the disputing Party and the Party of the investor are parties to the Convention;

(b) the Additional Facility Rules of ICSID, provided that either the disputing Party or the Party of the investor, but not both, is a party to the ICSID Convention; or

(c) the UNCITRAL Arbitration Rules.

2. The applicable arbitration rules shall govern the arbitration except to the extent modified by this Section.

Ⅲ. ICSID 중재판정

1. 주 정부와 시 정부 행위에 대한 멕시코의 국제책임

1) 쟁점

멕시코 연방정부는 SLP 주와 Guadalcazar 시의 행위에 대하여 국제적으로 책임이 있는지 여부가 쟁점이었다.

2) 적용법규

NAFTA 제105조, 즉 "본 협정이 달리 규정하지 않는 한, 당사국은 주정부 및 지방정부와 그 영역 내의 정부기관에 의한 협정 준수 등 본 협정상의 규정이 효과적으로 이행되기 위하여 필요한 모든 조치를 취하여야 한다"가 적용법규였다.

3) 중재판정부의 판정

이에 대하여, 멕시코는 지방정부의 행위가 NAFTA의 적용대상이 아니라고 주장하지 않았다. 멕시코는 본 사건에 대하여 국가책임에 관한 일반적 국제법규가 적용되며 피청구국이 자국의 각급 정부의 행위에 대해 국제적으로 책임을 지게 될 수 있다는 전제 하에 중재절차를 진행하는 것에 대해 동의하는 입장을 보였다. 또한, 멕시코는 NAFTA 제105조에 의하여 회원국은 협정에서 달리 규정하고 있는 경우를 제외하고 협정의 규정의 실시를 위하여 주정부 또는 지방정부에 의한 협정 규정의 준수를 포함하여 모든 필요한 조치가 취해지도록 보장하여야 함을 인정하였다. 멕시코의 태도는 국제관습법의 확립된 원칙과 일치하는 것이며, 유엔국제법위원회(ILC)가 채택한 '국가책임에 관한 규정초안'의 내용과도 일치하는 것이다.

2. NAFTA 제1105조 : 공정하고 공평한 대우

1) 쟁점

멕시코는 투자자인 Metlaclad에 대하여 공정하고 공평한 대우를 하였는지가 쟁점이었다.

2) 적용법규

NAFTA 제1105조 1항,[10] 즉 "각 당사국은 다른 당사국 투자자의 투자에 대하여 공정하고 공평한 대우 및 완전한 보호와 안전보장을 포함하여 국제법에 합치하는 대우를 부여하여야 한다"가 적용법규였다.

3) 중재판정부의 판정

중재판정부는 Metalclad의 투자가 국제법에 따른 공정하고 공평한 대우를 받지 못하였으며, 멕시코가 NAFTA 제1105조 1항을 위반하였다고 판정하였다.

4) 중재판정부의 판정이유

(1) 제1105조의 공정하고 공평한 대우의 내용

중재판정부는 제1105조를 해석함에 있어 제102조 1항[11]에 규정되어 있는 NAFTA의 기본목적의 내용을 검토하였다. 제102조 1항이 규정하고 있는 NAFTA의 기본적인 목적은 국경간 투자기회를 증진하고 투자 이니셔티브의 성공적인 이행을 보장하는 것이다. 중재판정부는 이 규정을 협정 하에서 이루어진 또는 이루어질 계획인 투자의 개시, 이행 및 성공적인 운영을 위한 당사국 내의 모든 법적 요건이 그에 영향을 받는 다른 당사국의 모든 투자자에게 용이하게 알려질 수 있어야 한다는 투명성 개념을 포함하는 것으로 이해하였다.

NAFTA는 투자의 개시, 이행 및 성공적인 운영을 위한 모든 법적 요건에 대한 의심이나 불확실성의 여지가 없도록 할 것을 당사국에게 요구하고 있는 것이다. 당사국의 중앙정부는 이에 관한 오해나 혼동의 여지를 인지하게 되는 경우 정확한 입

---

10) Article 1105: Minimum Standard of Treatment

1. Each Party shall accord to investments of investors of another Party treatment in accordance with international law, including fair and equitable treatment and full protection and security.

11) NAFTA Article 102(1). Objectives

1. The objectives of this Agreement, as elaborated more specifically through its principles and rules, including national treatment, most-favored-nation treatment and transparency, are to:

a) eliminate barriers to trade in, and facilitate the cross-border movement of, goods and services between the territories of the Parties;

b) promote conditions of fair competition in the free trade area;

c) increase substantially investment opportunities in the territories of the Parties;

d) provide adequate and effective protection and enforcement of intellectual property rights in each Party's territory;

e) create effective procedures for the implementation and application of this Agreement, for its joint administration and for the resolution of disputes; and

f) establish a framework for further trilateral, regional and multilateral cooperation to expand and enhance the benefits of this Agreement.

장을 신속하게 확정하고, 분명하게 명시함으로써 투자자가 모든 관련법률에 부합하게 행동하고 있다는 확신 하에서 투자를 진행시킬 수 있도록 하는 것이 의무이다.

(2) 시 정부의 건설허가 발급 문제에 관한 판단

Metalclad는 오직 SLP 주의 Guadalcazar 시에 위치한 유해폐기물 매립지를 개발하여 운영할 목적으로 COTERIN을 인수하였다. 멕시코 연방정부는 Metalclad가 COTERIN을 인수하기 전에 매립지의 건설과 운영을 허가하였고, SLP 주 정부 역시 주 차원의 운영허가를 발급하였다.

이 사건의 핵심 쟁점은 연방정부의 건설 및 운영허가와 주 정부의 운영허가 외에 유해폐기물 매립지 건설에 대한 시 정부의 건설허가가 추가적으로 필요했는지 여부이다. Metalclad는 모든 유해폐기물 문제에 대하여 시 정부는 어떠한 권한도 없다고 주장하는 반면 멕시코는 헌법과 법률상 시 정부가 건설 허가를 발급할 권한이 있다고 주장하였다.

Metalclad는 COTERIN 인수에 앞서 시 정부의 추가적인 허가를 받을 필요성에 대하여 연방정부에 문의하였으며, 연방정부 관계자는 매립지 사업을 수행하기 위해 필요한 모든 것이 이미 확보되었다고 확인하였다. 그리고 Metalclad가 COTERIN를 인수한 이후 연방정부는 연방 건설허가를 18개월 동안 연장해주기도 하였다.

멕시코의 1988년 일반생태법(General Ecology Law, 이하 'LGEEPA')은 유해폐기물 매립지의 건설 및 운영을 허가할 권한을 연방정부에 명시적으로 부여하고 있다. 동법 제5조는 연방의 권한이 "법률, 기타 적용되는 명령 및 그 규정에 따라 생태계의 환경 및 자연자원의 보전을 위하여 고도로 유해하다고 간주되는 행위 및 유해한 물질과 폐기물의 생성, 취급 및 최종 처리에 대한 규제 및 단속"에까지 미친다고 규정하고 있다. LGEEPA는 시정부의 환경권한을 비유해폐기물 관련 사안으로 제한하고 있다. 구체적으로, 동법 제8조는 지방정부에 법률 및 지방법에 따라 "유해하다고 간주되지 않는 고형 산업폐기물의 생성, 수송, 보관, 취급 및 최종 처리에 의해 야기되는 환경에 대한 영향의 방지 및 통제에 관한 법률 규정"을 적용할 권한을 부여하고 있다. 한편 동법 제7조는 주정부 환경권한을 명시되지 않은 권한이라 규정하여 연방정부에 해당 권한을 부여하고 있다.

시 정부의 건설 허가가 필요하다는 멕시코의 주장이 타당하다고 하더라도 유해폐기물의 평가와 사정에 대해서는 연방당국의 관할권이 지배적이며 시 정부의 권한은 단지 건설 관련 평가에 미칠 뿐이다. 따라서 유해폐기물 매립지 문제에서 환경영향을 이유로 시정부가 허가를 거부한 것은 건축물의 물리적 결함 또는 부지의 결함

이외의 이유를 근거로 한 것으로 부적절하다.

Metalclad는 연방정부의 설명을 신뢰하여 매립지 건설을 시작하였고 건설은 공개적이고 지속적으로 연방정부, 주정부 및 시정부의 완전한 인식 하에 이루어졌으며 1994년 10월 26일 시 정부가 Metalclad에 대하여 작업중지명령을 발할 때까지 계속되었다. Metalclad는 지방정부의 건설허가를 신청하면 시 정부가 이를 거부할 법적 근거가 없을 것이며 당연히 허가가 발급될 것이라고 연방정부 당국자들이 언급했다고 주장하였다. 시 정부의 건설허가가 요구되는지 여부에 대한 분명한 법규의 부재, 그리고 건설허가에 대한 신청의 처리에 관한 시 정부의 확립된 관행 또는 절차의 부재는 NAFTA가 요구하는 투명성을 보장하지 못한 것으로서 멕시코의 협정 불이행에 해당한다.

Metalclad는 연방정부 당국자들의 설명에 의존하여 동 회사가 매립지 건설을 계속할 자격이 있다고 믿을 이유가 있었으며 당국자들의 권고를 따라 1994년 11월 15일 시정부의 허가를 위한 신청서를 제출함에 있어, Metalclad는 주의 깊게 행동하였고 허가가 부여될 것이라고 전적으로 기대하였다. 시정부는 Metalclad가 허가신청서를 제출한 후 13개월(13개월 동안 Metalclad는 공개적이고 명백한 투자활동을 계속하고 있었음)이 지난 1995년 12월 5일 신청을 거부하였다. 이는 건설이 사실상 완료된 지 상당한 시간이 지난 후이며 매립지 운영을 위한 협정(*Convenio*)이 발표된 직후이다. Metalclad는 허가거부 결정이 이루어진 시의회(Municipal Town Council) 회의가 개최된다는 통보를 받지 못하였으며 참석할 기회가 주어지지 않았다.

허가의 거부는 부지 및 주변 지역의 환경영향에 관한 생태학적 고려 등을 근거로 하고 매립지 건설의 물리적 결함 등을 이유에 포함하고 있지 않았다. 따라서 중재판정부는 물리적 시설 결함 등 건설적 측면에 대한 고려 또는 구체적 언급 없이 건설허가가 거부되었다고 인정하였다.

또한, 중재판정부는 시 정부가 허가를 거부한 직후에 환경부에 협정(*Convenio*)에 대한 이의를 제기하는 행정심판을 청구하였다는 점을 들어 건설허가의 부재를 이유로 매립지에 대한 허가를 거부할 수 있는 권한이 시 정부에 있는지에 대해서 시 정부 스스로 확신하지 못했다고 판단하였다. 환경부는 당사자적격의 흠결을 이유로 시 정부의 행정심판의 청구를 기각했고, 이에 시 정부는 즉시 *amparo*를 제기하였으며 이에 따라 가처분명령이 발부되어 매립지는 1999년까지 운영이 금지되었다.

중재판정부는 거부결정에 절차적 및 실체적 결함이 있었으며, 이에 더하여 시 정부가 건설허가를 거부한 후에 취한 조치를 보면 건설허가에 관한 시 정부의 주장과 거부가 합당하지 않다는 중재판정부의 결론이 뒷받침된다고 판단하였다.

(3) SLP 주의 생태보호령에 관한 판단

1997년 SLP주는 생태보호령(Ecological Decree)을 공포하였다. 이 생태보호령으로 인하여 문제의 유해폐기물 매립지 부지가 희귀 선인장 종을 보호하기 위한 목적의 생태보호지역에 포함되게 되었다. 이는 Metalclad에 의한 투자물의 이용을 사실상 그리고 영구적으로 금지하는 것에 해당한다.

(4) 소결

멕시코는 Metalclad의 사업계획과 투자를 위한 투명하고 예측가능한 체제를 보장하지 못하였다. 모든 정황을 종합하면 NAFTA 규정에 따라 공정하게 대우받을 것이라는 기대 하에서 행동하는 NAFTA 당사국의 투자자에 대하여 질서정연한 절차와 적시의 처분이 이루어지지 않았다.

이러한 결론은 NAFTA 제1114조의 규정에 의해 영향 받지 않는다. 동 조는 당사국이 투자활동이 환경적 고려에 민감한 방식으로 수행되도록 보장하는 것을 허용하는 것을 내용으로 하고 있으나, 멕시코 정부가 Metalclad와 협정(*Convenio*)를 체결하고 연방허가를 발급하였다는 사실은 멕시코가 문제의 사업이 환경적 고려에 민감하고 합치되는 방식으로 수행되고 있다고 평가하였음을 분명하게 보여준다.

국가와 지방정부의 행위, 즉 멕시코의 행위는 각 당사국으로 하여금 다른 당사국의 투자자에 대하여 공정하고 공평한 대우를 포함하여 국제법에 부합하는 대우를 제공하도록 하는 NAFTA 제1105조 1항의 요건을 위반하였다. 이는 국내법(지방정부의 허가요건)이 조약의 불이행을 정당화하지 못한다는 '조약법에 관한 비엔나협약' 제26조 및 제27조의 원칙에 비추어 보아도 타당한 결론이다.

3. NAFTA 제1110조 : 수용

1) 쟁점

멕시코의 조치가 Metalclad의 투자에 대하여 보상을 하여야 하는 간접수용에 해당하는지 여부가 쟁점이었다.

2) 적용법규

NAFTA 제1110조 1항,[12] 즉 "체약국은 다음의 경우를 제외하고 자국 영토 내에

12) Article 1110: Expropriation and Compensation

1. No Party may directly or indirectly nationalize or expropriate an investment of an investor of another Party in its territory or take a measure tantamount to nationalization or expropriation of

있는 다른 체약국 투자자의 투자를 직접 또는 간접적으로 수용 또는 국유화하거나 그러한 투자의 국유화 또는 수용에 준하는 조치를 취할 수 없다 …"가 적용법규였다.

3) 중재판정부의 판정

중재판정부는 멕시코가 보상을 제공하지 아니하고 Metalclad의 투자를 간접적으로 수용하였으며 따라서 멕시코는 NAFTA 제1110조를 위반하였다고 판정하였다.

4) 중재판정부의 판정이유

(1) 제1110조의 수용의 의미

중재판정부는 NAFTA 제1110조의 '수용'을 명백한 몰수 또는 투자유치국에 이익이 되는 공식적이거나 강제적인 소유권 이전 등 공공연하고 고의적이고 의도된 재산의 박탈뿐 아니라, 반드시 투자유치국에 명백하게 이익이 되지 않는 경우에도 내재적이거나 일시적인 재산 이용의 방해에 해당하는 것으로 재산의 이용 또는 합리적으로 예상되는 경제적 이익의 전부 또는 상당한 부분을 소유자로부터 박탈하는 효과를 야기하는 것을 포함하는 것으로 해석하였다.

(2) 시 정부의 건설허가에 대한 판단

중재판정부는 Metalclad에 대한 Guadalcazar시의 행위(중재판정부는 이를 제1105조를 위반하는 불공정하고 불공평한 대우에 해당한다고 판정하였음)를 허용하고 묵인함으로써, 그리고 문제의 사업이 연방정부에 의해 완전하게 허가되고 승인되었음에도 불구하고 Metalclad의 매립지 운영권에 대한 거부에 동참하거나 묵인함으로써, 멕시코는 NAFTA 제1110조 1항을 위반하여 수용과 동등한 조치를 취한 것으로 판단하였다.

중재판정부는 환경부장관의 증언 및 LGEEPA의 명시적인 문구를 근거로 유해폐기물 매립지의 용지를 정하고 허가할 배타적인 권한이 멕시코 연방정부에 있다고 인정하였다. 시 정부의 건설허가 거부는 부분적으로는 유해폐기물 매립지의 부정적인 환경영향과 매립지 부지의 지질학적 부적합성에 대한 인식에 근거한 것으로 이는 시 정부의 권한 밖의 행위이다. 시 정부의 건설허가 거부는 시설물의 물리적 결함 또는 부지의 결함에 근거하지 않은 것이고, 협정(*Convenio*)에 대한 후속적인 행정심판 및 사법절차로 확대되어 원고의 매립지 운영을 사실상 그리고 불법적으로 금지하게 되

---

such an investment ("expropriation"), except:

(a) for a public purpose;

(b) on a non-discriminatory basis;

(c) in accordance with due process of law and Article 1105(1); and

(d) on payment of compensation in accordance with paragraphs 2 through 6.

었다. 중재판정부는 이러한 조치들이 Metalclad가 신뢰한 멕시코 연방정부의 보장 및 시 정부의 건설허가 거부의 시기적, 실체적 또는 규정상의 결함과 결합하여 간접적인 수용에 해당하는 것으로 판단하였다.

중재판정부는 이 사건을 *Biloune et al. v. Ghana Investment Centre et al.*[13] 사건(이하 '*Biloune* 사건')과 여러 면에서 유사한 것으로 여기고, *Biloune* 사건에 관한 판정이 본 사안에 대한 구속력은 없지만 설득력이 있는 선례로 보고 그 분석과 결론에 동의하였다. 동 사건에서, 민간투자자는 가나의 리조트 레스토랑의 리모델링과 확장에 투자하였다. 투자자는 정부기관의 단언을 토대로 건축허가 신청을 접수하기 전에 건설을 개시하였고 상당한 작업이 이루어진 후 정부는 건축허가의 미발급을 이유로 작업중지를 명령하였다. 투자자는 건축허가 신청서를 제출하였으나 건축허가는 명시적으로 거부되지도 않았지만 허가가 발급되지도 않았다. *Biloune* 사건의 중재판정부는 전체적인 상황이 사업에 돌이킬 수 없는 중단을 초래하였으므로 간접적인 수용이 있었다고 판정하였다. 중재판정부는 (i) 건축허가에 관한 정부의 단언에 대한 투자자의 납득할만한 신뢰, (ii) 정부가 작업중지를 명령하기 전 1년 이상 건설에 대해 인지하고 있었다는 점, (iii) 그러한 허가가 다른 사업에 대해서는 요구되지 않았다는 점, (iv) 건축허가 신청을 처리하는 확립된 절차가 없었다는 점에 특히 주목한 바 있다.

(3) 생태보호령에 대한 판단

중재판정부는 수용을 인정하는 결론을 내리기 위해 반드시 필요한 것은 아니지만 1997년 9월 20일 SLP 주지사가 발령한 생태보호령 역시 수용에 대한 추가적인 근거에 해당한다고 보았다. 동 생태보호령은 매립지 부지를 포함하는 "Real de Guadalcazar" 지역 내 188,758 헥타르에 적용되며 해당 지역에 대하여 보호지역을 설정하는 것으로 매립지의 운영을 영구히 금지하는 효과를 낳게 되었다. 중재판정부는 위의 결론을 내림에 있어 생태보호령 채택의 동기나 의도에 대해 판단하거나 고려할 필요가 없다고 보았다. 중재판정부는 생태보호령 이전에 수용이 이루어졌다고 판단하였으므로 NAFTA 제1110조 위반 결정을 위해 생태보호령에 근거한 수용의 인정이 반드시 필요한 것은 아니지만 생태보호령의 시행은 그 자체로서 수용과 동등한 행위를 구성한다고 인정하였다.

(4) 소결

결론적으로 중재판정부는 멕시코가 보상 없이 Metalclad의 투자를 간접적으로

---

13) 95 I.L.R.183, 207-10 (1993).

수용하여 NAFTA 제1110조를 위반하였다고 판정하였다.

Ⅳ. 캐나다 브리티시컬럼비아 주 법원의 판결

1. 적용법률

중재판정의 심사를 맡은 브리티시컬럼비아 주 법원은 브리티시컬럼비아 주 법인 국제상사중재법(International Commercial Arbitration Act)과 상사중재법(Commercial Arbitration Act) 중 어느 법률을 적용하여 심사할 것인지의 문제를 판단하였다. 두 법률의 가장 중요한 차이점은 상사중재법은 법원이 중재판정의 법적 쟁점에 대한 판단을 심사하는 것을 허용하는 반면, 국제상사중재법이 규정하는 심사의 범위는 이보다 훨씬 더 제한적이라는 것이다.

법원은 상사중재법이 국제상사중재법의 적용범위에 속하는 '중재협정'에는 적용되지 않으므로, 본 사건의 중재협정에 국제상사중재법이 적용되는지 여부를 판단하는 것이 우선일 것이라고 보았다. 국제상사중재법은 UNCITRAL의 국제상사중재에 관한 모델법에 기초하여 제정된 것으로, 동 법률의 규정을 해석함에 있어 모델법을 참고할 것을 명시적으로 규정하고 있다. UNCITRAL 모델법에 따르면, 'commercial'이라는 용어는 상업적 성격을 갖는 모든 관계에서 발생하는 문제를 포함하도록 포괄적으로 해석되어야 한다. 멕시코는 본 사건의 Metalclad와 자국과의 관계가 상업적인 성격을 갖는다기보다는 규제적 관계라고 보아야 한다고 주장하였으나 법원은 국제상사중재법의 규정상 '상업적 성격을 갖는 관계'에는 '투자의 관계'가 포함되며 Metalclad가 COTERIN을 인수하고 매립지 시설을 건설한 것은 멕시코에 투자를 한 것이므로 이 사건의 중재는 국제상사중재법 제1조 6항의 상업적 성격의 관계에서 발생하는 것이라고 판단하였다. 또한, Metalclad와 멕시코 사이의 중재가 국제중재임에는 다툼이 없으므로 국제상사중재법의 규정이 본 사법심사에 적용된다고 판단하였다.

2. 심사기준

브리티시컬럼비아 주의 국제상사중재법 제5조는 법원이 국제상사중재판정을 심사함에 있어 개입할 수 있는 범위를 다음과 같이 제한하고 있다.

본 법이 적용되는 사안에 있어,
(a) 법원은 본 법에 규정된 경우를 제외하고는 개입하여서는 아니 된다. 그리고,
(b) 중재판정부의 중재절차, 또는 중재판정부가 내린 명령, 평결 또는 중재판정은 본 법에 규정된 범위 이외에는 사법심사절차법(Judicial Review Procedure Act) 상의 절차에 의해, 또는 달리 이의가 제기되거나 심사되거나 제한되어서는 아니 된다.

국제상사중재법 제34조 1항은 중재판정에 대한 사법심사는 이 조의 제2항과 제3항에 따라서만 법원에 제기될 수 있다고 규정하고 있으며 제2항의 관련 있는 부분은 다음과 같다. 제3항은 본 사안과 관련이 없다. 중재판정은 다음의 경우에 대법원에 의해 취소될 수 있다.

(a) 신청을 하는 당사자가 다음을 입증하는 경우
…
(iv) 중재판정이 중재신청서에서 적시되지 않았거나 그 중재신청서의 조건에 해당하지 않는 분쟁을 다루었다는 것, 또는 중재판정이 중재신청서의 범위를 넘어서는 사안에 대한 판정을 포함하였다는 것… 또는
(v) 중재판정부의 구성 또는 중재절차가 당사자간 협정에 의하지 않았다는 것… 또는
(b) 법원이 다음을 인정하는 경우
…
(ii) 중재판정이 브리티시컬럼비아의 공공정책과 상충한다는 것.

3. NAFTA 제1105조 : 최저기준

1) 제1105조의 성격

NAFTA 제1102조[14]와 제1103조[15]는 당사국이 다른 투자자를 대우하는 방식을

14) Article 1102: National Treatment
1. Each Party shall accord to investors of another Party treatment no less favorable than that it accords, in like circumstances, to its own investors with respect to the establishment, acquisition, expansion, management, conduct, operation, and sale or other disposition of investments.
2. Each Party shall accord to investments of investors of another Party treatment no less favorable than that it accords, in like circumstances, to investments of its own investors with respect to the establishment, acquisition, expansion, management, conduct, operation, and sale or other disposition of investments.
3. The treatment accorded by a Party under paragraphs 1 and 2 means, with respect to a state or province, treatment no less favorable than the most favorable treatment accorded, in like circumstances, by that state or province to investors, and to investments of investors, of the Party of which it forms a part.
4. For greater certainty, no Party may:
(a) impose on an investor of another Party a requirement that a minimum level of equity in an enterprise in the territory of the Party be held by its nationals, other than nominal qualifying shares for directors or incorporators of corporations; or
(b) require an investor of another Party, by reason of its nationality, to sell or otherwise dispose of an investment in the territory of the Party.

15) Article 1103: Most-Favored-Nation Treatment

비교하는 상대적인 용어로 규정되어 있는 반면, 제1105조는 절대적인 용어로 규정되어 있다. 따라서 제1105조의 위반 여부를 판단할 때 당사국이 다른 투자자를 어떤 방식으로 대우하는지는 고려될 요소가 아니다. 즉, 제1105조는 최저기준을 설정하여 당사국이 다른 투자자와 투자를 대우하는 방식과 관계없이 타 당사국의 투자자와 투자를 최저기준 이하로 대우하지 않을 것을 의도하는 것이다. 법원에 따르면 제1102조는 당사국이 다른 당사국의 투자자 및 투자에 대하여 자국의 투자자 및 투자에 대한 대우보다 불리한 대우를 하는 것을 금지하는 '내국민대우' 원칙을 규정하고 있다. 제1103조는 당사국이 다른 당사국의 투자자 및 투자에 대하여 제3의 당사국이나 비당사국의 투자자 및 투자에 대한 대우보다 불리한 대우를 하는 것을 금지하는 '최혜국대우' 원칙을 규정하고 있다.

2) 제1105조의 해석

법원은 본 사건에 대한 중재판정이 내려진 직후에 있었던 다른 사건의 부분중재판정에서 제1105조를 어떻게 해석하고 있는지에 대해 검토하였다. *S.D. Myers, Inc. v. Government of Canada* (2000년 11월 13일) 사건의 중재판정부와 *Pope & Talbot Inc. v. Canada* (2001년 4월 10일) 사건의 중재판정부는 제1105조를 상이하게 해석하였다. 즉, *Myers* 사건의 중재판정부는 '공정하고 공평한 대우'와 '완전한 보호와 보장'을 '국제법에 합치하는 대우'와 독립된 요건이 아니며 이의 예시에 해당한다고 해석한 반면, *Pope* 사건의 중재판정부는 '공정하고 공평한 대우'와 '완전한 보호와 보장'을 '국제법에 합치하는 대우'와 독립된 부가적인 요건으로 해석하였다. 이에 대하여 *S.D. Myers, Inc. v. Government of Canada* 중재판정부는 다음과 같이 설명하였다. "NAFTA의 최저대우기준 규정은 [양자투자조약]의 규정과 비슷하다. 규정의 흠결을 피하기 위해서는 '최저기준' 규정의 삽입이 필수적이다. 정부가 투자자를 가혹하고 불공정하며 불이익을 주는 방식으로 대우하면서, 이를 자국민에 대한 대우와 다르지 않은 방식으로 할 수도 있기 때문이다. '최저기준'은 정부가 차별적인 방식으로 행동하고 있지 않다고 하여도 외국투자자에 대해 보장되어야 하는 최저한도이다", 그리

---

1. Each Party shall accord to investors of another Party treatment no less favorable than that it accords, in like circumstances, to investors of any other Party or of a non-Party with respect to the establishment, acquisition, expansion, management, conduct, operation, and sale or other disposition of investments.
2. Each Party shall accord to investments of investors of another Party treatment no less favorable than that it accords, in like circumstances, to investments of investors of any other Party or of a non-Party with respect to the establishment, acquisition, expansion, management, conduct, operation, and sale or other disposition of investments.

고 "제1105(1)조는 종합적인 개념을 표현하고 있다. 동 조항의 용어는 전체적으로 해석하여야 한다. 공정하고 공평한 대우, 그리고 완전한 보호와 보장 등의 문언은 분리해서 해석할 수 없다. 동 문언들은 '국제법에 따른 대우'라는 문언과 함께 해석되어야 한다." 뿐만 아니라 "본 중재판정부는 대우가 국제적인 관점에서 용인될 수 없는 수준에 이르는 불공정하거나 자의적인 방식으로 투자자가 취급되었음이 입증되는 경우에만 제1105조 위반이 발생한다고 본다. 위반 여부의 판단은 국가가 자국의 영역 내에서 행사할 수 있는 규제권한에 대한 국제법상의 일반적 제한을 고려하여 이루어져야 한다. 이 판단을 함에 있어 해당 사건에 적용될 수 있는 구체적인 국제법규를 역시 고려하여야 한다."

브리티시컬럼비아 주법원은 제1105조 위반에 해당하기 위해서는 문제의 대우가 국제법에 합치하지 않아야 한다는 *Myers* 중재판정부의 해석을 타당하다고 판단하였다. 즉, 어떠한 대우가 불공정하거나 불공평하다고 하여도 국제법에 합치하지 않는 대우가 아니라면 제1105조를 위반한 것이 아니라는 것이다.

또한 브리티시컬럼비아 주 법원은 (i) *Pope* 중재판정부가 제1105조의 "포함하여"("including")를 "더하여"("plus")의 의미로 해석하였으나, "포함하여"는 사실상 정반대의 의미이며, 이러한 해석은 조약의 용어에 통상적인 의미를 부여하도록 규정하고 있는 '조약법에 관한 비엔나협약' 제31조 1항에 반하는 것이고, (ii) NAFTA 당사국들이 양자투자조약에서 사용된 문언과 동일한 문언을 채택하지 않은 이유는 양자투자조약의 부가적인 특징을 배제할 의도라는 이유로 *Pope* 사건의 중재판정부의 해석을 배척하였다. 제1105조의 "국제법"은 국가들의 일치된 실행을 통하여 발전한 국제관습법을 지칭한다. 이는 국가 사이에 체결된 조약으로 이루어진 국제법(conventional international law)과 구별되는 개념이다.

3) 제1105조 적용과 관련한 중재판정부의 관할권 초과 문제

멕시코는 중재판정부가 (i) NAFTA의 투명성 규정을 제1105조 위반의 판단 근거로 하였으며, (ii) NAFTA에 규정된 투명성 규정의 범위를 초과하여 새로운 투명성 의무를 창설하였다고 주장하였다. 그리고 멕시코는 중재판정부가 (i) 멕시코 국내법을 판단한 것, (ii) 중재절차의 개시 전에 국내구제절차를 완료할 의무가 없다고 멕시코가 동의한 것으로 잘못 해석한 것이 관할권 초과를 심화시켰다고 주장하였다.[16)]

16) 브리티시컬럼비아법원은 중재판정부가 NAFTA의 투명성 규정을 제1105조 위반의 판단 근거로 한 것은 중재신청의 범위를 초과한 것으로 판단하였으며, 따라서 NAFTA에 규정된 투명성 규정의 범위를 초과하여 새로운 투명성 의무를 창설하였다는 주장, 중재판정부가 멕시코 국내법을 판단한 것은 부적절하다는 주장, 중재절차의 개시 전에 국내구제절차를 완료할 의무가

중재판정부는 투명성이 최저기준에 포함될 수 있도록 제1105조를 해석하지 않았고, 투명성이 국제관습법의 일부임을 입증하는 증거를 제시하지 않았다. 그럼에도 불구하고, 중재판정부는 제1105조를 문언 그대로 해석하지 않고 투명성 의무를 포함하는 것으로 해석하는 오류를 범하고 투명성에 근기하여 판정하였다. NAFTA 제102조 1항은 (a)호 - (f)호에서 NAFTA의 목표를 규정하고 있고, 이러한 목표는 내국민대우원칙, 최혜국대우원칙, 투명성원칙 등 NAFTA의 원칙과 규정을 통하여 구체화되어 있다. 내국민대우원칙과 최혜국대우원칙은 제11장의 규정을 통하여 이행되는 것이지만, 투명성원칙은 제18장의 규정을 통하여 이행되는 것이지 제11장을 통하여 이행되는 것이 아니다. 멕시코가 Metalclad의 사업계획과 투자에 대하여 투명하고 예측가능한 체제를 보장하지 못하였다고 중재판정부가 판단한 것은 투명성에 근거한 것이나 제11장은 투명성 의무를 포함하지 않으므로 이는 중재신청의 범위를 초과하는 것이다.[17)]

중재판정부는 연방정부에 책임이 귀속되는 SLP 주와 시정부의 행위도 제1105조의 요건을 준수하지 못하였다고 판단하였으나 그 이유를 제시하지 않았다. 그러나 Metalclad의 사업계획과 투자를 위한 투명하고 예측가능한 체제를 보장하여야 하는 의무를 이행하지 못한 데 기여한 SLP 주 및 시정부의 행위를 고려한 것이 분명하다.

4. 제1110조 : '생태보호령 이전'의 제1110조 위반 여부

중재판정부는 생태보호령을 검토하기 전에 멕시코가 제1105조를 위반하는 불공정하고 불공평한 대우에 해당하는 시정부의 행위를 허용 또는 묵인하였으므로 멕시코가 Metalclad의 매립지 운영권에 대한 거부에 동참하였거나 이를 묵인하였다는 견해를 근거로 멕시코의 행위가 제1110조의 수용에 준하는 조치를 취했다고 결론지었다. 또한, 중재판정부는 멕시코 연방 당국자의 발언과 시 정부의 건설허가 거부에 대한 근거의 부재를 이유로 간접수용을 인정하였다.

이처럼 멕시코가 수용에 준하는 조치를 취하였다는 중재판정부의 판정은 제1105조 위반 판정과 직접적으로 연결되어 있다. 즉, 중재판정부가 간접수용을 인정

없다고 멕시코가 동의한 것으로 중재판정부가 잘못 해석하였다는 주장에 대하여 판단하지 않았다.

17) 투자자가 NAFTA 제11장 Section B의 절차에 따라 중재를 청구할 수 있는 것은 NAFTA 당사국이 제11장 Section A상의 의무 또는 제15장의 두 개의 규정을 위반한 경우로 제한된다. 그러므로 투자자는 투명성 의무를 규정한 제18장 등 NAFTA의 다른 규정 위반과 관련해서는 중재를 청구할 수 없다.

한 근거는 적어도 부분적으로는 공정하고 공평한 대우의 판단에 적용하였던 투명성 개념에 근거한 것이다. 그러나 제1110조의 수용에 해당하는지 여부를 판단함에 있어 투명성 개념을 근거로 한 것은 중재신청의 범위를 초과한 것이다.

5. 제1110조 : '생태보호령 이후'의 제1110조 위반 여부

1) 중재판정부가 생태보호령을 판단한 것은 정당한가?

중재판정부는 NAFTA 제1120조에 따라 Metalclad가 선택한 중재규정인 ICSID 추가절차규칙의 제48조에 근거하여 생태보호령을 판단하였다. 제48조는 "(i) 당사자들이 달리 합의하는 경우를 제외하고, 당사자는 부수적 또는 추가적 청구 또는 반대청구를 제기할 수 있다. 단, 그 보충적 청구는 당사자들의 중재협정 범위 내이어야 한다. (ii) 보충적 청구를 제기하는 당사자가 정당한 사유를 제시하고, 타방당사자의 이의를 검토한 후 중재판정부가 이를 허가하는 경우를 제외하고는, 부수적 또는 추가적 청구는 적어도 답변서 제출 시까지, 반대청구는 반대의견서 제출 시까지 제기되어야 한다"고 규정하고 있다.[18)]

생태보호령에 근거한 Metalclad의 청구는 제48조가 규정한 중재협정의 범위 내에 속하는 추가적 청구이고, Metalclad가 생태보호령에 근거하여 청구를 한 시점은 중재심판에 제출된 첫 의견서를 통하여 이루어졌으므로 Metalclad는 제48조의 요건을 준수하였다. 중재판정부는 멕시코가 생태보호령에 관한 사항에 대응할 충분한 사전 통보와 기회가 있었다고 판단하였다. 따라서 브리티시컬럼비아법원은 중재판정부가 생태보호령에 근거한 청구를 판단함에 절차상 오류가 없다고 판정하였다.

2) 생태보호령으로 인한 간접수용의 인정이 중재신청의 범위를 초과하였는가?

중재판정부의 생태보호령에 관한 결론은 독립적으로 이루어졌으며 투명성 부재나 제1105조 위반에 근거한 것이 아니다. 중재판정부는 생태보호령이 수용의 추가적

18) ICSID 추가절차규칙 제48조의 원문은 다음과 같다.

(1) Except as the parties otherwise agree, a party may present an incidental or additional claim or counter－claim, provided that such ancillary claim is within the scope of the arbitration agreement of the parties.

(2) An incidental or additional claim shall be presented not later than in the reply and a counter－claim no later than in the counter－memorial, unless the Tribunal, upon justification by the party presenting the ancillary claim and upon considering any objection of the other party, authorizes the presentation of the claim at a later stage in the proceeding.

근거임을 명시적으로 특정하였으므로 생태보호령으로 인한 간접수용의 인정은 중재신청의 범위를 초과한 것이 아니다.

3) 중재판정부가 생태보호령에 관하여 명백히 불합리한 오류를 범하였는가?

중재판정부는, 수용의 전통적인 개념 외에, NAFTA 하의 수용을 재산의 이용 또는 합리적으로 기대되는 경제적 이득의 전부 또는 상당 부분을 소유권자로부터 박탈하는 효과를 가지는, 재산 이용에 대한 간접적이거나 부수적인 개입을 포함하는 것으로 상당히 광범위하게 정의하였다. 브리티시컬럼비아 주 법원은 이 정의를 수용이 시 정부 또는 다른 당국에 의한 재산의 합법적인 용도변경을 포함할 정도로 광범위한 것이 사실이라고 언급하였지만, 법원이 이를 판단할 권한이 없다고 결정하였다. 수용의 정의는 국제상사중재법상 법원이 개입할 수 있는 사항이 아닌 법의 문제이기 때문이다.

멕시코는 (i) 생태보호령이 문제의 부지에 산업폐기물 매립지를 개장할 모든 가능성을 무효화시켰다고 SLP 주지사가 언급하였다는 보도, (ii) SLP 주의 고위 당국자가 NAFTA 중재 결과에 상관없이 Metalclad가 매립지를 운영할 수 있는 모든 가능성이 차단되었다고 확신하였다는 보도 등 증거능력 없는 증거에 근거하여 중재판정부가 판정하였다는 주장을 제기하였다. 이에 대해, 브리티시컬럼비아 주 법원은 중재판정부가 생태보호령을 채택한 동기나 의도를 검토할 필요가 없다고 명시적으로 언급하였고, 언론보도가 아닌 생태보호령의 문언을 근거로 판정을 내렸다고 판단하였다.

멕시코는 중재판정부가 유해폐기물 매립지 운영이 생태보호령 제14조에 합치한다는 환경부장관의 서한을 무시하였다고 주장하였다. 브리티시컬럼비아 주 법원은 중재판정부가 이 서한을 명백하게 인용하지 않은 것은 사실이지만, 생태보호령의 문언을 검토한 후 수용의 결론에 이르렀으며 생태보호령의 실제 문언이 멕시코 당국자의 해석보다 우월한 증명력이 있다고 판단하였다. 결론적으로 브리티시컬럼비아 주 법원은 중재판정부의 생태보호령에 관한 판단에 명백히 불합리한 오류가 없다고 판단하였다.

6. Metalclad의 부적절한 행위

멕시코는 Metalclad의 부적절한 행위가 중재판정부에 의해 명시적으로 다루어지지 않았으며 이러한 부적절한 행위로 인하여 중재판정이 브리티시컬럼비아의 공공정책에 상충되게 되었으므로 국제상사중재법 제34조 2항의 (b)호에 따라 법원이 이를 심사하고 중재판정을 취소하여야 한다고 주장하였다. 멕시코가 주장하는 Metalclad의 부적절한 행위는 다음의 두 종류로 구분된다.

1) 부정부패

멕시코는 멕시코의 연방당국자가 Metalclad에게 시 정부의 건설허가와 관련하여 하였다는 진술을 뒷받침하는 Metalclad 측의 중요한 증인이자 전직 연방환경공무원인 Humberto Rodarte Ramon이 Metalclad와 부적절한 관계에 있다고 주장하였다. Rodarte의 부인이 Metalclad로부터 약 150,000 달러 상당의 Metalclad 주식을 받고 두 차례에 걸쳐 각 10,000 달러를 수령하였으며, Rodarte가 COTERIN의 Metalclad에 대한 매각에 일정 역할을 담당하고 커미션을 약속받았다고 주장하였다.

법원은 이러한 금전의 거래가 Metalclad의 뇌물제공에 해당한다는 증거가 되지 못한다고 판단하였다. Rodarte의 부인은 멕시코에 유해폐기물 소각시설의 건설을 계획하던 회사인 Eco-Administration의 주주였으며, Metalclad는 자회사를 통하여 1991년과 1993년에 이 회사의 주식 전부를 취득하였다. Metalclad 주식과 20,000 달러가 Rodarte 부인에게 전달된 것은 주식인수의 대가인 것이다. Rodarte 부인이 애초에 Eco-Administration 주식을 취득한 것이 부적절한 것일 수는 있으나, 이는 Metalclad가 개입되기 이전의 문제이고 Metalclad는 이에 대한 당사자가 아니다. 또한, 법원은 Rodarte가 연방공무원 신분으로 COTERIN이 Metalclad로 매각되도록 일정한 역할을 수행하고 COTERIN의 원 소유자들에게 부적절한 커미션을 약속받았다면 이는 Rodarte의 신뢰성을 손상하지만 Metalclad의 부정행위를 입증하는 것은 아니며, Rodarte의 신뢰성이 중재판정부의 제1105조 위반 판정과 관련성이 있는 것은 당연한 것이지만 본 법원이 이미 중재판정부의 제1105조 위반 판정이 중재신청의 범위를 초과하였다고 판단하였으며 Rodarte의 증언에 대한 중재판정부의 판단이 명시적으로 드러나지 않으므로 법원이 이에 관한 중재판정부의 판단에 개입할 수 없다고 판단하였다.

2) 보상액의 과잉 청구

멕시코는 Metalclad가 매립지 사업에 2천50만 달러를 투자하였다고 손해액을 과잉 청구하여 중재판정부를 고의로 기망하려고 하였다고 주장하였다. 멕시코 내에서의 실패한 사업에 Metalclad가 지출한 총 비용은 2천50만 달러이고, 다수의 관련사업을 위한 비용이 그 중 하나의 사업에 통합될 수 있는지 여부는 회계 상의 관점에서 이론의 여지가 있는 것이다. Metalclad가 멕시코에 투자한 2천50만 달러 전액을 청구할 근거는 논쟁의 여지가 있는 것이나, Metalclad가 스스로 법적 근거가 전혀 없다고 인식한 비용을 청구했다고 볼만한 증거는 없다. 따라서 Metalclad의 청구가 과도한 부분이 있었다고 하더라도, 사기성이 있었던 것이라고는 볼 수 없다.

7. 중재판정부의 판단 누락

멕시코는 중재판정부가 멕시코의 모든 주장에 대하여 판단을 하지 않았으므로 중재판정이 취소되어야 한다고 주장하였다. 멕시코는 ICSID 추가절차규칙 제53조 1항이 '중재판정부에 부탁된 모든 쟁점'이 중재판정에서 다루어져야 함을 규정하고 있으며, 세 건의 ICSID 특별위원회의 결정(*Klöckner v. Cameroon, Amco v. Indonesia, MINE v. Guinea*)에서 '인정되는 경우 판정의 결과를 변경하였을 만한 당사자의 모든 주장(argument)'이 중재판정에서 다루어져야 한다고 판단한 것을 들어 본 사건의 중재판정이 취소되어야 한다고 주장하였다.

법원은 중재판정부가 부탁된 쟁점에 대하여 판단하여야 하며 그 판단의 이유를 적시하여야 하고, 이는 당사자간 분쟁을 충분히 다루고 판정에 대한 이유를 제시하여야 함을 의미한다고 보았다. 그러나 법원은 중재판정부가 판정해야 하는 쟁점과 관련된 모든 주장을 판단하도록 요구하는 것은 비합리적이라고 판단하였다. 또한, ICSID 추가절차규칙 제53조에서 언급하고 있는 것은 이러한 쟁점에 해당한다고 판단하였다.

본 사건의 경우, 중재판정부에 제기된 문제는 본질적으로 제1105조 또는 제1110조의 위반이 있었는지 여부, 그리고 위반이 있다면 보상액이 얼마인지의 문제이다. 중재판정부는 이러한 문제에 대해 판단하고 그 이유를 제시하였다. 따라서 중재판정부는 자신에게 제기된 핵심 사안을 충분히 다루었으며, 중재판정부가 멕시코 주장을 모두 명시적으로 다루지 않은 것은 본 법원이 중재판정을 취소할 정도로 중대하지 않다.

8. 브리티시컬럼비아법원의 결론

중재판정 전체를 취소하기 위해서는 멕시코는 (i) 제1105조와 제1110조 위반에 대한 중재판정부의 세 가지 판정이 중재신청의 범위를 초과하였거나, (ii) Metalclad의 부적절한 행위를 이유로 또는 중재판정부가 모든 쟁점을 검토하지 아니한 것을 이유로 중재판정이 취소되어야 함을 입증하여야 한다.

멕시코는 제1105조와 생태보호령 이전의 제1110조 위반에 대한 중재판정부의 판정이 중재신청의 범위를 초과하였음을 입증하였으나, 생태보호령으로 인한 제1110조 위반 판정이 중재신청의 범위를 초과한다는 것과 그 외의 사안에 대하여 입증을 하지 못하였다. 따라서 중재판정 전체가 취소될 수는 없으며, 생태보호령 이전의 이자에 대한 판정만을 취소한다.

Ⅴ. 손실보상액

1. 중재판정부

Metalclad는 사업에 약 2천50만 달러를 투자하였다고 주장하였다. 중재판정부는 청구액 가운데 (i) Metalclad가 COTERIN을 인수하기 이전에 발생한 비용은 본 사안과 관련성이 없다는 멕시코의 주장에 동의하여, 1991년과 1992년에 발생한 비용과, (ii) Metalclad가 다른 사업에 지출한 비용으로 이 사업에 통합된 비용은 인정하지 않았다. 또한, 중재판정부는 해당 부지에 대한 복구작업이 필요하다는 사실을 참작하여 보상액에서 이를 공제하였다.

중재판정부는 시정부가 건설허가신청을 기각한 날인 1995년 12월 5일부터 중재판정까지의 연리 6% 이자를 포함하여 멕시코가 Metalclad에 대하여 미화 16,685,000 달러를 중재판정 이후 45일 이내에 지급할 것을 판정하였다. 또한, 중재판정 이후 45일이 경과하면 미지급액에 대하여 월리 6%의 이자를 지급할 것을 판정하였다.

2. 브리티시컬럼비아법원

브리티시컬럼비아법원은 다음과 같이 판단하였다. 중재판정부는 NAFTA 제1105조와 제1110조를 위반하여 수용이 이루어진 날을 1995년 12월 5일로 보았으나 이는 중재신청의 범위를 이탈한 판단이며, 멕시코가 Metalclad의 투자를 보상 없이 수용한 날은 생태보호령을 발한 1997년 9월 20일이다. 또한, 중재판정부가 결정한 손실보상액은 1995년 12월 5일부터 1997년 9월 20일까지의 이자(그리고 이후의 복리 효과)가 포함되어 있으나 법원은 1997년 9월 20일 이전의 이자가 포함된 범위까지 중재판정을 취소하였다. 브리티시컬럼비아법원의 판결에 따라 멕시코는 미화 15,626,260 달러를 보상액으로 제시하였고, Metalclad는 이 제안을 수용하였다.

Ⅵ. 평 가

1. Metalclad에 의한 유해폐기물 시설의 운영 여부

Metalclad는 1993년 4월 COTERIN을 매입하는 내용의 옵션계약을 체결하였으나 계약상의 옵션이 충족되지 않은 상태에서 COTERIN을 인수하였고, 이후 Metalclad가 COTERIN의 경영주체가 되었다. 지역주민의 건강에 유해한 영향을 미치는 것으로 의심받고 있는 폐기물은 Metalclad가 COTERIN을 인수하기 이전에 COTERIN이 불법적으로 매립한 것이다. 1995년 11월 25일 발효한 협정(*Convenio*)에서 Metalclad는 과거의 오염을 3년 이내에 제거할 것을 약속하였다. 그러나 Metalclad는 1995년 3월 10일 유해폐기물 매립시설을 완공하고 개장식을 개최하였으나, 시 정부의 허가 거부와 주민의 시위로 실제 이 시설물을 운영하지 못하고 결국 오염물질을 제거하지 못하였다. ICSID 중재판정부는 해당 부지의 복구작업에 필요한 금액을 Metalclad에 대한 보상액에서 공제하였다. 결론적으로, (i) Metalclad가 자신이 COTERIN을 인수하기 이전에 발생한 오염에 대한 책임을 인수하였는지 여부는 당사자의 계약과 멕시코 법에 따라 판단하여야 할 것이며, (ii) Metalclad는 *Convenio*에서 오염제거를 약속하였으나 폐기시설을 운영하지 못하여 이를 이행하지 못하였고, (iii) 멕시코가 Metalclad에 지급해야 할 보상액에서 오염 제거 비용을 공제하였으므로 이후 오염 제거의 책임은 멕시코 정부에 있다고 판단된다.

2. ICSID 중재심판과 브리티시컬럼비아법원의 사법심사의 절차적 근거

1) ICSID 중재심판

NAFTA 第1120조는 투자자－투자유치국 사이의 중재심판에 적용될 수 있는 중재규칙으로 (i) 투자유치국과 투자자의 본국이 ICSID협약의 당사국인 경우, ICSID협약, (ii) 투자유치국과 투자자의 본국 중 어느 한 국가가 ICSID협약의 당사국인 경우, ICSID 추가절차규칙, 또는 (iii) UNCITRAL 중재규칙을 규정하고 있다.

이 사건의 경우 투자자 Metalclad의 본국인 미국이 ICSID협약의 당사국이며 투자유치국인 멕시코는 ICSID협약의 당사국이 아니다.[19] 따라서 Metalclad는 ICSID 추

19) NAFTA 당사국 중 미국만이 ICSID협약의 당사국이며, 캐나다와 멕시코는 ICSID협약의 당사국이 아니다. 그러므로 투자자의 본국과 투자유치국이 캐나다와 멕시코인 경우 UNCITRAL 중

가절차규칙이나 UNCITRAL 중재규칙 중 하나를 선택하여야 하는바, Metalclad는 ICSID 추가절차규칙을 선택하여 중재를 신청하였다.

2) 브리티시컬럼비아법원의 사법심사

중재판정부의 판정에 불복하는 투자유치국이 중재판정의 취소를 구할 수 있는 한 번의 기회가 있다. ICSID협약에 의거한 중재심판의 경우, 투자유치국은 이 협약 제52조에 따라 중재판정의 취소를 구할 수 있다. 특별위원회(*ad hoc* panel)가 중재결정의 절차적 정당성을 검토하여 제52조에 열거된 결함을 발견하면 중재결정의 전부 또는 일부를 취소할 수 있다. 특별위원회는 중재심판의 절차적 정당성만을 심사대상으로 한다.

ICSID협약 이외의 중재규칙에 의거한 중재심판의 경우, 중재지의 국내법, 중재판정집행에 관한 뉴욕협약 및 관련 조약이 정한 절차에 따라 중재판정에 불복할 수 있다. NAFTA 제1136조 3항 (b)호는 중재판정의 변경, 유보 또는 취소를 국내법원에 구할 수 있는 가능성을 명시적으로 규정하고 있다. 따라서 중재판정에서 패한 당사자는 중재지[20)]의 국내법원에 제소하고, 국내 중재법을 적용하여 중재판정의 취소를 구할 수 있다.

3. 중재판정부의 판정과 브리티시컬럼비아법원 판결의 유사점과 차이점

1) 차이점 : 제1105조 위반 여부와 생태보호령 이전의 제1110조 위반 여부

중재판정부는 NAFTA의 투명성 의무를 제1105조의 최저대우의 한 요소로 판단하고 멕시코의 연방정부, 주 정부 및 시 정부의 행위가 투명성 의무를 위반하였으므로 NAFTA 제1105조의 의무를 위반하였으며, 연방정부가 시 정부의 행위에 동참하거나 묵인함으로써 생태보호령과 별개로 제1110조의 간접수용에 이르렀다고 판단하였다.

브리티시컬럼비아법원은 투명성 의무가 NAFTA 제18장을 통해 이행되는 것이고, 중재심판의 대상은 제11장상의 의무 위반 여부에 한정되므로 이에 근거하여 제1105조 위반 및 생태보호령 이전의 제1110조 위반을 판정한 중재판정부의 판정은 중재신청의 범위를 초과한 것이므로 취소되어야 한다고 판결하였다. 다만, 위의 근거에 의

재규칙이 적용되며, 그 외의 경우 ICSID 추가절차규칙 또는 UNCITRAL 중재규칙이 적용될 수 있다.

20) 이 사건의 중재지는 브리티시컬럼비아에 소재하는 밴쿠버이다.

하지 않은 경우 제1105조 위반과 생태보호령 이전의 멕시코 조치의 제1110조의 위반이 인정될 수 있는지의 문제는 이 법원이 판단할 범위에 속하지 않는다고 판결하였다.

2) 유사점: 생태보호령으로 인한 제1110조 위반 여부

중재판정부는 생태보호령이 매립지 운영을 영구히 금지하는 효과가 있으므로 간접수용에 해당한다고 판정하였으며, 브리티시컬럼비아법원은 중재판정부의 판정이 정당하며 중재신청의 범위를 초과하지 않았고 그 판단에 명백히 불합리한 오류가 없다고 판결하였다.

4. 이 사건이 투자중재제도에 대한 환경론자의 주된 비판 근거가 되는 이유

간접수용의 개념이 확대되는 경우 투자유치국이 정당한 국내규제권한을 행사하는 데 장애가 되며, 국내규제권한을 극단적으로 인정하는 경우 상대국의 투자를 충분하게 보호할 수 없다. 그런데 보상을 수반하는 간접수용과 보상을 수반하지 않는 정부규제를 구별하는 기준을 명시적으로 제시하는 국제법규는 존재하지 않는다.

브리티시컬럼비아법원이 지적하였듯이 이 사건의 중재판정부는 간접수용을 '내재적이거나 일시적인 재산 이용을 방해하는 것으로, 합리적으로 예상되는 경제적 이익의 전부 또는 상당 부분을 소유자로부터 박탈하는 효과를 야기하는 것'이라고 하여 매우 광범위하게 해석하였다. 또한, 중재판정부는 제1105조상의 의무에 투명성 의무를 포함하여 해석하고 그 해석을 바탕으로 제1110조 의무의 위반을 판정하였다. 그 결과 투자자-투자유치국 사이의 중재제도가 정부의 규제권한을 심각히 제한하는 것으로 인식되었다. 그러나 중재판정부의 판정은 최종적이며 확정적인 것이 아니며, 중재판정부의 판단상의 오류는 브리티시컬럼비아법원의 판결에 의하여 취소된 점에 유의해야 한다.

5. 결언

투자유치국은 자국의 경제정책, 환경정책 등을 수행할 주권적 권한을 가지나, 투자유치국의 주권적 권한에 근거한 각종의 합법적이며 정당한 규제정책이 상대국 투자의 경제적 가치에 긍정적 또는 부정적 영향을 초래하게 된다.

투자유치국이 국내규제권한을 행사하여 실질적으로 수용(또는 국유화)의 효과를 낳는 —즉, 간접수용을 하는— 우회적 조치를 취할 가능성이 있으므로, 투자유치국의 국내규제권한을 존중하면서 다른 한편 이로 인하여 발생하는 간접수용으로부터 투자를 보호할 필요성이 제기된다. 따라서 해외투자를 보호하기 위하여 투자자와 투자유치국 사이의 국제중재제도를 채택하는 것이다.

투자자 - 투자유치국간 국제중재제도는 NAFTA 이후 활성화되었으나 이 사건의 중재판정과 같이 간접수용의 범위와 관련하여 체결 당시 예상하지 못한 상황의 발전으로 인하여 국가규제권한의 제한에 대한 우려가 대두되기에 이르렀다. 이러한 우려를 반영하여 이후의 FTA는 공공복리를 위한 조치를 간접수용에서 제외하는 규정을 추가하고, (i) 정부조치의 경제적 영향의 심각성, (ii) 정부조치의 성격(정부조치의 목적과 배경), (iii) 합리적 기대이익의 침해 등 간접수용의 요건을 매우 엄격하게 규정하고 있다. 따라서 간접수용에 해당하는 정부조치는 상당히 제한될 될 것이다.

투자자 - 투자유치국간 국제중재제도는 국제적인 보편적 제도로서 효과적으로 투자를 유치하기 위하여 필요한 객관적이고 중립적인 분쟁해결절차이다. 투자분쟁을 투자유치국의 국내법 절차에 의하여 해결하는 경우 자유무역협정에서 외교적 보호권을 명시적으로 포기하지 않는 한 국내절차 이후 투자자 본국의 외교적 보호권 행사에 의하여 국가간 분쟁으로 발전될 가능성이 있다. 투자자 - 투자유치국간 국제중재제도는 투자유치국과 투자자 본국 간의 외교적 갈등을 방지하는 순기능을 가질 수 있다. 아울러 투자자 - 투자유치국간 국제중재제도는 우리가 외국의 투자를 유치하는 데 순기능을 할 뿐 아니라 우리나라 기업의 해외투자를 보호하기 위하여 필요한 제도이기도 하다.

제18장 *Saipem* 사건의 주요내용

I. 서 론

투자자－국가 분쟁 중 가장 문제가 되는 쟁점 중의 하나가 바로 수용(expropriation) 또는 국유화(nationalization)이다. 수용은 국가가 자국 영토 내에 있는 사인의 재산을 강제로 취득하는 것 또는 그 소유권을 강제로 이전하는 조치이다.[1] 주지하다시피 투자관련 협정에서는 외국인투자자의 자산에 대한 수용 및 국유화를 시행하는 데 있어 매우 엄격한 요건을 두면서 예외적으로 인정하고 있다.

수용은 크게 두 가지 유형으로 나누어볼 수 있다. 하나는 직접수용으로, 국가가 외국인의 투자 재산에 대한 소유권을 국가 또는 제3자에게 직접 이전하는 것이다. 다른 하나는 간접수용으로, 외국인투자자재산에 대한 소유권이 해당 조치에 의해 직접적으로 이전되는 것은 아니다. 간접수용은 외국인투자자재산의 재산권 행사와 관련하여 수용조치에 상응할 만큼의 간섭 또는 침해가 불법적으로 이루어졌을 경우 또는 문제의 지속되는 조치로 인하여 외국인투자자재산 운영과 사용 및 지배에 심각한 손상이 가해진 경우를 의미한다. 무엇이 간접수용에 해당하는 조치인지에 관한 명확한 정의는 존재하지 않는다. 사안별로 중재판정부가 해당 BIT와 문제의 조치를 비교·검토하면서 판난할 뿐이나. *TecMed* 사건에서의 중재판정부는 간접수용은 권리나 재산을 박탈할 목적이 명시적으로 드러나지 않지만, 그러한 효과를 갖고 있는 조치나 행위

※ 본고는 『국제투자분쟁연구』, 대한상사중재원(2010. 12)에 게재된 글을 대폭 수정하고 보완한 것이다.

1) 김정건, 장신, 이재곤, 박덕영, 『국제법』(서울: 박영사, 2010), 267면 참조; 이재형, "자유무역 협정에서의 외국인투자에 대한 간접수용의 기준에 관한 연구", 『국제법평론』2009－II, 통권 제30호, 143면. 물론 엄격한 의미에서 수용과 국유화의 개념을 구분할 수도 있지만, 본문에서는 넓은 의미에서 두 개념의 차이를 구분하지 않고 서술하겠다.

를 통해 실현되는 수용을 의미한다고 하였다.[2)]

간접수용의 정의 및 유형과 관련하여, 최근의 *Saipem v. Bangladesh* 사건[3)]은 우리에게 시사하는 바가 크다. 본 사건에서 ICSID 중재판정부는 방글라데쉬 사법부의 개입은 부적절했다고 판정내리면서, 이와 같은 조치는 간접수용에 해당한다고 언급하였다. 본 사건의 중재판정부는 비단 간접수용의 정의 및 유형에 관한 언급뿐만 아니라 간접수용 효과에 대한 판단 요소인 효과단독요소이론(sole effect doctrine)에 대해서도 언급하였고, 사법정의실현의 거부(denial of justice)와 수용과의 연관성 및 수용과 국내구제완료원칙과의 관계에 관한 판단도 하였는데 이 또한 많은 논란을 불러일으키고 있다. 이에 본고에서는 *Saipem v. Bangladesh* 사건의 배경 및 판정내용을 먼저 요약·설명한 후, 본 사건에서 제기된 여러 쟁점에 대하여 살펴보도록 한다.

Ⅱ. 사건의 진행과정

1. 분쟁의 당사자와 발생경위

본 사건의 신청인 Saipem(이하 '신청인')은 이탈리아에 주된 영업소를 두고 이탈리아 법에 의하여 설립된 회사이고, 피신청인은 방글라데쉬이다. 피신청인 방글라데쉬의 공기업 'Bangladesh Oil, Gas and Mineral Corporation(이하 'Petrobangla')'는 1990년 2월 신청인과 방글라데쉬의 북동부 지역으로 원유를 운반하기 위한, 409km에 이르는 파이프라인 설치공사계약을 체결하였다. 동 계약 제1.2.5조에 따라 Petrobangla는 각 공정별 기성대금의 10%를 유보금(retention money)으로 보유하고, 이를 2단계로 나누어 최종 인수증(taking over certificate) 발행 후 30일 이내에 신청인에게 절반을 지급하고, 나머지 절반은 최종 접수증(final acceptance certificate) 발행 후 30일 이내에 지급하도록 정하였다. 한편 동 계약 제1.1.38조는 분쟁이 발생할 경우, ICC 조정·중재규칙에 따라 중재로 해결토록 하고, 중재판정부는 3인, 중재지는 방글라데쉬 Dhaka로 정하였다.

본 계약의 완공기일은 당초 1991년 4월 30일로 정하였으나 국내의 반대시위 등으로 인하여 공사가 상당히 지연되어 신청인과 Petrobangla는 동년 5월 29일 세계은행(World Bank)의 승인을 얻어 준공기일을 1년여 연장한 1992년 4월 30일로 합의하였

2) *Técnias Medioambientales Tecmed, S.A. v. United Mexican States*, ICSID Case no. ARB(AF)/00/2, Award, 29 May 2003, para.114.

3) *Saipem S.p.A. v. The People's Republic of Bangladesh*, ICSID Case no. ARB/05/7.

다. 이후 공사는 1992년 6월 14일자로 완공되어 같은 달 17일 Petrobangla는 최종 인수증을 발행하였고 곧바로 유보금 가운데 절반을 신청인에게 지급하였다. 나머지 유보금은 해당 금액에 상당하는 하자이행보증보험증권(warranty bond)을 받는 조건으로 지급키로 하였다. 그러나 Petrobangla는 농 증권을 받았음에도 불구하고 나머지 유보금을 신청인에게 지급하지 않았다.

한편 준공기한 연장에 대한 합의 후, 양당사자는 공사지연에 따른 보상금액에 대해 협상을 시작하였다. 1992년 1월과 5월, Petrobangla는 세계은행의 압력으로 신청인에게 상당한 금액을 지급하였으나, 이후에 추가로 발생한 비용의 보상 여부를 놓고 당사자 간에 다툼이 발생하였다. 당사자들은 이 부분에 대한 보상 합의가 있었는지 여부에 대해 의견을 달리한다. 먼저 방글라데쉬는 그러한 합의 사실이 없었으며, 이 문제는 추후 별도의 단독중재인에 의해 판단할 사항이라고 주장하였다. 반면 신청인은 공사지연에 따른 추가 비용에 관한 보상 합의가 당사자 간에 이루어졌으며, Petrobangla가 이를 지급하지 않은 이유는 방글라데쉬 행정부가 바뀌었기 때문이라고 주장하였다.

2. ICC 중재의 진행

1993년 6월 7일 신청인은 계약상의 분쟁해결조항에 따라 ICC 중재[4]를 신청하면서 미화 11,000,000 달러의 보상금과 이행보증보험증권의 반환을 구하였다. 한편 중재절차 심리 중에 피신청인 Petrobangla는 다음과 같은 절차상 요구를 하였다. 첫째, 일부 증인의 증언을 기록에서 삭제해 줄 것, 둘째, 심리가 진행되는 동안 모든 증인을 배석토록 할 것, 셋째, 증인에 대한 반대심문 시 당초 기록에 없던 피신청인의 서신을 증거서류로 접수할 것, 넷째, 심리조서는 녹취록으로 작성할 것 등이다. 그러나 중재판정부가 이러한 요청을 모두 거절하자 Petrobangla는 절차상의 하자를 이유로 1997년 11월 16일 방글라데쉬 Dhaka 1심법원에 ICC 중재판정부의 권한을 취소시켜 달라는 소를 제기하였다. 또한 같은 해 11월 17일 Petrobangla는 방글라데쉬 대법원(the High Court Division of the Supreme Court of Bangladesh)에 ICC 중재절차의 중지를 구하는 소를 제기하였다. 일주일 후 대법원은 신청인의 ICC 중재 진행을 금지하라는 명령을 내렸다.

한편 신청인은 1999년 9월 19일 Petrobangla의 위 소에 대한 서면 이의를 제기하였으나, 2000년 4월 5일 Dhaka 1심 법원은 절차적 하자를 이유로 ICC 중재판정부의

4) 당시 사건을 맡았던 ICC 중재판정부의 구성원은 Dr. Werner Melis, Prof. Riccardo Luzzatto, Prof. Ian Brownlie이었다.

권한을 취소하는 결정('취소결정')을 내렸다. 동 결정에 대해 신청인은 항소를 할 수 있었으나 이를 포기하였다. 1심 법원의 이러한 결정에도 불구하고 ICC 중재판정부는 2001년 4월 30일 중재절차를 재개하면서 그 사유로, ICC 중재에서 중재인에 대한 기피(challenge) 또는 교체(replacement)는 전적으로 ICC 중재판정부의 관할에 속하는 사항이며 방글라데쉬 법원은 권한이 없다는 점을 들었다.

2003년 5월 9일자 중재판정을 통해 ICC 중재판정부는 Petrobangla가 공기 연장 및 추가 공사비에 대해 신청인에게 보상키로 한 계약상 의무를 위반한 사실을 인정하고 이에 대해 미화 6,148,770 달러 및 11,995 유로를 지급토록 하는 중재판정을 내렸다. 또한 이행보증보험증권을 신청인에게 반환하라고 명하였다.

Petrobangla는 같은 해 7월 19일 방글라데쉬 중재법 제42조 제(2)항 및 제43조에 따라 방글라데쉬 대법원에 중재판정 취소의 소를 제기하였다. 이에 대해 법원은 2004년 4월 21일 위 소를 각하하면서 '취소할 대상 중재판정이 존재하지 않는다'는 점을 그 사유로 들었다. 즉 이미 중재판정부의 권한을 취소하였기에 법적으로는 존재하지 않는 중재판정이라고 본 것이다.

Ⅲ. ICSID 중재판정부의 판정

ICC 중재판정에 대한 승인 및 집행이 좌절되자 신청인은 이탈리아-방글라데쉬 BIT(1990)에 의거, 2004년 10월 5일 방글라데쉬를 상대로 ICSID에 중재를 부탁하였다. 중재부탁에서 신청인은 방글라데쉬가 첫째, 법원의 판결에 의하여 자신의 투자를 정당한 보상 없이 수용(expropriation)하였으며, 둘째, 이탈리아-방글라데쉬 BIT상의 의무를 위반하였음을 주장하며, 이에 대한 손해배상을 구하였다.

1. 관할권에 대한 판단

ICSID 측은 2004년 4월 27일 중재요청을 받아들여, 2005년 8월 22일까지 Gabrielle Kaufmann-Kohler 교수를 의장으로 하여 Christoph H. Schreuer 교수, Philip Otton 교수를 중재인으로 하여 중재판정부의 구성을 완료하였다. 이 과정에서 피신청인 측이 중재판정부의 관할권에 관한 선결적 항변을 요구함에 따라, ICSID 중재판정부는 본안 심사에 앞서 이에 대한 판정을 하게 되었다.

1) 피신청인의 주장

피신청인은 첫째, 본 사건에서 쟁점이 되는 부분은 BIT 상의 '투자'라는 개념에 해당하지 않는다고 강하게 주장하였다. 둘째, 피신청인은 방글라데쉬 사법부에 의한 결정이 BIT에 의거하여 ICSID 중재판정부에 의하여 다루어지는 것에 대해 동의를 한 적이 없다고 주장하였다. 셋째, 신청인은 국내구제수단을 아직 완료하지 못한 상태라고 역설하였다. 넷째, Petrobangla의 행위는 피신청인의 행위로 귀속되지 않는다고 하였다.

2) 신청인의 주장

이에 대하여 신청인은 다음과 같이 주장하였다. 첫째, 분쟁을 중재에 의하여 해결할 수 있는 계약상 권리는 경제적인 가치(economic value)를 지니는 계약 혹은 법에 의해 축적된 권리로서, 이는 BIT에서 보장받는다고 주장하였다. 둘째, 무형의(intangible) 권리도 수용에 해당할 수 있다고 하였다. 셋째, Petrobangla의 행위는 Petrobangla가 국가 기관의 일부이기 때문에 피신청인의 행위로 귀속될 수 있다고 주장하였다.

3) 중재판정부의 판정

관할권의 존재 여부를 판단내리기에 앞서, 우선 중재판정부는 선례구속의 원칙은 적용되지 않지만, 그것이 현 중재판정부의 견해와 크게 반대되지 않는다면 일관성을 유지하기 위하여 이전의 판정을 매우 중요하게 고려할 것이라는 전제를 밝혔다.[5)]

이를 바탕으로, 중재판정부는 다음과 같은 결론을 내렸다. 첫째, 신청인이 제기한 위반사실들이, 조약 규정의 의미와 범위를 살펴보았을 때 일응(*prima facie*) 해당 BIT의 규정에 위반된다고 판단되는 경우 중재판정부는 관할권을 갖는다고 하였다. 이러한 기준을 바탕으로 왜 방글라데쉬 사법부의 행위가 수용행위에 해당하지 않는지에 대한 이유가 나타나지 않았기 때문에, 이 점을 고려한다면 신청인이 제기한 일련의 위반주장에 대하여 일응(*prima facie*) 중재판정부가 관할권을 갖는다고 결론내렸다. 둘째, 신청인이 국내구제수단을 완료하지 못하였다는 주장에 대하여 중재판정부는 이러한 요건은 사법정의실현의 거부에 기초하여 제기된 쟁점에 대하여 적용되는 요건이지, 수용 문제에 적용되는 요건은 아니라고 결론지었다. 따라서 신청인은 방글라데쉬가 행한 일련의 조치가 수용에 해당한다고 주장하면서 중재를 청구하였기

5) *supra* note 3, para.67.

때문에, 중재판정부는 신청인이 국내구제수단을 완료하지 못하였다고 하여 중재판정을 거부할 하등의 이유가 없다고 판정하였다. 넷째, 수용행위의 주체가 사법부인 점을 볼 때, 국내구제수단의 완료 여부가 수용에도 적용되는지 아니면, 사법정의실현의 거부에만 적용되는지를 결정하는 문제는 본안판단 시 다루어야 할 문제라고 결정하였다. 결론적으로, ICSID 중재판정부는 본 중재사건에 대하여 관할권이 있다고 결정하였다.

2. 본안에 대한 판단

1) 당사자들의 주장

(1) 신청인의 주장

신청인은 준비서면 및 구두변론을 통하여 다음의 주장을 제기하였다.[6] 첫째, Petrobangla는 자국 국내법원과 공모하여 ICC 중재절차를 방해함으로써 외국투자자의 계약상 중재권을 박탈하였다. 둘째, 신청인의 '중재를 신청할 권리(right to arbitration)'는 본 건 BIT 제1조 (e)항에서 규정한 "법 또는 계약으로부터 발생한 권리"에 해당한다. 셋째, 당사자들(Saipem과 Petrobangla)이 ICC 중재에 합의함으로써 중재인의 권한 취소권을 ICC 중재법원(Court of Arbitration)에 부여했음에도 불구하고, 방글라데쉬 법원은 관할도 없이 불법적으로 ICC 중재판정부의 권한을 취소하였다. 넷째, Petrobangla와 법원의 행위는 방글라데쉬의 책임으로 귀속된다. 다섯째, 위 행위는 신청인의 중재신청권 및 중재판정에 따른 권리를 아무런 보상없이 불법적으로 수용한 것으로 이는 본 건 BIT 제5조(수용금지)를 위반한 것이다. 여섯째, ICC 중재판정부의 권한을 취소한 결정 및 중재판정이 존재하지 않는다는 이후의 법원 판결로 인하여 신청인은 위 중재판정을 방글라데쉬 내에서 뿐만 아니라 해외에서도 집행할 수 없게 된 바, 이는 신청인 투자의 수용에 대한 보상(즉 중재판정 내용)을 박탈한 것이다. 일곱째, 본 건에서 수용의 내용은 유효한 중재판정을 무용지물의 집행불가능한 판정으로 만든 것이므로, 이에 따라 신청인이 입은 손실은 ICC 중재판정에서 내려진 판정금액과 중재판정을 바로 집행하지 못함에 따라 부담한 추가 비용을 합한 금액이다.

(2) 피신청인의 주장

한편 피신청인은 다음의 5가지 주장을 제기하였다.[7] 첫째, ICC 중재절차의 중재지는 Dhaka이기 때문에 방글라데쉬 법원이 ICC 중재판정부의 권한을 취소할 재판권

6) *Ibid.*, pp.26－28.

7) *Ibid.*, pp.28－29.

을 갖는다. 둘째, ICC 중재판정부의 권한을 취소키로 한 결정은 방글라데쉬 중재법 제5조의 기준에 따라 정당하게 내려졌다. 셋째, 신청인은 ICC중재판정부의 권한을 취소한 결정에 대해 항소하지 않았기 때문에 방글라데쉬 법원이 ICC 중재와 관련한 하급심 법원의 잘못된 판단을 바로잡을 기회를 갖지 못하였다. 넷째, ICC 중재판정은 하자 있는 판정으로서 만약 패소한 Petrobangla가 항소하였더라면 취소되었을 것이다. 다섯째, Dhaka를 중재지로 합의함으로써 신청인은 방글라데쉬에서 중재판정의 집행이 실패할 가능성을 감수하였다고 보아야 한다.

이러한 주장에 근거하여 피신청인 방글라데쉬는 중재판정부가 다음 사항을 확인하고, 신청인의 신청취지를 모두 기각할 것을 요청하였다. 첫째, 신청인은 방글라데쉬에 아무런 투자를 하지 않았다. 둘째, 신청인이 주장하는 투자 즉, ICC 중재판정은 수용된 바 없다. 셋째, Petrobangla 또는 방글라데쉬 법원의 행위로 인하여 아무런 손실 또는 피해가 발생하지 않았다.

2) 중재판정부의 판정

본 건 중재의 주된 쟁점은 방글라데쉬 법원의 관여가 그 감독권한(supervisory jurisdiction) 범위 내의 행위였는지, 그리고 그러한 행위가 수용에 해당하는지 여부이다. 중재판정부는 이에 대한 판단을 위해서 먼저 다음과 같은 사항을 검토하여야 한다고 언급하였다. 첫째, 방글라데쉬의 행위는 수용에 관한 일반적인 요건을 충족하였는가? 둘째, 문제된 방글라데쉬 법원의 행위는 위법(illegal)인가? 셋째, 신청인은 국내구제수단을 완료(exhaustion of local remedies)하여야 했는가? 넷째, 신청인은 Dhaka를 중재지로 선택함으로써 중재인의 권한이 취소될 위험을 감수한 것인가? 다섯째, 문제된 행위는 방글라데쉬의 책임으로 귀속되는가? 이와 같은 점들을 바탕으로 하여 중재판정부는 다음과 같이 살펴보았다.

3) 문제된 행위가 본건 BIT 제5조상의 '수용'에 해당하는가?

먼저, 신청인 주장의 핵심은 ICC 중재판정을 통하여 확인된 자신의 계약상 권리가, ICC 중재판정부의 권한을 취소하고 이들이 내린 중재판정을 무효로 선언한 방글라데쉬 법원의 불법적인 행위로 수용되었으며, 이로써 자신의 투자에 대한 보상을 박탈당하였다는 것이다. 2007년 본 사건에 대한 관할권에 관한 결정문에서 중재판정부는 중재를 신청할 권리와 중재판정을 통해 인정된 권리는 이론적으로 수용의 대상이 될 수 있음을 밝힌 바 있다. 다만, 이 문제에 대해서는 수용에 관한 일반적인 조건을 검토해야 한다고 하였다.

중재판정부는 방글라데쉬 법원의 행위가 신청인의 투자를 직접 수용한 것은 아니고 다만 본 건 BIT 제5조[8] (2)항 상의 '수용과 유사한 효과를 갖는 조치'에 해당한다고 보았다. 특히 법원의 행위(결정)는 신청인이 ICC 중재판정에 따라 얻게 된 권리를 실질적으로 박탈하였다고 하였다. 이는 방글라데쉬 대법원이 'ICC 중재판정은 무효'라고 판단한 점에서 명백히 드러난다. 이러한 방글라데쉬 대법원의 결정은 ICC 중재판정을 통해 얻게 된 신청인의 권리에 대해, 수용에 준하는 조치(tantamount to a taking)를 한 것으로 보아야 한다고 명시하였다. 다만, 이론적으로 신청인은 여전히 다른 국가에서 ICC 중재판정을 집행할 수 있긴 하나 방글라데쉬 측에서도 인정하듯이, Petrobangla가 해외에 자산을 갖고 있지 않다는 점에서 이는 현실적인 대안이 될 수 없었다고 결론내렸다.

4) 방글라데쉬 법원의 행위는 위법인가?

양 당사자는 방글라데쉬의 행위가 수용으로 인정되기 위해서는 그 행위가 위법(illegal)한 것이어야 한다는 점에 동의하였다. 이와 관련하여 신청인은 ICC 중재판정부의 권한을 취소한 방글라데쉬 법원의 행위(결정)는 다음의 2가지 점에서 위법이라고 주장하였다. 첫째, 법원은 ICC 중재판정부의 권한을 취소할 권한이 없다. 둘째, 취소의 사유가 적법하지 않다.

(1) ICC 중재판정부의 권한을 취소할 수 있는 법원의 권한

방글라데쉬는 중재지가 자국 내이기 때문에 자국의 중재법(1940)이 적용되어 법원은 중재판정부의 권한을 취소할 권한을 갖는다고 주장하였다. 한편 동 중재법 제5조는 "중재인의 권한은 법원의 허가 없이 취소할 수 없다. 다만, 이와 반대되는 당사자의 의도가 중재합의에 명시된 경우에는 그러하지 않다"고 규정하고 있는바, 양 당사자는 이 조항에 대해 서로 다른 해석을 하였는데, 먼저 신청인은 '이와 반대되는 의사'라 함은 당사자들이 합의한 기관(ICC 중재법원)에 이 문제에 관한 관할을 부여한

8) Italy – Bangladesh BIT 제5조 1항과 2항은 다음과 같다.

(1) The investments to which this Agreement relates shall not be subject to any measure which might limit permanently or temporarily their joined rights of ownership, possession, control or enjoyment, save where specifically provided by law and by judgments or orders issued by Courts or Tribunals having jurisdiction.

(2) Investments of investors of one of the Contracting Parties shall not be directly or indirectly nationalized, expropriated, requisitioned or subjected to any measures having similar effects in the territory of the other Contracting Party, except for public purposes, or national interest, against immediate full and effective compensation, and on condition that these measures are taken on a non – discriminatory basis and in conformity with all legal provisions and procedures.

것으로 해석해야 한다고 주장하였다. 반면, 방글라데쉬는 '다만 … 그러하지 않다'는 조항은 법원이 아닌 제3의 기관에게 유사한 권한을 부여한 것에 지나지 않으며, 이 경우에도 방글라데쉬 법원의 관할이 배제되는 것은 아니라고 주장하였다.

(2) 중재판정부의 권한을 취소한 법원의 결정

신청인은 비록 방글라데쉬 법원이 Petrobangla의 중재판정부 권한 취소 신청에 대해 관할을 행사한 것을 받아들인다 하더라도, 방글라데쉬 법원은 뉴욕협약을 비롯한 국제상사중재에 관한 일반원칙에 다음과 같은 위배되는 결정을 하였다고 주장하였다.

① Petrobangla와 법원 간의 공모 (collusion)

신청인은 Petrobangla가 자국 법원과 공모하여 ICC 중재절차의 진행을 막고, 이를 무력화시켰다고 주장한다. 그러나 신청인은 이를 입증할 구체적인 증거를 제시하지 못하였다. 단순히 방글라데쉬 법원이 Petrobangla에게 유리한 판결을 내렸다는 점만으로 공모를 인정할 수는 없기 때문에, 중재판정부는 이 부분에 대하여 기각하였다.

② 권리남용 (abuse of right)

ICC 중재판정부의 권한을 취소한 법원의 결정을 살펴보면, 방글라데쉬 법원의 결정은 앞서 Petrobangla가 중재판정부에 제기한 절차상 요청을 거절한 점에 근거하고 있다. 그러나 ICSID 중재판정부가 살펴본 바에 의하면 절차 요청을 거절한 ICC 중재판정부의 결정에 아무런 법률상 하자를 찾아볼 수 없었고, 따라서 방글라데쉬 법원은 중재절차에 대한 감독권한을 넘어 자신의 권한을 남용하였다는 결론을 내렸다.

③ 뉴욕협약 위반 여부

신청인의 주장에 따르면, 방글라데쉬 법원의 관여는 중재합의를 완전히 무효화한 것으로 이는 외국중재판정의 승인 및 집행에 관한 뉴욕협약 제II조[9]에 따른 방글

---

9) 1. Each Contracting State shall recognize an agreement in writing under which the Parties undertake to submit to arbitration all or any differences which have arisen or which may arise between them in respect of a defined legal relationship, whether contractual or not, concerning subject matter capable of settlement by arbitration.
2. The term "Agreement in writing" shall include an arbitral clause in a contract or an arbitration agreement, signed by a parties or contained in an exchange of letters or telegrams.
3. The Court of Contracting State, when seized of an action in a matter in respect of which the parties have made an agreement within the meaning of this article, shall, at the request of the one of the parties, refer the parties to arbitration, unless it finds that the said agreement is null and void, inoperative or incapable of being performed.

라데쉬의 의무에도 위반된다. 즉, 협약의 동 조에 따르면 협약 가입국은 중재합의를 '승인(recognize)'할 의무를 갖는바, 법원이 이를 무시하고 중재절차 금지명령(anti-arbitration injunction)을 내린다면 이는 협약에 위반되는 것이다. 이에 대하여 ICSID 중재판정부는 물론 방글라데쉬 법원이 중재 또는 중재합의 자체를 문제삼은 것은 아니지만, 중재인의 권한을 취소한 것은 중재합의를 실현할 중재절차를 사실상 차단함으로써 뉴욕협약 제II조를 위반한 것으로 보아야 한다고 결론내렸다. 특히 본 사건에서 방글라데쉬의 법원들이 ICC 중재절차의 속행을 금지하는 명령을 수차례 내린 사실은 이러한 결론을 뒷받침한다고 언급하였다. 결론적으로 ICSID 중재판정부는 방글라데쉬 법원의 권한 취소 결정은 국제법 특히 권리남용에 관한 원칙과 뉴욕협약상의 의무를 위반한 것이라 판단내렸다.

5) 신청인은 국내구제절차를 완료했어야 하는가?

ICSID 중재판정부는 이 문제와 관련하여 먼저 짚어보아야 할 사항으로서, 사법정의실현의 거부(denial of justice)라는 맥락에서 적용되는 국내구제완료원칙이 본 사안에도 유추 적용될 수 있는가 하는 점을 들었다. 즉, 국내구제완료가 사법부에 의한 수용을 인정하기 위한 실체법상의 요건인지가 문제된다. 이와 관련하여 피신청인은 *Loewen* 사건 중재판정부의 결정[10]을 인용하면서 여하한 경우에도 국내구제수단은 완료되어야 한다고 주장하였다. 한편, 신청인은 국내구제완료원칙이 투자자-국가간 중재(ISD)에는 적용되지 않는데, 그 이유는 투자자에게 국가를 상대로 직접 제소할 수 있는 이 제도의 취지에 반하기 때문이다.

그러나 중재판정부는 법원에 의한 수용은, 법원의 특정한 행위가 위법인 경우를 전제로 한다는 점에는 동의하나, 반드시 사법거부가 전제되어야 함을 뜻하는 것은 아니라고 보았다. 따라서 국내구제완료가 법원에 의한 수용이 있었는지 여부를 판단할 실체법상의 요건은 아니라고 보았다. 또한 설령 이 국내구제완료원칙을 적용한다하더라도 신청인으로서는 2년 반 이상 방글라데쉬의 여러 법원에 ICC 중재절차와 관련하여 제소한 점이 인정되는바, 신청인은 합리적인 모든 국내구제수단(reasonable remedies)을 강구했다고 보아야 할 것이라며 피신청인의 주장을 받아들이지 않았다.

---

10) *Loewen Group, Inc. and Raymond L. Loewen v. United States*, ICSID Case no. ARB(AF)/98/3 (NAFTA). 중재판정부는 중재판정을 통하여 "사법거부의 문제인지 아니면 수용의 문제인지와 상관없이, 청구의 근거가 법원의 결정에서 비롯된 것이라면 국내구제완료 원칙은 실질적인 요건으로 당연히 적용된다."고 하였다.

6) 신청인은 Dhaka를 중재지로 합의함으로써 중재인의 권한 취소 가능성을 감수한 것으로 보아야 하는가?

피신청인은 앞서 ICC 중재의 당사자들이 Dhaka를 중재지로 약정하였으므로 당해 중재설자에 국내법원이 관여할 가능성을 충분히 예측했다고 주장하였다. 그러나 ICSID 중재판정부는 중재지 법원의 관여 및 감독은 신의성실의 원칙과 일반적으로 인정되는 국제상사중재법 원칙에 부합되는 방식으로 이루어져야 한다고 언급하였다. 방글라데쉬 법원의 행위는 권리남용적인 면이 있다는 점은 이미 앞에서 언급하였는바, 중재지를 Dhaka로 선택했다는 사실이 이러한 결론에 영향을 미치는 것은 아니라고 결론내렸다.

7) 문제된 행위는 방글라데쉬 국가의 행위로 귀속되는가?

법원이 국가책임에 관한 ILC 초안 제4조상의 국가기관에 해당한다는 점은 명백하며 이 점에 대해서는 피신청인도 이의를 제기하지 않았다. 그러나 Petrobangla의 행위에 대해서는 BIT 위반을 인정하지 않았다. ICC 중재절차에서 Petrobangla가 취한 조치는 정부의 행위라고 볼 수 없고 따라서 이에 대하여 국가책임의 귀속문제는 발생하지 않는다고 결론내렸다.

3. 중재판정부의 최종 결정

결국, 양 당사자의 주장 및 제출된 제반 서류와 증거에 근거하여 중재판정부는 다음과 같이 결정하였다. 우선 피신청인은 신청인에게 미화 5,883,770.80 달러와 265,000.00 달러 및 110,995.92 유로를 합산한 것에 대하여 1993년 6월 7일부터 연 3.375%의 이자를 합산한 금액을 지급하라고 하였다. 이는 ICC중재판정과 동일한 내용이다. 하자이행보증보험증권 관련 청구에 대해서는, 현재 동 증권의 유효기간이 만료되었는지 또는 연장되었는지 여부, Petrobangla가 동 증권이 보증하는 대금을 확보하고 있는지 여부 등을 신청인이 입증하지 못하므로 이를 기각한다고 하였다. 세 번째로 중재비용은 양 당사자가 균등 부담한다고 하였다. 마지막으로 신청인의 그 외 청구를 모두 기각한다고 최종 판정하였다.

Ⅳ. 사건의 분석

1. ICSID 중재판정부의 관할권 문제

본 사건을 통하여 몇 가지 중요한 의의를 찾아볼 수 있는데, 우선 ICSID 중재판정부의 관할권에 관련된 문제이다. 비교적 예전에 체결된 여러 BIT의 경우, 국제중재동의조항의 범위를 되도록 좁게 설정해놓은 경향이 있다. 이탈리아-방글라데쉬 BIT도 예외는 아니다. 동 BIT 제9조 1항에서는 "수용에 대한 보상(compensation for expropriation)"과 관련된 문제만을 ICSID 중재에 제기할 수 있다고 명시되어 있다.[11] 그러나 본 사건에서 ICSID 중재판정부는 이를 다소 넓게 해석하여, 수용에 대한 보상을 결정짓는 것뿐만 아니라 문제의 조치가 수용에 해당하는지 여부의 문제에 대해서도 자신의 관할권을 인정하였다.

이와 같은 판정은 스페인-러시아 BIT가 문제된 *Renta 4 v. Russian Federation* 사건[12]이나 중국-페루 BIT가 문제된 *Tza Yap Shum* 사건[13]에서도 찾아볼 수 있다. *Renta 4 v. Russian Federation* 사건의 경우, 수용이 적법하게 이루어지기 위한 조건이 제6조에 나타나 있으며, 이를 바탕으로 문제의 제10조에서 나타난 "any dispute … relating to the amount or method of payment of the compensation due under Article 6"의 문구를 고려해 보았을 때, 중재판정부의 관할권을 인정한다고 판정하였다.[14] 또한 *Tza Yap Shum* 사건에서도 이러한 경향이 나타났다. 본 사건은 중국 국적의 투자자가 ICSID 중재를 이용한 최초의 사례라는 점에서 의의가 있으며, 중국 투자자들이 향후 FDI의 중요한 원천이 될 것이라는 예상을 하게끔 한다. 본 사건에서 ICSID 중재판정부의 관할권이 문제가 되었는데, 중재판정부는 중국-페루 BIT를 검토한 결과 해당 BIT의 "involving the amount of compensation for expropriation"이라는 문구는 단지 그 "amount"를 결정하는 것뿐만 아니라 수용과 연관된 일반적인 다른 문제, 즉 문제의 자산이 BIT 상의 규정에 합치하게끔 수용이 되었는지를 판단하는 것까지 같이 포함하는" 것으로 해석해야 한다고 판정을 내렸다.[15] 요컨대 두

---

11) "Any disputes arising between a Contracting Party and the investors of the other, relating to compensation for expropriation, nationalization, requisition or similar measures including disputes relating to the amount of the relevant payments…", *supra* note 3, para.97.

12) *Renta 4 S.V.S.A et al. v. Russian Federation*, SCC Case no.024/2007.

13) *Tza Yap Shum v. Republic of Peru*, ICSID Case no. ARB/07/6.

14) *supra* note 12, paras.28-30.

15) 본 중재판정에 대한 판정문은 http://ita.law.uvic.ca/alphabetical_list_content.htm에서 쉽게 찾

BIT 모두 이탈리아-방글라데쉬 BIT와 같이 국제중재로 사건을 가져갈 수 있는 경우가 비교적 좁게 설정되어 있음에도 불구하고, 중재판정부가 문제의 조항을 넓게 해석하여 문제의 조치가 수용에 해당하는지 여부를 결정하였다.[16)]

상기 사례를 별론으로 하더라도 본 *Saipem* 사건의 중재판정부가 내린 판정문을 보면 재판관할권을 과도하게 확대하지 않았나 하는 주장이 제기될 수 있다. 문제의 BIT에서는 문제의 조치가 수용인지 아닌지에 대한 판단에 대한 분쟁이 아니라, 이미 수용이라고 결정된 일련의 사안에 대하여 보상을 할 때 발생하는 분쟁에 대하여 국제중재를 청구할 수 있다고 명시되어 있기 때문이다. 일반적으로 국제분쟁해결기관들은 자신의 관할을 확장하기 위하여 대체로 관할권 문제에 대해서는 넓게 해석하는 경향이 있는데, 본 사건의 판정에서 도출된 BIT의 해석이 과연 적절했는지 여부는 앞으로 논란이 될 것으로 보인다.

2. 사법정의실현의 거부와 수용 문제

본 사건에서 가장 문제가 되었던 핵심 쟁점 중의 하나는 방글라데쉬 사법부가 행한 일련의 판결들을 어떻게 받아들여야 하는지에 대한 문제였다. 이와 관련되는 개념 중에 사법정의실현의 거부(denial of justice)[17)] 문제가 있는데, 이에 대하여 살펴보도록 한다.

1) 사법정의실현의 거부

사법정의실현의 거부는 사실 오래전부터 최소대우기준원칙 중의 한 요소로서, 여러 판례 및 학자들의 견해에서 최소대우기준원칙 중 투자유치국의 사법정의실현의 거부 행위에 대하여 문제를 제기해 왔다.[18)] 오래전부터 언급되어 온 원칙임에도

아볼 수 있으나, 원문이 스페인어로만 되어 있다. 중국이 맺은 투자조약에 대한 자세한 내용은 Wenhua Shan and Norah Gallagher, *Chinese Investment Treaties* (Oxford: Oxford University Press, 2009) 참조.

16) 이에 대한 반론이 있다. 자세한 내용은 http://kluwerarbitrationblog.com/blog/2009/10/21/another-misapplication-of-mfn-tza-yap-shum-v-the-republic-of-peru/ 참조.

17) 현재 국내 학계에서는 'denial of justice'를 보통 '사법 거부' 또는 '재판의 거절'이라고 번역을 하고 있다. 그러나 'denial of justice'가 언급되는 국제사례를 유심히 보면 단순히 재판의 거절에만 해당되는 것이 아니라 신청인 측이 해당 국가에서 이용할 수 있는 구제수단에 대한 포괄적인 방해 또는 지연을 의미하는 것으로 생각된다. 따라서 '사법 거부' 또는 '재판의 거절'이라고 번역하기 보다는 상기 사항을 포괄할 수 있는 '사법정의실현의 거부'라고 번역하는 것이 더 바람직하다고 생각된다.

18) 이에 대한 전반적인 내용은 C. Eagleton, "Denial of Justice in International Law", *American Journal of International Law*, vol.22 (1928), pp.538-559; A. Bjorklund, "Reconciling State

불구하고, 용어의 특징상 상당히 다양한 범위 내에서 다양한 의미로 사용되어 온 터라 다소 혼돈스러운 경향이 있다.

우선 사법정의실현의 거부는 외국인의 대우에 대한 국가책임을 수반하는 모든 국제법규 위반을 언급하는 넓은 의미로 사용되어 왔다. 그러나 이렇게 사용한다면, 사실상 최소대우기준원칙과 다를 바가 없기 때문에 너무 광범위하다. 사법정의실현의 거부를 좁은 의미로 보는 견해에 의하면, 이는 단지 투자자가 재판을 받을 수 있는 권리를 박탈하거나 법원이 판결을 내리지 않거나 지연시키는 행위라고 한다. 그러나 이 또한 상기 언급한 것 이외에 사법정의실현의 거부와 관련된 여러 가지 조치가 있을 수 있기 때문에 적합하지 않다. 따라서 이 두 가지 견해를 종합하여 볼 때, 사법정의실현의 거부의 금지란 "사법재판과 같은 여러 구제절차를 이용하는 데 있어 외국인에게 공평하게 최소대우기준을 부여하는 것"이라고 볼 수 있을 것이다.[19] 즉, 외국인투자자와 그의 자산에 대한 사법적 보호에 있어 투자유치국이 심각하게 부적절한 조치를 취할 경우와 관련이 된다. 이는 최소대우기준원칙의 한 요소라는 성격으로 인해, 투자유치국 내에서 자국민에게 부여하는 대우와 상관없이 사법상 최소대우를 받을 권리를 보장한다.

2) 1929년 하버드 초안 (Harvard Draft)

일찍이 외국인투자에 관한 기준을 제시한 것으로 평가받는 1929년 "외국인 또는 그의 자산에 대해 행해진 손해에 대한 국가책임법 초안(The Law of Responsibility of States for Damages Done in Their Territory to the Person or Property of Foreigners)"에서는 사법정의실현의 거부에 대해 다음과 같이 정의한다.

> "Denial of Justice exists where there is a denial, unwarranted delay or obstruction of access to courts, gross deficiency in the administration of judicial or remedial process, failure to provide those guarantees which are generally considered indispensable to the proper administration of justice or a manifestly unjust judgment. An error of a national court which does not produce manifest injustice is not a denial of justice."[20]

Sovereignty and Investor Protection in Denial of Justice", *Virginia Journal of International Law*, vol.45 (2005), pp.809-896; Jan Paulsson, *Denial of Justice in International Law* (Cambridge: Cambridge University Press, 2005) 참조.

19) Jan Paulsson도 이와 유사한 취지로 사법정의실현의 거부를 "a state incurs responsibility if it administers justice to aliens in a fundamentally unfair manner."라고 간결하게 정의하고 있다. Jan Paulsson, *Ibid.*, p.4.

20) Article 9, "The Law of Responsibility of States for Damages Done in Their Territory to the Person or Property of Foreigners", American Journal of International Law, vol.23 (1929) Special Supplement, p.174.

물론 이에 대한 논평에서 초안은 사법정의실현의 거부에 대한 정확한 정의는 가능하지 않고, 바람직하지도 않다고 하지만,[21] 이를 바탕으로 고려하였을 때 사법정의실현의 거부는 기본적으로 재판 절차상의 부적절성, 불합리한 재판의 지연, 공정한 변론기회 박탈, 판결의 미집행 등으로부터 발생되는 것으로 보인다. 이와 같은 견해는 실제 중재사례에서도 인용된 바가 있다. 최초의 NAFTA 관련 사건이자 최초로 사법정의실현의 거부가 쟁점이 된 *Azinian v. Mexico* 사건에서 중재판정부는 "만일 해당 법원이 소송 진행을 거부하거나 지나치게 지연시키거나 심각하게 부적절한 방법으로 재판절차를 진행시키는 경우 사법정의실현의 거부를 주장할 수 있다"고 하였다.[22] 또한 중재판정부는 위의 초안과 같이 "국내재판소가 법률상 착오를 일으킨 점은 사법정의실현의 거부에 해당하지 않는다"고 언급하였다. 이 밖에 여러 중재판정에서 이러한 견해를 지지한 바 있다.[23]

한편, 사법정의실현의 거부가 기본적으로 사법재판 절차상 적절성과 관련되어 있고 법률상 착오의 경우 사법정의실현의 거부에 해당되지 않지만, 재판의 결과가 명백하게 공정하지 않다면 이 또한 사법정의실현의 거부에 해당될 수 있다고 보는 견해가 있다.[24] Paulsson은 이러한 견해에 대해 반대한다. 즉 결국 이렇게 재판이 실질적으로 심각하게 불공정하게 진행되는 이유는 그 재판과정 자체에 결함이 있기 때문이며, 명백하게 불공정한 판결은 일국이 국제기준을 충족시키는 사법체계를 제공하는 데 실패하였다고 볼 수 있는 증거라고 주장하였다.[25] 중재판정부가 사법정의실

21) *Ibid.*

22) *Robert Azinian, Kenneth Davitian, Ellen Baca v. Mexico,* ICSID Case no. ARB(AF)/97/2 (NAFTA), para.102.

23) 대표적인 사례로 *Mondev International Ltd. v. United States of America,* ICSID Case no. ARB(AF)/99/2, Award (2002), para.127; *Loewen* 사건, *supra* note 10, paras.57-58 등이 있다.

24) *Mondev* 사건에서 중재판정부는 "… test is not whether a particular result is surprising, but whether the shock or surprise occasioned to an impartial tribunal leads, on reflection, to justified concerns as to the judicial propriety of the outcome, bearing in mind on the one hand that international tribunals are not courts of appeal, and on the other hand that Chapter 11 of NAFTA (like other treaties for the protection of investments) is intended to provide a real measure of protection. In the end the question is whether, at an international level and having regard to generally accepted standards of the administration of justice, a tribunal can conclude in the light of all the available facts that the impugned decision was clearly improper and discreditable, with the result that the investment has been subjected to unfair and unequitable treatment."라고 하여 사법정의실현의 거부의 종류에서 절차적 문제뿐만 아니라 재판의 내용, 즉 실체적인 문제까지 상당히 조심스럽게 지적하려는 태도를 나타냈다.

25) "Denial of justice is always procedural. There may be extreme cases where the proof of the failed process is that the substance of a decision is so egregiously wrong that no honest or competent court could possibly have given it. Such cases would sanction the state's failure to provide a decent system of justice. They do not constitute international appellate review of national law." Jan Paulsson, *supra* note 18, p.98.

현의 거부를 심사함에 있어서 국내 재판소의 판결 내용까지 검토한다면, 의도하든 의도하지 않든 간에 중재판정부가 사실상 국내 재판소의 항소심과 같은 역할을 하게 되어, 국가들의 의도에 반하는 불합리한 결과를 낳게 될 것이다.

3) 방글라데쉬 사법부의 행위는 수용인가, 사법정의실현의 거부인가?

사실 중재절차진행에 있어서 투자유치국의 국내법원의 간섭과 관련된 사건은 이전에도 여러 건 존재하였다. *Himpurna California Energy Ltd. v. Indonesia* 사건[26]에서 중재판정부는 인도네시아 자카르타 법원의 금지명령에 대한 이행은 앞서 살펴본 바와 같은 사법정의실현의 거부에 해당한다고 하였다.[27] 뿐만 아니라 *Autopista v. Venezuela* 사건[28]에서 신청인은 베네주엘라 대법원의 절차종료선언은 계약위반이라고 주장하기도 하였다. 이렇게 두 사건에서 살펴볼 수 있듯이, 만약 중재판정이 투자유치국 내에서 이루어지고 준거법이 투자유치국의 국내법일 경우, 투자자는 투자유치국 사법부의 개입 위험에 노출되어 있다는 점을 알 수 있다.[29]

앞선 중재판정사례와는 달리, *Saipem v. Bangladesh* 사건에서 중재판정부는 방글라데쉬 사법부의 개입을 사법정의실현의 거부가 아닌 간접수용에 해당하는 조치로 보았다. 앞서 언급한 사법정의실현의 거부금지원칙의 정의 및 개념을 고려한다면, *Saipem v. Bangladesh* 사건에서 방글라데쉬 사법부가 Saipem에게 취한 조치는 사법정의실현의 거부 금지 원칙보다는 간접수용에 해당하는 조치라고 보는 것이 더 타당하며, 아주 잘못된 결정이라고 볼 수 없는 것으로 생각된다. 물론 Mavluda는 본 사건에 대한 논평에서, 방글라데쉬 사법부의 행위는 분명히 사법상 직권남용을 저지른 행위였고, 행정절차상 이러한 일이 벌어졌기 때문에 이를 수용행위로 볼 수 있는지에 대하여 의구심을 나타낸다.[30] 그러나 방글라데쉬 사법부의 조치가 신청인의 재판 청구 자체를 거부하거나 부적절하게 절차적인 방법으로 이를 통제했다기 보다는, 신청인이 얻을 수 있었던 합리적인 기대이익과 관련된 ICC 중재절차 및 중재판정에 대한 내용을 부적절하게 통제하고 이에 대해 개입함으로써 신청인이 더 이상 투자를 진행시킬 수 없을 정도로 이익을 침해한 경우라고 보는 것이 더 타당하다고

26) *Himpurna California Energy Ltd. v. Indonesia* (2000) XXV Ybk Commercial Arbitration Award(UNCITRAL), October 16, 1999.

27) *Ibid.*, interim award of September 26, 1999, para.109.

28) *Autopista Concesionada de Venezuela,* C.A. v. Bolivarian Republic of Venezuela, ICSID Case no. ARB/00/5, paras.200 – 208.

29) Mavluda Sattorova, "Judicial expropriation or denial of justice? A note on Saipem v. Bangladesh", *International Arbitration Law Review*, vol.13, issue 2, p.37.

30) *Ibid.*, p.38.

생각된다.

특히 ICSID 중재판정부는 방글라데쉬 법원이 ICC 중재판정부의 판정이 무효라고 판정한 것은 잔여계약권(residual contractual rights)을 박탈한 것으로서 이탈리아-방글라데쉬 BIT 제5조 상의 수용에 해당한다고 밝혔다. 다만 구분해야 할 것은 무효판결 그 자체가 수용의 한 형태가 아니라, 그 판결로 인해 수용이 지속될 때에 그것이 바로 수용에 해당한다는 점이다. 요컨대 본 사건의 경우에 이를 간접수용의 한 형태로 본 ICSID 중재판정부의 판정은 일견 타당한 것으로 보이며, 간접수용의 정의 및 유형에 대하여 시사점을 던져주었다고 볼 수 있다.

3. 효과단독요소이론

일반적으로 투자자가 그의 재산을 사용하거나 향유할 수 있는 권리에 대하여 부정적인 영향을 주거나 혹은 그의 법적 지위에 대하여 심각한 충격을 주는 경우 이것이 간접수용을 판단하는 데 매우 중점적인 요소라는 것에 대한 이견은 없다.[31] 다만, 오직 이러한 요소만을 고려하여 간접수용의 여부를 판단하는지, 아니면 정부의 조치가 내포하는 배경 및 목적까지도 고려해야 하는지에 대해서는 이견이 있다. 전자에 대해서는 효과단독요소이론(sole effect doctrine)이라고 부르는데, 사실 대다수의 중재판정이 이 이론을 지지하고 있으며, 정부의 의도 및 목적 등을 고려하여 판정한 사례는 매우 드물다. 이 중 효과단독요소이론을 지지하는 사례 중 유명한 것들로 *Tippetts* 사건,[32] *Biloune v. Ghana* 사건,[33] 그리고 *Metalclad* 사건[34]이 있다.

먼저 *Tippetts* 사건에서 이란-미국 중재판정부는 "국제법 및 법의 일반원칙에 의거하여, 신청인은 신청인이 박탈당한 자산을 완전한 가치로 보상받을 권리를 향유한다. … 정부의 의도는 자산 소유자에 대해 미치는 효과보다 덜 중요하며, 그리고 통제 혹은 조치의 형태는 그것들이 미치는 영향보다 덜 중요하다"[35]고 하여 효과단

31) R. Dolzer, "Indirect Expropriations: New Developments?", *11 NYU Environmental Law Journal 64* (2002), p.79.

32) *Tippetts, Abbett, McCarthy, Stratton v. TAMS-AFFA Consulting Eng'rs of Iran*, Iran-US Claim Tribunal Report (1984).

33) *Biloune and Marine Drive Complex Ltd. v. Ghana Investments Centre and the Government of Ghana*, Award on Jurisdiction and Liability, 27 October 1989,

34) *Metalclad Corp.v. Unites Mexican States*, ICSID Case no. ARB(AF)/97/1, Award (2000).

35) "The Claimant is entitled under international law and general principles of law to compensation for the full value of the property of which it was deprived. The Tribunal prefers the term "deprivation" to the term "taking", although they are largely synonymous, because the latter may be understood to imply that the Government has acquired something of value, which is

독요소이론을 지지하였다.

Biloune v. Ghana 사건에서도 *Tipetts* 사건의 중재판정부가 내린 결론과 매우 유사한 결론을 내리고 있다. 동 사건에서 중재판정부는 "가나 정부당국의 작위와 부작위의 동기는 분명하지 않다. 그러나 중재판정부가 이 사건의 결론에 이르기 위해 반드시 동기를 규명할 필요는 없다. 분명한 것은 조업중지명령, 파괴행위, 소환, 체포, 구금, 재산신고서 작성 요건, Biloune의 국외추방 등 조치의 결합으로 회복할 수 없을 정도의 사업중단의 효과가 발생하였다는 것이다. MDCL의 사업추진, 재정 및 경영에 있어 Biloune이 차지하는 핵심적인 역할을 고려하면, 그의 국외추방으로 MDCL은 실질적으로 사업을 계속하지 못하게 되었다. 피신청인이 일련의 사건을 정당화하는 충분한 이유를 설득력 있는 증거로 입증하지 못한다면, 본 중재판정부의 견해로는 이 사건은 MDCL이 사업과 관련하여 보유하고 있는 계약상 권리에 대한 구성적인 수용과 Biloune이 MDCL에 대해 갖고 있는 이익의 가치에 대한 수용을 구성한다"[36] 라고 하여 효과단독요소이론에 무게를 더하였다.

Metalclad 사건에서도 중재판정부는 마찬가지로 "NAFTA 하에서의 수용이란 투자유치국에 유리하게 완전한 몰수 혹은 공개적이거나 강제적인 권리의 이전과 같은 공개적이고 계획적이며 승인된 자산의 취득뿐만 아니라, 투자유치국에게 꼭 필요하지 않아도 정부가 전면적으로 혹은 상당한 수준으로 자산의 소유주로부터 그 자산의 이용으로부터 얻을 수 있는 합리적으로 기대가능한 경제적 이윤에 관한 효과에 대해 은밀하게 개입하는 것도 포함한다"[37]고 하여 넓은 의미에서 효과단독요소이론을 전

---

not required.…The intent of the government is less important than the effects of the measures on the owner, and the form of the measures of control or interference is less important than the reality of their impact." *supra* note 38, pp.225 - 226.

36) "the motivations for the actions and omissions of Ghanaian governmental authorities are not clear. But the Tribunal need not establish those motivations to come to a conclusion in the case. What is clear is that the conjunction of the stop work order, the demolition, the summons, the arrest, the detention, the requirement of filing assets declaration forms, and the deportation of Mr. Biloune without possibility of re - entry had the effect of causing the irreparable cessation of work on the project. Given the central role of Mr. Biloune in promoting, financing and managing MDCL, his expulsion from the country effectively prevented MDCL from further pursuing the project. In the view of MDCL's contractual rights in the project and, accordingly, the expropriation of the value of Mr. Biloune's interest in MDCL, unless the Respondents can establish by persuasive evidence sufficient justification for these events." *supra* note 39, p.209.

37) "expropriation under NAFTA includes not only open, deliberate and acknowledged takings of property, such as outright seizure or formal or obligatory transfer of title in favour of the host state, but also covert and incidental interference with the use of property which has the effect of depriving the owner, in whole or in significant part, of the use or reasonably - to - be - expected economic benefit of property even if not necessarily to the obvious benefit of the host state." *supra* note 40, p.195.

제로 판정을 내리기도 하였다.

이러한 효과단독요소이론은 *Starrett Housing v. Iran* 사건에서도 살펴볼 수 있다. 동 사건에서 중재판정부는 "비록 국가가 재산권을 수용할 목적이 아니었고 외형상 재산에 대한 법적 권리를 원 소유자가 계속 보유하고 있다고 하여도, 재산권이 수용되었다고 간주되어야 할 정도로 무용하게 될 만큼 국가 조치의 간섭이 가해지는 상황이 존재할 수 있다는 것이 국제법상 인정되고 있다"고 언급하였다.[38]

한편 앞서 언급한 바와 같이 정부의 의도에 근거하여 수용 여부를 판정한 사례가 매우 드물게 존재한다. *CCL v. Kazakhstan* 사건의 중재판정부는 청구인이 정부행위의 배경에 수용에 대한 동기가 있음을 입증하지 못하였다는 이유로 수용을 인정하지 않았다.[39] 2004년 미국 모델 BIT 역시 수용에 관한 부속서에 경제적 영향뿐 아니라 정부행위의 성격과 합리적 기대이익의 침해 정도를 고려하도록 규정하고 있다.

그런데 *Saipem v. Bangladesh* 사건에서는 간접수용의 판단요소에 대한 판단이 상당히 흥미롭게 전개되었다. 간접수용과 관련된 경제적인 영향을 물론 당연히 언급하였지만, 해당 조치의 의도 및 목적이 아니라 "합법성(legality)"에 대해서 언급하였기 때문이다.[40] 즉, ICSID 중재판정부는 간접수용의 판단요소로서 해당 조치의 영향을 언급하면서도 본 사건에서는 방글라데쉬 사법부가 행한 조치에 대한 합법성 검토가 필요하다고 하였다. 중재판정부는 이러한 합법성 검토가 효과단독요소이론을 벗어나는 게 아니라고 분명히 언급하였다.[41] 그러나 판정문에 나타난 법리도출과정은 방글라데쉬 사법부가 행한 조치의 합법성에 대한 검토가 주된 내용이기 때문에 중재판정부의 도출 과정이 과연 그러했는지에 대하여 의문을 가질 수밖에 없으며, 향후 이러한 법리가 지속적으로 도출된다면 많은 논란이 있을 것으로 보인다. 왜냐하면 지금까지 '조치의 영향(the impact of the measure)'만을 중점적으로 검토해 오던 간접수용 판단 과정에서 '해당 조치의 합법성'까지 검토된다면, 비록 해당 조치의 영향이 미미할지라도 합법성 기준에 위반되면 그 조치는 간접수용에 해당되는 상황이 발생하기 때문이다.[42]

---

38) *Starrett Housing Corp.v. Iran,* Iran－US Claims Tribunal, 19 December 1983, 4 Iran－US CTR 122, p.154.

39) *CCL v. Republic of Kazakhstan*, SCC Case 122/2001, Final Award, 2004, p.173.

40) *supra* note 3, p.41.

41) *Ibid.*

42) 이에 대하여 Mavluda는 다음과 같은 예를 들어 설명한다.

"Consider a hypothetical scenario involving an investor whose investment has been affected by the host state measure leading to the loss of 85 percent of the investment value. The degree of deprivation in the given scenario is likely to meet the substantial deprivation test. What if the investment value has decreased by 15 percent only? Since the 15 percent diminution can hardly

이러한 움직임이 일반화된다면 투자자 입장에서 볼 때는 환영받을 만한 일이겠지만, 투자유치국 입장에서 볼 때는 매우 안 좋은 영향을 주게 되리라고 보인다. 현재까지도 간접수용과 관련된 논의에서 환경 보호, 공중 보건 및 위생과 관련된 정부의 규제조치가 위축될 수 있다는 논란이 수그러들지 않고 있는 가운데, '합법성'까지 간접수용의 판단 요소로 들어오게 된다면 정부의 규제조치는 더욱 이행되기 힘들어질 것이기 때문이다. 현재까지 본 사건을 제외하고는 '합법성'에 대하여 논한 판정사례나 학술 논문은 없기 때문에 좀 더 지켜보아야 할 것으로 생각된다.

V. 결 론

본 사건은 상당히 여러 가지 쟁점을 다루었기 때문에, 앞으로도 좀 더 심도있게 분석해 나가야 할 사례로 생각된다. 우선 문제의 BIT 상에 국제중재의 대상이 되는 범위가 명시적으로 언급되어 있었음에도 불구하고, 중재판정부는 ICSID협약 제25조와 문제의 BIT 조항을 넓게 해석하여 자신의 관할권을 인정하였다. 이는 최근의 다른 ICSID 중재판정부의 사례를 고려해 볼 때 드물지는 않은 것으로 보인다. 향후 이렇게 중재판정부가 자신의 관할권을 넓게 가져가는 경향은 점점 확대되어갈 것으로 보이는데, 이에 대하여 여러 학자들과 국가들이 우려의 목소리를 내고 있는 것은 사실이다.

또한 아직까지 간접수용의 유형에 대한 확립된 정의가 없는 상황에서, 무엇이 간접수용에 해당하는지에 대한 또 하나의 사례를 보여주었다는 점에서 의의가 있다고 하겠다. 특히 행정부의 조치뿐만 아니라 사법부의 재판행위로 인하여 실질적으로 수용의 효과가 발생하였을 때 이를 간접수용으로 판단하였다는 점은 어떻게 보면 투자유치국으로 하여금 상당한 부담을 안겨줄 수 있는 내용으로 보인다. 이는 행정부의 각종 조치에 더하여 사법부가 행하는 일련의 행위도 수용 행위로 판단될 수 있다면, 투자유치국으로서는 자칫 정당한 사법 판결이 이루어지는 경우까지도 분쟁에 휘

---

amount to a substantial deprivation, the investor is unlikely to succeed in its expropriation claim. Can the investor insist that the legality test, and not thr sole effects analysis, should be applied to enable a finding of expropriation? In Saipem, the application of the legality test led to the finding of expropriation despite the fact that the degree of deprivation was far from substantial. The tribunal did not complement the sole effects analysis by the test of legality, but rather substituted the former by the latter. The better approach would be to explicitly recognize the importance of looking at the legality and effects of the disputed measures, and not as a matter of exception but as a general rule." *supra* note 29, p.40.

말릴 수 있을 가능성을 염두에 두어야 하기 때문이다.

마지막으로 간접수용을 판단하는 데 있어 고려되는 기준에 관련된 문제이다. 기존의 학술논문이나 중재사례에서 도출된 법리, 즉 효과단독요소이론 혹은 조치의 목적 및 배경을 고려하는 법리와는 달리 본 사건에서 중재판정부가 새롭게 '합법성'이라는 기준을 제시한 것처럼 보이는데, 이 또한 많은 논란을 불러일으킬 것으로 보인다. 뿐만 아니라, 본 사건은 계약상의 분쟁이 투자자-국가간 분쟁으로 이어질 수 있다는 것을 보여주는 전형적인 사례이며, 향후 한국에서도 발생할 가능성이 있는 유형의 사건으로 보인다.

부 록

1. 국가와 타방국가 국민간의 투자분쟁의 해결에 관한 협약(ICSID 협약)

2. 대한민국과 미합중국간의 자유무역협정(한-미 FTA)

1. Convention on the Settlement of Investment Disputes Between States and Nationals of Other States (1965)

1. 국가와 타방국가 국민간의 투자분쟁의 해결에 관한 협약 (ICSID 협약)

Date : 18 March 1965
In force : 14 October 1966
States Party : 147
Korea : 23 March 1967 (조약 제234호)
Link : icsid.worldbank.org

PREAMBLE

전 문

The Contracting States,

체약국은,

Considering the need for international cooperation for economic development, and the role of private international investment therein;

경제발전을 위한 국제적 협력의 필요와 그에 대한 국제적인 민간투자의 역할을 고려하고,

Bearing in mind the possibility that from time to time disputes may arise in connection with such investment between Contracting States and nationals of other Contracting States;

이러한 투자와 관련하여 일방 국가와 타방 체약국 국민간에 분쟁이 수시로 야기될 수 있는 가능성에 유의하고,

Recognizing that while such disputes would usually be subject to national legal processes, international methods of settlement may be appropriate in certain cases;

이러한 분쟁이 통상적으로 국내의 법적 절차에 따라야 하는 반면 경우에 따라서는 국제적인 해결 방법이 적절한 것임을 인정하고,

Attaching particular importance to the availability of facilities for international conciliation or arbitration to which Contracting States and nationals of other Contracting States may submit such disputes if they so desire;

체약국과 타방 체약국 국민이 원한다면 이러한 분쟁을 회부할 수 있는 국제조정이나 국제중재의 기관의 유용성을 특히 중요시하고,

Desiring to establish such facilities under the

국제부흥개발은행의 주관하에 이러한 기관

auspices of the International Bank for Reconstruction and Development;

을 설치할 것을 희망하고,

Recognizing that mutual consent by the parties to submit such disputes to conciliation or to arbitration through such facilities constitutes a binding agreement which requires in particular that due consideration be given to any recommendation of conciliators, and that any arbitral award be complied with;

이러한 분쟁을 그 기관에 의한 조정 또는 중재에 회부한다는 당사국간의 상호 동의는 구속력있는 합의를 구성하며, 이 합의는 조정자의 어떠한 건의에 대하여서도 적절한 고려를 하여야 할 것과 또한 어떠한 중재판정도 준수되어야 한다는 것을 특히 요구하는 것임을 인정하고,

and Declaring that no Contracting State shall by the mere fact of its ratification, acceptance or approval of this Convention and without its consent be deemed to be under any obligation to submit any particular dispute to conciliation or arbitration,

어떠한 체약국도 본 협약의 비준, 수락 또는 승인이라는 단순한 사실만으로써 그들의 동의없이 어느 특별한 분쟁을 조정이나 중재에 회부하여야 한다는 의무를 지우는 것으로 간주하지 아니함을 선언하며,

Have agreed as follows:

다음과 같이 합의하였다.

CHAPTER I INTERNATIONAL CENTRE FOR SETTLEMENT OF INVESTMENT DISPUTES

제 1 장 투자분쟁의 해결을 위한 국제본부

SECTION 1 ESTABLISHMENT AND ORGANIZATION

제 1 절 설치와 기구

Article 1

제 1 조

1. There is hereby established the International Centre for Settlement of Investment Disputes (hereinafter called the Centre).

1. 투자분쟁의 해결을 위한 국제본부(이하 본부라 한다)를 이에 설치한다.

2. The purpose of the Centre shall be to provide facilities for conciliation and arbitration of investment disputes between Contracting States and nationals of other Contracting States in accordance with the

2. 본부의 목적은 본 협약의 규정에 따라 체약국과 타방체약국 국민간의 투자분쟁의 조정과 중재를 위한 기관을 마련함에 있다.

provisions of this Convention.

Article 2

The seat of the Centre shall be at the principal office of the International Bank for Reconstruction and Development(hereinafter called the Bank). The seat may be moved to another place by decision of the Administrative Council adopted by a majority of two-thirds of its members.

제 2 조

본부의 소재지는 국제부흥개발은행(이하 은행이라 한다)의 주 사무소의 소재지로 한다. 그 소재지는 이사의 3분의 2 이상 다수결에 의하여 채택한 운영이사회의 결정으로 다른 장소로 이를 이전할 수 있다.

Article 3

The Centre shall have an Administrative Council and a Secretariat and shall maintain a Panel of Conciliators and a Panel of Arbitrators.

제 3 조

본부에는 운영이사회와 사무국을 두고, 1개의 조정위원단과 1개의 중재위원단을 상설한다.

SECTION 2
THE ADMINISTRATIVE COUNCIL

제 2 절
운영이사회

Article 4

1. The Administrative Council shall be composed of one representative of each Contracting State. An alternate may act as representative in case of his principal' s absence from a meeting or inability to act.

2. In the absence of a contrary designation, each governor and alternate governor of the Bank appointed by a Contracting State shall be ex officio its representative and its alternate respectively.

제 4 조

1. 운영이사회는 각 체약국의 대표 1명으로써 구성된다. 교체대표는 수석대표가 회의에 결석하거나 또는 행동할 수 없는 경우에는 대표의 자격으로 행동할 수 있다.

2. 별단의 지명이 없는 경우, 각 체약국이 임명하는 은행의 각 위원과 대리 위원은 직권상 각각 당해 체약국의 대표 및 교체대표가 된다.

Article 5

The President of the Bank shall be ex officio Chairman of the Administrative Council

제 5 조

은행의 총재는 직권상 운영이사회의 의장(이하 의장이라 한다)이 되나 투표권은 가

(hereinafter called the Chairman) but shall have no vote. During his absence or inability to act and during any vacancy in the office of President of the Bank, the person for the time being acting as President shall act as Chairman of the Administrative Council.

지지 아니한다. 총재가 결석하거나 또는 행동할 수 없는 때와 총재직에 궐원이 있는 때에는 그 당시의 총재의 대리권자가 운영이사회의 의장으로서 행동한다.

Article 6

제 6 조

1. Without prejudice to the powers and functions vested in it by other provisions of this Convention, the Administrative Council shall:

(a) adopt the administrative and financial regulations of the Centre;
(b) adopt the rules of procedure for the institution of conciliation and arbitration proceedings;
(c) adopt the rules of procedure for conciliation and arbitration proceedings (hereinafter called the Conciliation Rules and the Arbitration Rules);
(d) approve arrangements with the Bank for the use of the Bank' s administrative facilities and services;
(e) determine the conditions of service of the Secretary-General and of any Deputy Secretary-General;
(f) adopt the annual budget of revenues and expenditures of the Centre;
(g) approve the annual report on the operation of the Centre.

The decisions referred to in sub-paragraphs (a), (b), (c) and (f) above shall be adopted by a majority of two-thirds of the members of the Administrative Council.

1. 본 협약의 다른 규정에 의하여 운영이사회에 부여한 권한과 기능을 침해함이 없이, 운영이사회는,

가. 본부의 행정규칙과 재정규칙을 채택하고,
나. 조정 및 중재 절차 재정을 위한 의사규칙을 채택하고,
다. 조정 및 중재 절차를 위한 규칙(이하 조정규칙 및 중재규칙이라 한다)을 채택하고,
라. 은행의 행정적 시설과 용역을 이용하기 위한 은행과의 약정을 승인하고,
마. 사무총장 및 사무차장의 복무조건을 결정하고,
바. 본부의 수입, 지출의 연간 예산을 채택하며,
사. 본부의 활동에 관한 연간 보고서를 승인한다.

상기 (가), (나), (다) 및 (바)에 규정된 결정은 운영이사회 이사의 3분지 2 이상의 다수결로 채택한다.

2. The Administrative Council may appoint

2. 운영이사회는 필요하다고 인정하는 위

such committees as it considers necessary.

원회를 임명할 수 있다.

3. The Administrative Council shall also exercise such other powers and perform such other functions as it shall determine to be necessary for the implementation of the provisions of this Convention.

3. 운영이사회는 본 협약의 제 규정을 이행하기 위하여 필요하다고 결정하는 기타 권한을 행사하고 또한 기타 기능을 행한다.

Article 7

제 7 조

1. The Administrative Council shall hold an annual meeting and such other meetings as may be determined by the Council, or convened by the Chairman, or convened by the Secretary-General at the request of not less than five members of the Council.

1. 운영이사회는 연례회의와 이사회가 결정하거나 의장이 소집하거나 또는 이사회 이사 5명 이상의 요구에 의하여 사무총장이 소집하는 기타 회의를 개최한다.

2. Each member of the Administrative Council shall have one vote and, except as otherwise herein provided, all matters before the Council shall be decided by a majority of the votes cast.

2. 운영이사회의 각 이사는 1개의 투표권을 가지며, 달리 규정한 경우를 제외하고는 이사회에 제의되는 모든 문제는 과반수 투표로써 이를 결정한다.

3. A quorum for any meeting of the Administrative Council shall be a majority of its members.

3. 운영이사회의 회의 정족수는 그 구성원의 과반수로 한다.

4. The Administrative Council may establish, by a majority of two-thirds of its members, a procedure whereby the Chairman may seek a vote of the Council without convening a meeting of the Council. The vote shall be considered valid only if the majority of the members of the Council cast their votes within the time limit fixed by the said procedure.

4. 운영이사회는 동 이사회 이사 3분지 2 다수결로써 의장이 동 이사회를 소집하지 아니하고 동 이사회의 투표를 구할 수 있는 절차를 제정할 수 있다. 그 투표는 전기 절차에 의하여 지정된 기간 내에 이사회의 과반수 이사가 투표를 할 때에만 유효한 것으로 간주한다.

Article 8

제 8 조

Members of the Administrative Council and

운영이사회 이사와 의장은 본부로부터 보

the Chairman shall serve without remuneration from the Centre.

수를 받지 아니하고 근무한다.

SECTION 3
THE SECRETARIAT

제 3 절
사 무 국

Article 9

The Secretariat shall consist of a Secretary-General, one or more Deputy Secretaries-General and staff.

제 9 조

사무국은 1명의 사무총장과 1명 또는 그 이상의 사무차장 및 직원을 둔다.

Article 10

1. The Secretary-General and any Deputy Secretary-General shall be elected by the Administrative Council by a majority of two-thirds of its members upon the nomination of the Chairman for a term of service not exceeding six years and shall be eligible for reelection. After consulting the members of the Administrative Council, the Chairman shall propose one or more candidates for each such office.

2. The offices of Secretary-General and Deputy Secretary-General shall be incompatible with the exercise of any political function. Neither the SecretaryGeneral nor any Deputy SecretaryGeneral may hold any other employment or engage in any other occupation except with the approval of the Administrative Council.

3. During the Secretary-General's absence or inability to act, and during any vacancy of the office of Secretary-General, the Deputy Secretary-General shall act as Secretary-General. If there shall be more than one Deputy SecretaryGeneral, the

제10조

1. 사무총장과 사무차장은 운영이사회가 의장의 지명에 의하여 동 이사회 이사 3분지 2 이상의 다수결에 의하여 6년을 초과하지 아니하는 임기로 선출되고 또한 그들은 재선될 수 있다. 의장은 운영이사회 이사와 협의한 후에 이러한 직위에 1명 또는 그 이상의 후보자를 제의하여야 한다.

2. 사무총장과 사무차장의 직무는 어느 정치적 기능의 행사와 양립될 수 없다. 사무총장이나 사무차장은 운영이사회의 승인 없이는 다른 직무를 가지지 못하며 또한 다른 직업에 종사하지 못한다.

3. 사무총장이 결석하거나 권한을 행사할 수 없을 때 또는 사무총장의 직에 결원이 있을 때 사무차장이 사무총장으로서 활동한다.

Administrative Council shall determine in advance the order in which they shall act as SecretaryGeneral.

Article 11

The Secretary-General shall be the legal representative and the principal officer of the Centre and shall be responsible for its administration, including the appointment of staff, in accordance with the provisions of this Convention and the rules adopted by the Administrative Council. He shall perform the function of registrar and shall have the power to authenticate arbitral awards rendered pursuant to this Convention, and to certify copies thereof.

제11조

사무총장은 본부의 법적 대표이며 본부의 수석 직원이며, 또한 본 협약의 제 규정과 운영이사회가 채택한 규칙에 따라 직원의 임명을 포함한 본부의 운영에 대하여 책임을 진다. 사무총장은 동 기관의 기능을 이행하며 본 협약에 따라 부여한 중재의 판정서를 인증하고 또한 상기 판정 사본을 인증할 권한을 가진다.

SECTION 4
THE PANELS

제 4 절
위 원 단

Article 12

The Panel of Conciliators and the Panel of Arbitrators shall each consist of qualified persons, designated as hereinafter provided, who are willing to serve thereon.

제12조

조정위원단과 중재위원단은 다음에 규정한 바에 따라 지명된 자로서 당해 위원단에 복무할 의사를 가진 유자격자로써 각각 구성된다.

Article 13

1. Each Contracting State may designate to each Panel four persons who may but need not be its nationals.

2. The Chairman may designate ten persons to each Panel. The persons so designated to a Panel shall each have a different nationality.

제13조

1. 각 체약국은 자국민일 수는 있으나 자국민임을 요하지 아니하는 자 4명을 각 위원단에 지명한다.

2. 의장은 각 위원단에 10명을 지명한다. 이와 같이 지명된 자는 각각 상이한 국적을 가진다.

Article 14

1. Persons designated to serve on the Panels shall be persons of high moral character and recognized competence in the fields of law, commerce, industry or finance, who may be relied upon to exercise independent judgment. Competence in the field of law shall be of particular importance in the case of persons on the Panel of Arbitrators.

2. The Chairman, in designating persons to serve on the Panels, shall in addition pay due regard to the importance of assuring representation on the Panels of the principal legal systems of the world and of the main forms of economic activity.

제14조

1. 위원단에 복무하기로 지명된 자는 높은 덕망이 있고 법률, 상업, 산업이나 재정의 분야에 있어서 공인된 자격이 있으며, 독립하여 판결할 수 있다고 신뢰를 받는 자라야 한다. 법률분야에 있어서의 자격은 중재위원단에 종사하는 경우에 특히 중요하다.

2. 의장은 위원단에 복무할 자를 지명함에 있어서 이에 부가하여 세계의 주요한 법제도와 경제활동의 주요 형태를 위원단에 대표하도록 보장하는 중요성에 대하여 적절한 고려를 하여야 한다.

Article 15

1. Panel members shall serve for renewable periods of six years.

2. In case of death or resignation of a member of a Panel, the authority which designated the member shall have the right to designate another person to serve for the remainder of that member' s term.

3. Panel members shall continue in office until their successors have been designated.

제15조

1. 위원단의 위원은 6년 임기로 복무하거나 재임될 수 있다.

2. 위원단의 위원의 사망이나 사직의 경우에는 그 위원을 지명한 당국은 그 위원의 잔여 임기 동안 복무할 다른 자를 지명할 권한을 가진다.

3. 위원단의 위원은 그 후임자가 지명될 때까지 계속 복무한다.

Article 16

1. A person may serve on both Panels.

2. If a person shall have been designated to serve on the same Panel by more than

제16조

1. 1위원이 양 위원단에 복무할 수 있다.

2. 1위원이 1 이상의 체약국에 의하거나 또는 1 이상의 체약국과 의장에 의하여 동

one Contracting State, or by one or more Contracting States and the Chairman, he shall be deemed to have been designated by the authority which first designated him or, if one such authority is the State of which he is a national, by that State.

일한 위원단에 복무하기로 지명되었을 경우, 그는 최초로 그를 지명한 기관에 의하여 그러한 기관이 그가 국민인 국가인 때에는 당해국에 의하여 지명된 것으로 간주된다.

3. All designations shall be notified to the Secretary-General and shall take effect from the date on which the notification is received.

3. 모든 지명은 사무총장에게 이를 통고하여야 하며, 이는 통고가 접수된 날로부터 효력이 발생한다.

SECTION 5
FINANCING THE CENTRE

제 5 절
본부에 대한 재정 부담

Article 17

제17조

If the expenditure of the Centre cannot be met out of charges for the use of its facilities, or out of other receipts, the excess shall be borne by Contracting States which are members of the Bank in proportion to their respective subscriptions to the capital stock of the Bank, and by Contracting States which are not members of the Bank in accordance with rules adopted by the Administrative Council.

본부의 경비가 본부 시설의 이용에 대한 과징금이나 기타 수입금으로써 충족되지 못한 때, 그 초과액은 은행의 회원인 체약국의 경우는 은행자본에 대한 각자의 분담금에 비례하여 그리고 은행의 회원이 아닌 체약국의 경우는 운영이사회가 채택한 규칙에 따라 부담한다.

SECTION 6
STATUS, IMMUNITIES AND PRIVILEGES

제 6 절
지위, 면제 및 특권

Article 18

제18조

The Centre shall have full international legal personality. The legal capacity of the Centre shall include the capacity:

본부는 완전한 국제법 인격을 가진다. 본부의 법적 권능은 다음의 권능을 포함한다.

(a) to contract;
(b) to acquire and dispose of movable and immovable property;

가. 계약의 체결
나. 동산과 부동산의 취득 및 처분

(c) to institute legal proceedings.

다. 소송의 제기

Article 19

제19조

To enable the Centre to fulfil its functions, it shall enjoy in the territories of each Contracting State the immunities and privileges set forth in this Section.

본부가 그의 권능을 수행할 수 있도록 하기 위하여 본부는 각 체약국의 영역 안에서 본절에 규정된 면제와 특권을 가진다.

Article 20

제 20 조

The Centre, its property and assets shall enjoy immunity from all legal process, except when the Centre waives this immunity.

본부 및 그의 재산과 자산은 모두 소송으로부터 면제를 받는다. 다만, 그 면제를 포기한 때에는 그러하지 아니하다.

Article 21

제 21 조

The Chairman, the members of the Administrative Council, persons acting as conciliators or arbitrators or members of a Committee appointed pursuant to paragraph (3) of Article 52, and the officers and employees of the Secretariat:

의장, 운영이사회 이사, 조정관이나 또는 중재관으로서 행동하는 자, 또는 제52조 제3항에 따라 임명된 위원회의 위원과 사무국의 직원 및 고용원은,

(a) shall enjoy immunity from legal process with respect to acts performed by them in the exercise of their functions, except when the Centre waives this immunity;

(b) not being local nationals, shall enjoy the same immunities from immigration restrictions, alien registration requirements and national service obligations, the same facilities as regards exchange restrictions and the same treatment in respect of travelling facilities as are accorded by Contracting States to the representatives, officials and employees of comparable rank of other Contracting States.

가. 본부가 이러한 면제를 포기하지 아니하는 한 그들의 직무행사로서 수행한 행동에 관하여 소송으로부터 면제된다.

나. 현지의 국민이 아닌 때에는 일방체약국이 타방체약국의 이에 상응하는 계급의 대표, 직원 및 고용원에 부여하는 것과 동일한 출입국 제한, 외국인등록요건 및 국내 제 용역으로부터의 면제와 환제한에 있어서의 동일한 편의제공과 아울러 여행편의 제공에 있어서의 동일한 대우를 향유한다.

Article 22

The provisions of Article 21 shall apply to persons appearing in proceedings under this Convention as parties, agents, counsel, advocates, witnesses or experts; provided, however, that sub-paragraph (b) thereof shall apply only in connection with their travel to and from, and their stay at, the place where the proceedings are held.

제22조

제21조의 규정은 본 협약에 따라 당사자, 대리인, 법률자문관, 변호인, 증인 또는 전문가로서 소송에 출석하는 자에게 적용된다. 다만, 동조 (나)항은 소송이 진행되고 있는 곳에 대한 출입을 위한 여행과 그곳에 체류하는 것에 관하여서만 적용된다.

Article 23

1. The archives of the Centre shall be inviolable, wherever they may be.

2. With regard to its official communications, the Centre shall be accorded by each Contracting State treatment not less favourable than that accorded to other international organizations.

제23조

1. 본부의 문서보관소는 소재의 여하를 불문하고 불가침이다.

2. 공용통신에 관하여 본부는 각 체약국이 기타 국제기구에 부여하는 것보다 불리하지 아니하는 대우를 부여받는다.

Article 24

1. The Centre, its assets, property and income, and its operations and transactions authorized by this Convention shall be exempt from all taxation and customs duties. The Centre shall also be exempt from liability for the collection or payment of any taxes or customs duties.

2. Except in the case of local nationals, no tax shall be levied on or in respect of expense allowances paid by the Centre to the Chairman or members of the Administrative Council, or on or in respect of salaries, expense allowances or other emoluments paid by the Centre to officials or employees of the Secretariat.

제24조

1. 본부, 그의 자산, 재산 및 소득과 본 협약에 의하여 인정된 그의 운영과 거래는 모든 조세와 관세로부터 면제된다. 본부는 또한 어떠한 조세 또는 관세의 징수와 납부의 의무로부터 면제된다.

2. 현지의 국민인 경우를 제외하고는 어떠한 조세도 본부가 운영이사회의 의장이나 위원에게 지급한 소요경비에 대하여 또는 그와 관련하여 또는 본부가 사무국의 직원이나 고용원에게 지급한 봉급, 소요경비나 기타 수당에 대하여 또는 그와 관련하여 부과되지 아니한다.

3. No tax shall be levied on or in respect of fees or expense allowances received by persons acting as conciliators, or arbitrators, or members of a Committee appointed pursuant to paragraph (3) of Article 52, in proceedings under this Convention, if the sole jurisdictional basis for such tax is the location of the Centre or the place where such proceedings are conducted or the place where such fees or allowances are paid.

CHAPTER Ⅱ
JURISDICTION OF THE CENTRE

Article 25

1. The jurisdiction of the Centre shall extend to any legal dispute arising directly out of an investment, between a Contracting State (or any constituent subdivision or agency of a Contracting State designated to the Centre by that State) and a national of another Contracting State, which the parties to the dispute consent in writing to submit to the Centre. When the parties have given their consent, no party may withdraw its consent unilaterally.

2. "National of another Contracting State" means:

(a) any natural person who had the nationality of a Contracting State other than the State party to the dispute on the date on which the parties consented to submit such dispute to conciliation or arbitration as well as on the date on which the request was registered pursuant to para-

3. 어느 조세에 대한 유일한 과세권의 기초가 본부의 위치에 의한 것이거나 이러한 소송이 행하여진 곳이거나 또는 이러한 수수료나 수당이 지급된 곳인 경우에는 어떠한 조세도 본 협정상의 소송에 있어서 제52조 제3항에 따라 임명된 조정관, 중재관 또는 위원회의 위원으로서 행동하는 자가 받은 수수료나 소요경비 수당에 대하거나 또는 이에 관련하여 부과되지 아니한다.

제 2 장
본부의 관할권

제25조

1. 본부의 관할권은 분쟁 당사자가 본부에 제소할 것을 서면상으로 동의한 분쟁으로서 체약국(또는 당해 체약국에 의하여 본부에 대하여 지정한 동 체약국의 하부조직이나 기관)과 타방체약국 국민간의 투자로부터 직접적으로 발생하는 모든 법적 분쟁에 미친다. 당사자가 그러한 동의를 한 경우에는 어떠한 당사자도 그 동의를 일방적으로 철회할 수 없다.

2. "타방체약국 국민"이라 함은 다음의 자를 말한다.

가. 제28조 제3항 또는 제36조 제3항에 따라 요청서가 등록된 일자 및 당사자가 어느 분쟁을 조정이나 중재에 회부하기로 동의한 일자에 그러한 분쟁 당사국 이외의 체약국의 국적을 가진 자연인. 다만, 이상의 어느 일자에 분쟁 당사국의 국적을 가진 자는 이에 포함되

graph (3) of Article 28 or paragraph (3) of Article 36, but does not include any person who on either date also had the nationality of the Contracting State party to the dispute; and

(b) any juridical person which had the nationality of a Contracting State other than the State party to the dispute on the date on which the parties consented to submit such dispute to conciliation or arbitration and any juridical person which had the nationality of the Contracting State party to the dispute on that date and which, because of foreign control, the parties have agreed should be treated as a national of another Contracting State for the purposes of this Convention.

지 아니한다.

나. 당사자가 어느 분쟁을 조정이나 중재에 회부하기로 동의한 일자에 그러한 분쟁 당사국 이외의 체약국의 국적을 가진 법인 및 전기일자에 분쟁 체약당사국의 국적을 가지고 또한 외국인의 지배로 인하여 당사국이 본 협정의 목적을 위하여 타 체약국의 국민으로서 취급할 것으로 합의한 법인.

3. Consent by a constituent subdivision or agency of a Contracting State shall require the approval of that State unless that State notifies the Centre that no such approval is required.

3. 체약국의 하부조직이나 기관이 행하는 동의는 체약국의 승인을 요한다. 다만, 당해 국가가 이러한 승인이 필요하지 아니하다고 통고한 경우에는 그러하지 아니하다.

4. Any Contracting State may, at the time of ratification, acceptance or approval of this Convention or at any time thereafter, notify the Centre of the class or classes of disputes which it would or would not consider submitting to the jurisdiction of the Centre. The SecretaryGeneral shall forthwith transmit such notification to all Contracting States. Such notification shall not constitute the consent required by paragraph (1).

4. 체약국은 본 협약의 비준, 수락 또는 승인하는 때나 또는 그 이후의 어느 때에 있어서 본부의 관할에 제기하는 것으로 고려한다거나 또는 고려하지 아니할 분쟁의 종류 및 제 종류를 본부에 통고한다. 사무총장은 즉시 이러한 통고를 모든 체약국에 전달한다. 이러한 통고는 제1항이 요구하는 동의를 구성하는 것이다.

Article 26

제26조

Consent of the parties to arbitration under this Convention shall, unless otherwise stat-

본 협약에 따라 당사자가 중재에 동의하는 것은 달리 규정한 바가 없으면, 다른 어떠

ed, be deemed consent to such arbitration to the exclusion of any other remedy. A Contracting State may require the exhaustion of local administrative or judicial remedies as a condition of its consent to arbitration under this Convention.

한 구제수단도 배제하고 그러한 중재에 동의한 것으로 간주된다. 체약국은 본 협약에 따른 중재에의 동의조건으로서 행정적 또는 사법적인 지역적 구제수단을 다 거칠 것을 요청할 수 있다.

Article 27

1. No Contracting State shall give diplomatic protection, or bring an international claim, in respect of a dispute which one of its nationals and another Contracting State shall have consented to submit or shall have submitted to arbitration under this Convention, unless such other Contracting State shall have failed to abide by and comply with the award rendered in such dispute.

2. Diplomatic protection, for the purposes of paragraph (1), shall not include informal diplomatic exchanges for the sole purpose of facilitating a settlement of the dispute.

제27조

1. 어떠한 체약국도 1명의 당해국 국민과 타 체약국이 본 협약에 따라 중재에 회부하기로 동의하였거나 또는 회부하였던 분쟁에 관하여 외교적 보호를 부여하거나 또는 국제적인 청구로서 제기하여서는 아니된다. 다만, 관계체약국이 이러한 분쟁에 있어서 내린 판정에 불복하고 이를 이행하지 못한 경우에는 그러하지 아니하다.

2. 제1항의 적용상 외교적 보호라 함은 분쟁의 해결을 촉진할 목적만을 위한 비공식적인 외교조치를 포함하지 아니한다.

CHAPTER Ⅲ
CONCILIATION

SECTION 1
REQUEST FOR CONCILIATION

Article 28

1. Any Contracting State or any national of a Contracting State wishing to institute conciliation proceedings shall address a request to that effect in writing to the Secretary-General who shall send a copy of the request to the other party.

제 3 장
조　　정

제 1 절
조정 요청

제 28 조

1. 조정 절차를 제거하고자 하는 어느 체약국이나 어느 체약국의 국민은 이러한 취지의 요청서를 서면으로 사무총장에게 제출하여야 하며 사무총장은 요청서의 사본을 타방당사자에게 송부하여야 한다.

2. The request shall contain information concerning the issues in dispute, the identity of the parties and their consent to conciliation in accordance with the rules of procedure for the institution of conciliation and arbitration proceedings.

2. 요청서에는 분쟁중의 문제, 당사자의 신원사항과 조정 및 중재 절차를 제기하기 위한 규칙에 따라서 조정 제기에 대한 동의 등에 관한 제 정보가 포함되어야 한다.

3. The Secretary-General shall register the request unless he finds, on the basis of the information contained in the request, that the dispute is manifestly outside the jurisdiction of the Centre. He shall forthwith notify the parties of registration or refusal to register.

3. 사무총장은 요청서에 포함된 정보에 의하여 그 분쟁이 명백히 본부의 관할권외라고 인정하는 경우가 아닌 한 요청서를 등록하여야 한다. 그는 즉시 당사자에게 등록이나 등록의 거부를 통고하여야 한다.

SECTION 2
CONSTITUTION OF THE CONCILIATION COMMISSION

제 2 절
조정위원회의 구성

Article 29

제29조

1. The Conciliation Commission (hereinafter called the Commission) shall be constituted as soon as possible after registration of a request pursuant to Article 28.

1. 조정위원회(이하 위원회라 한다)는 제28조에 따라 요청서가 등록된 후 가능한 한 조속히 구성되어야 한다.

2. (a) The Commission shall consist of a sole conciliator or any uneven number of conciliators appointed as the parties shall agree.

(b) Where the parties do not agree upon the number of conciliators and the method of their appointment, the Commission shall consist of three conciliators, one conciliator appointed by each party and the third, who shall be the president of the Commission, appointed by agreement of the parties.

2. 가. 위원회는 당사자가 합의한 바에 따라 임명된 1명의 또는 기수의 조정관으로서 구성된다.

나. 당사자가 조정관의 수와 그의 임명방법에 관하여 합의하지 아니한 경우에는, 위원회는 각 당사자가 임명하는 1명의 조정관과 그 위원회의 위원장이 될 자로서 당사자의 합의에 의하여 임명될 제3의 조정관의 3명의 조정관으로써 구성된다.

Article 30

If the Commission shall not have been constituted within 90 days after notice of registration of the request has been dispatched by the Secretary-General in accordance with paragraph (3) of Article 28, or such other period as the parties may agree, the Chairman shall, at the request of either party and after consulting both parties as far as possible, appoint the conciliator or conciliators not yet appointed.

제30조

요청서의 등록 통고가 제28조 제3항에 따라 사무총장에 의하여 발송된 후 90일 이내에 또는 당사자가 합의하는 기타 기간 내에 위원회가 구성되지 아니한다면, 의장은 일방 당사자의 요청에 의하여 가능한 한 광범위하게 양 당사자와 상의한 후에 아직 임명되지 아니한 조정관 또는 조정관들을 임명하여야 한다.

Article 31

1. Conciliators may be appointed from outside the Panel of Conciliators, except in the case of appointments by the Chairman pursuant to Article 30.

2. Conciliators appointed from outside the Panel of Conciliators shall possess the qualities stated in paragraph (1) of Article 14.

제31조

1. 조정관은 조정위원단의 외부로부터 임명될 수도 있다. 다만, 제30조에 따라 의장이 임명하는 경우에는 그러하지 아니하다.

2. 조정위원단의 외부로부터 임명된 조정관은 제14조 제1항에 규정된 자격을 가져야 한다.

SECTION 3
CONCILIATION PROCEEDINGS

제 3 절
조정 절차

Article 32

1. The Commission shall be the judge of its own competence.

2. Any objection by a party to the dispute that dispute is not within the jurisdiction of the Centre, or for other reasons is not within the competence of the Commission, shall be considered by the Commission which shall determine whether to deal with it as a preliminary question or to join it to the merits of the dispute.

제32조

1. 위원회는 그 자신의 권한을 결정하여야 한다.

2. 분쟁이 본부의 관할권내에 있지 아니하거나 또는 기타 이유로 위원회의 권한내에 있지 아니하다는 어느 분쟁 당사자의 이의는 위원회에 의하여 고려되며 또한 그 이의를 예비문제로 취급할 것인지 또는 그 이의를 분쟁의 본안에 결합시킬 것인지의 여부를 위원회가 결정하여야 한다.

Article 33

Any conciliation proceeding shall be conducted in accordance with the provisions of this Section and, except as the parties otherwise agree, in accordance with the Conciliation Rules in effect on the date on which the parties consented to conciliation. If any question of procedure arises which is not covered by this Section or the Conciliation Rules or any rules agreed by the parties, the Commission shall decide the question.

제33조

어떠한 조정 절차도 본 절의 제 규정에 의거하여 진행되어야 하며 또한 분쟁 당사자가 별도로 합의하는 경우를 제외하고는 당사자가 조정에 부의할 것을 동의한 당시에 유효하던 조정규칙에 의거하여 진행되어야 한다. 본절에 의하여서나 조정규칙 또는 분쟁 당사자가 합의하는 어떠한 규칙에 의하여서도 망라되지 아니한 어떠한 절차상의 문제가 제기되는 경우 위원회는 그 문제를 결정하여야 한다.

Article 34

1. It shall be the duty of the Commission to clarify the issues in dispute between the parties and to endeavour to bring about agreement between them upon mutually acceptable terms. To that end, the Commission may at any stage of the proceedings and from time to time recommend terms of settlement to the parties. The parties shall cooperate in good faith with the Commission in order to enable the Commission to carry out its functions, and shall give their most serious consideration to its recommendations.

2. If the parties reach agreement, the Commission shall draw up a report noting the issues in dispute and recording that the parties have reached agreement. If, at any stage of the proceedings, it appears to the Commission that there is no likelihood of agreement between the parties, it shall close the proceedings and shall draw up a report noting the submission of the dispute and recording the failure of

제 34 조

1. 위원회의 의무는 당사자간에 분쟁중인 문제를 명백히 하고 상호간에 수락할 수 있는 조건으로 당사자간의 합의를 성립시키도록 노력하는 것이다. 이러한 목적을 위하여 심리절차의 어느 단계에서든지 또는 수시로 당사자에게 해결 조건을 건의할 수 있다. 분쟁 당사자는 위원회가 그의 기능을 수행할 수 있도록 성실히 위원회와 협력하여야 하며, 이의 건의에 대하여는 분쟁 당사자는 가장 진지한 고려를 하여야 한다.

2. 분쟁 당사자가 합의에 도달하면 위원회는 분쟁중의 문제를 기술하고 또한 분쟁 당사자가 합의에 도달한 사실을 기록한 보고서를 작성하여야 한다. 심리절차의 어느 단계에 있어서든지 만일 분쟁 당사자간에 합의에 도달할 가능성이 없다고 위원회가 인정하는 경우에는 위원회는 그 심리절차를 종결하고 분쟁의 제기 사실을 기술하고 또한 당사자가 합의도달에 실패하였음을 기록한 보고서를 작성

the parties to reach agreement. If one party fails to appear or participate in the proceedings, the Commission shall close the proceedings and shall draw up a report noting that party' s failure to appear or participate.

하여야 한다.

Article 35

Except as the parties to the dispute shall otherwise agree, neither party to a conciliation proceeding shall be entitled in any other proceeding, whether before arbitrators or in a court of law or otherwise, to invoke or rely on any views expressed or statements or admissions or offers of settlement made by the other party in the conciliation proceedings, or the report or any recommendations made by the Commission.

제35조

분쟁 당사자가 달리 합의하는 바를 제외하고는 조정중의 어느 당사자도 중재재판이거나 법정 또는 기타 어떠한 경우를 막론하고 다른 어떠한 심리절차에 있어서도 조정심리 도중에 타방 분쟁 당사자가 표명한 의견, 성명, 또는 해결을 위한 조건의 용인 또는 제시 등이거나 또는 위원회가 작성한 보고서나 권고안 등을 원용하거나 또는 이에 의뢰할 권리가 없다.

CHAPTER Ⅳ
ARBITRATION

제 4 장
중　　재

SECTION 1
REQUEST FOR ARBITRATION

제 1 절
중재요청

Article 36

1. Any Contracting State or any national of a Contracting State wishing to institute arbitration proceedings shall address a request to that effect in writing to the Secretary-General who shall send a copy of the request to the other party.

2. The request shall contain information concerning the issues in dispute, the identity of the parties and their consent to arbitration in accordance with the rules of

제36조

1. 중재소송절차를 제기하고자 하는 체약국이나 체약국의 국민은 서면으로 이와 같은 취지로 사무총장에게 요청서를 송부하여야 하며 사무총장은 동 요청서의 사본을 타방당사자에게 송부하여야 한다.

2. 요청서에는 분쟁중의 문제, 당사자의 신원사항 및 조정과 중재소송절차를 제기하기 위한 규칙에 따라서 중재 제기에 대한 동의 등에 관한 제 정보가 포함되

procedure for the institution of conciliation and arbitration proceedings.

어야 한다.

3. The Secretary-General shall register the request unless he finds, on the basis of the information contained in the request, that the dispute is manifestly outside the jurisdiction of the Centre. He shall forthwith notify the parties of registration or refusal to register.

3. 사무총장은 요청서에 포함된 정보에 의하여 그 분쟁이 명백히 본부의 관할권외라고 인정하는 경우가 아닌 한 그 요청서를 등록하여야 한다. 그는 즉시 당사자에게 등록이나 등록의 거부를 통고하여야 한다.

SECTION 2
CONSTITUTION OF THE TRIBUNAL

제 2 절
재판소의 구성

Article 37

제37조

1. The Arbitral Tribunal (hereinafter called the Tribunal) shall be constituted as soon as possible after registration of a request pursuant to Article 36.

1. 중재재판소(이하 재판소라 한다)는 제36조에 따라 요청서의 등록 후 가급적 신속히 구성되어야 한다.

2. (a) The Tribunal shall consist of a sole arbitrator or any uneven number of arbitrators appointed as the parties shall agree.
(b) Where the parties do not agree upon the number of arbitrators and the method of their appointment, the Tribunal shall consist of three arbitrators, one arbitrator appointed by each party and the third, who shall be the president of the Tribunal, appointed by agreement of the parties.

2. 가. 재판소는 당사자가 합의하는 1명의 또는 기수의 중재관으로써 구성되어야 한다.
나. 당사자가 중재관의 수와 그의 임명방법에 관하여 합의하지 아니한 경우에는, 재판소는 각 당사자가 임명하는 1명의 중재관과 재판장이 될 자로서 당사자의 합의에 의하여 임명될 제3의 중재관의 3명의 중재관으로서 구성되어야 한다.

Article 38

제38조

If the Tribunal shall not have been constituted within 90 days after notice of registration of the request has been dispatched by the Secretary-General in accordance with

요청서의 등록통지가 제36조 제3항에 따라 사무총장에 의하여 발송된 후 90일 이내에 또는 당사자가 합의하는 기타 기간 내에 재판소가 구성되지 아니한다면 의장은 일

paragraph (3) of Article 36, or such other period as the parties may agree, the Chairman shall, at the request of either party and after consulting both parties as far as possible, appoint the arbitrator or arbitrators not yet appointed. Arbitrators appointed by the Chairman pursuant to this Article shall not be nationals of the Contracting State party to the dispute or of the Contracting State whose national is a party to the dispute.

방 당사자의 요청에 의하여 가능한 한 광범위하게 양 당사자와 상의한 후에 아직 임명되지 아니한 중재관 또는 중재관들을 임명하여야 한다. 본조에 따라 의장이 임명하는 중재관은 분쟁 당사자인 체약국의 국민이거나 또는 그의 국민이 분쟁 당사자인 체약국의 국민이어서는 아니된다.

Article 39

The majority of the arbitrators shall be nationals of States other than the Contracting State party to the dispute and the Contracting State whose national is a party to the dispute; provided, however, that the foregoing provisions of this Article shall not apply if the sole arbitrator or each individual member of the Tribunal has been appointed by agreement of the parties.

제39조

중재관의 과반수 이상은 분쟁 당사자인 체약국 및 그의 국민이 분쟁 당사자인 체약국 이외의 국가의 국민이어야 한다. 그러나, 본조의 전기 규정은 1명의 중재관이나 재판소의 각 재판관이 당사자의 합의에 따라 임명된 때에는 적용되지 아니한다.

Article 40

1. Arbitrators may be appointed from outside the Panel of Arbitrators, except in the case of appointments by the Chairman pursuant to Article 38.

2. Arbitrators appointed from outside the Panel of Arbitrators shall possess the qualities stated in paragraph (1) of Article 14.

제40조

1. 중재관은 중재위원단의 외부로부터 임명될 수도 있다. 다만, 제38조에 따라 의장이 임명하는 경우에는 그러하지 아니하다.

2. 중재위원단의 외부로부터 임명되는 중재관은 제14조 제1항에 규정된 능력을 소유하여야 한다.

SECTION 3
POWERS AND FUNCTIONS OF THE TRIBUNAL

Article 41

1. The Tribunal shall be the judge of its own competence.

2. Any objection by a party to the dispute that dispute is not within the jurisdiction of the Centre, or for other reasons is not within the competence of the Tribunal, shall be considered by the Tribunal which shall determine whether to deal with it as a preliminary question or to join it to the merits of the dispute.

Article 42

1. The Tribunal shall decide a dispute in accordance with such rules of law as may be agreed by the parties. In the absence of such agreement, the Tribunal shall apply the law of the Contracting State party to the dispute (including its rules on the conflict of laws) and such rules of international law as may be applicable.

2. The Tribunal may not bring in a finding of non liquet on the ground of silence or obscurity of the law.

3. The provisions of paragraphs (1) and (2) shall not prejudice the power of the Tribunal to decide a dispute ex aequo et bono if the parties so agree.

제 3 절
재판소의 권한과 기능

제41조

1. 재판소는 그 자신의 권한을 결정하여야 한다.

2. 분쟁이 본부의 관할권내에 있지 아니하거나, 또는 기타 이유로 재판소의 권한내에 있지 아니하다는 어느 분쟁 당사자의 이의는 재판소에 의하여 고려되며 또한 그 이의를 예비문제로 취급할 것인지 또는 그 이의를 분쟁 본안에 결합시킬 것인지의 여부를 재판소가 결정하여야 한다.

제42조

1. 재판소는 당사자가 합의하는 법률의 규칙에 따라 분쟁을 해결하여야 한다. 이러한 합의가 없는 때에는 분쟁 체약당사국의 법률(법률의 충돌에 관한 동국의 규칙을 포함한다) 및 적용할 수 있는 국제법의 규칙을 그 분쟁에 적용하여야 한다.

2. 재판소는 법의 부존재나 불명을 이유로 명확하지 않다는 판결을 내릴 수 없다.

3. 제1항과 제2항의 규정은 분쟁 당사자가 합의하는 경우 형평과 선의 원칙에 따라 분쟁을 결정할 재판소의 권한을 침해하여서는 아니 된다.

Article 43

Except as the parties otherwise agree, the Tribunal may, if it deems it necessary at any stage of the proceedings,

(a) call upon the parties to produce documents or other evidence, and

(b) visit the scene connected with the dispute, and conduct such inquiries there as it may deem appropriate.

제43조

당사자가 달리 합의하는 경우를 제외하고는 소송절차의 어느 단계에 있어서라도 재판소가 필요하다고 인정한다면 재판소는,

가. 당사자에게 문서나 기타 증거를 제출하도록 요구할 수 있고,

나. 분쟁과 관련되는 현장을 임검하고 재판소가 적절하다고 인정하는 그 곳의 조사를 실시할 수 있다.

Article 44

Any arbitration proceeding shall be conducted in accordance with the provisions of this Section and, except as the parties otherwise agree, in accordance with the Arbitration Rules in effect on the date on which the parties consented to arbitration. If any question of procedure arises which is not covered by this Section or the Arbitration Rules or any rules agreed by the parties, the Tribunal shall decide the question.

제44조

어떠한 중재소송절차도 본절의 제 규정에 의거하여 진행되어야 하며 또한 분쟁 당사자가 별도로 합의하는 경우를 제외하고는 당사자가 중재에 부의할 것을 동의한 당시의 유효하던 중재규칙에 따라 진행되어야 한다. 본절에 의하여서나 또는 중재규칙이나 분쟁 당사자가 합의하는 어떠한 규칙에 의하여 망라되지 아니한 어떠한 절차상의 문제가 제기되는 경우 재판소는 그 문제를 결정하여야 한다.

Article 45

1. Failure of a party to appear or to present his case shall not be deemed an admission of the other party' s assertions.

2. If a party fails to appear or to present his case at any stage of the proceedings the other party may request the Tribunal to deal with the questions submitted to it and to render an award. Before rendering an award, the Tribunal shall notify, and grant a period of grace to, the party failing to appear or to present its case, unless it is satisfied that that party does not intend to do so.

제45조

1. 일방당사자가 출석하지 못하거나 그의 사건을 제기 못한 것은 타방당사국의 주장을 인용한 것으로 간주되지 아니한다.

2. 일방당사자가 출석하지 못하거나 그의 사건을 제기하지 못하는 경우 타방당사자는 재판소에 제출한 문제를 취급하고 판정을 내리도록 요청할 수 있다. 판정을 내리기 전에 재판소는 출석하지 못하거나 그의 사건을 제기하지 못한 당사자에게 통고하고 유예기간을 허용하여야 한다. 다만, 당해 당사자가 그와 같이 행동할 의사가 없음을 재판소가 납득한 경우에는 그러하지 아니하다.

Article 46

Except as the parties otherwise agree, the Tribunal shall, if requested by a party, determine any incidental or additional claims or counterclaims arising directly out of the subject-matter of the dispute provided that they are within the scope of the consent of the parties and are otherwise within the jurisdiction of the Centre.

제46조

당사자가 달리 합의하는 경우를 제외하고는 일방당사자의 요청이 있으면 재판소는 어떠한 부수적이거나 부가적인 소 또는 분쟁의 본 안으로부터 직접적으로 발생한 반소를 결정하여야 한다. 다만, 그러한 소가 당사자가 합의한 범위 내의 것이고 또한 당사자가 합의한 것이 본부의 관할내에 있어야 한다.

Article 47

Except as the parties otherwise agree, the Tribunal may, if it considers that the circumstances so require, recommend any provisional measures which should be taken to preserve the respective rights of either party.

제47조

당사자가 달리 합의하는 경우를 제외하고는, 재판소는, 그가 사정이 그와같이 요청한다고 인정하는 경우에는, 각 당사자의 상호의 권리를 보전하기 위하여 취하여야 할 잠정적 조치를 권고할 수 있다.

SECTION 4
THE AWARD

제 4 절
판 정

Article 48

1. The Tribunal shall decide questions by a majority of the votes of all its members.
2. The award of the Tribunal shall be in writing and shall be signed by the members of the Tribunal who voted for it.
3. The award shall deal with every question submitted to the Tribunal, and shall state the reasons upon which it is based.
4. Any member of the Tribunal may attach his individual opinion to the award, whether he dissents from the majority or not, or a statement of his dissent.

제48조

1. 재판소는 모든 재판관의 다수결 투표에 의하여 문제를 결정하여야 한다.
2. 재판소의 판정은 서면으로 작성되어야 하며 그것에 찬성 투표한 재판소의 재판관이 이에 서명하여야 한다.
3. 판정은 재판소에 제출된 모든 문제를 취급하여야 하고 또한 판정의 근거가 되는 이유를 명시하여야 한다.
4. 재판소의 재판관은 그가 다수 의견과 의견을 달리하거나 아니 하거나를 불문하고 판정에 대한 개인 의견을 부가하거나 또는 불찬성에 대한 진술을 첨부할 수 있다.

5. The Centre shall not publish the award without the consent of the parties.

5. 본부는 당사자의 동의없이는 그 판정서를 발급하여서는 아니된다.

Article 49

제 49 조

1. The Secretary-General shall promptly dispatch certified copies of the award to the parties. The award shall be deemed to have been rendered on the date on which the certified copies were dispatched.

1. 사무총장은 판정서의 인증 등본을 신속히 당사자에게 송부한다. 판정은 그 판정서의 인증 등본이 송달되는 날에 내려진 것으로 간주된다.

2. The Tribunal upon the request of a party made within 45 days after the date on which the award was rendered may after notice to the other party decide any question which it had omitted to decide in the award, and shall rectify any clerical, arithmetical or similar error in the award. Its decision shall become part of the award and shall be notified to the parties in the same manner as the award. The periods of time provided for under paragraph (2) of Article 51 and paragraph (2) of Article 52 shall run from the date on which the decision was rendered.

2. 판정이 내려진 날로부터 45일 이내에 행한 일방당사자의 요청에 따라 재판소는 일방 당사자에게 통고한 후 판정에서 결정이 누락된 문제점을 결정할 수 있고, 또한 판정서 상의 어떠한 오기, 오산 또는 기타 이에 유사한 오류를 정정하여야 한다. 재판소의 결정은 판정의 일부를 구성하며 판정서와 동일한 방법으로 당사자에게 통고되어야 한다. 제51조 제2항 및 제52조 제2항에 규정된 기간은 결정이 행하여진 날로부터 가산되어야 한다.

SECTION 5
INTERPRETATION, REVISION AND ANNULMENT OF THE AWARD

제 5 절
판정의 해석, 개정 및 무효

Article 50

제50조

1. If any dispute shall arise between the parties as to the meaning or scope of an award, either party may request interpretation of the award by an application in writing addressed to the Secretary-General.

1. 판정의 의미 또는 범위에 관하여 당사자간에 분쟁이 제기되는 경우에는 어느 일방당사자는 사무총장 앞으로 신청서를 제출하여 판정서의 해석을 요청할 수 있다.

2. The request shall, if possible, be sub-

2. 요청서는 가능하다면 판정을 내린 재판

mitted to the Tribunal which rendered the award. If this shall not be possible, a new Tribunal shall be constituted in accordance with Section 2 of this Chapter. The Tribunal may, if it considers that the circumstances so require, stay enforcement of the award pending its decision.

소에 제출되어야 한다. 이것이 불가능하다면 새로운 재판소가 본장 제2절에 따라 구성되어야 한다. 재판소는 사정이 그와 같이 요구한다고 인정하는 경우에는 그의 결정이 있을 때까지 판정의 집행을 유예할 수 있다.

Article 51

1. Either party may request revision of the award by an application in writing addressed to the Secretary-General on the ground of discovery of some fact of such a nature as decisively to affect the award, provided that when the award was rendered that fact was unknown to the Tribunal and to the applicant and that the applicant' s ignorance of that fact was not due to negligence.

2. The application shall be made within 90 days after the discovery of such fact and in any event within three years after the date on which the award was rendered.

3. The request shall, if possible, be submitted to the Tribunal which rendered the award. If this shall not be possible, a new Tribunal shall be constituted in accordance with Section 2 of this Chapter.

4. The Tribunal may, if it considers that the circumstances so require, stay enforcement of the award pending its decision. If the applicant requests a stay of enforcement of the award in his application, enforcement shall be stayed provisionally until the Tribunal rules on such request.

제51조

1. 어느 일방 당사자가 판정에 결정적으로 영향을 미치는 그러한 성질의 어느 사실을 발견하였음을 이유로 사무총장 앞으로 신청서를 제출하여 판정서의 수정을 요청할 수 있다. 다만, 판정이 내려졌을 당시에 이러한 사실이 재판소 및 신청인에게 알려지지 아니하였고 또한 이러한 사실을 신청인이 알지 못하였음이 과실에 기인하지 아니한 때에 한한다.

2. 신청은 이러한 사실을 발견한 후, 30일 이내에 행하여져야 하고 어떠한 경우라 할지라도 판정이 내려진 날로부터 3년 이내에 이를 행하여야 한다.

3. 요청서는 가능하다면 판정을 내린 재판소에 제출되어야 한다. 이것이 불가능하다면 새로운 재판소는 본장 제2절에 따라 구성되어야 한다.

4. 재판소는 사정이 그와 같이 요구한다고 인정한다면 그의 결정이 있을 때까지 판정의 집행을 유예할 수 있다. 신청인이 그의 신청서에서 판정집행의 유예를 요청한다면 집행은 재판소가 이러한 요청에 대한 결정을 할 때까지 잠정적으로 유예되어야 한다.

Article 52

1. Either party may request annulment of the award by an application in writing addressed to the Secretary-General on one or more of the following grounds:

(a) that the Tribunal was not properly constituted;
(b) that the Tribunal has manifestly exceeded its powers;
(c) that there was corruption on the part of a member of the Tribunal;
(d) that there has been a serious departure from a fundamental rule of procedure; or
(e) that the award has failed to state the reasons on which it is based.

2. The application shall be made within 120 days after the date on which the award was rendered except that when annulment is requested on the ground of corruption such application shall be made within 120 days after discovery of the corruption and in any event within three years after the date on which the award was rendered.

3. On receipt of the request the Chairman shall forthwith appoint from the Panel of Arbitrators an ad hoc Committee of three persons. None of the members of the Committee shall have been a member of the Tribunal which rendered the award, shall be of the same nationality as any such member, shall be a national of the State party to the dispute or of the State whose national is a party to the dispute, shall have been designated to the Panel of Arbitrators by either of those States, or

제52조

1. 각 당사자는 다음의 1 또는 2 이상의 사유로써 사무총장 앞으로 신청서를 제출하여 판정의 무효를 요청할 수 있다.

가. 재판소가 적절히 구성되지 아니하였을 때,
나. 재판소가 명백히 그의 권한을 이탈하였을 때,
다. 재판소의 재판관에 독직이 있을 때,
라. 기본적인 심리 규칙으로부터 중대한 이탈이 있었을 때, 또는
마. 판정서에 그의 근거되는 이유를 명시하지 아니하였을 때.

2. 신청은 판정이 내려진 날로부터 120일 이내에 이를 하여야 한다. 다만, 독직을 이유로 무효를 요청한 때에는 독직을 발견한 날로부터 120일 이내에 그리고 어떠한 경우라 할지라도 판정이 행하여진 날로부터 3년 이내에 이러한 신청을 하여야 한다.

3. 요청서를 접수하면 의장은 즉시 3명으로 구성된 특별위원회를 중재위원단으로부터 임명하여야 한다. 위원회의 어느 위원도 판정을 내린 재판소의 재판관이어서는 아니되며, 분쟁 당사국이나 그의 국민이 분쟁 당사자인 국가의 국민이어서도 아니되며, 이들의 어느 국가에 의하여서도 중재위원단에 지명되지 아니하였어야 하며 또는 동일한 분쟁의 조정자로서 활동하지 아니하였어야 한다. 위원회는 제1항에 규정된 이유에 의하여 판정서 또는 그의 어느 부분을 무효하게

shall have acted as a conciliator in the same dispute. The Committee shall have the authority to annul the award or any part thereof on any of the grounds set forth in paragraph (1).

하는 권능을 가진다.

4. The provisions of Articles 41-45, 48, 49, 53 and 54, and of Chapters VI and VII shall apply mutatis mutandis to proceedings before the Committee.

4. 제41조 내지 제45조, 제48조, 제49조, 제53조 및 제54조와 제6장 및 제7장의 규정은 위원회의 절차에 준용한다.

5. The Committee may, if it considers that the circumstances so require, stay enforcement of the award pending its decision. If the applicant requests a stay of enforcement of the award in his application, enforcement shall be stayed provisionally until the Committee rules on such request.

5. 위원회는 사정이 그와 같이 요구한다고 인정한다면 그의 결정이 있을 때까지 판정의 집행을 유예할 수 있다. 신청인이 그의 신청에서 판정집행의 유예를 요청한다면 집행은 위원회가 이러한 요청에 대한 결정을 할 때까지 잠정적으로 유예되어야 한다.

6. If the award is annulled the dispute shall, at the request of either party, be submitted to a new Tribunal constituted in accordance with Section 2 of this Chapter.

6. 판정이 무효로 된다면 그 분쟁은 어느 일방 당사자의 요청에 따라 본장 제2절의 규정에 따라 구성되는 새로운 재판소에 제출되어야 한다.

SECTION 6
RECOGNITION AND ENFORCEMENT OF THE AWARD

제 6 절
판정의 승인과 집행

Article 53

1. The award shall be binding on the parties and shall not be subject to any appeal or to any other remedy except those provided for in this Convention. Each party shall abide by and comply with the terms of the award except to the extent that enforcement shall have been stayed pursuant to the relevant provisions of this Convention.

제53조

1. 판정은 당사자를 구속하며 본 협정에 규정된 바를 제외하고는 어떠한 상소나 또는 기타 어떠한 구제수단에도 그 대상으로 되지 아니한다. 각 당사자는 본 협약의 관계조항에 따라 집행이 유예되어 있는 범위를 제외하고는 판정의 조건을 준수하고 이를 따라야 한다.

2. For the purposes of this Section, "award" shall include any decision interpreting, revising or annulling such award pursuant to Articles 50, 51 or 52.

2. 본절의 적용상, 판정이라 함은 제50조, 제51조 또는 제52조에 따라 이러한 판정을 해석, 수정 또는 무효케 하는 어떠한 결정도 포함한다.

Article 54

제54조

1. Each Contracting State shall recognize an award rendered pursuant to this Convention as binding and enforce the pecuniary obligations imposed by that award within its territories as if it were a final judgment of a court in that State. A Contracting State with a federal constitution may enforce such an award in or through its federal courts and may provide that such courts shall treat the award as if it were a final judgment of the courts of a constituent state.

1. 각 체약국은 본 협약에 따라 내려진 판정은 구속력 있는 것으로 승인하고 그것이 당해 국가의 법원의 최종판결인 것과 같이 동국의 영역 안에서 이러한 판정에 의하여 과하여진 금전상의 의무를 집행하여야 한다. 연방헌법을 가진 체약국은 그의 연방법원안에서 또는 이를 통하여 이러한 판정을 집행하여야 하며 또한 이러한 법원은 그 판정을 마치 주 법원의 최종판결인 것과 같이 취급할 것을 정하여야 한다.

2. A party seeking recognition or enforcement in the territories of a Contracting State shall furnish to a competent court or other authority which such State shall have designated for this purpose a copy of the award certified by the Secretary-General. Each Contracting State shall notify the Secretary-General of the designation of the competent court or other authority for this purpose and of any subsequent change in such designation.

2. 체약국의 영역 안에서 승인이나 집행을 구하는 당사자는 이러한 국가가 이 목적을 위하여 지정한 법원이나 기타 당국에 사무총장이 인증한 판정서의 등본을 제공하여야 한다. 각 체약국은 이 목적을 위한 관계법원이나 기타 당국의 지정 및 그 후의 이러한 지정의 변경을 사무총장에게 통고하여야 한다.

3. Execution of the award shall be governed by the laws concerning the execution of judgments in force in the State in whose territories such execution is sought.

3. 판정의 집행은 그의 영토 안에서 이러한 집행이 요구된 국가에서 유효한 재판의 집행에 관한 법률에 의하여 규율되어야 한다.

Article 55

제55조

Nothing in Article 54 shall be construed as

제54조의 어떠한 규정도 당해국 또는 어느

derogating from the law in force in any Contracting State relating to immunity of that State or of any foreign State from execution.

외국의 집행으로부터의 면제에 관한 어느 체약국의 유효한 법률을 훼손하는 것으로 해석되지 아니한다.

CHAPTER V
REPLACEMENT AND DISQUALIFICATION OF CONCILIATORS AND ARBITRATORS

제 5 장
중재관 및 조정관의 대체 및 자격상실

Article 56

1. After a Commission or a Tribunal has been constituted and proceedings have begun, its composition shall remain unchanged; provided, however, that if a conciliator or an arbitrator should die, become incapacitated, or resign, the resulting vacancy shall be filled in accordance with the provisions of Section 2 of Chapter III or Section 2 of Chapter IV.

2. A member of a Commission or Tribunal shall continue to serve in that capacity notwithstanding that he shall have ceased to be a member of the Panel.

3. If a conciliator or arbitrator appointed by a party shall have resigned without the consent of the Commission or Tribunal of which he was a member, the Chairman shall appoint a person from the appropriate Panel to fill the resulting vacancy.

제 56 조

1. 위원회나 재판소가 구성되고 심리절차가 시작된 후에는 그 구성을 변경하지 못한다. 그러나 중재관이나 조정관이 사망, 능력상실, 또는 사직하는 경우 이 결과로 초래된 결원은 제3장 제2절 또는 제4장 제2절의 규정에 따라 충원되어야 한다.

2. 위원회 또는 재판소의 위원이나 재판관은 그가 위원단의 위원직을 상실하였음에도 불구하고 위원 또는 재판관자격으로 계속 복무하여야 한다.

3. 일방당사자가 임명한 중재관이나 조정관이 그가 위원인 위원회나 재판소의 동의없이 사직하게 되는 경우에는 의장은 이 결과로 초래된 결원을 충원하기 위하여 관계위원단으로부터 인원을 임명하여야 한다.

Article 57

A party may propose to a Commission or Tribunal the disqualification of any of its members on account of any fact indicating a manifest lack of the qualities required by paragraph (1) of Article 14. A party to arbi-

제 57 조

일방당사자는 제14조 제1항에 요구된 자격의 명백한 결격을 나타내는 사실 때문에 어느 위원의 자격상실을 위원회나 재판소에 제의할 수 있다. 중재소송의 일방당사자는 이에 추가하여 그가 제4장 제2절에 따라

tration proceedings may, in addition, propose the disqualification of an arbitrator on the ground that he was ineligible for appointment to the Tribunal under Section 2 of Chapter IV.

임명이 될 자격이 없다는 이유로 중재관의 자격상실을 제의할 수 있다.

Article 58

The decision on any proposal to disqualify a conciliator or arbitrator shall be taken by the other members of the Commission or Tribunal as the case may be, provided that where those members are equally divided, or in the case of a proposal to disqualify a sole conciliator or arbitrator, or a majority of the conciliators or arbitrators, the Chairman shall take that decision. If it is decided that the proposal is well-founded the conciliator or arbitrator to whom the decision relates shall be replaced in accordance with the provisions of Section 2 of Chapter III or Section 2 of Chapter IV.

제 58 조

조정관이나 중재관을 자격 상실시키는 제의에 대한 결정은 그 경우에 따라 위원회나 재판소의 기타 위원이나 재판관으로서 이를 행하여야 한다. 그러나, 이와 같은 위원이나 재판관이 동수로 분립하거나 또는 1명의 조정관이나 중재관이 또는 다수의 조정관이나 중재관을 자격 상실시키는 제의의 경우에는 의장이 그 결정을 한다. 제의에 충분한 이유가 있다고 결정한 경우에는 그 결정에 관련되는 조정관이나 중재관은 제3장 제2절 또는 제4장 제2절의 규정에 따라 대체되어야 한다.

CHAPTER VI
COST OF PROCEEDINGS

제 6 장
소송비용

Article 59

The charges payable by the parties for the use of the facilities of the Centre shall be determined by the Secretary-General in accordance with the regulations adopted by the Administrative Council.

제 59 조

당사자가 본부시설의 이용에 대하여 지불하여야 할 부담액은 운영이사회가 채택한 규정에 따라 사무총장이 이를 결정하여야 한다.

Article 60

1. Each Commission and each Tribunal shall determine the fees and expenses of its members within limits established from

제 60 조

1. 각 위원회 및 각 재판소는 운영이사회가 수시로 설정하는 범위 내에서 또는 사무총장과 상의한 후에 그 위원이나 재판관

time to time by the Administrative Council and after consultation with the Secretary-General.

의 수수료와 경비를 결정하여야 한다.

2. Nothing in paragraph (1) of this Article shall preclude the parties from agreeing in advance with the Commission or Tribunal concerned upon the fees and expenses of its members.

2. 본조 제1항의 어떠한 규정도 당사자가 위원회나 재판소의 위원이나 재판관의 수수료와 경비에 관하여 관계위원이나 재판소와 사전에 합의하는 것을 배제하지 아니한다.

Article 61

제 61 조

1. In the case of conciliation proceedings the fees and expenses of members of the Commission as well as the charges for the use of the facilities of the Centre, shall be borne equally by the parties. Each party shall bear any other expenses it incurs in connection with the proceedings.

1. 조정절차의 경우에 있어서 본부시설의 이용을 위한 과징금과 아울러 위원회 위원의 수수료 및 경비는 당사자가 균등히 이를 분담한다. 각 당사자는 그 절차와 관련하여 당사자가 부담하는 기타 경비를 부담하여야 한다.

2. In the case of arbitration proceedings the Tribunal shall, except as the parties otherwise agree, assess the expenses incurred by the parties in connection with the proceedings, and shall decide how and by whom those expenses, the fees and expenses of the members of the Tribunal and the charges for the use of the facilities of the Centre shall be paid. Such decision shall form part of the award.

2. 중재소송의 경우에 있어서 달리 합의하는 바를 제외하고는 소송과 관련하여 당사자에 의하여 부담될 경비를 재판소는 산정하여야 하며 또한 재판소의 경비, 재판소의 재판관의 수수료와 경비 및 본부시설의 이용을 위한 과징금이 어떻게 지불되어야 하며 누가 지불하는가를 재판소가 결정하여야 한다. 이러한 결정은 판정의 일부를 이룬다.

CHAPTER VII
PLACE OF PROCEEDINGS

제 7 장
조정 및 중재의 장소

Article 62

제 62 조

Conciliation and arbitration proceedings shall be held at the seat of the Centre except as hereinafter provided.

조정과 중재의 절차는 이하에서 달리 규정하는 경우를 제외하고는 본부의 소재지에서 행하여져야 한다.

Article 63

Conciliation and arbitration proceedings may be held, if the parties so agree,

(a) at the seat of the Permanent Court of Arbitration or of any other appropriate institution, whether private or public, with which the Centre may make arrangements for that purpose; or
(b) at any other place approved by the Commission or Tribunal after consultation with the Secretary-General.

제 63 조

조정과 중재의 절차는 당사자가 합의한다면 다음의 장소에서 행하여질 수 있다.

가. 상설 중재재판소의 소재지 또는 민간기구와 공공기구를 불문하고 본부가 그 목적을 위하여 약정할 수 있는 기타 적당한 기구의 소재지.

나. 위원회나 재판소가 사무총장과 상의한 후에 승인한 기타 장소.

CHAPTER Ⅷ DISPUTES BETWEEN CONTRACTING STATES

Article 64

Any dispute arising between Contracting States concerning the interpretation or application of this Convention which is not settled by negotiation shall be referred to the International Court of Justice by the application of any party to such dispute, unless the States concerned agree to another method of settlement.

제 8 장 체약국간의 분쟁

제 64 조

본 협약의 해석이나 적용에 관하여 체약국간에 발생하는 분쟁으로서 교섭에 의하여 해결되지 아니하는 것은 관계국가가 다른 해결방법에 합의한 경우를 제외하고는 어느 분쟁 당사자의 신청에 의하여 국제사법재판소에 회부되어야 한다.

CHAPTER Ⅸ AMENDMENT

Article 65

Any Contracting State may propose amendment of this Convention. The text of a proposed amendment shall be communicated to the Secretary-General not less than 90 days

제 9 장 개 정

제 65 조

어느 체약국이든 본 협약의 개정을 제의할 수 있다. 개정안은 이러한 개정안을 검토할 운용이사회의 회기에 앞서 90일 전에 사무총장에게 송부되어야 하며 또한 사무총장

prior to the meeting of the Administrative Council at which such amendment is to be considered and shall forthwith be transmitted by him to all the members of the Administrative Council.

은 운영이사회의 전 위원에게 이를 즉시 전달하여야 한다.

Article 66

제 66 조

1. If the Administrative Council shall so decide by a majority of two-thirds of its members, the proposed amendment shall be circulated to all Contracting States for ratification, acceptance or approval. Each amendment shall enter into force 30 days after dispatch by the depositary of this Convention of a notification to Contracting States that all Contracting States have ratified, accepted or approved the amendment.

2. No amendment shall affect the rights and obligations under this Convention of any Contracting State or of any of its constituent subdivisions or agencies, or of any national of such State arising out of consent to the jurisdiction of the Centre given before the date of entry into force of the amendment.

1. 운영이사회가 그 위원의 3분지 2 이상의 다수결로써 가결한다면 개정안은 비준, 수락 또는 승인을 위하여 모든 체약국에 배부되어야 한다. 각각의 개정은 모든 체약국이 그 개정을 비준, 수락 또는 승인하였다는 통고를 본 협약의 기탁기관에 의하여 체약국에 발송된 후 30일 만에 효력을 발생한다.

2. 어떠한 개정도 개정의 효력발생 이전에 본부의 관할권에 동의함으로써 발생한 어느 체약국 또는 그의 하부조직이나 기관 또는 이러한 국가의 국민의 본 협정상의 권리의무에 영향을 미치지 아니한다.

CHAPTER X
FINAL PROVISIONS

제 10 장
최종 조항

Article 67

This Convention shall be open for signature on behalf of States members of the Bank. It shall also be open for signature on behalf of any other State which is a party to the Statute of the International Court of Justice and which the Administrative Council, by a

제 67 조

본 협약은 은행의 회원국가의 서명을 위하여 개방된다. 그것은 또한 국제사법재판소 규정의 당사국이며 또한 운영이사회가 그 이사회의 3분지 2 이상의 투표로서 협약에 서명하도록 초청할 기타 국가의 서명을 위하여 개방된다.

vote of two-thirds of its members, shall have invited to sign the Convention.

Article 68

1. This Convention shall be subject to ratification, acceptance or approval by the signatory States in accordance with their respective constitutional procedures.

2. This Convention shall enter into force 30 days after the date of deposit of the twentieth instrument of ratification, acceptance or approval. It shall enter into force for each State which subsequently deposits its instrument of ratification, acceptance or approval 30 days after the date of such deposit.

제 68 조

1. 본 협약은 서명국 각각의 헌법상의 절차에 따라 당해국에 의하여 비준, 수락 또는 승인되어야 한다.

2. 본 협약은 비준서, 수락서 또는 승인서가 20번째로 기탁된 후 30일 만에 효력을 발생한다. 본 협정은 그 후에 비준서, 수락서 또는 승인서를 기탁한 각 국가에 대하여서는 이러한 기탁을 한 날로부터 30일만에 효력을 발생한다.

Article 69

Each Contracting State shall take such legislative or other measures as may be necessary for making the provisions of this Convention effective in its territories.

제 69 조

각 체약국은 당해국의 영역내에서 본 협약의 규정을 유효케 하는데 필요한 입법적인 또는 기타 필요하다고 인정되는 조치를 취하여야 한다.

Article 70

This Convention shall apply to all territories for whose international relations a Contracting State is responsible, except those which are excluded by such State by written notice to the depositary of this Convention either at the time of ratification, acceptance or approval or subsequently.

제 70 조

본 협약은 체약국의 국제관계에 있어서 책임을 지는 모든 영역에 대하여 적용되어야 한다. 다만, 이러한 국가가 비준, 수락 또는 승인하는 어느 때에나 본 협약의 기탁기관에 서면통고로써 제외시킨 영역에 대하여서는 그러하지 아니하다.

Article 71

Any Contracting State may denounce this Convention by written notice to the deposi-

제 71 조

모든 체약국은 본 협약의 기탁기관에 서면통고함으로써 본 협약을 폐기할 수 있다.

tary of this Convention. The denunciation shall take effect six months after receipt of such notice.

폐기는 이러한 통고를 받은 날로부터 6개월 후에 효력을 발생한다.

Article 72

제 72 조

Notice by a Contracting State pursuant to Articles 70 or 71 shall not affect the rights or obligations under this Convention of that State or of any of its constituent subdivisions or agencies or of any national of that State arising out of consent to the jurisdiction of the Centre given by one of them before such notice was received by the depositary.

제70조 또는 제71조에 의거한 체약국의 통고는 기탁기관이 이러한 통고를 받기 전에 본부의 관할권에 동의한 것으로부터 발생한 어느 체약국, 그의 하부조직이나 또는 기관 또는 이러한 국가의 국민이 지고 있는 본 협정상의 권리의무에 영향을 미치지 아니한다.

Article 73

제 73 조

Instruments of ratification, acceptance or approval of this Convention and of amendments thereto shall be deposited with the Bank which shall act as the depositary of this Convention. The depositary shall transmit certified copies of this Convention to States members of the Bank and to any other State invited to sign the Convention.

본 협약 및 그 개정 협약에 대한 비준서, 수락서 또는 승인서는 본 협약의 기탁 기관으로서 행동할 은행에 기탁되어야 한다. 기탁기관은 회원국과 협약에 서명하도록 초청받은 기타 국가에 인증 등본을 송부하여야 한다.

Article 74

제 74 조

The depositary shall register this Convention with the Secretariat of the United Nations in accordance with Article 102 of the Charter of the United Nations and the Regulations thereunder adopted by the General Assembly.

기탁기관은 국제연합헌장 제102조 및 총회가 채택한 그에 관한 규정에 따라 국제연합사무국에 본 협약을 등록하여야 한다.

Article 75

제 75 조

The depositary shall notify all signatory States of the following:

기탁기관은 모든 체약국에 대하여 다음의 사항을 통고하여야 한다.

(a) signatures in accordance with Article 67;
(b) deposits of instruments of ratification, acceptance and approval in accordance with Article 73;
(c) the date on which this Convention enters into force in accordance with Article 68;
(d) exclusions from territorial application pursuant to Article 70;
(e) the date on which any amendment of this Convention enters into force in accordance with Article 66; and
(f) denunciations in accordance with Article 71.

가. 제67조에 따른 서명.
나. 제73조에 따른 비준서, 수락서 및 승인서의 기탁.
다. 제68조에 따른 본 협약의 효력 발생 일자.
라. 제70조에 따른 영역의 본 협약 적용으로부터의 제외.
마. 제66조에 따른 본 협약의 개정의 효력 발생 일자.
바. 제71조에 따른 폐기.

DONE AT Washington, in the English, French and Spanish languages, all three texts being equally authentic, in a single copy which shall remain deposited in the archives of the International Bank for Reconstruction and Development, which has indicated by its signature below its agreement to fulfil the functions with which it is charged under this Convention.

동등히 정본인 영어, 불어 및 서반아어로 각각 1통씩을 워싱톤에서 작성하였으며, 국제부흥개발은행의 문서국에 이를 기탁하여야 한다. 동 은행은 아래에 서명함으로써 동 은행에 본 협약에 의하여 부과된 기능을 수행하는데 대한 동의를 표명하였다.

2. Free Trade Agreement between the Republic of Korea and the United States of America

2. 대한민국과 미합중국간의 자유무역협정 (한-미 FTA)

CHAPTER ELEVEN
INVESTMENT

제11장
투 자

Section A: Investment

제 1 절 투 자

ARTICLE 11.1: SCOPE AND COVERAGE

1. This Chapter applies to measures adopted or maintained by a Party relating to:

(a) investors of the other Party;
(b) covered investments; and
(c) with respect to Articles 11.8 and 11.10, all investments in the territory of the Party.

2. For greater certainty, this Chapter does not bind either Party in relation to any act or fact that took place or any situation that ceased to exist before the date of entry into force of this Agreement.

3. For purposes of this Chapter, **measures adopted or maintained by a Party** means measures adopted or maintained by:

(a) central, regional, or local governments and authorities; and
(b) non-governmental bodies in the exercise of powers delegated by central, regional, or local governments or authorities.

제11.1조 적용범위

1. 이 장은 다음에 관하여 당사국이 채택하거나 유지하는 조치에 적용된다.

가. 다른 쪽 당사국의 투자자
나. 적용대상투자, 그리고
다. 제11.8조 및 제11.10조에 대하여, 그 당사국의 영역에 있는 모든 투자

2. 보다 명확히 하기 위하여, 이 장은 이 협정의 발효일 전에 발생한 행위 또는 사실이나 존재하지 아니하게 된 상황에 관하여 어떠한 당사국도 구속하지 아니한다.

3. 이 장의 목적상, **당사국이 채택하거나 유지하는 조치**라 함은 다음을 말한다.

가. 중앙·지역 또는 지방 정부와 당국이 채택하거나 유지하는 조치, 그리고
나. 중앙·지역 또는 지방 정부나 당국으로부터 위임받은 권한을 행사하여 비정부 기관이 채택하거나 유지하는 조치

ARTICLE 11.2: RELATION TO OTHER CHAPTERS

1. In the event of any inconsistency between this Chapter and another Chapter, the oth-

제11.2조 다른 장과의 관계

1. 이 장과 다른 장간에 불합치가 있는 경우, 그 불합치의 한도에서 다른 장이 우

er Chapter shall prevail to the extent of the inconsistency.

선한다.

2. A requirement by a Party that a service supplier of the other Party post a bond or other form of financial security as a condition of the cross-border supply of a service does not of itself make this Chapter applicable to measures adopted or maintained by the Party relating to such cross-border supply of the service. This Chapter applies to measures adopted or maintained by the Party relating to the posted bond or financial security, to the extent that such bond or financial security is a covered investment.

2. 다른 쪽 당사국의 서비스 공급자가 국경간 서비스공급의 조건으로 채권 또는 그 밖의 형태의 재정적 담보를 기탁하여야 한다는 어느 한 쪽 당사국의 요건은 그 자체만으로 , 이 장이 그러한 국경간 서비스의 공급에 관하여 그 당사국이 채택하거나 유지하는 조치에 적용가능하도록 하는 것은 아니다. 이 장은 기탁된 채권 또는 재정적 담보가 적용대상투자가 되는 한도에서, 그 채권 또는 재정적 담보에 관하여 당사국이 채택하거나 유지하는 조치에 대하여 적용된다.

3. This Chapter does not apply to measures adopted or maintained by a Party to the extent that they are covered by Chapter Thirteen (Financial Services).

3. 이 장은 제13장(금융서비스)의 적용대상이 되는 한도에서 당사국이 채택하거나 유지하는 조치에 적용되지 아니한다.

ARTICLE 11.3: NATIONAL TREATMENT

제11.3조 내국민대우

1. Each Party shall accord to investors of the other Party treatment no less favorable than that it accords, in like circumstances, to its own investors with respect to the 11-2 establishment, acquisition, expansion, management, conduct, operation, and sale or other disposition of investments in its territory.

1. 각 당사국은 자국 영역내 투자의 설립·인수·확장·경영·영업·운영과 매각 또는 그 밖의 처분에 대하여 동종의 상황에서 자국 투자자에게 부여하는 것보다 불리하지 아니한 대우를 다른 쪽 당사국의 투자자에게 부여한다.

2. Each Party shall accord to covered investments treatment no less favorable than that it accords, in like circumstances, to investments in its territory of its own investors with respect to the establishment, acquisition, expansion, management, conduct, operation, and sale or other dis-

2. 각 당사국은 투자의 설립·인수·확장·경영·영업·운영과 매각 또는 그 밖의 처분에 대하여 동종의 상황에서 자국 투자자의 자국 영역내 투자에 부여하는 것보다 불리하지 아니한 대우를 적용대상투자에 부여한다.

position of investments.

3. The treatment to be accorded by a Party under paragraphs 1 and 2 means, with respect to a regional level of government, treatment no less favorable than the most favorable treatment accorded, in like circumstances, by that regional level of government to investors, and to investments of investors, of the Party of which it forms a part.

3 . 제1항 및 제2항에 따라 당사국이 부여하는 대우라 함은, 지역정부에 대하여는, 동종의 상황에서 그 지역정부가 자신이 일부를 구성하는 당사국의 투자자와 투자자의 투자에 대하여 부여하는 가장 유리한 대우보다 불리하지 아니한 대우를 말한다.

ARTICLE 11.4: MOST-FAVORED-NATION TREATMENT

제11.4조 최혜국대우

1. Each Party shall accord to investors of the other Party treatment no less favorable than that it accords, in like circumstances, to investors of any non-Party with respect to the establishment, acquisition, expansion, management, conduct, operation, and sale or other disposition of investments in its territory.

2. Each Party shall accord to covered investments treatment no less favorable than that it accords, in like circumstances, to investments in its territory of investors of any non-Party with respect to the establishment, acquisition, expansion, management, conduct, operation, and sale or other disposition of investments.

1. 각 당사국은 자국 영역내 투자의 설립·인수·확장·경영·영업·운영과 매각 또는 그 밖의 처분에 대하여 동종의 상황에서 비당사국의 투자자에게 부여하는 것보다 불리하지 아니한 대우를 다른 쪽 당사국의 투자자에게 부여한다.

2. 각 당사국은 투자의 설립·인수·확장·경영·영업·운영과 매각 또는 그 밖의 처분에 대하여 동종의 상황에서 비당사국 투자자의 자국 영역 내 투자에 부여하는 것보다 불리하지 아니한 대우를 적용대상투자에 부여한다.

ARTICLE 11.5: MINIMUM STANDARD OF TREATMENT[1)]

제11.5조 대우의 최소기준[1)]

1. Each Party shall accord to covered investments treatment in accordance with cus-

1. 각 당사국은 공정하고 공평한 대우와 충분한 보호 및 안전을 포함하여, 국제관

1) Article 11.5 shall be interpreted in accordance with Annex 11-A.

1) 제11.5조는 부속서 11-가에 따라 해석된다.

tomary international law, including fair and equitable treatment and full protection and security.

습법에 따른 대우를 적용대상투자에 부여한다.

2. For greater certainty, paragraph 1 prescribes the customary international law minimum standard of treatment of aliens as the minimum standard of treatment to be afforded to covered investments. The concepts of "fair and equitable treatment" and "full protection and security" do not require treatment in addition to or beyond that which is required by that standard, and do not create additional substantive rights. The obligation in paragraph 1 to provide:

(a) "fair and equitable treatment" includes the obligation not to deny justice in criminal, civil, or administrative adjudicatory proceedings in accordance with the principle of due process embodied in the principal legal systems of the world; and

(b) "full protection and security" requires each Party to provide the level of police protection required under customary international law.

2. 보다 명확히 하기 위하여, 제1항은 외국인의 대우에 대한 국제관습법상 최소기준을 적용대상투자에 부여하여야 할 대우의 최소기준으로 규정한다. "공정하고 공평한 대우"와 "충분한 보호 및 안전"이라는 개념은 그러한 기준이 요구하는 것에 추가적인 또는 이를 초과한 대우를 요구하지 아니하며, 추가적인 실질적 권리를 창설하지 아니한다.

가. 제1항의 "공정하고 공평한 대우"를 제공할 의무는 세계의 주요 법률 체계에 구현된 적법절차의 원칙에 따라 형사·민사 또는 행정적 심판절차에 있어서의 정의를 부인하지 아니할 의무를 포함한다. 그리고

나. 제1항의 "충분한 보호 및 안전"을 제공할 의무는 각 당사국이 국제관습법에 따라 요구되는 수준의 경찰보호를 제공하도록 요구한다.

3. A determination that there has been a breach of another provision of this Agreement, or of a separate international agreement, does not establish that there has been a breach of this Article.

3. 이 협정의 다른 규정 또는 별도의 국제협정에 대한 위반이 있었다는 판정이 이 조에 대한 위반이 있었다는 것을 입증하지는 아니한다.

4. Notwithstanding Article 11.12.5(b), each Party shall accord to investors of the other Party, and to covered investments, non-discriminatory treatment with respect to measures it adopts or maintains relating to losses suffered by investments in its

4. 제11.12조 제5항 나호에도 불구하고, 각 당사국은 전쟁 또는 그 밖의 무력 충돌, 또는 반란·폭동·소요 또는 그 밖의 내란으로 인하여 자국 영역내 투자가 입은 손실에 관하여 자국이 채택하거나 유지하는 조치에 대하여 비차별적인 대우를

territory owing to war or other armed conflict, or revolt, insurrection, riot, or other civil strife.

다른 쪽 당사국의 투자자와 적용대상투자에 부여한다.

5. Notwithstanding paragraph 4, if an investor of a Party, in the situations referred to in paragraph 4, suffers a loss in the territory of the other Party resulting from:

(a) requisitioning of its covered investment or part thereof by the latter's forces or authorities; or
(b) destruction of its covered investment or part thereof by the latter's forces or authorities, which was not required by the necessity of the situation,

the latter Party shall provide the investor restitution, compensation, or both, as appropriate, for such loss. Any compensation shall be prompt, adequate, and effective in accordance with paragraphs 2 through 4 of Article 11.6, *mutatis mutandis*.

5. 제4항에도 불구하고, 어느 한 쪽 낭사국의 투자자가 제4항에 언급된 상황에서 다음의 결과로 다른 쪽 당사국의 영역에서 손실을 입는 경우,

가. 다른 쪽 당사국의 군대 또는 당국에 의한 적용대상투자 또는 그 일부의 징발, 또는
나. 상황의 필요상 요구되지 아니하였던 다른 쪽 당사국의 군대 또는 당국에 의한 적용대상투자 또는 그 일부의 파괴

다른 쪽 당사국은 그 투자자에게 그러한 손실에 대하여, 각 경우에 맞게, 원상회복, 보상 또는 양자 모두를 제공한다. 모든 보상은 제11.6조 제2항 내지 제4항을 준용하여 신속하고 적절하며 효과적이어야 한다.

6. Paragraph 4 does not apply to existing measures relating to subsidies or grants that would be inconsistent with Article 11.3 but for Article 11.12.5(b).

6. 제4항은 제11.12조 제5항 나호가 아니었다면 제11.3조에 불합치하였을 보조금 또는 무상교부에 관한 기존의 조치에 적용되지 아니한다.

ARTICLE 11.6: EXPROPRIATION AND COMPENSATION[2)]

제11.6조 수용 및 보상[2)]

1. Neither Party may expropriate or nationalize a covered investment either directly or indirectly through measures equivalent to expropriation or nationalization (expropriation), except:

(a) for a public purpose;
(b) in a non-discriminatory manner;

1. 어떠한 당사국도 다음을 제외하고 적용대상투자를 직접적으로 또는 수용이나 국유화(수용)와 동등한 조치를 통하여 간접적으로 수용하거나 국유화할 수 없다.

가. 공공 목적을 위할 것
나. 비차별적 방식일 것

2) Article 11.6 shall be interpreted in accordance with Annexes 11-A and 11-B.

2) 제11.6조는 부속서 11-가 및 11-나에 따라 해석된다.

(c) on payment of prompt, adequate, and effective compensation; and
(d) in accordance with due process of law and Article 11.5.1 through 11.5.3.

다. 신속하고 적절하며 효과적인 보상을 지불할 것, 그리고
라. 적법절차와 제11.5조제1항 내지 제3항을 따를 것

2. The compensation referred to in paragraph 1(c) shall:

2. 제1항 다호에 언급된 보상은

(a) be paid without delay;
(b) be equivalent to the fair market value of the expropriated investment immediately before the expropriation took place (the date of expropriation);
(c) not reflect any change in value occurring because the intended expropriation had become known earlier; and
(d) be fully realizable and freely transferable.

가. 지체 없이 지불되어야 한다.
나. 수용이 발생하기(수용일) 직전의 수용된 투자의 공정한 시장가격과 동등하여야 한다.
다. 수용 의도가 미리 알려졌기 때문에 발생하는 가치의 어떠한 변동도 반영하지 아니하여야 한다. 그리고
라. 충분히 실현가능하고 자유롭게 송금가능하여야 한다.

3. If the fair market value is denominated in a freely usable currency, the compensation referred to in paragraph 1(c) shall be no less than the fair market value on the date of expropriation, plus interest at a commercially reasonable rate for that currency, accrued from the date of expropriation until the date of payment.

3. 공정한 시장가격이 자유사용가능통화로 표시되는 경우, 제1항 다호에 언급된 보상은 수용일의 공정한 시장가격에 그 통화에 대한 상업적으로 합리적인 이자율에 따라 수용일부터 지불일까지 발생한 이자를 더한 것보다 적어서는 아니 된다.

4. If the fair market value is denominated in a currency that is not freely usable, the compensation referred to in paragraph 1(c) — converted into the currency of payment at the market rate of exchange prevailing on the date of payment — shall be no less than:

4. 공정한 시장가격이 자유롭게 사용가능하지 아니한 통화로 표시되는 경우, 제1항다호에 언급된, 지불일에 일반적인 시장환율에 따라 지불통화로 환산된, 보상은 다음을 합한 것보다 적어서는 아니 된다.

(a) the fair market value on the date of expropriation, converted into a freely usable currency at the market rate of exchange prevailing on that date, plus
(b) interest, at a commercially reasonable rate for that freely usable currency, ac-

가. 수용일의 일반적인 시장환율에 따라 자유사용가능통화로 환산된 수용일의 공정한 시장가격
나. 그 자유사용가능통화에 대한 상업적으로 합리적인 이자율에 따라 수용일부터

crued from the date of expropriation until the date of payment.

지불일까지 발생한 이자

5. This Article does not apply to the issuance of compulsory licenses granted in relation to intellectual property rights in accordance with the TRIPS Agreement, or to the revocation, limitation, or creation of intellectual property rights, to the extent that such issuance, revocation, limitation, or creation is consistent with Chapter Eighteen (Intellectual Property Rights).

5. 이 조는 무역관련 지적재산권에 관한 협정에 따라 지적재산권과 관련하여 부여되는 강제실시권의 발동이나 지적재산권의 취소·제한 또는 생성에 적용되지 아니한다. 이는 그러한 발동·취소·제한 또는 생성이 제18장(지적재산권)에 합치하는 것을 한도로 한다.

ARTICLE 11.7: TRANSFERS[3]

제11.7조 송 금[3]

1. Each Party shall permit all transfers relating to a covered investment to be made freely and without delay into and out of its territory. Such transfers include:

(a) contributions to capital, including the initial contribution;

(b) profits, dividends, capital gains, and proceeds from the sale of all or any part of the covered investment or from the partial or complete liquidation of the covered investment;

(c) interest, royalty payments, management fees, and technical assistance and other fees;

(d) payments made under a contract, including a loan agreement;

(e) payments made pursuant to Article 11.5.4 and 11.5.5 and Article 11.6; and

(f) payments arising out of a dispute.

1. 각 당사국은 적용대상투자에 관한 모든 송금이 자국 영역 내외로 자유롭고 지체 없이 이루어지도록 허용한다. 그러한 송금은 다음을 포함한다.

가. 최초 출자금을 포함한 출자금

나. 이윤, 배당, 자본이득, 그리고 적용대상투자의 전부 또는 일부의 매각에 따른 대금 또는 적용대상투자의 부분적 또는 완전한 청산에 따른 대금

다. 이자, 로얄티 지불, 관리 수수료, 그리고 기술지원 및 그 밖의 수수료

라. 대부계약을 포함하여, 계약에 따라 이루어진 지불

마. 제11.5조 제4항·제11.5조 제5항 및 제11.6조에 따라 이루어진 지불, 그리고

바. 분쟁으로부터 발생한 지불

2. Each Party shall permit transfers relating to a covered investment to be made in a freely usable currency at the market rate of

2. 각 당사국은 적용대상투자에 관한 송금이 송금의 시점에서 일반적인 시장환율에 따라 자유사용가능통화로 이루어지

3) For greater certainty, Annex 11-G applies to this Article.

3) 보다 명확히 하기 위하여, 부속서 11-사는 이 조에 적용된다.

exchange prevailing at the time of transfer.

도록 허용한다.

3. Each Party shall permit returns in kind relating to a covered investment to be made as authorized or specified in a written agreement between the Party and a covered investment or an investor of the other Party.

3. 각 당사국은 적용대상투자에 관한 현물 수익이 당사국과 적용대상투자 또는 다른 쪽 당사국의 투자자 간의 서면 합의에서 승인되거나 명시된 대로 이루어지도록 허용한다.

4. Notwithstanding paragraphs 1 through 3, a Party may prevent a transfer through the equitable, non-discriminatory, and good faith application of its laws relating to:

(a) bankruptcy, insolvency, or the protection of the rights of creditors;

(b) issuing, trading, or dealing in securities, futures, options, or derivatives;

(c) criminal or penal offenses;

(d) financial reporting or record keeping of transfers when necessary to assist law enforcement or financial regulatory authorities; or

(e) ensuring compliance with orders or judgments in judicial or administrative proceedings.

4. 제1항 내지 제3항에도 불구하고, 당사국은 다음에 관한 자국법의 공평하고 비차별적이며 선의에 입각한 적용을 통하여 송금을 금지할 수 있다.

가. 파산, 지급불능 또는 채권자의 권리보호

나. 유가증권·선물·옵션 또는 파생상품의 발행·거래 또는 취급

다. 형사범죄

라. 법집행 또는 금융규제당국을 지원하기 위하여 필요한 때에, 송금에 대한 재무보고 또는 기록보존, 또는

마. 사법 또는 행정 절차에서의 명령 또는 판결의 준수 보장

ARTICLE 11.8: PERFORMANCE REQUIREMENTS

제11.8조 이행요건

1. Neither Party may, in connection with the establishment, acquisition, expansion, management, conduct, operation, or sale or other disposition of an investment in its territory of an investor of a Party or of a non-Party, impose or enforce any requirement or enforce any commitment or undertaking:[4)]

1. 어떠한 당사국도 당사국 또는 비당사국 투자자의 자국 영역내 투자의 설립·인수·확장·경영·영업·운영이나 매각 또는 그 밖의 처분과 관련하여, 다음의 요건을 부과 또는 강요하거나, 이에 대한 약속 또는 의무부담을 강요할 수 없다.[4)]

4) For greater certainty, a condition for the receipt or continued receipt of an advantage referred to in paragraph 2 does not constitute a "commitment or undertaking"

4) 보다 명확히 하기 위하여, 제2항에서 언급된 이익의 수령 또는 지속적 수령에 대한 조건은 제1항의 목적상 "약속 또는 의무부담"을 구성하지 아니한다.

(a) to export a given level or percentage of goods or services;

(b) to achieve a given level or percentage of domestic content;

(c) to purchase, use, or accord a preference to goods produced in its territory, or to purchase goods from persons in its territory;

(d) to relate in any way the volume or value of imports to the volume or value of exports or to the amount of foreign exchange inflows associated with such investment;

(e) to restrict sales of goods or services in its territory that such investment produces or supplies by relating such sales in any way to the volume or value of its exports or foreign exchange earnings;

(f) to transfer a particular technology, a production process, or other proprietary knowledge to a person in its territory; or

(g) to supply exclusively from the territory of the Party the goods that such investment produces or the services that it supplies to a specific regional market or to the world market.

가. 일정 수준 또는 비율의 상품 또는 서비스를 수출하는 것

나. 일정 수준 또는 비율의 국내 재료 사용을 달성하는 것

다. 자국 영역에서 생산된 상품을 구매 또는 사용하거나 이에 대하여 선호를 부여하는 것, 또는 자국 영역에 있는 인으로부터 상품을 구매하는 것

라. 수입량 또는 수입액을 수출량이나 수출액, 또는 그러한 투자와 연계된 외화유입액과 어떠한 방식으로든 관련시키는 것

마. 그러한 투자가 생산 또는 공급하는 상품이나 서비스의 판매를 수출량이나 수출액, 또는 외화획득과 어떠한 방식으로든 관련시킴으로써 자국 영역에서 그러한 판매를 제한하는 것

바. 자국 영역의 인에게 특정한 기술, 생산공정 또는 그 밖의 재산권적 지식을 이전하는 것, 또는

사. 그러한 투자가 생산하는 상품이나 공급하는 서비스를 당사국의 영역으로부터 특정한 지역시장 또는 세계시장에 독점적으로 공급하는 것

2. Neither Party may condition the receipt or continued receipt of an advantage, in connection with the establishment, acquisition, expansion, management, conduct, operation, or sale or other disposition of an investment in its territory of an investor of a Party or of a non-Party, on compliance with any requirement:

2. 어떠한 당사국도 당사국 또는 비당사국 투자자의 자국 영역내 투자의 설립·인수·확장·경영·영업·운영이나 매각 또는 그 밖의 처분과 관련하여, 이익의 수령 또는 지속적 수령에 대하여 다음의 요건에 부합할 것을 조건으로 할 수 없다.

(a) to achieve a given level or percentage of domestic content;

(b) to purchase, use, or accord a preference to goods produced in its territory, or to pur-

가. 일정 수준 또는 비율의 국내 재료 사용을 달성하는 것

나. 자국 영역에서 생산된 상품을 구매 또는 사용하거나 이에 대하여 선호를 부여하는 것, 또는 자국 영역에 있는 인

for purposes of paragraph 1.

chase goods from persons in its territory;

(c) to relate in any way the volume or value of imports to the volume or value of exports or to the amount of foreign exchange inflows associated with such investment; or

(d) to restrict sales of goods or services in its territory that such investment produces or supplies by relating such sales in any way to the volume or value of its exports or foreign exchange earnings.

3. (a) Nothing in paragraph 2 shall be construed to prevent a Party from conditioning the receipt or continued receipt of an advantage, in connection with an investment in its territory of an investor of a Party or of a non-Party, on compliance with a requirement to locate production, supply a service, train or employ workers, construct or expand particular facilities, or carry out research and development, in its territory.[5)]

(b) Paragraph 1(f) does not apply:

(i) when a Party authorizes use of an intellectual property right in accordance with Article 31 of the TRIPS Agreement,

5) For greater certainty, nothing in paragraph 1 shall be construed to prevent a Party, in connection with the establishment, acquisition, expansion, management, conduct, operation, or sale or other disposition of an investment of an investor of a Party or of a non-Party in its territory, from imposing or enforcing a requirement or enforcing a commitment or undertaking to locate production, supply a service, train or employ workers, construct or expand particular facilities, or carry out research and development, in its territory, provided that such activity is consistent with paragraph 1(f).

으로부터 상품을 구매하는 것

다. 수입량 또는 수입액을 수출량이나 수출액, 또는 그러한 투자와 연계된 외화유입액과 어떠한 방식으로든 관련시키는 것, 또는

라. 그러한 투자가 생산 또는 공급하는 상품이나 서비스의 판매를 수출량이나 수출액, 또는 외화획득과 어떠한 방식으로든 관련시킴으로써 자국 영역에서 그러한 판매를 제한하는 것

3. 가. 제2항의 어떠한 규정도 당사국이 당사국 또는 비당사국 투자자의 자국 영역내 투자와 관련하여, 이익의 수령 또는 지속적인 수령에 대하여 생산의 입지, 서비스의 공급, 근로자의 훈련 또는 고용, 특정한 시설의 건설 또는 확장, 또는 연구개발의 수행을 자국 영역에서 한다는 요건의 준수를 조건으로 하는 것을 금지하는 것으로 해석되지 아니한다.[5)]

나. 제1항 바호는 다음에 적용되지 아니한다.

1) 당사국이 무역관련 지적재산권에 관한 협정 제31조에 따라 지적재산권의 사용을 승인하는 때, 또는 무역관련

5) 보다 명확히 하기 위하여, 제1항의 어떠한 규정도 당사국이 자국 영역내 당사국 또는 비당사국 투자자의 투자의 설립·인수·확장·경영·영업·운영이나 매각 또는 그 밖의 처분과 관련하여, 생산의 입지, 서비스의 공급, 근로자의 훈련 또는 고용, 특정한 시설의 건설 또는 확장, 또는 연구개발의 수행을 자국 영역에서 한다는 요건을 부과 또는 강제하거나 약속 또는 의무부담을 강제하는 것을 금지하는 것으로 해석되지 아니한다. 다만, 그러한 행위는 제1항 바호에 합치하여야 한다.

or to measures requiring the disclosure of proprietary information that fall within the scope of, and are consistent with, Article 39 of the TRIPS Agreement; or

(ii) when the requirement is imposed or the commitment or undertaking is enforced by a court, administrative tribunal, or competition authority to remedy a practice determined after judicial or administrative process to be anticompetitive under the Party's competition laws.[6]

(c) Provided that such measures are not applied in an arbitrary or unjustifiable manner, and provided that such measures do not constitute a disguised restriction on international trade or investment, paragraphs 1(b), (c), and (f), and 2(a) and (b), shall not be construed to prevent a Party from adopting or maintaining measures, including environmental measures:

(i) necessary to secure compliance with laws and regulations that are not inconsistent with this Agreement;

(ii) necessary to protect human, animal, or plant life or health; or

(iii) related to the conservation of living or non-living exhaustible natural resources.

(d) Paragraphs 1(a), (b), and (c), and 2(a) and (b), do not apply to qualification requirements for goods or services with respect to export promotion and foreign aid programs.

(e) Paragraphs 1(b), (c), (f), and (g), and 2(a) and (b), do not apply to government procurement.

(f) Paragraphs 2(a) and (b) do not apply to

지적재산권에 관한 협정 제39조의 범위 내에 해당하고 이에 합치되는 재산권적 정보의 공개를 요구하는 조치, 또는

2) 당사국의 경쟁법에 따라 반경쟁적인 것으로 사법적 또는 행정적 절차를 거친 후에 판정된 관행을 시정하기 위하여 법원·행정재판소 또는 경쟁당국에 의하여 요건이 부과되거나 약속 또는 의무부담이 강제되는 때[6]

다. 그러한 조치가 자의적이거나 정당화할 수 없는 방식으로 적용되지 아니하는 한, 그리고 그러한 조치가 국제무역 또는 투자에 대한 위장된 제한을 구성하지 아니하는 한, 제1항 나호·다호 및 바호, 그리고 제2항 가호 및 나호는 당사국이 환경조치를 포함하여 다음의 조치를 채택하거나 유지하는 것을 금지하는 것으로 해석되지 아니한다.

1) 이 협정에 불합치하지 아니하는 법과 규정의 준수를 보장하기 위하여 필요한 조치

2) 인간·동물 또는 식물의 생명이나 건강을 보호하기 위하여 필요한 조치, 또는

3) 고갈될 수 있는 생물 또는 무생물 천연자원의 보존과 관련된 조치

라. 제1항 가호·나호 및 다호, 그리고 제2항 가호 및 나호는 수출진흥 및 외국원조프로그램에 대한 상품 또는 서비스의 자격요건에 적용되지 아니한다.

마. 제1항 나호·다호·바호 및 사호, 그리고 제2항 가호 및 나호는 정부 조달에 적용되지 아니한다.

바. 제2항 가호 및 나호는 특혜관세 또는

6) The Parties recognize that a patent does not necessarily confer market power.

6) 양 당사국은 특허가 반드시 시장지배력을 부여하는 것은 아님을 인정한다.

requirements imposed by an importing Party relating to the content of goods necessary to qualify for preferential tariffs or preferential quotas.

특혜쿼터의 자격을 갖추기 위하여 필요한 상품의 구성품에 관하여 수입 당사국이 부과하는 요건에 적용되지 아니한다.

4. For greater certainty, paragraphs 1 and 2 do not apply to any commitment, undertaking, or requirement other than those set out in those paragraphs.

4. 보다 명확히 하기 위하여, 제1항 및 제2항은 그 항에 규정된 것 이외의 어떠한 약속·의무부담 또는 요건에도 적용되지 아니한다.

5. This Article does not preclude enforcement of any commitment, undertaking, or requirement between private parties, where a Party did not impose or require the commitment, undertaking, or requirement. For purposes of this Article, private parties include designated monopolies or state enterprises, where such entities are not exercising delegated governmental authority.

5. 이 조는, 당사국이 약속·의무부담 또는 요건을 부과하거나 요구하지 아니한 경우, 민간 당사자간의 어떠한 약속·의무부담 또는 요건의 강제도 배제하지 아니한다. 이 조의 목적상, 지정 독점 또는 공기업이 위임된 정부권한을 행사하고 있지 아니하는 경우, 민간 당사자는 그러한 실체를 포함한다.

ARTICLE 11.9: SENIOR MANAGEMENT AND BOARDS OF DIRECTORS

제11.9조 고위경영진 및 이사회

1. Neither Party may require that an enterprise of that Party that is a covered investment appoint to senior management positions natural persons of any particular nationality.

1. 어떠한 당사국도 적용대상투자인 자국 기업이 고위 경영직에 특정한 국적의 자연인을 임명하도록 요구할 수 없다.

2. A Party may require that a majority of the board of directors, or any committee thereof, of an enterprise of that Party that is a covered investment, be of a particular nationality, or resident in the territory of the Party, provided that the requirement does not materially impair the ability of the investor to exercise control over its investment.

2. 당사국은 적용대상투자인 자국 기업의 이사회나 산하 위원회의 과반수가 특정 국적이거나 자국 영역에 거주할 것을 요구할 수 있다. 다만, 그 요건은 자신의 투자에 대하여 지배권을 행사할 수 있는 투자자의 능력을 실질적으로 침해하여서는 아니된다.

ARTICLE 11.10: INVESTMENT AND ENVIRONMENT

Nothing in this Chapter shall be construed to prevent a Party from adopting, maintaining, or enforcing any measure otherwise consistent with this Chapter that it considers appropriate to ensure that investment activity in its territory is undertaken in a manner sensitive to environmental concerns.

제11.10조 투자와 환경

이 장의 어떠한 규정도 당사국이 자국 영역내 투자활동이 환경적 고려에 민감한 방식으로 수행되도록 보장하기 위하여 자국이 적절하다고 판단하는 것으로서 달리 이 장에 합치되는 조치를 채택·유지 또는 집행하는 것을 금지하는 것으로 해석되지 아니한다.

ARTICLE 11.11: DENIAL OF BENEFITS

1. A Party may deny the benefits of this Chapter to an investor of the other Party that is an enterprise of such other Party and to investments of that investor if persons of a non-Party own or control the enterprise and the denying Party:

(a) does not maintain normal economic relations with the non-Party; or

(b) adopts or maintains measures with respect to the non-Party or a person of the non-Party that prohibit transactions with the enterprise or that would be violated or circumvented if the benefits of this Chapter were accorded to the enterprise or to its investments.

2. A Party may deny the benefits of this Chapter to an investor of the other Party that is an enterprise of such other Party and to investments of that investor if the enterprise has no substantial business activities in the territory of the other Party and persons of a non-Party, or of the denying Party, own or control the enterprise. If, before denying the benefits of this Chapter, the denying Party knows that the enterprise has no substantial business activ-

제11.11조 혜택의 부인

1. 당사국은, 비당사국의 인이 다른 쪽 당사국의 기업을 소유하거나 지배하고 있는 경우로서 혜택부인 당사국이 다음에 해당하는 경우, 그러한 기업으로서 다른 쪽 당사국의 투자자와 그 투자자의 투자에 대하여 이 장의 혜택을 부인할 수 있다.

가. 그 비당사국과 정상적인 경제관계를 유지하고 있지 아니하는 경우, 또는

나. 그 기업과의 거래를 금지하는 조치 또는 이 장의 혜택이 그 기업이나 그 기업의 투자에 부여될 경우 위반되거나 우회될 조치를 그 비당사국 또는 그 비당사국의 인에 대하여 채택하거나 유지하는 경우

2. 당사국은, 다른 쪽 당사국의 기업이 다른 쪽 당사국의 영역에서 실질적인 영업활동을 하지 아니하고 비당사국의 인 또는 혜택부인 당사국의 인이 그 기업을 소유하거나 지배하는 경우, 그러한 기업으로서 다른 쪽 당사국의 투자자와 그 투자자의 투자에 대하여 이 장의 혜택을 부인할 수 있다. 혜택부인 당사국이 그 기업이 다른 쪽 당사국의 영역에서 실질적인 영업활동을 하지 아니하고 비당사국의 인 또는 혜택부인 당사국의 인이

ities in the territory of the other Party and that persons of a non-Party, or of the denying Party, own or control the enterprise, the denying Party shall, to the extent practicable, notify the other Party before denying the benefits. If the denying Party provides such notice, it shall consult with the other Party at the other Party's request.

그 기업을 소유하거나 지배하고 있는 사실을 이 장의 혜택을 부인하기 전에 아는 경우, 혜택부인 당사국은 혜택을 부인하기 전에 다른 쪽 당사국에게 이를 실행가능한 한도에서 통보한다. 혜택부인 당사국이 그러한 통보를 제공하는 경우, 다른 쪽 당사국의 요청에 따라 다른 쪽 당사국과 협의한다.

ARTICLE 11.12: NON-CONFORMING MEASURES

제11.12조 비합치 조치

1. Articles 11.3, 11.4, 11.8, and 11.9 do not apply to:

(a) any existing non-conforming measure that is maintained by a Party at

(i) the central level of government, as set out by that Party in its Schedule to Annex I,

(ii) a regional level of government, as set out by that Party in its Schedule to Annex I,[7] or

(iii) a local level of government;[8]

(b) the continuation or prompt renewal of any non-conforming measure referred to in subparagraph (a); or

(c) an amendment to any non-conforming measure referred to in subparagraph (a) to the extent that the amendment does not decrease the conformity of the measure, as it existed immediately before the amendment, with Article 11.3, 11.4, 11.8, or 11.9.

1. 제11.3조·제11.4조·제11.8조 및 제11.9조는 다음에 적용되지 아니한다.

가. 당사국이 다음에서 유지하는 기존의 모든 비합치 조치

1) 부속서 I의 자국 유보목록에 그 당사국이 기재한 대로, 중앙정부

2) 부속서 I의 자국 유보목록에 그 당사국이 기재한 대로, 지역정부[7], 또는

3) 지방정부[8]

나. 가호에 언급된 모든 비합치 조치의 지속 또는 신속한 갱신, 또는

다. 가호에 언급된 모든 비합치 조치의 개정이 제11.3조·제11.4조·제11.8조 또는 제11.9조에 대하여 그 개정 직전에 존재하였던 그 조치의 합치성을 감소시키지 아니하는 한도에서의 그 개정

7) For greater certainty, Annex 12-C (Consultations Regarding Non-Conforming Measures Maintained by a Regional Level of Government) is incorporated into and made part of this Chapter.

8) For Korea, **local level of government** means a local government as defined in the **Local Autonomy Act**.

7) 보다 명확히 하기 위하여, 부속서 1 2-다(지역정부가 유지하는 비합치조치에 대한 협의)는 이 장에 통합되어 그 일부가 된다.

8) 대한민국의 경우, **지방정부**라 함은 **지방자치법**에 정의된 지방자치단체를 말한다.

2. Articles 11.3, 11.4, 11.8, and 11.9 do not apply to any measure that a Party adopts or maintains with respect to sectors, sub-sectors, or activities, as set out in its Schedule to Annex II.

2. 제11.3조·제11.4조·제11.8조 및 제11.9조는 부속서 II의 자국 유보목록에 규정된 분야·하위분야 또는 행위에 대하여 당사국이 채택하거나 유지하는 어떠한 조치에도 적용되지 아니한다.

3. Neither Party may, under any measure adopted after the date of entry into force of this Agreement and covered by its Schedule to Annex II, require an investor of the other Party, by reason of its nationality, to sell or otherwise dispose of an investment existing at the time the measure becomes effective.

3. 어떠한 당사국도, 이 협정의 발효일 이후에 채택되고 부속서 II의 자국 유보목록의 대상이 되는 조치에 따라 다른 쪽 당사국의 투자자에게 그 국적을 이유로 그 조치가 발효되는 시점에 존재하는 투자를 매각하거나 달리 처분하도록 요구할 수 없다.

4. Articles 11.3 and 11.4 do not apply to any measure that is an exception to, or derogation from, the obligations under Article 18.1.6 (General Provisions) as specifically provided in that Article.

4. 제11.3조 및 제11.4조는 제18.1조(일반규정)에 구체적으로 규정된 대로 제18.1조 제6항에 따른 의무의 예외 또는 이탈인 어떠한 조치에 대하여도 적용되지 아니한다.

5. Articles 11.3, 11.4, and 11.9 do not apply to:

(a) government procurement; or
(b) subsidies or grants provided by a Party, including government-supported loans, guarantees, and insurance.

5. 제11.3조·제11.4조 및 제11.9조는 다음에 적용되지 아니한다.

가. 정부조달, 또는
나. 정부지원 융자, 보증 및 보험을 포함하여 당사국에 의하여 제공되는 보조금 또는 무상교부

ARTICLE 11.13: SPECIAL FORMALITIES AND INFORMATION REQUIREMENTS

제11.13조 특별형식 및 정보요건

1. Nothing in Article 11.3 shall be construed to prevent a Party from adopting or maintaining a measure that prescribes special formalities in connection with covered investments, such as a requirement that covered investments be legally constituted under its laws or regulations, provided that such formalities do not materially impair the protections afforded by the Party

1. 제11.3조의 어떠한 규정도 적용대상투자가 당사국의 법 또는 규정에 따라 합법적으로 구성될 것을 요구하는 것과 같이 당사국이 적용대상투자와 관련하여 특별형식을 규정하는 조치를 채택하거나 유지하는 것을 금지하는 것으로 해석 되지 아니한다. 다만, 그러한 형식은 이 장에 따라 그 당사국이 다른 쪽 당사국의 투자자와 적용대상투자에 부여하는 보호

to investors of the other Party and covered investments pursuant to this Chapter.

를 실질적으로 침해하여서는 아니 된다.

2. Notwithstanding Articles 11.3 and 11.4, a Party may require an investor of the other Party or its covered investment to provide information concerning that investment solely for informational or statistical purposes. The Party shall protect any confidential business information from any disclosure that would prejudice the competitive position of the investor or the covered investment. Nothing in this paragraph shall be construed to prevent a Party from otherwise obtaining or disclosing information in connection with the equitable and good faith application of its law.

2. 제11.3조 및 제11.4조에도 불구하고, 당사국은 정보수집 또는 통계상의 목적을 위하여만 다른 쪽 당사국의 투자자 또는 그 투자자의 적용대상투자가 그 투자에 관련한 정보를 제공하도록 요구할 수 있다. 당사국은 투자자 또는 적용대상투자의 경쟁적 지위를 저해하게 될 모든 공개로부터 비밀 영업정보를 보호한다. 이 항의 어떠한 규정도 당사국이 자국법의 공평하고 선의에 입각한 적용과 관련하여 정보를 달리 입수하거나 공개하는 것을 금지하는 것으로 해석되지 아니한다.

ARTICLE 11.14: SUBROGATION

제11.14조 대위변제

1. If the Korea Export Insurance Corporation or the Overseas Private Investment Corporation makes a payment to an investor of the Party in which the respective Corporation is established under a guarantee or a contract of insurance it has entered into in respect of an investment, the Corporation shall be considered the subrogee of the investor and shall be entitled to the same rights that the investor would have possessed under this Chapter but for the subrogation, and the investor shall be precluded from pursuing such rights to the extent of the subrogation.

1. 한국수출보험공사 또는 해외민간투자공사가 투자에 대하여 체결한 보증 또는 보험계약에 따라 각 공사가 설립된 당사국의 투자자에게 지불하는 경우, 그 공사는 그 투자자의 대위권자로 간주되며, 대위변제가 없었더라면 그 투자자가 이 장에 따라 소유하였을 동일한 권리를 가진다. 그리고, 그 투자자는 대위변제의 한도에서 그러한 권리를 추구하는 것으로부터 배제된다.

2. For greater certainty, nothing in this Article shall be construed to be incompatible with the rights and obligations of any Party under the **Investment Incentive Agreement Between the Government of**

2. 보다 명확히 하기 위하여, 이 조의 어떠한 규정도 **대한민국 정부와 미합중국 정부간의 투자촉진협정**(1998년 7월 30일)에 따른 당사국의 권리 및 의무와 양립 불가능한 것으로 해석되지 아니한다.

the United States of America and the Government of the Republic of Korea (July 30, 1998).

Section B: Investor-State Dispute Settlement

제 2 절 투자자와 국가간 분쟁해결

ARTICLE 11.15: CONSULTATION AND NEGOTIATION

제11.15조 협의 및 협상

In the event of an investment dispute, the claimant and the respondent should initially seek to resolve the dispute through consultation and negotiation, which may include the use of non-binding, third-party procedures.

투자분쟁이 발생하는 경우, 청구인 및 피청구국은 우선 협의 및 협상을 통하여 분쟁을 해결하도록 노력하여야 할 것이며, 이는 비구속적인 제3자 절차의 이용을 포함할 수 있다.

ARTICLE 11.16: SUBMISSION OF A CLAIM TO ARBITRATION

제11.16조 중재 청구 제기

1. In the event that a disputing party considers that an investment dispute cannot be settled by consultation and negotiation:

(a) the claimant, on its own behalf, may submit to arbitration under this Section a claim

(i) that the respondent has breached

(A) an obligation under Section A,

(B) an investment authorization, or

(C) an investment agreement;

and

(ii) that the claimant has incurred loss or damage by reason of, or arising out of, that breach; and

(b) the claimant, on behalf of an enterprise of the respondent that is a juridical person that the claimant owns or controls directly or indirectly, may submit to arbitration under this Section a claim

(i) that the respondent has breached

1 . 분쟁당사자가 투자분쟁이 협의 및 협상을 통하여 해결될 수 없다고 판단하는 경우

가. 청구인은, 자기자신을 위하여, 다음의 청구를 이 절에 따른 중재에 제기할 수 있다.

1) 피청구국이 다음을 위반하였다는 것

가) 제1절상의 의무

나) 투자인가, 또는

다) 투자계약

그리고

2) 청구인이 그 위반을 이유로, 또는 그 위반으로부터 발생한, 손실 또는 손해를 입었다는 것, 그리고

나. 청구인은, 자신이 직접적 또는 간접적으로 소유하거나 지배하는 법인인 피청구국의 기업을 대신하여, 다음의 청구를 이 절에 따른 중재에 제기할 수 있다.

1) 피청구국이 다음을 위반하였다는 것

(A) an obligation under Section A,
(B) an investment authorization, or
(C) an investment agreement;
and

(ii) that the enterprise has incurred loss or damage by reason of, or arising out of, that breach,

provided that a claimant may submit pursuant to subparagraph (a)(i)(C) or (b)(i)(C) a claim for breach of an investment agreement only if the subject matter of the claim and the claimed damages directly relate to the covered investment that was established or acquired, or sought to be established or acquired, in reliance on the relevant investment agreement.

가) 제1절상의 의무
나) 투자인가, 또는
다) 투자계약
그리고

2) 그 기업이 그 위반을 이유로, 또는 그 위반으로부터 발생한, 손실 또는 손해를 입었다는 것 다만,

청구대상과 청구된 손실이 관련 투자계약에 의거하여 설립 또는 인수되었거나 설립 또는 인수가 추진되었던 적용대상 투자와 직접적으로 관련이 있는 경우에만, 청구인은 가호1목다) 또는 나호1목다)에 따라 투자계약의 위반에 대한 청구를 제기할 수 있다.

2. At least 90 days before submitting any claim to arbitration under this Section, a claimant shall deliver to the respondent a written notice of its intention to submit the claim to arbitration (notice of intent). The notice shall specify:

(a) the name and address of the claimant and, where a claim is submitted on behalf of an enterprise, the name, address, and place of incorporation of the enterprise;

(b) for each claim, the provision of this Agreement, investment authorization, or investment agreement alleged to have been breached and any other relevant provisions;

(c) the legal and factual basis for each claim; and

(d) the relief sought and the approximate amount of damages claimed.

2. 이 절에 따른 중재에 청구를 제기하기 최소 90일 전에, 청구인은 청구를 중재에 제기하겠다는 의사에 관한 서면통보(의사통보)를 피청구국에게 전달한다. 그 통보는 다음을 명시한다.

가. 청구인의 성명 및 주소, 그리고 기업을 대신하여 청구가 제기된 경우에는 그 기업의 명칭·주소 및 설립지

나. 각 청구마다, 위반되었다고 주장되는 이 협정, 투자인가, 또는 투자 계약의 규정과 그 밖의 관련 규정

다. 각 청구의 법적 및 사실적 근거, 그리고

라. 구하는 구제조치와 청구하는 손해의 대략적 금액

3. Provided that six months have elapsed since the events giving rise to the claim, a

3. 청구를 야기한 사건이 발생한 지 6월이 경과한 경우, 청구인은

claimant may submit a claim referred to in paragraph 1:

(a) under the ICSID Convention and the ICSID Rules of Procedure for Arbitration Proceedings, provided that both the respondent and the non-disputing Party are parties to the ICSID Convention;

(b) under the ICSID Additional Facility Rules, provided that either the respondent or the non-disputing Party is a party to the ICSID Convention;

(c) under the UNCITRAL Arbitration Rules; or

(d) if the claimant and respondent agree, to any other arbitration institution or under any other arbitration rules.

가. 피청구국 및 비분쟁당사국이 모두 국제투자분쟁해결센터협약의 당사국인 경우에는 국제투자분쟁해결센터협약과 국제투자분쟁해결센터 중재절차의 절차규칙에 따라

나. 피청구국 또는 비분쟁당사국 중 하나가 국제투자분쟁해결센터협약의 당사국인 경우에는 국제투자분쟁해결센터 추가절차규칙에 따라

다. UNCITRAL 중재규칙에 따라, 또는

라. 청구인 및 피청구국이 합의하는 경우, 그 밖의 중재기관에게 또는 그 밖의 중재규칙에 따라 제1항에 언급된 청구를 제기할 수 있다.

4. A claim shall be deemed submitted to arbitration under this Section when the claimant's notice of, or request for, arbitration (notice of arbitration):

(a) referred to in paragraph 1 of Article 36 of the ICSID Convention is received by the Secretary-General;

(b) referred to in Article 2 of Schedule C of the ICSID Additional Facility Rules is received by the Secretary-General;

(c) referred to in Article 3 of the UNCITRAL Arbitration Rules, together with the statement of claim referred to in Article 18 of the UNCITRAL Arbitration Rules, are received by the respondent; or

(d) referred to under any arbitral institution or arbitral rules selected under paragraph 3(d) is received by the respondent.

A claim asserted by the claimant for the first time after such notice of arbitration is submitted shall be deemed submitted to

4. 청구는 다음의 시점에 이 절에 따른 중재에 제기된 것으로 간주된다.

가. 국제투자분쟁해결센터협약 제36조 제1항에 언급된 청구인의 중재통보 또는 중재요청(중재통보)이 사무총장에 의하여 접수된 때

나. 국제투자분쟁해결센터협약 추가절차규칙 제3부 제2조에 언급된 청구인의 중재통보가 사무총장에 의하여 접수된 때

다. 유엔국제무역법위원회 중재규칙 제3조에 규정된 청구인의 중재통보가 유엔국제무역법위원회 중재규칙 제18조에 언급된 청구서면과 함께 피청구국에 의하여 접수된 때, 또는

라. 제3항 라호에 따라 선택된 그 밖의 중재기관 또는 중재규칙에 언급된 청구인의 중재통보가 피청구국에 의하여 접수된 때

그러한 중재통보가 제출된 후 청구인이 최초로 주장하는 청구는 적용가능한 중재규칙에 따라 접수일에 이 절에 따른

arbitration under this Section on the date of its receipt under the applicable arbitral rules.

중재에 제출된 것으로 간주된다.

5. The arbitration rules applicable under paragraph 3, and in effect on the date the claim or claims were submitted to arbitration under this Section, shall govern the arbitration except to the extent modified by this Agreement.

5. 제3항에 따라 적용가능하고 이 절에 따라 하나 또는 복수의 청구가 중재에 제기된 날에 유효한 중재규칙은, 이 협정에 의하여 수정된 한도를 제외하고는 그 중재를 규율한다.

6. The claimant shall provide with the notice of arbitration:

(a) the name of the arbitrator that the claimant appoints; or

(b) the claimant's written consent for the Secretary-General to appoint that arbitrator.

6. 청구인은 중재통보와 함께 다음을 제출한다.

가. 청구인이 임명하는 중재인의 성명, 또는

나. 사무총장이 그 중재인을 임명하는 것에 대한 청구인의 서면 동의서

ARTICLE 11.17: CONSENT OF EACH PARTY TO ARBITRATION

제11.17조 중재에 대한 각 당사국의 동의

1. Each Party consents to the submission of a claim to arbitration under this Section in accordance with this Agreement.

1. 각 당사국은 이 협정에 따라 이 절에 따른 중재 청구 제기하는 것에 동의한다.

2. The consent under paragraph 1 and the submission of a claim to arbitration under this Section shall satisfy the requirements of:

(a) Chapter II (Jurisdiction of the Centre) of the ICSID Convention and the ICSID Additional Facility Rules for written consent of the parties to the dispute; and

(b) Article II of the New York Convention for an "agreement in writing."

2. 제1항에 따른 동의와 이 절에 따른 중재 청구 제기는 다음의 요건을 충족한다.

가. 분쟁당사자의 서면 동의를 위한 국제투자분쟁해결센터협약 제2장(센터의 관할권)과 국제투자분쟁해결센터 추가절차규칙의 요건, 그리고

나. "서면 합의"를 위한 뉴욕협약 제2조의 요건

ARTICLE 11.18: CONDITIONS AND LIMITATIONS ON CONSENT OF EACH PARTY

1. No claim may be submitted to arbitration under this Section if more than three years have elapsed from the date the claimant first acquired, or should have first acquired, knowledge of the breach alleged under Article 11.16.1 and knowledge that the claimant (for claims brought under Article 11.16.1(a)) or the enterprise (for claims brought under Article 11.16.1(b)) has incurred loss or damage.

2. No claim may be submitted to arbitration under this Section unless:

(a) the claimant consents in writing to arbitration in accordance with the procedures set out in this Agreement; and

(b) the notice of arbitration is accompanied,

(i) for claims submitted to arbitration under Article 11.16.1(a), by the claimant's written waiver, and

(ii) for claims submitted to arbitration under Article 11.16.1(b), by the claimant's and the enterprise's written waivers

of any right to initiate or continue before any administrative tribunal or court under the law of either Party, or other dispute settlement procedures, any proceeding with respect to any measure alleged to constitute a breach referred to in Article 11.16.

3. Notwithstanding paragraph 2(b), the claimant (for claims brought under Article 11.16.1(a)) and the claimant or the enterprise (for claims brought under Article 11.16.1(b)) may initiate or continue an ac-

제11.18조 각 당사국의 동의에 대한 조건 및 제한

1. 제11.16조제1항에 따라 주장되는 위반사실과 청구인(제11.16조제1항가호에 따라 제기된 청구의 경우) 또는 기업(제11.16조제1항나호에 따라 제기된 청구의 경우)이 손실 또는 손해를 입었다는 사실을 청구인이 최초로 인지하였거나 최초로 인지하였어야 할 날로부터 3년이 경과하였을 경우에는, 청구를 이 절에 따른 중재에 제기할 수 없다.

2. 다음의 경우를 제외하고는, 어떠한 청구도 이 절에 따른 중재에 제기될 수 없다.

가. 청구인이 이 협정에 규정된 절차에 따라 중재에 대하여 서면으로 동의하는 경우, 그리고

나. 중재통보에 다음이 수반되는 경우,

어느 한 쪽 당사국 법에 따른 행정재판소나 법원, 또는 그 밖의 분쟁 해결절차에서 제11.16조에 언급된 위반을 구성한다고 주장되는 조치에 대하여 절차를 개시하거나 계속하는 권리에 대한

1) 제11.16조 제1항 가호에 따라 중재에 제기한 청구의 경우, 청구인의 서면포기서, 그리고

2) 제11.16조 제1항 나호에 따라 중재에 제기한 청구의 경우, 청구인 및 기업의 서면포기서

3. 제2항 나호에도 불구하고, 청구인(제11.16조 제1항 가호에 따라 제기된 청구의 경우)과 청구인 또는 기업(제11.16조 제1항나호에 따라 제기된 청구의 경우)은 피청구국의 사법 또는 행정재판소에

tion that seeks interim injunctive relief and does not involve the payment of monetary damages before a judicial or administrative tribunal of the respondent, provided that the action is brought for the sole purpose of preserving the claimant's or the enterprise's rights and interests during the pendency of the arbitration.

서 임시 가처분을 구하고 금전적 손해배상의 지급을 수반하지 아니하는 소송을 개시하거나 계속할 수 있다. 다만, 그 소송은 중재가 계속되는 동안 청구인 또는 기업의 권리 및 이익을 보전하기 위한 목적으로만 제기되어야 한다.

ARTICLE 11.19: SELECTION OF ARBITRATORS

제11.19조 중재인의 선정

1. Unless the disputing parties otherwise agree, the tribunal shall comprise three arbitrators, one arbitrator appointed by each of the disputing parties and the third, who shall be the presiding arbitrator, appointed by agreement of the disputing parties.

1. 분쟁당사자들이 달리 합의하지 아니하는 한, 중재판정부는 3인의 중재인으로 구성되며, 각 분쟁당사자는 각 1인의 중재인을 임명하고, 의장이 되는 세 번째 중재인은 분쟁당사자들의 합의에 의하여 임명된다.

2. The Secretary-General shall serve as appointing authority for an arbitration under this Section.

2. 사무총장은 이 절에 따른 중재를 위하여 임명권자의 역할을 한다.

3. If a tribunal has not been constituted within 75 days of the date a claim is submitted to arbitration under this Section, the Secretary-General, on the request of a disputing party, shall appoint, in his or her discretion, the arbitrator or arbitrators not yet appointed. The Secretary-General shall not appoint a national of either Party as the presiding arbitrator unless the disputing parties otherwise agree.

3. 청구가 이 절에 따른 중재에 제기된 날로부터 75일 이내에 중재판정부가 구성되지 아니한 경우, 사무총장은 어느 한 쪽 분쟁당사자의 요청에 따라 자신의 재량으로 아직 임명되지 아니한 하나 또는 복수의 중재인을 임명한다. 분쟁 당사자들이 달리 합의하지 아니하는 한, 사무총장은 어느 한 쪽 당사국의 국민을 의장 중재인으로 임명하지 아니한다.

4. For purposes of Article 39 of the ICSID Convention and Article 7 of Schedule C to the ICSID Additional Facility Rules, and without prejudice to an objection to an arbitrator on a ground other than nationality:

(a) the respondent agrees to the appointment

4. 국제투자분쟁해결센터협약 제39조와 국제투자분쟁해결센터 추가절차규칙 제3부 제7조의 목적상, 그리고 국적 이외의 근거로 인한 중재인에 대한 이의제기를 저해함이 없이

가. 피청구국은 국제투자분쟁해결센터협약

of each individual member of a tribunal established under the ICSID Convention or the ICSID Additional Facility Rules;

(b) a claimant referred to in Article 11.16.1(a) may submit a claim to arbitration under this Section, or continue a claim, under the ICSID Convention or the ICSID Additional Facility Rules, only on condition that the claimant agrees in writing to the appointment of each individual member of the tribunal; and

(c) a claimant referred to in Article 11.16.1(b) may submit a claim to arbitration under this Section, or continue a claim, under the ICSID Convention or the ICSID Additional Facility Rules, only on condition that the claimant and the enterprise agree in writing to the appointment of each individual member of the tribunal.

또는 국제투자분쟁해결센터 추가절차규칙에 따라 설치된 중재판정부의 각 개별 구성원의 임명에 동의한다.

나. 제11.16조 제1항 가호에 언급된 청구인은 중재판정부의 각 개별 구성원의 임명에 서면으로 동의하는 조건에서만 국제투자분쟁해결센터협약 또는 국제투자분쟁해결센터 추가절차규칙에 따라 이 절에 따른 중재에 청구를 제기하거나 청구를 계속할 수 있다. 그리고

다. 제11.16조 제1항 나호에 언급된 청구인은 청구인 및 기업이 중재판정부의 각 개별 구성원의 임명에 서면으로 동의하는 조건에서만 국제투자분쟁해결센터협약 또는 국제투자분쟁해결센터 추가절차규칙에 따라 이 절에 따른 중재에 청구를 제기하거나 청구를 계속할 수 있다.

ARTICLE 11.20: CONDUCT OF THE ARBITRATION

제11.20조 중재의 수행

1. The disputing parties may agree on the legal place of any arbitration under the arbitral rules applicable under Article 11.16.3. If the disputing parties fail to reach agreement, the tribunal shall determine the place in accordance with the applicable arbitral rules, provided that the place shall be in the territory of a State that is a party to the New York Convention.

2. At the request of a disputing party, and unless the disputing parties otherwise agree, the tribunal may determine the place of meetings, including consultations and hearings, taking into consideration appropriate factors, including the con-

1. 분쟁당사자들은 제11.16조 제3항에 따라 적용가능한 중재규칙에 따라 법적 중재지에 대하여 합의할 수 있다. 분쟁당사자들이 합의에 도달하지 못하는 경우, 중재판정부가 적용가능한 중재규칙에 따라 중재지를 결정한다. 다만, 중재지는 뉴욕협약의 당사국인 국가의 영역이어야 한다.

2. 분쟁당사자의 요청이 있는 경우, 그리고 분쟁당사자들이 달리 합의하지 아니하는 한, 중재판정부는 당사자와 중재인들의 편의성, 사건대상의 소재지, 그리고 증거에의 근접성을 포함하는 적절한 요소를 고려하여, 협의 및 심리를 포함하

venience of the parties and the arbitrators, the location of the subject matter, and the proximity of evidence. The preceding sentence is without prejudice to any appropriate factors a tribunal may consider under paragraph 1.

는 회의 장소를 결정할 수 있다. 앞 문장은 중재판정부가 제1항에 따라 고려할 수 있는 어떠한 적절한 요소도 저해하지 아니한다.

3. Unless the disputing parties otherwise agree, English and Korean shall be the official languages to be used in the entire arbitration proceedings, including all hearings, submissions, decisions, and awards.

3. 분쟁당사자들이 달리 합의하지 아니하는 한, 영어와 한국어가 모든 심리·입장제출·결정 및 판정을 포함한 전체 중재절차에서 사용되는 공식 언어이다.

4. The non-disputing Party may make oral and written submissions to the tribunal regarding the interpretation of this Agreement. On the request of a disputing party, the non-disputing Party should resubmit its oral submission in writing.

4. 비분쟁당사국은 이 협정의 해석에 관하여 중재판정부에 구두 및 서면으로 입장을 제출할 수 있다. 분쟁당사자의 요청이 있는 경우, 비분쟁당사국은 자국의 구두 입장을 서면으로 다시 제출하여야 할 것이다.

5. After consulting the disputing parties, the tribunal may allow a party or entity that is not a disputing party to file a written amicus curiae submission with the tribunal regarding a matter within the scope of the dispute. In determining whether to allow such a filing, the tribunal shall consider, among other things, the extent to which:

(a) the amicus curiae submission would assist the tribunal in the determination of a factual or legal issue related to the proceeding by bringing a perspective, particular knowledge, or insight that is different from that of the disputing parties;

(b) the amicus curiae submission would address a matter within the scope of the dispute; and

(c) *the amicus curiae* has a significant interest in the proceeding.

The tribunal shall ensure that *the amicus*

5. 분쟁당사자들과 협의한 후, 중재판정부는 분쟁당사자가 아닌 당사자 또는 실체가 분쟁 범위 내의 사안에 관하여 중재판정부에 외부조언자 서면입장을 제출하도록 허용할 수 있다. 그러한 입장제출 허용여부를 결정함에 있어, 중재판정부는 여러 가지 중에서 특히 다음을 고려한다.

가. 외부조언자 입장이 분쟁당사자들의 것과는 다른 관점, 특정한 지식 또는 통찰력을 제공함으로써 중재판정부가 중재절차와 관련된 사실적 또는 법적 쟁점을 판단하는데 도움이 될 정도

나. 외부조언자 입장이 분쟁 범위 내의 사안을 다루게 될 정도, 그리고

다. 외부조언자가 절차에 중대한 이해관계를 가지는 정도

중재판정부는 외부조언자 입장이 중재

curiae submission does not disrupt the proceeding or unduly burden or unfairly prejudice either disputing party, and that the disputing parties are given an opportunity to present their observations on *the amicus curiae* submission.

절차를 방해하거나 어느 한 쪽 분쟁당사자에 대하여 부당하게 부담을 주거나 불공정하게 저해하지 아니하도록 보장하며, 분쟁당사자들이 외부조언자 입장에 대한 자신들의 견해를 제시할 수 있는 기회를 부여받도록 보장한다.

6. Without prejudice to a tribunal's authority to address other objections as a preliminary question, a tribunal shall address and decide as a preliminary question any objection by the respondent that, as a matter of law, a claim submitted is not a claim for which an award in favor of the claimant may be made under Article 11.26.

6. 다른 이의제기를 본안전 문제로 다룰 수 있는 중재판정부의 권한을 저해함이 없이, 중재판정부는 제기된 청구가, 법률상의 문제로서, 제11.26조에 따라 청구인에게 유리한 판정이 내려질 수 있는 청구가 아니라는 피청구국의 이의제기를, 본안전 문제로 다루고 결정한다.

(a) Such objection shall be submitted to the tribunal as soon as possible after the tribunal is constituted, and in no event later than the date the tribunal fixes for the respondent to submit its counter-memorial or, in the case of an amendment to the notice of arbitration, the date the tribunal fixes for the respondent to submit its response to the amendment.

가. 그러한 이의제기는, 중재판정부가 구성된 후 가능한 한 조속히, 그리고 어떠한 경우에도 중재판정부가 피청구국이 자국의 반론서를 제출하도록 정한 날, 또는 중재통보에 대한 수정이 있는 경우, 중재판정부가 피청구국이 수정에 대한 답변을 제출하도록 정한 날 이내에, 중재 판정부에 제출되어야 한다.

(b) On receipt of an objection under this paragraph, the tribunal shall suspend any proceedings on the merits, establish a schedule for considering the objection consistent with any schedule it has established for considering any other preliminary question, and issue a decision or award on the objection, stating the grounds therefor.

나. 이 항에 따른 이의제기를 접수한 경우, 중재판정부는 본안에 관한 모든 절차를 중지하고, 그 밖의 본안전 문제를 검토하기 위하여 수립한 일정에 합치하도록 그 이의제기를 검토할 일정을 수립하며, 이의제기에 대한 결정 또는 판정을 내리고 그에 대한 근거를 밝힌다.

(c) In deciding an objection under this paragraph, the tribunal shall assume to be true claimant's factual allegations in support of any claim in the notice of arbitration (or any amendment thereof) and, in disputes brought under the UNCITRAL Arbitration Rules, the statement of claim

다. 이 항에 따른 이의제기를 결정함에 있어, 중재판정부는 중재통보(또는 중재통보의 수정 상의) 청구내용을 뒷받침하는 청구인의 사실관계에 관한 주장과, 유엔국제무역법위원회중재규칙에 따라 제기된 분쟁의 경우 유엔국제무역법위원회중재규칙 제18조에 언급된

referred to in Article 18 of the UNCITRAL Arbitration Rules. The tribunal may also consider any relevant facts not in dispute.

(d) The respondent does not waive any objection as to competence or any argument on the merits merely because the respondent did or did not raise an objection under this paragraph or make use of the expedited procedure set out in paragraph 7.

청구서면을 사실이라고 가정한다. 중재판정부는 분쟁중이 아닌 관련 사실도 검토할 수 있다.

라. 피청구국이 이 항에 따른 이의제기 또는 제7항에 따른 신속절차 이용을 하였거나 하지 아니하였다는 이유만으로, 피청구국이 권능에 대한 어떠한 이의제기나 본안에 관한 어떠한 주장도 포기하는 것은 아니다.

7. In the event that the respondent so requests within 45 days of the date the tribunal is constituted, the tribunal shall decide on an expedited basis an objection under paragraph 6 and any objection that the dispute is not within the tribunal's competence. The tribunal shall suspend any proceedings on the merits and issue a decision or award on the objection(s), stating the grounds therefor, no later than 150 days after the date of the request. However, if a disputing party requests a hearing, the tribunal may take an additional 30 days to issue the decision or award. Regardless of whether a hearing is requested, a tribunal may, on a showing of extraordinary cause, delay issuing its decision or award by an additional brief period, which may not exceed 30 days.

7. 중재판정부가 구성된 날로부터 45일 이내에 피청구국이 요청하는 경우, 중재판정부는 제6항에 따른 이의제기와 분쟁이 중재판정부의 권능 내에 있지 아니하다는 이의제기에 대하여 신속히 결정한다. 중재판정부는 본안에 관한 모든 절차를 중지하고, 요청일 후 150일 이내에 이의제기에 대한 결정 또는 판정을 내리면서 그에 대한 근거를 밝힌다. 그러나, 분쟁당사자가 심리를 요구할 경우, 중재판정부는 결정 또는 판정을 내리는 데 30일을 추가로 소요할 수 있다. 심리가 요구되는지 여부에 관계없이, 중재판정부는 특별한 이유가 제시되는 때에는 30일을 초과할 수 없는 추가적인 단기간 동안 결정 또는 판정을 내리는 것을 연기할 수 있다.

8. When it decides a respondent's objection under paragraph 6 or 7, the tribunal may, if warranted, award to the prevailing disputing party reasonable costs and attorney's fees incurred in submitting or opposing the objection. In determining whether such an award is warranted, the tribunal shall consider whether either the claimant's claim or the respondent's ob-

8. 중재판정부는 제6항 또는 제7항에 따른 피청구국의 이의제기에 대하여 결정을 내릴 때, 정당한 경우, 이의제기를 제출하거나 반박하는 데 소요된 합리적인 비용 및 변호사 보수가 승소한 분쟁당사자에게 지불되도록 판정할 수 있다. 그러한 판정이 정당한지 여부를 결정함에 있어서, 중재판정부는 청구인의 청구 또는 피청구국의 이의제기가 근거가 없었는

jection was frivolous, and shall provide the disputing parties a reasonable opportunity to comment.

지 여부를 고려하고, 분쟁당사자들에게 합리적인 의견제출 기회를 제공한다.

9. A respondent may not assert as a defense, counterclaim, or right of set-off, or for any other reason, that the claimant has received or will receive indemnification or other compensation for all or part of the alleged damages pursuant to an insurance or guarantee contract, except with respect to any subrogation as provided for in Article 11.14.

9. 피청구국은, 제11.14조에 규정된 대위변제에 관한 것을 제외하고, 청구인이 보험 또는 보증 계약에 따라 주장된 손해의 전부 또는 일부에 대한 배상 또는 그 밖의 보상을 받았거나 받을 것이라고 항변·반소 또는 상계권이나 그 밖의 어떠한 사유로도 주장할 수 없다.

10. A tribunal may order an interim measure of protection to preserve the rights of a disputing party, or to ensure that the tribunal's jurisdiction is made fully effective, including an order to preserve evidence in the possession or control of a disputing party or to protect the tribunal's jurisdiction. A tribunal may not order attachment or enjoin the application of a measure alleged to constitute a breach referred to in Article 11.16. For purposes of this paragraph, an order includes a recommendation.

10. 중재판정부는 분쟁당사자의 권리를 보전하기 위하여 또는 중재판정부의 관할권이 완전히 유효하게 되도록 보장하기 위하여 분쟁당사자의 보유 또는 통제 하에 있는 증거를 보전하거나 중재판정부 관할권을 보호하라는 명령을 포함하여, 잠정 보호조치를 명령할 수 있다. 중재판정부는 압류를 명령하거나 제11.16조에 언급된 위반을 구성하는 것으로 주장되는 조치의 적용을 금지할 수 없다. 이 항의 목적상, 명령은 권고를 포함한다.

11. (a) In any arbitration conducted under this Section, at the request of a disputing party, a tribunal shall, before issuing a decision or award on liability, transmit its proposed decision or award to the disputing parties and to the non-disputing Party. Within 60 days after the date the tribunal transmits its proposed decision or award, the disputing parties may submit written comments to the tribunal concerning any aspect of its proposed decision or award. The tribunal shall

11. 가. 이 절에 따라 수행된 모든 중재에서, 분쟁당사자의 요청이 있는 경우, 중재판정부는 배상책임에 관한 결정 또는 판정을 내리기 전에 분쟁 당사자들 및 비분쟁당사국에게 제안된 결정 또는 판정을 송부한다. 중재판정부가 제안된 결정 또는 판정을 송부한 날 후 60일 이내에, 분쟁당사자들은 제안된 결정 또는 판정의 어떠한 측면에 대하여도 중재판정부에 서면의견을 제출할 수 있다. 중재판정부는 60일의

consider any such comments and issue its decision or award not later than 45 days after the date the 60-day comment period expires.

(b) Subparagraph (a) shall not apply in any arbitration conducted pursuant to this Section for which an appeal has been made available pursuant to paragraph 12 or Annex 11-D.

의견 제출기간이 만료된 날 후 45일 이내에 그러한 모든 의견을 검토하고 결정 또는 판정을 내린다.

나. 가호는 제12항 또는 부속서 11-라에 따라 불복청구가 가능하게 된 이 절에 따라 수행된 어떠한 중재에도 적용되지 아니한다.

12. If a separate, multilateral agreement enters into force between the Parties that establishes an appellate body for purposes of reviewing awards rendered by tribunals constituted pursuant to international trade or investment arrangements to hear investment disputes, the Parties shall strive to reach an agreement that would have such appellate body review awards rendered under Article 11.26 in arbitrations commenced after the multilateral agreement enters into force between the Parties.

12. 투자분쟁을 심리하기 위하여 국제 무역 또는 투자 협정에 따라 구성된 중재판정부가 내린 판정을 재심하기 위한 목적으로 상소 기구를 설치하는 별도의 다자간 협정이 양 당사국간에 발효되는 경우, 양 당사국은 그 다자협정이 양 당사국간에 발효된 후에 개시된 중재에서 제11.26조에 따라 내려진 판정을 그러한 상소기구가 재심하도록 하는 합의에 도달하기 위하여 노력한다.

ARTICLE 11.21: TRANSPARENCY OF ARBITRAL PROCEEDINGS

제11.21조 중재절차의 투명성

1. Subject to paragraphs 2, 3, and 4, the respondent shall, after receiving the following documents, promptly transmit them to the non-disputing Party and make them available to the public:

(a) the notice of intent;
(b) the notice of arbitration;
(c) pleadings, memorials, and briefs submitted to the tribunal by a disputing party and any written submissions submitted pursuant to Article 11.20.4 and 11.20.5 and Article 11.25;
(d) minutes or transcripts of hearings of the

1. 제2항·제3항 및 제4항에 따라, 피청구국은 다음의 문서를 수령한 후 신속하게 비분쟁당사국에게 송부하고 대중에게 이용가능하게 한다.

가. 의사통보
나. 중재통보
다. 분쟁당사자가 중재판정부에 제출한 변론서·이유서 및 준비서면과 제11.20조제4항·제11.20조제5항 및 제11.25조에 따라 제출된 모든 서면입장
라. 이용가능한 경우, 중재판정부의 심리

tribunal, where available; and

(e) orders, awards, and decisions of the tribunal.

의사록 또는 속기록, 그리고

마. 중재판정부의 명령·판정 및 결정

2. The tribunal shall conduct hearings open to the public and shall determine, in consultation with the disputing parties, the appropriate logistical arrangements. However, any disputing party that intends to use information designated as protected information in a hearing shall so advise the tribunal. The tribunal shall make appropriate arrangements to protect the information from disclosure.

2. 중재판정부는 대중에게 공개하여 심리를 수행하며, 분쟁당사자들과 협의하여 적절한 절차적 준비사항을 결정한다. 그러나, 보호정보로 지정된 정보를 심리에서 사용하고자 하는 분쟁당사자는 중재판정부에 이를 알린다. 중재판정부는 그러한 정보를 공개로부터 보호할 적절한 조치를 취한다.

3. Nothing in this Section requires a respondent to disclose protected information or to furnish or allow access to information that it may withhold in accordance with Article 23.2 (Essential Security) or Article 23.4 (Disclosure of Information).

3. 이 절의 어떠한 규정도 피청구국이 보호정보를 공개하거나 제23.2조(필수적 안보) 또는 제23.4조(정보공개)에 따라 자국이 보류할 수 있는 정보를 제공하거나 접근을 허락하도록 요구하지 아니한다.

4. Any protected information that is submitted to the tribunal shall be protected from disclosure in accordance with the following procedures:

4. 중재판정부에 제출된 모든 보호정보는 다음 절차에 따라 공개로부터 보호된다.

(a) Subject to subparagraph (d), neither the disputing parties nor the tribunal shall disclose to the non-disputing Party or to the public any protected information where the disputing party that provided the information clearly designates it in accordance with subparagraph (b);

가. 라호를 조건으로, 분쟁당사자들이나 중재판정부는 정보를 제공한 분쟁당사자가 나호에 따라 명백하게 지정한 경우 보호정보를 비분쟁 당사국이나 대중에 공개하지 아니한다.

(b) Any disputing party claiming that certain information constitutes protected information shall clearly designate the information at the time it is submitted to the tribunal;

나. 특정 정보가 보호정보를 구성한다고 주장하는 분쟁당사자는 그 정보가 중재판정부에 제출될 때 그 정보를 명백하게 지정한다.

(c) A disputing party shall, at the time it submits a document containing information

다. 분쟁당사자는 보호정보라고 주장되는 정보를 포함하는 서류를 제출하는 때에

claimed to be protected information, submit a redacted version of the document that does not contain the information. Only the redacted version shall be provided to the non-disputing Party and made public in accordance with paragraph 1;

그 정보를 포함하지 아니하는 편집본을 제출한다. 편집본만이 제1항에 따라 비분쟁당사국에게 제공되고 공개된다.

(d) The tribunal shall decide any objection by a disputing party regarding the designation of information claimed to be protected information. If the tribunal determines that such information was not properly designated, the disputing party that submitted the information may (i) withdraw all or part of its submission containing such information, or (ii) agree to resubmit complete and redacted documents with corrected designations in accordance with the tribunal's determination and subparagraph (c). In either case, the other disputing party shall, whenever necessary, resubmit complete and redacted documents which either remove the information withdrawn under (i) by the disputing party that first submitted the information or redesignate the information consistent with the designation under (ii) of the disputing party that first submitted the information; and

라. 중재판정부는 보호정보라고 주장되는 정보의 지정에 관하여 분쟁당사자가 제기하는 이의에 대하여 결정한다. 중재판정부가 그러한 정보가 적정하게 지정되지 아니하였다고 결정하는 경우, 그 정보를 제출한 분쟁당사자는 1) 그러한 정보를 포함하는 입장의 전부 또는 일부를 철회하거나, 2) 중재판정부의 결정 및 다호에 따라 지정을 정정하여 완전본과 편집본을 다시 제출하는 데 동의할 수 있다. 이 중 어떠한 경우든, 다른 쪽 분쟁당사자는, 필요한 때에는 언제나, 그 정보를 처음 제출한 분쟁당사자가 1)에 따라 철회한 정보를 삭제하거나, 또는 그 정보를 처음 제출한 분쟁당사자의 2)에 따른 지정에 합치하게 정보를 재지정한 완전본과 편집본을 다시 제출한다. 그리고

(e) At the request of a disputing Party, the Joint Committee shall consider issuing a decision in writing regarding a determination by the tribunal that information claimed to be protected was not properly designated. If the Joint Committee issues a decision within 60 days of such a request, it shall be binding on the tribunal, and any decision or award issued by the tribunal must be consistent with that decision. If the Joint Committee does not

마. 분쟁당사국의 요청이 있는 경우, 공동위원회는 보호되어야 한다고 주장되는 정보가 적정하게 지정되지 아니하였다는 중재판정부의 결정에 대하여 서면결정을 내리는 것을 검토한다. 그러한 요청 후 60일 이내에 공동위원회가 결정을 내리는 경우, 이는 중재판정부에 대하여 구속력을 가지며 중재판정부가 내리는 어떠한 결정 또는 판정도 그 결정에 합치하여야 한다. 공동위원회가 60일 이내에 결정을 내리지 아니하는

issue a decision within 60 days, the tribunal's determination shall remain in effect only if the non-disputing Party submits a written statement to the Joint Committee within that period that it agrees with the tribunal's determination.

경우, 비분쟁당사국이 중재판정부의 결정에 동의한다는 서면진술을 공동위원회에 그 기간 이내에 제출하는 경우에만 중재 판정부의 결정이 계속 유효하게 된다.

5. Nothing in this Section requires a respondent to withhold from the public information required to be disclosed by its laws.

5. 이 절의 어떠한 규정도 피청구국이 자국법에 의하여 공개되도록 요구되는 정보를 대중에게 공개하지 아니하도록 요구하는 것은 아니다.

ARTICLE 11.22: GOVERNING LAW

제11.22조 준 거 법

1. Subject to paragraph 3, when a claim is submitted under Article 11.16.1(a)(i)(A) or Article 11.16.1(b)(i)(A), the tribunal shall decide the issues in dispute in accordance with this Agreement and applicable rules of international law.

1. 제3항을 조건으로, 청구가 제11.16조 제1항 가호 1목 가) 또는 제11.16조 제1항 나호 1목 가)에 따라 제기되는 때에는, 중재판정부는 이 협정과 적용가능한 국제법규칙에 따라 분쟁 중인 쟁점을 결정한다.

2. Subject to paragraph 3 and the other terms of this Section, when a claim is submitted under Article 11.16.1(a)(i)(B) or (C), or Article 11.16.1(b)(i)(B) or (C), the tribunal shall apply:

(a) the rules of law specified in the pertinent investment authorization or investment agreement, or as the disputing parties may otherwise agree; or

(b) if the rules of law have not been specified or otherwise agreed,

  (i) the law of the respondent, including its rules on the conflict of laws;[9] and

  (ii) such rules of international law as may be applicable.

2. 제3항과 이 절의 그 밖의 규정을 조건으로, 청구가 제11.16조 제1항 가호 1목 나) 또는 다)나 제11.16조 제1항 나호 1목 나) 또는 다)에 따라 제기되는 때에는, 중재판정부는 다음을 적용한다.

가. 해당 투자인가 또는 투자계약에 명시된 법규칙, 또는 분쟁당사자들이 달리 합의할 수 있는 바에 따라, 또는

나. 법규칙이 명시되지 아니하였거나 달리 합의되지 아니한 경우

  1) 법의 충돌에 대한 규칙을 포함한 피청구국의 법,[9] 그리고

  2) 적용가능한 국제법 규칙

9) For purposes of clause (i), the **law of the respondent** means the law that a domestic court or tribunal of proper jurisdiction would apply in the same case.

9) 1목의 목적상, **피청구국의 법**이라 함은 적정한 관할권을 가진 국내 법원 또는 재판소가 같은 사건에서 적용하였을 법을 말한다.

3. A decision of the Joint Committee declaring its interpretation of a provision of this Agreement under Article 22.2.3(d) (Joint Committee) shall be binding on a tribunal, and any decision or award issued by a tribunal must be consistent with that decision.

3. 제22.2조(공동위원회) 제3항 라호에 따라 이 협정의 규정에 대한 해석을 표명하는 공동위원회의 결정은 중재판정부에 대하여 구속력을 가지며, 중재 판정부가 내리는 모든 결정 또는 판정은 그 결정에 합치하여야 한다.

ARTICLE 11.23: INTERPRETATION OF ANNEXES

제11.23조 부속서의 해석

1. Where a respondent asserts as a defense that the measure alleged to be a breach is within the scope of an entry set out in Annex I or Annex II, the tribunal shall, on request of the respondent, request the interpretation of the Joint Committee on the issue. The Joint Committee shall submit in writing any decision declaring its interpretation under Article 22.2.3(d) (Joint Committee) to the tribunal within 60 days of delivery of the request.

2. A decision issued by the Joint Committee under paragraph 1 shall be binding on the tribunal, and any decision or award issued by the tribunal must be consistent with that decision. If the Joint Committee fails to issue such a decision within 60 days, the tribunal shall decide the issue.

1. 위반이라고 주장되는 조치가 부속서 I 또는 부속서 II에 규정된 유보항목의 범위 내에 있다고 피청구국이 항변으로서 주장하는 경우, 중재판정부는 피청구국의 요청이 있는 경우, 그 문제에 대한 공동위원회의 해석을 요청한다. 공동위원회는 그 요청의 전달로부터 60일 이내에 제22.2조(공동위원회) 제3항 라호에 따라 이에 대한 해석을 표명하는 결정을 서면으로 중재판정부에 제출한다.

2. 제1항에 따라 내려진 공동위원회의 결정은 중재판정부에 대하여 구속력을 가지며, 중재판정부가 내리는 결정 또는 판정은 그 결정에 합치하여야 한다. 공동위원회가 60일 이내에 그러한 결정을 내리지 못하는 경우, 중재판정부가 그 문제를 결정한다.

ARTICLE 11.24: EXPERT REPORTS

제11.24조 전문가 보고서

Without prejudice to the appointment of other kinds of experts where authorized by the applicable arbitration rules, a tribunal, at the request of a disputing party or, unless the disputing parties disapprove, on its own initiative, may appoint one or more experts to report to it in writing on any factual issue

적용가능한 중재규칙에 의하여 승인되는 경우 그 밖의 종류의 전문가 임명을 저해함이 없이, 중재판정부는 어느 한 쪽 분쟁당사자의 요청에 따라, 또는 분쟁 당사자들이 거부하지 아니하는 한 자체 발의로, 분쟁당사자들이 합의할 수 있는 그러한 조건에 따라 분쟁당사자가 절차에서 제기한 환

concerning environmental, health, safety, or other scientific matters raised by a disputing party in a proceeding, subject to such terms and conditions as the disputing parties may agree.

경·보건·안전 또는 그 밖의 과학적 사안에 관한 사실문제에 대하여 중재판정부에 서면 보고하도록 1인 이상의 전문가를 임명할 수 있다.

ARTICLE 11.25: CONSOLIDATION

제11.25조 병 합

1. Where two or more claims have been submitted separately to arbitration under Article 11.16.1 and the claims have a question of law or fact in common and arise out of the same events or circumstances, any disputing party may seek a consolidation order in accordance with the agreement of all the disputing parties sought to be covered by the order or the terms of paragraphs 2 through 10.

1. 제11.16조 제1항에 따라 둘 이상의 청구가 별도로 중재에 제기되어 있고 그 청구들이 법 또는 사실의 문제를 공통으로 가지고 있으며 같은 사건 또는 상황으로부터 발생한 경우, 어떠한 분쟁당사자도 병합명령으로 포함하고자 하는 대상인 모든 분쟁당사자들의 동의 또는 제2항 내지 제10항의 조건에 따라 병합 명령을 구할 수 있다.

2. A disputing party that seeks a consolidation order under this Article shall deliver, in writing, a request to the Secretary-General and to all the disputing parties sought to be covered by the order and shall specify in the request:

(a) the names and addresses of all the disputing parties sought to be covered by the order;
(b) the nature of the order sought; and
(c) the grounds on which the order is sought.

2. 이 조에 따라 병합명령을 구하는 분쟁당사자는 서면으로 사무총장과 그 명령으로 포함하고자 하는 대상인 모든 분쟁당사자들에게 요청을 송달하며, 그 요청에 다음을 명시한다.

가. 명령으로 포함하고자 하는 대상인 모든 분쟁당사자들의 성명 및 주소

나. 구하는 명령의 성격, 그리고
다. 명령을 구하는 근거

3. Unless the Secretary-General finds within 30 days after receiving a request under paragraph 2 that the request is manifestly unfounded, a tribunal shall be established under this Article.

3. 사무총장이 제2항에 따라 요청을 접수한 후 30일 이내에 그 요청이 명백히 근거 없다고 판단하지 아니하는 한, 이 조에 따라 중재판정부가 설치된다.

4. Unless all the disputing parties sought to be covered by the order otherwise agree, a tribunal established under this Article

4. 명령으로 포함하고자 하는 대상인 모든 분쟁당사자들이 달리 합의하지 아니하는 한, 이 조에 따라 설치된 중재판정부

shall comprise three arbitrators:

(a) one arbitrator appointed by agreement of the claimants;

(b) one arbitrator appointed by the respondent; and

(c) the presiding arbitrator appointed by the Secretary-General, provided, however, that the presiding arbitrator shall not be a national of either Party.

는 3인의 중재인으로 구성된다.

가. 청구인들의 합의로 임명되는 1인의 중재인

나. 피청구국에 의하여 임명되는 1인의 중재인, 그리고

다. 사무총장에 의하여 임명되는 의장중재인. 다만, 의장중재인은 어느 한 쪽 당사국의 국민이어서는 아니 된다.

5. If, within 60 days after the Secretary-General receives a request made under paragraph 2, the respondent fails or the claimants fail to appoint an arbitrator in accordance with paragraph 4, the Secretary-General, on the request of any disputing party sought to be covered by the order, shall appoint the arbitrator or arbitrators not yet appointed. If the respondent fails to appoint an arbitrator, the Secretary-General shall appoint a national of the disputing Party, and if the claimants fail to appoint an arbitrator, the Secretary-General shall appoint a national of the non-disputing Party.

5. 사무총장이 제2항에 따라 이루어진 요청을 접수한 후 60일 이내에 피청구국 또는 청구인들이 제4항에 따라 중재인을 임명하지 못하는 경우, 사무총장은 명령으로 포함하고자 하는 대상인 분쟁당사자의 요청에 따라, 아직 임명되지 아니한 하나 또는 복수의 중재인을 임명한다. 피청구국이 중재인을 임명하지 못하는 경우에는 사무총장은 분쟁당사국의 국민을 임명하고, 청구인들이 중재인을 임명하지 못하는 경우에는 사무총장은 비분쟁당사국의 국민을 임명한다.

6. Where a tribunal established under this Article is satisfied that two or more claims that have been submitted to arbitration under Article 11.16.1 have a question of law or fact in common, and arise out of the same events or circumstances, the tribunal may, in the interest of fair and efficient resolution of the claims, and after hearing the disputing parties, by order:

(a) assume jurisdiction over, and hear and determine together, all or part of the claims;

(b) assume jurisdiction over, and hear and determine one or more of the claims,

6. 이 조에 따라 설치된 중재판정부가 제11.16조제1항에 따라 중재에 제기된 둘 이상의 청구들이 법 또는 사실의 문제를 공통으로 가지고 있으며 같은 사건 또는 상황으로부터 발생하였다고 판단하는 경우, 중재판정부는 청구의 공정하고 효율적인 해결을 위하여 그리고 , 분쟁당사자들의 의견을 청취한 후, 명령에 의하여

가. 청구의 전부 또는 일부에 대하여, 관할권을 행사하고 함께 심리하여 판정할 수 있다.

나. 중재판정부가 하나 이상의 청구에 대한 판정이 다른 청구의 해결에 도움이 된

the determination of which it believes would assist in the resolution of the others; or

다고 믿는 경우에, 그 하나 이상의 청구에 대하여 관할권을 행사하고, 심리하여 판정할 수 있다. 또는

(c) instruct a tribunal previously established under Article 11.19 to assume jurisdiction over, and hear and determine together, all or part of the claims, provided that:

다. 제11.19조에 따라 이전에 설치된 중재판정부가 청구의 전부 또는 일부에 대하여, 관할권을 행사하고 함께 심리하여 판정하도록 지시할 수 있다. 다만

(i) that tribunal, at the request of any claimant not previously a disputing party before that tribunal, shall be reconstituted with its original members, except that the arbitrator for the claimants shall be appointed pursuant to paragraphs 4(a) and 5; and

1) 이전에 그 중재판정부의 분쟁당사자가 아니었던 청구인의 요청에 따라, 청구인들을 위한 중재인이 제4항 가호 및 제5항에 따라 임명되어야 한다는 점을 제외하고는, 그 중재판정부는 원래의 구성원들로 재구성된다. 그리고

(ii) that tribunal shall decide whether any prior hearing shall be repeated.

2) 그 중재판정부는 이전의 심리가 반복되어야 하는지 여부를 결정한다.

7. Where a tribunal has been established under this Article, a claimant that has submitted a claim to arbitration under Article 11.16.1 and that has not been named in a request made under paragraph 2 may make a written request to the tribunal that it be included in any order made under paragraph 6, and shall specify in the request:

7. 이 조에 따라 중재판정부가 설치된 경우, 제11.16조제1항에 따라 청구를 중재에 제기하였고 제2항에 따른 요청에 포함되지 아니한 청구인은 제6항에 따른 명령에 자신이 포함되도록 중재판정부에 서면으로 요청할 수 있으며, 그 요청에 다음을 명시한다.

(a) the name and address of the claimant;
(b) the nature of the order sought; and
(c) the grounds on which the order is sought.

가. 청구인의 성명 및 주소
나. 구하는 명령의 성격, 그리고
다. 명령을 구하는 근거

The claimant shall deliver a copy of its request to the Secretary-General.

청구인은 자신의 요청 사본을 사무총장에게 전달한다.

8. A tribunal established under this Article shall conduct its proceedings in accordance with the UNCITRAL Arbitration Rules, except as modified by this Section.

8. 이 조에 따라 설치된 중재판정부는 이 절에 의하여 수정된 경우를 제외하고는 유엔국제무역법위원회 중재규칙에 따라 절차를 수행한다.

9. A tribunal established under Article 11.19 shall not have jurisdiction to decide a

9. 제11.19조에 따라 설치된 중재판정부는 이 조에 따라 설치되거나 지시받은 중재

claim, or a part of a claim, over which a tribunal established or instructed under this Article has assumed jurisdiction.

판정부가 관할권을 행사하게 된 청구 또는 청구의 일부에 대하여 결정할 관할권을 가지지 아니한다.

10. On application of a disputing party, a tribunal established under this Article, pending its decision under paragraph 6, may order that the proceedings of a tribunal established under Article 11.19 be stayed, unless the latter tribunal has already adjourned its proceedings.

10. 어느 한 쪽 분쟁당사자의 신청이 있는 경우, 이 조에 따라 설치된 중재판정부는 제11.19조에 따라 설치된 중재판정부가 이미 그 절차를 중단하지 아니하였다면, 그 중재판정부의 절차를 보류하도록 제6항에 따른 자신의 결정이 있을 때까지 명령할 수 있다.

ARTICLE 11.26: AWARDS

제11.26조 판 정

1. Where a tribunal makes a final award against a respondent, the tribunal may award, separately or in combination, only:

(a) monetary damages and any applicable interest; and

(b) restitution of property, in which case the award shall provide that the respondent may pay monetary damages and any applicable interest in lieu of restitution.

1. 중재판정부가 피청구국에 최종적인 패소판정을 내리는 경우, 중재판정부는 다음만을 별도로 또는 조합하여 판정할 수 있다.

가. 금전적 손해배상과 적용가능한 이자, 그리고

나. 재산의 원상회복. 이 경우 판정은 피청구국이 원상회복 대신 금전적 손해배상과 적용가능한 이자를 지불할 수 있음을 규정한다.

2. A tribunal may also award costs and attorney's fees in accordance with this Section and the applicable arbitration rules.

2. 중재판정부는 또한 이 절과 적용가능한 중재규칙에 따라 비용 및 변호사 보수를 판정할 수 있다.

3. Subject to paragraph 1, where a claim is submitted to arbitration under Article 11.16.1(b):

(a) an award of restitution of property shall provide that restitution be made to the enterprise;

(b) an award of monetary damages and any applicable interest shall provide that the sum be paid to the enterprise; and

(c) the award shall provide that it is made without prejudice to any right that any person may have in the relief under appli-

3. 제1항을 조건으로, 제11.16조 제1항 나호에 따라 청구가 중재에 제기된 경우,

가. 재산의 원상회복 판정은 원상회복이 기업에 대하여 이루어질 것을 규정한다.

나. 금전적 손해배상과 적용가능한 이자 판정은 그 합계가 기업에 지불되어야 함을 규정한다. 그리고

다. 판정은 그 판정이 적용가능한 국내법에 따른 구제에 있어 어떠한 인이 가질 수 있는 어떠한 권리도 저해함이 없이 이

cable domestic law.

4. A tribunal may not award punitive damages.

5. An award made by a tribunal shall have no binding force except between the disputing parties and in respect of the particular case.

6. Subject to paragraph 7 and the applicable review procedure for an interim award, a disputing party shall abide by and comply with an award without delay.

7. A disputing party may not seek enforcement of a final award until:

(a) in the case of a final award made under the ICSID Convention,

(i) 120 days have elapsed from the date the award was rendered and no disputing party has requested revision or annulment of the award; or

(ii) revision or annulment proceedings have been completed; and

(b) in the case of a final award under the ICSID Additional Facility Rules, the UNCITRAL Arbitration Rules, or the rules selected pursuant to Article 11.16.3(d),

(i) 90 days have elapsed from the date the award was rendered and no disputing party has commenced a proceeding to revise, set aside, or annul the award; or

(ii) a court has dismissed or allowed an application to revise, set aside, or annul the award and there is no further appeal.

8. Each Party shall provide for the enforcement of an award in its territory.

루어짐을 규정한다.

4. 중재판정부는 징벌적 손해배상을 판정할 수 없다.

5. 중재판정부에 의하여 내려진 판정은 분쟁당사자들간 그리고 그 특정 사안에 대한 것을 제외하고는 구속력을 가지지 아니한다.

6 . 제7항과 잠정 판정에 대하여 적용가능한 재심 절차를 조건으로, 분쟁당사자는 지체없이 판정을 지키고 준수한다.

7. 분쟁당사자는 다음 시점까지 최종판정의 집행을 구할 수 없다.

가. 국제투자분쟁해결센터협약에 따른 최종 판정의 경우

1) 판정이 내려진 날로부터 120일이 경과하였고 어떠한 분쟁당사자도 그 판정의 수정 또는 취소를 요청하지 아니하였을 때, 또는

2) 수정 또는 취소 절차가 완료되었을 때, 그리고

나. 국제투자분쟁해결센터 추가절차규칙, 유엔국제무역법위원회 중재규칙 또는 제11.16조 제3항 라호에 따라 선택된 규칙에 따른 최종판정의 경우

1) 판정이 내려진 날로부터 90일이 경과하였고 어떠한 분쟁당사자도 그 판정의 수정·파기 또는 취소를 위한 절차를 개시하지 아니하였을 때, 또는

2) 법원이 판정에 대한 수정·파기 또는 취소 신청을 기각하거나 인용하였고 더 이상의 불복청구가 없을 때

8. 각 당사국은 자국 영역에서의 판정의 집행을 규정한다.

9. If the respondent fails to abide by or comply with a final award, on delivery of a request by the non-disputing Party, a panel shall be established under Article 22.9 (Establishment of Panel). The requesting Party may seek in such proceedings:

(a) a determination that the failure to abide by or comply with the final award is inconsistent with the obligations of this Agreement; and

(b) in accordance with Article 22.11 (Panel Report), a recommendation that the respondent abide by or comply with the final award.

9. 피청구국이 최종판정을 지키거나 준수하지 못하는 경우, 비분쟁당사국의 요청의 전달이 있을 때, 제22.9조(패널의 설치)에 따른 패널이 설치된다. 요청 당사국은 그러한 절차에서 다음을 구할 수 있다.

가. 최종판정을 지키거나 준수하지 못하는 것이 이 협정의 의무에 불합치 한다는 결정, 그리고

나. 제22.11조(패널 보고서)에 따라 피청구국이 최종판정을 지키거나 준수하도록 하는 권고

10. A disputing party may seek enforcement of an arbitration award under the ICSID Convention or the New York Convention regardless of whether proceedings have been taken under paragraph 9.

10. 분쟁당사자는 절차가 제9항에 따라 취하여졌는지 여부와 관계없이 국제투자분쟁해결센터협약 또는 뉴욕협약에 따른 중재 판정의 집행을 구할 수 있다.

11. A claim that is submitted to arbitration under this Section shall be considered to arise out of a commercial relationship or transaction for purposes of Article I of the New York Convention.

11. 이 절에 따른 중재에 제기된 청구는 뉴욕협약 제1조의 목적상 상업적 관계 또는 거래에서 발생한 것으로 간주된다.

ARTICLE 11.27: SERVICE OF DOCUMENTS

Delivery of notice and other documents on a Party shall be made to the place named for that Party in Annex 11-C.

제11.27조 문서의 송달

당사국에 대한 통보와 그 밖의 문서는 부속서 11-다에서 그 당사국에 대하여 지정된 장소로 송부된다.

Section C: Definitions

ARTICLE 11.28: DEFINITIONS

For purposes of this Chapter:

Centre means the International Centre for Settlement of Investment Disputes (ICSID) established by the ICSID Convention;

claimant means an investor of a Party that is a party to an investment dispute with the other Party;

disputing parties means the claimant and the respondent;

disputing party means either the claimant or the respondent;

enterprise means an enterprise as defined in Article 1.4 (Definitions), and a branch of an enterprise;

enterprise of a Party means an enterprise constituted or organized under the law of a Party, and a branch located in the territory of a Party and carrying out business activities there;

ICSID Additional Facility Rules means the *Rules Governing the Additional Facility for the Administration of Proceedings by the Secretariat of the International Centre for Settlement of Investment Disputes*

ICSID Convention means the Convention on the Settlement of Investment Disputes between States and Nationals of Other States, done at Washington, March 18, 1965;

investment means every asset that an investor owns or controls, directly or indirectly, that has the characteristics of an investment, including such characteristics as the commitment of capital or other resources, the expectation of gain or profit, or the assumption of risk.

Forms that an investment may take include:

제 3 절 정 의

제11.28조 정 의

이 장의 목적상,

센터라 함은 국제투자분쟁해결센터 협약에 의하여 설립된 국제투자분쟁 해결센터를 말한다.

청구인이라 함은 다른 쪽 당사국과의 투자분쟁의 당사자인 어느 한 쪽 당사국의 투자자를 말한다.

분쟁당사자들이라 함은 청구인과 피청구국을 말한다.

분쟁당사자라 함은 청구인 또는 피청구국을 말한다.

기업이라 함은 제1.4조(정의)에 정의된 기업과 기업의 지점을 말한다.

당사국의 기업이라 함은 당사국의 법에 따라 구성되거나 조직된 기업과 당사국의 영역에 소재하고 그 곳에서 영업 활동을 수행하고 있는 지점을 말한다.

국제투자분쟁해결센터 추가절차규칙이라 함은 *국제투자분쟁해결센터의 사무국에 의한 절차행정을 위한 추가절차를 규율하는 규칙*을 말한다.

국제투자분쟁해결센터협약이라 함은 1965년 3월 18일 워싱턴에서 체결된 *국가와 다른 국가 국민간의 투자분쟁의 해결에 관한 협약*을 말한다.

투자라 함은 투자자가 직접적 또는 간접적으로 소유하거나 지배하는 모든 자산으로서, 자본 또는 그 밖의 자원의 약속, 이득 또는 이윤에 대한 기대, 또는 위험의 감수와 같은 특징을 포함하여, 투자의 특징을 가진 것을 말한다.

투자가 취할 수 있는 형태는 다음을 포함한다.

(a) an enterprise;

(b) shares, stock, and other forms of equity participation in an enterprise;

(c) bonds, debentures, other debt instruments, and loans;[10]

(d) futures, options, and other derivatives;

(e) turnkey, construction, management, production, concession, revenue-sharing, and other similar contracts;

(f) intellectual property rights;

(g) licenses, authorizations, permits, and similar rights conferred pursuant to domestic law;[11][12] and

(h) other tangible or intangible, movable or immovable property, and related property rights, such as leases, mortgages, liens, and pledges.[13]

가. 기업

나. 주식, 증권과 그 밖의 형태의 기업에 대한 지분 참여

다. 채권, 회사채, 그 밖의 채무증서와 대부[10]

라. 선물, 옵션과 그 밖의 파생상품

마. 완성품인도, 건설, 경영, 생산, 양허, 수익배분과 그 밖의 유사한 계약

바. 지적재산권

사. 면허, 인가, 허가와 국내법에 따라 부여되는 유사한 권리[11][12] 그리고

아. 그 밖의 유형 또는 무형의 자산, 동산 또는 부동산, 그리고 리스·저당권·유치권 및 질권 같은 관련 재산권[13]

---

10) Some forms of debt, such as bonds, debentures, and long-term notes, are more likely to have the characteristics of an investment, while other forms of debt are less likely to have such characteristics.

11) Whether a particular type of license, authorization, permit, or similar instrument (including a concession, to the extent that it has the nature of such an instrument) has the characteristics of an investment depends on such factors as the nature and extent of the rights that the holder has under the law of the Party. Among the licenses, authorizations, permits, and similar instruments that do not have the characteristics of an investment are those that do not create any rights protected under domestic law. For greater certainty, the foregoing is without prejudice to whether any asset associated with the license, authorization, permit, or similar instrument has the characteristics of an investment.

12) The term "investment" does not include an order or judgment entered in a judicial or administrative action.

13) For greater certainty, market share, market access, expected gains, and opportunities for profit-making are not, by

10) 채권, 회사채, 장기어음과 같은 일부 형태의 부채는 투자의 특징을 가질 가능성이 보다 높은 반면, 그 밖의 형태의 부채는 그러한 특징을 가질 가능성이 보다 낮다.

11) 특정한 유형의 면허, 인가, 허가 또는 이와 유사한 수단(그러한 수단의 성격을 가지는 한도에서, 양여를 포함한다)이 투자의 특징을 가지고 있는지 여부는 당사국 법에 따라 보유자가 가지고 있는 권리의 성격과 범위 같은 그러한 요소에 달려 있다. 투자의 특징을 가지고 있지 아니하는 면허, 인가, 허가 그리고 이와 유사한 수단 중에는 국내법에 따라 보호되는 권리를 창설하지 아니하는 것들이 있다. 보다 명확히하기 위하여, 앞 내용은 면허, 인가, 허가 또는 이와 유사한 수단과 연계된 자산이 투자의 특징을 가지는지 여부를 저해하지 아니한다.

12) "투자"라는 용어는 사법적 또는 행정적 행위에 들어있는 명령 또는 판결을 포함하지 아니한다.

13) 보다 명확히하기 위하여, 시장점유, 시장접근, 기대이득, 그리고 이익획득의 기회는 그 자체만으로는 투자가 아니다.

For purposes of this Agreement, a claim to payment that arises solely from the commercial sale of goods and services is not an investment, unless it is a loan that has the characteristics of an investment.

이 협정의 목적상, 상품 및 서비스의 상업적 판매로부터만 발생하는 지급 청구권은 그것이 투자의 특징을 가진 대부가 아닌 한 투자가 아니다.

investment agreement means a written agreement[14] between a national authority[15] of a Party and a covered investment or an investor of the other Party, on which the covered investment or the investor relies in establishing or acquiring a covered investment other than the written agreement itself, that grants rights to the covered investment or investor:

투자계약이라 함은 어느 한 쪽 당사국의 국가당국[14]과 적용대상투자 또는 다른 쪽 당사국의 투자자간 서면계약[15]으로서 적용대상투자 또는 투자자가 서면계약 그 자체 이외의 적용대상투자를 설립하거나 인수하는 데 의존하고, 적용대상투자 또는 투자자에게 다음 권리를 부여하는 것을 말한다.

(a) with respect to natural resources that a national authority controls, such as for their exploration, extraction, refining, transportation, distribution, or sale;

가. 국가당국이 통제하는 천연자원에 관하여, 탐사·채취·정제·운송·유통 또는 매각을 위한 것과 같은 권리

(b) to supply services to the public on behalf of the Party, such as power generation or distribution, water treatment or distribution, or telecommunications; or

나. 발전 또는 배전, 용수 처리 또는 분배, 또는 통신과 같이 당사국을 대신하여 공중에 서비스를 공급하는 권리, 또는

(c) to undertake infrastructure projects, such as the construction of roads, bridges, ca-

다. 정부의 배타적 또는 현저한 이용과 혜택을 위한 것이 아닌, 도로·교량·운하·

---

themselves, investments.

14) "Written agreement" refers to an agreement in writing, executed by both parties, whether in a single instrument or in multiple instruments, that creates an exchange of rights and obligations, binding on both parties under the law applicable under Article 11.22.2. For greater certainty, (a) a unilateral act of an administrative or judicial authority, such as a permit, license, or authorization issued by a Party solely in its regulatory capacity, or a decree, order, or judgment, standing alone; and (b) an administrative or judicial consent decree or order, shall not be considered a written agreement.

15) For purposes of this definition, **national authority** means an authority at the central level of government.

14) 이 정의의 목적상, **국가당국**이라 함은 중앙정부 당국을 말한다.

15) "서면계약"은 하나 또는 복수의 문서로 양 당사자가 서면으로 체결한 계약을 지칭한다. 이는 권리 및 의무의 교환을 창설하고 제11.22조 제2항에 따라 적용가능한 법에 따라 양 당사자에 대하여 구속력을 가진다. 보다 명확히 하기 위하여 가. 당사국이 단지 자국의 규제 권한으로 내리는 허가, 면허, 또는 인가와 같은 행정 또는 사법 당국의 일방적 행위, 또는 독자적인 포고령, 명령 또는 판결, 그리고 나. 행정적 또는 사법적 동의 포고령 또는 명령은 서면계약으로 간주되지 아니한다.

nals, dams, or pipelines, that are not for the exclusive or predominant use and benefit of the government;

댐 또는 배관의 건설과 같은, 기반시설 사업을 수행할 권리

investment authorization means an authorization that the foreign investment authority of a Party grants to a covered investment or an investor of the other Party;[16)17)]

투자인가라 함은 당사국의 외국인투자당국이 적용대상투자 또는 다른 쪽 당사국의 투자자에게 부여한 인가를 말한다.[16)17)]

investor of a non-Party means, with respect to a Party, an investor that attempts to make, is making, or has made an investment in the territory of that Party, that is not an investor of either Party;

비당사국의 투자자라 함은, 어느 한 쪽 당사국에 대하여, 그 당사국의 영역에 투자하고자 시도하거나, 투자 중이거나, 또는 이미 투자한 투자자로서, 어느 쪽 당사국의 투자자도 아닌 투자자를 말한다.

investor of a Party means a Party or state enterprise thereof, or a national or an enterprise of a Party, that attempts to make, is making, or has made an investment in the territory of the other Party; provided, however, that a natural person who is a dual national shall be deemed to be exclusively a national of the State of his or her dominant and effective nationality;

당사국의 투자자라 함은 다른 쪽 당사국의 영역에 투자하려고 시도하거나, 투자 중이거나, 또는 이미 투자한 당사국 또는 그 공기업, 또는 당사국의 국민 또는 기업을 말한다. 그러나, 이중국적자인 자연인은 그의 지배적이고 유효한 국적국의 국민으로만 본다.

New York Convention means the *United Nations Convention on the Recognition and Enforcement of Foreign Arbitral Awards*, done at New York, June 10, 1958;

뉴욕협약이라 함은 1958년 6월 10일 뉴욕에서 채택된 *외국중재판정의 승인 및 집행에 관한 유엔협약*을 말한다.

non-disputing Party means the Party that is not a party to an investment dispute;

비분쟁당사국이라 함은 투자분쟁의 당사자가 아닌 당사국을 말한다.

protected information means confidential business information or information that is privileged or otherwise protected from disclosure under a Party's law;

보호정보라 함은 비밀 영업정보 또는 당사국의 법에 따라 특별취급을 받거나 달리 공개로부터 보호되는 정보를 말한다.

respondent means the Party that is a party to an investment dispute;

피청구국이라 함은 투자분쟁의 당사자인 당사국을 말한다.

---

16) For greater certainty, actions taken by a Party to enforce laws of general application, such as competition laws, are not encompassed within this definition.

17) The Parties recognize that, as of the date of signature of this Agreement, neither Party has a foreign investment authority that grants investment authorizations.

16) 보다 명확히 하기 위하여, 경쟁법과 같이 일반적으로 적용되는 법을 집행하기 위하여 당사국이 취하는 조치는 이 정의 내에 포함되지 아니한다.

17) 양 당사국은 이 협정의 서명일 현재 어떠한 당사국도 투자인가를 부여하는 외국인투자당국을 가지고 있지 아니함을 인정한다.

Secretary-General means the Secretary--General of ICSID; and

UNCITRAL Arbitration Rules means the arbitration rules of the United Nations Commission on International Trade Law.

사무총장이라 함은 국제투자분쟁해결센터의 사무총장을 말한다. 그리고

유엔국제무역법위원회 중재규칙이라 함은 유엔국제무역법위원회의 중재규칙을 말한다.

ANNEX 11-A CUSTOMARY INTERNATIONAL LAW

The Parties confirm their shared understanding that "customary international law" generally and as specifically referenced in Article 11.5 and Annex 11-B results from a general and consistent practice of States that they follow from a sense of legal obligation. With regard to Article 11.5, the customary international law minimum standard of treatment of aliens refers to all customary international law principles that protect the economic rights and interests of aliens.

부속서 11-가 국제관습법

양 당사국은, 일반적으로 그리고 제11.5조 및 부속서 11-나에 구체적으로 언급된 대로의 "국제관습법"이 국가가 법적 의무감으로부터 따르는 일반적이고 일관된 국가관행으로부터 기인하는 것이라는 양 당사국의 공유된 양해를 확인한다. 제11.5조에 대하여, 외국인의 대우에 대한 국제관습법상 최소기준은 외국인의 경제적 권리와 이익을 보호하는 모든 국제관습법상 원칙을 지칭한다.

ANNEX 11-B EXPROPRIATION

The Parties confirm their shared understanding that:

1. An action or a series of actions by a Party cannot constitute an expropriation unless it interferes with a tangible or intangible property right in an investment.

2. Article 11.6.1 addresses two situations. The first is direct expropriation, where an investment is nationalized or otherwise directly expropriated through formal transfer of title or outright seizure.

부속서 11-나 수 용

양 당사국은 다음에 대한 공유된 양해를 확인한다.

1. 당사국의 행위 또는 일련의 행위는, 그것이 투자내에서의 유형 또는 무형의 재산권을 침해하지 아니하는 한, 수용을 구성할 수 없다.

2. 제11.6조 제1항은 두 가지 상황을 다룬다. 첫 번째는 직접수용으로서, 명의의 공식적 이전 또는 명백한 몰수를 통하여 투자가 국유화되거나 달리 직접적으로 수용되는 경우이다.

3. The second situation addressed by Article 11.6.1 is indirect expropriation, where an action or a series of actions by a Party has an effect equivalent to direct expropriation without formal transfer of title or outright seizure.

(a) The determination of whether an action or a series of actions by a Party, in a specific fact situation, constitutes an indirect expropriation, requires a case-by-case, fact-based inquiry that considers all relevant factors relating to the investment, including:

(i) the economic impact of the government action, although the fact that an action or a series of actions by a Party has an adverse effect on the economic value of an investment, standing alone, does not establish that an indirect expropriation has occurred;

(ii) the extent to which the government action interferes with distinct, reasonable investment-backed expectations;[18] and

(iii) the character of the government action, including its objectives and context. Relevant considerations could include whether the government action imposes a special sacrifice on the particular investor or investment that exceeds what the investor or investment should be expected to endure for the public interest.

18) For greater certainty, whether an investor's investment-backed expectations are reasonable depends in part on the nature and extent of governmental regulation in the relevant sector. For example, an investor's expectations that regulations will not change are less likely to be reasonable in a heavily regulated sector than in a less heavily regulated sector.

3. 제11.6조 제1항에 다루어진 두 번째 상황은 간접수용으로서, 당사국의 행위 또는 일련의 행위가 명의의 공식적 이전 또는 명백한 몰수 없이 직접수용에 동등한 효과를 가지는 경우이다.

가. 당사국의 행위 또는 일련의 행위가 특정의 사실 상황 하에서 간접 수용을 구성하는지 여부의 결정은 다음을 포함하여 그 투자에 관한 모든 관련 요소를 고려하는 사안별, 사실에 기초한 조사를 필요로 한다.

1) 정부 행위의 경제적 영향. 그러나, 당사국의 행위 또는 일련의 행위가 투자의 경제적 가치에 부정적인 효과를 미친다는 사실 그 자체만으로는 간접수용이 발생하였음을 입증하는 것은 아니다.

2) 정부 행위가 투자에 근거한 분명하고 합리적인 기대[18]를 침해하는 정도, 그리고

3) 그 목적 및 맥락을 포함한 정부행위의 성격. 관련 고려사항은 정부 행위가 공익을 위하여 투자자 또는 투자가 감수해야 할 것으로 기대되는 것을 넘어선 특별한 희생을 특정 투자자 또는 투자에게 부과하는지 여부를 포함할 수 있을 것이다.

18) 보다 명확히 하기 위하여, 투자자의 투자에 근거한 기대가 합리적인지 여부는 관련 부문에 있어 정부 규제의 성격 및 정도에 부분적으로 의존한다. 예컨대, 규제가 변경되지 아니할 것이라는 투자자의 기대는 규제가 덜 한 부문보다는 규제가 심한 부문에서 합리적일 가능성이 더욱 낮다.

(b) Except in rare circumstances, such as, for example, when an action or a series of actions is extremely severe or disproportionate in light of its purpose or effect, non-discriminatory regulatory actions by a Party that are designed and applied to protect legitimate public welfare objectives, such as public health, safety, the environment, and real estate price stabilization (through, for example, measures to improve the housing conditions for low-income households), do not constitute indirect expropriations.[19]

나. 예컨대, 행위 또는 일련의 행위가 그 목적 또는 효과에 비추어 극히 심하거나 불균형적인 때와 같은 드문 상황을 제외하고는, 공중보건, 안전, 환경 및 부동산 가격안정화(예컨대, 저소득층 가계의 주거여건을 개선하기 위한 조치를 통한)와 같은 정당한 공공복지 목적을 보호하기 위하여 고안되고 적용되는 당사국의 비차별적인 규제 행위는 간접수용을 구성하지 아니한다.[19]

ANNEX 11-C SERVICE OF DOCUMENTS ON A PARTY UNDER SECTION B

부속서 11-다 제2절에 따른 당사국에 대한 문서의 송달

Korea

Notices and other documents in disputes under Section B shall be served on Korea by delivery to:

Office of International Legal Affairs
Ministry of Justice of the Republic of Korea
Government Complex, Gwacheon, Korea

대한민국

제2절에 따른 분쟁에서의 통보 및 그 밖의 문서는 다음 주소로 배달하여 대한민국에 송달된다.

대한민국 과천시 정부종합청사
법무부 국제법무과

United States

Notices and other documents in disputes under Section B shall be served on the United States by delivery to:

Executive Director (L/EX)
Office of the Legal Adviser
Department of State
Washington, D.C. 20520
United States of America

미합중국

제2절에 따른 분쟁에서의 통보 및 그 밖의 문서는 다음 주소로 배달하여 미합중국에 송달된다.

미합중국 워싱턴 디씨
국무부 법률자문관실 행정국장
(우편번호: 20520)

19) For greater certainty, the list of "legitimate public welfare objectives" in subparagraph (b) is not exhaustive.

19) 보다 명확히 하기 위하여 나호의 정당한, "공공복지 목적" 목록은 한정적이지 아니하다.

ANNEX 11-D
POSSIBILITY OF A BILATERAL APPELLATE MECHANISM

Within three years after the date this Agreement enters into force, the Parties shall consider whether to establish a bilateral appellate body or similar mechanism to review awards rendered under Article 11.26 in arbitrations commenced after they establish the appellate body or similar mechanism.

부속서 11 - 라
양자간 상소 메커니즘의 가능성

이 협정의 발효일 후 3년 이내에, 양 당사국은 그들이 상소기구 또는 유사한 메커니즘을 설치한 후 개시되는 중재에서 제11.26조에 따라 내려진 판정을 재심하기 위한 양자간 상소기구 또는 유사한 메커니즘을 설치할지 여부를 검토한다.

ANNEX 11-E
SUBMISSION OF A CLAIM TO ARBITRATION

Korea

1. Notwithstanding Article 11.18.2, an investor of the United States may not submit to arbitration under Section B a claim that Korea has breached an obligation under Section A either:

(a) on its own behalf under Article 11.16.1(a); or

(b) on behalf of an enterprise of Korea that is a juridical person that the investor owns or controls directly or indirectly under Article 11.16.1(b),

if the investor or the enterprise, respectively, has alleged that breach of an obligation under Section A in any proceedings before a court or administrative tribunal of Korea.

2. For greater certainty, where an investor of the United States or an enterprise of Korea that is a juridical person that the investor owns or controls directly or in-

부속서 11 - 마
중재 청구 제기

대한민국

1. 제11.18조 제2항에도 불구하고, 미합중국의 투자자나 그 투자자가 직접적 또는 간접적으로 소유하거나 지배하는 법인인 대한민국의 기업이 각각 대한민국의 법원 또는 행정재판소에서의 절차에서 제1절상의 의무 위반을 주장한 경우, 그 투자자는 다음의 어떠한 경우도 대한민국이 제1절상의 의무를 위반하였다는 청구를 제2절에 따른 중재에 제기할 수 없다.

가. 제11.16조 제1항 가호에 따라 자기자신을 위하여, 또는

나. 제11.16조 제1항 나호에 따라 그 기업을 대신하여

2. 보다 명확히 하기 위하여, 미합중국의 투자자 또는 그 투자자가 직접적 또는 간접적으로 소유하거나 지배하는 법인인 대한민국의 기업이 대한민국이 제1

directly makes an allegation that Korea has breached an obligation under Section A before a court or administrative tribunal of Korea, that election shall be final, and the investor may not thereafter allege that breach, on its own behalf or on behalf of the enterprise, in an arbitration under Section B.

절상의 의무를 위반하였다고 대한민국의 법원 또는 행정재판소에서 주장하는 경우, 그러한 선택은 최종적이며, 그 투자자는 그 이후에 자기자신을 위하여 또는 그 기업을 대신하여 제2절에 따른 중재에서 그 위반을 주장할 수 없다.

ANNEX 11-F
TAXATION AND EXPROPRIATION

부속서 11 - 바
과세 및 수용

The determination of whether a taxation measure, in a specific fact situation, constitutes an expropriation requires a case-by-case, fact-based inquiry that considers all relevant factors relating to the investment, including the factors listed in Annex 11-B and the following considerations:

(a) The imposition of taxes does not generally constitute an expropriation. The mere introduction of a new taxation measure or the imposition of a taxation measure in more than one jurisdiction in respect of an investment generally does not in and of itself constitute an expropriation;

(b) A taxation measure that is consistent with internationally recognized tax policies, principles, and practices should not constitute an expropriation. In particular, a taxation measure aimed at preventing the avoidance or evasion of taxation measures generally does not constitute an expropriation;

(c) A taxation measure that is applied on a non-discriminatory basis, as opposed to a taxation measure that is targeted at investors of a particular nationality or at

과세조치가 특정의 사실 상황에서 수용을 구성하는지 여부의 결정은 사안별, 사실에 기초한 조사를 필요로 하며, 그러한 조사는 부속서 11-나에 열거된 요소들과 다음의 고려사항들을 포함하여 그 투자에 관한 모든 관련 요소를 고려한다.

가. 조세부과는 일반적으로 수용을 구성하지 아니한다. 새로운 과세조치의 단순한 도입이나 하나의 투자에 대하여 둘 이상의 관할권에서의 과세조치 부과는 일반적으로 그 자체로는 수용을 구성하지 아니한다.

나. 국제적으로 인정된 조세정책·원칙 및 관행에 합치하는 과세조치는 수용을 구성하지 아니하여야 할 것이다. 특히, 과세조치의 기피 또는 회피를 막기 위한 과세조치는 일반적으로 수용을 구성하지 아니한다.

다. 특정 국적의 투자자 또는 특정 납세자를 겨냥한 과세조치와는 반대로 비차별적으로 적용되는 과세조치는 수용을 구성할 가능성이 적다. 그리고

specific taxpayers, is less likely to constitute an expropriation; and

(d) A taxation measure generally does not constitute an expropriation if it was already in force when the investment was made and information about the measure was publicly available.

라. 투자가 이루어진 때에 과세조치가 이미 발효 중이었고 그 조치에 대한 정보가 공개적으로 이용가능하였다면, 그 과세조치는 일반적으로 수용을 구성하지 아니한다.

ANNEX 11-G
TRANSFERS

부속서 11-사
송　　금

1. Nothing in this Chapter, Chapter Twelve (Cross-Border Trade in Services), or Chapter Thirteen (Financial Services) shall be construed to prevent Korea from applying measures pursuant to Article 6 of the *Foreign Exchange Transactions Act*, provided that such measures:[20)]

(a) are in effect for a period not to exceed one year; however, if extremely exceptional circumstances arise such that Korea seeks to extend such measures, Korea will coordinate in advance with the United States concerning the implementation of any proposed extension;

(b) are not confiscatory;

(c) do not constitute a dual or multiple exchange rate practice;

(d) do not otherwise interfere with investors' ability to earn a market rate of return in the territory of Korea on any restricted assets;[21)]

1. 이 장, 제12장(국경간 서비스무역), 또는 제13장(금융서비스)의 어떠한 규정도 대한민국이 *외국환거래법* 제6조에 따라 조치를 적용하는 것을 금지하는 것으로 해석되지 아니한다. 다만, 그러한 조치는 다음을 요건으로 한다.[20)]

가. 1년 이하의 기간 동안 유효할 것. 다만, 극히 예외적인 상황이 발생하여 대한민국이 그러한 조치를 연장하고자 할 경우, 대한민국은 사전에 어떠한 연장안의 이행에 관하여도 미합중국과 조율한다.

나. 몰수적이지 아니할 것

다. 이중 또는 다중 환율 관행을 구성하지 아니할 것

라. 모든 규제 자산[21)]에 관하여 대한민국 영역에서 시장 수익률을 획득할 수 있는 투자자의 능력을 달리 방해하지 아니할 것

---

20) Korea shall endeavor to provide that such measures will be price-based.

21) For greater certainty, the term "restricted assets" in subparagraph (d) refers only to assets invested in the territory of Korea by an investor of the United States that are restricted from being transferred out of the territory of Korea.

20) 대한민국은 그러한 조치가 가격에 기초한 조치가 되도록 노력한다.

21) 보다 명확히 하기 위하여, 라호의 "규제 자산"이라는 용어는 대한민국의 영역 밖으로 송금되는 것이 제한된 미합중국 투자자에 의하여 대한민국의 영역에 투자된 자산만을 지칭한다.

(e) avoid unnecessary damage to the commercial, economic, or financial interests of the United States;

마. 미합중국의 상업적·경제적 또는 재정상의 이익에 대한 불필요한 손해를 피할 것

(f) are temporary and phased out progressively as the situation calling for imposition of such measures improves;

바. 일시적이며, 그러한 조치의 부과를 요구하는 상황이 개선됨에 따라 점진적으로 해제될 것

(g) are applied in a manner consistent with Articles 11.3, 12.2, and 13.2(National Treatment) and Articles 11.4, 12.3, and 13.3(Most-Favored-Nation Treatment) subject to the Schedules of Korea to Annex I, Annex II, and Annex III; and

사. 부속서 I·부속서 II·부속서 III의 대한민국 유보목록을 조건으로, 제11.3조·제12.2조·제13.2조(내국민 대우) 및 제11.4조·제12.3조·제13.3조(최혜국 대우)에 합치되는 방식으로 적용될 것, 그리고

(h) are promptly published by the Ministry of Finance and Economy or the Bank of Korea.

아. 재정경제부 또는 한국은행에 의하여 신속하게 공표될 것

2. Paragraph 1 does not apply to measures that restrict:

2. 제1항은 다음을 제한하는 조치에는 적용되지 아니한다.

(a) payments or transfers for current transactions, unless:

가. 경상거래를 위한 지급 또는 송금. 다만, 다음의 경우는 제외한다.

(i) the imposition of such measures complies with the procedures stipulated in the Articles of Agreement of the International Monetary Fund[22] and

1) 그러한 조치의 부과가 *국제통화기금협정*에 규정된 절차에 합치하고,[22]

(ii) Korea coordinates any such measures in advance with the United States; or

2) 대한민국이 그러한 조치를 미합중국과 사전 조율하는 경우, 또는

(b) payments or transfers associated with foreign direct investment.

나. 외국인직접투자와 연계된 지급 또는 송금

---

22) **Current transactions** shall have the meaning set forth in Article 30(d) of the *Articles of Agreement of the International Monetary Fund* and, for greater certainty, shall include interest pursuant to a loan or bond on any restricted amortization payments coming due during the period that controls on capital transactions are applied.

22) **경상거래**는 *국제통화기금협정* 제30(d)조에 규정된 의미를 가지며, 보다 명확히 하기 위하여, 자본거래에 대한 통제가 적용되는 기간 동안 지급만기가 도래하며, 지급이 제한되는 분할채무상환에 대한, 대부 또는 채권에 따른 이자를 포함한다.

국제투자법 분야 참고문헌

1. 국내문헌

강병근, 『국제 중재의 기본 문제』, 小花, 2000.

______, "남북 상사중재규정의 주요쟁점 및 제정방향에 대한 의견, 남북교류협력 법제연구 - 남북법령연구특별분과위원회 회의(세미나)결과 보고 - ", 『법무자료』 제262집, 2005.

______, 『ICSID 중재제도 연구』, 법무부, 2006.

고준성 외 16명, 『국제경제법』, 박영사, 2006.

김광수, "남북상사중재제도의 정착방안에 대한 연구", 중앙대학교 박사학위논문, 2007.6.

김경배, "FTA 투자규정에 있어서 최혜국대우 조항의 적용범위에 관한 중재판정 사례연구", 『중재연구』 제20권 제1호, 2010.

김여선, "양자간 투자협정의 우산조항에 관한 연구", 『國際去來法研究』 제18권 제1호, 2009.

김영윤, "남북경협의 현황과 과제", 『수은경제』 2008, 봄.

김정건 외 3명, 『국제법』, 박영사, 2010.

대한상사중재원 · 한국통상법제연구소, 『투자자 - 국가간 투자분쟁 사례로 본 정부정책적 시사점』, 정부정책 연구용역 최종 보고서, 산업자원부 2007.1.

박선욱, "양자간 투자협정상 최혜국대우규정의 절차법적 적용에 관한 연구", 『연세대학교 법학연구』 제39호, 2010.

법무부, 『한국의 투자협정 해설서』, 법무부, 2010.

______, 『양자간 투자협정집』, 법무부, 2009.

서철원, "투자보장협정에서의 내국민대우 분석 - GATT에서의 내국민대우와 비교하여", 『國際法學會論叢』 제53권 제3호, 2008.

______, "역사적 관점에서 본 국제투자법", 『숭실대학교 법학논총』 제20집, 2008.8.

______, "최혜국대우조항과 투자분쟁해결절차와의 관계: 포괄적 이해를 위한 제안", 『國際法學會論叢』 제53권 제2호, 2008.

이재곤 · 박덕영, "남북한 경제교류와 관련한 국제법적 제문제에 관한 연구", 『통일연구논문집』, 통일원, 1990.12.

이재룡, 『북한 개발자금 조달과 국제금융기구의 역할』, 산업연구원, 2007.12.

이재형, "자유무역협정에서의 외국인투자에 대한 간접수용의 기준에 관한 연구", 『국제법평론』 제30호, 2009 – II.

신희택, "다자간 투자협정안에 있어서의 내국민대우 원칙에 관한 고찰", 『IRI 리뷰』 제3권 제1호, 1998.8.

장승화, 『양자간 투자협정 연구』, 법무부, 2001.

______, "남북 상사중재규정의 주요쟁점 및 제정방향, 남북교류협력 법제연구 – 남북법령연구특별분과위원회 회의(세미나)결과 보고 – ", 『법무자료』 제262집, 2005.

장형수 · 박영곤, 『국제협력체 설립을 통한 북한개발 지원방안』, 대외경제정책연구원, 2000.12.

정수봉, 『한미 FTA 투자분야 연구』, 법무부, 2008.

정상희 · 황기식 · 김현정, "한 – EU FTA 체결에 따른 외국인직접투자 변화 전망", 『國際去來法硏究』 제18권 제2호, 2009.12.

최승환, "국제법상 외국인투자자산의 수용", 『국제법학회논총』 제43권 제1호, 1998.6.

2. 외국문헌

Aksen, Gerald *et al.* (eds), *Global Reflections on International Law, Commerce and Dispute Resolution, Liber Amicorum in honour of Robert Briner*, ICC Publications, 2005.

Alexandrov, Stanimir, "The "Baby Boom" of Treaty-Based Arbitrations and the Jurisdiction of ICSID Tribunals: Shareholders as "Investors" and Jurisdiction *Ratione Temporis*," *The Law and Practice of International Courts and Tribunals*, vol.4, 2005.

Alvarez, José E, *The Public International Law Regime Governing International Investment*, Brill, 2011.

Aust, Anthony, *Modern Treaty Law and Practice*, Cambridge University Press, 2006.

Beveridge, F. (ed.), *Globalization and International Investment*, Ashgate, 2005.

Binder, Christina, Ursula Kriebaum, August Reinisch and Stephan Wittich (eds.), *International Investment Law for The 21st Century – Essays in Honour of Christoph Schreuer*, Oxford University Press, 2009.

Bishop, R. Doak, James Crawford and W. Michael Reisman, *Foreign Investment Disputes: Cases, Materials and Commentary*, Kluwer Law International, 2005.

Borchard, E. M., *The Diplomatic Protection of Citizens Abroad*, The Banks Law Publishing Co., 1919.

Gabriel Bottini, "Indirect Claims under ICSID," *University of Pennsylvania Journal of International Economic Law*, vol.29 no.3, 2008.

Brewer, Thomas L. and Stephen Young, *The Multilateral Investment System and Multilateral Enterprises*, Oxford University Press, 1998.

Broches, A., "Awards Rendered Pursuant to the ICSID Convention: Binding Force, Finality, Recognition, Enforcement, Execution", *ICSID Review*, vol.2, 1987.

Bronfman, M. K., "Fair and Equitable Treatment: An Evolving Standard" in A von Bogdandy and R. Wolfrum (eds.), *Max Planck Yearbook of United Nations Law*, Koninklijke Brill N.V., 2006.

Brown, Chester and Kate Miles (eds.), *Evolution in Investment Treaty Law and Arbitration*, Cambridge University Press, 2011.

Brownlie, Ian, *Principles of Public International Law*, Oxford University Press, 2003.

Capper, P., *International Arbitration: A Handbook*, Lloyd's List, 2004.

Carbonneau, T. E., *Cases and Materials on International Litigation and Arbitration*, Thomson West, 2005.

Coop, G. and C. Ribeiro (eds.), *Investment Protection and the Energy Charter Treaty*, JurisNet, LLC., 2008.

Dimsey M., *The Resolution of International Investment Disputes*, Eleven International Pub., 2008.

Dolzer, Rudolf, and Christoph Schreuer, *Principles of International Investment Law*, Oxford University Press, 2008.

Douglas, Z., *The International Law of Investment Claims*, Cambridge University Press, 2009.

Drahozal, C. R. and C. S. Gibson, *The Iran–U.S. Claims Tribunal at 25*, Oxford University Press, 2007.

Dugan, C. F. and D. Wallace *et al., Investor–State Arbitration*, Oxford University Press, 2009.

Folsom, E. H. and M. W. Gordon *et al., NAFTA and Free Trade in the Americas*, Thomson West, 2005.

Gaillard, Emmanuel, "The Denunciation of the ICSID Convention," *The New York Law Journal*, vol.237 no.122, 2007.

Happ, Richard, Noah Rubins, *Digest of ICSID Awards and Decisions 2003–2007*, Oxford University Press, 2009.

Hindelang, S., *The Free Movement of Capital and Foreign Direct Investment*, Oxford University Press, 2009.

Hofmann, Rainer and Christian Tams (eds.) *International Investment Law and General International Law: From Clinical Isolation to Systemic Integration?*, Nomos Verlagsgesellschaft, 2011.

Jensen. N. M., *Nation–States and the Multinational Corporation*, Princeton University Press, 2006.

Joseph, David QC, *Jurisdiction and Arbitration Agreements and their Enforcement*, 2nd ed., Sweet and Maxwell, 2010.

Kinnear, M. N. and A. K. Bjoklund *et al., Investment Disputes under NAFTA*, Kluwer Law International, 2006.

Kryvoi, Y., *International Centre for the Settlement of Disputes*, Kluwer Law International, 2010.

Leal-Arcas, Rafael, *International Trade and Investment Law: Multilateral, Regional and Bilateral Governance*, Edward Elgar Publishing, 2010.

Leister, S. and B. Mercurio, *Bilateral and Regional Trade Agreements*, Cambridge University Press, 2009.

Mann, F.A., "British Treaties for the Promotion and Protection of Investments" *British Yearbook of International Law*, vol.52, 1981.

Martin, Antoine, "International Investment Disputes, Nationality and Corporate Veil:

Some Insights from *Tokios Tokelés* and *TSA Spectrum de Argentina*," *Transnational Dispute Management*, vol.8 no.1, 2011.

Mclachlan, Campbell QC, Laurence Shore and Matthew Weiniger, *International Investment Arbitration – Substantive Principles*, Oxford University Press, 2007.

Miles C. S., "Where's My Umbrella? An 'Ordinary Meaning' Approach to Answering Three Key Questions That Have Emerged from the 'Umbrella Clause' Debate", in T. Grierson Weiler (ed.), *Investment Treaty Arbitration and International Law*, JurisNet LLD, 2008.

Moses., M. L., *The Principles and Practices of International Commercial Arbitration*, Cambridge University Press, 2008.

Moran, T. H., *Harnessing Foreign Direct Investment for Development*, Center for Global Development, 2006.

Muchlinski, P. and Ortino, F. *et al.* (eds.), *The Oxford Handbook of International Investment Law*, Oxford University Press, 2008.

Newcombe, Andrew, and Lluis Paradell, *Law and Practice of Investment Treaties – Standards of Treatment*, Kluwer Law International BV, 2009.

Park, W. W., *Arbitration of International Business Disputes*, Oxford University Press, 2006.

Rau, A. S., "The Arbitrability Question Itself," *The American Review of International Arbitration*, vol.10, 1999.

Razin, A. and E. Sadka, *Foreign Direct Investment*, Oxford University Press, 2007.

Reed, L. and J. Paulsson, *Guide to ICSID Arbitration*, Kluwer Law, 2004.

Renisch, A. and C. Knahr (eds.), *International Investment Law in context*, Eleven International Pub., 2008.

Renisch, A. (ed.), *Standards of Investment Protection, Oxford University Press*, 2008.

Rubins, N. and N. S. Kinsella, *International Investment, Political Risk and Dispute Resolution*, Oceana Pub. Inc., 2005.

Sacerdoti, G., "Bilateral Treaties and Multilateral Instruments on Investment Protection", *Recueil des Cours / Academie de Droit International* 21, 1997.

Salacuse, J. W., *Principles of International Investment Law*, Oxford University Press, 2010.

Sauvant, K. and L. E. Sachs (eds.), *The Effect of Treaties on Foreign Direct*

Investment, Oxford University Press, 2009.

Sauvant, K. (ed.), *Yearbook on International Investment Law & Policy 2008-2009*, Oxford University Press, 2009.

Schill, S. W., "Enabling Private Ordering: Function, Scope and Effect of Umbrella Clauses in International Investment Treaties", 18 *Minnesota Journal of International Law,* vol.18, 2009.

__________, *The Multilateralization of International Investment Law*, Cambridge University Press, 2009.

__________ (ed.), *International Investment Law and Comparative Public Law*, Oxford University Press, 2010.

Schreuer, C. H., *The ICSID Convention: A Commentary*, Cambridge University Press, 2009.

__________, "Non-Pecuniary Remedies in ICSID Arbitration", *Arbitration International,* vol.20, no.4, 2004.

__________, "Travelling the BIT Route: Of Waiting Periods, Umbrella Clauses and Forks in the Road," *The Journal of World Investment and Trade*, vol.5 no.2, 2004.

__________, "Shareholder Protection in International Investment Law", T*ransnational Dispute Management*, vol.3, 2005.

Schwebel, S. M., "On Whether the Breach by a State of a Contract with an Alien Is a Breach of International Law" in *International Law at the Time of Its Codification: Essays In Honour of Robert Ago*, Giuffrè, 1987.

Shaw, Malcolm N., *International Law*, 6th ed., Cambridge University Press, 2008.

Silva, Gui Conde E., "Transnational Public Policy and its Application in Investment Arbitrations," *Journal of World Investment*, vol.4 no.3, 2003.

Sornarajah, M., *The International Law on Foreign Investment*, 2nd ed., Cambridge University Press, 2004.

Tiejie, C., *International Investment and Arbitration,* BMV Berliner, 2008.

Tudor, I., *The Fair and Equitable Treatment Standard in the International Law of Foreign Investment*, Oxford University Press, 2008.

UNCTAD, "National Treatment", UNCTAD Series on Issues in International Investment Agreements, UNCTAD/ITE/IIT/11 (vol.IV), United Nations, 1999.

________, "*Taking of Property*" UNCTAD Series on Issues in International Investment Agreements, United Nations, 2000.

________, *Bilateral Investment Treaties 1995-2006: Trends in Investment Rulemaking*, United Nations, 2007.

________, *World Investment Report 2010*, UNCTAD, 2010.

Vandevelde, K. J., U.S. *International Investment Agreements*, Oxford University Press, 2009.

________________, *Bilateral Investment Treaties*, Oxford University Press, 2010.

Waibel, Michael *et al.* (eds.), *The Backlash against Investment Arbitration: Perceptions and Reality*, Kluwer Law International, 2010.

Wälde, T. W., "The Umbrella (or Sanctity of Contract/Pacta sunt Servanda) Clause in Investment Arbitration: A Comment on Original Intentions and Recent Cases", *Transnational Dispute Management*, vol.1, 2004.

Weiler, T. and J. Greirson, *Investment Treaty Arbitration and International Law*, JurisNet, LLC, 2008.

Weiler, T (ed.), *NAFTA Investment Law and Arbitration: Past Issues, Current Practice, Future Prospects*, Transnational Publishers, Inc., 2003.

________ (ed.), *International Investment Law and Arbitration: Leading Cases from the ICSID*, NAFTA, *Bilateral Treaties and Customary International Law*, Cameron May, 2005

Weintraub, R. J., *International Litigation and Arbitration*, Carolina Academic Press, 2010.

Wells, Louis T. and Rafiq Ahmed, *Making Foreign Investment Safe: Property Rights and National Sovereignty*, Oxford University Press, 2007.

Wong, Jarrod, "Umbrella Clauses in Bilateral Investment Treaties: of Breaches of Contract, Treaty Violations, and the Divide Between Developing and Developed Countries in Foreign Investment Disputes", *George Mason Law Review*, vol.14, no.1, 2006.

Woolcock, S., *Trade and Investment Rule-making*, United Nations, 2006.

Yannaca-Small, K., "Interpretation of the Umbrella Clause in Investment Agreements", in OECD (ed.), *International Investment Law: Understanding Concepts and Tracking Innovation*, OECD, 2008.

____________ (ed.), *Arbitration under International Investment Agreements : A Guide to the Key Issues,* Oxford University Press, 2010.

Zarsky, L. (ed.), *International Investment for Sustainable Development*, Earthscan, 2005.

3. UNCTAD Series on Issues on International Investment Agreements

State Contracts, UNCTAD/ITE/IIT/2004/11.

International Investment Agreements: Key Issues, Volume 1, UNCTAD/ITE/IIT/2004/10.

Competition, UNCTAD/ITE/IIT/2004/6.

Key Terms and Concepts in IIAs: A Glossary, UNCTAD/ITE/IIT/2004/2.

Incentives, UNCTAD/ITE/IIT/2003/5.

Transparency, UNCTAD/ITE/IIT/2003/4.

Dispute Settlement: Investor-State, UNCTAD/ITE/IIT/30.

Dispute Settlement: State-State, UNCTAD/ITE/IIT/2003/1.

Transfer of Technology, UNCTAD/ITE/IIT/28.

Home Country Measures, UNCTAD/ITE/IIT/24.

Illicit Payments, UNCTAD/ITE/IIT/25.

Host Country Operational Measures, UNCTAD/ITE/IIT/26.

Social Responsibility, UNCTAD/ITE/IIT/22.

Environment, UNCTAD/ITE/IIT/23.

Transfer of Funds, UNCTAD/ITE/IIT/20.

Flexibility for Development, UNCTAD/ITE/IIT/18.

National Treatment, UNCTAD/ITE/IIT/11(Vol.IV).

Employment, UNCTAD/ITE/IIT/19.

Taxation, UNCTAD/ITE/IIT/16.

Taking of Property, UNCTAD/ITE/IIT/15.

Trends in International Investment Agreements: An Overview, UNCTAD/ITE/IIT/13.

Admission and Establishment, UNCTAD/ITE/IIT/10(Vol.II).

Lessons from the MAI, UNCTAD/ITE/IIT/Misc.22.

Fair And Equitable Treatment, Volume 3, UNCTAD/ITE/IIT/11(Vol.III).

Transfer Pricing, UNCTAD/ITE/IIT/11(Vol.I).

Scope and Definition, UNCTAD/ITE/IIT/11(Vol.II).

Most Favoured-Nation Treatment, UNCTAD/ITE/IIT/10(Vol.III).

Investment-Related Trade Measures, Volume 4, UNCTAD/ITE/IIT/10(Vol.IV).

Foreign Direct Investment and Development, UNCTAD/ITE/IIT/10(Vol.I).

※ 위 문헌들은 http://www.unctad.org/Templates/Page.asp?intItemID=2322&lang=1 에서 다운로드 가능합니다.

찾아보기

A

B

C

D

E

편저자 약력

박 덕 영 (Deok-Young PARK)

연세대학교 법과대학 졸업
연세대학교 대학원 법학석사, 법학박사
국비유학시험 합격(국제법 분야)
영국 University of Cambridge 법학석사(LL.M.)
영국 University of Edinburgh 박사과정 마침
프로그램심의 조정위원회 수석연구원/지적재산권팀장
숙명여자대학교 법과대학 조교수
사법시험, 외무고시, 행정고시, PSAT 출제위원
대한국제법학회 연구이사, 부회장

현 연세대학교 법학전문대학원 부교수
연세대학교 법학연구원 부원장/EU법센터장
Yonsei Law Journal / 국제투자분쟁연구 편집위원장
외교통상부 FTA 민간자문위원/ 기후변화정책 자문위원
국방부 국방기관 평가위원
한국국제경제법학회 회장

주요 저서

기후변화와 통상문제 (번역), 박영사, 2012
EU법 기본판례집 (번역), 연세대 출판부, 2012
국제투자협정과 ISD 분쟁해결 (번역), 2012 예정
신 국제경제법(한국국제경제법학회 공동), 박영사, 2012
법학입문 (공동), 박영사, 2011
국제법 기본조약집 (편저), 박영사, 2011
국제법 (공동), 박영사, 2010
EU법강의 (공동), 박영사, 2010
국제경제법 기본조약집(편저), 박영사, 2010
미국법과 법률영어 (번역), 박영사, 2009
국제저작권과 통상문제 (공동), 세창출판사, 2009

주요 논문

"WTO EC-석면사건과 첫 환경예외의 인정", 국제법학회논총(2006.12) 외
국제법, 국제통상법, 저작권 분야 논문 다수

국제투자법

2012년 3월 25일 초판인쇄
2012년 4월 5일 초판발행

편저자 박 덕 영
발행인 안 종 만
발행처 (주)박영사
서울특별시 종로구 평동 13-31번지
전화 (733) 6771 FAX (736) 4818
등록 1959. 3. 11. 제300-1959-1호(倫)

www.pybook.co.kr e-mail: pys@pybook.co.kr

저자와 협의하여 인지첩부를 생략합니다

정 가 32,000원 ISBN 978-89-6454-760-1